02 빅데이터 분석

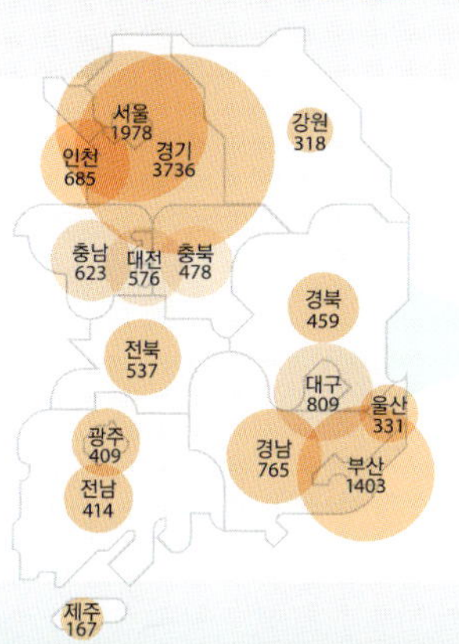

분석 시험지 총 수

13,688 장

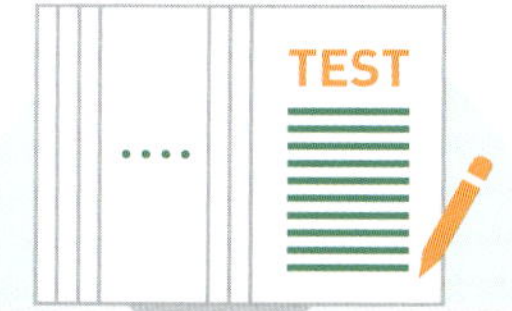

분석 기출문제 수

301,137 문제

트렌드 A

분석

평가원·교육청 기출문제와 동일
혹은 변형한 기출문제
출제율 증가

결과 반영

기출문제 보강 및
기출문제 수 추가

트렌드 B

분석

변별력을 요하는
고난도 문제 평균
1-2 문제씩 출제

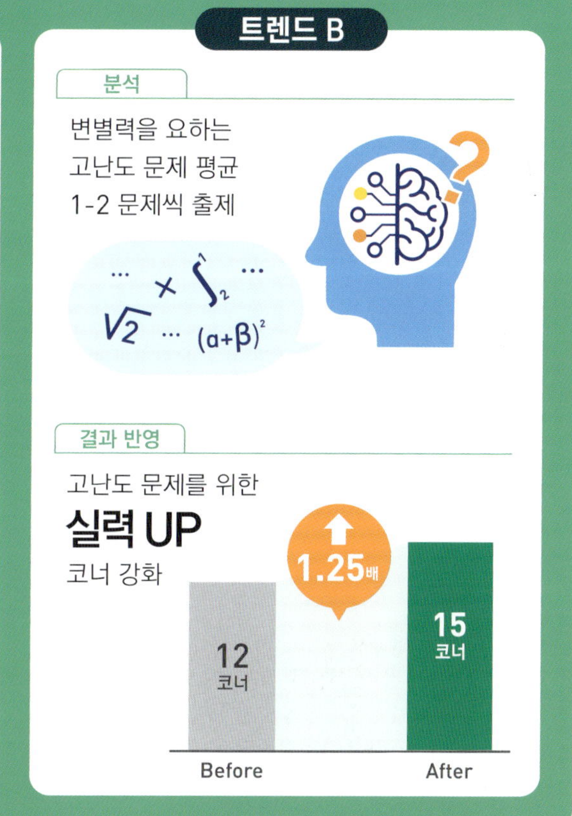

결과 반영

고난도 문제를 위한
실력 UP
코너 강화

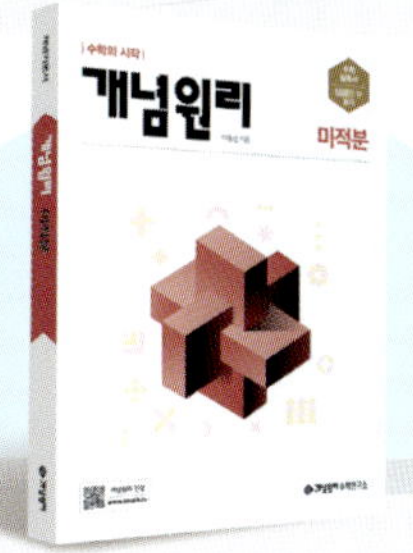

개념을 알면 원리가 보인다
수학의 시작, 개념원리

개념원리

발행일	2025년 2월 15일 2판 7쇄
지은이	이홍섭
기획 및 개발	개념원리 수학연구소

사업 책임	정현호
마케팅 책임	권가민
제작/유통 책임	이미혜, 이건호
콘텐츠 개발 총괄	한소영
콘텐츠 개발 책임	오영석, 오지애, 모규리, 김현진
디자인	스튜디오 에딩크, 손수영

펴낸이	고사무열
펴낸곳	(주)개념원리
등록번호	제 22-2381호
주소	서울시 강남구 테헤란로 8길 37, 7층(역삼동, 한동빌딩) 06239
고객센터	1644-1248

개념원리

미적분

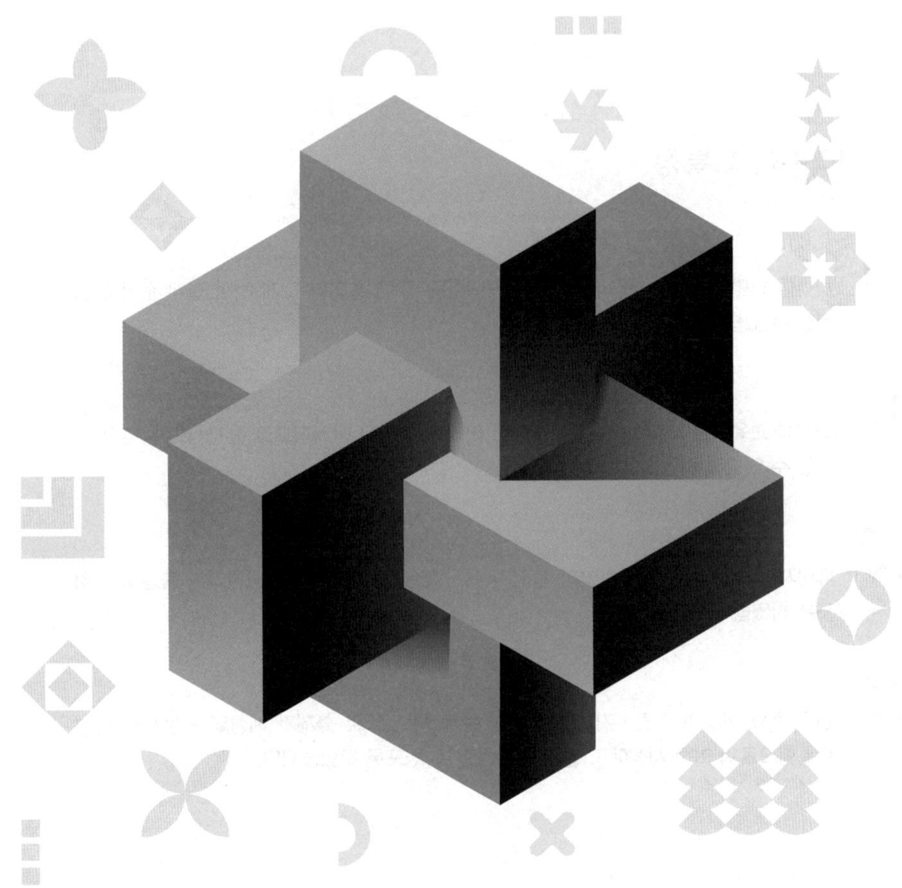

많은 학생들은 왜 개념원리로 공부할까요?
정확한 개념과 원리의 이해,
수학의 비결
개념원리에 있습니다.

개념원리수학의 특징

01 하나를 알면 10개, 20개를 풀 수 있고 어려운 수학에 흥미를 갖게 하여 쉽게 수학을 정복할 수 있습니다.

02 나선식 교육법을 채택하여 쉬운 것부터 어려운 것까지 단계적으로 혼자서도 **충분히** 공부할 수 있도록 하였습니다.

03 페이지마다 문제를 푸는 방법과 틀리기 쉬운 부분을 체크하여 개념원리를 충실히 익히도록 하였습니다.

04 전국 주요 학교의 중간·기말고사 시험 문제 중 앞으로 출제가 예상되는 문제를 엄선 수록함으로써 어떤 시험에도 철저히 대비할 수 있도록 하였습니다.

이 책을 펴내면서

수험생 여러분!

수학을 어떻게 하면 잘 할 수 있을까요?

이것은 과거에나 현재나 끊임없이 제기되고 있는 학생들의 질문이며 가장 큰 바람입니다.

그런데 안타깝게도 대부분의 학생들이 공부는 열심히 하지만 성적이 오르지 않아서 흥미를 잃고 중도에 포기하는 경우가 많이 있습니다.

수학 공부를 더 열심히 하지 않아서 그럴까요? 머리가 나빠서 그럴까요? 그렇지 않습니다. 그것은 공부하는 방법이 잘못되었기 때문입니다.

새 교육과정은 수학적 사고를 기르는 데 초점을 맞추고 있고 현재 출제 경향은 단순한 암기식 문제 풀이 위주에서 벗어나 근본적인 개념과 원리의 이해를 묻는 문제와 종합적이고 논리적인 사고력, 추리력, 응용력을 요구하는 복잡한 문제들로 바뀌고 있습니다.

따라서 개념원리수학은 단순한 암기식 문제 풀이가 아니라 개념원리에 의한 독특한 교수법으로 사고력, 응용력, 추리력을 배양하도록 제작되어 생각하는 방법을 깨칠 수 있게 하였습니다.

이 책의 구성에 따라 인내심을 가지고 꾸준히 공부한다면 학교 내신 성적은 물론 다른 어떤 시험에도 좋은 결실을 거둘 수 있으리라 확신합니다.

구성과 특징

01 개념원리 이해

각 단원마다 중요한 개념과 원리를 정확히 이해하고 쉽게 응용할 수 있도록 정리하였습니다.

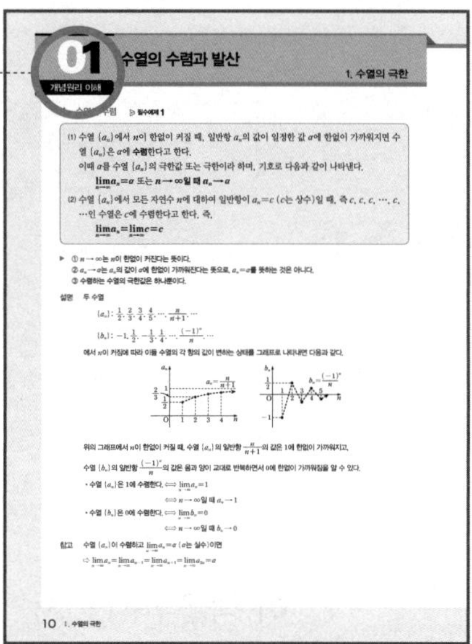

02 개념원리 익히기

학습한 내용을 확인하기 위한 쉬운 문제로 개념과 원리를 정확히 이해할 수 있도록 하였습니다.

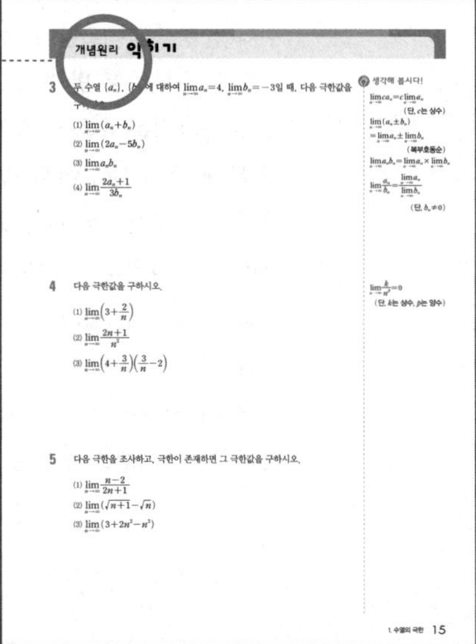

03 필수예제

필수예제에서는 꼭 알아야 할 문제를 수록하여
학교 내신과 수능에 대비하도록 하였습니다.

확인체크

수학에서 충분한 연습은 필수! 직접 풀면서
실력을 키울 수 있도록 하였습니다.

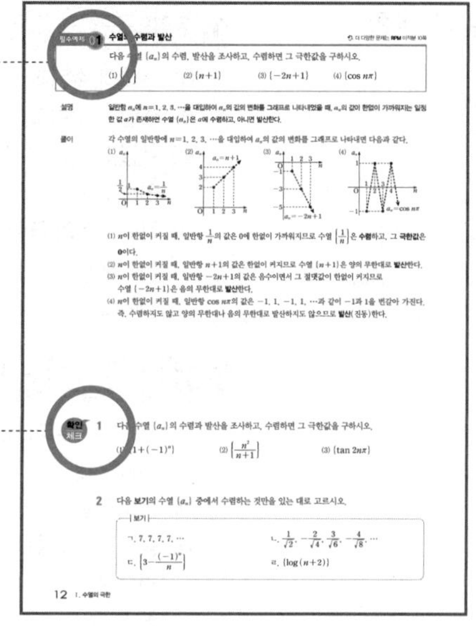

04 연습문제 · 실력UP

연습문제에서는 그 단원에서 알아야 할 핵심
적인 문제들을 풀어봄으로써 단계적으로 실력
을 키울 수 있도록 하였습니다.
실력UP에서는 고난도 문제를 통하여 단 한 문
제도 놓치지 않는 실력을 키울 수 있도록 하였
습니다.

QR코드

어려운 문제에 QR코드를 제공하여 모바일
기기로 동영상 강의를 언제, 어디서든 쉽게
들을 수 있도록 하였습니다.

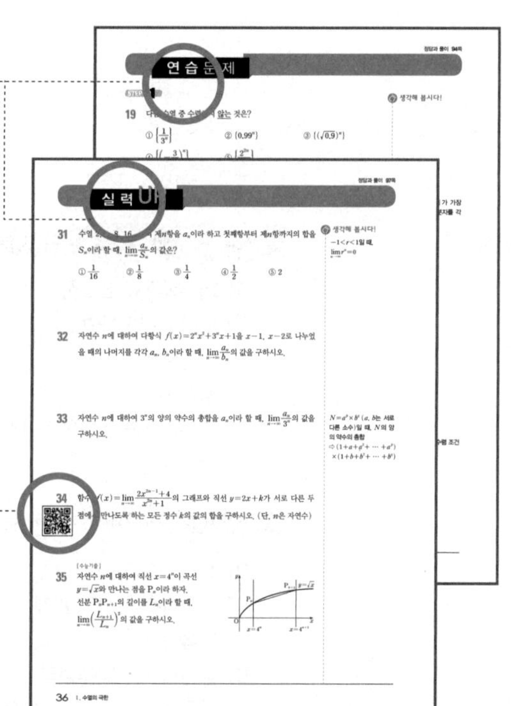

차례

차례

I

수열의 극한

1. 수열의 수렴 ▷ 필수예제 1

(1) 수열 $\{a_n\}$에서 n이 한없이 커질 때, 일반항 a_n의 값이 일정한 값 α에 한없이 가까워지면 수열 $\{a_n\}$은 α에 **수렴**한다고 한다.

이때 α를 수열 $\{a_n\}$의 극한값 또는 극한이라 하며, 기호로 다음과 같이 나타낸다.

$$\lim_{n\to\infty}a_n=\alpha \text{ 또는 } n\to\infty \text{일 때 } a_n\to\alpha$$

(2) 수열 $\{a_n\}$에서 모든 자연수 n에 대하여 일반항이 $a_n=c$ (c는 상수)일 때, 즉 $c, c, c, \cdots, c, \cdots$인 수열은 c에 수렴한다고 한다. 즉,

$$\lim_{n\to\infty}a_n=\lim_{n\to\infty}c=c$$

▶ ① $n\to\infty$는 n이 한없이 커진다는 뜻이다.
　② $a_n\to\alpha$는 a_n의 값이 α에 한없이 가까워진다는 뜻으로, $a_n=\alpha$를 뜻하는 것은 아니다.
　③ 수렴하는 수열의 극한값은 하나뿐이다.

설명　두 수열

$$\{a_n\}: \frac{1}{2}, \frac{2}{3}, \frac{3}{4}, \frac{4}{5}, \cdots, \frac{n}{n+1}, \cdots$$

$$\{b_n\}: -1, \frac{1}{2}, -\frac{1}{3}, \frac{1}{4}, \cdots, \frac{(-1)^n}{n}, \cdots$$

에서 n이 커짐에 따라 이들 수열의 각 항의 값이 변하는 상태를 그래프로 나타내면 다음과 같다.

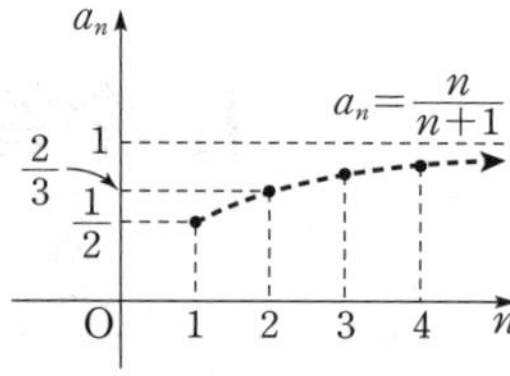
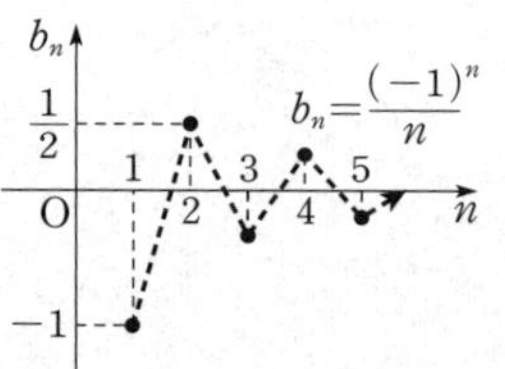

위의 그래프에서 n이 한없이 커질 때, 수열 $\{a_n\}$의 일반항 $\dfrac{n}{n+1}$의 값은 1에 한없이 가까워지고,

수열 $\{b_n\}$의 일반항 $\dfrac{(-1)^n}{n}$의 값은 음과 양이 교대로 반복하면서 0에 한없이 가까워짐을 알 수 있다.

・수열 $\{a_n\}$은 1에 수렴한다. $\iff \lim\limits_{n\to\infty}a_n=1$

$$\iff n\to\infty \text{일 때 } a_n\to 1$$

・수열 $\{b_n\}$은 0에 수렴한다. $\iff \lim\limits_{n\to\infty}b_n=0$

$$\iff n\to\infty \text{일 때 } b_n\to 0$$

참고　수열 $\{a_n\}$이 수렴하고 $\lim\limits_{n\to\infty}a_n=\alpha$ (α는 실수)이면

$$\Rightarrow \lim_{n\to\infty}a_n=\lim_{n\to\infty}a_{n-1}=\lim_{n\to\infty}a_{n+1}=\lim_{n\to\infty}a_{2n}=\alpha$$

수열 $\{a_n\}$이 수렴하지 않을 때, 수열 $\{a_n\}$은 **발산**한다고 한다.

(1) **양의 무한대로 발산**: 수열 $\{a_n\}$에서 n이 한없이 커질 때, 일반항 a_n의 값이 한없이 커지면 수열 $\{a_n\}$은 양의 무한대로 발산한다고 하며, 기호로 다음과 같이 나타낸다.

$$\lim_{n\to\infty}a_n=\infty \ \text{또는} \ n\longrightarrow\infty\text{일 때} \ a_n\longrightarrow\infty$$

(2) **음의 무한대로 발산**: 수열 $\{a_n\}$에서 n이 한없이 커질 때, 일반항 a_n의 값이 음수이면서 그 절댓값이 한없이 커지면 수열 $\{a_n\}$은 음의 무한대로 발산한다고 하며, 기호로 다음과 같이 나타낸다.

$$\lim_{n\to\infty}a_n=-\infty \ \text{또는} \ n\longrightarrow\infty\text{일 때} \ a_n\longrightarrow-\infty$$

(3) **진동**: 수렴하지도 않고 양의 무한대나 음의 무한대로 발산하지도 않는 경우

▶ $\lim\limits_{n\to\infty}a_n=\infty$, $\lim\limits_{n\to\infty}b_n=-\infty$는 극한값이 ∞, $-\infty$라는 뜻이 아니다. 이때는 극한값이 없다고 한다.

설명　세 수열

$$\{a_n\}:1,\,4,\,9,\,16,\,\cdots,\,n^2,\,\cdots$$
$$\{b_n\}:2,\,-1,\,-4,\,-7,\,\cdots,\,-3n+5,\,\cdots$$
$$\{c_n\}:-2,\,4,\,-8,\,16,\,\cdots,\,(-2)^n,\,\cdots$$

에서 n이 커짐에 따라 이들 수열의 각 항의 값이 변하는 상태를 그래프로 나타내면 다음과 같다.

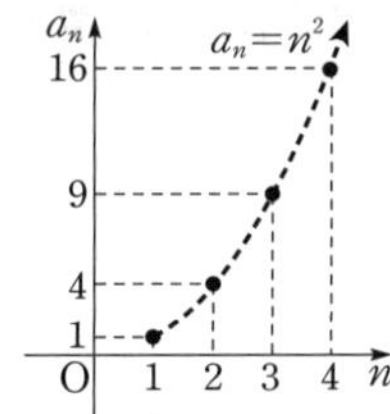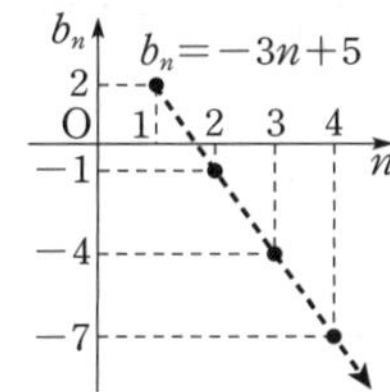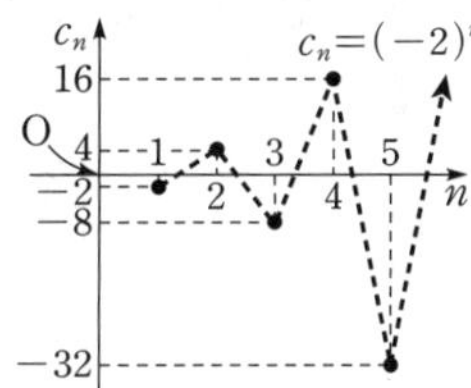

위의 그래프에서 n이 한없이 커질 때, 수열 $\{a_n\}$의 일반항 n^2의 값은 한없이 커지고, 수열 $\{b_n\}$의 일반항 $-3n+5$의 값은 음수이면서 그 절댓값이 한없이 커진다. 또, 수열 $\{c_n\}$의 일반항 $(-2)^n$의 값은 수렴하지도 않고 양의 무한대나 음의 무한대로 발산하지도 않는다.

- 수열 $\{a_n\}$은 양의 무한대로 발산한다. $\Longleftrightarrow \lim\limits_{n\to\infty}a_n=\infty$

$$\Longleftrightarrow n\longrightarrow\infty\text{일 때} \ a_n\longrightarrow\infty$$

- 수열 $\{b_n\}$은 음의 무한대로 발산한다. $\Longleftrightarrow \lim\limits_{n\to\infty}b_n=-\infty$

$$\Longleftrightarrow n\longrightarrow\infty\text{일 때} \ b_n\longrightarrow-\infty$$

- 수열 $\{c_n\}$은 진동한다.

KEY Point

- 수렴: 극한값 α를 갖는다. $\Rightarrow \lim\limits_{n\to\infty}a_n=\alpha$ (단, α는 실수)

- 발산
  - 양의 무한대로 발산 $\Rightarrow \lim\limits_{n\to\infty}a_n=\infty$
  - 음의 무한대로 발산 $\Rightarrow \lim\limits_{n\to\infty}a_n=-\infty$
  - 진동

다음 수열 $\{a_n\}$의 수렴, 발산을 조사하고, 수렴하면 그 극한값을 구하시오.

(1) $\left\{\dfrac{1}{n}\right\}$ (2) $\{n+1\}$ (3) $\{-2n+1\}$ (4) $\{\cos n\pi\}$

설명   일반항 a_n에 $n=1,\ 2,\ 3,\ \cdots$을 대입하여 a_n의 값의 변화를 그래프로 나타내었을 때, a_n의 값이 한없이 가까워지는 일정한 값 α가 존재하면 수열 $\{a_n\}$은 α에 수렴하고, 아니면 발산한다.

풀이   각 수열의 일반항에 $n=1,\ 2,\ 3,\ \cdots$을 대입하여 a_n의 값의 변화를 그래프로 나타내면 다음과 같다.

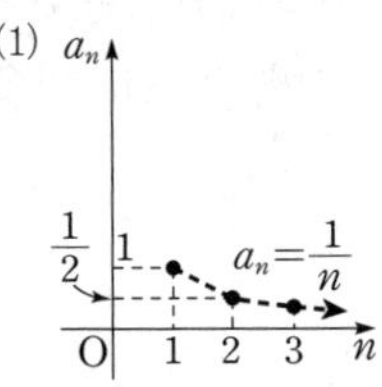 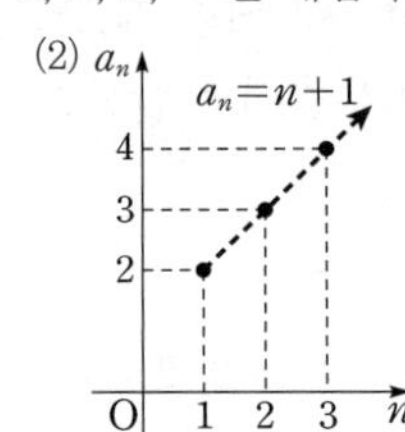 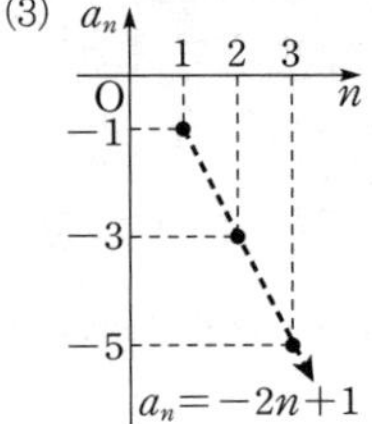 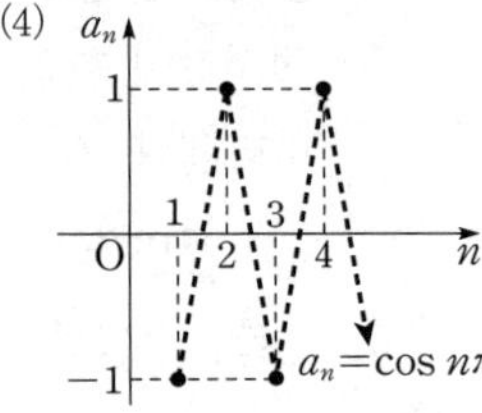

(1) n이 한없이 커질 때, 일반항 $\dfrac{1}{n}$의 값은 0에 한없이 가까워지므로 수열 $\left\{\dfrac{1}{n}\right\}$은 **수렴**하고, 그 **극한값**은 **0**이다.

(2) n이 한없이 커질 때, 일반항 $n+1$의 값은 한없이 커지므로 수열 $\{n+1\}$은 양의 무한대로 **발산**한다.

(3) n이 한없이 커질 때, 일반항 $-2n+1$의 값은 음수이면서 그 절댓값이 한없이 커지므로 수열 $\{-2n+1\}$은 음의 무한대로 **발산**한다.

(4) n이 한없이 커질 때, 일반항 $\cos n\pi$의 값은 $-1,\ 1,\ -1,\ 1,\ \cdots$과 같이 -1과 1을 번갈아 가진다. 즉, 수렴하지도 않고 양의 무한대나 음의 무한대로 발산하지도 않으므로 **발산**(진동)한다.

 **1**   다음 수열 $\{a_n\}$의 수렴과 발산을 조사하고, 수렴하면 그 극한값을 구하시오.

(1) $\{1+(-1)^n\}$ (2) $\left\{\dfrac{n^2}{n+1}\right\}$ (3) $\{\tan 2n\pi\}$

2   다음 **보기**의 수열 $\{a_n\}$ 중에서 수렴하는 것만을 있는 대로 고르시오.

┤ 보기 ├

ㄱ. $7,\ 7,\ 7,\ 7,\ \cdots$ ㄴ. $\dfrac{1}{\sqrt{2}},\ -\dfrac{2}{\sqrt{4}},\ \dfrac{3}{\sqrt{6}},\ -\dfrac{4}{\sqrt{8}},\ \cdots$

ㄷ. $\left\{3-\dfrac{(-1)^n}{n}\right\}$ ㄹ. $\{\log(n+2)\}$

02 수열의 극한값의 계산

개념원리 이해

1. 수열의 극한에 대한 기본 성질　▷ 필수예제 **2**

수렴하는 두 수열의 각 항의 실수배, 합, 차, 곱, 몫을 항으로 가지는 수열의 극한에 대하여 다음 성질이 성립한다.

> 두 수열 $\{a_n\}$, $\{b_n\}$이 수렴하고 $\lim\limits_{n\to\infty} a_n = \alpha$, $\lim\limits_{n\to\infty} b_n = \beta$ (α, β는 실수)일 때
>
> (1) $\lim\limits_{n\to\infty} ca_n = c\lim\limits_{n\to\infty} a_n = c\alpha$ (단, c는 상수)
>
> (2) $\lim\limits_{n\to\infty} (a_n + b_n) = \lim\limits_{n\to\infty} a_n + \lim\limits_{n\to\infty} b_n = \alpha + \beta$
>
> (3) $\lim\limits_{n\to\infty} (a_n - b_n) = \lim\limits_{n\to\infty} a_n - \lim\limits_{n\to\infty} b_n = \alpha - \beta$
>
> (4) $\lim\limits_{n\to\infty} a_n b_n = \lim\limits_{n\to\infty} a_n \times \lim\limits_{n\to\infty} b_n = \alpha\beta$
>
> (5) $\lim\limits_{n\to\infty} \dfrac{a_n}{b_n} = \dfrac{\lim\limits_{n\to\infty} a_n}{\lim\limits_{n\to\infty} b_n} = \dfrac{\alpha}{\beta}$ (단, $b_n \neq 0$, $\beta \neq 0$)

▶　수열의 극한에 대한 기본 성질은 두 수열이 모두 수렴하는 경우에만 성립한다.

설명　두 수열 $\{a_n\}$, $\{b_n\}$이

$\{a_n\}$: 2.1, 2.01, 2.001, 2.0001, $\cdots$,

$\{b_n\}$: 5.1, 5.01, 5.001, 5.0001, $\cdots$

일 때, 두 수열 $\{a_n\}$, $\{b_n\}$은 각각 수렴하고 $\lim\limits_{n\to\infty} a_n = 2$, $\lim\limits_{n\to\infty} b_n = 5$이다.

(1) 수열 $\{2a_n\}$은

$\{2a_n\}$: 4.2, 4.02, 4.002, 4.0002, $\cdots$

이므로 $\lim\limits_{n\to\infty} 2a_n = 4$

이때 $2\lim\limits_{n\to\infty} a_n = 2 \times 2 = 4$이므로

$$\lim\limits_{n\to\infty} 2a_n = 2\lim\limits_{n\to\infty} a_n$$

(2) 수열 $\{a_n + b_n\}$은

$\{a_n + b_n\}$: 7.2, 7.02, 7.002, 7.0002, $\cdots$

이므로 $\lim\limits_{n\to\infty} (a_n + b_n) = 7$

이때 $\lim\limits_{n\to\infty} a_n + \lim\limits_{n\to\infty} b_n = 2 + 5 = 7$이므로

$$\lim\limits_{n\to\infty} (a_n + b_n) = \lim\limits_{n\to\infty} a_n + \lim\limits_{n\to\infty} b_n$$

마찬가지 방법으로 두 수열 $\{a_n\}$, $\{b_n\}$에 대하여 위의 성질 (3), (4), (5)가 성립함을 알 수 있다.

2. 수열의 극한값의 계산

(1) $\dfrac{\infty}{\infty}$ 꼴의 극한   ▷ 필수예제 **3~5**

⇨ 분모의 최고차항으로 분모, 분자를 각각 나눈다. ($\sqrt{}$ 의 유·무에 관계없이)

(2) $\infty - \infty$ 꼴의 극한   ▷ 필수예제 **6, 7**

① $\sqrt{}$ 가 있을 때: $\sqrt{}$ 가 있는 쪽을 **유리화**한다.

② $\sqrt{}$ 가 없는 다항식일 때: **최고차항으로 묶어서** $\infty \times$ (상수)의 꼴로 변형한다.

▶ ∞는 수가 한없이 커지는 상태를 나타내는 기호이지 하나의 수를 나타내는 것이 아니므로 $\dfrac{\infty}{\infty} \neq 1$, $\infty - \infty \neq 0$임에 주의한다. 또한, 수열의 극한에 대한 기본 성질을 이용할 수 없으므로 $\dfrac{\infty}{\infty}$, $\infty - \infty$ 꼴은 식을 변형하여 위와 같은 방법으로 계산한다.

보충학습

1. ∞, $-\infty$는 수는 아니지만 ∞, $-\infty$로 발산하는 극한을 포함하는 계산에 있어서는 다음과 같이 생각하면 편리하다.

(1) $\infty \pm$ (상수) $= \infty$ (2) $\infty + \infty = \infty$ (3) $\begin{cases} a \times \infty = \infty & (a>0) \\ a \times \infty = -\infty & (a<0) \end{cases}$ (단, a는 상수)

(4) $\sqrt[n]{\infty} = \infty$ (5) $\dfrac{(상수)}{\infty} = 0$ (6) $\begin{cases} \dfrac{\infty}{a} = \infty & (a>0) \\ \dfrac{\infty}{a} = -\infty & (a<0) \end{cases}$ (단, a는 상수)

2. $\dfrac{\infty}{\infty}$ 꼴에서 극한값 쉽게 구하기

(1) (분자의 차수) $=$ (분모의 차수)일 때, 극한값 ⇨ 분모, 분자의 최고차항의 계수의 비

$$\lim_{n \to \infty} \frac{pn+q}{an+b} = \frac{p}{a} \text{ (수렴) (단, } a \neq 0, \ p \neq 0)$$

(2) (분자의 차수) $<$ (분모의 차수)일 때, 극한값 ⇨ 0

$$\lim_{n \to \infty} \frac{pn+q}{an^2+bn+c} = 0 \text{ (수렴) (단, } a \neq 0, \ p \neq 0)$$

(3) (분자의 차수) $>$ (분모의 차수)일 때, 발산한다.

$$\lim_{n \to \infty} \frac{pn^2+qn+r}{an+b} = \infty \text{ (또는 } -\infty) \text{ (발산) (단, } a \neq 0, \ p \neq 0)$$

3 두 수열 $\{a_n\}$, $\{b_n\}$에 대하여 $\lim\limits_{n\to\infty}a_n=4$, $\lim\limits_{n\to\infty}b_n=-3$일 때, 다음 극한값을 구하시오.

(1) $\lim\limits_{n\to\infty}(a_n+b_n)$

(2) $\lim\limits_{n\to\infty}(2a_n-5b_n)$

(3) $\lim\limits_{n\to\infty}a_nb_n$

(4) $\lim\limits_{n\to\infty}\dfrac{2a_n+1}{3b_n}$

4 다음 극한값을 구하시오.

(1) $\lim\limits_{n\to\infty}\left(3+\dfrac{2}{n}\right)$

(2) $\lim\limits_{n\to\infty}\dfrac{2n+1}{n^2}$

(3) $\lim\limits_{n\to\infty}\left(4+\dfrac{3}{n}\right)\left(\dfrac{3}{n}-2\right)$

5 다음 극한을 조사하고, 극한이 존재하면 그 극한값을 구하시오.

(1) $\lim\limits_{n\to\infty}\dfrac{n-2}{2n+1}$

(2) $\lim\limits_{n\to\infty}(\sqrt{n+1}-\sqrt{n})$

(3) $\lim\limits_{n\to\infty}(3+2n^2-n^3)$

$\lim\limits_{n\to\infty}ca_n=c\lim\limits_{n\to\infty}a_n$
(단, c는 상수)

$\lim\limits_{n\to\infty}(a_n\pm b_n)$
$=\lim\limits_{n\to\infty}a_n\pm\lim\limits_{n\to\infty}b_n$
(복부호동순)

$\lim\limits_{n\to\infty}a_nb_n=\lim\limits_{n\to\infty}a_n\times\lim\limits_{n\to\infty}b_n$

$\lim\limits_{n\to\infty}\dfrac{a_n}{b_n}=\dfrac{\lim\limits_{n\to\infty}a_n}{\lim\limits_{n\to\infty}b_n}$
(단, $b_n\neq0$, $\lim\limits_{n\to\infty}b_n\neq0$)

$\lim\limits_{n\to\infty}\dfrac{k}{n^p}=0$
(단, k는 상수, p는 양수)

수렴하는 두 수열 $\{a_n\}$, $\{b_n\}$에 대하여

$$\lim_{n\to\infty}(a_n+b_n)=4,\ \lim_{n\to\infty}a_nb_n=3$$

일 때, $\lim_{n\to\infty}(a_n^{\,2}+b_n^{\,2})$의 값을 구하시오.

풀이 두 수열 $\{a_n\}$, $\{b_n\}$이 수렴하므로 $\lim_{n\to\infty}a_n=\alpha$, $\lim_{n\to\infty}b_n=\beta$ (α, β는 상수)라 하면

$\lim_{n\to\infty}(a_n+b_n)=4$에서 $\lim_{n\to\infty}a_n+\lim_{n\to\infty}b_n=4$ $\qquad \therefore \alpha+\beta=4$

$\lim_{n\to\infty}a_nb_n=3$에서 $\lim_{n\to\infty}a_n\times\lim_{n\to\infty}b_n=3$ $\qquad \therefore \alpha\beta=3$

$$\therefore \lim_{n\to\infty}(a_n^{\,2}+b_n^{\,2})=\lim_{n\to\infty}a_n^{\,2}+\lim_{n\to\infty}b_n^{\,2}=\alpha^2+\beta^2$$
$$=(\alpha+\beta)^2-2\alpha\beta$$
$$=4^2-2\times3=\mathbf{10}$$

다른풀이 $\lim_{n\to\infty}(a_n^{\,2}+b_n^{\,2})=\lim_{n\to\infty}\{(a_n+b_n)^2-2a_nb_n\}$
$$=\lim_{n\to\infty}(a_n+b_n)^2-2\lim_{n\to\infty}a_nb_n$$
$$=4^2-2\times3=10$$

KEY Point

- $\lim_{n\to\infty}(a_n+b_n)=\lim_{n\to\infty}a_n+\lim_{n\to\infty}b_n$

- $\lim_{n\to\infty}a_nb_n=\lim_{n\to\infty}a_n\times\lim_{n\to\infty}b_n$

확인 체크 **6** 두 수열 $\{a_n\}$, $\{b_n\}$에 대하여 $\lim_{n\to\infty}a_n=3$, $\lim_{n\to\infty}b_n=-1$일 때, 다음 극한값을 구하시오.

(1) $\lim_{n\to\infty}(3a_n-1)(b_n+2)$ $\qquad\qquad$ (2) $\lim_{n\to\infty}\dfrac{a_n+4}{a_nb_n+2}$

7 수열 $\{a_n\}$에 대하여 $\lim_{n\to\infty}(a_n-1)=3$일 때, $\lim_{n\to\infty}a_n(a_n-2)$의 값을 구하시오.

다음 극한을 조사하고, 극한이 존재하면 그 극한값을 구하시오.

(1) $\displaystyle\lim_{n\to\infty}\dfrac{2n^3-4n+5}{n^3+3n^2-6}$

(2) $\displaystyle\lim_{n\to\infty}\dfrac{n^3}{2-n}$

(3) $\displaystyle\lim_{n\to\infty}\dfrac{5n+1}{n^2-3n+4}$

(4) $\displaystyle\lim_{n\to\infty}\dfrac{n}{\sqrt{n^2-1}-\sqrt{n}}$

풀이

(1) 분모의 최고차항인 n^3으로 분모, 분자를 각각 나누면

$$\lim_{n\to\infty}\dfrac{2n^3-4n+5}{n^3+3n^2-6}=\lim_{n\to\infty}\dfrac{2-\dfrac{4}{n^2}+\dfrac{5}{n^3}}{1+\dfrac{3}{n}-\dfrac{6}{n^3}}=\dfrac{2-0+0}{1+0-0}=\mathbf{2}\ (\text{수렴})$$

(2) 분모의 최고차항인 n으로 분모, 분자를 각각 나누면

$$\lim_{n\to\infty}\dfrac{n^3}{2-n}=\lim_{n\to\infty}\dfrac{n^2}{\dfrac{2}{n}-1}=\dfrac{\infty}{0-1}=-\infty\ (\text{발산})$$

(3) 분모의 최고차항인 n^2으로 분모, 분자를 각각 나누면

$$\lim_{n\to\infty}\dfrac{5n+1}{n^2-3n+4}=\lim_{n\to\infty}\dfrac{\dfrac{5}{n}+\dfrac{1}{n^2}}{1-\dfrac{3}{n}+\dfrac{4}{n^2}}=\dfrac{0+0}{1-0+0}=\mathbf{0}\ (\text{수렴})$$

(4) 분모의 최고차항인 n으로 분모, 분자를 각각 나누면

$$\lim_{n\to\infty}\dfrac{n}{\sqrt{n^2-1}-\sqrt{n}}=\lim_{n\to\infty}\dfrac{1}{\sqrt{1-\dfrac{1}{n^2}}-\sqrt{\dfrac{1}{n}}}=\dfrac{1}{1-0}=\mathbf{1}\ (\text{수렴})$$

▶ $\dfrac{\infty}{\infty}$ 꼴의 극한에서

$\left\{\begin{array}{l}(\text{분자의 차수})=(\text{분모의 차수})\text{이면 극한값은 최고차항의 계수의 비이다.} \quad\cdots\cdots (1),\ (4)\\ (\text{분자의 차수})>(\text{분모의 차수})\text{이면 발산한다.} \quad\cdots\cdots (2)\\ (\text{분자의 차수})<(\text{분모의 차수})\text{이면 극한값은 0이다.} \quad\cdots\cdots (3)\end{array}\right.$

KEY Point

• $\dfrac{\infty}{\infty}$ 꼴의 극한 $\Rightarrow$ 분모의 최고차항으로 분모, 분자를 각각 나눈다. ($\sqrt{\ }$ 의 유·무에 관계없이)

확인체크 8 다음 극한을 조사하고, 극한이 존재하면 그 극한값을 구하시오.

(1) $\displaystyle\lim_{n\to\infty}\dfrac{(n+2)(3n-5)}{(2n+1)(n-2)}$

(2) $\displaystyle\lim_{n\to\infty}\dfrac{3n-1}{n^2-2n+2}$

(3) $\displaystyle\lim_{n\to\infty}\dfrac{2n^3+5n}{n^2+1}$

(4) $\displaystyle\lim_{n\to\infty}\{\log(2n+1)-\log(3n+2)\}$

다음 극한값을 구하시오.

(1) $\displaystyle\lim_{n\to\infty}\dfrac{1+2+3+\cdots+n}{n^2}$

(2) $\displaystyle\lim_{n\to\infty}\left\{\left(1-\dfrac{1}{2}\right)\left(1-\dfrac{1}{3}\right)\cdots\left(1-\dfrac{1}{n}\right)\right\}^2(1+2+\cdots+n)$

풀이

(1) $1+2+3+\cdots+n=\dfrac{n(n+1)}{2}$ 이므로

$$\dfrac{1+2+3+\cdots+n}{n^2}=\dfrac{n^2+n}{2n^2}$$

$$\therefore \lim_{n\to\infty}\dfrac{1+2+3+\cdots+n}{n^2}=\lim_{n\to\infty}\dfrac{n^2+n}{2n^2}=\lim_{n\to\infty}\dfrac{1+\dfrac{1}{n}}{2}=\dfrac{1+0}{2}=\boldsymbol{\dfrac{1}{2}}$$

(2) $\displaystyle\lim_{n\to\infty}\left\{\left(1-\dfrac{1}{2}\right)\left(1-\dfrac{1}{3}\right)\cdots\left(1-\dfrac{1}{n}\right)\right\}^2(1+2+\cdots+n)$

$$=\lim_{n\to\infty}\left\{\left(\dfrac{1}{2}\times\dfrac{2}{3}\times\dfrac{3}{4}\times\cdots\times\dfrac{n-2}{n-1}\times\dfrac{n-1}{n}\right)^2\times\dfrac{n(n+1)}{2}\right\}$$

$$=\lim_{n\to\infty}\left\{\left(\dfrac{1}{n}\right)^2\times\dfrac{n^2+n}{2}\right\}$$

$$=\lim_{n\to\infty}\dfrac{n^2+n}{2n^2}=\lim_{n\to\infty}\dfrac{1+\dfrac{1}{n}}{2}=\dfrac{1+0}{2}=\boldsymbol{\dfrac{1}{2}}$$

KEY Point

- 합 또는 곱으로 표현된 $\dfrac{\infty}{\infty}$ 꼴의 극한

 (ⅰ) 합 또는 곱으로 된 부분을 간단히 정리하여 n에 대한 식으로 나타낸다.

 (ⅱ) $\dfrac{\infty}{\infty}$ 꼴로 변형한 후 분모의 최고차항으로 분모, 분자를 각각 나누어 극한값을 구한다.

9 다음 극한값을 구하시오.

(1) $\displaystyle\lim_{n\to\infty}\dfrac{1^2+2^2+3^2+\cdots+n^2}{n^3}$

(2) $\displaystyle\lim_{n\to\infty}\left(1-\dfrac{1}{2^2}\right)\left(1-\dfrac{1}{3^2}\right)\cdots\left(1-\dfrac{1}{n^2}\right)$

10 $\displaystyle\lim_{n\to\infty}\dfrac{1^2+3^2+5^2+\cdots+(2n-1)^2}{n^3}$ 의 값을 구하시오.

$$\lim_{n \to \infty} \frac{an^2 + bn + 1}{3n + 2} = 2$$일 때, 상수 a, b에 대하여 $a + b$의 값을 구하시오.

설명　$\dfrac{\infty}{\infty}$ 꼴의 극한값이 0이 아닌 2에 수렴하므로 분모와 분자의 차수가 같다.

풀이　$\displaystyle\lim_{n \to \infty} \frac{an^2 + bn + 1}{3n + 2}$ 에서 $a \neq 0$이면 발산하므로 $a = 0$

$$\therefore \lim_{n \to \infty} \frac{an^2 + bn + 1}{3n + 2} = \lim_{n \to \infty} \frac{bn + 1}{3n + 2}$$

$$= \lim_{n \to \infty} \frac{b + \dfrac{1}{n}}{3 + \dfrac{2}{n}}$$

$$= \frac{b}{3}$$

따라서 $\dfrac{b}{3} = 2$이므로 $b = 6$

$$\therefore a + b = 0 + 6 = \mathbf{6}$$

KEY Point

- $\displaystyle\lim_{n \to \infty} a_n = \infty,\ \lim_{n \to \infty} b_n = \infty$이고 $\displaystyle\lim_{n \to \infty} \dfrac{a_n}{b_n} = \alpha$일 때

① $\alpha = 0 \Rightarrow (a_n$의 차수$) < (b_n$의 차수$)$

② $\alpha \neq 0 \Rightarrow (a_n$의 차수$) = (b_n$의 차수$)$이고, α는 a_n과 b_n의 최고차항의 계수의 비이다.

확인체크

11　$\displaystyle\lim_{n \to \infty} \frac{bn + 4}{an^2 + 2n + 2} = 6$일 때, 상수 a, b에 대하여 $a + b$의 값을 구하시오.

12　$\displaystyle\lim_{n \to \infty} \frac{\sqrt{n^2 + 2} + an}{n} = 10$일 때, 상수 a의 값을 구하시오.

다음 극한을 조사하고, 극한이 존재하면 그 극한값을 구하시오.

$$(1)\ \lim_{n\to\infty}(\sqrt{n+3}-\sqrt{n})\qquad (2)\ \lim_{n\to\infty}\frac{\sqrt{n+2}-\sqrt{n+1}}{\sqrt{n+1}-\sqrt{n}}\qquad (3)\ \lim_{n\to\infty}(10n^2-n^3)$$

풀이

(1) 분모를 1로 보고 분자를 유리화하면

$$\lim_{n\to\infty}(\sqrt{n+3}-\sqrt{n})=\lim_{n\to\infty}\frac{(\sqrt{n+3}-\sqrt{n})(\sqrt{n+3}+\sqrt{n})}{\sqrt{n+3}+\sqrt{n}}=\lim_{n\to\infty}\frac{(n+3)-n}{\sqrt{n+3}+\sqrt{n}}$$

$$=\lim_{n\to\infty}\frac{3}{\sqrt{n+3}+\sqrt{n}}=\mathbf{0\ (수렴)}$$

(2) 분모, 분자가 모두 $\sqrt{\ }$ 가 있는 ∞ − ∞ 꼴이므로 분모, 분자를 각각 유리화하면

$$\lim_{n\to\infty}\frac{\sqrt{n+2}-\sqrt{n+1}}{\sqrt{n+1}-\sqrt{n}}=\lim_{n\to\infty}\frac{(\sqrt{n+2}-\sqrt{n+1})(\sqrt{n+2}+\sqrt{n+1})(\sqrt{n+1}+\sqrt{n})}{(\sqrt{n+1}-\sqrt{n})(\sqrt{n+1}+\sqrt{n})(\sqrt{n+2}+\sqrt{n+1})}$$

$$=\lim_{n\to\infty}\frac{\sqrt{n+1}+\sqrt{n}}{\sqrt{n+2}+\sqrt{n+1}}$$

$$=\lim_{n\to\infty}\frac{\sqrt{1+\dfrac{1}{n}}+\sqrt{1}}{\sqrt{1+\dfrac{2}{n}}+\sqrt{1+\dfrac{1}{n}}}=\frac{2}{2}=\mathbf{1\ (수렴)}$$

(3) 최고차항인 n^3으로 묶으면

$$\lim_{n\to\infty}(10n^2-n^3)=\lim_{n\to\infty}n^3\left(\frac{10}{n}-1\right)=-\infty\ \mathbf{(발산)}$$

KEY Point
- ∞ − ∞ 꼴의 극한
  ① $\sqrt{\ }$ 가 있을 때 ⇨ $\sqrt{\ }$ 가 있는 쪽을 유리화한다.
  ② $\sqrt{\ }$ 가 없는 다항식일 때 ⇨ 최고차항으로 묶어서 ∞ × (상수)의 꼴로 변형한다.

13 다음 극한을 조사하고, 극한이 존재하면 그 극한값을 구하시오.

$$(1)\ \lim_{n\to\infty}(\sqrt{4n^2-3n}-2n)\qquad\qquad (2)\ \lim_{n\to\infty}\sqrt{n}(\sqrt{n+1}-\sqrt{n-1})$$

$$(3)\ \lim_{n\to\infty}(n^3-6n)\qquad\qquad\qquad\ (4)\ \lim_{n\to\infty}\frac{2}{\sqrt{n^2+2n}-\sqrt{n^2-2n}}$$

14 $\displaystyle\lim_{n\to\infty}\{\sqrt{1+2+3+\cdots+(n+1)}-\sqrt{1+2+3+\cdots+n}\}$ 의 값을 구하시오.

$$\lim_{n \to \infty}(\sqrt{n^2+an}-\sqrt{n^2+1})=3$$일 때, 상수 a의 값을 구하시오.

풀이

$$\lim_{n \to \infty}(\sqrt{n^2+an}-\sqrt{n^2+1}) = \lim_{n \to \infty}\frac{(\sqrt{n^2+an}-\sqrt{n^2+1})(\sqrt{n^2+an}+\sqrt{n^2+1})}{\sqrt{n^2+an}+\sqrt{n^2+1}}$$

$$= \lim_{n \to \infty}\frac{an-1}{\sqrt{n^2+an}+\sqrt{n^2+1}}$$

$$= \lim_{n \to \infty}\frac{a-\dfrac{1}{n}}{\sqrt{1+\dfrac{a}{n}}+\sqrt{1+\dfrac{1}{n^2}}}$$

$$= \frac{a}{2}$$

따라서 $\dfrac{a}{2}=3$이므로 $a=6$

KEY Point

- ∞ − ∞ 꼴의 미정계수의 결정

(ⅰ) 무리식은 분자 또는 분모를 유리화하여 $\dfrac{\infty}{\infty}$ 꼴로 만든다.

(ⅱ) (ⅰ)의 식이 α에 수렴할 때,

$\alpha=0$ ⇨ (분자의 차수) < (분모의 차수)

$\alpha \neq 0$ ⇨ (분자의 차수) = (분모의 차수)이고, 최고차항의 계수의 비가 α임을 이용한다.

확인 체크

15 $\lim\limits_{n \to \infty}(\sqrt{n^2+an+2}-\sqrt{bn^2+2n+3})=3$일 때, 상수 a, b의 값을 구하시오.

16 $\lim\limits_{n \to \infty}\dfrac{1}{\sqrt{n^2+an}-n}=-2$일 때, 상수 a의 값을 구하시오.

> 수열 $\{a_n\}$에 대하여 $\lim\limits_{n\to\infty}\dfrac{a_n+5}{2a_n+1}=3$일 때, $\lim\limits_{n\to\infty}a_n$의 값을 구하시오.

풀이　　$\dfrac{a_n+5}{2a_n+1}=b_n$으로 놓으면 $a_n+5=b_n(2a_n+1)$, $(1-2b_n)a_n=b_n-5$

$\therefore a_n=\dfrac{b_n-5}{1-2b_n}$

이때 $\lim\limits_{n\to\infty}b_n=3$이므로

$$\lim_{n\to\infty}a_n=\lim_{n\to\infty}\frac{b_n-5}{1-2b_n}$$

$$=\frac{\lim\limits_{n\to\infty}b_n-\lim\limits_{n\to\infty}5}{\lim\limits_{n\to\infty}1-2\lim\limits_{n\to\infty}b_n}$$

$$=\frac{3-5}{1-2\times3}=\frac{2}{5}$$

다른 풀이　　$\lim\limits_{n\to\infty}a_n=\alpha$ (α는 실수)라 하면

$$\lim_{n\to\infty}\frac{a_n+5}{2a_n+1}=\frac{\alpha+5}{2\alpha+1}$$

즉, $\dfrac{\alpha+5}{2\alpha+1}=3$이므로 $\alpha+5=3(2\alpha+1)$　　　$\therefore \alpha=\dfrac{2}{5}$

$\therefore \lim\limits_{n\to\infty}a_n=\dfrac{2}{5}$

KEY Point

- $\lim\limits_{n\to\infty}(a_n$에 대한 식$)=\alpha$ (α는 실수)이면

　(ⅰ) $(a_n$에 대한 식$)=b_n$으로 치환하여 $a_n=(b_n$에 대한 식$)$으로 나타낸다.

　(ⅱ) $\lim\limits_{n\to\infty}b_n=\alpha$임을 이용하여 $\lim\limits_{n\to\infty}a_n$의 값을 구한다.

17　수열 $\{a_n\}$에 대하여 $\lim\limits_{n\to\infty}\dfrac{3a_n-5}{a_n-1}=2$일 때, $\lim\limits_{n\to\infty}a_n$의 값을 구하시오.

18　수열 $\{a_n\}$에 대하여 $\lim\limits_{n\to\infty}na_n=5$일 때, $\lim\limits_{n\to\infty}\dfrac{3n^2+2n}{n^3a_n}$의 값을 구하시오.

03 수열의 극한의 대소 관계

개념원리 이해

1. 수열의 극한의 대소 관계 ▷ 필수예제 **9, 10**

수렴하는 수열의 극한에 대하여 다음과 같은 대소 관계가 성립한다.

> 수렴하는 두 수열 $\{a_n\}$, $\{b_n\}$에 대하여
> $$\lim_{n \to \infty} a_n = \alpha, \quad \lim_{n \to \infty} b_n = \beta \ (\alpha, \ \beta \text{는 실수})$$
> 일 때
> (1) 모든 자연수 n에 대하여 $a_n \leq b_n$이면 $\alpha \leq \beta$이다.
> (2) 수열 $\{c_n\}$이 모든 자연수 n에 대하여 $a_n \leq c_n \leq b_n$이고 $\alpha = \beta$이면 수열 $\{c_n\}$은 수렴하고
> $$\lim_{n \to \infty} c_n = \alpha$$

▶ ① $a_n \leq b_n$일 때, $\lim\limits_{n \to \infty} a_n = \infty$이면 $\lim\limits_{n \to \infty} b_n = \infty$이고, $\lim\limits_{n \to \infty} b_n = -\infty$이면 $\lim\limits_{n \to \infty} a_n = -\infty$이다.

② 두 수열 $\{a_n\}$, $\{b_n\}$에 대하여 $a_n < b_n$이라고 해서 반드시 $\lim\limits_{n \to \infty} a_n < \lim\limits_{n \to \infty} b_n$이 성립하는 것은 아니다.

설명 두 수열 $\{a_n\}$, $\{b_n\}$에 대하여 $a_n = \dfrac{1}{n}$, $b_n = 1 + \dfrac{1}{n}$이면

모든 자연수 n에 대하여 $a_n < b_n$이고 $\lim\limits_{n \to \infty} a_n = 0$, $\lim\limits_{n \to \infty} b_n = 1$이므로

$$\lim_{n \to \infty} a_n < \lim_{n \to \infty} b_n$$

이 성립함을 알 수 있다.

한편, 수렴하는 두 수열 $\{a_n\}$, $\{b_n\}$이 모든 자연수 n에 대하여 $a_n < b_n$이어도 $\lim\limits_{n \to \infty} a_n = \lim\limits_{n \to \infty} b_n$일 수 있다.

예를 들어 두 수열 $\{a_n\}$, $\{b_n\}$의 일반항이 각각 $a_n = 1 - \dfrac{1}{n}$, $b_n = 1 + \dfrac{1}{n}$이면

모든 자연수 n에 대하여 $a_n < b_n$이지만 $\lim\limits_{n \to \infty} a_n = 1$, $\lim\limits_{n \to \infty} b_n = 1$이므로

$\lim\limits_{n \to \infty} a_n = \lim\limits_{n \to \infty} b_n$임을 알 수 있다.

따라서 수렴하는 두 수열 $\{a_n\}$, $\{b_n\}$이 모든 자연수 n에 대하여 $a_n \leq b_n$이면 $\lim\limits_{n \to \infty} a_n \leq \lim\limits_{n \to \infty} b_n$이 성립한다.

예 수열 $\{a_n\}$이 모든 자연수 n에 대하여 부등식 $\dfrac{5n-1}{n+3} \leq a_n \leq \dfrac{5n+2}{n+1}$를 만족시킬 때,

$\lim\limits_{n \to \infty} a_n$의 값을 구하시오.

풀이 $\displaystyle \lim_{n \to \infty} \frac{5n-1}{n+3} = \lim_{n \to \infty} \frac{5 - \dfrac{1}{n}}{1 + \dfrac{3}{n}} = 5$

$\displaystyle \lim_{n \to \infty} \frac{5n+2}{n+1} = \lim_{n \to \infty} \frac{5 + \dfrac{2}{n}}{1 + \dfrac{1}{n}} = 5$

따라서 수열의 극한의 대소 관계에 의하여

$$\lim_{n \to \infty} a_n = 5$$

수열 $\{a_n\}$이 모든 자연수 n에 대하여 부등식 $9n^2<(n^2+1)a_n<(3n+2)^2$을 만족시킬 때, $\lim\limits_{n\to\infty}a_n$의 값을 구하시오.

풀이

$9n^2<(n^2+1)a_n<(3n+2)^2$에서 $\dfrac{9n^2}{n^2+1}<a_n<\dfrac{(3n+2)^2}{n^2+1}$

이때

$$\lim_{n\to\infty}\frac{9n^2}{n^2+1}=\lim_{n\to\infty}\frac{9}{1+\dfrac{1}{n^2}}=9,$$

$$\lim_{n\to\infty}\frac{(3n+2)^2}{n^2+1}=\lim_{n\to\infty}\frac{9n^2+12n+4}{n^2+1}=\lim_{n\to\infty}\frac{9+\dfrac{12}{n}+\dfrac{4}{n^2}}{1+\dfrac{1}{n^2}}=9$$

이므로 수열의 극한의 대소 관계에 의하여 $\lim\limits_{n\to\infty}a_n=\mathbf{9}$

$\lim\limits_{n\to\infty}\dfrac{\sin n\theta}{1+n^2}$의 값을 구하시오. (단, θ는 상수)

풀이

모든 자연수 n에 대하여 $-1\le\sin n\theta\le1$이므로

$$-\frac{1}{1+n^2}\le\frac{\sin n\theta}{1+n^2}\le\frac{1}{1+n^2}$$

이때 $\lim\limits_{n\to\infty}\left(-\dfrac{1}{1+n^2}\right)=0$, $\lim\limits_{n\to\infty}\dfrac{1}{1+n^2}=0$이므로 수열의 극한의 대소 관계에 의하여

$$\lim_{n\to\infty}\frac{\sin n\theta}{1+n^2}=\mathbf{0}$$

KEY Point

• 모든 자연수 n에 대하여 $a_n\le c_n\le b_n$이고 $\lim\limits_{n\to\infty}a_n=\lim\limits_{n\to\infty}b_n=\alpha$이면 $\lim\limits_{n\to\infty}c_n=\alpha$이다.

확인체크

19　수열 $\{a_n\}$이 모든 자연수 n에 대하여 부등식 $\dfrac{3n^2}{n+1}<a_n<\dfrac{3n^2+2n}{n+1}$ 을 만족시킬 때, $\lim\limits_{n\to\infty}\dfrac{a_n+6n}{n+5}$의 값을 구하시오.

20　다음 극한값을 구하시오. (단, θ는 상수)

(1) $\lim\limits_{n\to\infty}\dfrac{\cos 2n\theta}{n^2}$　　　　　　　　(2) $\lim\limits_{n\to\infty}\left(1+\dfrac{\sin n\theta}{n}\right)$

연습문제

STEP 1

1 다음 수열 중 발산하는 것을 모두 고르면? (정답 2개)

① $\left\{\dfrac{-n^2+2}{n+1}\right\}$ ② $\left\{\dfrac{(-1)^n}{n+1}\right\}$ ③ $\left\{1+\left(\dfrac{1}{2}\right)^{n-1}\right\}$

④ $\{2+(-1)^n\}$ ⑤ $\{(-1)^{2n+1}\}$

2 수열 $\{a_n\}$에 대하여 $\displaystyle\lim_{n\to\infty}a_n=5$, $\displaystyle\lim_{n\to\infty}\dfrac{3a_n+k}{a_n+1}=2$일 때, 상수 k의 값을 구하시오.

3 다음 중 극한값이 나머지 넷과 <u>다른</u> 하나는?

① $\displaystyle\lim_{n\to\infty}\left(3+\dfrac{5}{n}\right)\left(\dfrac{5}{n}-1\right)$ ② $\displaystyle\lim_{n\to\infty}\left(-\dfrac{1}{n}-3\right)$

③ $\displaystyle\lim_{n\to\infty}\dfrac{6n-3}{2n+1}$ ④ $\displaystyle\lim_{n\to\infty}\dfrac{3n^2-5n+4}{-n^2+2n-3}$

⑤ $\displaystyle\lim_{n\to\infty}\dfrac{(n+2)(1-3n)}{(3+n)(1+n)}$

4 $\displaystyle\lim_{n\to\infty}\{\log_2(2n-1)+\log_2(8n+1)-2\log_2(n+1)\}$의 값을 구하시오.

$\log_a x+\log_a y=\log_a xy$
$\log_a x-\log_a y=\log_a \dfrac{x}{y}$
$\log_a x^n=n\log_a x$

5 $\displaystyle\lim_{n\to\infty}\dfrac{a(n+1)^2}{bn^3+3n^2-1}=-2$일 때, 상수 a, b에 대하여 $b-a$의 값을 구하시오.

6 이차방정식 $x^2-x+n-\sqrt{n^2+n}=0$의 두 근을 α_n, β_n이라 할 때, $\displaystyle\lim_{n\to\infty}\left(\dfrac{1}{\alpha_n}+\dfrac{1}{\beta_n}\right)$의 값을 구하시오.

이차방정식의 근과 계수의 관계를 이용한다.

---

7 수열 $\{a_n\}$에 대하여 $\lim\limits_{n\to\infty}\dfrac{-3a_n+1}{5a_n-4}=-1$일 때, $\lim\limits_{n\to\infty}\dfrac{a_n+1}{a_n-1}$의 값을 구하시오.

> $\dfrac{-3a_n+1}{5a_n-4}=b_n$으로 놓고 $\lim\limits_{n\to\infty}a_n$의 값을 구한다.

[교육청기출]

8 수열 $\{a_n\}$이 모든 자연수 n에 대하여 부등식 $\dfrac{10}{2n^2+3n}<a_n<\dfrac{10}{2n^2+n}$을 만족시킬 때, $\lim\limits_{n\to\infty}n^2a_n$의 값을 구하시오.

STEP 2

9 두 수열 $\{a_n\}$, $\{b_n\}$에 대하여 $a_n=2+\dfrac{12}{n^2}$, $b_n=1-\dfrac{1}{n(1+n^2)}$일 때, $40\lim\limits_{n\to\infty}\dfrac{a_n^2+b_n^2}{2a_nb_n}$의 값을 구하시오.

> $\lim\limits_{n\to\infty}a_n$, $\lim\limits_{n\to\infty}b_n$의 값을 각각 구한다.

10 수열 $\dfrac{1\times2}{1^3}$, $\dfrac{1\times2+2\times3}{2^3}$, $\dfrac{1\times2+2\times3+3\times4}{3^3}$, $\cdots$의 극한값을 구하시오.

11 $\lim\limits_{n\to\infty}\dfrac{\sqrt{an+3}}{n(\sqrt{n+2}-\sqrt{n+1})}=6$일 때, 상수 a의 값을 구하시오.

12 자연수 n에 대하여 $\sqrt{9n^2+11n+3}$의 정수 부분을 a_n, 소수 부분을 b_n이라 할 때, $\lim\limits_{n\to\infty}\dfrac{a_n+nb_n}{n}=\dfrac{q}{p}$이다. 이때 $p+q$의 값을 구하시오.

(단, p, q는 서로소인 자연수)

> (소수 부분)
> =(무리수)-(정수 부분)

---

13 $\lim\limits_{n\to\infty}\{\sqrt{n(n+4)}-an+b\}=4$일 때, 상수 a, b에 대하여 $a+b$의 값을 구하시오. (단, $a>0$)

[교육청기출]

14 두 수열 $\{a_n\}$, $\{b_n\}$이 $\lim\limits_{n\to\infty}(a_n-1)=2$, $\lim\limits_{n\to\infty}(a_n+2b_n)=9$를 만족시킬 때, $\lim\limits_{n\to\infty}a_n(1+b_n)$의 값을 구하시오.

15 $\lim\limits_{n\to\infty}\dfrac{\sin n\theta-4n^2}{2n^2+n}$의 값을 구하시오. (단, θ는 상수)

$-1\le\sin n\theta\le1$

16 두 수열 $\{a_n\}$, $\{b_n\}$에 대하여 다음 중 옳은 것은? (단, α, β는 상수)

① $\lim\limits_{n\to\infty}a_n=\alpha$, $\lim\limits_{n\to\infty}b_n=\beta$이면 $\lim\limits_{n\to\infty}\dfrac{a_n}{b_n}=\dfrac{\alpha}{\beta}$이다.

② $\lim\limits_{n\to\infty}a_n=\infty$, $\lim\limits_{n\to\infty}b_n=\infty$이면 $\lim\limits_{n\to\infty}(a_n-b_n)=0$이다.

③ $\lim\limits_{n\to\infty}a_n=\infty$, $\lim\limits_{n\to\infty}b_n=0$이면 $\lim\limits_{n\to\infty}a_nb_n=0$이다.

④ 모든 자연수 n에 대하여 $a_n<b_n$이면 $\lim\limits_{n\to\infty}a_n<\lim\limits_{n\to\infty}b_n$이다.

⑤ $\lim\limits_{n\to\infty}(a_n-b_n)=0$, $\lim\limits_{n\to\infty}a_n=\alpha$이면 $\lim\limits_{n\to\infty}b_n=\alpha$이다.

실력 UP

17 다음 극한값을 구하시오.

$$\lim_{n\to\infty}\dfrac{1}{n^3}\{1\times(2n-1)+2\times(2n-3)+3\times(2n-5)$$
$$+\cdots+(n-1)\times3+n\times1\}$$

실력 UP [교육청기출]

18 자연수 n에 대하여 원 $x^2+y^2=4n^2$과 직선 $y=\sqrt{n}$이 제1사분면에서 만나는 점의 x좌표를 a_n이라 할 때, $\lim\limits_{n\to\infty}(2n-a_n)$의 값은?

점 $(a_n,\sqrt{n})$이 원 $x^2+y^2=4n^2$ 위의 점이다.

① $\dfrac{1}{16}$ ② $\dfrac{1}{8}$ ③ $\dfrac{3}{16}$ ④ $\dfrac{1}{4}$ ⑤ $\dfrac{5}{16}$

04 등비수열의 극한

개념원리 이해

1. 등비수열 $\{r^n\}$의 수렴과 발산 ▷ 필수예제 **11**, **12**

첫째항이 r, 공비가 r인 등비수열 $\{r^n\}$, 즉

$$r,\ r^2,\ r^3,\ \cdots,\ r^n,\ \cdots$$

의 수렴과 발산은 r의 값의 범위에 따라 다음과 같이 결정된다.

> (1) $r>1$일 때, $\lim\limits_{n\to\infty}r^n=\infty$ ⇨ 양의 무한대로 발산
>
> (2) $r=1$일 때, $\lim\limits_{n\to\infty}r^n=1$ ⇨ 1에 수렴
>
> (3) $|r|<1$일 때, $\lim\limits_{n\to\infty}r^n=0$ ⇨ 0에 수렴
>
> (4) $r\leq-1$일 때, $\lim\limits_{n\to\infty}r^n$은 진동 ⇨ 발산

▶ 등비수열 $\{r^n\}$이 수렴하기 위한 필요충분조건 ⇨ $-1<r\leq1$

설명 $\lim\limits_{n\to\infty}r^n$에 대하여

(i) $r>1$일 때, $\lim\limits_{n\to\infty}3^n=\infty,\ \lim\limits_{n\to\infty}5^n=\infty$ (발산)

(ii) $r=1$일 때, $\lim\limits_{n\to\infty}1^n=\lim\limits_{n\to\infty}1=1$ (수렴)

(iii) $-1<r<1$, 즉 $|r|<1$일 때,

$$\lim\limits_{n\to\infty}\left(\frac{1}{3}\right)^n=0,\ \lim\limits_{n\to\infty}\left(-\frac{1}{2}\right)^n=0 \quad \text{(수렴)}$$

(iv) $r=-1$일 때, $(-1)^n:\ -1,\ 1,\ -1,\ 1,\ \cdots$ (진동)

(v) $r<-1$일 때, $(-3)^n:\ -3,\ 9,\ -27,\ 81,\ \cdots$ (진동)

증명 보충학습 참조

예 다음 수열의 수렴, 발산을 조사하시오.

(1) $\left\{\left(\dfrac{3}{5}\right)^n\right\}$ (2) $\{(-6)^n\}$ (3) $\{7^n\}$ (4) $\left\{\dfrac{1}{(-2)^n}\right\}$

풀이 (1) 공비가 $\dfrac{3}{5}$이고 $-1<\dfrac{3}{5}<1$이므로 $\lim\limits_{n\to\infty}\left(\dfrac{3}{5}\right)^n=0$ (수렴)

(2) 공비가 -6이고 $-6<-1$이므로 발산(진동)

(3) 공비가 7이고 $7>1$이므로 $\lim\limits_{n\to\infty}7^n=\infty$ (발산)

(4) 공비가 $-\dfrac{1}{2}$이고 $-1<-\dfrac{1}{2}<1$이므로 $\lim\limits_{n\to\infty}\dfrac{1}{(-2)^n}=0$ (수렴)

KEY Point

• r^n을 포함한 수열의 극한을 구할 때는 다음 네 가지 경우로 나눈다.

$$|r|<1,\ r=1,\ r=-1,\ |r|>1$$

2. 등비수열의 수렴 조건   ▷ 필수예제 **13**

> (1) 등비수열 $\{r^n\}$의 수렴 조건 ⇨ $-1 < r \leq 1$ ← r: 첫째항, 공비
>
> (2) 등비수열 $\{ar^{n-1}\}$의 수렴 조건 ⇨ $a=0$ 또는 $-1 < r \leq 1$ ← a: 첫째항, r: 공비

▶ 등비수열 $\{ar^{n-1}\}$에서 $a=0$이면 모든 항이 0이 되므로 이 수열은 공비에 관계없이 0에 수렴한다.

예   등비수열 $\left\{(x+5)\left(\dfrac{x+1}{4}\right)^{n-1}\right\}$이 수렴하기 위한 x의 값의 범위를 구하시오.

풀이   첫째항이 $x+5$, 공비가 $\dfrac{x+1}{4}$이므로 이 수열이 수렴하려면 $x+5=0$ 또는 $-1 < \dfrac{x+1}{4} \leq 1$

$x+5=0$에서 $x=-5$, $-1 < \dfrac{x+1}{4} \leq 1$에서 $-5 < x \leq 3$

따라서 구하는 x의 값의 범위는 $-5 \leq x \leq 3$

보충학습

일반적으로 등비수열 $\{r^n\}$의 수렴, 발산은 r의 값의 범위에 따라 다음과 같은 네 가지 경우로 나누어진다.

(1) $r>1$일 때, $r=1+h\ (h>0)$로 놓으면 수학적 귀납법에 의하여

$r^n=(1+h)^n>1+nh\ (n\geq 2)$가 성립한다.

이때 $\displaystyle\lim_{n\to\infty}(1+nh)=\infty$이므로 $\displaystyle\lim_{n\to\infty}r^n=\infty$

(2) $r=1$일 때, 모든 자연수 n에 대하여 $r^n=1$이므로 $\displaystyle\lim_{n\to\infty}r^n=1$

(3) $|r|<1$일 때,

① $r=0$이면 모든 자연수 n에 대하여 $r^n=0$이므로 $\displaystyle\lim_{n\to\infty}r^n=0$

② $r\neq 0$이면 $\dfrac{1}{|r|}>1$이므로 (1)에 의하여 $\displaystyle\lim_{n\to\infty}\dfrac{1}{|r^n|}=\lim_{n\to\infty}\left(\dfrac{1}{|r|}\right)^n=\infty$

따라서 $\displaystyle\lim_{n\to\infty}|r^n|=0$, 즉 $\displaystyle\lim_{n\to\infty}r^n=0$ ← $a_n>0$일 때, $\displaystyle\lim_{n\to\infty}\dfrac{1}{a_n}=\infty \Longleftrightarrow \lim_{n\to\infty}a_n=0$

(4) $r\leq -1$일 때,

① $r=-1$이면 수열 $\{r^n\}$은 $-1,\ 1,\ -1,\ 1,\ \cdots$이므로 진동(발산)한다.

② $r<-1$이면 $|r|>1$이므로 (1)에 의하여 $\displaystyle\lim_{n\to\infty}|r^n|=\lim_{n\to\infty}|r|^n=\infty$이고,

수열 $\{r^n\}$의 각 항의 부호는 $-$, $+$가 교대로 나타나므로 수열 $\{r^n\}$은 진동(발산)한다.

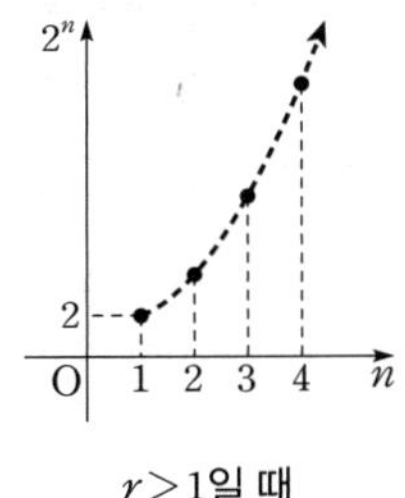

$r>1$일 때

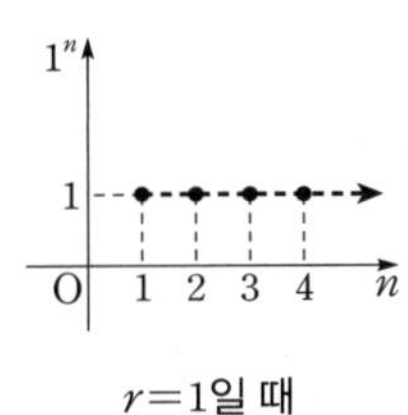

$r=1$일 때

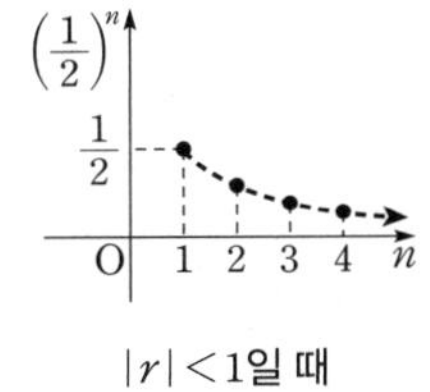

$|r|<1$일 때

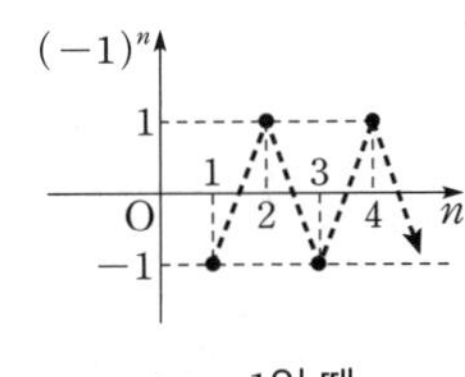

$r=-1$일 때

21 다음 수열의 수렴, 발산을 조사하시오.

(1) $\left\{ \dfrac{5^n}{3^{n+1}} \right\}$

(2) $\{ (\log 4 - \log 5)^n \}$

(3) $\{ 3 + (-2)^n \}$

(4) $\left\{ \left(\dfrac{2}{3} \right)^{1-n} \right\}$

22 다음 수열의 수렴, 발산을 조사하고, 수렴하면 그 극한값을 구하시오.

(1) $\left\{ \dfrac{(-3)^n}{2^{2n}} \right\}$

(2) $\{ 3^n \times 4^{-n} \}$

(3) $\{ 2^{-n} + 3^{-n} \}$

(4) $\left\{ \left(\dfrac{\sqrt{5}}{2} \right)^n \right\}$

23 다음 등비수열이 수렴하기 위한 실수 r의 값의 범위를 구하시오.

(1) $1,\ 2r,\ 4r^2,\ 8r^3,\ \cdots$

(2) $1,\ -\dfrac{r}{2},\ \dfrac{r^2}{4},\ -\dfrac{r^3}{8},\ \cdots$

다음 극한을 조사하고, 극한이 존재하면 그 극한값을 구하시오.

$$(1)\ \lim_{n\to\infty}\frac{8^{n+1}+3^{2n-2}}{3^{2n}-8^n} \qquad (2)\ \lim_{n\to\infty}\frac{3^{n+1}+2^{n+1}}{\sqrt{9^n+2^n}} \qquad (3)\ \lim_{n\to\infty}(3^n-2^n)$$

풀이

$$(1)\ \lim_{n\to\infty}\frac{8^{n+1}+3^{2n-2}}{3^{2n}-8^n}=\lim_{n\to\infty}\frac{8\times 8^n+\dfrac{1}{9}\times 9^n}{9^n-8^n}=\lim_{n\to\infty}\frac{8\times\left(\dfrac{8}{9}\right)^n+\dfrac{1}{9}}{1-\left(\dfrac{8}{9}\right)^n}=\frac{8\times 0+\dfrac{1}{9}}{1-0}=\frac{1}{9}\ (\text{수렴})$$

$$(2)\ \lim_{n\to\infty}\frac{3^{n+1}+2^{n+1}}{\sqrt{9^n+2^n}}=\lim_{n\to\infty}\frac{3+2\times\left(\dfrac{2}{3}\right)^n}{\sqrt{1+\left(\dfrac{2}{9}\right)^n}}=\frac{3+2\times 0}{1+0}=3\ (\text{수렴})$$

$$(3)\ \lim_{n\to\infty}(3^n-2^n)=\lim_{n\to\infty}3^n\left\{1-\left(\dfrac{2}{3}\right)^n\right\}=\infty\text{이므로 **발산**한다.}$$

수렴하는 수열 $\{a_n\}$에 대하여 $\lim\limits_{n\to\infty}\dfrac{4^{n+1}+2^n a_n}{4^n a_n-3^{n+2}}=2$일 때, $\lim\limits_{n\to\infty}a_n$의 값을 구하시오.

풀이

$\lim\limits_{n\to\infty}a_n=\alpha\ (\alpha\text{는 실수})$라 하면

$$\lim_{n\to\infty}\frac{4^{n+1}+2^n a_n}{4^n a_n-3^{n+2}}=\lim_{n\to\infty}\frac{4+\left(\dfrac{1}{2}\right)^n\times a_n}{a_n-9\times\left(\dfrac{3}{4}\right)^n}=\frac{4+0\times\alpha}{\alpha-9\times 0}=\frac{4}{\alpha}$$

따라서 $\dfrac{4}{\alpha}=2$이므로 $\alpha=2$

$$\therefore\ \lim_{n\to\infty}a_n=2$$

KEY Point

- $\dfrac{\infty}{\infty}$ 꼴의 극한 ⇨ 분모의 r^n 중 $|r|$가 가장 큰 항으로 분모, 분자를 각각 나눈다.
- $\infty-\infty$ 꼴의 극한 ⇨ 식의 r^n 중 $|r|$가 가장 큰 항으로 묶는다.

24 다음 극한을 조사하고, 극한이 존재하면 그 극한값을 구하시오.

$$(1)\ \lim_{n\to\infty}\frac{\sqrt{5^n}+1}{2^n} \qquad (2)\ \lim_{n\to\infty}\frac{3^{n+1}-2^n}{3^n+2^{n+1}} \qquad (3)\ \lim_{n\to\infty}\frac{3^n+3^{-n}}{3^n-3^{-n}} \qquad (4)\ \lim_{n\to\infty}(2^n-4^n)$$

25 수렴하는 수열 $\{a_n\}$에 대하여 $\lim\limits_{n\to\infty}\dfrac{3^n a_n+5^{n+1}}{5^n a_n-3^n}=2$일 때, $\lim\limits_{n\to\infty}a_n$의 값을 구하시오.

다음 등비수열이 수렴하도록 하는 실수 x의 값의 범위를 구하시오.

(1) $\{x^n(x-2)^n\}$ (2) $\{x(2-x)^{n-1}\}$

풀이

(1) 등비수열 $\{x^n(x-2)^n\}$은 첫째항과 공비가 모두 $x(x-2)$이므로 이 수열이 수렴하려면

$-1 < x(x-2) \le 1$

(i) $-1 < x(x-2)$에서 $x^2 - 2x + 1 > 0$, 즉 $(x-1)^2 > 0$이므로

$x \ne 1$인 모든 실수 x에 대하여 성립한다.

(ii) $x(x-2) \le 1$에서 $x^2 - 2x - 1 \le 0$

$\therefore 1 - \sqrt{2} \le x \le 1 + \sqrt{2}$

(i), (ii)에서 $\mathbf{1 - \sqrt{2} \le x < 1}$ **또는** $\mathbf{1 < x \le 1 + \sqrt{2}}$

(2) 등비수열 $\{x(2-x)^{n-1}\}$은 첫째항이 x, 공비가 $2-x$이므로 이 수열이 수렴하려면

$x = 0$ 또는 $-1 < 2-x \le 1$

$-1 < 2-x \le 1$에서 $-3 < -x \le -1$ $\therefore 1 \le x < 3$

$\therefore \mathbf{x = 0}$ **또는** $\mathbf{1 \le x < 3}$

KEY Point

- 등비수열 $\{r^n\}$의 수렴 조건 $\Rightarrow -1 < r \le 1$
- 등비수열 $\{ar^{n-1}\}$의 수렴 조건 $\Rightarrow a = 0$ 또는 $-1 < r \le 1$

26 다음 등비수열이 수렴하도록 하는 실수 x의 값의 범위를 구하시오.

(1) $\left\{\left(\dfrac{x^2 - x}{2}\right)^n\right\}$ (2) $\left\{(x+2)\left(\dfrac{2x-1}{5}\right)^{n-1}\right\}$

27 등비수열 $\{(\log_3 x - 1)^n\}$이 수렴하도록 하는 실수 x의 값의 범위를 구하시오.

수열 $\left\{\dfrac{r^n}{1+r^n}\right\}$의 극한값을 구하시오. (단, $r \neq -1$)

설명 r^n을 포함한 수열의 극한 ⇨ $|r|<1,\ r=1,\ r=-1,\ |r|>1$인 경우로 나눈다.

풀이   (i) $|r|<1$일 때, $\displaystyle\lim_{n\to\infty} r^n = 0$이므로

$$\lim_{n\to\infty}\frac{r^n}{1+r^n} = \frac{0}{1+0} = \mathbf{0}$$

(ii) $r=1$일 때, $\displaystyle\lim_{n\to\infty} r^n = 1$이므로

$$\lim_{n\to\infty}\frac{r^n}{1+r^n} = \frac{1}{1+1} = \boldsymbol{\frac{1}{2}}$$

(iii) $|r|>1$일 때, $\displaystyle\lim_{n\to\infty}|r^n| = \infty$이므로 $\displaystyle\lim_{n\to\infty}\frac{1}{r^n} = 0$

$$\therefore \lim_{n\to\infty}\frac{r^n}{1+r^n} = \lim_{n\to\infty}\frac{1}{\dfrac{1}{r^n}+1} = \frac{1}{0+1} = \mathbf{1}$$

KEY Point

- r^n을 포함한 수열의 극한

  ⇨ $|r|<1,\ r=1,\ r=-1,\ |r|>1$인 경우로 나누어 수렴, 발산을 조사한다.

28   수열 $\left\{\dfrac{r^n}{r^{2n}+1}\right\}$의 극한을 조사하시오.

29   수열 $\left\{\dfrac{r^n+5^n}{r^n-5^n}\right\}$의 극한값이 -1이 되도록 하는 정수 r의 개수를 구하시오. (단, $|r| \neq 5$)

연 습 문 제

STEP **1**

😊 생각해 봅시다!

19 다음 수열 중 수렴하지 <u>않는</u> 것은?

① $\left\{\dfrac{1}{3^n}\right\}$ ② $\{0.99^n\}$ ③ $\{(\sqrt{0.9})^n\}$

④ $\left\{\left(-\dfrac{3}{4}\right)^n\right\}$ ⑤ $\left\{\dfrac{2^{2n}}{3^n}\right\}$

20 $\displaystyle\lim_{n\to\infty}\dfrac{5\times3^{n+1}-2^{n+1}}{3^n+2^n}$의 값을 구하시오.

분모의 r^n 중 $|r|$가 가장 큰 항으로 분모, 분자를 각각 나눈다.

[교육청기출]
21 공비가 3인 등비수열 $\{a_n\}$이 $\displaystyle\lim_{n\to\infty}\dfrac{a_n-2}{3^{n+1}+2a_n}=\dfrac{2}{5}$를 만족시킬 때, 첫째항 a_1의 값은?

① 10 ② 12 ③ 14 ④ 16 ⑤ 18

22 등비수열 $\{r^n\}$이 수렴할 때, 다음 **보기** 중에서 항상 수렴하는 수열인 것만을 있는 대로 고르시오.

| 보기 |

ㄱ. $\{r^{3n}\}$ ㄴ. $\left\{\left(\dfrac{1}{r}\right)^n\right\}\ (r\neq0)$

ㄷ. $\{(-r)^n\}$ ㄹ. $\left\{\left(\dfrac{1-r}{2}\right)^n\right\}$

23 등비수열 $\{|x|^n\}$이 수렴하도록 하는 실수 x의 값의 범위를 구하시오.

등비수열 $\{r^n\}$의 수렴 조건
⇨ $-1<r\leq1$

24 $r\neq-1$일 때, $\displaystyle\lim_{n\to\infty}\dfrac{1-r^n}{1+r^n}$의 값은 $|r|>1$이면 a, $r=1$이면 b, $|r|<1$이면 c이다. 이차방정식 $ax^2+bx+c=0$의 두 근을 α, β라 할 때, $\alpha^2+\beta^2$의 값을 구하시오.

25 수열 $\sqrt{3}$, $\sqrt{3\sqrt{3}}$, $\sqrt{3\sqrt{3\sqrt{3}}}$, $\cdots$의 극한값을 구하시오.

$\sqrt[m]{a^n}=a^{\frac{n}{m}}$임을 이용한다.

26 이차방정식 $x^2+2x-1=0$의 두 근을 α, β라 할 때, $\displaystyle\lim_{n\to\infty}\dfrac{\alpha^{n+1}+\beta^{n+1}}{\alpha^n+\beta^n}$의 값을 구하시오.

27 첫째항이 $\log 2$이고, 공비가 $\dfrac{1}{2}$인 등비수열 $\{\log a_n\}$에 대하여 $\displaystyle\lim_{n\to\infty}(a_1 a_2 \cdots a_n)$의 값을 구하시오.

첫째항이 a, 공비가 r인 등비수열의 첫째항부터 제n항까지의 합
$\Rightarrow \dfrac{a(1-r^n)}{1-r}$

28 수렴하는 수열 $\{a_n\}$에 대하여 $\displaystyle\lim_{n\to\infty}\dfrac{4\times 3^n-2^{n+1}a_n}{3^n a_n+2^n}=3$일 때, $\displaystyle\lim_{n\to\infty}a_n$의 값을 구하시오.

29 수열 $\{a_n\}$에 대하여 $\displaystyle\lim_{n\to\infty}\dfrac{4a_n-4}{5a_n+1}=2$일 때, $\displaystyle\lim_{n\to\infty}\dfrac{3^n a_n}{3^n+a_n}$의 값을 구하시오.

30 $\displaystyle\lim_{n\to\infty}\dfrac{r^{n+1}-1}{r^n+1}=3$을 만족시키는 실수 r의 값은? (단, $r\neq-1$)

$|r|<1$, $r=1$, $|r|>1$인 경우로 나누어 생각한다.

① -3 ② $-\dfrac{1}{3}$ ③ $\dfrac{1}{3}$ ④ 3 ⑤ 9

실력 UP

31 수열 2, 4, 8, 16, …의 제n항을 a_n이라 하고 첫째항부터 제n항까지의 합을 S_n이라 할 때, $\lim\limits_{n\to\infty}\dfrac{a_n}{S_n}$의 값은?

① $\dfrac{1}{16}$ ② $\dfrac{1}{8}$ ③ $\dfrac{1}{4}$ ④ $\dfrac{1}{2}$ ⑤ 2

> 🔆 **생각해 봅시다!**
> $-1 < r < 1$일 때,
> $\lim\limits_{n\to\infty} r^n = 0$

32 자연수 n에 대하여 다항식 $f(x)=2^n x^2+3^n x+1$을 $x-1$, $x-2$로 나누었을 때의 나머지를 각각 a_n, b_n이라 할 때, $\lim\limits_{n\to\infty}\dfrac{a_n}{b_n}$의 값을 구하시오.

33 자연수 n에 대하여 3^n의 양의 약수의 총합을 a_n이라 할 때, $\lim\limits_{n\to\infty}\dfrac{a_n}{3^n}$의 값을 구하시오.

> $N=a^p \times b^q$ (a, b는 서로 다른 소수)일 때, N의 양의 약수의 총합
> $\Rightarrow (1+a+a^2+\cdots+a^p)$
> $\quad \times (1+b+b^2+\cdots+b^q)$

34 함수 $f(x)=\lim\limits_{n\to\infty}\dfrac{2x^{2n-1}+4}{x^{2n}+1}$의 그래프와 직선 $y=2x+k$가 서로 다른 두 점에서 만나도록 하는 모든 정수 k의 값의 합을 구하시오. (단, n은 자연수)

[수능기출]

35 자연수 n에 대하여 직선 $x=4^n$이 곡선 $y=\sqrt{x}$와 만나는 점을 P_n이라 하자. 선분 $\mathrm{P}_n\mathrm{P}_{n+1}$의 길이를 L_n이라 할 때, $\lim\limits_{n\to\infty}\left(\dfrac{L_{n+1}}{L_n}\right)^2$의 값을 구하시오.

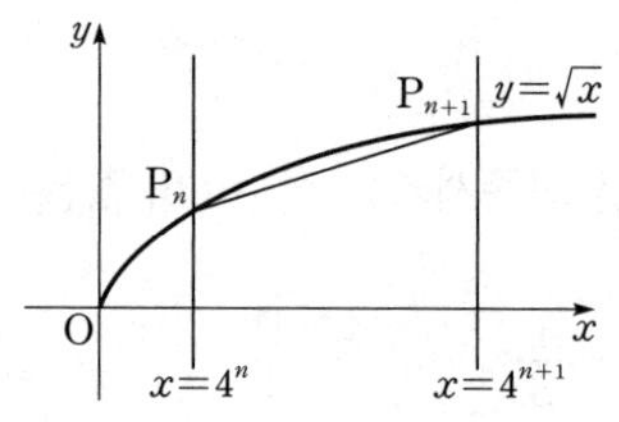

I

01 급수의 수렴과 발산

개념원리 이해

1. 급수

(1) 급수

수열 $\{a_n\}$의 각 항을 차례로 덧셈 기호 $+$를 사용하여 연결한 식
$a_1+a_2+a_3+ \cdots +a_n+ \cdots$을 **급수**라 하고, 이것을 기호 $\sum$를 사용하여 다음과 같이 나타낸다.

$$a_1+a_2+a_3+ \cdots +a_n+ \cdots = \sum_{n=1}^{\infty} a_n$$

(2) 부분합

급수 $\displaystyle\sum_{n=1}^{\infty} a_n$에서 첫째항부터 제$n$항까지의 합 S_n, 즉

$$S_n=a_1+a_2+a_3+ \cdots +a_n= \sum_{k=1}^{n} a_k$$ 를 이 급수의 제n항까지의 **부분합**이라 한다.

2. 급수의 수렴과 발산 ▷ 필수예제 **1, 2**

(1) 급수의 수렴

급수 $\displaystyle\sum_{n=1}^{\infty} a_n$의 부분합으로 이루어진 수열 $\{S_n\}$이 일정한 값 S에 수렴할 때, 즉
$\displaystyle\lim_{n\to\infty} S_n = \lim_{n\to\infty} \sum_{k=1}^{n} a_k = S$일 때, 이 급수는 S에 수렴한다고 한다. 이때 S를 **급수의 합**이라 하고, 다음과 같이 나타낸다.

$$a_1+a_2+a_3+ \cdots +a_n+ \cdots =S \text{ 또는 } \sum_{n=1}^{\infty} a_n=S$$

(2) 급수의 발산

급수 $\displaystyle\sum_{n=1}^{\infty} a_n$의 부분합으로 이루어진 수열 $\{S_n\}$이 발산할 때, 이 급수는 발산한다고 한다.

▶ ① 기호 $\displaystyle\sum_{n=1}^{\infty} a_n$은 급수를 나타내기도 하고 급수의 합을 나타내기도 한다.

② 발산하는 급수에 대해서는 그 합을 생각하지 않는다.

예 급수 $\displaystyle\sum_{n=1}^{\infty} \frac{1}{n(n+1)}$의 수렴, 발산을 조사하시오.

풀이 제n항까지의 부분합을 S_n이라 하면

$$S_n= \sum_{k=1}^{n} \frac{1}{k(k+1)} = \sum_{k=1}^{n} \left(\frac{1}{k} - \frac{1}{k+1} \right)$$

$$= \left(1-\frac{1}{2}\right) + \left(\frac{1}{2}-\frac{1}{3}\right) + \left(\frac{1}{3}-\frac{1}{4}\right) + \cdots + \left(\frac{1}{n}-\frac{1}{n+1}\right) = 1-\frac{1}{n+1}$$

이때 $\displaystyle\lim_{n\to\infty} \frac{1}{n+1}=0$이므로 $\displaystyle\sum_{n=1}^{\infty} \frac{1}{n(n+1)} = \lim_{n\to\infty} S_n = \lim_{n\to\infty} \left(1-\frac{1}{n+1}\right) = 1$ (수렴)

3. 항의 부호가 교대로 바뀌는 급수 ▷ 필수예제 **3**

$1-1+1-1+1-1+$ …과 같이 각 항의 부호가 교대로 나타나는 급수는 홀수 번째 항까지의 부분합 S_{2n-1}과 짝수 번째 항까지의 부분합 S_{2n}의 극한값을 비교하여 다음과 같이 수렴, 발산을 조사한다. (단, n은 자연수)

> (1) $\lim\limits_{n\to\infty} S_{2n-1}=\lim\limits_{n\to\infty} S_{2n}=\alpha$ (α는 실수)이면 급수는 α에 수렴하고, 그 합은 α이다.
>
> (2) $\lim\limits_{n\to\infty} S_{2n-1}\neq\lim\limits_{n\to\infty} S_{2n}$이면 급수는 발산하고, 그 합은 없다.

4. 급수와 수열의 극한값 사이의 관계 ▷ 필수예제 **4**

급수 $\sum\limits_{n=1}^{\infty} a_n$과 극한값 $\lim\limits_{n\to\infty} a_n$ 사이에는 다음과 같은 관계가 성립한다.

> **(1) 급수 $\sum\limits_{n=1}^{\infty} a_n$이 수렴하면 $\lim\limits_{n\to\infty} a_n=0$이다. (단, 역은 성립하지 않는다.)**
>
> **(2) $\lim\limits_{n\to\infty} a_n\neq 0$이면 급수 $\sum\limits_{n=1}^{\infty} a_n$은 발산한다.** ←(1)의 대우

▶ $\lim\limits_{n\to\infty} a_n=0$은 급수 $\sum\limits_{n=1}^{\infty} a_n$이 수렴하기 위한 필요조건이다.

설명 급수 $\sum\limits_{n=1}^{\infty} a_n$이 S에 수렴할 때, 제n항까지의 부분합을 S_n이라 하면

$$\lim_{n\to\infty} S_n=S,\ \lim_{n\to\infty} S_{n-1}=S$$

이때 $a_n=S_n-S_{n-1}\ (n\geq 2)$이므로

$$\lim_{n\to\infty} a_n=\lim_{n\to\infty}(S_n-S_{n-1})=\lim_{n\to\infty} S_n-\lim_{n\to\infty} S_{n-1}=S-S=0$$

따라서 급수 $\sum\limits_{n=1}^{\infty} a_n$이 수렴하면 $\lim\limits_{n\to\infty} a_n=0$이다.

한편, 이 명제의 역은 성립하지 않는다. 즉, $\lim\limits_{n\to\infty} a_n=0$이라 해서 급수 $\sum\limits_{n=1}^{\infty} a_n$이 반드시 수렴하는 것은 아니다.

예를 들어 급수 $\sum\limits_{n=1}^{\infty}\dfrac{1}{\sqrt{n+1}+\sqrt{n}}$에서 $a_n=\dfrac{1}{\sqrt{n+1}+\sqrt{n}}$이라 하면 $\lim\limits_{n\to\infty} a_n=0$이지만 제$n$항까지의 부분합을 S_n이라 하면

$$\begin{aligned}
S_n&=\sum_{k=1}^{n}\frac{1}{\sqrt{k+1}+\sqrt{k}}=\sum_{k=1}^{n}(\sqrt{k+1}-\sqrt{k})\\
&=(\sqrt{2}-1)+(\sqrt{3}-\sqrt{2})+(\sqrt{4}-\sqrt{3})+\cdots+(\sqrt{n+1}-\sqrt{n})\\
&=\sqrt{n+1}-1
\end{aligned}$$

이므로

$$\sum_{n=1}^{\infty}\frac{1}{\sqrt{n+1}+\sqrt{n}}=\lim_{n\to\infty} S_n=\lim_{n\to\infty}(\sqrt{n+1}-1)=\infty\ (\text{발산})$$

5. 급수의 성질 ▷ 필수예제 **5**

수열의 극한에 대한 기본 성질로부터 급수에서도 다음과 같은 성질이 성립함을 알 수 있다.

> 두 급수 $\sum\limits_{n=1}^{\infty} a_n$, $\sum\limits_{n=1}^{\infty} b_n$이 수렴하고, 그 합을 각각 S, T라 할 때,
>
> (1) $\sum\limits_{n=1}^{\infty} ca_n = c\sum\limits_{n=1}^{\infty} a_n = cS$ (단, c는 상수)
>
> (2) $\sum\limits_{n=1}^{\infty} (a_n + b_n) = \sum\limits_{n=1}^{\infty} a_n + \sum\limits_{n=1}^{\infty} b_n = S + T$
>
> (3) $\sum\limits_{n=1}^{\infty} (a_n - b_n) = \sum\limits_{n=1}^{\infty} a_n - \sum\limits_{n=1}^{\infty} b_n = S - T$

주의 (1) 급수의 성질은 수렴하는 급수에 대해서만 성립한다.

(2) $\sum\limits_{n=1}^{\infty} a_n b_n \neq \sum\limits_{n=1}^{\infty} a_n \times \sum\limits_{n=1}^{\infty} b_n$, $\sum\limits_{n=1}^{\infty} \dfrac{a_n}{b_n} \neq \dfrac{\sum\limits_{n=1}^{\infty} a_n}{\sum\limits_{n=1}^{\infty} b_n}$

예 $\sum\limits_{n=1}^{\infty} a_n = 3$, $\sum\limits_{n=1}^{\infty} b_n = -1$일 때, $\sum\limits_{n=1}^{\infty} (2a_n - b_n)$의 값을 구하시오.

풀이 $\sum\limits_{n=1}^{\infty} (2a_n - b_n) = \sum\limits_{n=1}^{\infty} 2a_n - \sum\limits_{n=1}^{\infty} b_n = 2\sum\limits_{n=1}^{\infty} a_n - \sum\limits_{n=1}^{\infty} b_n$

$\qquad\qquad = 2 \times 3 - (-1) = 7$

보충학습

수열과 급수의 수렴, 발산의 판별

(1) **수열** $\{a_n\}$의 수렴, 발산 ⇨ $\lim\limits_{n\to\infty} a_n$의 값을 조사하여 판별 ← a_n: 일반항

(2) **급수** $\sum\limits_{n=1}^{\infty} a_n$의 수렴, 발산 ⇨ $\lim\limits_{n\to\infty} S_n$의 값을 조사하여 판별 ← S_n: 부분합

30 다음 급수의 수렴, 발산을 조사하고, 수렴하면 그 합을 구하시오.

(1) $\displaystyle\sum_{n=1}^{\infty}\frac{n+2}{2}$

(2) $\displaystyle\sum_{n=1}^{\infty}\left(\frac{1}{\sqrt{n}}-\frac{1}{\sqrt{n+1}}\right)$

(3) $1^2+2^2+3^2+\cdots+n^2+\cdots$

(4) $1+\dfrac{1}{1+2}+\dfrac{1}{1+2+3}+\cdots+\dfrac{1}{1+2+3+\cdots+n}+\cdots$

31 다음 급수가 발산함을 보이시오.

(1) $\displaystyle\sum_{n=1}^{\infty}\frac{n}{2n+1}$

(2) $\displaystyle\sum_{n=1}^{\infty}\left(\sqrt{n^2+2n}-n\right)$

(3) $\displaystyle\sum_{n=1}^{\infty}\log\frac{3n^2}{n^2+2}$

(4) $\displaystyle\sum_{n=1}^{\infty}\frac{5^n}{2^n+3^n}$

32 $\displaystyle\sum_{n=1}^{\infty}a_n=-2$, $\displaystyle\sum_{n=1}^{\infty}b_n=5$일 때, 다음 급수의 합을 구하시오.

(1) $\displaystyle\sum_{n=1}^{\infty}(a_n+3b_n)$

(2) $\displaystyle\sum_{n=1}^{\infty}(5a_n-2b_n)$

부분합 S_n에 대하여
$$\sum_{n=1}^{\infty}a_n=\lim_{n\to\infty}S_n$$

$\displaystyle\lim_{n\to\infty}a_n\neq0$이면 급수 $\displaystyle\sum_{n=1}^{\infty}a_n$
은 발산한다.

$\displaystyle\sum_{n=1}^{\infty}a_n$, $\displaystyle\sum_{n=1}^{\infty}b_n$이 수렴하면

① $\displaystyle\sum_{n=1}^{\infty}ca_n=c\sum_{n=1}^{\infty}a_n$
　　　　(단, c는 상수)

② $\displaystyle\sum_{n=1}^{\infty}(a_n+b_n)$
　$=\displaystyle\sum_{n=1}^{\infty}a_n+\sum_{n=1}^{\infty}b_n$

③ $\displaystyle\sum_{n=1}^{\infty}(a_n-b_n)$
　$=\displaystyle\sum_{n=1}^{\infty}a_n-\sum_{n=1}^{\infty}b_n$

급수 $\dfrac{1}{2\times5}+\dfrac{1}{5\times8}+\dfrac{1}{8\times11}+\cdots$ 의 합을 구하시오.

설명

$$\frac{C}{AB}=\frac{C}{B-A}\Big(\frac{1}{A}-\frac{1}{B}\Big)\ (단,\ A\neq B)$$

풀이

주어진 급수의 제n항을 a_n이라 하면

$$a_n=\frac{1}{(3n-1)(3n+2)}=\frac{1}{3}\Big(\frac{1}{3n-1}-\frac{1}{3n+2}\Big)$$

이때 제n항까지의 부분합을 S_n이라 하면

$$S_n=\sum_{k=1}^{n}\frac{1}{3}\Big(\frac{1}{3k-1}-\frac{1}{3k+2}\Big)$$

$$=\frac{1}{3}\Big\{\Big(\frac{1}{2}-\frac{1}{5}\Big)+\Big(\frac{1}{5}-\frac{1}{8}\Big)+\Big(\frac{1}{8}-\frac{1}{11}\Big)+\cdots+\Big(\frac{1}{3n-1}-\frac{1}{3n+2}\Big)\Big\}$$

$$=\frac{1}{3}\Big(\frac{1}{2}-\frac{1}{3n+2}\Big)$$

$$\therefore \lim_{n\to\infty}S_n=\lim_{n\to\infty}\frac{1}{3}\Big(\frac{1}{2}-\frac{1}{3n+2}\Big)=\frac{1}{3}\times\frac{1}{2}=\boxed{\frac{1}{6}}$$

KEY Point

- 급수의 합을 구하는 순서

  (ⅰ) 급수의 제n항을 구한다.

  (ⅱ) 부분합 S_n을 구한다.

  (ⅲ) 극한값 $\displaystyle\lim_{n\to\infty}S_n$을 구한다.

33 다음 급수의 합을 구하시오.

(1) $\displaystyle\sum_{n=1}^{\infty}\frac{1}{n^2+3n+2}$ (2) $\dfrac{1}{2^2-1}+\dfrac{1}{4^2-1}+\dfrac{1}{6^2-1}+\cdots$

34 첫째항이 3, 공차가 2인 등차수열의 첫째항부터 제n항까지의 합을 S_n이라 할 때, $\displaystyle\lim_{n\to\infty}\sum_{k=1}^{n}\frac{1}{S_k}$의 값을 구하시오.

급수 $\displaystyle\sum_{n=2}^{\infty} \log \dfrac{n^2-1}{n^2}$의 합을 구하시오.

설명

$\log_a A + \log_a B = \log_a AB$ (단, $a>0$, $a \neq 1$, $A>0$, $B>0$)

풀이

$$\sum_{n=2}^{\infty} \log \frac{n^2-1}{n^2} = \sum_{n=2}^{\infty} \log \frac{(n-1)(n+1)}{n \times n}$$

$$= \lim_{n\to\infty} \sum_{k=2}^{n} \log\left(\frac{k-1}{k} \times \frac{k+1}{k}\right)$$

$$= \lim_{n\to\infty}\left\{\log\left(\frac{1}{2}\times\frac{3}{2}\right)+\log\left(\frac{2}{3}\times\frac{4}{3}\right)+\log\left(\frac{3}{4}\times\frac{5}{4}\right)+\cdots+\log\left(\frac{n-1}{n}\times\frac{n+1}{n}\right)\right\}$$

$$= \lim_{n\to\infty}\log\left\{\left(\frac{1}{2}\times\frac{3}{2}\right)\left(\frac{2}{3}\times\frac{4}{3}\right)\left(\frac{3}{4}\times\frac{5}{4}\right)\cdots\left(\frac{n-1}{n}\times\frac{n+1}{n}\right)\right\}$$

$$= \lim_{n\to\infty}\log \frac{n+1}{2n} = \log \frac{1}{2} = -\log 2$$

 **35** 다음 급수의 합을 구하시오.

(1) $\displaystyle\sum_{n=2}^{\infty} \log \dfrac{n^2}{n^2-1}$

(2) $\log\left(1-\dfrac{1}{2^2}\right)+\log\left(1-\dfrac{1}{3^2}\right)+\log\left(1-\dfrac{1}{4^2}\right)+\cdots$

36 수열 $\{a_n\}$에 대하여

$$a_1 a_2 a_3 \cdots a_n = \frac{3n-1}{n+1}\ (n=1,\ 2,\ 3,\ \cdots)$$

이 성립할 때, 급수 $\displaystyle\sum_{n=1}^{\infty} \log_3 a_n$의 합을 구하시오.

다음 급수의 수렴, 발산을 조사하고, 수렴하면 그 합을 구하시오.

(1) $\dfrac{1}{2} - \dfrac{2}{3} + \dfrac{2}{3} - \dfrac{3}{4} + \dfrac{3}{4} - \dfrac{4}{5} + \cdots$

(2) $\left(\dfrac{1}{2} - \dfrac{2}{3}\right) + \left(\dfrac{2}{3} - \dfrac{3}{4}\right) + \left(\dfrac{3}{4} - \dfrac{4}{5}\right) + \cdots$

설명

(1) $S_1 = \dfrac{1}{2}$, $S_2 = -\dfrac{1}{6}$, $S_3 = \dfrac{1}{2}$, $S_4 = -\dfrac{1}{4}$, $\cdots$이 되어 부분합 S_n이 하나의 식으로 나타내어지지 않는다.

따라서 이 경우는 홀수 번째 항까지의 부분합 S_{2n-1}과 짝수 번째 항까지의 부분합 S_{2n}으로 나누어 극한값을 구한다.

(2) 괄호가 있을 때에는 괄호 안을 한 개의 항으로 생각하여 부분합 S_n을 구한다.

풀이

(1) 주어진 급수의 제n항을 a_n, 제n항까지의 부분합을 S_n이라 하면

(ⅰ) $a_{2k-1} = \dfrac{k}{k+1}$ (k는 자연수)이므로   ← $\dfrac{1}{2}$, $\dfrac{2}{3}$, $\dfrac{3}{4}$, $\cdots$, $\dfrac{k}{k+1}$, $\cdots$

$$S_{2k-1} = \dfrac{1}{2} + \left(-\dfrac{2}{3} + \dfrac{2}{3}\right) + \left(-\dfrac{3}{4} + \dfrac{3}{4}\right) + \cdots + \left(-\dfrac{k}{k+1} + \dfrac{k}{k+1}\right) = \dfrac{1}{2}$$

$$\therefore \lim_{k \to \infty} S_{2k-1} = \lim_{n \to \infty} \dfrac{1}{2} = \dfrac{1}{2}$$

(ⅱ) $a_{2k} = -\dfrac{k+1}{k+2}$ (k는 자연수)이므로   ← $-\dfrac{2}{3}$, $-\dfrac{3}{4}$, $-\dfrac{4}{5}$, $\cdots$, $-\dfrac{k+1}{k+2}$, $\cdots$

$$S_{2k} = \left(\dfrac{1}{2} - \dfrac{2}{3}\right) + \left(\dfrac{2}{3} - \dfrac{3}{4}\right) + \left(\dfrac{3}{4} - \dfrac{4}{5}\right) + \cdots + \left(\dfrac{k}{k+1} - \dfrac{k+1}{k+2}\right) = \dfrac{1}{2} - \dfrac{k+1}{k+2}$$

$$\therefore \lim_{k \to \infty} S_{2k} = \lim_{k \to \infty} \left(\dfrac{1}{2} - \dfrac{k+1}{k+2}\right) = \dfrac{1}{2} - 1 = -\dfrac{1}{2}$$

(ⅰ), (ⅱ)에서 $\lim\limits_{k \to \infty} S_{2k-1} \neq \lim\limits_{k \to \infty} S_{2k}$이므로 주어진 급수는 **발산**한다.

(2) 제n항까지의 부분합을 S_n이라 하면

$$S_n = \left(\dfrac{1}{2} - \dfrac{2}{3}\right) + \left(\dfrac{2}{3} - \dfrac{3}{4}\right) + \left(\dfrac{3}{4} - \dfrac{4}{5}\right) + \cdots + \left(\dfrac{n}{n+1} - \dfrac{n+1}{n+2}\right) = \dfrac{1}{2} - \dfrac{n+1}{n+2}$$

$$\therefore \lim_{n \to \infty} S_n = \lim_{n \to \infty} \left(\dfrac{1}{2} - \dfrac{n+1}{n+2}\right) = \dfrac{1}{2} - 1 = -\dfrac{1}{2}$$

따라서 주어진 급수는 **수렴**하고, 그 합은 $-\dfrac{1}{2}$이다.

주의

(1), (2)와 같이 숫자의 배열은 같지만 괄호가 있는 경우에는 두 급수의 수렴, 발산이 다르다는 사실에 유의한다.

KEY Point

- $\lim\limits_{n \to \infty} S_{2n-1} = \lim\limits_{n \to \infty} S_{2n} = \alpha$ (α는 실수) $\Rightarrow$ $\lim\limits_{n \to \infty} S_n$은 α에 수렴한다.

- $\lim\limits_{n \to \infty} S_{2n-1} \neq \lim\limits_{n \to \infty} S_{2n}$ $\Rightarrow$ $\lim\limits_{n \to \infty} S_n$은 발산한다.

 **확인체크** **37** 다음 급수의 수렴, 발산을 조사하고, 수렴하면 그 합을 구하시오.

(1) $1 - \dfrac{1}{2} + \dfrac{1}{2} - \dfrac{1}{3} + \dfrac{1}{3} - \dfrac{1}{4} + \cdots$

(2) $\left(2 - \dfrac{3}{2}\right) + \left(\dfrac{3}{2} - \dfrac{4}{3}\right) + \left(\dfrac{4}{3} - \dfrac{5}{4}\right) + \cdots$

수열 $\{a_n\}$에 대하여 급수

$$(a_1-3)+\left(\frac{a_2}{2}-3\right)+\left(\frac{a_3}{3}-3\right)+\cdots$$

이 수렴할 때, $\displaystyle\lim_{n\to\infty}\frac{4n+a_n}{a_n-n}$의 값을 구하시오.

설명　급수 $\displaystyle\sum_{n=1}^{\infty} a_n$이 수렴 $\Rightarrow$ $\displaystyle\lim_{n\to\infty} a_n=0$

풀이　주어진 급수가 수렴하므로

$$\lim_{n\to\infty}\left(\frac{a_n}{n}-3\right)=0 \qquad \therefore \lim_{n\to\infty}\frac{a_n}{n}=3$$

$$\therefore \lim_{n\to\infty}\frac{4n+a_n}{a_n-n}=\lim_{n\to\infty}\frac{4+\dfrac{a_n}{n}}{\dfrac{a_n}{n}-1}=\frac{4+3}{3-1}=\frac{7}{2}$$

참고　$\displaystyle\lim_{n\to\infty} a_n$과 $\displaystyle\lim_{n\to\infty}(a_n-b_n)$이 수렴하면 $\displaystyle\lim_{n\to\infty} b_n$도 수렴한다.

KEY Point

- 급수 $\displaystyle\sum_{n=1}^{\infty} a_n$이 수렴하면 $\displaystyle\lim_{n\to\infty} a_n=0$이다.

38 두 수열 $\{a_n\}$, $\{b_n\}$에 대하여 $\displaystyle\sum_{n=1}^{\infty}(a_n+5)=3$, $\displaystyle\sum_{n=1}^{\infty} b_n=-2$일 때, $\displaystyle\lim_{n\to\infty}\frac{12a_n+b_n^{\,2}}{3a_n-2b_n^{\,2}}$의 값을 구하시오.

39 수열 $\{a_n\}$에 대하여 $\displaystyle\sum_{n=1}^{\infty}\left(a_n-\frac{2n^2}{n^2+1}\right)=\frac{1}{2}$일 때, $\displaystyle\lim_{n\to\infty} a_n$의 값을 구하시오.

> 두 급수 $\displaystyle\sum_{n=1}^{\infty} a_n$, $\displaystyle\sum_{n=1}^{\infty} b_n$에 대하여 $\displaystyle\sum_{n=1}^{\infty} b_n = -3$, $\displaystyle\sum_{n=1}^{\infty}(3a_n - 2b_n) = 15$일 때, $\displaystyle\sum_{n=1}^{\infty} a_n$의 값을 구하시오.

설명   급수가 수렴하는지 확인하고 수렴하면 급수의 성질을 이용한다.

풀이 $3a_n - 2b_n = c_n$으로 놓으면

$$3a_n = 2b_n + c_n \qquad \therefore\ a_n = \frac{2}{3}b_n + \frac{1}{3}c_n$$

이때 $\displaystyle\sum_{n=1}^{\infty} b_n = -3$, $\displaystyle\sum_{n=1}^{\infty} c_n = 15$이므로

$$\begin{aligned}
\sum_{n=1}^{\infty} a_n &= \sum_{n=1}^{\infty}\left(\frac{2}{3}b_n + \frac{1}{3}c_n\right)\\
&= \frac{2}{3}\sum_{n=1}^{\infty} b_n + \frac{1}{3}\sum_{n=1}^{\infty} c_n\\
&= \frac{2}{3}\times(-3) + \frac{1}{3}\times 15\\
&= -2 + 5 = \mathbf{3}
\end{aligned}$$

참고 $\displaystyle\sum_{n=1}^{\infty} a_n$과 $\displaystyle\sum_{n=1}^{\infty}(a_n - b_n)$이 수렴하면 $\displaystyle\sum_{n=1}^{\infty} b_n$도 수렴한다.

KEY Point

- $\displaystyle\sum_{n=1}^{\infty} a_n = \alpha$, $\displaystyle\sum_{n=1}^{\infty} b_n = \beta$ (α, β는 실수)이면 상수 p, q에 대하여

$$\Rightarrow \sum_{n=1}^{\infty}(pa_n + qb_n) = p\sum_{n=1}^{\infty} a_n + q\sum_{n=1}^{\infty} b_n = p\alpha + q\beta$$

40   두 급수 $\displaystyle\sum_{n=1}^{\infty} a_n$, $\displaystyle\sum_{n=1}^{\infty} b_n$이 모두 수렴하고, $\displaystyle\sum_{n=1}^{\infty}(a_n - b_n) = 1$, $\displaystyle\sum_{n=1}^{\infty}(4a_n + 3b_n) = 11$일 때, $\displaystyle\sum_{n=1}^{\infty}(a_n + 2b_n)$의 값을 구하시오.

41   두 수열 $\{a_n\}$, $\{b_n\}$에서 첫째항부터 제n항까지의 합이 각각 S_n, T_n이고 $S_n = \dfrac{4n^2 - 1}{n^2 + n - 4}$, $T_n = \sqrt{n^2 + 6n} - n$일 때, $\displaystyle\sum_{n=1}^{\infty}(2a_n - b_n)$의 값을 구하시오.

연습문제

💡 생각해 봅시다!

36 급수 $\dfrac{6}{2^2 \times 4^2} + \dfrac{8}{3^2 \times 5^2} + \dfrac{10}{4^2 \times 6^2} + \dfrac{12}{5^2 \times 7^2} + \cdots$ 의 합을 구하시오.

37 수열 $\{a_n\}$에 대하여 $\displaystyle\sum_{k=1}^{n} a_k = n^2 - n$일 때, 급수 $\displaystyle\sum_{n=1}^{\infty} \dfrac{1}{a_{n+1}a_{n+2}}$의 합을 구하시오.

38 수열 $\{a_n\}$의 일반항이 $a_n = n^2$일 때, 급수 $\displaystyle\sum_{n=2}^{\infty} \log\left(1 - \dfrac{1}{a_n}\right)$의 합을 구하시오.

39 다음 급수 중 수렴하지 <u>않는</u> 것을 모두 고르면? (정답 2개)

① $1 - 1 + 1 - 1 + 1 - 1 + 1 - 1 + \cdots$

② $-2 + (2-2) + (2-2) + (2-2) + \cdots$

③ $2 + (2-2) + (2-2) + (2-2) + \cdots$

④ $(2-2) + (2-2) + (2-2) + (2-2) + \cdots$

⑤ $2 - 2 + 2 - 2 + 2 - 2 + 2 - 2 + \cdots$

$\displaystyle\lim_{n\to\infty} S_{2n-1}$과 $\displaystyle\lim_{n\to\infty} S_{2n}$을 비교한다.

40 수열 $\{a_n\}$에 대하여 $\displaystyle\sum_{n=1}^{\infty} a_n = 6$이고, $S_n = a_1 + a_2 + \cdots + a_n$이라 할 때, $\displaystyle\lim_{n\to\infty} \dfrac{2a_n + 3}{5a_n - S_n}$의 값을 구하시오.

$\displaystyle\sum_{n=1}^{\infty} a_n = \alpha$ (α는 상수)이면 $\displaystyle\lim_{n\to\infty} a_n = 0$, $\displaystyle\lim_{n\to\infty} S_n = \alpha$ 이다.

[교육청기출]

41 수열 $\{a_n\}$에 대하여 $\displaystyle\sum_{n=1}^{\infty}\left(a_n - \dfrac{5n}{2n-1}\right)$이 수렴할 때, $\displaystyle\lim_{n\to\infty}\dfrac{(4n-1)a_n}{n+1}$의 값은?

① 6 ② 8 ③ 10 ④ 12 ⑤ 14

• **연습**문제

42 수렴하는 급수인 것만을 **보기**에서 있는 대로 고르시오.

| 보기 |

ㄱ. $\displaystyle\sum_{n=1}^{\infty}\frac{n-2}{2n+3}$

ㄴ. $\displaystyle\sum_{n=1}^{\infty}\frac{n^2}{n(n+3)}$

ㄷ. $\displaystyle\sum_{n=1}^{\infty}\frac{1}{\sqrt{n+1}+\sqrt{n-1}}$

ㄹ. $\displaystyle\sum_{n=1}^{\infty}\left(\frac{n}{n+1}-\frac{n+1}{n+2}\right)$

$\displaystyle\lim_{n\to\infty}a_n\neq0$이면

급수 $\displaystyle\sum_{n=1}^{\infty}a_n$은 발산한다.

43 두 급수 $\displaystyle\sum_{n=1}^{\infty}a_n$, $\displaystyle\sum_{n=1}^{\infty}b_n$이 모두 수렴하고 $\displaystyle\sum_{n=1}^{\infty}(2a_n+b_n)=8$,

$\displaystyle\sum_{n=1}^{\infty}(3a_n+2b_n)=26$일 때, $\displaystyle\sum_{n=1}^{\infty}(a_n-b_n)$의 값을 구하시오.

STEP 2

44 수열 $\{a_n\}$이 $a_1=1$, $a_2=2$, $2a_{n+1}=a_n+a_{n+2}$ $(n=1,\ 2,\ 3,\ \cdots)$를 만족시킨다. 수열 $\{a_n\}$의 첫째항부터 제n항까지의 합을 S_n이라 할 때, $\displaystyle\sum_{n=1}^{\infty}\frac{1}{S_n}$의 값을 구하시오.

$2a_{n+1}=a_n+a_{n+2}$
$\Rightarrow$ 수열 $\{a_n\}$은 등차수열

45 x에 대한 이차방정식 $x^2-(n+1)x+n^2+2n=0$의 두 근을 α_n, β_n이라 할 때, $\displaystyle\sum_{n=1}^{\infty}\frac{1}{(\alpha_n-1)(\beta_n-1)}$의 값을 구하시오. (단, n은 자연수)

46 수열 $\{a_n\}$이 $a_1=1$, $a_2=2$, $a_{n+2}=a_{n+1}+a_n$ $(n=1,\ 2,\ 3,\ \cdots)$을 만족시킬 때, $\displaystyle\sum_{n=1}^{\infty}\frac{a_n}{a_{n+1}a_{n+2}}$의 값을 구하시오.

47 수열 $\{a_n\}$에 대하여 급수 $a_1-a_2+a_2-a_3+a_3-a_4+\cdots$가 수렴하도록 하는 수열인 것만을 **보기**에서 있는 대로 고르시오.

부분합을 이용한다.

| 보기 |

ㄱ. $a_n=\dfrac{1}{n}$

ㄴ. $a_n=\dfrac{1}{\sqrt{n+1}+\sqrt{n}}$

ㄷ. $a_n=\log\dfrac{n}{3n+2}$

48 수열 $\{a_n\}$에 대하여 $\sum\limits_{n=1}^{\infty}\left(na_n-\dfrac{n^2+1}{2n+1}\right)=3$일 때, $\lim\limits_{n\to\infty}(a_n^2+2a_n+2)$의 값은?

① $\dfrac{13}{4}$ ② 3 ③ $\dfrac{11}{4}$ ④ $\dfrac{5}{2}$ ⑤ $\dfrac{9}{4}$

49 급수 $\sum\limits_{n=1}^{\infty}\dfrac{an^2+6}{n^2+2n}$이 수렴할 때, 이 급수의 합을 구하시오. (단, a는 상수)

$$\dfrac{1}{AB}=\dfrac{1}{B-A}\left(\dfrac{1}{A}-\dfrac{1}{B}\right)$$
$$(단, A\neq B)$$

50 두 급수 $\sum\limits_{n=1}^{\infty}\log a_n$, $\sum\limits_{n=1}^{\infty}\log b_n$이 모두 수렴하고 $\sum\limits_{n=1}^{\infty}\log (a_nb_n)=7$, $\sum\limits_{n=1}^{\infty}\log \dfrac{a_n^2}{b_n}=2$일 때, $\sum\limits_{n=1}^{\infty}\log \dfrac{a_n}{b_n}$의 값을 구하시오.

실력 **UP**

51 두 수열 $\{a_n\}$, $\{b_n\}$에 대하여 **보기**에서 옳은 것만을 있는 대로 고르시오.

$$\sum\limits_{n=1}^{\infty}a_n, \sum\limits_{n=1}^{\infty}b_n$$이 수렴하면
$$\sum\limits_{n=1}^{\infty}(pa_n+qb_n)$$
$$=p\sum\limits_{n=1}^{\infty}a_n+q\sum\limits_{n=1}^{\infty}b_n$$
$$(단, p, q는 상수)$$

| 보기 |

ㄱ. $\sum\limits_{n=1}^{\infty}a_nb_n$이 수렴하면 $\lim\limits_{n\to\infty}a_n=0$ 또는 $\lim\limits_{n\to\infty}b_n=0$이다.

ㄴ. $\sum\limits_{n=1}^{\infty}a_n$과 $\sum\limits_{n=1}^{\infty}(a_n-b_n)$이 수렴하면 $\sum\limits_{n=1}^{\infty}b_n$도 수렴한다.

ㄷ. $\sum\limits_{n=1}^{\infty}(a_n+b_n)$과 $\sum\limits_{n=1}^{\infty}(a_n-b_n)$이 수렴하면 $\sum\limits_{n=1}^{\infty}a_n$도 수렴한다.

실력 **UP**

52 $n\geq 2$인 자연수 n에 대하여 중심이 원점이고 반지름의 길이가 1인 원 C를 x축의 방향으로 $\dfrac{2}{n}$만큼 평행이동시킨 원을 C_n이라 하자. 원 C와 원 C_n의 공통현의 길이를 l_n이라 할 때, $\sum\limits_{n=2}^{\infty}\dfrac{1}{(nl_n)^2}=\dfrac{q}{p}$이다. $p+q$의 값을 구하시오.

(단, p와 q는 서로소인 자연수이다.)

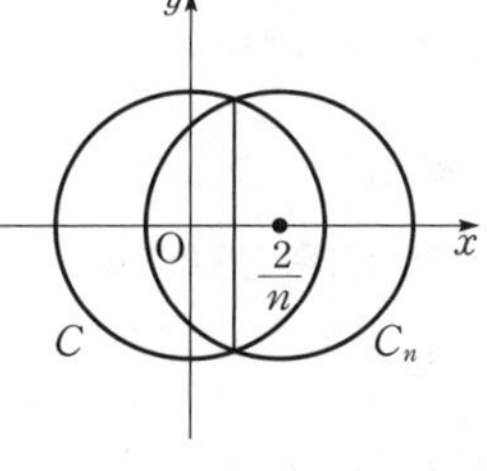

1. 등비급수　▷ 필수예제 **6, 7**

---

(1) **등비급수**

첫째항이 a $(a \neq 0)$, 공비가 r인 등비수열 $\{ar^{n-1}\}$에서 얻은 급수

$$\sum_{n=1}^{\infty} ar^{n-1} = a + ar + ar^2 + \cdots + ar^{n-1} + \cdots$$

을 첫째항이 a, 공비가 r인 **등비급수**라 한다.

(2) **등비급수의 수렴과 발산**

등비급수 $\displaystyle\sum_{n=1}^{\infty} ar^{n-1} = a + ar + ar^2 + \cdots + ar^{n-1} + \cdots$ $(a \neq 0)$의 수렴과 발산은 r의 값의 범위에 따라 다음과 같이 결정된다.

① $|r| < 1$일 때, **수렴**하고 그 합은 $\dfrac{a}{1-r}$이다.　← $\dfrac{(첫째항)}{1-(공비)}$

② $|r| \geq 1$일 때, **발산**한다.

▶ 등비급수 $\displaystyle\sum_{n=1}^{\infty} ar^{n-1}$에서 $a = 0$이면 모든 항이 0이므로 이 급수의 합은 0이다.

설명　등비급수 $\displaystyle\sum_{n=1}^{\infty} ar^{n-1}$ $(a \neq 0)$의 제n항까지의 부분합 S_n은 다음과 같다.

$$r \neq 1일\ 때,\ S_n = a + ar + ar^2 + \cdots + ar^{n-1} = \frac{a(1-r^n)}{1-r}$$

$$r = 1일\ 때,\ S_n = \underbrace{a + a + a + \cdots + a}_{n개} = na$$

(ⅰ) $|r| < 1$일 때, $\displaystyle\lim_{n \to \infty} r^n = 0$이므로

$$\lim_{n \to \infty} S_n = \lim_{n \to \infty} \frac{a(1-r^n)}{1-r} = \frac{a}{1-r}$$

따라서 등비급수 $\displaystyle\sum_{n=1}^{\infty} ar^{n-1}$은 수렴하고, 그 합은 $\dfrac{a}{1-r}$이다.

(ⅱ) $r = 1$일 때, $S_n = na$이므로

$$\sum_{n=1}^{\infty} ar^{n-1}$$은 발산한다.

(ⅲ) $r > 1$일 때, $\displaystyle\lim_{n \to \infty} r^n = \infty$이므로

$$\sum_{n=1}^{\infty} ar^{n-1}$$은 발산한다.

(ⅳ) $r \leq -1$일 때, 수열 $\{r^n\}$은 진동하므로

$$\sum_{n=1}^{\infty} ar^{n-1}$$은 발산한다.

(ⅰ)~(ⅳ)에서 **등비급수** $\displaystyle\sum_{n=1}^{\infty} ar^{n-1}$은 $|r| < 1$ $(-1 < r < 1)$일 때, 수렴하고 그 합은 $\dfrac{a}{1-r}$이다.

2. 등비급수의 수렴 조건   ▷ 필수예제 **8**

> (1) 등비급수 $\displaystyle\sum_{n=1}^{\infty} r^n$의 수렴 조건 $\Rightarrow -1 < r < 1$
>
> (2) 등비급수 $\displaystyle\sum_{n=1}^{\infty} ar^{n-1}$의 수렴 조건 $\Rightarrow a=0$ 또는 $-1 < r < 1$

설명 등비수열 $\{ar^{n-1}\}$과 등비급수 $\displaystyle\sum_{n=1}^{\infty} ar^{n-1}$의 수렴 조건의 차이

첫째항이 $a\,(a \neq 0)$, 공비가 r일 때,

$\qquad$ 등비수열 $\{ar^{n-1}\}$의 수렴 조건 $\Rightarrow -1 < r \leq 1$

$\qquad$ 등비급수 $\displaystyle\sum_{n=1}^{\infty} ar^{n-1}$의 수렴 조건 $\Rightarrow -1 < r < 1$

즉, $r=1$일 때, 등비수열 $\{ar^{n-1}\}$은 수렴하지만 등비급수 $\displaystyle\sum_{n=1}^{\infty} ar^{n-1}$은 발산한다.

왜냐하면 $r=1$일 때

$\qquad$ 등비수열 $\{ar^{n-1}\} : a,\ a,\ a,\ \cdots,\ a,\ \cdots$ $\qquad\qquad \Rightarrow a$에 수렴

$\qquad$ 등비급수 $\displaystyle\sum_{n=1}^{\infty} ar^{n-1} = a+a+a+\cdots+a+\cdots$ $\Rightarrow a$를 계속 더해야 하므로 수렴하지 않고 발산

따라서 $r=1$은 등비수열에서는 수렴 조건이지만 등비급수에서는 수렴 조건이 아니다.

예 등비급수 $\displaystyle\sum_{n=1}^{\infty} x(x-1)^n$이 수렴하도록 하는 실수 x의 값의 범위를 구하시오.

풀이 $\displaystyle\sum_{n=1}^{\infty} x(x-1)^n$, 즉 $\displaystyle\sum_{n=1}^{\infty} x(x-1)(x-1)^{n-1}$은 첫째항이 $x(x-1)$, 공비가 $x-1$이므로

이 등비급수가 수렴하려면

$x(x-1)=0$ 또는 $-1 < x-1 < 1$

(i) $x(x-1)=0$에서

$\qquad x=0$ 또는 $x=1$

(ii) $-1 < x-1 < 1$에서

$\qquad 0 < x < 2$

(i), (ii)에서 $0 \leq x < 2$

42 다음 등비급수의 수렴, 발산을 조사하고, 수렴하면 그 합을 구하시오.

(1) $1 + \dfrac{2}{3} + \dfrac{4}{9} + \dfrac{8}{27} + \cdots$

(2) $1 - \sqrt{2} + 2 - 2\sqrt{2} + \cdots$

(3) $\sqrt{3} - 1 + \dfrac{1}{\sqrt{3}} - \dfrac{1}{3} + \cdots$

(4) $2 + (\sqrt{3} - 1) + (2 - \sqrt{3}) + \dfrac{3\sqrt{3} - 5}{2} + \cdots$

43 다음 등비급수의 수렴, 발산을 조사하고, 수렴하면 그 합을 구하시오.

(1) $\displaystyle\sum_{n=1}^{\infty} \left(-\dfrac{2}{\sqrt{3}} \right)^{n}$

(2) $\displaystyle\sum_{n=1}^{\infty} 2 \times (-1)^{n-1}$

(3) $\displaystyle\sum_{n=1}^{\infty} (1 - \sqrt{2})^{n-1}$

(4) $\displaystyle\sum_{n=1}^{\infty} \dfrac{5^{n+1}}{6^{n}}$

44 다음 급수의 합을 구하시오.

(1) $\displaystyle\sum_{n=1}^{\infty} \dfrac{2^{n} - 3^{n}}{5^{n}}$

(2) $\displaystyle\sum_{n=1}^{\infty} (4 \times 3^{-n} + 12 \times 6^{-n})$

(3) $\displaystyle\sum_{n=1}^{\infty} \left(-\dfrac{1}{3} \right)^{n} \left(\dfrac{3}{2} \right)^{2n}$

다음 급수의 합을 구하시오.

(1) $\displaystyle\sum_{n=1}^{\infty}\frac{1+2^n}{4^{n-1}}$ (2) $\displaystyle\sum_{n=1}^{\infty}\left\{(2^n-1)\left(-\frac{1}{3}\right)^n\right\}$ (3) $\displaystyle\sum_{n=1}^{\infty}\left(\frac{1}{2}\right)^n \sin\frac{n\pi}{2}$

풀이

(1) $\displaystyle\sum_{n=1}^{\infty}\frac{1+2^n}{4^{n-1}}=\sum_{n=1}^{\infty}\left(\frac{1}{4}\right)^{n-1}+2\sum_{n=1}^{\infty}\left(\frac{1}{2}\right)^{n-1}=\frac{1}{1-\frac{1}{4}}+2\times\frac{1}{1-\frac{1}{2}}$

$\displaystyle\qquad\qquad\qquad =\frac{4}{3}+2\times 2=\mathbf{\frac{16}{3}}$

(2) $\displaystyle\sum_{n=1}^{\infty}\left\{(2^n-1)\left(-\frac{1}{3}\right)^n\right\}=\sum_{n=1}^{\infty}\left\{\left(-\frac{2}{3}\right)^n-\left(-\frac{1}{3}\right)^n\right\}=\sum_{n=1}^{\infty}\left(-\frac{2}{3}\right)^n-\sum_{n=1}^{\infty}\left(-\frac{1}{3}\right)^n$

$\displaystyle\qquad\qquad\qquad =\frac{-\frac{2}{3}}{1-\left(-\frac{2}{3}\right)}-\frac{-\frac{1}{3}}{1-\left(-\frac{1}{3}\right)}=-\frac{2}{5}+\frac{1}{4}=\mathbf{-\frac{3}{20}}$

(3) $\displaystyle\sum_{n=1}^{\infty}\left(\frac{1}{2}\right)^n \sin\frac{n\pi}{2}=\frac{1}{2}\sin\frac{\pi}{2}+\left(\frac{1}{2}\right)^2\sin\pi+\left(\frac{1}{2}\right)^3\sin\frac{3\pi}{2}+\left(\frac{1}{2}\right)^4\sin 2\pi+\cdots$

$\displaystyle\qquad\qquad\qquad =\frac{1}{2}+0-\left(\frac{1}{2}\right)^3+0+\left(\frac{1}{2}\right)^5+0-\left(\frac{1}{2}\right)^7+\cdots$

$\displaystyle\qquad\qquad\qquad =\frac{1}{2}-\frac{1}{2^3}+\frac{1}{2^5}-\frac{1}{2^7}+\cdots$

$\displaystyle\qquad\qquad\qquad =\frac{\frac{1}{2}}{1-\left(-\frac{1}{4}\right)}=\mathbf{\frac{2}{5}}$

KEY Point

- 등비급수의 합 ⇨ 첫째항과 공비를 구한다.
- 등비급수 $\displaystyle\sum_{n=1}^{\infty}ar^{n-1}\ (a\neq 0)$은 $-1<r<1$일 때, 수렴하고 그 합은 $\dfrac{a}{1-r}$이다.

확인 체크

45 급수 $\log_2 2+\log_2\sqrt{2}+\log_2\sqrt[4]{2}+\log_2\sqrt[8]{2}+\cdots$의 합을 구하시오.

46 수열 $\{a_n\}$의 일반항이 $a_n=\dfrac{7+(-1)^n}{2}$일 때, 급수 $\dfrac{a_1}{5}+\dfrac{a_2}{5^2}+\dfrac{a_3}{5^3}+\dfrac{a_4}{5^4}+\cdots$의 합을 구하시오.

다음을 구하시오.

(1) 급수 $1+\dfrac{x}{3}+\dfrac{x^2}{9}+\dfrac{x^3}{27}+\cdots$ 의 합이 10일 때, x의 값

(2) 첫째항이 2인 등비수열 $\{a_n\}$에 대하여 $\displaystyle\sum_{n=1}^{\infty} a_n=4$일 때, $\displaystyle\sum_{n=1}^{\infty} a_n{}^2$의 값

풀이

(1) 주어진 급수는 첫째항이 1, 공비가 $\dfrac{x}{3}$인 등비급수이므로

$$\dfrac{1}{1-\dfrac{x}{3}}=10,\quad 1=10\left(1-\dfrac{x}{3}\right)\qquad \therefore x=\dfrac{27}{10}$$

(2) 등비수열 $\{a_n\}$의 공비를 r라 하면 $a_n=2\times r^{n-1}$이므로

$$\sum_{n=1}^{\infty} a_n=\sum_{n=1}^{\infty}(2\times r^{n-1})=\dfrac{2}{1-r}=4\qquad \therefore r=\dfrac{1}{2}$$

따라서 수열 $\{a_n{}^2\}$은 첫째항이 $a_1{}^2=2^2=4$, 공비가 $r^2=\left(\dfrac{1}{2}\right)^2=\dfrac{1}{4}$인 등비수열이므로

$$\sum_{n=1}^{\infty} a_n{}^2=\dfrac{a_1{}^2}{1-r^2}=\dfrac{4}{1-\dfrac{1}{4}}=\dfrac{16}{3}$$

참고

$$\sum_{n=1}^{\infty} a_n=\sum_{n=1}^{\infty} ar^{n-1}=\dfrac{a}{1-r}\ (|r|<1)\text{이면}\ \sum_{n=1}^{\infty} a_n{}^2=\dfrac{a^2}{1-r^2},\ \sum_{n=1}^{\infty} a_n{}^3=\dfrac{a^3}{1-r^3}$$

KEY Point

- $\displaystyle\sum_{n=1}^{\infty} ar^{n-1}=\alpha\ (\alpha\text{는 실수})$이면 $\Rightarrow \dfrac{a}{1-r}=\alpha\ (-1<r<1)$

47 등비수열 $\{a_n\}$에 대하여 $\displaystyle\sum_{n=1}^{\infty} a_n=2$, $\displaystyle\sum_{n=1}^{\infty} a_n{}^2=\dfrac{4}{3}$일 때, $\displaystyle\sum_{n=1}^{\infty} a_n{}^3$의 값을 구하시오.

48 등비수열 $\{a_n\}$에 대하여 $a_2=-\dfrac{4}{3}$, $\displaystyle\sum_{n=1}^{\infty} a_n=3$일 때, 수열 $\{a_n\}$의 공비를 구하시오.

다음 등비급수가 수렴하기 위한 실수 x의 값의 범위를 구하시오.

(1) $\displaystyle\sum_{n=1}^{\infty}\left(\dfrac{x}{2}+3\right)^n$ (2) $x+x(1-x)+x(1-x)^2+\cdots$

풀이

(1) 주어진 등비급수의 첫째항과 공비가 모두 $\dfrac{x}{2}+3$이므로 이 등비급수가 수렴하려면

$$-1<\dfrac{x}{2}+3<1$$

$$\therefore\ -8<x<-4$$

(2) 주어진 등비급수의 첫째항이 x, 공비가 $1-x$이므로 이 등비급수가 수렴하려면

$x=0$ 또는 $-1<1-x<1$, 즉 $x=0$ 또는 $0<x<2$

$$\therefore\ 0\leq x<2$$

KEY Point

• 등비급수 $\displaystyle\sum_{n=1}^{\infty} r^n$이 수렴하기 위한 조건 ⇨ $-1<r<1$

• 등비급수 $\displaystyle\sum_{n=1}^{\infty} ar^{n-1}$이 수렴하기 위한 조건 ⇨ $a=0$ 또는 $-1<r<1$

확인체크 49 다음 등비급수가 수렴하기 위한 실수 x의 값의 범위를 구하시오.

(1) $1+\log_{\frac{1}{2}} x+(\log_{\frac{1}{2}} x)^2+(\log_{\frac{1}{2}} x)^3+\cdots$

(2) $1+2\cos x+(2\cos x)^2+(2\cos x)^3+\cdots$ (단, $0<x<\pi$)

(3) $\displaystyle\sum_{n=1}^{\infty}(x^2-x+1)^n$

(4) $\displaystyle\sum_{n=1}^{\infty}(x-4)(x-2)^n$

50 두 등비급수 $\displaystyle\sum_{n=1}^{\infty}\left(\dfrac{x}{4}\right)^n$, $\displaystyle\sum_{n=1}^{\infty}\left(\dfrac{3}{x}\right)^n$이 모두 수렴하기 위한 실수 x의 값의 범위를 구하시오.

1. 순환소수와 등비급수

순환소수는 반드시 기약분수로 나타낼 수 있으며 분수로 나타내는 방법에는 **등비급수**에 의한 방법과 **공식**에 의한 방법 2가지가 있다.

(1) 등비급수에 의한 방법 ▷ **필수예제 9**

> (ⅰ) 순환소수를 등비급수로 나타낸다.
>
> (ⅱ) 첫째항 a와 공비 r $(|r|<1)$를 구한다.
>
> (ⅲ) 등비급수의 합이 $\dfrac{a}{1-r}$임을 이용한다.

예 $\quad 0.\dot{2}=0.2+0.02+0.002+0.0002+\cdots$

$$=\frac{2}{10}+\frac{2}{100}+\frac{2}{1000}+\frac{2}{10000}+\cdots$$

이 급수는 첫째항이 $\dfrac{2}{10}$이고 공비가 $\dfrac{1}{10}$인 등비급수이므로

$$0.\dot{2}=\frac{\dfrac{2}{10}}{1-\dfrac{1}{10}}=\frac{2}{9}$$

(2) 공식에 의한 방법

> ① $0.\dot{a}b\dot{c}=\dfrac{abc}{999}$
>
> ② $0.a\dot{b}\dot{c}=\dfrac{abc-a}{990}$
>
> ③ $0.ab\dot{c}=\dfrac{abc-ab}{900}$

예 $\quad$ ① $0.\dot{3}4\dot{5}=\dfrac{345}{999}=\dfrac{115}{333}$

$\qquad$ ② $0.3\dot{4}\dot{5}=\dfrac{345-3}{990}=\dfrac{342}{990}=\dfrac{19}{55}$

$\qquad$ ③ $0.34\dot{5}=\dfrac{345-34}{900}=\dfrac{311}{900}$

$\qquad$ ④ $0.3\dot{5}6\dot{7}=\dfrac{3567-3}{9990}=\dfrac{3564}{9990}=\dfrac{66}{185}$

등비급수를 이용하면 동일한 모양이 한없이 반복되는 도형 문제를 해결할 수 있다.

> (ⅰ) 한없이 계속되는 일정한 규칙을 찾는다.
>
> (ⅱ) **첫째항 a와 공비 r** $(|r|<1)$를 구한다.
>
> (ⅲ) 등비급수의 합이 $\dfrac{a}{1-r}$임을 이용한다.

예　오른쪽 그림과 같이 한 변의 길이가 2인 정사각형을 4등분 하여 그 중 한 정사각형을 색칠하고, 남은 정사각형 중 한 정사각형을 4등분 하여 그중 한 정사각형을 색칠한다. 이와 같은 과정을 계속 반복할 때, 색칠한 모든 정사각형의 넓이의 합을 구하시오.

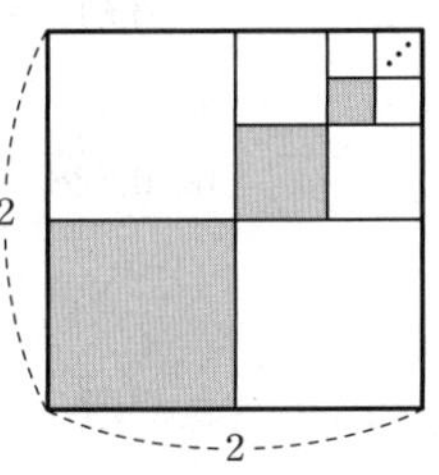

풀이　오른쪽 그림과 같이 색칠한 정사각형의 넓이를 차례로 a_1, a_2, a_3, $\cdots$이라 하면

$$a_1=\frac{1}{4}\times 2\times 2=1$$

$$a_2=\frac{1}{4}\times a_1=\frac{1}{4}\times 1=\frac{1}{4}$$

$$a_3=\frac{1}{4}\times a_2=\left(\frac{1}{4}\right)^2$$

$$\vdots$$

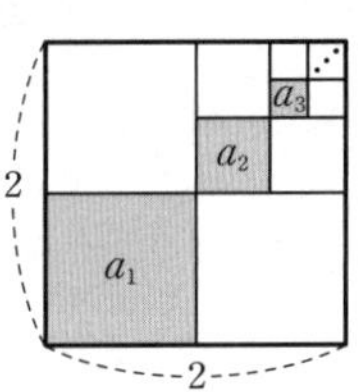

따라서 수열 $\{a_n\}$은 첫째항이 1이고 공비가 $\dfrac{1}{4}$인 등비수열이므로

색칠한 모든 정사각형의 넓이의 합은

$$a_1+a_2+a_3+\cdots=1+\frac{1}{4}+\left(\frac{1}{4}\right)^2+\cdots$$

$$=\frac{1}{1-\dfrac{1}{4}}=\frac{4}{3}$$

등비급수를 이용하여 다음 순환소수를 분수로 나타내시오.

(1) $0.\dot{5}\dot{1}$　　　　　　　　　　　　(2) $0.6\dot{2}\dot{8}$

풀이

(1) $0.\dot{5}\dot{1} = 0.51 + 0.0051 + 0.000051 + \cdots = \dfrac{51}{100} + \dfrac{51}{10000} + \dfrac{51}{1000000} + \cdots$

이 급수는 첫째항이 $\dfrac{51}{100}$이고 공비가 $\dfrac{1}{100}$인 등비급수이므로

$$0.\dot{5}\dot{1} = \dfrac{\dfrac{51}{100}}{1 - \dfrac{1}{100}} = \dfrac{51}{99} = \dfrac{\mathbf{17}}{\mathbf{33}}$$

(2) $0.6\dot{2}\dot{8} = 0.6 + 0.028 + 0.00028 + 0.0000028 + \cdots$

$$= \dfrac{6}{10} + \dfrac{28}{1000} + \dfrac{28}{100000} + \dfrac{28}{10000000} + \cdots$$

이때 급수 $\dfrac{28}{1000} + \dfrac{28}{100000} + \dfrac{28}{10000000} + \cdots$은 첫째항이 $\dfrac{28}{1000}$이고 공비가 $\dfrac{1}{100}$인 등비급수이므로

$$0.6\dot{2}\dot{8} = \dfrac{6}{10} + \dfrac{\dfrac{28}{1000}}{1 - \dfrac{1}{100}} = \dfrac{6}{10} + \dfrac{28}{990} = \dfrac{\mathbf{311}}{\mathbf{495}}$$

KEY Point　• 순환소수를 등비급수로 나타낸 후 등비급수의 합을 이용한다.

51　등비급수를 이용하여 다음 순환소수를 분수로 나타내시오.

(1) $0.\dot{1}\dot{4}$　　　　　　　(2) $1.2\dot{3}$　　　　　　　(3) $1.3\dot{2}\dot{1}$

52　각 항이 실수이고 첫째항이 $0.\dot{4}$, 제4항이 $0.0\dot{5}$인 등비급수의 합을 구하시오.

53　분수 $\dfrac{12}{99}$를 순환소수로 나타낼 때, 소수점 아래 n째 자리의 숫자를 a_n이라 하자. 이때 급수 $\displaystyle\sum_{n=1}^{\infty} \dfrac{a_n}{3^n}$의 합을 구하시오.

오른쪽 그림에서 자연수 n에 대하여 점 P_n이

$$\overline{OP_1}=1,\ \overline{P_1P_2}=\frac{1}{2},\ \overline{P_2P_3}=\frac{1}{4},\ \cdots,\ \overline{P_nP_{n+1}}=\left(\frac{1}{2}\right)^n,$$

$$\angle AOP_1=30°,\ \angle OP_1P_2=60°,\ \angle P_1P_2P_3=60°,\ \cdots$$

를 만족시킬 때, 점 P_n이 한없이 가까워지는 점 $P(x,\,y)$에 대하여 $x+y$의 값을 구하시오.

(단, A는 x축 위의 점이고, O는 원점이다.)

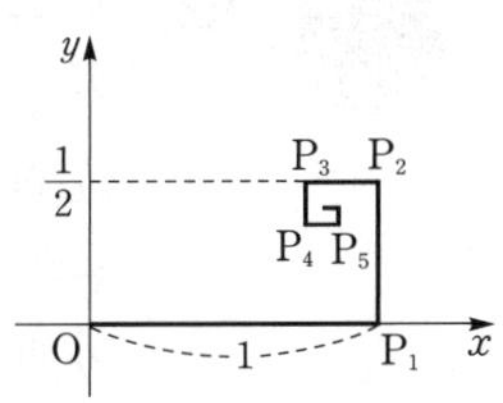

풀이

$$x=\overline{OP_1}\cos 30°-\overline{P_1P_2}\cos 30°+\overline{P_2P_3}\cos 30°-\overline{P_3P_4}\cos 30°+\cdots$$

$$=1\times\frac{\sqrt{3}}{2}-\frac{1}{2}\times\frac{\sqrt{3}}{2}+\left(\frac{1}{2}\right)^2\times\frac{\sqrt{3}}{2}-\left(\frac{1}{2}\right)^3\times\frac{\sqrt{3}}{2}+\cdots \quad\leftarrow\ \text{첫째항}\ \frac{\sqrt{3}}{2},\ \text{공비}\ -\frac{1}{2}\text{인 등비급수}$$

$$=\frac{\dfrac{\sqrt{3}}{2}}{1-\left(-\dfrac{1}{2}\right)}=\frac{\sqrt{3}}{3}$$

$$y=\overline{OP_1}\sin 30°+\overline{P_1P_2}\sin 30°+\overline{P_2P_3}\sin 30°+\overline{P_3P_4}\sin 30°+\cdots$$

$$=1\times\frac{1}{2}+\frac{1}{2}\times\frac{1}{2}+\left(\frac{1}{2}\right)^2\times\frac{1}{2}+\left(\frac{1}{2}\right)^3\times\frac{1}{2}+\cdots \quad\leftarrow\ \text{첫째항}\ \frac{1}{2},\ \text{공비}\ \frac{1}{2}\text{인 등비급수}$$

$$=\frac{\dfrac{1}{2}}{1-\dfrac{1}{2}}=1$$

$$\therefore\ x+y=\frac{\sqrt{3}}{3}+1$$

KEY Point

• 한없이 가까워지는 점의 좌표
⇨ x좌표와 y좌표가 변하는 규칙을 찾는다.

54 오른쪽 그림에서 자연수 n에 대하여 점 P_n이

$$\overline{OP_1}=1,\ \overline{P_1P_2}=\frac{1}{2}\overline{OP_1},\ \overline{P_2P_3}=\frac{1}{2}\overline{P_1P_2},\ \cdots$$

$$\angle OP_1P_2=\angle P_1P_2P_3=\angle P_2P_3P_4=\cdots=90°$$

를 만족시킬 때, 점 P_n이 한없이 가까워지는 점의 좌표를 구하시오. (단, O는 원점)

오른쪽 그림에서 $\angle XOY=30°$, $\overline{OP}=2$이다. 점 P에서
$\overline{OX}$에 수선 PP_1을, 점 P_1에서 $\overline{OY}$에 수선 P_1P_2를, 점 P_2
에서 $\overline{OX}$에 수선 P_2P_3을 내린다. 이와 같은 과정을 한없이
반복할 때, 이들 수선의 길이의 합

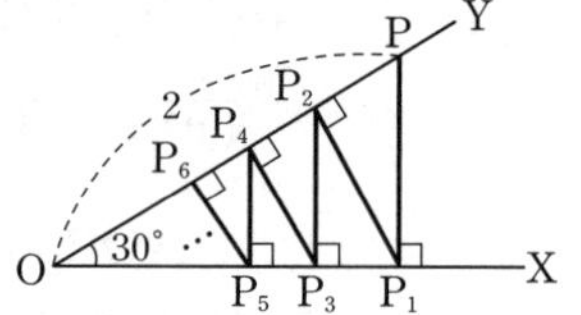

$$\overline{PP_1}+\overline{P_1P_2}+\overline{P_2P_3}+\cdots$$

을 구하시오.

풀이

$\angle XOY=30°$이므로

$$\overline{PP_1}=\overline{OP}\sin 30°=2\times\frac{1}{2}=1$$

$\angle OPP_1=60°$이므로

$$\overline{P_1P_2}=\overline{PP_1}\sin 60°=1\times\frac{\sqrt{3}}{2}=\frac{\sqrt{3}}{2}$$

$\angle P_2P_1P_3=60°$이므로

$$\overline{P_2P_3}=\overline{P_1P_2}\sin 60°=\frac{\sqrt{3}}{2}\times\frac{\sqrt{3}}{2}=\left(\frac{\sqrt{3}}{2}\right)^2$$

$$\vdots$$

$$\therefore\ \overline{PP_1}+\overline{P_1P_2}+\overline{P_2P_3}+\cdots=1+\frac{\sqrt{3}}{2}+\left(\frac{\sqrt{3}}{2}\right)^2+\cdots \qquad \leftarrow \text{첫째항 1, 공비 }\frac{\sqrt{3}}{2}\text{인 등비급수}$$

$$=\frac{1}{1-\dfrac{\sqrt{3}}{2}}=\frac{2}{2-\sqrt{3}}$$

$$=2(2+\sqrt{3})$$

KEY Point   • 한없이 그려지는 도형의 길이의 합 ⇨ 길이가 변하는 규칙을 찾는다.

확인 체크 **55** 오른쪽 그림과 같이 둘레의 길이가 4인 삼각형 A_1이 있다. 삼
각형 A_1의 각 변의 중점을 이어서 만든 삼각형을 A_2, 삼각형
A_2의 각 변의 중점을 이어서 만든 삼각형을 A_3이라 하자. 이와
같은 과정을 한없이 반복하여 삼각형 A_4, A_5, $\cdots$를 얻는다고
할 때, 모든 삼각형 A_1, A_2, A_3, $\cdots$의 둘레의 길이의 합을 구
하시오.

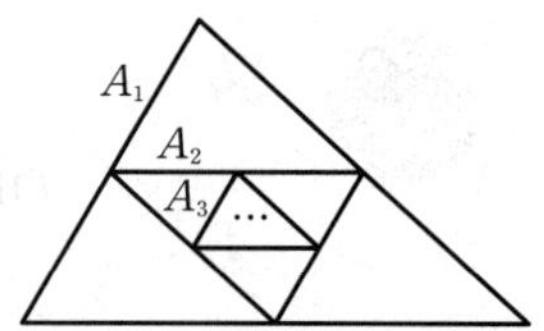

반지름의 길이가 1인 원에 내접하는 정삼각형을 A_1이라 하고, 정삼각형 A_1의 내접원에 내접하는 정삼각형을 A_2라 하자. 이와 같은 과정을 한없이 반복할 때, 정삼각형 A_n의 내접원에 내접하는 정삼각형을 A_{n+1} $(n=1,\ 2,\ 3,\ \cdots)$, 정삼각형 A_n의 넓이를 a_n이라 하자. 이때 $\sum\limits_{n=1}^{\infty} a_n$의 값을 구하시오.

풀이

정삼각형 A_1의 높이는 $1 \times \sin 30° + 1 = \dfrac{1}{2} + 1 = \dfrac{3}{2}$,

밑변의 길이는 $1 \times \cos 30° \times 2 = \dfrac{\sqrt{3}}{2} \times 2 = \sqrt{3}$이므로

$$a_1 = \frac{1}{2} \times \frac{3}{2} \times \sqrt{3} = \frac{3\sqrt{3}}{4}$$

정삼각형 A_2의 높이는 $\dfrac{1}{2} \times \sin 30° + \dfrac{1}{2} = \dfrac{3}{4}$,

밑변의 길이는 $\dfrac{1}{2} \times \cos 30° \times 2 = \dfrac{\sqrt{3}}{2}$이므로

$$a_2 = \frac{1}{2} \times \frac{3}{4} \times \frac{\sqrt{3}}{2} = \frac{3\sqrt{3}}{16}$$

정삼각형 A_3의 높이는 $\dfrac{1}{4} \times \sin 30° + \dfrac{1}{4} = \dfrac{3}{8}$, 밑변의 길이는 $\dfrac{1}{4} \times \cos 30° \times 2 = \dfrac{\sqrt{3}}{4}$이므로

$$a_3 = \frac{1}{2} \times \frac{3}{8} \times \frac{\sqrt{3}}{4} = \frac{3\sqrt{3}}{64}$$

$$\vdots$$

$$\therefore \sum_{n=1}^{\infty} a_n = \frac{3\sqrt{3}}{4} + \frac{3\sqrt{3}}{16} + \frac{3\sqrt{3}}{64} + \cdots = \frac{\dfrac{3\sqrt{3}}{4}}{1 - \dfrac{1}{4}} = \sqrt{3}$$

KEY Point

• 한없이 그려지는 도형의 넓이의 합 ⇨ 넓이가 변하는 규칙을 찾는다.

확인체크 **56** 오른쪽 그림과 같이 반지름의 길이가 1인 원 C_1에 내접하는 정사각형을 M_1, 정사각형 M_1에 내접하는 원을 C_2, 원 C_2에 내접하는 정사각형을 M_2라 하자. 이와 같은 과정을 한없이 반복할 때, 원 C_n의 넓이에서 정사각형 M_n의 넓이를 뺀 값을 S_n이라 하자. 이때 $\sum\limits_{n=1}^{\infty} S_n$의 값을 구하시오.

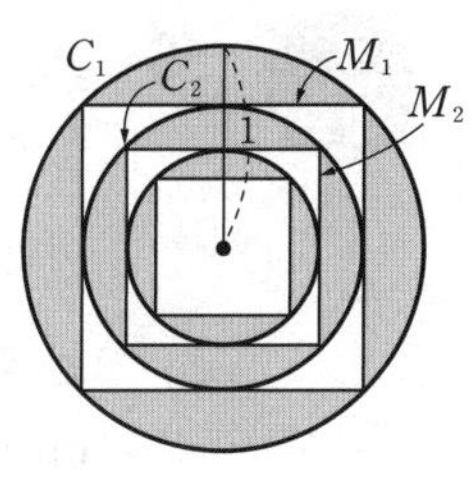

57 오른쪽 그림과 같은 이차함수 $f(x) = x^2$의 그래프에서 x축 위에 $x_1 = 1$, $x_2 = \dfrac{2}{3}$, $x_3 = \dfrac{4}{9}$, $\cdots$, $x_n = \left(\dfrac{2}{3}\right)^{n-1}$, $\cdots$을 정할 때, $(x_n - x_{n+1})$을 밑변의 길이, $f(x_n)$을 높이로 하는 직사각형의 넓이를 A_n이라 하자. 이때 $\sum\limits_{n=1}^{\infty} A_n$의 값을 구하시오.

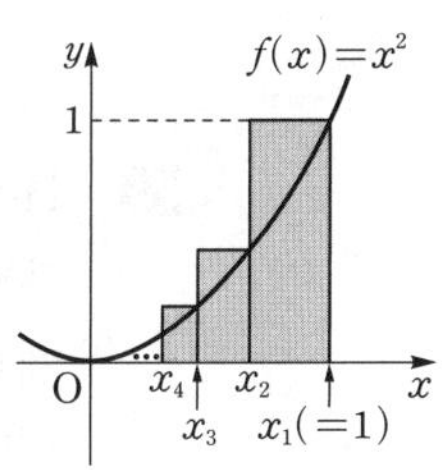

알루미늄 캔을 만드는 어느 공장에서는 생산량의 75 %가 수거되고, 그중 80 %가 재활용된다고 한다. 이 공장에서 생산하는 알루미늄 캔 10톤으로 이와 같은 재활용 과정이 반복된다고 할 때, 재활용되는 알루미늄 캔의 총 무게를 구하시오.

풀이　수거와 재활용 과정을 한 번 거칠 때 재활용되는 알루미늄 캔의 무게는

$$10 \times \frac{75}{100} \times \frac{80}{100} = 10 \times \frac{3}{5} \ (\text{톤})$$

수거와 재활용 과정을 두 번 거칠 때 재활용되는 알루미늄 캔의 무게는

$$\left(10 \times \frac{3}{5}\right) \times \frac{75}{100} \times \frac{80}{100} = 10 \times \left(\frac{3}{5}\right)^2 (\text{톤})$$

수거와 재활용 과정을 세 번 거칠 때 재활용되는 알루미늄 캔의 무게는

$$\left\{10 \times \left(\frac{3}{5}\right)^2\right\} \times \frac{75}{100} \times \frac{80}{100} = 10 \times \left(\frac{3}{5}\right)^3 (\text{톤})$$

$$\vdots$$

따라서 재활용되는 알루미늄 캔의 총 무게는

$$10 \times \frac{3}{5} + 10 \times \left(\frac{3}{5}\right)^2 + 10 \times \left(\frac{3}{5}\right)^3 + \cdots = \frac{10 \times \frac{3}{5}}{1 - \frac{3}{5}} = \mathbf{15 \ (톤)}$$

 **58**　오른쪽 그림과 같이 끈에 매달려 있는 추를 A 위치에서 놓으면 처음에 30 cm만큼 움직였다가 방향을 바꾸어 25 cm만큼 움직인다. 이와 같이 추가 앞에서 움직인 거리의 $\dfrac{5}{6}$만큼 방향을 바꾸어 움직이는 과정을 한없이 반복할 때, 이 추가 멈출 때까지 움직인 거리는 몇 cm인지 구하시오.

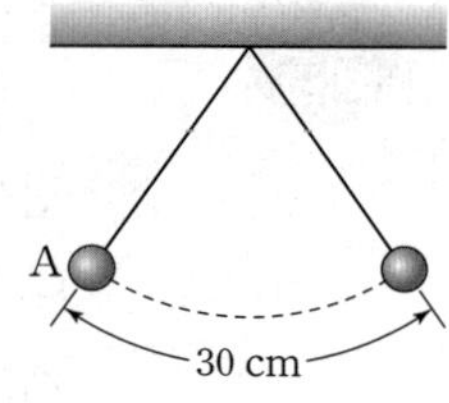

59　H 타이어 회사와 S 브레이크 회사가 협력하여 도로에서 빠르게 달리는 자동차가 브레이크 페달을 밟자마자 속력이 30 % 감소하고, 이후 매초 속력이 30 %씩 감소하는 감속 장치를 개발하였다. 이 감속 장치가 장착된 자동차가 시속 108 km의 속력으로 달리다가 브레이크 페달을 밟았을 때, 자동차가 완전히 멈출 때까지 이동한 거리는 몇 m인지 구하시오.

연 습 문 제

STEP **1**

생각해 봅시다!

53 급수 $\displaystyle\sum_{n=0}^{\infty}(3^{n+1}-15)\left(\dfrac{1}{6}\right)^{n}$ 의 합을 구하시오.

등비급수의 합
⇨ 첫째항과 공비를 구한다.

54 첫째항이 3인 등비수열 $\{a_n\}$에 대하여 $\displaystyle\sum_{n=1}^{\infty}a_n=6$일 때, $\displaystyle\sum_{n=1}^{\infty}a_n^{\,2}$의 값을 구하시오.

등비급수가 수렴하면 그 합은 $\dfrac{(첫째항)}{1-(공비)}$이다.

55 첫째항이 1인 두 등비수열 $\{a_n\}$, $\{b_n\}$에 대하여 $\displaystyle\sum_{n=1}^{\infty}a_n=2$, $\displaystyle\sum_{n=1}^{\infty}b_n=3$일 때, $\displaystyle\sum_{n=1}^{\infty}(a_n+b_n)^2$의 값을 구하시오.

56 등비수열 $\{a_n\}$에 대하여
$$a_1+a_2+a_3+a_4+a_5+\cdots=8,\quad a_1+a_3+a_5+a_7+a_9+\cdots=6$$
일 때, 급수 $a_1^{\,2}+a_2^{\,2}+a_3^{\,2}+a_4^{\,2}+a_5^{\,2}+\cdots$의 합을 구하시오.

57 수열 $\{a_n\}$은 첫째항이 1, 공비가 $\dfrac{1}{3}$인 등비수열이고, 수열 $\{b_n\}$은 첫째항이 1, 공비가 $\dfrac{1}{2}$인 등비수열이다. 다음 중 수렴하지 <u>않는</u> 급수는?

$a_n=\left(\dfrac{1}{3}\right)^{n-1}$
$b_n=\left(\dfrac{1}{2}\right)^{n-1}$

① $\displaystyle\sum_{n=1}^{\infty}2a_n$ ② $\displaystyle\sum_{n=1}^{\infty}(a_n-b_n)$ ③ $\displaystyle\sum_{n=1}^{\infty}(-1)^n b_n$

④ $\displaystyle\sum_{n=1}^{\infty}a_n b_n$ ⑤ $\displaystyle\sum_{n=1}^{\infty}\dfrac{b_n}{a_n}$

58 $\displaystyle\sum_{n=1}^{\infty}x^n(x-2)^{n-1}=\dfrac{1}{4}$ 을 만족시키는 실수 x의 값은?

① $-1-\sqrt{3}$ ② $-1-\sqrt{2}$ ③ $-1+\sqrt{2}$

④ $-1+\sqrt{3}$ ⑤ $1+\sqrt{2}$

59 자연수 n에 대하여 4^n+1의 일의 자리의 숫자를 a_n이라 할 때, $\displaystyle\sum_{n=1}^{\infty}\frac{a_n}{10^n}$의 값을 구하시오.

STEP 2

60 $\displaystyle\sum_{n=1}^{\infty}\frac{x^n+(-x)^n}{3^n}=\frac{8}{5}$일 때, 음의 실수 x의 값은?

① -1 　　② -2 　　③ -3 　　④ -4 　　⑤ -5

61 두 등비급수 $\displaystyle\sum_{n=1}^{\infty}\left(\frac{x}{3}\right)^n(x-2)^{n-1}$, $\displaystyle\sum_{n=1}^{\infty}\left(\log_3\frac{x}{3}\right)^n$이 모두 수렴하기 위한 실수 x의 값의 범위를 구하시오.

등비급수 $\displaystyle\sum_{n=1}^{\infty}r^n$이 수렴하기 위한 조건
$\Rightarrow -1<r<1$

62 등비급수 $\displaystyle\sum_{n=1}^{\infty}r^n$이 수렴할 때, 다음 **보기** 중에서 항상 수렴하는 급수인 것만을 있는 대로 고르시오.

| 보기 |

ㄱ. $\displaystyle\sum_{n=1}^{\infty}(r^n+3r^{n-1})$ 　　ㄴ. $\displaystyle\sum_{n=1}^{\infty}(r^n-r^{2n})$ 　　ㄷ. $\displaystyle\sum_{n=1}^{\infty}\left(\frac{1}{r}\right)^n\ (r\neq0)$

ㄹ. $\displaystyle\sum_{n=1}^{\infty}\left(\frac{r}{2}-1\right)^n$ 　　ㅁ. $\displaystyle\sum_{n=1}^{\infty}r^{3n}$ 　　ㅂ. $\displaystyle\sum_{n=1}^{\infty}\frac{r^n+(-r)^n}{2}$

63 등비수열 $\{a_n\}$에 대하여 다음 **보기** 중에서 옳은 것만을 있는 대로 고른 것은?

$\displaystyle\lim_{n\to\infty}a_n\neq0$이면 $\displaystyle\sum_{n=1}^{\infty}a_n$이 발산한다.

| 보기 |

ㄱ. 등비급수 $\displaystyle\sum_{n=1}^{\infty}a_n$이 수렴하면 $\displaystyle\sum_{n=1}^{\infty}a_{2n}$도 수렴한다.

ㄴ. 등비급수 $\displaystyle\sum_{n=1}^{\infty}a_n$이 발산하면 $\displaystyle\sum_{n=1}^{\infty}a_{2n}$도 발산한다.

ㄷ. 등비급수 $\displaystyle\sum_{n=1}^{\infty}a_n$이 수렴하면 $\displaystyle\sum_{n=1}^{\infty}\left(a_n+\frac{1}{2}\right)$도 수렴한다.

① ㄱ 　　② ㄴ 　　③ ㄱ, ㄴ 　　④ ㄱ, ㄷ 　　⑤ ㄴ, ㄷ

64 수열 $\{a_n\}$의 첫째항부터 제n항까지의 합 S_n에 대하여 $2^n S_n = 3^n - 2^n$일 때, 급수 $\displaystyle\sum_{n=1}^{\infty} \dfrac{1}{a_{2n-1}}$의 합을 구하시오.

65 이차함수 $y = 4x^2 - 2x - 1$의 그래프가 x축과 만나는 두 점의 x좌표를 각각 α, β라 할 때, $\displaystyle\sum_{n=1}^{\infty}(\alpha^n + \beta^n)$의 값을 구하시오.

> $y = ax^2 + bx + c$의 그래프가 x축과 만나는 두 점의 x좌표
> $\Rightarrow ax^2 + bx + c = 0$의 두 실근

66 오른쪽 그림과 같이 좌표평면 위의 원점 O에서 차례로 $30°$의 각을 이루는 직선이 있다. x축 위의 점 A에서 출발하여 이웃 직선에 차례로 수선을 그어 나가면 수선의 길이의 합은 어떤 값에 한없이 가까워지는지 구하시오. (단, $\overline{OA} = 1$)

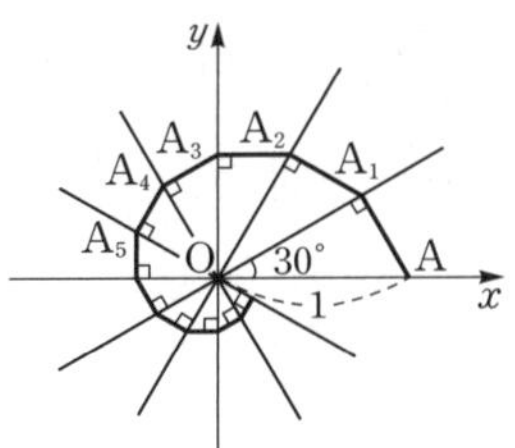

67 그림과 같이 $\overline{OA_1} = 4$, $\overline{OB_1} = 4\sqrt{3}$인 직각삼각형 OA_1B_1이 있다. 중심이 O이고 반지름의 길이가 $\overline{OA_1}$인 원이 선분 OB_1과 만나는 점을 B_2라 하자. 삼각형 OA_1B_1의 내부와 부채꼴 OA_1B_2의 내부에서 공통된 부분을 제외한 ◥ 모양의 도형에 색칠하여 얻은 그림을

> 닮음비를 이용하여 도형의 넓이의 비를 찾는다.

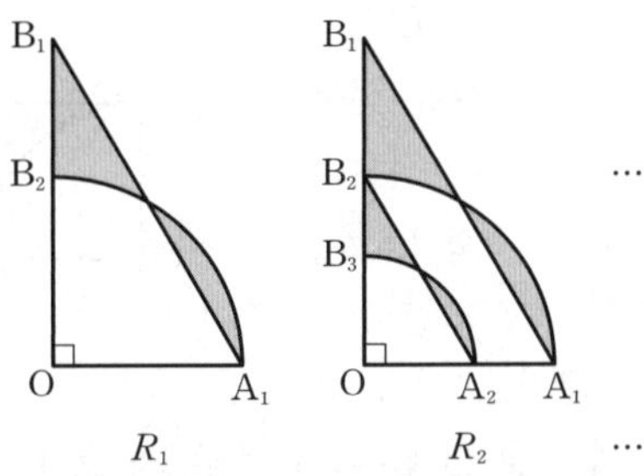

R_1이라 하자. 그림 R_1에서 점 B_2를 지나고 선분 A_1B_1에 평행한 직선이 선분 OA_1과 만나는 점을 A_2, 중심이 O이고 반지름의 길이가 $\overline{OA_2}$인 원이 선분 OB_2와 만나는 점을 B_3이라 하자. 삼각형 OA_2B_2의 내부와 부채꼴 OA_2B_3의 내부에서 공통된 부분을 제외한 ◥ 모양의 도형에 색칠하여 얻은 그림을 R_2라 하자. 이와 같은 과정을 계속하여 n번째 얻은 그림 R_n에 색칠되어 있는 부분의 넓이를 S_n이라 할 때, $\displaystyle\lim_{n\to\infty} S_n$의 값은?

① $\dfrac{3}{2}\pi$ ② $\dfrac{5}{3}\pi$ ③ $\dfrac{11}{6}\pi$ ④ 2π ⑤ $\dfrac{13}{6}\pi$

실력 UP

68 급수 $\displaystyle\sum_{n=1}^{\infty}\frac{3n+1}{3^n}$ 의 합을 구하시오.

69 첫째항이 1인 두 등비급수 $\displaystyle\sum_{n=1}^{\infty}a_n$, $\displaystyle\sum_{n=1}^{\infty}b_n$이 각각 수렴하고

$\displaystyle\sum_{n=1}^{\infty}(a_n+b_n)=\frac{8}{3}$, $\displaystyle\sum_{n=1}^{\infty}a_nb_n=\frac{4}{5}$일 때, $\displaystyle\sum_{n=1}^{\infty}(a_n{}^2+b_n{}^2)$의 값을 구하시오.

수열 $\{a_n\}$, $\{b_n\}$의 공비를 각각 r_1, r_2로 놓고 등비급수의 합을 이용한다.

70 순환소수로 이루어진 수열 $\{a_n\}$의 각 항이 $a_1=0.\dot{1}$, $a_2=0.1\dot{0}$,

$a_3=0.10\dot{0}$, $a_4=0.100\dot{0}$, $\cdots$일 때, $\displaystyle\sum_{n=1}^{\infty}\left(\frac{1}{a_{n+1}}-\frac{1}{a_n}\right)$의 값을 구하시오.

[평가원기출]

71 그림과 같이 $\overline{A_1B_1}=3$, $\overline{B_1C_1}=1$인 직사각형 $OA_1B_1C_1$이 있다. 중심이 C_1이고 반지름의 길이가 $\overline{B_1C_1}$인 원과 선분 OC_1의 교점을 D_1, 중심이 O이고 반지름의 길이가 $\overline{OD_1}$인 원과 선분 A_1B_1의 교점을 E_1이라 하자. 직사각형 $OA_1B_1C_1$에 호 B_1D_1, 호 D_1E_1, 선분 B_1E_1로 둘러싸인 $\vee$ 모양의 도형을 그리고 색칠하여 얻은 그림을 R_1

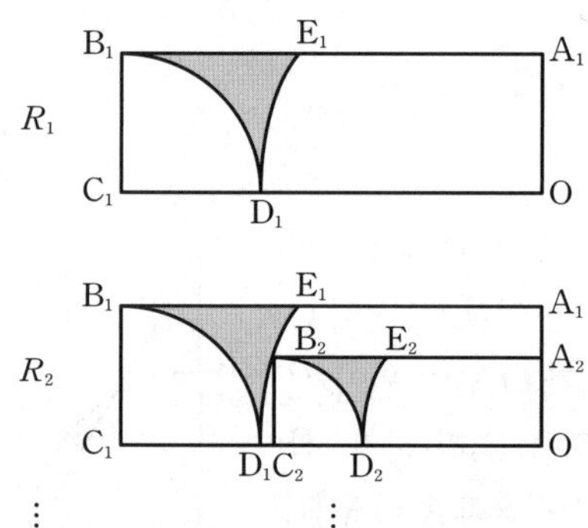

이라 하자. 그림 R_1에 선분 OA_1 위의 점 A_2와 호 D_1E_1 위의 점 B_2, 선분 OD_1 위의 점 C_2와 점 O를 꼭짓점으로 하고 $\overline{A_2B_2}:\overline{B_2C_2}=3:1$인 직사각형 $OA_2B_2C_2$를 그리고, 그림 R_1을 얻은 것과 같은 방법으로 직사각형 $OA_2B_2C_2$에 $\vee$ 모양의 도형을 그리고 색칠하여 얻은 그림을 R_2라 하자. 이와 같은 과정을 계속하여 n번째 얻은 그림 R_n에 색칠되어 있는 부분의 넓이를 S_n이라 할 때, $\displaystyle\lim_{n\to\infty}S_n$의 값은?

① $4-\dfrac{2\sqrt{3}}{3}-\dfrac{7}{9}\pi$ ② $5-\dfrac{5\sqrt{3}}{6}-\dfrac{35}{36}\pi$ ③ $6-\sqrt{3}-\dfrac{7}{6}\pi$

④ $7-\dfrac{7\sqrt{3}}{6}-\dfrac{49}{36}\pi$ ⑤ $8-\dfrac{4\sqrt{3}}{3}-\dfrac{14}{9}\pi$

부채꼴 E_1OD_1에서 $\overline{OE_1}=\overline{OB_2}=\overline{OD_1}$임을 이용하여 S_1의 값과 공비를 구한다.

Ⅱ

지수함수와 로그함수의 극한

1. 지수함수와 로그함수의 미분

1. 지수함수 $y=a^x\,(a>0,\,a\neq1)$의 극한　▷ 필수예제 **1**

> (1) $a>1$일 때, $\displaystyle\lim_{x\to\infty}a^x=\infty$, $\displaystyle\lim_{x\to-\infty}a^x=0$
>
> (2) $0<a<1$일 때, $\displaystyle\lim_{x\to\infty}a^x=0$, $\displaystyle\lim_{x\to-\infty}a^x=\infty$

▶　① 지수함수 $y=a^x\,(a>0,\,a\neq1)$의 정의역은 실수 전체의 집합이고 치역은 양의 실수 전체의 집합이다.

② a의 값에 관계없이 $\displaystyle\lim_{x\to0}a^x=1$, $\displaystyle\lim_{x\to1}a^x=a$

설명　$a>0$, $a\neq1$일 때, 실수 r에 대하여

$$\lim_{x\to r}a^x=a^r$$

이 성립함을 다음 그래프에서 알 수 있다.

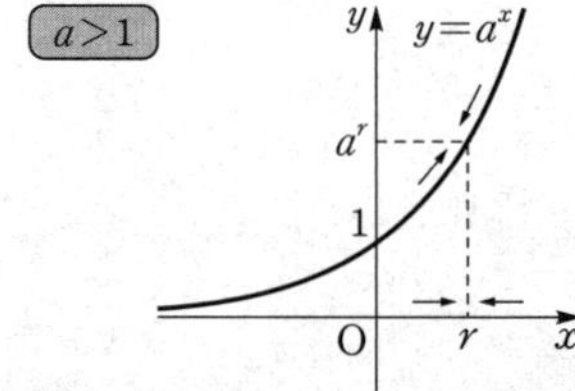

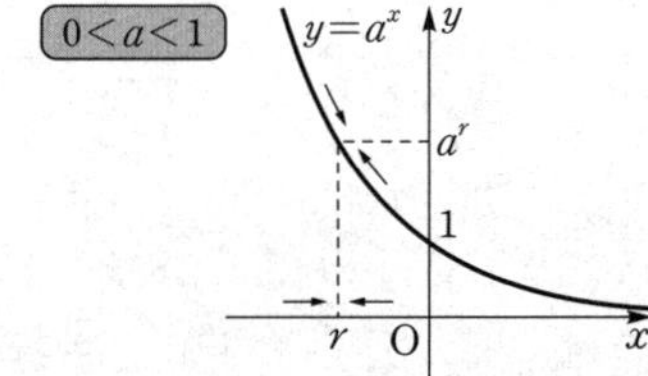

따라서 지수함수 $y=a^x$은 모든 실수에서 연속이다.

한편, $x\to\infty$ 또는 $x\to-\infty$일 때 지수함수 $y=a^x$의 극한은 다음과 같다.

(1) $a>1$일 때

　　x의 값이 증가하면 y의 값도 증가하고 x의 값이 감소하면 y의 값도 감소하므로 다음이 성립한다.

　　(ⅰ) $x\to\infty$일 때 y의 값은 한없이 커지므로

$$\lim_{x\to\infty}a^x=\infty$$

　　(ⅱ) $x\to-\infty$일 때 y의 값은 0에 한없이 가까워지므로

$$\lim_{x\to-\infty}a^x=0$$

(2) $0<a<1$일 때

　　x의 값이 증가하면 y의 값은 감소하고 x의 값이 감소하면 y의 값은 증가하므로 다음이 성립한다.

　　(ⅰ) $x\to\infty$일 때 y의 값은 0에 한없이 가까워지므로

$$\lim_{x\to\infty}a^x=0$$

　　(ⅱ) $x\to-\infty$일 때 y의 값은 한없이 커지므로

$$\lim_{x\to-\infty}a^x=\infty$$

예　$\displaystyle\lim_{x\to1}3^x=3$, $\displaystyle\lim_{x\to\infty}\left(\frac{5}{3}\right)^x=\infty$, $\displaystyle\lim_{x\to-\infty}\left(\frac{\sqrt5}{2}\right)^x=0$

　　　$\displaystyle\lim_{x\to\infty}\left(\frac{1}{3}\right)^x=0$, $\displaystyle\lim_{x\to-\infty}\left(\frac{3}{5}\right)^x=\infty$

2. 로그함수 $y=\log_a x\ (a>0,\ a\neq 1)$의 극한　▷ **필수예제 2**

> (1) $a>1$일 때, $\displaystyle\lim_{x\to 0+}\log_a x=-\infty$, $\displaystyle\lim_{x\to\infty}\log_a x=\infty$
>
> (2) $0<a<1$일 때, $\displaystyle\lim_{x\to 0+}\log_a x=\infty$, $\displaystyle\lim_{x\to\infty}\log_a x=-\infty$

▶　① 로그함수 $y=\log_a x\ (a>0,\ a\neq 1)$의 정의역은 양의 실수 전체의 집합이고 치역은 실수 전체의 집합이다.

　② a의 값에 관계없이 $\displaystyle\lim_{x\to 1}\log_a x=0$, $\displaystyle\lim_{x\to a}\log_a x=1$

　③ 함수 $f(x)$가 $f(x)>0$이고 a가 1이 아닌 양수일 때,

　　$\displaystyle\lim_{x\to c}f(x)=\alpha\ (\alpha>0)$이면 $\displaystyle\lim_{x\to c}\{\log_a f(x)\}=\log_a\{\lim_{x\to c}f(x)\}=\log_a\alpha$ (단, c는 실수)

　　$\displaystyle\lim_{x\to\infty}f(x)=\beta\ (\beta>0)$이면 $\displaystyle\lim_{x\to\infty}\{\log_a f(x)\}=\log_a\{\lim_{x\to\infty}f(x)\}=\log_a\beta$

설명　$a>0,\ a\neq 1$일 때, 양수 r에 대하여

$$\lim_{x\to r}\log_a x=\log_a r$$

가 성립함을 다음 그래프에서 알 수 있다.

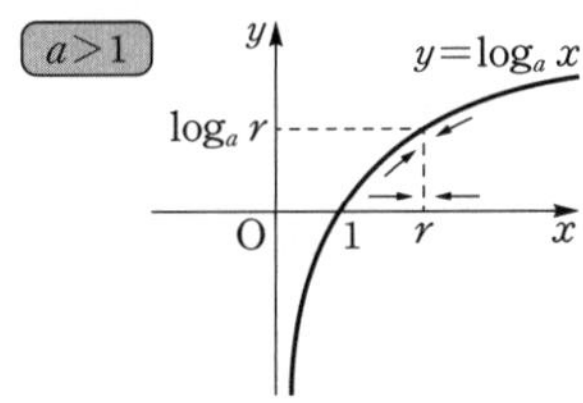
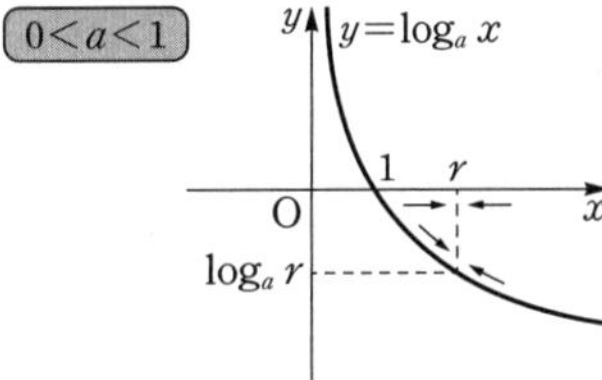

따라서 로그함수 $y=\log_a x$는 모든 양의 실수에서 연속이다.

한편, $x\to 0+$ 또는 $x\to\infty$일 때 로그함수 $y=\log_a x$의 극한은 다음과 같다.

(1) $a>1$일 때

　x의 값이 증가하면 y의 값도 증가하고 x의 값이 감소하면 y의 값도 감소하므로 다음이 성립한다.

　(ⅰ) $x\to 0+$일 때 y의 값은 음수이면서 그 절댓값이 한없이 커지므로 다음이 성립한다.

$$\lim_{x\to 0+}\log_a x=-\infty$$

　(ⅱ) $x\to\infty$일 때 y의 값은 한없이 커지므로

$$\lim_{x\to\infty}\log_a x=\infty$$

(2) $0<a<1$일 때

　x의 값이 증가하면 y의 값은 감소하고 x의 값이 감소하면 y의 값은 증가하므로 다음이 성립한다.

　(ⅰ) $x\to 0+$일 때 y의 값은 한없이 커지므로

$$\lim_{x\to 0+}\log_a x=\infty$$

　(ⅱ) $x\to\infty$일 때 y의 값은 음수이면서 그 절댓값이 한없이 커지므로

$$\lim_{x\to\infty}\log_a x=-\infty$$

예　$\displaystyle\lim_{x\to 2}\log_2 x=\log_2 2=1$

　　$\displaystyle\lim_{x\to 0+}\log_3 x=-\infty,\ \lim_{x\to\infty}\log_3 x=\infty$

　　$\displaystyle\lim_{x\to 0+}\log_{\frac{1}{2}} x=\infty,\ \lim_{x\to\infty}\log_{\frac{1}{2}} x=-\infty$

60 다음 극한을 조사하시오.

(1) $\displaystyle\lim_{x \to 0} 3^x$

(2) $\displaystyle\lim_{x \to \infty} \left(\frac{5}{4}\right)^x$

(3) $\displaystyle\lim_{x \to -\infty} \left(\frac{4}{3}\right)^x$

(4) $\displaystyle\lim_{x \to 1} \left(\frac{1}{2}\right)^x$

(5) $\displaystyle\lim_{x \to \infty} \frac{1}{5^x}$

(6) $\displaystyle\lim_{x \to -\infty} \left(\frac{2}{5}\right)^x$

61 다음 극한을 조사하시오.

(1) $\displaystyle\lim_{x \to 1} \log_3 x$

(2) $\displaystyle\lim_{x \to 0+} \log_2 x$

(3) $\displaystyle\lim_{x \to \infty} \log_2 x$

(4) $\displaystyle\lim_{x \to 2} \log_{\frac{1}{2}} x$

(5) $\displaystyle\lim_{x \to 0+} \log_{\frac{1}{3}} x$

(6) $\displaystyle\lim_{x \to \infty} \log_{\frac{1}{3}} x$

다음 극한값을 구하시오.

(1) $\lim\limits_{x\to\infty}\dfrac{3^x}{5^x+3^x}$　　(2) $\lim\limits_{x\to\infty}(3^x-2^x)^{\frac{1}{x}}$　　(3) $\lim\limits_{x\to-\infty}\dfrac{2^x-2^{-x}}{2^x+2^{-x}}$

설명　　(1) $\dfrac{\infty}{\infty}$ 꼴이므로 5^x으로 분모, 분자를 각각 나눈 다음 지수함수의 극한을 생각한다.

(2) $\infty-\infty$ 꼴이므로 3^x으로 묶은 다음 지수함수의 극한을 생각한다.

(3) 분모, 분자에 각각 2^x을 곱한 다음 $a>1$일 때 $\lim\limits_{x\to-\infty}a^x=0$임을 이용한다.

풀이　　(1) 분모, 분자를 각각 5^x으로 나누면

$$\lim_{x\to\infty}\frac{3^x}{5^x+3^x}=\lim_{x\to\infty}\frac{\left(\dfrac{3}{5}\right)^x}{1+\left(\dfrac{3}{5}\right)^x}=\frac{0}{1+0}=\mathbf{0}\qquad\leftarrow\ 0<a<1\text{일 때 }\lim_{x\to\infty}a^x=0$$

(2) 3^x으로 묶으면

$$\lim_{x\to\infty}(3^x-2^x)^{\frac{1}{x}}=\lim_{x\to\infty}\left[3^x\left\{1-\left(\frac{2}{3}\right)^x\right\}\right]^{\frac{1}{x}}=\lim_{x\to\infty}3\left\{1-\left(\frac{2}{3}\right)^x\right\}^{\frac{1}{x}}$$
$$=3\times1=\mathbf{3}$$

(3) 분모, 분자에 각각 2^x을 곱하면

$$\lim_{x\to-\infty}\frac{2^x-2^{-x}}{2^x+2^{-x}}=\lim_{x\to-\infty}\frac{2^{2x}-1}{2^{2x}+1}=\frac{0-1}{0+1}=\mathbf{-1}\qquad\leftarrow\ a>1\text{일 때 }\lim_{x\to-\infty}a^x=0$$

다른풀이　　(3) $-x=t$로 놓으면 $x=-t$이고 $x\to-\infty$일 때 $t\to\infty$이므로

$$\lim_{x\to-\infty}\frac{2^{2x}-1}{2^{2x}+1}=\lim_{t\to\infty}\frac{2^{-2t}-1}{2^{-2t}+1}=\lim_{t\to\infty}\frac{\left(\dfrac{1}{4}\right)^t-1}{\left(\dfrac{1}{4}\right)^t+1}=\frac{0-1}{0+1}=-1$$

KEY Point

- $a>1$일 때 $\lim\limits_{x\to\infty}a^x=\infty$, $\lim\limits_{x\to-\infty}a^x=0$
- $0<a<1$일 때 $\lim\limits_{x\to\infty}a^x=0$, $\lim\limits_{x\to-\infty}a^x=\infty$

62 다음 극한을 조사하시오.

(1) $\lim\limits_{x\to\infty}\dfrac{2^x}{2^x-2^{-x}}$　　　　　　(2) $\lim\limits_{x\to\infty}(5^x-3^{x+1})^{\frac{1}{x}}$

(3) $\lim\limits_{x\to\infty}(2^{2x+1}-3^x)$　　　　　　(4) $\lim\limits_{x\to-\infty}\dfrac{5^x+5^{-x}}{5^x-5^{-x}}$

63 $\lim\limits_{x\to\infty}\dfrac{a\times3^{x+1}+1}{3^{x-1}-2}=27$일 때, 상수 a의 값을 구하시오.

다음 극한값을 구하시오.

(1) $\lim\limits_{x\to\infty}\{\log(x+1)-\log x\}$ (2) $\lim\limits_{x\to 1+}\{\log_2(x^2-1)-\log_2(x-1)\}$

(3) $\lim\limits_{x\to 5}(\log_5|x^2-25|-\log_5|x^3-125|)$

설명 $\lim\limits_{x\to\infty}\{\log_a f(x)-\log_a g(x)\}=\lim\limits_{x\to\infty}\left\{\log_a\dfrac{f(x)}{g(x)}\right\}=\log_a\left\{\lim\limits_{x\to\infty}\dfrac{f(x)}{g(x)}\right\}$ 임을 이용한다.

$$(\text{단},\ a>0,\ a\neq 1,\ f(x)>0,\ g(x)>0)$$

풀이   (1) $\lim\limits_{x\to\infty}\{\log(x+1)-\log x\}=\lim\limits_{x\to\infty}\log\dfrac{x+1}{x}=\log\lim\limits_{x\to\infty}\dfrac{x+1}{x}$

$$=\log\lim\limits_{x\to\infty}\left(1+\dfrac{1}{x}\right)=\log 1=\mathbf{0}$$

(2) $\lim\limits_{x\to 1+}\{\log_2(x^2-1)-\log_2(x-1)\}=\lim\limits_{x\to 1+}\log_2\dfrac{x^2-1}{x-1}=\lim\limits_{x\to 1+}\log_2\dfrac{(x+1)(x-1)}{x-1}$

$$=\lim\limits_{x\to 1+}\log_2(x+1)=\log_2\lim\limits_{x\to 1+}(x+1)$$

$$=\log_2 2=\mathbf{1}$$

(3) $\lim\limits_{x\to 5}(\log_5|x^2-25|-\log_5|x^3-125|)=\lim\limits_{x\to 5}\log_5\left|\dfrac{x^2-25}{x^3-125}\right|$

$$=\lim\limits_{x\to 5}\log_5\left|\dfrac{(x+5)(x-5)}{(x-5)(x^2+5x+25)}\right|$$

$$=\lim\limits_{x\to 5}\log_5\left|\dfrac{x+5}{x^2+5x+25}\right|$$

$$=\log_5\lim\limits_{x\to 5}\left|\dfrac{x+5}{x^2+5x+25}\right|$$

$$=\log_5\dfrac{2}{15}$$

KEY Point

- $a>1$일 때 $\lim\limits_{x\to 0+}\log_a x=-\infty$, $\lim\limits_{x\to\infty}\log_a x=\infty$
- $0<a<1$일 때 $\lim\limits_{x\to 0+}\log_a x=\infty$, $\lim\limits_{x\to\infty}\log_a x=-\infty$

확인 체크   **64**   다음 극한값을 구하시오.

(1) $\lim\limits_{x\to\infty}\{\log_{\frac{1}{2}}(2x+1)-\log_{\frac{1}{2}}x\}$ (2) $\lim\limits_{x\to\infty}\{\log_3(9x^2-1)-\log_3(x^2+1)\}$

(3) $\lim\limits_{x\to\infty}\{\log_2 7^x-\log_2(7^x+2)\}$ (4) $\lim\limits_{x\to 2}(\log_3|x^2-4|-\log_3|x^3-8|)$

65 $\lim\limits_{x\to\infty}\{\log_2(ax+1)-\log_2(3x-1)\}=2$를 만족시키는 상수 a의 값을 구하시오.

무리수 e와 자연로그

개념원리 이해

1. 무리수 e의 정의 ▷ 필수예제 **3**

x의 값이 0에 한없이 가까워질 때, $(1+x)^{\frac{1}{x}}$의 값은 어떤 일정한 값에 가까워짐이 알려져 있고, 이 극한값을 e로 나타낸다.

이때 e는 무리수이고, 그 값은 $e=2.718281828459045\cdots$이다.

$$(1)\ \lim_{x \to 0}(1+x)^{\frac{1}{x}}=e \qquad\qquad (2)\ \lim_{x \to \infty}\left(1+\frac{1}{x}\right)^{x}=e$$

▶ 0이 아닌 상수 a에 대하여
$$\lim_{x \to 0}(1+ax)^{\frac{1}{ax}}=e,\ \lim_{x \to \infty}\left(1+\frac{1}{ax}\right)^{ax}=e$$

$$\lim_{\blacktriangle \to 0}(1+\blacktriangle)^{\frac{1}{\blacktriangle}}=e$$
$$\lim_{\blacksquare \to \infty}\left(1+\frac{1}{\blacksquare}\right)^{\blacksquare}=e$$

설명 $x \to 0$일 때 $(1+x)^{\frac{1}{x}}$의 극한

오른쪽 표에서 x의 값이 0에 한없이 가까워질 때, $(1+x)^{\frac{1}{x}}$의 값은 어떤 일정한 값에 가까워지고 있음을 알 수 있다.

실제로 $(1+x)^{\frac{1}{x}}$의 값은 일정한 수에 수렴함이 알려져 있으며, 이 극한값을 e로 나타낸다. 즉,
$$\lim_{x \to 0}(1+x)^{\frac{1}{x}}=e$$
여기서 e는 무리수이고, 그 값은 $2.718281\cdots$이다.

$\lim\limits_{x \to 0}(1+x)^{\frac{1}{x}}=e$에서 $\frac{1}{x}=t$로 놓으면 $x \to 0+$일 때 $t \to \infty$이므로 e는 다음과 같이 나타낼 수도 있다.
$$\lim_{t \to \infty}\left(1+\frac{1}{t}\right)^{t}=e,\ \text{즉}\ \lim_{x \to \infty}\left(1+\frac{1}{x}\right)^{x}=e$$

예
$(1)\ \lim\limits_{x \to 0}(1+x)^{\frac{3}{x}}=\lim\limits_{x \to 0}\left\{(1+x)^{\frac{1}{x}}\right\}^{3}$
$\qquad\qquad\qquad =e^{3}$

$(2)\ \lim\limits_{x \to \infty}\left(1+\frac{1}{x}\right)^{3x}=\lim\limits_{x \to \infty}\left\{\left(1+\frac{1}{x}\right)^{x}\right\}^{3}$
$\qquad\qquad\qquad\quad =e^{3}$

x	$(1+x)^{\frac{1}{x}}$
0.1	$2.59374\cdots$
0.01	$2.70481\cdots$
0.001	$2.71692\cdots$
0.0001	$2.71814\cdots$
0.00001	$2.71826\cdots$
$\vdots$	$\vdots$
-0.00001	$2.71829\cdots$
-0.0001	$2.71841\cdots$
-0.001	$2.71964\cdots$
-0.01	$2.73199\cdots$
-0.1	$2.86797\cdots$

2. 자연로그

> **(1) 자연로그**
>
> 무리수 e를 밑으로 하는 로그 $\log_e x$를 x의 **자연로그**라 하며, 간단히 $\ln x$로 나타낸다.
>
> **(2) 자연로그의 성질**
>
> $x>0$, $y>0$일 때, 다음이 성립한다.
>
> ① $\ln 1=0$, $\ln e=1$ ② $\ln xy=\ln x+\ln y$
>
> ③ $\ln \dfrac{x}{y}=\ln x-\ln y$ ④ $\ln x^n=n \ln x$ (단, n은 실수)

▶ ① 로그함수 $y=\ln x$의 역함수는 e를 밑으로 하는 지수함수 $y=e^x$이다.

② 로그함수 $y=\ln x\,(x>0)$와 지수함수 $y=e^x$에 대하여 다음이 성립한다.

$$\lim_{x\to 0+}\ln x=-\infty,\ \lim_{x\to\infty}\ln x=\infty,\ \lim_{x\to\infty}e^x=\infty,\ \lim_{x\to-\infty}e^x=0$$

예 $\ln e^2=2\ln e=2$, $\ln \dfrac{1}{e}=\ln e^{-1}=-\ln e=-1$

3. 밑을 e로 하는 지수함수와 로그함수의 극한   ▷ 필수예제 **4, 6**

> $(1)\ \displaystyle\lim_{x\to 0}\frac{\ln(1+x)}{x}=1$ $(2)\ \displaystyle\lim_{x\to 0}\frac{e^x-1}{x}=1$

▶ 0이 아닌 상수 a, b에 대하여

① $\displaystyle\lim_{x\to 0}\frac{\ln(1+ax)}{ax}=1$ ② $\displaystyle\lim_{x\to 0}\frac{\ln(1+ax)}{bx}=\frac{a}{b}$ ③ $\displaystyle\lim_{x\to 0}\frac{e^{ax}-1}{ax}=1$ ④ $\displaystyle\lim_{x\to 0}\frac{e^{ax}-1}{bx}=\frac{a}{b}$

설명 $(1)\ \displaystyle\lim_{x\to 0}\frac{\ln(1+x)}{x}=\lim_{x\to 0}\frac{1}{x}\ln(1+x)=\lim_{x\to 0}\ln(1+x)^{\frac{1}{x}}=\ln \lim_{x\to 0}(1+x)^{\frac{1}{x}}=\ln e=1$

$(2)\ e^x-1=t$로 놓으면 $e^x=1+t$ $\therefore x=\ln(1+t)$

$x\to 0$일 때 $t\to 0$이므로

$$\lim_{x\to 0}\frac{e^x-1}{x}=\lim_{t\to 0}\frac{t}{\ln(1+t)}=\lim_{t\to 0}\frac{1}{\dfrac{\ln(1+t)}{t}}=\frac{1}{1}=1$$

예 $(1)\ \displaystyle\lim_{x\to 0}\frac{\ln(1+5x)}{x}=\lim_{x\to 0}\frac{\ln(1+5x)}{5x}\times 5$

$$=1\times 5=5$$

$(2)\ \displaystyle\lim_{x\to 0}\frac{e^{3x}-1}{x}=\lim_{x\to 0}\frac{e^{3x}-1}{3x}\times 3$

$$=1\times 3=3$$

> $$\lim_{\blacktriangle\to 0}\frac{\ln(1+\blacktriangle)}{\blacktriangle}=1$$
>
> $$\lim_{\blacksquare\to 0}\frac{e^{\blacksquare}-1}{\blacksquare}=1$$

4. 밑이 e가 아닌 지수함수와 로그함수의 극한　▷ 필수예제 5, 6

> $a>0$, $a\neq 1$일 때
>
> (1) $\displaystyle\lim_{x\to 0}\frac{\log_a(1+x)}{x}=\frac{1}{\ln a}$　　　　(2) $\displaystyle\lim_{x\to 0}\frac{a^x-1}{x}=\ln a$

설명　(1) $\displaystyle\lim_{x\to 0}\frac{\log_a(1+x)}{x}=\lim_{x\to 0}\frac{1}{x}\log_a(1+x)=\lim_{x\to 0}\log_a(1+x)^{\frac{1}{x}}=\log_a\lim_{x\to 0}(1+x)^{\frac{1}{x}}=\log_a e=\frac{1}{\ln a}$

　　(2) $a^x-1=t$로 놓으면 $a^x=1+t$　　　∴ $x=\log_a(1+t)$

　　$x\to 0$일 때 $t\to 0$이므로

$$\lim_{x\to 0}\frac{a^x-1}{x}=\lim_{t\to 0}\frac{t}{\log_a(1+t)}=\lim_{t\to 0}\frac{1}{\dfrac{\log_a(1+t)}{t}}$$

$$=\lim_{t\to 0}\frac{1}{\log_a(1+t)^{\frac{1}{t}}}=\frac{1}{\log_a\lim_{t\to 0}(1+t)^{\frac{1}{t}}}=\frac{1}{\log_a e}=\ln a$$

예　(1) $\displaystyle\lim_{x\to 0}\frac{\log_6(1+x)}{x}=\frac{1}{\ln 6}$

　　(2) $\displaystyle\lim_{x\to 0}\frac{7^x-1}{x}=\ln 7$

보충학습

1. 로그함수 $y=\ln x$와 지수함수 $y=e^x$은 역함수 관계이므로 두 함수의
그래프는 직선 $y=x$에 대하여 서로 대칭이다.

$$y=e^x\iff x=\ln y$$

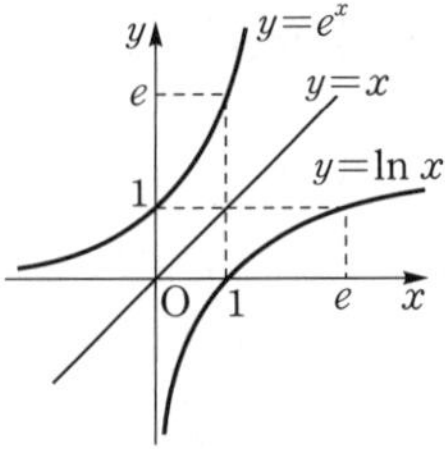

2. **지수함수와 로그함수의 극한에서 미정계수의 결정**

분수 꼴의 지수함수와 로그함수의 극한에서 미정계수를 구할 때는 다항함수의 극한에서와 같이 다음 방법을 이용한다.

$$\lim_{x\to a}\frac{f(x)}{g(x)}=\alpha\ (\alpha\text{는 실수})\ \Rightarrow\ \begin{cases}(1)\ \displaystyle\lim_{x\to a}g(x)=0\text{이면 }\lim_{x\to a}f(x)=0\\[2mm](2)\ \alpha\neq 0\text{이고 }\displaystyle\lim_{x\to a}f(x)=0\text{이면 }\lim_{x\to a}g(x)=0\end{cases}$$

66 다음 극한값을 구하시오.

(1) $\lim_{x \to 0} (1+2x)^{\frac{1}{x}}$

(2) $\lim_{x \to 0} (1+3x)^{\frac{1}{6x}}$

(3) $\lim_{x \to \infty} \left(1+\dfrac{1}{3x}\right)^{x}$

(4) $\lim_{x \to \infty} \left(1+\dfrac{1}{4x}\right)^{8x}$

67 다음 등식을 만족시키는 x의 값을 구하시오.

(1) $\ln e^3 = x$

(2) $\ln \dfrac{1}{\sqrt{e}} = x$

(3) $\ln x = -2$

(4) $e^x = 5$

68 다음 □ 안에 알맞은 것을 써넣으시오.

(1) $\displaystyle\lim_{x \to 0} \dfrac{\ln(1-2x)}{x} = \lim_{x \to 0} \dfrac{\ln(1-2x)}{-2x} \times (\boxed{}) = \boxed{}$

(2) $\displaystyle\lim_{x \to 0} \dfrac{e^{2x}-1}{x} = \lim_{x \to 0} \dfrac{e^{2x}-1}{\boxed{}} \times 2 = \boxed{}$

💡 생각해 봅시다!

$\lim_{x \to 0} (1+x)^{\frac{1}{x}} = e$

$\lim_{x \to \infty} \left(1+\dfrac{1}{x}\right)^{x} = e$

$\lim_{x \to 0} \dfrac{\ln(1+x)}{x} = 1$

$\lim_{x \to 0} \dfrac{e^x - 1}{x} = 1$

다음 극한값을 구하시오.

(1) $\lim\limits_{x \to 0}(1+3x)^{\frac{1}{2x}}$

(2) $\lim\limits_{x \to \infty}\left(1+\dfrac{4}{x}\right)^{3x}$

(3) $\lim\limits_{x \to -\infty}\left(1-\dfrac{1}{x}\right)^{2x}$

(4) $\lim\limits_{x \to 1}x^{\frac{1}{1-x}}$

풀이

(1) $\lim\limits_{x \to 0}(1+3x)^{\frac{1}{2x}}=\lim\limits_{x \to 0}\left\{(1+3x)^{\frac{1}{3x}}\right\}^{\frac{3}{2}}=e^{\frac{3}{2}}=\sqrt{e^3}$

(2) $\lim\limits_{x \to \infty}\left(1+\dfrac{4}{x}\right)^{3x}=\lim\limits_{x \to \infty}\left\{\left(1+\dfrac{4}{x}\right)^{\frac{x}{4}}\right\}^{12}=e^{12}$

(3) $-x=t$로 놓으면 $x=-t$이고 $x \to -\infty$일 때 $t \to \infty$이므로

$\lim\limits_{x \to -\infty}\left(1-\dfrac{1}{x}\right)^{2x}=\lim\limits_{t \to \infty}\left(1+\dfrac{1}{t}\right)^{-2t}=\lim\limits_{t \to \infty}\left\{\left(1+\dfrac{1}{t}\right)^{t}\right\}^{-2}=e^{-2}=\dfrac{1}{e^2}$

(4) $x-1=t$로 놓으면 $x=t+1$이고 $x \to 1$일 때 $t \to 0$이므로

$\lim\limits_{x \to 1}x^{\frac{1}{1-x}}=\lim\limits_{t \to 0}(1+t)^{-\frac{1}{t}}=\lim\limits_{t \to 0}\left\{(1+t)^{\frac{1}{t}}\right\}^{-1}=e^{-1}=\dfrac{1}{e}$

KEY Point

- $\lim\limits_{\blacktriangle \to 0}(1+\blacktriangle)^{\frac{1}{\blacktriangle}}=e,\ \lim\limits_{\blacksquare \to \infty}\left(1+\dfrac{1}{\blacksquare}\right)^{\blacksquare}=e$

- 공식을 이용하기가 쉽지 않을 때
  ⇨ '$x \to a$일 때의 극한'은 $x-a=t$와 같이 치환하여 공식을 이용한다.

확인 체크 69 다음 극한값을 구하시오.

(1) $\lim\limits_{x \to 0}\left(1+\dfrac{x}{2}\right)^{-\frac{3}{x}}$

(2) $\lim\limits_{x \to \infty}\left(\dfrac{x+1}{x}\right)^{\frac{x}{3}}$

(3) $\lim\limits_{x \to -\infty}\left(1-\dfrac{1}{2x}\right)^{x}$

(4) $\lim\limits_{x \to 1}x^{\frac{2}{3x-3}}$

70 $\lim\limits_{x \to -2}(x+3)^{\frac{1}{x+2}}+\lim\limits_{x \to -\infty}\left(1+\dfrac{1}{x}\right)^{x}$의 값을 구하시오.

다음 극한값을 구하시오.

(1) $\displaystyle\lim_{x\to0}\frac{\ln(1+2x)}{x}$ 　　(2) $\displaystyle\lim_{x\to0}\frac{\ln\left(1+\dfrac{x}{2}\right)}{x}$ 　　(3) $\displaystyle\lim_{x\to-1}\frac{\ln(x+2)}{x+1}$

(4) $\displaystyle\lim_{x\to0}\frac{e^x-1}{3x}$ 　　(5) $\displaystyle\lim_{x\to0}\frac{\ln(1+2x)}{e^{3x}-1}$ 　　(6) $\displaystyle\lim_{x\to1}\frac{e^{x-1}-1}{x-1}$

풀이

(1) $\displaystyle\lim_{x\to0}\frac{\ln(1+2x)}{x}=\lim_{x\to0}\frac{\ln(1+2x)}{2x}\times2=1\times2=\mathbf{2}$

(2) $\displaystyle\lim_{x\to0}\frac{\ln\left(1+\dfrac{x}{2}\right)}{x}=\lim_{x\to0}\frac{\ln\left(1+\dfrac{x}{2}\right)}{\dfrac{x}{2}}\times\frac{1}{2}=1\times\frac{1}{2}=\mathbf{\frac{1}{2}}$

(3) $x+1=t$로 놓으면 $x=t-1$이고 $x\to-1$일 때 $t\to0$이므로

$\displaystyle\lim_{x\to-1}\frac{\ln(x+2)}{x+1}=\lim_{t\to0}\frac{\ln(1+t)}{t}=\mathbf{1}$

(4) $\displaystyle\lim_{x\to0}\frac{e^x-1}{3x}=\lim_{x\to0}\frac{e^x-1}{x}\times\frac{1}{3}=1\times\frac{1}{3}=\mathbf{\frac{1}{3}}$

(5) $\displaystyle\lim_{x\to0}\frac{\ln(1+2x)}{e^{3x}-1}=\lim_{x\to0}\left\{\frac{\ln(1+2x)}{2x}\times\frac{3x}{e^{3x}-1}\times\frac{2}{3}\right\}=1\times1\times\frac{2}{3}=\mathbf{\frac{2}{3}}$

(6) $x-1=t$로 놓으면 $x=t+1$이고 $x\to1$일 때 $t\to0$이므로

$\displaystyle\lim_{x\to1}\frac{e^{x-1}-1}{x-1}=\lim_{t\to0}\frac{e^t-1}{t}=\mathbf{1}$

KEY Point

• $\displaystyle\lim_{x\to0}\frac{\ln(1+x)}{x}=1,\ \lim_{x\to0}\frac{e^x-1}{x}=1$

71 다음 극한값을 구하시오.

(1) $\displaystyle\lim_{x\to0}\frac{\ln(1+2x)}{6x}$ 　　(2) $\displaystyle\lim_{x\to0}\frac{e^{4x}-1}{2x}$ 　　(3) $\displaystyle\lim_{x\to0}\frac{\ln(1+x)}{\ln(1+3x)}$

(4) $\displaystyle\lim_{x\to0}\frac{1-e^x}{\ln(x+1)}$ 　　(5) $\displaystyle\lim_{x\to0}\frac{e^{1-x}-e}{2x}$ 　　(6) $\displaystyle\lim_{x\to0}\frac{e^x-e^{-2x}}{x}$

72 다음 극한값을 구하시오.

(1) $\displaystyle\lim_{x\to-1}\frac{x^3+e^{x+1}}{x+1}$ 　　　　　　(2) $\displaystyle\lim_{x\to\infty}x\ln\frac{x+1}{x-1}$

다음 극한값을 구하시오.

(1) $\lim\limits_{x \to 0} \dfrac{\log_3 (1+x)}{x}$

(2) $\lim\limits_{x \to 0} \dfrac{7x}{\log_2 (1+x)}$

(3) $\lim\limits_{x \to 1} \dfrac{\log_3 x}{1-x}$

(4) $\lim\limits_{x \to 0} \dfrac{6^x - 1}{x}$

(5) $\lim\limits_{x \to 0} \dfrac{3^x - 2^x}{x}$

(6) $\lim\limits_{x \to 2} \dfrac{3^{x-2} - 1}{x-2}$

풀이

(1) $\lim\limits_{x \to 0} \dfrac{\log_3 (1+x)}{x} = \dfrac{1}{\ln 3}$

(2) $\lim\limits_{x \to 0} \dfrac{7x}{\log_2 (1+x)} = \lim\limits_{x \to 0} \dfrac{x}{\log_2 (1+x)} \times 7 = \ln 2 \times 7 = 7 \ln 2$

(3) $x-1=t$로 놓으면 $x=t+1$이고 $x \to 1$일 때 $t \to 0$이므로

$$\lim\limits_{x \to 1} \dfrac{\log_3 x}{1-x} = \lim\limits_{t \to 0} \dfrac{\log_3 (1+t)}{-t} = \lim\limits_{t \to 0} \dfrac{\log_3 (1+t)}{t} \times (-1) = \dfrac{1}{\ln 3} \times (-1) = -\dfrac{1}{\ln 3}$$

(4) $\lim\limits_{x \to 0} \dfrac{6^x - 1}{x} = \ln 6$

(5) $\lim\limits_{x \to 0} \dfrac{3^x - 2^x}{x} = \lim\limits_{x \to 0} \dfrac{3^x - 1 + 1 - 2^x}{x} = \lim\limits_{x \to 0} \dfrac{3^x - 1}{x} - \lim\limits_{x \to 0} \dfrac{2^x - 1}{x} = \ln 3 - \ln 2 = \ln \dfrac{3}{2}$

(6) $x-2=t$로 놓으면 $x=t+2$이고 $x \to 2$일 때 $t \to 0$이므로

$$\lim\limits_{x \to 2} \dfrac{3^{x-2} - 1}{x-2} = \lim\limits_{t \to 0} \dfrac{3^t - 1}{t} = \ln 3$$

KEY Point

$\bullet$ $\lim\limits_{x \to 0} \dfrac{\log_a (1+x)}{x} = \dfrac{1}{\ln a}$, $\lim\limits_{x \to 0} \dfrac{a^x - 1}{x} = \ln a$

73 다음 극한값을 구하시오.

(1) $\lim\limits_{x \to 0} \dfrac{\log_3 (1+3x)}{x}$

(2) $\lim\limits_{x \to 0} \dfrac{2x}{\log_2 (1+6x)}$

(3) $\lim\limits_{x \to 0} \dfrac{x}{5^x - 1}$

(4) $\lim\limits_{x \to 0} \dfrac{6^x - 2^x}{x}$

74 다음 극한값을 구하시오.

(1) $\lim\limits_{x \to 3} \dfrac{\log (x-2)}{x-3}$

(2) $\lim\limits_{x \to -1} \dfrac{2^{x+1} - 1}{x^2 - 1}$

다음 등식을 만족시키는 상수 a, b의 값을 구하시오.

(1) $\displaystyle\lim_{x\to0}\frac{a^x+b}{\ln(x+1)}=\ln 7$ (단, $a>0$)　　　(2) $\displaystyle\lim_{x\to0}\frac{e^{3x}-1}{ax+b}=\frac{1}{2}$

설명

분수 꼴의 지수함수와 로그함수의 극한에서 미정계수를 구할 때는 다항함수의 극한에서와 같이 다음 방법을 이용한다.

두 함수 $f(x)$, $g(x)$에 대하여 $\displaystyle\lim_{x\to a}\frac{f(x)}{g(x)}=\alpha$ (α는 실수)일 때

(1) $\displaystyle\lim_{x\to a}g(x)=0$이면 $\displaystyle\lim_{x\to a}f(x)=0$

(2) $\alpha\neq0$이고 $\displaystyle\lim_{x\to a}f(x)=0$이면 $\displaystyle\lim_{x\to a}g(x)=0$

풀이

(1) $x\to0$일 때 극한값이 존재하고 (분모)$\to0$이므로 (분자)$\to0$이어야 한다.

즉, $\displaystyle\lim_{x\to0}(a^x+b)=0$이므로 $1+b=0$　　　∴ $\boldsymbol{b=-1}$

$b=-1$을 주어진 식의 좌변에 대입하면

$$\lim_{x\to0}\frac{a^x-1}{\ln(x+1)}=\lim_{x\to0}\left\{\frac{x}{\ln(x+1)}\times\frac{a^x-1}{x}\right\}=1\times\ln a=\ln a$$

따라서 $\ln a=\ln 7$이므로 $\boldsymbol{a=7}$

(2) $x\to0$일 때 0이 아닌 극한값이 존재하고 (분자)$\to0$이므로 (분모)$\to0$이어야 한다.

즉, $\displaystyle\lim_{x\to0}(ax+b)=0$이므로 $\boldsymbol{b=0}$

$b=0$을 주어진 식의 좌변에 대입하면

$$\lim_{x\to0}\frac{e^{3x}-1}{ax}=\lim_{x\to0}\frac{e^{3x}-1}{3x}\times\frac{3}{a}=1\times\frac{3}{a}=\frac{3}{a}$$

따라서 $\dfrac{3}{a}=\dfrac{1}{2}$이므로 $\boldsymbol{a=6}$

KEY Point

분수 꼴의 극한에서 극한값이 존재할 때

- (분모) $\to$ 0이면 (분자) $\to$ 0임을 이용한다.
- (극한값)$\neq$0이고 (분자) $\to$ 0이면 (분모) $\to$ 0임을 이용한다.

75 다음 등식을 만족시키는 상수 a, b의 값을 구하시오.

(1) $\displaystyle\lim_{x\to0}\frac{\ln(a+6x)}{x}=b$　　　(2) $\displaystyle\lim_{x\to2}\frac{e^{x-2}-a}{x^2-4}=b$

76 $\displaystyle\lim_{x\to\infty}ax\{\ln(x+b)-\ln x\}=5$를 만족시키는 상수 a, b에 대하여 ab의 값을 구하시오.

함수 $f(x) = \begin{cases} \dfrac{\ln(3x+a)}{x} & (x \neq 0) \\ b & (x=0) \end{cases}$ 가 $x=0$에서 연속일 때, 상수 a, b에 대하여 ab의 값을 구하시오.

풀이   함수 $f(x)$가 $x=0$에서 연속이므로

$$\lim_{x \to 0} f(x) = f(0)$$

$$\therefore \lim_{x \to 0} \frac{\ln(3x+a)}{x} = b \quad \cdots\cdots \ ㉠$$

㉠에서 $x \to 0$일 때 극한값이 존재하고 (분모) $\to 0$이므로 (분자) $\to 0$이어야 한다.

즉, $\displaystyle\lim_{x \to 0} \ln(3x+a) = 0$이므로 $\ln a = 0$ $\therefore a=1$

$a=1$을 ㉠의 좌변에 대입하면

$$\lim_{x \to 0} \frac{\ln(3x+1)}{x} = \lim_{x \to 0} \frac{\ln(3x+1)}{3x} \times 3 = 1 \times 3 = 3 \qquad \therefore b=3$$

$$\therefore ab = 1 \times 3 = \mathbf{3}$$

KEY Point

- 함수 $f(x)$가 $x=a$에서 연속

   $\Rightarrow \displaystyle\lim_{x \to a} f(x) = f(a)$

77 다음 함수가 $x=0$에서 연속일 때, 상수 a, b의 값을 구하시오.

(1) $f(x) = \begin{cases} \dfrac{\ln(x+a)}{3^x - 1} & (x \neq 0) \\ b & (x=0) \end{cases}$

(2) $f(x) = \begin{cases} \dfrac{e^{3x}+a}{5x} & (x \neq 0) \\ b & (x=0) \end{cases}$

78 $x > -\dfrac{1}{7}$에서 연속인 함수 $f(x)$가

$$\{\ln(1+7x)\}f(x) = x$$

를 만족시킬 때, $f(0)$의 값을 구하시오.

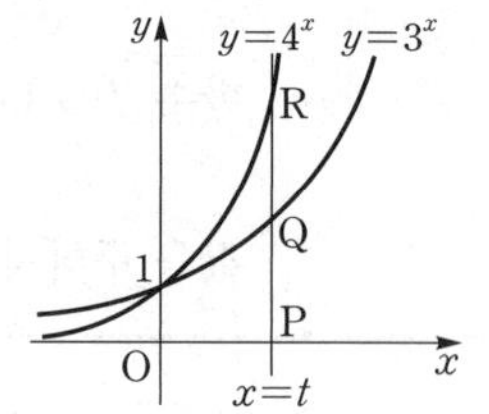

오른쪽 그림과 같이 직선 $x=t$ $(t>0)$가 두 곡선 $y=3^x$, $y=4^x$ 과 만나는 점을 각각 Q, R라 하고 x축과 만나는 점을 P라 할 때, $\lim\limits_{t \to 0+} \dfrac{\overline{QR}}{\overline{OP}}$의 값은? (단, O는 원점)

① $\ln \dfrac{4}{3}$ ② $\ln 2$ ③ 1

④ $\log_3 4$ ⑤ 2

설명 $\overline{QR}$, $\overline{OP}$의 길이를 지수함수로 나타낸 후 극한값을 구한다.

풀이   점 P의 좌표가 P$(t, 0)$ $(t>0)$이므로
Q$(t, 3^t)$, R$(t, 4^t)$
$\therefore \overline{QR} = 4^t - 3^t$

$$\therefore \lim_{t \to 0+} \frac{\overline{QR}}{\overline{OP}} = \lim_{t \to 0+} \frac{4^t - 3^t}{t}$$
$$= \lim_{t \to 0+} \frac{4^t - 1 + 1 - 3^t}{t}$$
$$= \lim_{t \to 0+} \frac{4^t - 1}{t} - \lim_{t \to 0+} \frac{3^t - 1}{t}$$
$$= \ln 4 - \ln 3 = \ln \frac{4}{3}$$

따라서 구하는 극한값은 ①이다.

KEY Point

• 지수함수와 로그함수의 극한의 도형에서의 활용
  (i) 구하는 선분의 길이, 도형의 넓이 등을 지수함수 또는 로그함수로 나타낸다.
  (ii) 각 함수의 극한의 성질을 이용하여 극한값을 구한다.

확인체크 79 오른쪽 그림과 같이 제1사분면에서 곡선 $y=2\ln x$ 위를 움직이는 점 P$(t, 2\ln t)$와 두 점 A$(1, 0)$, B$(e, 0)$에 대하여 삼각형 PAB의 넓이를 $S(t)$라 할 때, $\lim\limits_{t \to 1+} \dfrac{S(t)}{t-1}$의 값을 구하시오.

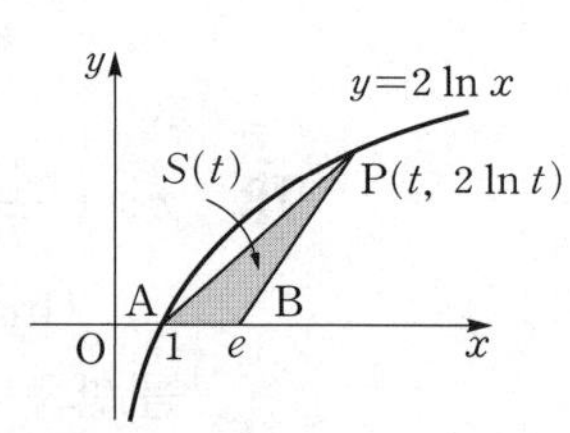

연습문제

STEP 1

생각해 봅시다!

72 $\lim\limits_{x \to \infty} \dfrac{a \times 2^{x+2}+3}{2^{x-1}-5}=16$ 일 때, 상수 a의 값을 구하시오.

73 극한값이 e인 것만을 **보기**에서 모두 고르시오.

> ┤보기├
>
> ㄱ. $\lim\limits_{x \to 0}(1-x)^{-\frac{1}{x}}$
>
> ㄴ. $\lim\limits_{x \to -\infty}\left(\dfrac{x-1}{x}\right)^{x}$
>
> ㄷ. $\lim\limits_{x \to 2}\left(\dfrac{x}{2}\right)^{\frac{1}{x-2}}$
>
> ㄹ. $\lim\limits_{x \to -1}(x+2)^{\frac{1}{x+1}}$

공식을 바로 이용하기 어려운 경우는 치환한 후 공식을 적용한다.

74 다음 세 수 A, B, C의 대소 관계를 나타내시오.

> $A=\lim\limits_{x \to \infty}\left\{\dfrac{3^{x+1}}{3^{x}-3}+\log_{\frac{1}{2}}\left(1+\dfrac{1}{x^2}\right)\right\}$
>
> $B=\lim\limits_{x \to 0}\dfrac{1}{x}\{\ln(2+x)-\ln 2\}$
>
> $C=\lim\limits_{x \to 0}\dfrac{\ln(1+2x)}{\ln(1+3x)}$

75 다음 중 극한값이 옳지 <u>않은</u> 것은?

① $\lim\limits_{x \to 0}\dfrac{\ln(1+3x)}{x}=3$

② $\lim\limits_{x \to 0}(1-x)^{\frac{1}{x}}=-e$

③ $\lim\limits_{x \to 0}\dfrac{e^{5x}-1}{x}=5$

④ $\lim\limits_{x \to 0}\dfrac{2^{x}-1}{x}=\ln 2$

⑤ $\lim\limits_{x \to 0}\dfrac{x}{e^{2x}-1}=\dfrac{1}{2}$

76 $\lim\limits_{x \to 0} \dfrac{3^x + x \ln a - 1}{2x} = 1$이 성립할 때, 양수 a의 값을 구하시오.

STEP 2

77 $\lim\limits_{n \to \infty} \left\{ \dfrac{1}{2} \left(1 + \dfrac{1}{n} \right) \left(1 + \dfrac{1}{n+1} \right) \left(1 + \dfrac{1}{n+2} \right) \cdots \left(1 + \dfrac{1}{2n} \right) \right\}^n$의 값은?

① $\dfrac{1}{e}$　　　② $\dfrac{1}{\sqrt{e}}$　　　③ 1　　　④ $\sqrt{e}$　　　⑤ e

주어진 식을 간단히 한 후
$\lim\limits_{n \to \infty} \left(1 + \dfrac{1}{n} \right)^n = e$
임을 이용한다.

78 $\lim\limits_{x \to -\infty} \left(\dfrac{x-a}{x+a} \right)^{-x} = e$를 만족시키는 상수 a의 값을 구하시오.

79 다음 조건을 만족시키는 상수 d의 값을 구하시오.

> (가) $\lim\limits_{x \to 1} \dfrac{ax+b}{e^{x-1}-1} = 3$
>
> (나) $\lim\limits_{x \to 0} \dfrac{(c+12)^x - c^x}{x} = \ln d$
>
> (다) a, b, c는 상수이고, $c = a - b$이다.

[수능기출]

80 이차항의 계수가 1인 이차함수 $f(x)$와 함수 $g(x) = \begin{cases} \dfrac{1}{\ln(x+1)} & (x \neq 0) \\ 8 & (x = 0) \end{cases}$

에 대하여 함수 $f(x)g(x)$가 구간 $(-1, \infty)$에서 연속일 때, $f(3)$의 값은?

① 6　　　② 9　　　③ 12　　　④ 15　　　⑤ 18

81 연속함수 $f(x)$가 $(\ln x - 1)f(x) = x^2 - e^2$을 만족시킬 때, $f(e)$의 값을 구하시오.

함수 $f(x)$가 $x=a$에서 연속이면
$\lim\limits_{x \to a} f(x) = f(a)$

실력 UP

82 함수 $f(x)=3^x-1$의 역함수를 $g(x)$라 할 때, $\displaystyle\lim_{x\to 0}\frac{\ln 3\times g(x)}{x}$의 값을 구하시오.

83 함수 $f(x)=\dfrac{a\times 3^{x+1}+b\times 2^x}{3^x-2^{x-1}}$에 대하여 $\displaystyle\lim_{x\to\infty}f(x)=12$, $\displaystyle\lim_{x\to 0}f(x)=8$일 때, 상수 a, b에 대하여 $a+b$의 값을 구하시오.

$x\to\infty$일 때의 극한값의 계산과 $x\to 0$일 때의 극한값의 계산이 다름에 유의한다.

[교육청기출]

84 $a>e$인 실수 a에 대하여 두 곡선 $y=e^{x-1}$과 $y=a^x$이 만나는 점의 x좌표를 $f(a)$라 할 때, $\displaystyle\lim_{a\to e+}\frac{1}{(e-a)f(a)}$의 값은?

① $\dfrac{1}{e^2}$ ② $\dfrac{1}{e}$ ③ 1 ④ e ⑤ e^2

85 오른쪽 그림과 같이 곡선 $y=\ln x$ 위에 점 P와 세 점 A$(1, 4)$, B$(1, 0)$, C$(e, 0)$이 있다. 두 삼각형 PAB, PBC의 넓이를 각각 S_1, S_2라 하고, 점 P가 곡선 $y=\ln x$를 따라 점 B에 한없이 가까워질 때, $\dfrac{S_2}{S_1}$의 극한값을 구하시오.

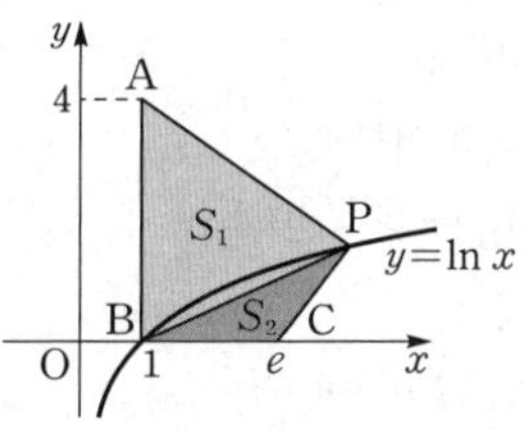

(단, 점 P는 제1사분면 위의 점이다.)

86 함수 $f(x)=\begin{cases}\dfrac{e^{x+a}+x^3}{x+1} & (x\neq -1)\\ b & (x=-1)\end{cases}$가 $x=-1$에서 연속일 때, 상수 a, b에 대하여 $a-b$의 값을 구하시오.

$\displaystyle\lim_{x\to -1}f(x)=f(-1)$

개념원리 이해

1. 지수함수의 도함수 ▷ 필수예제 **09, 11~13**

> (1) $y=e^x \Rightarrow y'=e^x$
> (2) $y=a^x \Rightarrow y'=a^x \ln a$ (단, $a>0$, $a \neq 1$)

설명 지수함수의 도함수를 구해 보자.

(1) 지수함수 $y=e^x$에서 도함수의 정의에 의하여

$$y'=\lim_{h \to 0}\frac{e^{x+h}-e^x}{h}=\lim_{h \to 0}\frac{e^x(e^h-1)}{h}$$

$$=e^x \lim_{h \to 0}\frac{e^h-1}{h}=e^x \times 1=e^x \qquad \leftarrow \lim_{x \to 0}\frac{e^x-1}{x}=1$$

(2) 지수함수 $y=a^x$ $(a>0, a \neq 1)$에서 도함수의 정의에 의하여

$$y'=\lim_{h \to 0}\frac{a^{x+h}-a^x}{h}=\lim_{h \to 0}\frac{a^x(a^h-1)}{h}$$

$$=a^x \lim_{h \to 0}\frac{a^h-1}{h}=a^x \ln a \qquad \leftarrow \lim_{x \to 0}\frac{a^x-1}{x}=\ln a$$

예 다음 함수를 미분하시오.

(1) $y=3e^x$ (2) $y=2^x$ (3) $y=e^{3x}$ (4) $y=3^{x+1}$

풀이 (1) $y'=3e^x$

(2) $y'=2^x \ln 2$

(3) $y=e^{3x}=(e^3)^x$이므로
$$y'=e^{3x} \ln e^3=3e^{3x}$$

(4) $y=3^{x+1}=3 \times 3^x$이므로
$$y'=3 \times 3^x \ln 3=3^{x+1} \ln 3$$

참고 미분법의 기본 공식

(1) $y=c$ (c는 상수) $\Rightarrow y'=0$

(2) $y=x^n$ (n은 자연수) $\Rightarrow y'=nx^{n-1}$

(3) $y=cf(x)$ (c는 상수) $\Rightarrow y'=cf'(x)$

(4) $y=f(x) \pm g(x) \Rightarrow y'=f'(x) \pm g'(x)$ (복부호동순)

(5) $y=f(x)g(x) \Rightarrow y'=f'(x)g(x)+f(x)g'(x)$

(6) $y=f(x)g(x)h(x) \Rightarrow y'=f'(x)g(x)h(x)+f(x)g'(x)h(x)+f(x)g(x)h'(x)$

예 (1) $y=9$이면 $y'=0$

(2) $y=3xe^x$이면 $(3x)'=3$, $(e^x)'=e^x$이므로
$$y'=(3x)'e^x+3x(e^x)'=3e^x+3xe^x$$

2. 로그함수의 도함수　　▷ 필수예제 **10~13**

> (1) $y = \ln x \Rightarrow y' = \dfrac{1}{x}$
>
> (2) $y = \log_a x \Rightarrow y' = \dfrac{1}{x \ln a}$ (단, $a > 0$, $a \neq 1$)

설명　로그함수의 도함수를 구해 보자.

(1) 로그함수 $y = \ln x$에서 도함수의 정의에 의하여

$$y' = \lim_{h \to 0} \frac{\ln(x+h) - \ln x}{h} = \lim_{h \to 0} \frac{1}{h} \ln \frac{x+h}{x}$$

$$= \lim_{h \to 0} \left\{ \frac{1}{x} \times \frac{x}{h} \ln \left(1 + \frac{h}{x}\right) \right\} = \frac{1}{x} \lim_{h \to 0} \ln \left(1 + \frac{h}{x}\right)^{\frac{x}{h}}$$

$\dfrac{h}{x} = t$로 놓으면 $h \to 0$일 때 $t \to 0$이므로

$$y' = \frac{1}{x} \lim_{h \to 0} \ln \left(1 + \frac{h}{x}\right)^{\frac{x}{h}}$$

$$= \frac{1}{x} \ln \lim_{t \to 0} (1+t)^{\frac{1}{t}} = \frac{1}{x} \ln e = \frac{1}{x} \qquad \leftarrow \lim_{t \to 0}(1+t)^{\frac{1}{t}} = e$$

(2) 로그함수 $y = \log_a x$ $(a > 0, a \neq 1)$에서

$$\log_a x = \frac{\ln x}{\ln a}$$

이므로

$$y' = \left(\frac{\ln x}{\ln a}\right)' = \frac{1}{\ln a}(\ln x)' = \frac{1}{\ln a} \times \frac{1}{x} = \frac{1}{x \ln a}$$

예　다음 함수를 미분하시오.

(1) $y = 3 \ln x$　　　　(2) $y = \log_2 x$　　　　(3) $y = \ln x^5$　　　　(4) $y = \ln 3x$

풀이　(1) $y' = 3 \times \dfrac{1}{x} = \dfrac{3}{x}$

(2) $y' = \dfrac{1}{x \ln 2}$

(3) $y = \ln x^5 = 5 \ln x$이므로

$$y' = 5 \times \frac{1}{x} = \frac{5}{x}$$

(4) $y = \ln 3x = \ln 3 + \ln x$이므로

$$y' = 0 + \frac{1}{x} = \frac{1}{x}$$

다음 함수를 미분하시오.

(1) $y=e^{x+2}$　　　　(2) $y=e^x+2^{3x}$　　　　(3) $y=3^{2x-1}$　　　　(4) $y=5^x(3x-1)$

설명

① $y=e^{x+2}$과 같은 $y=e^{f(x)}$의 꼴은 $y=e^{f(x)} \Rightarrow y'=e^{f(x)}f'(x)$의 공식을 이용하여

$y=e^{x+2} \Rightarrow y'=e^{x+2}(x+2)'=e^{x+2}$과 같이 쉽게 구할 수 있다.

또, $y=3^{2x-1}$과 같은 $y=a^{f(x)}$의 꼴은 $y=a^{f(x)} \Rightarrow y'=a^{f(x)}f'(x)\ln a$의 공식을 이용하여

$y=3^{2x-1} \Rightarrow y'=3^{2x-1}(2x-1)'\ln 3=2\times 3^{2x-1}\ln 3$과 같이 쉽게 구할 수 있다.

하지만 이들 공식은 합성함수의 미분법을 배운 후에 이용할 수 있다.

따라서 이 단원에서는 $e^{x+2}=e^x\times e^2$, $3^{2x-1}=(3^2)^x\times 3^{-1}$으로 변형한 후 $y=e^x$, $y=a^x$의 도함수를 이용하여 푼다.

② $\{cf(x)\}'=cf'(x)$ (단, c는 상수)

$\{f(x)g(x)\}'=f'(x)g(x)+f(x)g'(x)$

풀이

(1) $y=e^{x+2}=e^2\times e^x$이므로

$\quad y'=e^2\times(e^x)'=e^2\times e^x=e^{x+2}$

(2) $2^{3x}=(2^3)^x=8^x$이므로

$\quad y'=(e^x)'+(8^x)'=e^x+8^x\ln 8=e^x+2^{3x}\ln 2^3=\boldsymbol{e^x+3\times 2^{3x}\ln 2}$

(3) $y=3^{2x-1}=3^{2x}\times 3^{-1}=3^{-1}\times 9^x$이므로

$\quad y'=3^{-1}\times(9^x)'=3^{-1}\times 9^x\ln 9=3^{2x-1}\ln 3^2=\boldsymbol{2\times 3^{2x-1}\ln 3}$

(4) 곱의 미분법에 의하여

$\quad y'=(5^x)'(3x-1)+5^x(3x-1)'=5^x\ln 5\times(3x-1)+5^x\times 3$

$\quad\ \ =\boldsymbol{5^x(3x\ln 5-\ln 5+3)}$

KEY Point

지수함수의 도함수

• $y=e^x \Rightarrow y'=e^x$

• $y=a^x \Rightarrow y'=a^x\ln a$ (단, $a>0$, $a\neq 1$)

 **80** 다음 함수를 미분하시오.

(1) $y=2^{3x+1}$　　　　　　　　　　(2) $y=x^3e^{-x}$

(3) $y=(x^3+3)\left(\dfrac{1}{3}\right)^x$　　　　　　(4) $y=e^x(6x^2-1)$

(5) $y=3^x(5x-1)$　　　　　　　　(6) $y=xe^{4x}$

다음 함수를 미분하시오.

(1) $y = \ln 7x$ (2) $y = x^2 \ln x$

(3) $y = x \log_3 x$ (4) $y = \log_3 (3x)^2 + 1$ (단, $x > 0$)

설명   (1) $y = \ln 7x = \ln 7 + \ln x$와 같이 $y = \ln x$의 도함수를 이용할 수 있도록 변형한다.

풀이   (1) $y = \ln 7x = \ln 7 + \ln x$이므로

$$y' = (\ln 7)' + (\ln x)' = 0 + \frac{1}{x} = \frac{1}{x} \qquad \leftarrow \ln 7\text{은 상수}$$

(2) $y' = (x^2)' \ln x + x^2 (\ln x)' = 2x \ln x + x^2 \times \frac{1}{x}$

$$= 2x \ln x + x = x(2 \ln x + 1)$$

(3) $y' = (x)' \log_3 x + x (\log_3 x)' = \log_3 x + x \times \frac{1}{x \ln 3}$

$$= \log_3 x + \frac{1}{\ln 3}$$

(4) $y = \log_3 (3x)^2 + 1 = 2 \log_3 3x + 1 = 2(\log_3 3 + \log_3 x) + 1$

$$= 2(1 + \log_3 x) + 1 = 3 + 2 \log_3 x$$

$$\therefore y' = (3)' + (2 \log_3 x)' = 0 + 2 \times \frac{1}{x \ln 3} = \frac{2}{x \ln 3}$$

KEY Point   로그함수의 도함수

- $y = \ln x \Rightarrow y' = \dfrac{1}{x}$

- $y = \log_a x \Rightarrow y' = \dfrac{1}{x \ln a}$ (단, $a > 0$, $a \neq 1$)

 **81** 다음 함수를 미분하시오.

(1) $y = \ln x^5$ (2) $y = x \log_5 2x$

(3) $y = \ln (5x)^3$ (4) $y = e^x \log_3 x$

(5) $y = x^3 \ln x$ (6) $y = (\log_2 x)^2$

함수 $f(x)=xe^{2x+3}$에 대하여 $f'(-1)$의 값을 구하시오.

풀이

$e^{2x+3}=(e^2)^x \times e^3$이므로 $(e^{2x+3})'=e^3 \times e^{2x} \ln e^2 = 2e^{2x+3}$

$\therefore f'(x)=(x)'e^{2x+3}+x(e^{2x+3})'$

$\qquad =e^{2x+3}+x \times 2e^{2x+3}=(1+2x)e^{2x+3}$

$\therefore f'(-1)=(1-2)e=\boldsymbol{-e}$

함수 $f(x)=x \ln x+x^3$에 대하여 $\displaystyle\lim_{h \to 0}\frac{f(1+3h)-f(1+h)}{h}$의 값을 구하시오.

설명

$f'(a)=\displaystyle\lim_{h \to 0}\frac{f(a+h)-f(a)}{h}$를 이용할 수 있도록 식을 변형한다.

풀이

$\displaystyle\lim_{h \to 0}\frac{f(1+3h)-f(1+h)}{h}=\lim_{h \to 0}\frac{f(1+3h)-f(1)+f(1)-f(1+h)}{h}$

$\qquad\qquad =\displaystyle\lim_{h \to 0}\frac{f(1+3h)-f(1)}{3h} \times 3 - \lim_{h \to 0}\frac{f(1+h)-f(1)}{h}$

$\qquad\qquad =3f'(1)-f'(1)=2f'(1)$

이때 $f(x)=x \ln x+x^3$에서

$f'(x)=(x)' \ln x+x(\ln x)'+(x^3)'=\ln x+x \times \dfrac{1}{x}+3x^2=\ln x+1+3x^2$이므로

$2f'(1)=2(\ln 1+1+3)=8$

KEY Point

• $f'(a)=\displaystyle\lim_{h \to 0}\frac{f(a+h)-f(a)}{h}=\lim_{x \to a}\frac{f(x)-f(a)}{x-a}$

82 함수 $f(x)=(3x^2+2)e^x$에 대하여 $f'(0)$의 값을 구하시오.

83 함수 $f(x)=x^3 \ln x^2$에 대하여 $f'(1)$의 값을 구하시오.

84 함수 $f(x)=3^x$에 대하여 $\displaystyle\lim_{h \to 0}\frac{f(1+h)-f(1-2h)}{h}$의 값을 구하시오.

85 함수 $f(x)=e^x \ln x+x^2$에 대하여 $\displaystyle\lim_{x \to 1}\frac{f(x^3)-f(1)}{x-1}$의 값을 구하시오.

함수 $f(x)=\begin{cases} ae^{-x} & (x\geq1) \\ x^2+bx-1 & (x<1) \end{cases}$ 이 $x=1$에서 미분가능하도록 하는 상수 a, b의 값을

구하시오.

풀이

함수 $f(x)$가 $x=1$에서 미분가능하면 $x=1$에서 연속이다.

즉, $\lim\limits_{x\to1+}f(x)=\lim\limits_{x\to1-}f(x)=f(1)$에서 $\lim\limits_{x\to1+}ae^{-x}=\lim\limits_{x\to1-}(x^2+bx-1)=ae^{-1}$

$\therefore b=ae^{-1}$ ...... ㉠

$ae^{-x}=a\left(\dfrac{1}{e}\right)^x$ 이므로 $\left\{a\left(\dfrac{1}{e}\right)^x\right\}'=a\left(\dfrac{1}{e}\right)^x\ln\dfrac{1}{e}=ae^{-x}\ln e^{-1}=-ae^{-x}$

$\therefore f'(x)=\begin{cases} -ae^{-x} & (x>1) \\ 2x+b & (x<1) \end{cases}$

또, $f(x)$의 $x=1$에서의 미분계수 $f'(1)$이 존재하므로

$\lim\limits_{x\to1+}f'(x)=\lim\limits_{x\to1-}f'(x)$에서 $\lim\limits_{x\to1+}(-ae^{-x})=\lim\limits_{x\to1-}(2x+b)$

$\therefore -ae^{-1}=2+b$ ...... ㉡

㉠을 ㉡에 대입하면 $-b=2+b$ $\therefore \boldsymbol{b=-1}$

$b=-1$을 ㉠에 대입하면 $-1=ae^{-1}$ $\therefore \boldsymbol{a=-e}$

다른풀이

$f(x)=\begin{cases} g(x)=ae^{-x} & (x\geq1) \\ h(x)=x^2+bx-1 & (x<1) \end{cases}$ 로 놓으면 $f'(x)=\begin{cases} g'(x)=-ae^{-x} & (x>1) \\ h'(x)=2x+b & (x<1) \end{cases}$

함수 $f(x)$가 $x=1$에서 미분가능하면

(i) $g(1)=h(1)$에서 $ae^{-1}=1+b-1$ $\therefore b=ae^{-1}$

(ii) $g'(1)=h'(1)$에서 $-ae^{-1}=2+b$

(i), (ii)에서 $a=-e$, $b=-1$

KEY Point

• 함수 $f(x)=\begin{cases} g(x) & (x\geq a) \\ h(x) & (x<a) \end{cases}$ 가 $x=a$에서 미분가능하면

   (i) $\lim\limits_{x\to a-}h(x)=g(a)$ (ii) $g'(a)=h'(a)$

86 함수 $f(x)=\begin{cases} \ln bx & (0<x\leq1) \\ ax^2+1 & (x>1) \end{cases}$ 이 $x=1$에서 미분가능하도록 하는 상수 a, b의 값을 구

하시오.

87 함수 $f(x)=\begin{cases} x^2+a & (x\geq2) \\ be^{x-1} & (x<2) \end{cases}$ 이 $x=2$에서 미분가능하도록 하는 상수 a, b에 대하여

$a+b$의 값을 구하시오.

연습문제

💡 생각해 봅시다!

87 함수 $f(x)=e^{6x}$에 대하여 $\displaystyle\lim_{x\to 0}\dfrac{f'(x)-6}{x}$의 값은?

① $\dfrac{1}{6}$ ② 6 ③ 36 ④ e ⑤ $6e$

88 함수 $f(x)=x\ln x^2$에 대하여 $f'(e^3)$의 값을 구하시오.

89 곡선 $f(x)=a^{2x}$ 위의 점 $(1,\ f(1))$에서의 접선의 기울기가 e일 때, 상수 a의 값은? (단, $a>0$)

① $\sqrt{\dfrac{e}{2}}$ ② $\sqrt{e}$ ③ e ④ $\sqrt{e^e}$ ⑤ e^e

90 함수 $f(x)=e^x$에 대하여 닫힌구간 $[0,\ 1]$에서의 평균변화율과 $x=a$에서의 미분계수가 같을 때, 상수 a의 값은?

① 0 ② 1 ③ e

④ $\ln(e-1)$ ⑤ $\ln(e+1)$

함수 $f(x)$의 닫힌구간 $[a,b]$에서의 평균변화율
$\Rightarrow \dfrac{f(b)-f(a)}{b-a}$

91 함수 $f(x)=e^{2x}\ln x$에 대하여 $\displaystyle\lim_{h\to 0}\dfrac{f(1+h)-f(1-3h)}{h}$의 값을 구하시오.

$\displaystyle\lim_{\bullet\to 0}\dfrac{f(a+\bullet)-f(a)}{\bullet}$
$=f'(a)$

92 함수 $f(x)=\begin{cases} 5+a\ln x & (0<x\le 1) \\ bx+2 & (x>1) \end{cases}$ 가 $x=1$에서 미분가능하도록 하는 상수 a, b의 값을 구하시오.

[평가원기출]

93 양의 실수 전체의 집합에서 미분가능한 함수 $f(x)$에 대하여 함수 $g(x)$를 $g(x)=f(x)\ln x^4$이라 하자. 곡선 $y=f(x)$ 위의 점 $(e,\ -e)$에서의 접선과 곡선 $y=g(x)$ 위의 점 $(e,\ -4e)$에서의 접선이 서로 수직일 때, $100f'(e)$의 값을 구하시오.

94 함수 $f(x)=x^2\ln x+ax$가 $\displaystyle\lim_{x\to1}\frac{f(x)-2}{x^2-1}=b$를 만족시킬 때, 상수 $a,\ b$에 대하여 $a+b$의 값을 구하시오.

> $x\to1$일 때 극한값이 존재하고 (분모)$\to0$이므로 (분자)$\to0$이어야 한다.

95 함수 $f(x)=x\log_2 ax^3$에 대하여 $\displaystyle\lim_{x\to1}\frac{f(x)-\log_2 a}{x-1}=2$일 때, 양수 a의 값은?

> $\log_2 ax^3$ $=\log_2 a+3\log_2 x$

① $\dfrac{2}{e^4}$ ② $\dfrac{2}{e^3}$ ③ $\dfrac{4}{e^3}$ ④ e^3 ⑤ e^4

96 함수 $f(x)$가 모든 실수에서 연속이고 $(x-1)f(x)=\dfrac{e^x-e}{e}$를 만족시킬 때, $f(1)$의 값을 구하시오.

97 함수 $f(x)=\begin{cases} x^2-bx+1 & (x>0) \\ ae^{-x}-1 & (x\le0) \end{cases}$이 $x=0$에서 미분가능하도록 하는 상수 $a,\ b$에 대하여 ab의 값은?

> $e^{-x}=\left(\dfrac{1}{e}\right)^x$

① $\dfrac{1}{2}$ ② 2 ③ 3 ④ $\dfrac{7}{2}$ ⑤ 4

'남보다' 잘하려 말고 '전보다' 잘하라.

남보다 잘하려 하지 말고 전보다 잘하려고 노력해.

위대한 경쟁일수록 타인과의 경쟁이 아니라

자기 자신과의 경쟁이다.

경쟁을 통한 성취도 '남보다'라는 바깥의 기준보다

'전보다'라는 안의 기준에 비추어 본 평가가 소중하다.

아무리 남보다 잘해도 전보다 못하면 성취감을 느낄 수 없다.

전보다 잘하려는 노력이 전보다 나은 자기 자신을 만드는

원동력이다.

– 유영만의 「청춘경영」 중에서 –

Ⅱ

01 삼각함수의 뜻

개념원리 이해

1. 삼각함수 $\csc\theta$, $\sec\theta$, $\cot\theta$ ▷ 필수예제 1

> (1) 일반각 θ를 나타내는 동경과 원점 O를 중심으로 하고 반지름의 길이가 r인 원의 교점을 $P(x, y)$라 할 때,
> $$\csc\theta=\frac{r}{y}\ (y\neq0),\ \sec\theta=\frac{r}{x}\ (x\neq0),\ \cot\theta=\frac{x}{y}\ (y\neq0)$$
> (2) 삼각함수의 정의에 의하여
> $$\csc\theta=\frac{1}{\sin\theta},\ \sec\theta=\frac{1}{\cos\theta},\ \cot\theta=\frac{1}{\tan\theta}$$

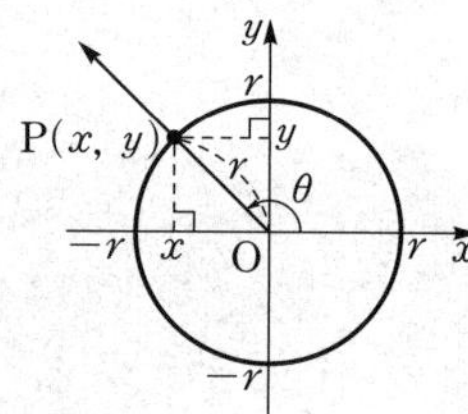

▶ ① csc, sec, cot는 각각 cosecant, secant, cotangent의 약자이다.
   ② $x=0$일 때는 $\tan\theta$와 $\sec\theta$가 정의되지 않고, $y=0$일 때는 $\csc\theta$와 $\cot\theta$가 정의되지 않는다.

설명 오른쪽 그림과 같이 좌표평면의 원점 O에서 x축의 양의 방향으로 시초선을 잡을 때,
일반각 θ를 나타내는 동경과 원점 O를 중심으로 하고 반지름의 길이가 r인 원의 교점을 $P(x, y)$라 하면

$$\frac{r}{y}\ (y\neq0),\ \frac{r}{x}\ (x\neq0),\ \frac{x}{y}\ (y\neq0)$$

의 값은 r의 값에 관계없이 θ의 값에 따라 하나씩 정해진다. 즉,

$$\theta\rightarrow\frac{r}{y}\ (y\neq0),\ \theta\rightarrow\frac{r}{x}\ (x\neq0),\ \theta\rightarrow\frac{x}{y}\ (y\neq0)$$

와 같은 대응은 θ에 대한 함수이다.

이 함수를 각각 **코시컨트함수**, **시컨트함수**, **코탄젠트함수**라 하고 기호로

$$\csc\theta=\frac{r}{y}\ (y\neq0),\ \sec\theta=\frac{r}{x}\ (x\neq0),\ \cot\theta=\frac{x}{y}\ (y\neq0)$$

와 같이 나타낸다.

$\sin\theta$, $\cos\theta$, $\tan\theta$, $\csc\theta$, $\sec\theta$, $\cot\theta$는 일반각 θ에 대한 삼각함수이다.

예 오른쪽 그림과 같이 원점 O와 점 $P(3, -4)$를 지나는 동경 OP가
나타내는 각의 크기를 θ라 하면
$$\overline{OP}=\sqrt{3^2+(-4)^2}=5$$
이고
$$\sin\theta=-\frac{4}{5},\ \cos\theta=\frac{3}{5},\ \tan\theta=-\frac{4}{3}$$
이므로
$$\csc\theta=\frac{1}{\sin\theta}=-\frac{5}{4},\ \sec\theta=\frac{1}{\cos\theta}=\frac{5}{3},\ \cot\theta=\frac{1}{\tan\theta}=-\frac{3}{4}$$

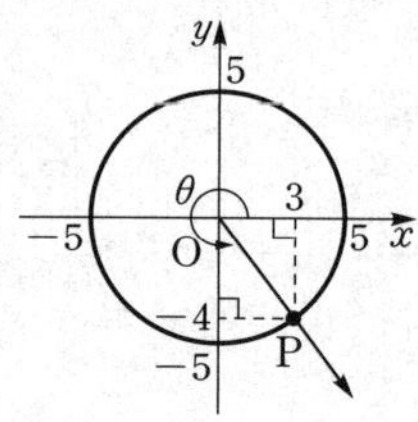

1. 삼각함수 $\csc \theta$, $\sec \theta$, $\cot \theta$의 값의 부호 ▷ 필수예제 **2**

(1) θ가 **제1사분면**의 각이면: **모두 $+$**

(2) θ가 **제2사분면**의 각이면: **$\csc \theta$만 $+$**

(3) θ가 **제3사분면**의 각이면: **$\cot \theta$만 $+$**

(4) θ가 **제4사분면**의 각이면: **$\sec \theta$만 $+$**

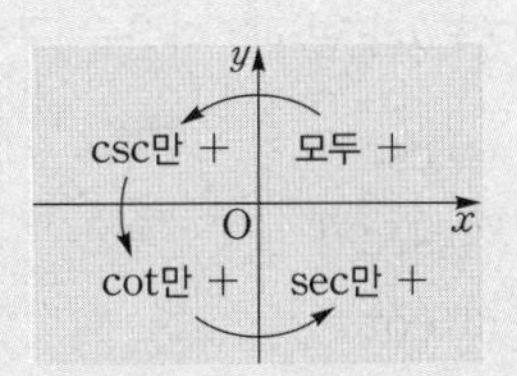

▶ $\csc \theta = \dfrac{1}{\sin \theta}$, $\sec \theta = \dfrac{1}{\cos \theta}$, $\cot \theta = \dfrac{1}{\tan \theta}$이므로 $\csc \theta$, $\sec \theta$, $\cot \theta$의 값의 부호는 각각 $\sin \theta$, $\cos \theta$, $\tan \theta$의 값의 부호와 같다.

설명 동경이 위치한 사분면에 따라 삼각함수의 값의 부호는 어떻게 결정되는지 알아보자.

각 θ를 나타내는 동경 위의 점 $\mathrm{P}(x, y)$에 대하여 x좌표와 y좌표의 부호는 동경이 위치한 사분면에 따라 결정되므로 삼각함수의 값의 부호는 다음과 같이 정해진다.

제1사분면	제2사분면	제3사분면	제4사분면
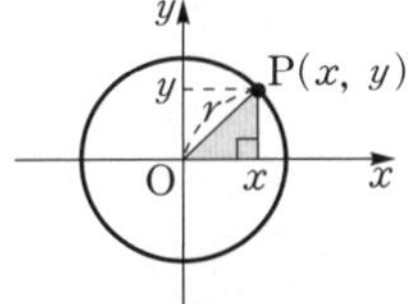	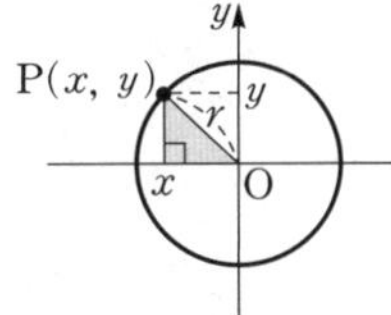	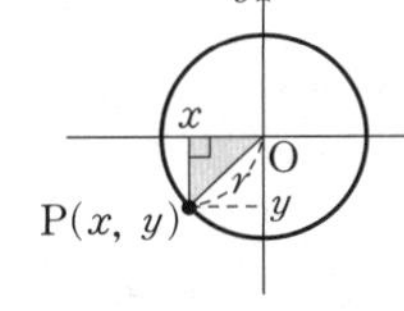	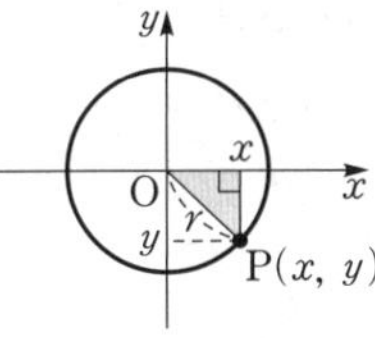

	제1사분면	제2사분면	제3사분면	제4사분면
x, y의 부호	$x>0, y>0$	$x<0, y>0$	$x<0, y<0$	$x>0, y<0$
$\csc \theta = \dfrac{1}{\sin \theta} = \dfrac{r}{y}$	$+$	$+$	$-$	$-$
$\sec \theta = \dfrac{1}{\cos \theta} = \dfrac{r}{x}$	$+$	$-$	$-$	$+$
$\cot \theta = \dfrac{1}{\tan \theta} = \dfrac{x}{y}$	$+$	$-$	$+$	$-$

예 각 θ가 $30°\left(=\dfrac{\pi}{6}\right)$, $45°\left(=\dfrac{\pi}{4}\right)$, $60°\left(=\dfrac{\pi}{3}\right)$일 때의 $\csc \theta$, $\sec \theta$, $\cot \theta$의 값을 구하시오.

풀이

θ	$30°\left(=\dfrac{\pi}{6}\right)$	$45°\left(=\dfrac{\pi}{4}\right)$	$60°\left(=\dfrac{\pi}{3}\right)$
$\csc \theta$	2	$\sqrt{2}$	$\dfrac{2}{\sqrt{3}}$
$\sec \theta$	$\dfrac{2}{\sqrt{3}}$	$\sqrt{2}$	2
$\cot \theta$	$\sqrt{3}$	1	$\dfrac{1}{\sqrt{3}}$

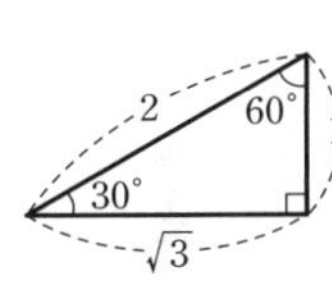

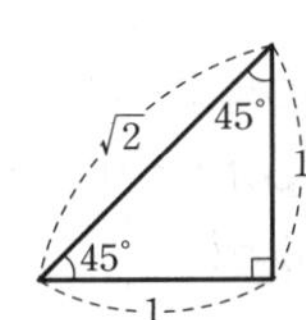

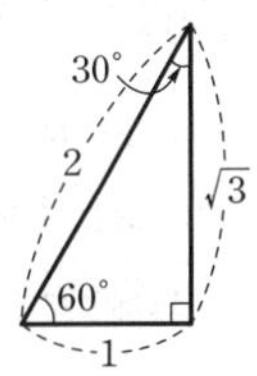

88 오른쪽 그림에서 동경 OP가 나타내는 각의 크기를 θ라 할 때, 다음을 구하시오.

(1) $\csc \theta$

(2) $\sec \theta$

(3) $\cot \theta$

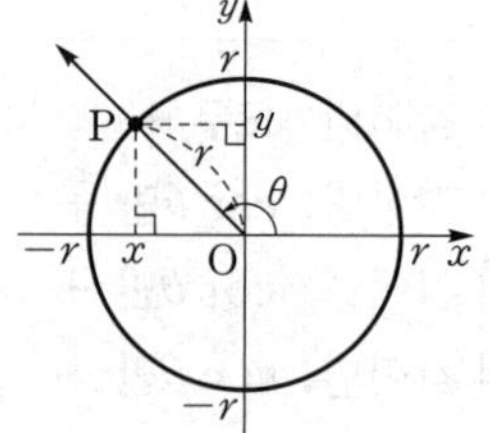

89 원점 O와 점 $P(-4, 3)$을 지나는 동경 OP가 나타내는 각의 크기를 θ라 할 때, 다음 삼각함수의 값을 구하시오.

(1) $\csc \theta$

(2) $\sec \theta$

(3) $\cot \theta$

90 다음 각 θ에 대하여 $\csc \theta$, $\sec \theta$, $\cot \theta$의 값의 부호를 말하시오.

(1) $400°$

(2) $\dfrac{7}{6}\pi$

91 다음을 만족시키는 각 θ는 제몇 사분면의 각인지 구하시오.

(1) $\csc \theta > 0$, $\sec \theta < 0$

(2) $\sec \theta > 0$, $\cot \theta < 0$

(3) $\csc \theta \sec \theta < 0$

다음 물음에 답하시오.

(1) 원점 O와 점 $P(-5, -12)$를 지나는 동경 OP가 나타내는 각의 크기를 θ라 할 때, $12\csc\theta - 5\sec\theta + 12\cot\theta$의 값을 구하시오.

(2) θ가 제2사분면의 각이고 $\csc\theta = \sqrt{2}$일 때, $\sec\theta$, $\cot\theta$의 값을 구하시오.

풀이

(1) 오른쪽 그림에서 $\overline{OP} = \sqrt{(-5)^2 + (-12)^2} = 13$이므로

$$\csc\theta = \frac{1}{\sin\theta} = -\frac{13}{12}, \ \sec\theta = \frac{1}{\cos\theta} = -\frac{13}{5},$$

$$\cot\theta = \frac{1}{\tan\theta} = \frac{5}{12}$$

$$\therefore \ 12\csc\theta - 5\sec\theta + 12\cot\theta$$

$$= 12 \times \left(-\frac{13}{12}\right) - 5 \times \left(-\frac{13}{5}\right) + 12 \times \frac{5}{12} = \mathbf{5}$$

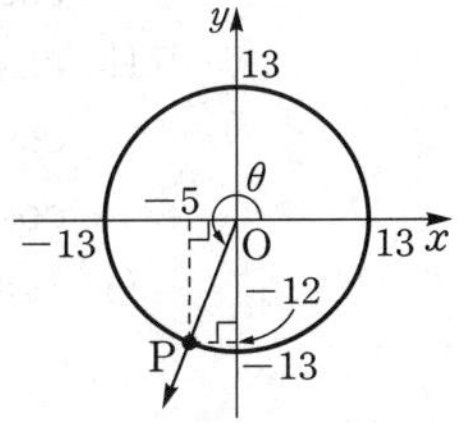

(2) θ가 제2사분면의 각이고 $\csc\theta = \sqrt{2}$, 즉 $\sin\theta = \frac{1}{\sqrt{2}}$이므로 오른쪽 그림과 같이 중심이 원점이고 반지름의 길이가 $\sqrt{2}$인 원을 그리면 각 θ를 나타내는 동경 OP와 만나는 점 P는 $P(-1, 1)$이다.

이때 $\cos\theta = -\frac{1}{\sqrt{2}}$, $\tan\theta = -1$이므로

$$\sec\theta = \frac{1}{\cos\theta} = \mathbf{-\sqrt{2}}, \ \cot\theta = \frac{1}{\tan\theta} = \mathbf{-1}$$

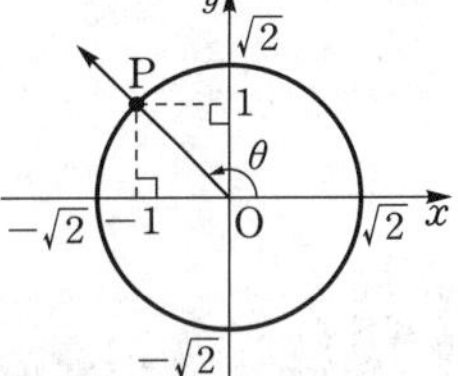

KEY Point

• 삼각함수 $\csc\theta$, $\sec\theta$, $\cot\theta$

$$\Rightarrow \csc\theta = \frac{1}{\sin\theta} = \frac{r}{y} \ (y \neq 0), \ \sec\theta = \frac{1}{\cos\theta} = \frac{r}{x} \ (x \neq 0),$$

$$\cot\theta = \frac{1}{\tan\theta} = \frac{x}{y} \ (y \neq 0)$$

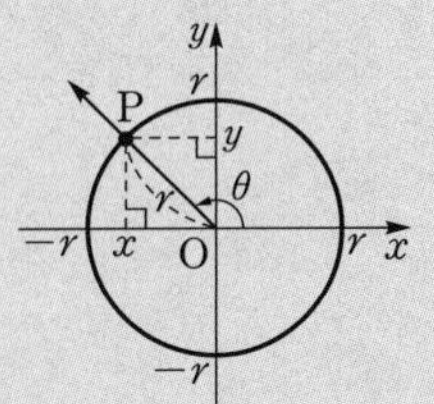

확인 체크 **92** 원점 O와 점 $P(\sqrt{3}, -1)$을 지나는 동경 OP가 나타내는 각의 크기를 θ라 할 때, $\dfrac{3\sec\theta + \csc\theta}{\cot^2\theta}$의 값을 구하시오.

93 θ가 제3사분면의 각이고 $\cos\theta = -\dfrac{\sqrt{3}}{2}$일 때, $\csc\theta \cot\theta$의 값을 구하시오.

$\csc \theta \sec \theta > 0$, $\cos \theta \cot \theta < 0$을 동시에 만족시키는 각 θ는 제몇 사분면의 각인지 구하시오.

풀이

(i) $\csc \theta \sec \theta > 0$에서 $\csc \theta > 0$, $\sec \theta > 0$ 또는 $\csc \theta < 0$, $\sec \theta < 0$이다.

$\csc \theta > 0$, $\sec \theta > 0$일 때, θ는 제1사분면의 각

$\csc \theta < 0$, $\sec \theta < 0$일 때, θ는 제3사분면의 각

(ii) $\cos \theta \cot \theta < 0$에서 $\cos \theta < 0$, $\cot \theta > 0$ 또는 $\cos \theta > 0$, $\cot \theta < 0$이다.

$\cos \theta < 0$, $\cot \theta > 0$일 때, θ는 제3사분면의 각

$\cos \theta > 0$, $\cot \theta < 0$일 때, θ는 제4사분면의 각

(i), (ii)에서 주어진 조건을 동시에 만족시키는 θ는 **제3사분면**의 각이다.

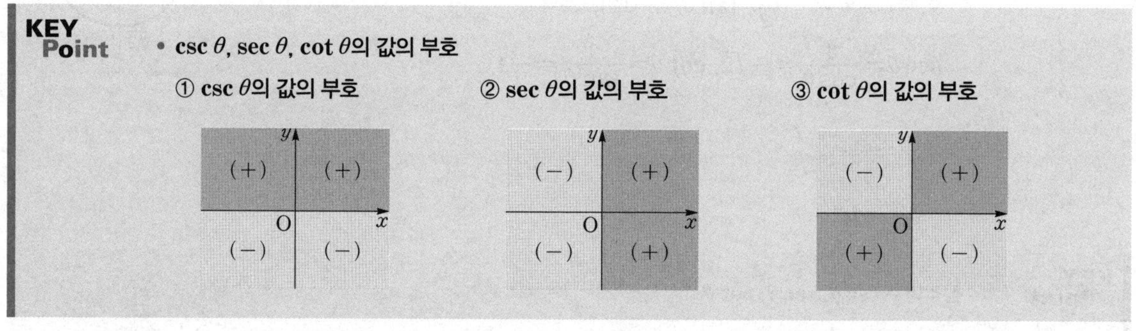

KEY Point

• $\csc \theta$, $\sec \theta$, $\cot \theta$의 값의 부호

① $\csc \theta$의 값의 부호　　② $\sec \theta$의 값의 부호　　③ $\cot \theta$의 값의 부호

 **확인 체크** **94** $\theta = -\dfrac{5}{6}\pi$일 때, $\csc \theta$, $\sec \theta$, $\cot \theta$의 값의 부호를 말하시오.

95 $\csc \theta \cot \theta > 0$, $\sec \theta \tan \theta < 0$을 동시에 만족시키는 각 θ는 제몇 사분면의 각인지 구하시오.

96 $\csc \theta > 0$, $\sec \theta < 0$일 때, $|\csc \theta| + \sqrt{\sec^2 \theta} + \sqrt{\cot^2 \theta}$를 간단히 하시오.

02 삼각함수 사이의 관계

개념원리 이해

1. 삼각함수 사이의 관계　▷ 필수예제 **3, 4**

> (1) $1+\tan^2\theta=\sec^2\theta$　　　　　　　(2) $1+\cot^2\theta=\csc^2\theta$

▶　① $\tan\theta=\dfrac{\sin\theta}{\cos\theta}$, $\sin^2\theta+\cos^2\theta=1$이다.

②　$(\sin\theta)^2$, $(\cos\theta)^2$, $(\tan\theta)^2$을 각각 $\sin^2\theta$, $\cos^2\theta$, $\tan^2\theta$로 나타낸다. 이때 $(\sin\theta)^2\neq\sin\theta^2$임에 유의한다.

③　$(\csc\theta)^2=\csc^2\theta$, $(\sec\theta)^2=\sec^2\theta$, $(\cot\theta)^2=\cot^2\theta$이다.

설명　(1) $\sin^2\theta+\cos^2\theta=1$의 양변을 $\cos^2\theta$ $(\cos\theta\neq0)$로 나누면

$$\frac{\sin^2\theta}{\cos^2\theta}+1=\frac{1}{\cos^2\theta}\qquad\therefore\ \tan^2\theta+1=\sec^2\theta$$

(2) $\sin^2\theta+\cos^2\theta=1$의 양변을 $\sin^2\theta$ $(\sin\theta\neq0)$로 나누면

$$1+\frac{\cos^2\theta}{\sin^2\theta}=\frac{1}{\sin^2\theta}\qquad\therefore\ 1+\cot^2\theta=\csc^2\theta$$

참고　**삼각함수 사이의 관계**

오른쪽 그림을 이용하면 삼각함수 사이의 제곱 관계와 역수 관계를 쉽게 이해할 수 있다.

⇨ $\begin{cases}\text{대각선: 역수 관계}\\\text{화살표: 제곱 관계}\end{cases}$

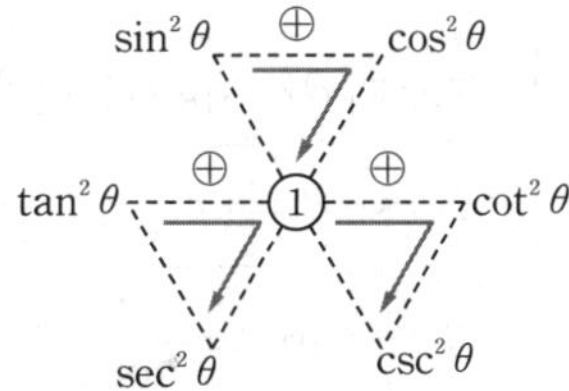

예　$\csc\theta=-\dfrac{5}{4}$일 때, $\sec\theta$, $\cot\theta$의 값을 구하시오. $\left(단,\ \pi<\theta<\dfrac{3}{2}\pi\right)$

풀이　$1+\cot^2\theta=\csc^2\theta$이므로

$$\cot^2\theta=\csc^2\theta-1=\left(-\frac{5}{4}\right)^2-1=\frac{9}{16}$$

$\pi<\theta<\dfrac{3}{2}\pi$이므로 $\cot\theta>0$　　　$\therefore\ \cot\theta=\dfrac{3}{4}$

$\cot\theta=\dfrac{1}{\tan\theta}$이므로 $\tan\theta=\dfrac{4}{3}$이고, $1+\tan^2\theta=\sec^2\theta$이므로

$$\sec^2\theta=1+\tan^2\theta=1+\left(\frac{4}{3}\right)^2=\frac{25}{9}$$

$\pi<\theta<\dfrac{3}{2}\pi$이므로 $\sec\theta<0$　　　$\therefore\ \sec\theta=-\dfrac{5}{3}$

생각해 봅시다!

97 다음 □ 안에 알맞은 것을 써넣으시오.

(1) $1+\tan^2\theta=$ □

(2) $1+\cot^2\theta=$ □

98 다음은 θ가 제4사분면의 각이고 $\cot\theta=-\dfrac{1}{2}$일 때, $\csc\theta$, $\sec\theta$의 값을 구하는 과정이다. □ 안에 알맞은 것을 써넣으시오.

$1+\cot^2\theta=\csc^2\theta$이므로

$\csc^2\theta=$ □

그런데 θ가 제4사분면의 각이므로 $\csc\theta$ □ 0

$\therefore \csc\theta=$ □

또한, $\tan\theta=\dfrac{1}{\cot\theta}=$ □ 이고, $1+$ □ $=\sec^2\theta$이므로

$\sec^2\theta=$ □

그런데 θ가 제4사분면의 각이므로 $\sec\theta$ □ 0

$\therefore \sec\theta=$ □

99 θ가 제3사분면의 각이고 $\tan\theta=\dfrac{15}{8}$일 때, 다음 값을 구하시오.

(1) $\sec\theta$

(2) $\csc\theta$

$1+\tan^2\theta=\sec^2\theta$
$1+\cot^2\theta=\csc^2\theta$

$$\dfrac{\cos\theta}{\sec\theta+\tan\theta}+\dfrac{\cos\theta}{\sec\theta-\tan\theta}$$ 를 간단히 하시오.

풀이

$$\dfrac{\cos\theta}{\sec\theta+\tan\theta}+\dfrac{\cos\theta}{\sec\theta-\tan\theta}$$

$$=\dfrac{\cos\theta(\sec\theta-\tan\theta)+\cos\theta(\sec\theta+\tan\theta)}{(\sec\theta+\tan\theta)(\sec\theta-\tan\theta)}$$

$$=\dfrac{2\cos\theta\sec\theta}{\sec^2\theta-\tan^2\theta}$$

$$=2\cos\theta\times\dfrac{1}{\cos\theta}=\mathbf{2}$$

$$\dfrac{1}{1+\sin\theta}+\dfrac{1}{1-\sin\theta}=\dfrac{5}{2}$$ 일 때, $\cot\theta$의 값을 구하시오. $\left(\text{단, } \dfrac{\pi}{2}<\theta<\pi\right)$

풀이

$$\dfrac{1}{1+\sin\theta}+\dfrac{1}{1-\sin\theta}=\dfrac{(1-\sin\theta)+(1+\sin\theta)}{(1+\sin\theta)(1-\sin\theta)}=\dfrac{2}{1-\sin^2\theta}=\dfrac{2}{\cos^2\theta}=2\sec^2\theta$$

즉, $2\sec^2\theta=\dfrac{5}{2}$ 이므로 $\sec^2\theta=\dfrac{5}{4}$

$1+\tan^2\theta=\sec^2\theta$ 에서 $1+\tan^2\theta=\dfrac{5}{4}$ $\therefore \tan^2\theta=\dfrac{1}{4}$

이때 $\dfrac{\pi}{2}<\theta<\pi$ 이므로 $\tan\theta<0$ $\therefore \tan\theta=-\dfrac{1}{2}$ $\therefore \cot\theta=\mathbf{-2}$

KEY Point   **삼각함수 사이의 관계**

- $\tan\theta=\dfrac{\sin\theta}{\cos\theta}$
- $1+\tan^2\theta=\sec^2\theta$
- $\sin^2\theta+\cos^2\theta=1$
- $1+\cot^2\theta=\csc^2\theta$

100 다음 식을 간단히 하시오.

(1) $(\sin\theta-\csc\theta)^2+(\cos\theta-\sec\theta)^2-(\tan\theta-\cot\theta)^2$

(2) $\dfrac{1+\sin\theta}{\csc\theta-\cot\theta}-\dfrac{1-\sin\theta}{\csc\theta+\cot\theta}$

101 $\dfrac{3}{2}\pi<\theta<2\pi$ 이고 $\dfrac{1+\cos\theta}{\sin\theta}+\dfrac{\sin\theta}{1+\cos\theta}=-3$ 일 때, $\csc\theta+\cot\theta$의 값을 구하시오.

연 습 문 제

STEP 1

98 $\sin\theta-\cos\theta=\dfrac{1}{2}$일 때, $\sec\theta-\csc\theta$의 값을 구하시오.

$\sec\theta=\dfrac{1}{\cos\theta}$

$\csc\theta=\dfrac{1}{\sin\theta}$

99 $\dfrac{\pi}{2}<\theta<\pi$일 때, $\sqrt{\csc^2\theta}+\sqrt{\sec^2\theta}+|\cot\theta|-\sqrt{(\cot\theta+\sec\theta)^2}$을 간단히 하면?

① $\sin\theta$　　② $\cos\theta$　　③ $\tan\theta$　　④ $\csc\theta$　　⑤ $\sec\theta$

100 θ가 제2사분면의 각이고 $\sin\theta=\dfrac{\sqrt{5}}{3}$일 때, $\cot\theta+\tan\theta$의 값을 구하시오.

STEP 2

101 $\dfrac{\tan\theta}{1+\sec\theta}+\dfrac{1+\sec\theta}{\tan\theta}$를 간단히 하시오.

102 $\tan\theta+\cot\theta=2$일 때, $\csc^2\theta+\sec^2\theta$의 값을 구하시오. $\left(\text{단, } 0<\theta<\dfrac{\pi}{2}\right)$

실력 UP

103 이차방정식 $4x^2-2x+k=0$의 두 근이 $\sin\theta$, $\cos\theta$일 때, $\csc^2\theta-\sec^2\theta$의 값을 구하시오. (단, $\cos\theta>\sin\theta$이고, k는 상수이다.)

이차방정식
$ax^2+bx+c=0$의 두 근을 α, β라 하면
$\alpha+\beta=-\dfrac{b}{a}$, $\alpha\beta=\dfrac{c}{a}$

03 삼각함수의 덧셈정리

개념원리 이해

1. 삼각함수의 덧셈정리 ▷ 필수예제 **5, 6**

> (1) $\sin(\alpha+\beta)=\sin\alpha\cos\beta+\cos\alpha\sin\beta$
> $\sin(\alpha-\beta)=\sin\alpha\cos\beta-\cos\alpha\sin\beta$
> (2) $\cos(\alpha+\beta)=\cos\alpha\cos\beta-\sin\alpha\sin\beta$
> $\cos(\alpha-\beta)=\cos\alpha\cos\beta+\sin\alpha\sin\beta$
> (3) $\tan(\alpha+\beta)=\dfrac{\tan\alpha+\tan\beta}{1-\tan\alpha\tan\beta}$, $\tan(\alpha-\beta)=\dfrac{\tan\alpha-\tan\beta}{1+\tan\alpha\tan\beta}$

▶ 특수각이 아닌 각의 삼각함수의 값은 삼각함수의 덧셈정리를 이용하면 구할 수 있다.

설명 보충학습 참조

예 (1) $\sin 105°=\sin(60°+45°)=\sin 60°\cos 45°+\cos 60°\sin 45°$

$$=\frac{\sqrt{3}}{2}\times\frac{\sqrt{2}}{2}+\frac{1}{2}\times\frac{\sqrt{2}}{2}=\frac{\sqrt{6}+\sqrt{2}}{4}$$

(2) $\cos 15°=\cos(60°-45°)=\cos 60°\cos 45°+\sin 60°\sin 45°$

$$=\frac{1}{2}\times\frac{\sqrt{2}}{2}+\frac{\sqrt{3}}{2}\times\frac{\sqrt{2}}{2}=\frac{\sqrt{2}+\sqrt{6}}{4}$$

2. 배각의 공식 ▷ 필수예제 **7**

> (1) $\sin 2\alpha=2\sin\alpha\cos\alpha$
> (2) $\cos 2\alpha=\cos^2\alpha-\sin^2\alpha=2\cos^2\alpha-1=1-2\sin^2\alpha$
> (3) $\tan 2\alpha=\dfrac{2\tan\alpha}{1-\tan^2\alpha}$

설명 삼각함수의 덧셈정리로부터 배각의 공식을 얻을 수 있다.

(1) $\sin 2\alpha=\sin(\alpha+\alpha)=\sin\alpha\cos\alpha+\cos\alpha\sin\alpha=2\sin\alpha\cos\alpha$

(2) $\cos 2\alpha=\cos(\alpha+\alpha)=\cos\alpha\cos\alpha-\sin\alpha\sin\alpha=\cos^2\alpha-\sin^2\alpha$

$\sin^2\alpha=1-\cos^2\alpha$, $\cos^2\alpha=1-\sin^2\alpha$를 대입하면 $\cos 2\alpha=2\cos^2\alpha-1$, $\cos 2\alpha=1-2\sin^2\alpha$

(3) $\tan 2\alpha=\tan(\alpha+\alpha)=\dfrac{\tan\alpha+\tan\alpha}{1-\tan\alpha\tan\alpha}=\dfrac{2\tan\alpha}{1-\tan^2\alpha}$

예 $\sin\alpha=\dfrac{4}{5}$일 때, $\sin 2\alpha$의 값을 구하시오. $\left(\text{단, }\dfrac{\pi}{2}<\alpha<\pi\right)$

풀이 $\dfrac{\pi}{2}<\alpha<\pi$에서 $\cos\alpha<0$이므로 $\cos\alpha=-\sqrt{1-\sin^2\alpha}=-\sqrt{1-\left(\dfrac{4}{5}\right)^2}=-\dfrac{3}{5}$

$\therefore \sin 2\alpha=2\sin\alpha\cos\alpha=2\times\dfrac{4}{5}\times\left(-\dfrac{3}{5}\right)=-\dfrac{24}{25}$

삼각함수의 덧셈정리 증명

두 각 α, β의 삼각함수를 이용하여 각 $\alpha+\beta$, $\alpha-\beta$의 삼각함수를 나타내는 방법을 알아보자.

오른쪽 그림과 같이 두 각 α, β를 나타내는 동경과 단위원의 교점을 각각

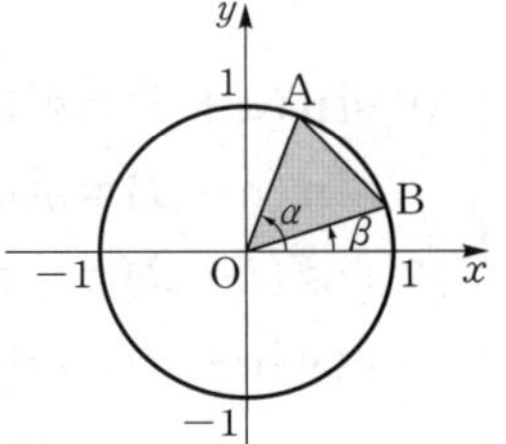

A, B라 하면 $A(\cos\alpha, \sin\alpha)$, $B(\cos\beta, \sin\beta)$이고 두 점 사이의 거리 공식에 의하여

$$\overline{AB}^2=(\cos\beta-\cos\alpha)^2+(\sin\beta-\sin\alpha)^2$$
$$=2-2(\cos\alpha\cos\beta+\sin\alpha\sin\beta)$$

삼각형 AOB에서 코사인법칙을 이용하면

$$\overline{AB}^2=\overline{OA}^2+\overline{OB}^2-2\times\overline{OA}\times\overline{OB}\times\cos(\alpha-\beta)$$
$$=1^2+1^2-2\times1\times1\times\cos(\alpha-\beta)=2-2\cos(\alpha-\beta)$$

따라서 $2-2(\cos\alpha\cos\beta+\sin\alpha\sin\beta)=2-2\cos(\alpha-\beta)$가 성립한다.

이것을 정리하면

$$\boldsymbol{\cos(\alpha-\beta)=\cos\alpha\cos\beta+\sin\alpha\sin\beta} \qquad \cdots\cdots \; \text{㉠}$$

㉠에서 β 대신 $-\beta$를 대입하면

$$\boldsymbol{\cos(\alpha+\beta)}=\cos\alpha\cos(-\beta)+\sin\alpha\sin(-\beta)$$
$$=\boldsymbol{\cos\alpha\cos\beta-\sin\alpha\sin\beta} \qquad \cdots\cdots \; \text{㉡}$$

㉡에서 α 대신 $\dfrac{\pi}{2}-\alpha$를 대입하면

$$\cos\left(\frac{\pi}{2}-\alpha+\beta\right)=\cos\left(\frac{\pi}{2}-\alpha\right)\cos\beta-\sin\left(\frac{\pi}{2}-\alpha\right)\sin\beta$$
$$=\sin\alpha\cos\beta-\cos\alpha\sin\beta$$

이때 $\cos\left(\dfrac{\pi}{2}-\alpha+\beta\right)=\cos\left\{\dfrac{\pi}{2}-(\alpha-\beta)\right\}=\sin(\alpha-\beta)$이므로

$$\boldsymbol{\sin(\alpha-\beta)=\sin\alpha\cos\beta-\cos\alpha\sin\beta} \qquad \cdots\cdots \; \text{㉢}$$

㉢에서 β 대신 $-\beta$를 대입하면

$$\boldsymbol{\sin(\alpha+\beta)}=\sin\alpha\cos(-\beta)-\cos\alpha\sin(-\beta)$$
$$=\boldsymbol{\sin\alpha\cos\beta+\cos\alpha\sin\beta} \qquad \cdots\cdots \; \text{㉣}$$

또, ㉡과 ㉣을 이용하면

$$\tan(\alpha+\beta)=\frac{\sin(\alpha+\beta)}{\cos(\alpha+\beta)}=\frac{\sin\alpha\cos\beta+\cos\alpha\sin\beta}{\cos\alpha\cos\beta-\sin\alpha\sin\beta}$$

이 식에서 우변의 분모, 분자를 $\cos\alpha\cos\beta\,(\cos\alpha\cos\beta\neq0)$로 나누면

$$\boldsymbol{\tan(\alpha+\beta)}=\frac{\dfrac{\sin\alpha}{\cos\alpha}+\dfrac{\sin\beta}{\cos\beta}}{1-\dfrac{\sin\alpha}{\cos\alpha}\times\dfrac{\sin\beta}{\cos\beta}}=\boldsymbol{\frac{\tan\alpha+\tan\beta}{1-\tan\alpha\tan\beta}} \qquad \cdots\cdots \; \text{㉤}$$

㉤에서 β 대신 $-\beta$를 대입하면

$$\boldsymbol{\tan(\alpha-\beta)}=\frac{\tan\alpha+\tan(-\beta)}{1-\tan\alpha\tan(-\beta)}=\boldsymbol{\frac{\tan\alpha-\tan\beta}{1+\tan\alpha\tan\beta}}$$

1. 반각의 공식

(1) $\sin^2 \dfrac{\alpha}{2} = \dfrac{1-\cos\alpha}{2}$ (2) $\cos^2 \dfrac{\alpha}{2} = \dfrac{1+\cos\alpha}{2}$

(3) $\tan^2 \dfrac{\alpha}{2} = \dfrac{1-\cos\alpha}{1+\cos\alpha}$ ▶ $\sin^2\alpha = \dfrac{1-\cos 2\alpha}{2}$, $\cos^2\alpha = \dfrac{1+\cos 2\alpha}{2}$

설명   배각의 공식으로부터 반각의 공식을 얻을 수 있다.

(1) $\cos\alpha = \cos\left(2 \times \dfrac{\alpha}{2}\right) = 1 - 2\sin^2\dfrac{\alpha}{2}$ $\therefore \sin^2\dfrac{\alpha}{2} = \dfrac{1-\cos\alpha}{2}$

(2) $\cos\alpha = \cos\left(2 \times \dfrac{\alpha}{2}\right) = 2\cos^2\dfrac{\alpha}{2} - 1$ $\therefore \cos^2\dfrac{\alpha}{2} = \dfrac{1+\cos\alpha}{2}$

(3) $\tan^2\dfrac{\alpha}{2} = \dfrac{\sin^2\dfrac{\alpha}{2}}{\cos^2\dfrac{\alpha}{2}} = \dfrac{\dfrac{1-\cos\alpha}{2}}{\dfrac{1+\cos\alpha}{2}} = \dfrac{1-\cos\alpha}{1+\cos\alpha}$

예 $\cos\alpha = -\dfrac{1}{4}$ 일 때, $\cos\dfrac{\alpha}{2}$ 의 값을 구하시오. $\left(\text{단, } \dfrac{\pi}{2} < \alpha < \pi\right)$

풀이 $\dfrac{\pi}{2} < \alpha < \pi$ 에서 $\dfrac{\pi}{4} < \dfrac{\alpha}{2} < \dfrac{\pi}{2}$ 이므로 $\cos\dfrac{\alpha}{2} > 0$ 이고

$\cos^2\dfrac{\alpha}{2} = \dfrac{1+\cos\alpha}{2} = \dfrac{1+\left(-\dfrac{1}{4}\right)}{2} = \dfrac{3}{8}$ $\therefore \cos\dfrac{\alpha}{2} = \sqrt{\dfrac{3}{8}} = \dfrac{\sqrt{6}}{4}$

특강 1   **반각의 공식**

$\sin\alpha = \dfrac{2\sqrt{2}}{3}$ 일 때, $\sin\dfrac{\alpha}{2}$ 의 값을 구하시오. $\left(\text{단, } \dfrac{\pi}{2} < \alpha < \pi\right)$

풀이 $\dfrac{\pi}{2} < \alpha < \pi$ 에서 $\cos\alpha < 0$ 이므로 $\cos\alpha = -\sqrt{1-\sin^2\alpha} = -\sqrt{1-\left(\dfrac{2\sqrt{2}}{3}\right)^2} = -\dfrac{1}{3}$

$\sin^2\dfrac{\alpha}{2} = \dfrac{1-\cos\alpha}{2} = \dfrac{1-\left(-\dfrac{1}{3}\right)}{2} = \dfrac{2}{3}$

이때 $\dfrac{\pi}{2} < \alpha < \pi$ 에서 $\dfrac{\pi}{4} < \dfrac{\alpha}{2} < \dfrac{\pi}{2}$ 이므로 $\sin\dfrac{\alpha}{2} > 0$

$\therefore \sin\dfrac{\alpha}{2} = \sqrt{\dfrac{2}{3}} = \dfrac{\sqrt{6}}{3}$

확인체크   **102** $\tan\alpha = -\dfrac{24}{7}$ 일 때, $\sin\dfrac{\alpha}{2}$, $\cos\dfrac{\alpha}{2}$ 의 값을 구하시오. $\left(\text{단, } \dfrac{3}{2}\pi < \alpha < 2\pi\right)$

103 다음은 삼각함수의 덧셈정리를 이용하여 $\cos 75°$의 값을 구하는 과정이다. □ 안에 알맞은 것을 써넣으시오.

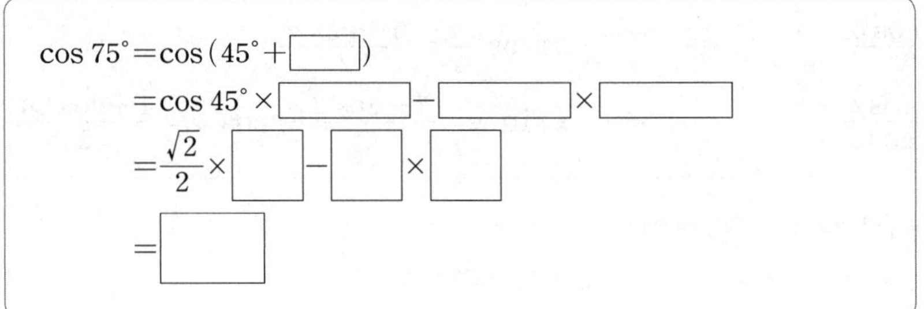

$$\cos 75° = \cos(45° + \boxed{})$$
$$= \cos 45° \times \boxed{} - \boxed{} \times \boxed{}$$
$$= \frac{\sqrt{2}}{2} \times \boxed{} - \boxed{} \times \boxed{}$$
$$= \boxed{}$$

104 다음 삼각함수의 값을 구하시오.

(1) $\sin 15°$

(2) $\cos \dfrac{\pi}{12}$

(3) $\tan \dfrac{5}{12}\pi$

(4) $\sec 105°$

주어진 각을 특수각의 합 또는 차로 나타낸 다음 삼각함수의 덧셈정리를 이용한다.

105 다음 식의 값을 구하시오.

(1) $\sin 25° \cos 20° + \cos 25° \sin 20°$

(2) $\cos 55° \cos 10° + \sin 55° \sin 10°$

(3) $\dfrac{\tan 20° + \tan 10°}{1 - \tan 20° \tan 10°}$

(4) $\sin 80° \sin 125° - \sin 10° \sin 35°$

제1사분면의 각 α, β에 대하여 $\sin\alpha=\dfrac{5}{13}$, $\sin\beta=\dfrac{3}{5}$일 때, 다음 값을 구하시오.

(1) $\sin(\alpha+\beta)$ (2) $\cos(\alpha-\beta)$ (3) $\tan(\alpha-\beta)$

설명 $\sin^2\theta+\cos^2\theta=1$, $\tan\theta=\dfrac{\sin\theta}{\cos\theta}$임을 이용하여 $\cos\alpha$, $\cos\beta$, $\tan\alpha$, $\tan\beta$의 값을 구한 후, 삼각함수의 덧셈정리를 이용한다.

풀이 α, β가 제1사분면의 각이므로 $\cos\alpha>0$, $\cos\beta>0$

$\therefore \cos\alpha=\sqrt{1-\sin^2\alpha}=\sqrt{1-\left(\dfrac{5}{13}\right)^2}=\dfrac{12}{13}$, $\cos\beta=\sqrt{1-\sin^2\beta}=\sqrt{1-\left(\dfrac{3}{5}\right)^2}=\dfrac{4}{5}$,

$\tan\alpha=\dfrac{\sin\alpha}{\cos\alpha}=\dfrac{5}{12}$, $\tan\beta=\dfrac{\sin\beta}{\cos\beta}=\dfrac{3}{4}$

(1) $\sin(\alpha+\beta)=\sin\alpha\cos\beta+\cos\alpha\sin\beta$

$\qquad =\dfrac{5}{13}\times\dfrac{4}{5}+\dfrac{12}{13}\times\dfrac{3}{5}=\dfrac{\mathbf{56}}{\mathbf{65}}$

(2) $\cos(\alpha-\beta)=\cos\alpha\cos\beta+\sin\alpha\sin\beta$

$\qquad =\dfrac{12}{13}\times\dfrac{4}{5}+\dfrac{5}{13}\times\dfrac{3}{5}=\dfrac{\mathbf{63}}{\mathbf{65}}$

(3) $\tan(\alpha-\beta)=\dfrac{\tan\alpha-\tan\beta}{1+\tan\alpha\tan\beta}=\dfrac{\dfrac{5}{12}-\dfrac{3}{4}}{1+\dfrac{5}{12}\times\dfrac{3}{4}}=-\dfrac{\mathbf{16}}{\mathbf{63}}$

KEY Point

- $\alpha+\beta$, $\alpha-\beta$의 삼각함수의 값
  ⇨ 삼각함수의 덧셈정리 이용

106 $0<\alpha<\dfrac{\pi}{2}$, $\pi<\beta<\dfrac{3}{2}\pi$이고, $\sin\alpha=\dfrac{4}{5}$, $\cos\beta=-\dfrac{3\sqrt{10}}{10}$일 때, 다음 값을 구하시오.

(1) $\sin(\alpha-\beta)$ (2) $\cos(\alpha+\beta)$ (3) $\tan(\alpha+\beta)$

107 $\sin\alpha=\dfrac{3}{5}$, $\sin\beta=\dfrac{4}{5}$일 때, $\sin(\alpha+\beta)-\cos(\alpha-\beta)$의 값을 구하시오.

$$\left(\text{단, } 0<\alpha<\dfrac{\pi}{2},\ \dfrac{\pi}{2}<\beta<\pi\right)$$

108 이차방정식 $2x^2-4x+1=0$의 두 근이 $\tan\alpha$, $\tan\beta$일 때, $\tan(\alpha+\beta)$의 값을 구하시오.

두 직선 $y=-3x+4$, $y=2x+5$가 이루는 예각의 크기를 θ라 할 때, $\tan\theta$의 값을 구하시오.

설명

(1) 직선 $y=ax+b$가 x축의 양의 방향과 이루는 각의 크기를 θ라 하면

$$\tan\theta=a \ (\text{기울기})$$

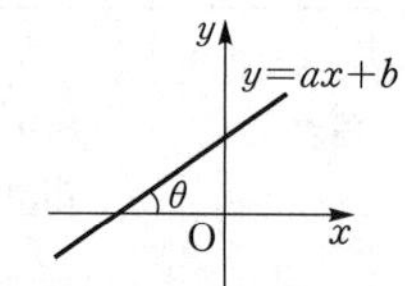

(2) 두 직선 $y=mx+n$, $y=m'x+n'$이 x축의 양의 방향과 이루는 각의 크기를 각각 α, β라 하면

$$\tan\alpha=m, \ \tan\beta=m'$$

또, 두 직선이 이루는 예각의 크기를 θ라 하면

$$\tan\theta=|\tan(\alpha-\beta)|=\left|\frac{\tan\alpha-\tan\beta}{1+\tan\alpha\tan\beta}\right|$$

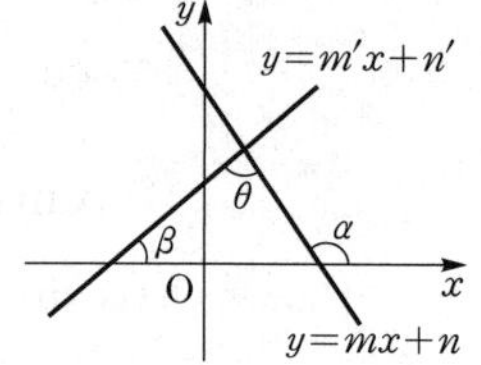

풀이

두 직선 $y=-3x+4$, $y=2x+5$가 x축의 양의 방향과 이루는 각의 크기를 각각 α, β라 하면

$$\tan\alpha=-3, \ \tan\beta=2$$

오른쪽 그림에서 $\theta+\beta=\alpha$, 즉 $\theta=\alpha-\beta$이므로

$$\tan\theta=\tan(\alpha-\beta)=\frac{\tan\alpha-\tan\beta}{1+\tan\alpha\tan\beta}$$
$$=\frac{-3-2}{1+(-3)\times2}=\mathbf{1}$$

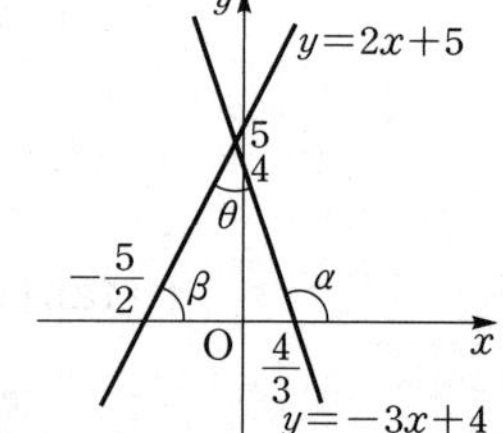

확인 체크

109 두 직선 $y=-\dfrac{1}{5}x+\dfrac{3}{5}$과 $y=\dfrac{2}{3}x+\dfrac{1}{3}$이 이루는 예각의 크기를 구하시오.

110 두 직선 $x+3y-4=0$, $2x+y-3=0$이 이루는 예각의 크기를 θ라 할 때, $\sec^2\theta$의 값을 구하시오.

111 두 직선 $x-3y+2=0$, $kx-2y-1=0$이 이루는 예각의 크기가 $\dfrac{\pi}{4}$가 되도록 하는 양수 k의 값을 구하시오.

$\cos\alpha=-\dfrac{3}{4}$일 때, 다음 값을 구하시오. $\left(\text{단, }\dfrac{\pi}{2}<\alpha<\pi\right)$

(1) $\sin 2\alpha$　　　　　　(2) $\cos 2\alpha$　　　　　　(3) $\tan 2\alpha$

설명　$\sin^2\alpha+\cos^2\alpha=1$, $\tan\alpha=\dfrac{\sin\alpha}{\cos\alpha}$임을 이용하여 $\sin\alpha$, $\tan\alpha$의 값을 구한 다음, 배각의 공식을 이용한다.

풀이　$\dfrac{\pi}{2}<\alpha<\pi$에서 $\sin\alpha>0$이므로

$$\sin\alpha=\sqrt{1-\cos^2\alpha}=\sqrt{1-\left(-\dfrac{3}{4}\right)^2}=\dfrac{\sqrt{7}}{4},\quad \tan\alpha=\dfrac{\sin\alpha}{\cos\alpha}=-\dfrac{\sqrt{7}}{3}$$

(1) $\sin 2\alpha=2\sin\alpha\cos\alpha=2\times\dfrac{\sqrt{7}}{4}\times\left(-\dfrac{3}{4}\right)=-\dfrac{3\sqrt{7}}{8}$

(2) $\cos 2\alpha=2\cos^2\alpha-1=2\times\left(-\dfrac{3}{4}\right)^2-1=\dfrac{1}{8}$

(3) $\tan 2\alpha=\dfrac{2\tan\alpha}{1-\tan^2\alpha}=\dfrac{2\times\left(-\dfrac{\sqrt{7}}{3}\right)}{1-\left(-\dfrac{\sqrt{7}}{3}\right)^2}=-3\sqrt{7}$

다른풀이　(3) $\tan 2\alpha=\dfrac{\sin 2\alpha}{\cos 2\alpha}=\dfrac{-\dfrac{3\sqrt{7}}{8}}{\dfrac{1}{8}}=-3\sqrt{7}$

KEY Point

- $\sin 2\alpha=2\sin\alpha\cos\alpha$
- $\cos 2\alpha=\cos^2\alpha-\sin^2\alpha=2\cos^2\alpha-1=1-2\sin^2\alpha$
- $\tan 2\alpha=\dfrac{2\tan\alpha}{1-\tan^2\alpha}$

112　$\sin\alpha=-\dfrac{2\sqrt{2}}{3}$일 때, 다음 값을 구하시오. $\left(\text{단, }\dfrac{3}{2}\pi<\alpha<2\pi\right)$

(1) $\sin 2\alpha$　　　　　　(2) $\cos 2\alpha$　　　　　　(3) $\tan 2\alpha$

113　$\sin\alpha+\cos\alpha=\dfrac{1}{2}$일 때, $\sin 2\alpha$, $\cos 2\alpha$, $\tan 2\alpha$의 값을 구하시오. $\left(\text{단, }\dfrac{\pi}{2}<\alpha<\dfrac{3}{4}\pi\right)$

04 삼각함수의 합성

개념원리 이해

1. 삼각함수의 합성 ▷ 필수예제 **8, 9**

두 삼각함수의 합 $a \sin \theta + b \cos \theta$ $(a \neq 0,\ b \neq 0)$를 다음과 같이 하나의 삼각함수로 변형하는 것을 **삼각함수의 합성**이라 한다.

> (1) $a \sin \theta + b \cos \theta = \sqrt{a^2+b^2} \sin(\theta+\alpha)$ $\left(\text{단, } \cos \alpha = \dfrac{a}{\sqrt{a^2+b^2}},\ \sin \alpha = \dfrac{b}{\sqrt{a^2+b^2}}\right)$
>
> (2) $a \sin \theta + b \cos \theta = \sqrt{a^2+b^2} \cos(\theta-\beta)$ $\left(\text{단, } \cos \beta = \dfrac{b}{\sqrt{a^2+b^2}},\ \sin \beta = \dfrac{a}{\sqrt{a^2+b^2}}\right)$

▶ 삼각함수 $y = a \sin \theta + b \cos \theta$ $(a \neq 0,\ b \neq 0)$의 주기와 최대 · 최소는 다음과 같다.
$\Rightarrow$ 주기: 2π, 최댓값: $\sqrt{a^2+b^2}$, 최솟값: $-\sqrt{a^2+b^2}$

설명 (1) 오른쪽 그림과 같이 $\sin \theta$의 계수 a, $\cos \theta$의 계수 b를 각각 x좌표, y좌표로 하는

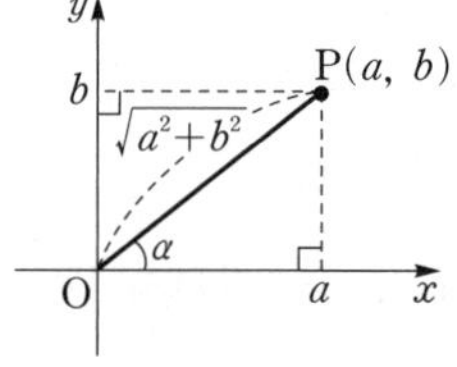

점 $\mathrm{P}(a,\ b)$를 잡으면
$$\overline{\mathrm{OP}} = \sqrt{a^2+b^2}$$
$\overline{\mathrm{OP}}$와 x축의 양의 방향이 이루는 각의 크기를 α라 하면
$$\sin \alpha = \frac{b}{\sqrt{a^2+b^2}},\ \cos \alpha = \frac{a}{\sqrt{a^2+b^2}}$$
$$\therefore a \sin \theta + b \cos \theta = \sqrt{a^2+b^2}\left(\frac{a}{\sqrt{a^2+b^2}} \sin \theta + \frac{b}{\sqrt{a^2+b^2}} \cos \theta\right)$$
$$= \sqrt{a^2+b^2}(\cos \alpha \sin \theta + \sin \alpha \cos \theta)$$
$$= \sqrt{a^2+b^2} \sin(\theta+\alpha)$$

이때 $-1 \leq \sin(\theta+\alpha) \leq 1$이므로
$$-\sqrt{a^2+b^2} \leq \sqrt{a^2+b^2} \sin(\theta+\alpha) \leq \sqrt{a^2+b^2}$$
즉, 함수 $y = a \sin \theta + b \cos \theta$의 최댓값은 $\sqrt{a^2+b^2}$, 최솟값은 $-\sqrt{a^2+b^2}$이다.

(2) 오른쪽 그림과 같이 $\cos \theta$의 계수 b를 x좌표, $\sin \theta$의 계수 a를 y좌표로 하는

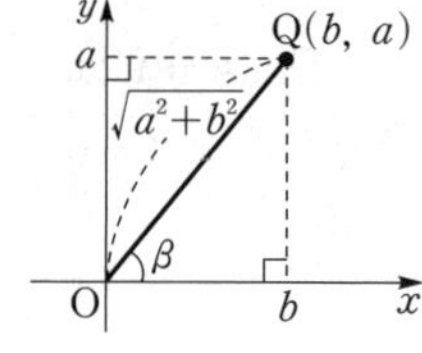

점 $\mathrm{Q}(b,\ a)$를 잡으면
$$\overline{\mathrm{OQ}} = \sqrt{a^2+b^2}$$
$\overline{\mathrm{OQ}}$와 x축의 양의 방향이 이루는 각의 크기를 β라 하면
$$\sin \beta = \frac{a}{\sqrt{a^2+b^2}},\ \cos \beta = \frac{b}{\sqrt{a^2+b^2}}$$
$$\therefore a \sin \theta + b \cos \theta = \sqrt{a^2+b^2}\left(\frac{a}{\sqrt{a^2+b^2}} \sin \theta + \frac{b}{\sqrt{a^2+b^2}} \cos \theta\right)$$
$$= \sqrt{a^2+b^2}(\sin \beta \sin \theta + \cos \beta \cos \theta)$$
$$= \sqrt{a^2+b^2} \cos(\theta-\beta)$$

$a \sin \theta + b \cos \theta$의 꼴에서

[방법 1] (i) 점 $P(a, b)$를 잡는다.

$$\begin{cases} a : \sin \theta \text{의 계수} \\ b : \cos \theta \text{의 계수} \end{cases}$$

(ii) $\overline{OP} = \sqrt{a^2 + b^2}$을 구한다. (그림을 그린다.)

(iii) 주어진 식을 $\sqrt{a^2 + b^2}$으로 묶은 다음 **삼각함수의 덧셈정리를 이용**한다.

[방법 2] (i) 점 $P(a, b)$를 잡는다.

(ii) $\overline{OP} = \sqrt{a^2 + b^2}$을 구한다.

(iii) $\overline{OP}$와 x**축의 양의 방향이 이루는 각**을 구한 후 다음의 식에 대입한다.

$$a \sin \theta + b \cos \theta = \sqrt{a^2 + b^2} \sin (\theta + \alpha) \quad \leftarrow \alpha : \overline{OP} \text{와 } x \text{축의 양의 방향이 이루는 각}$$
$$= \sqrt{a^2 + b^2} \cos (\theta - \beta) \quad \leftarrow \beta : \frac{\pi}{2} - \alpha$$

▶ ① $a \sin \theta + b \cos \theta$를 합성할 경우

⇨ 사인으로 합성할 경우에는 $\sin \theta$의 계수를 x좌표, $\cos \theta$의 계수를 y좌표로 하는 점 $P(a, b)$를 잡아 생각한다.

코사인으로 합성할 경우에는 $\sin \theta$의 계수를 y좌표, $\cos \theta$의 계수를 x좌표로 하는 점 $Q(b, a)$를 잡아 생각한다.

② α의 각이 $30°$, $45°$, $60°$의 특수각이 아닐 때는 $\cos \alpha$, $\sin \alpha$의 값을 반드시 써 주어야 한다.

③ $\sin$, $\cos$의 각이 같아야 합성이 가능하다. 각이 다른 경우에는 삼각함수의 덧셈정리로 전개한 후 합성한다.

예 $\sin \theta + \sqrt{3} \cos \theta$를 $r \sin (\theta + \alpha)$와 $r \cos (\theta - \beta)$의 꼴로 나타내시오.

$$(\text{단, } r > 0, \, 0 < \alpha < 2\pi, \, 0 < \beta < 2\pi)$$

풀이 오른쪽 그림과 같이 $\sin \theta$의 계수 1, $\cos \theta$의 계수 $\sqrt{3}$을 각각 x좌표, y좌표로 하는 점 $P(1, \sqrt{3})$을 잡으면

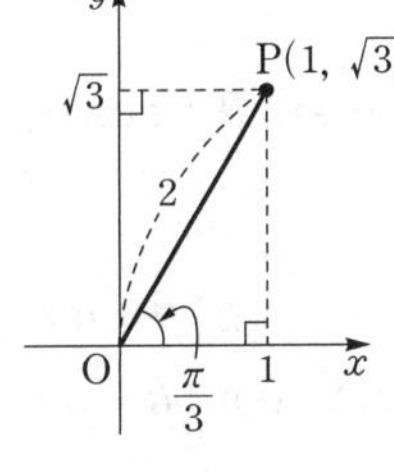

$\overline{OP} = \sqrt{1^2 + (\sqrt{3})^2} = 2$이고, $\cos \dfrac{\pi}{3} = \dfrac{1}{2}$, $\sin \dfrac{\pi}{3} = \dfrac{\sqrt{3}}{2}$

$$\therefore \sin \theta + \sqrt{3} \cos \theta = 2\left(\frac{1}{2} \sin \theta + \frac{\sqrt{3}}{2} \cos \theta \right)$$
$$= 2\left(\cos \frac{\pi}{3} \sin \theta + \sin \frac{\pi}{3} \cos \theta \right)$$
$$= 2 \sin \left(\theta + \frac{\pi}{3} \right)$$

또, 오른쪽 그림과 같이 $\sin \theta$의 계수 1, $\cos \theta$의 계수 $\sqrt{3}$을 각각 y좌표, x좌표로 하는 점 $Q(\sqrt{3}, 1)$을 잡으면

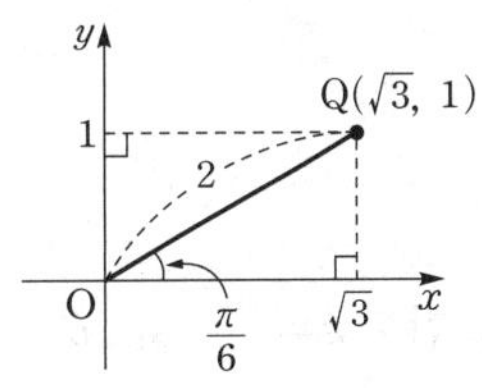

$\overline{OQ} = \sqrt{(\sqrt{3})^2 + 1^2} = 2$이고, $\sin \dfrac{\pi}{6} = \dfrac{1}{2}$, $\cos \dfrac{\pi}{6} = \dfrac{\sqrt{3}}{2}$

$$\therefore \sin \theta + \sqrt{3} \cos \theta = 2\left(\frac{1}{2} \sin \theta + \frac{\sqrt{3}}{2} \cos \theta \right)$$
$$= 2\left(\sin \frac{\pi}{6} \sin \theta + \cos \frac{\pi}{6} \cos \theta \right)$$
$$= 2 \cos \left(\theta - \frac{\pi}{6} \right)$$

생각해 봅시다!

114 다음은 $\sin\theta-\sqrt{3}\cos\theta$를 $r\sin(\theta+\alpha)$의 꼴로 나타내는 과정이다. ㉠, ㉡, ㉢에 알맞은 것을 써넣으시오. (단, $r>0$, $0<\alpha<2\pi$)

> 오른쪽 그림과 같이 $\sin\theta$의 계수 1, $\cos\theta$의 계수 $-\sqrt{3}$을 각각 x좌표, y좌표로 하는 점 $P(1,\ -\sqrt{3})$을 잡으면 $\overline{OP}=\boxed{㉠}$ 이고,
>
> $\cos\boxed{㉡}=\dfrac{1}{2}$, $\sin\boxed{㉡}=-\dfrac{\sqrt{3}}{2}$
>
> $\therefore\ \sin\theta-\sqrt{3}\cos\theta$
>
> $=\boxed{㉠}\left(\dfrac{1}{\boxed{㉠}}\sin\theta-\dfrac{\sqrt{3}}{\boxed{㉠}}\cos\theta\right)$
>
> $=\boxed{㉠}\left(\cos\boxed{㉡}\sin\theta+\sin\boxed{㉡}\cos\theta\right)$
>
> $=\boxed{㉠}\sin\left(\boxed{㉢}\right)$

115 $-\sin\theta+\cos\theta$를 다음의 꼴로 나타내시오.

$$(단,\ r>0,\ 0<\alpha<2\pi,\ 0<\beta<2\pi)$$

(1) $r\sin(\theta+\alpha)$

(2) $r\cos(\theta-\beta)$

$r\sin(\theta+\alpha)$의 꼴
⇨ $\sin\theta$의 계수를 x좌표, $\cos\theta$의 계수를 y좌표로 하는 점 P를 좌표평면 위에 나타낸다.
$r\cos(\theta-\beta)$의 꼴
⇨ $\sin\theta$의 계수를 y좌표, $\cos\theta$의 계수를 x좌표로 하는 점 Q를 좌표평면 위에 나타낸다.

116 함수 $y=\dfrac{\sqrt{3}}{2}\sin\theta+\dfrac{1}{2}\cos\theta$의 주기, 최댓값, 최솟값을 구하시오.

다음 식을 $r \sin(\theta+\alpha)$의 꼴로 나타내시오. (단, $r>0$, $0<\alpha<2\pi$)

(1) $2\sin\theta+\sqrt{3}\cos\left(\theta+\dfrac{\pi}{3}\right)$　　　　(2) $2\sqrt{2}\sin\left(\theta+\dfrac{\pi}{4}\right)-4\sin\theta$

풀이　(1) $\cos\left(\theta+\dfrac{\pi}{3}\right)=\cos\theta\cos\dfrac{\pi}{3}-\sin\theta\sin\dfrac{\pi}{3}=\dfrac{1}{2}\cos\theta-\dfrac{\sqrt{3}}{2}\sin\theta$이므로

$$2\sin\theta+\sqrt{3}\cos\left(\theta+\dfrac{\pi}{3}\right)=2\sin\theta+\sqrt{3}\left(\dfrac{1}{2}\cos\theta-\dfrac{\sqrt{3}}{2}\sin\theta\right)$$
$$=2\sin\theta+\dfrac{\sqrt{3}}{2}\cos\theta-\dfrac{3}{2}\sin\theta$$
$$=\dfrac{1}{2}\sin\theta+\dfrac{\sqrt{3}}{2}\cos\theta$$

오른쪽 그림과 같이 $\sin\theta$의 계수 $\dfrac{1}{2}$, $\cos\theta$의 계수 $\dfrac{\sqrt{3}}{2}$을 각각 x좌표,

y좌표로 하는 점 $\mathrm{P}\left(\dfrac{1}{2},\ \dfrac{\sqrt{3}}{2}\right)$을 잡으면

$$\overline{\mathrm{OP}}=\sqrt{\left(\dfrac{1}{2}\right)^2+\left(\dfrac{\sqrt{3}}{2}\right)^2}=1\text{이고, }\cos\dfrac{\pi}{3}=\dfrac{1}{2},\ \sin\dfrac{\pi}{3}=\dfrac{\sqrt{3}}{2}$$

$$\therefore \dfrac{1}{2}\sin\theta+\dfrac{\sqrt{3}}{2}\cos\theta=\cos\dfrac{\pi}{3}\sin\theta+\sin\dfrac{\pi}{3}\cos\theta=\boldsymbol{\sin\left(\theta+\dfrac{\pi}{3}\right)}$$

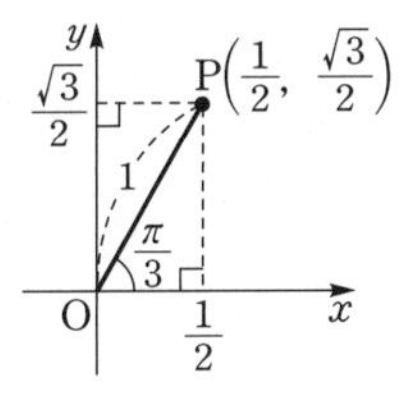

(2) $\sin\left(\theta+\dfrac{\pi}{4}\right)=\sin\theta\cos\dfrac{\pi}{4}+\cos\theta\sin\dfrac{\pi}{4}=\dfrac{1}{\sqrt{2}}\sin\theta+\dfrac{1}{\sqrt{2}}\cos\theta$이므로

$$2\sqrt{2}\sin\left(\theta+\dfrac{\pi}{4}\right)-4\sin\theta=2\sqrt{2}\left(\dfrac{1}{\sqrt{2}}\sin\theta+\dfrac{1}{\sqrt{2}}\cos\theta\right)-4\sin\theta$$
$$=2\sin\theta+2\cos\theta-4\sin\theta$$
$$=-2\sin\theta+2\cos\theta$$

오른쪽 그림과 같이 $\sin\theta$의 계수 -2, $\cos\theta$의 계수 2를 각각 x좌표, y좌표로
하는 점 $\mathrm{P}(-2,2)$를 잡으면

$$\overline{\mathrm{OP}}=\sqrt{(-2)^2+2^2}=2\sqrt{2}\text{이고, }\cos\dfrac{3}{4}\pi=-\dfrac{1}{\sqrt{2}},\ \sin\dfrac{3}{4}\pi=\dfrac{1}{\sqrt{2}}$$

$$\therefore -2\sin\theta+2\cos\theta=2\sqrt{2}\left(-\dfrac{1}{\sqrt{2}}\sin\theta+\dfrac{1}{\sqrt{2}}\cos\theta\right)$$
$$=2\sqrt{2}\left(\cos\dfrac{3}{4}\pi\sin\theta+\sin\dfrac{3}{4}\pi\cos\theta\right)$$
$$=\boldsymbol{2\sqrt{2}\sin\left(\theta+\dfrac{3}{4}\pi\right)}$$

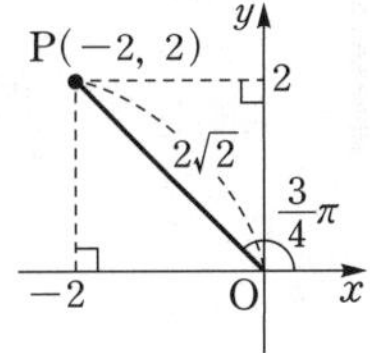

확인 체크 **117** $\sqrt{3}\sin\left(\theta-\dfrac{\pi}{3}\right)+3\cos\theta$를 $r\sin(\theta+\alpha)$, $r\cos(\theta-\beta)$의 꼴로 나타내시오.

（단, $r>0$, $0<\alpha<2\pi$, $0<\beta<2\pi$）

함수 $y=\sqrt{3}\sin x-\cos x+1$의 최댓값과 최솟값을 구하시오. (단, $0\leq x<2\pi$)

풀이

오른쪽 그림과 같이 $\sin x$의 계수 $\sqrt{3}$, $\cos x$의 계수 -1을 각각 x좌표, y좌표로 하는 점 $\mathrm{P}(\sqrt{3},\ -1)$을 잡으면

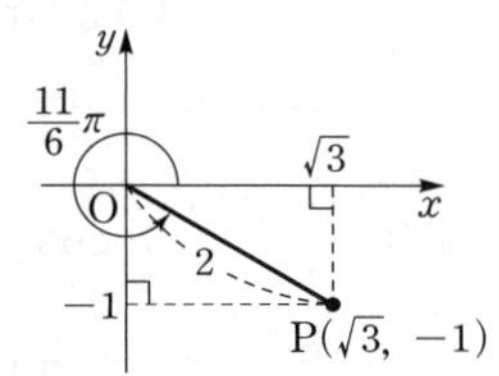

$\overline{\mathrm{OP}}=\sqrt{(\sqrt{3})^2+(-1)^2}=2$이고, $\cos\dfrac{11}{6}\pi=\dfrac{\sqrt{3}}{2}$, $\sin\dfrac{11}{6}\pi=-\dfrac{1}{2}$

$$\therefore y=\sqrt{3}\sin x-\cos x+1$$
$$=2\left(\dfrac{\sqrt{3}}{2}\sin x-\dfrac{1}{2}\cos x\right)+1$$
$$=2\left(\cos\dfrac{11}{6}\pi\sin x+\sin\dfrac{11}{6}\pi\cos x\right)+1$$
$$=2\sin\left(x+\dfrac{11}{6}\pi\right)+1$$

이때 $-1\leq\sin\left(x+\dfrac{11}{6}\pi\right)\leq1$이므로 $-1\leq2\sin\left(x+\dfrac{11}{6}\pi\right)+1\leq3$

$\therefore$ **최댓값: 3, 최솟값: -1**

KEY Point

- $y=a\sin\theta+b\cos\theta$의 최댓값, 최솟값을 구할 때 ⇨ 삼각함수의 합성을 이용하여 구한다.

- $y=a\sin(bx+c)+d$ ⇨ 주기: $\dfrac{2\pi}{|b|}$, 최댓값: $|a|+d$, 최솟값: $-|a|+d$

확인 체크 

118 다음 함수의 최댓값과 최솟값을 구하시오. (단, $0\leq x<2\pi$)

(1) $y=-\sin x-\cos x$

(2) $y=3\sin x+4\cos x-2$

(3) $y=2\sqrt{3}\sin x+3\cos\left(x+\dfrac{\pi}{3}\right)$

(4) $y=2\cos x-2\sin\left(x+\dfrac{\pi}{6}\right)+3$

119 함수 $y=-\sin x+\sqrt{a}\cos x$의 최솟값이 -2일 때, 상수 a의 값을 구하시오.

연습문제

🔆 생각해 봅시다!

104 $\dfrac{3}{2}\pi<\alpha<2\pi$, $\dfrac{\pi}{2}<\beta<\pi$이고 $\sin\alpha=-\dfrac{3}{5}$, $\sin\beta=\dfrac{4}{5}$일 때, $\tan(\alpha-\beta)$의 값을 구하시오.

$\tan(\alpha-\beta)$
$=\dfrac{\tan\alpha-\tan\beta}{1+\tan\alpha\tan\beta}$

105 이차방정식 $x^2+6x+4=0$의 두 근이 $\tan\alpha$, $\tan\beta$일 때, $\sec^2(\alpha+\beta)$의 값을 구하시오.

이차방정식의 근과 계수의 관계를 이용한다.

[평가원기출]

106 좌표평면에서 두 직선 $x-y-1=0$, $ax-y+1=0$이 이루는 예각의 크기를 θ라 하자. $\tan\theta=\dfrac{1}{6}$일 때, 상수 a의 값은? (단, $a>1$)

① $\dfrac{11}{10}$ ② $\dfrac{6}{5}$ ③ $\dfrac{13}{10}$ ④ $\dfrac{7}{5}$ ⑤ $\dfrac{3}{2}$

107 함수 $y=2\sin x+\sqrt{3}\cos\left(x+\dfrac{\pi}{3}\right)+2$의 최댓값을 M, 최솟값을 m이라 할 때, $2M+m$의 값을 구하시오.

$y=a\sin\theta+b\cos\theta$의 최댓값, 최솟값
⇨ 삼각함수의 합성을 이용한다.

108 함수 $y=2\sin\left(\theta+\dfrac{\pi}{6}\right)-k\cos\theta$의 최댓값이 $\sqrt{7}$일 때, 모든 상수 k의 값의 합을 구하시오.

109 함수 $y=a\sin x+b\cos x$의 최댓값은 $2\sqrt{5}$이고 $b=a\tan\dfrac{\pi}{3}$일 때, 상수 a, b에 대하여 b^2-a^2의 값을 구하시오.

STEP 2

110 $\sin \alpha + \sin \beta = -\dfrac{\sqrt{5}}{5}$, $\cos \alpha - \cos \beta = \dfrac{\sqrt{5}}{5}$일 때, $\cos(\alpha+\beta)$의 값을 구하시오.

$\cos(\alpha+\beta)$
$=\cos \alpha \cos \beta$
$\qquad -\sin \alpha \sin \beta$

111 오른쪽 그림과 같이 점 $P(-1, 2)$를 중심으로 직선 $y=-2x$를 시계 방향으로 $45°$만큼 회전시킨 직선의 방정식을 $y=ax+b$라 할 때, 상수 a, b에 대하여 ab의 값을 구하시오.

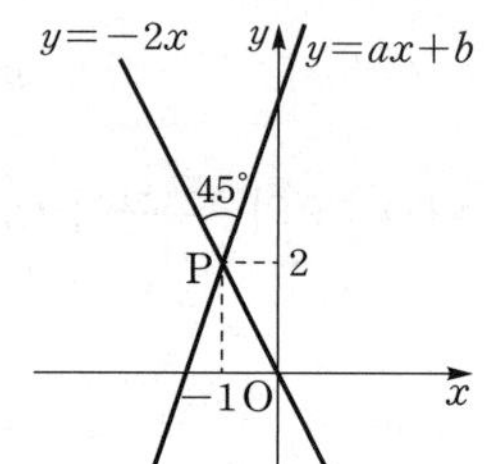

112 오른쪽 그림과 같이 길이가 10인 선분 AB를 지름으로 하는 반원의 원주 위의 임의의 점을 P라 할 때, $3\overline{AP}+4\overline{BP}$의 최댓값을 구하시오.

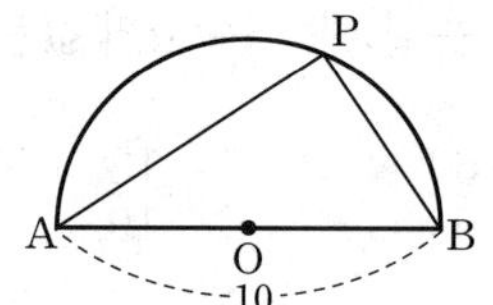

지름에 대한 원주각의 크기는 $90°$이다.

실력 UP [교육청기출]

113 오른쪽 그림과 같이 $\overline{AB}=\overline{AC}=10$, $\overline{BC}=12$인 이등변삼각형 ABC가 있다. 선분 AB 위에 $\angle DCB=\theta$, $\sin \theta=\dfrac{\sqrt{10}}{10}$이 되도록 점 D를 잡고, 선분 AC 위에 $\angle EBA=2\theta$가 되도록 점 E를 잡는다. 선분 BE와 선분 CD가 만나는 점을 F, 점 F에서 선분 BC에 내린 수선의 발을 H라 할 때, 선분 FH의 길이는 $\dfrac{q}{p}$이다. $p+q$의 값을 구하시오. (단, p, q는 서로소인 자연수)

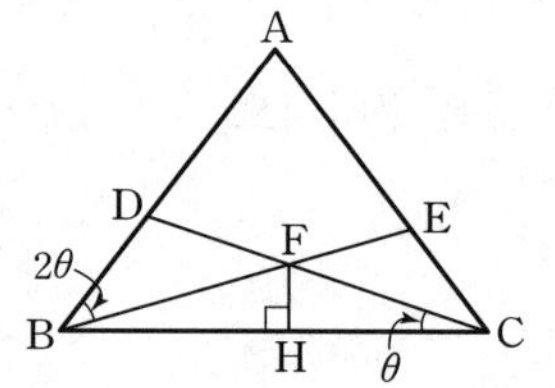

실력 UP

114 두 함수 $f(x)=x^2+2x-1$, $g(x)=\sin x-\cos x$에 대하여 합성함수 $(f \circ g)(x)$의 최댓값과 최솟값의 합은?

① $\sqrt{2}-1$ ② $\sqrt{2}$ ③ $2\sqrt{2}-1$ ④ $\sqrt{2}+1$ ⑤ $2\sqrt{2}+1$

먼저 $g(x)=t$로 놓고 삼각함수의 합성을 이용하여 t의 값의 범위를 구한다.

05 삼각함수의 극한

1. 삼각함수의 극한　▷ 필수예제 **10**

함수의 극한에 관한 성질과 그래프를 이용하여 삼각함수의 극한을 알 수 있고 삼각함수 $y=\sin x$, $y=\cos x$, $y=\tan x$는 정의역의 각 점에서 연속이므로 임의의 실수 a에 대하여 다음이 성립한다.

> (1) $\displaystyle\lim_{x\to a}\sin x=\sin a$
>
> (2) $\displaystyle\lim_{x\to a}\cos x=\cos a$
>
> (3) $\displaystyle\lim_{x\to a}\tan x=\tan a\ \left(\text{단, } a\neq n\pi+\dfrac{\pi}{2},\ n\text{은 정수}\right)$

설명　삼각함수 $y=\sin x$, $y=\cos x$의 그래프가 오른쪽 그림과 같으므로 실수 a에 대하여

$$\lim_{x\to a}\sin x=\sin a$$
$$\lim_{x\to a}\cos x=\cos a$$

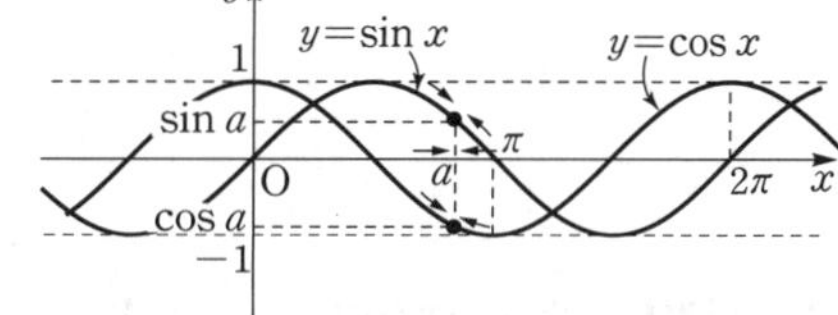

또, 삼각함수 $y=\tan x$의 그래프가 오른쪽 그림과 같으므로 $a\neq n\pi+\dfrac{\pi}{2}$ (n은 정수)인 실수 a에 대하여

$$\lim_{x\to a}\tan x=\tan a$$

한편, $x\to\infty$ 또는 $x\to-\infty$일 때 함수 $y=\sin x$, $y=\cos x$, $y=\tan x$의 값은 일정한 값에 가까워지지 않으므로

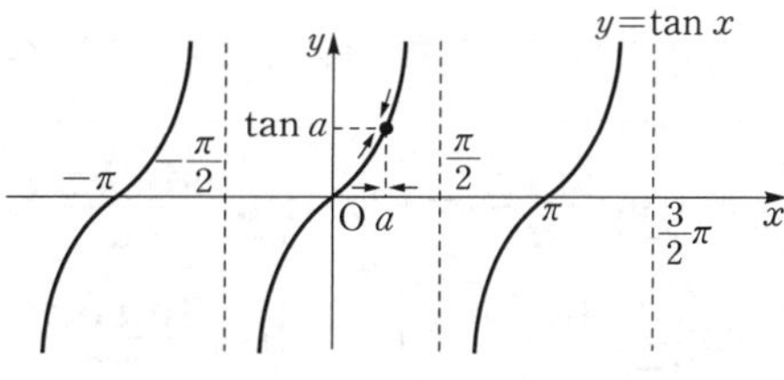

$$\lim_{x\to\infty}\sin x,\ \lim_{x\to\infty}\cos x,\ \lim_{x\to\infty}\tan x,\ \lim_{x\to-\infty}\sin x,\ \lim_{x\to-\infty}\cos x,\ \lim_{x\to-\infty}\tan x$$

의 값은 존재하지 않는다.

예　(1) $\displaystyle\lim_{x\to\frac{\pi}{6}}\sin x=\sin\dfrac{\pi}{6}=\dfrac{1}{2}$

　　(2) $\displaystyle\lim_{x\to\frac{\pi}{3}}\cos x=\cos\dfrac{\pi}{3}=\dfrac{1}{2}$

　　(3) $\displaystyle\lim_{x\to\frac{\pi}{4}}\tan x=\tan\dfrac{\pi}{4}=1$

2. 함수 $\dfrac{\sin x}{x}$, $\dfrac{\tan x}{x}$의 극한   ▷ **필수예제 11**

> x의 단위가 라디안일 때, 다음이 성립한다.
>
> (1) $\displaystyle\lim_{x\to 0}\dfrac{\sin x}{x}=1$ (2) $\displaystyle\lim_{x\to 0}\dfrac{\tan x}{x}=1$

▶ ① $\displaystyle\lim_{x\to 0}\dfrac{\cos x}{x}$ 는 발산한다.

② $\displaystyle\lim_{x\to 0}\dfrac{x}{\sin x}=\lim_{x\to 0}\dfrac{1}{\dfrac{\sin x}{x}}=1$, $\displaystyle\lim_{x\to 0}\dfrac{x}{\tan x}=\lim_{x\to 0}\dfrac{1}{\dfrac{\tan x}{x}}=1$

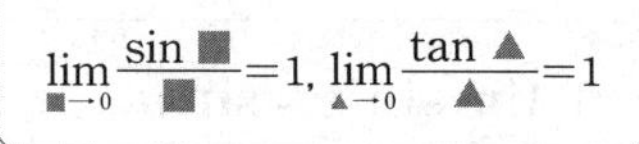

설명 보충학습 참조

예 $\displaystyle\lim_{x\to 0}\dfrac{\sin 2x}{2x}=1$, $\displaystyle\lim_{x\to 0}\dfrac{\tan 5x}{5x}=1$

3. 삼각함수의 극한값의 계산 공식   ▷ **필수예제 11**

위의 공식을 변형하면 다음 공식을 얻을 수 있다. (단, $a\neq 0$)

> (1) $\displaystyle\lim_{x\to 0}\dfrac{\sin x}{x}=1$ ⇨ $\displaystyle\lim_{x\to 0}\dfrac{\sin bx}{ax}=\dfrac{b}{a}$
>
> (2) $\displaystyle\lim_{x\to 0}\dfrac{\tan x}{x}=1$ ⇨ $\displaystyle\lim_{x\to 0}\dfrac{\tan bx}{ax}=\dfrac{b}{a}$
>
> (3) $\displaystyle\lim_{x\to 0}\dfrac{\sin x}{\tan x}=1$ ⇨ $\displaystyle\lim_{x\to 0}\dfrac{\sin bx}{\tan ax}=\dfrac{b}{a}$

설명 (1) $\displaystyle\lim_{x\to 0}\dfrac{\sin bx}{ax}=\lim_{x\to 0}\dfrac{\sin bx}{bx}\times\dfrac{b}{a}=1\times\dfrac{b}{a}=\dfrac{b}{a}$

(2) $\displaystyle\lim_{x\to 0}\dfrac{\tan bx}{ax}=\lim_{x\to 0}\dfrac{\tan bx}{bx}\times\dfrac{b}{u}=1\times\dfrac{b}{a}=\dfrac{b}{a}$

(3) $\displaystyle\lim_{x\to 0}\dfrac{\sin bx}{\tan ax}=\lim_{x\to 0}\left(\dfrac{\sin bx}{bx}\times\dfrac{ax}{\tan ax}\times\dfrac{b}{a}\right)=1\times 1\times\dfrac{b}{a}=\dfrac{b}{a}$

예 (1) $\displaystyle\lim_{x\to 0}\dfrac{\sin 2x}{3x}=\lim_{x\to 0}\dfrac{\sin 2x}{2x}\times\dfrac{2}{3}=1\times\dfrac{2}{3}=\dfrac{2}{3}$

(2) $\displaystyle\lim_{x\to 0}\dfrac{\tan 5x}{4x}=\lim_{x\to 0}\dfrac{\tan 5x}{5x}\times\dfrac{5}{4}=1\times\dfrac{5}{4}=\dfrac{5}{4}$

(3) $\displaystyle\lim_{x\to 0}\dfrac{\sin 3x}{\tan 2x}=\lim_{x\to 0}\left(\dfrac{\sin 3x}{3x}\times\dfrac{2x}{\tan 2x}\times\dfrac{3}{2}\right)=1\times 1\times\dfrac{3}{2}=\dfrac{3}{2}$

$$\lim_{x \to 0} \frac{\sin x}{x} = 1,\ \lim_{x \to 0} \frac{\tan x}{x} = 1 \text{의 증명}$$

(1) (i) $0 < x < \dfrac{\pi}{2}$일 때

오른쪽 그림과 같이 반지름의 길이가 1인 원 O에서 $\angle$AOB의 크기를 x라 하고, 점 A에서 원 O에 그은 접선과 선분 OB의 연장선의 교점을 T라 하면

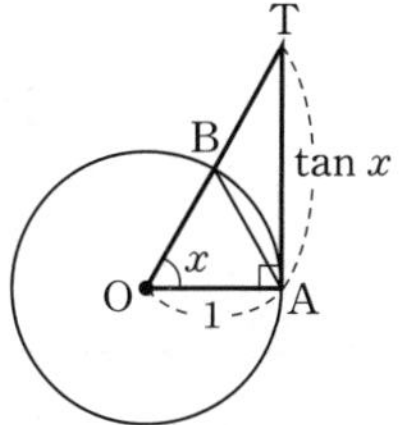

$$(\triangle \text{OAB의 넓이}) < (\text{부채꼴 OAB의 넓이}) < (\triangle \text{OAT의 넓이})$$

이때 $(\triangle \text{OAB의 넓이}) = \dfrac{1}{2} \sin x$, $(\text{부채꼴 OAB의 넓이}) = \dfrac{1}{2} x$,

$(\triangle \text{OAT의 넓이}) = \dfrac{1}{2} \tan x$이므로

$$\frac{1}{2} \sin x < \frac{1}{2} x < \frac{1}{2} \tan x$$

$$\therefore\ \sin x < x < \tan x$$

$\sin x > 0$이므로 각 변을 $\sin x$로 나누면

$$1 < \frac{x}{\sin x} < \frac{1}{\cos x}$$

$$\therefore\ \cos x < \frac{\sin x}{x} < 1$$

여기서 $\displaystyle\lim_{x \to 0+} \cos x = 1$, $\displaystyle\lim_{x \to 0+} 1 = 1$이므로 함수의 극한의 대소 관계에 의하여

$$\lim_{x \to 0+} \frac{\sin x}{x} = 1 \quad \cdots\cdots\ \unicode{x313B}$$

(ii) $-\dfrac{\pi}{2} < x < 0$일 때

$x = -t$로 놓으면 $0 < t < \dfrac{\pi}{2}$이고 $x \to 0-$일 때 $t \to 0+$이므로

$$\lim_{x \to 0-} \frac{\sin x}{x} = \lim_{t \to 0+} \frac{\sin(-t)}{-t} = \lim_{t \to 0+} \frac{\sin t}{t} = 1\ (\because\ \unicode{x313B})$$

(i), (ii)에서 $\displaystyle\lim_{x \to 0} \frac{\sin x}{x} = 1$

(2) $\tan x = \dfrac{\sin x}{\cos x}$이므로

$$\lim_{x \to 0} \frac{\tan x}{x} = \lim_{x \to 0} \frac{\sin x}{x \cos x} = \lim_{x \to 0} \left(\frac{\sin x}{x} \times \frac{1}{\cos x} \right) = 1 \times 1 = 1$$

120 다음 그래프를 보고, 표의 빈칸에 알맞은 수를 써넣으시오.

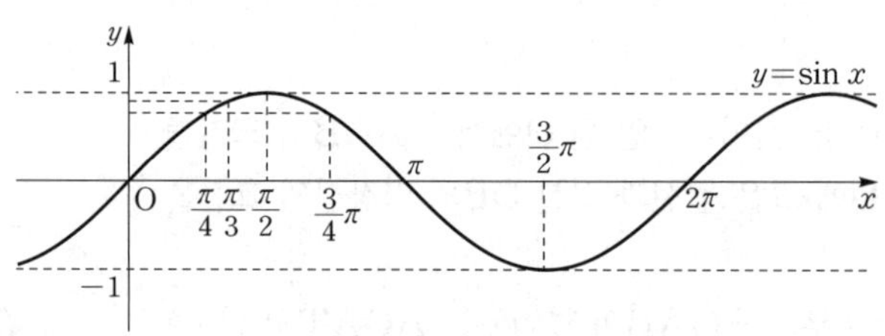

a	0	$\dfrac{\pi}{4}$	$\dfrac{\pi}{3}$	$\dfrac{\pi}{2}$	$\dfrac{3}{4}\pi$
$\displaystyle\lim_{x\to a}\sin x$					

121 다음 극한값을 구하시오.

(1) $\displaystyle\lim_{x\to\frac{\pi}{4}}\sin 2x$

(2) $\displaystyle\lim_{x\to 0}\dfrac{3+\sin x}{\cos x}$

$\displaystyle\lim_{x\to a}\sin x=\sin a$
$\displaystyle\lim_{x\to a}\cos x=\cos a$
$a\neq n\pi+\dfrac{\pi}{2}$ (n은 정수)
일 때
$\displaystyle\lim_{x\to a}\tan x=\tan a$

122 다음은 $\displaystyle\lim_{x\to 0}\dfrac{5x}{\tan 7x}$의 값을 구하는 과정이다. □ 안에 알맞은 것을 써넣으시오.

$$\lim_{x\to 0}\dfrac{5x}{\tan 7x}=\lim_{x\to 0}\dfrac{1}{\dfrac{\tan 7x}{5x}}=\lim_{x\to 0}\dfrac{1}{\dfrac{\tan 7x}{\boxed{}}\times\boxed{}}$$

$$=\dfrac{1}{1\times\boxed{}}=\boxed{}$$

$\displaystyle\lim_{x\to 0}\dfrac{\sin x}{x}=1$
$\displaystyle\lim_{x\to 0}\dfrac{\tan x}{x}=1$
$\displaystyle\lim_{\blacksquare\to 0}\dfrac{\sin\blacksquare}{\blacksquare}=1$
$\displaystyle\lim_{\blacktriangle\to 0}\dfrac{\tan\blacktriangle}{\blacktriangle}=1$

123 다음 극한값을 구하시오.

(1) $\displaystyle\lim_{x\to 0}\dfrac{\sin 2x}{5x}$

(2) $\displaystyle\lim_{x\to 0}\dfrac{\sin 3x}{\tan 5x}$

다음 극한값을 구하시오.

(1) $\displaystyle\lim_{x\to\frac{\pi}{6}}\frac{\tan x}{\cos x}$

(2) $\displaystyle\lim_{x\to\frac{\pi}{2}}\frac{\cos^2 x}{1-\sin x}$

(3) $\displaystyle\lim_{x\to\pi}\frac{\sin 2x}{\sin x}$

(4) $\displaystyle\lim_{x\to\frac{\pi}{4}}\frac{\sin x-\cos x}{1-\cot x}$

설명

삼각함수 $y=f(x)$에서 정의역의 원소 a에 대하여 $\displaystyle\lim_{x\to a}f(x)$의 값은 $\displaystyle\lim_{x\to a}f(x)=f(a)$와 같이 생각한다.

특히, $x\to a$일 때 $\dfrac{0}{0}$의 꼴이면 주어진 식을 변형하여 약분한다.

풀이

(1) $\displaystyle\lim_{x\to\frac{\pi}{6}}\frac{\tan x}{\cos x}=\frac{\tan\frac{\pi}{6}}{\cos\frac{\pi}{6}}=\frac{\frac{\sqrt{3}}{3}}{\frac{\sqrt{3}}{2}}=\boldsymbol{\frac{2}{3}}$

(2) $\displaystyle\lim_{x\to\frac{\pi}{2}}\frac{\cos^2 x}{1-\sin x}=\lim_{x\to\frac{\pi}{2}}\frac{1-\sin^2 x}{1-\sin x}=\lim_{x\to\frac{\pi}{2}}\frac{(1+\sin x)(1-\sin x)}{1-\sin x}$

$\displaystyle\qquad=\lim_{x\to\frac{\pi}{2}}(1+\sin x)=1+\sin\frac{\pi}{2}=1+1=\boldsymbol{2}$

(3) $\displaystyle\lim_{x\to\pi}\frac{\sin 2x}{\sin x}=\lim_{x\to\pi}\frac{2\sin x\cos x}{\sin x}=\lim_{x\to\pi}2\cos x=2\cos\pi=2\times(-1)=\boldsymbol{-2}$

(4) $\displaystyle\lim_{x\to\frac{\pi}{4}}\frac{\sin x-\cos x}{1-\cot x}=\lim_{x\to\frac{\pi}{4}}\frac{\sin x-\cos x}{1-\frac{\cos x}{\sin x}}=\lim_{x\to\frac{\pi}{4}}\frac{\sin x(\sin x-\cos x)}{\sin x-\cos x}$

$\displaystyle\qquad=\lim_{x\to\frac{\pi}{4}}\sin x=\sin\frac{\pi}{4}=\boldsymbol{\frac{\sqrt{2}}{2}}$

KEY Point

• 정의역의 원소 a에 대하여

$$\lim_{x\to a}\sin x=\sin a,\ \lim_{x\to a}\cos x=\cos a,\ \lim_{x\to a}\tan x=\tan a$$

124 다음 극한값을 구하시오.

(1) $\displaystyle\lim_{x\to\frac{\pi}{4}}\frac{\sec x}{\csc x}$

(2) $\displaystyle\lim_{x\to\frac{\pi}{2}}\frac{\sin 4x}{\sin 2x}$

(3) $\displaystyle\lim_{x\to\frac{\pi}{4}}\frac{\cos 2x}{\cos x-\sin x}$

(4) $\displaystyle\lim_{x\to\frac{\pi}{4}}\frac{1-\tan^2 x}{\sin x-\cos x}$

125 $\displaystyle\lim_{x\to 0}x^2\sin\frac{1}{x}$의 값을 구하시오.

다음 극한값을 구하시오.

(1) $\displaystyle\lim_{x\to 0}\frac{\tan 2x}{\sin 3x}$

(2) $\displaystyle\lim_{x\to 0}\frac{\sin 3x-\sin 2x}{4x}$

(3) $\displaystyle\lim_{x\to 0}\frac{\tan(\tan x)}{x}$

(4) $\displaystyle\lim_{x\to 0}\frac{\sin x^\circ}{x}$

설명

$\displaystyle\lim_{x\to 0}\frac{\sin x}{x}=1$, $\displaystyle\lim_{x\to 0}\frac{\tan x}{x}=1$임을 이용한다.

풀이

(1) $\displaystyle\lim_{x\to 0}\frac{\tan 2x}{\sin 3x}=\lim_{x\to 0}\left(\frac{\tan 2x}{2x}\times\frac{3x}{\sin 3x}\times\frac{2}{3}\right)=1\times 1\times\frac{2}{3}=\boldsymbol{\frac{2}{3}}$

(2) $\displaystyle\lim_{x\to 0}\frac{\sin 3x-\sin 2x}{4x}=\lim_{x\to 0}\left(\frac{\sin 3x}{4x}-\frac{\sin 2x}{4x}\right)=\lim_{x\to 0}\frac{\sin 3x}{3x}\times\frac{3}{4}-\lim_{x\to 0}\frac{\sin 2x}{2x}\times\frac{1}{2}$

$\displaystyle\qquad\qquad\qquad\quad =1\times\frac{3}{4}-1\times\frac{1}{2}=\boldsymbol{\frac{1}{4}}$

(3) $\displaystyle\lim_{x\to 0}\frac{\tan(\tan x)}{x}=\lim_{x\to 0}\left\{\frac{\tan(\tan x)}{\tan x}\times\frac{\tan x}{x}\right\}=1\times 1=\boldsymbol{1}$

(4) x°를 호도법으로 고치면 $x^\circ=\dfrac{\pi}{180}x$이므로

$\displaystyle\lim_{x\to 0}\frac{\sin x^\circ}{x}=\lim_{x\to 0}\frac{\sin\frac{\pi}{180}x}{x}=\lim_{x\to 0}\frac{\sin\frac{\pi}{180}x}{\frac{\pi}{180}x}\times\frac{\pi}{180}$

$\displaystyle\qquad\qquad =1\times\frac{\pi}{180}=\boldsymbol{\frac{\pi}{180}}$

126 다음 극한값을 구하시오.

(1) $\displaystyle\lim_{x\to 0}\frac{\sin(3x^3+x^2+5x)}{5x^3+4x^2+2x}$

(2) $\displaystyle\lim_{x\to 0}\frac{\tan 2x}{x\cos x}$

(3) $\displaystyle\lim_{x\to 0}\frac{\sin(\tan x)}{\sin 2x}$

(4) $\displaystyle\lim_{x\to 0}\frac{\sin 2x}{x+\tan 3x}$

127 다음 극한값을 구하시오.

(1) $\displaystyle\lim_{x\to 0}\frac{e^{3x}-1}{\sin 2x}$

(2) $\displaystyle\lim_{x\to 0}\frac{\ln(x+1)}{\tan 3x}$

$\lim_{x \to 0}(1-\cos kx)$ 꼴의 극한

더 다양한 문제는 **RPM** 미적분 64, 65쪽

다음 극한값을 구하시오.

(1) $\lim_{x \to 0} \dfrac{1-\cos x}{x^2}$

(2) $\lim_{x \to 0} \dfrac{x \tan x}{1-\cos x}$

설명　$1-\cos x$의 꼴이 포함된 극한값을 구할 때는 분모, 분자에 $1+\cos x$를 곱한 다음, $1-\cos^2 x = \sin^2 x$임을 이용한다.

풀이　(1) 분모, 분자에 $1+\cos x$를 곱하면

$$\lim_{x \to 0} \frac{1-\cos x}{x^2} = \lim_{x \to 0} \frac{(1-\cos x)(1+\cos x)}{x^2(1+\cos x)}$$
$$= \lim_{x \to 0} \frac{1-\cos^2 x}{x^2(1+\cos x)}$$
$$= \lim_{x \to 0} \frac{\sin^2 x}{x^2(1+\cos x)} \quad \leftarrow 1-\cos^2 x = \sin^2 x$$
$$= \lim_{x \to 0} \left\{ \left(\frac{\sin x}{x}\right)^2 \times \frac{1}{1+\cos x} \right\}$$
$$= 1^2 \times \frac{1}{2} = \mathbf{\frac{1}{2}} \quad \leftarrow \lim_{x \to 0} \cos x = 1$$

(2) 분모, 분자에 $1+\cos x$를 곱하면

$$\lim_{x \to 0} \frac{x \tan x}{1-\cos x} = \lim_{x \to 0} \frac{x \tan x(1+\cos x)}{(1-\cos x)(1+\cos x)} = \lim_{x \to 0} \frac{x \tan x(1+\cos x)}{1-\cos^2 x}$$
$$= \lim_{x \to 0} \frac{x \tan x(1+\cos x)}{\sin^2 x}$$
$$= \lim_{x \to 0} \left\{ \left(\frac{x}{\sin x}\right)^2 \times \frac{\tan x}{x} \times (1+\cos x) \right\}$$
$$= 1^2 \times 1 \times 2 = \mathbf{2}$$

KEY Point

- $1-\cos kx$의 꼴이 포함된 삼각함수의 극한값을 구할 때

  $\Rightarrow$ 분모, 분자에 $1+\cos kx$를 곱하여 $1-\cos^2 kx = \sin^2 kx$임을 이용한다.

128 다음 극한값을 구하시오.

(1) $\lim_{x \to 0} \dfrac{1-\cos x}{x \tan 6x}$

(2) $\lim_{x \to 0} \dfrac{1-\cos 2x}{x^2}$

(3) $\lim_{x \to 0} \dfrac{1-\cos x}{1-\cos 2x}$

(4) $\lim_{x \to 0} \dfrac{\csc x - \cot x}{x}$

다음 극한값을 구하시오.

$$(1)\ \lim_{x \to \infty} x \sin \frac{1}{x} \qquad\qquad (2)\ \lim_{x \to \frac{\pi}{2}} \frac{x - \frac{\pi}{2}}{\cos x} \qquad\qquad (3)\ \lim_{x \to 1} \frac{\cos \frac{\pi}{2} x}{1 - x^2}$$

설명　삼각함수의 극한에서 $x \to \infty$ 또는 $x \to a\ (a \neq 0)$의 꼴일 때는 치환하여 $t \to 0$이 되도록 변형한다.

$(1)\ \dfrac{1}{x} = t$로 치환　　　　　$(2)\ x - \dfrac{\pi}{2} = t$로 치환　　　　　$(3)\ x - 1 = t$로 치환

풀이　$(1)\ \dfrac{1}{x} = t$로 놓으면 $x = \dfrac{1}{t}$이고 $x \to \infty$일 때 $t \to 0$이므로

$$\lim_{x \to \infty} x \sin \frac{1}{x} = \lim_{t \to 0} \frac{1}{t} \sin t = \lim_{t \to 0} \frac{\sin t}{t} = \mathbf{1}$$

$(2)\ x - \dfrac{\pi}{2} = t$로 놓으면 $x = \dfrac{\pi}{2} + t$이고 $x \to \dfrac{\pi}{2}$일 때 $t \to 0$이므로

$$\lim_{x \to \frac{\pi}{2}} \frac{x - \frac{\pi}{2}}{\cos x} = \lim_{t \to 0} \frac{t}{\cos\left(\frac{\pi}{2} + t\right)} = \lim_{t \to 0} \frac{t}{-\sin t}$$

$$= \lim_{t \to 0} \frac{t}{\sin t} \times (-1) = 1 \times (-1) = \mathbf{-1}$$

$(3)\ x - 1 = t$로 놓으면 $x = 1 + t$이고 $x \to 1$일 때 $t \to 0$이므로

$$\lim_{x \to 1} \frac{\cos \frac{\pi}{2} x}{1 - x^2} = \lim_{t \to 0} \frac{\cos \frac{\pi}{2}(1 + t)}{1 - (1 + t)^2} = \lim_{t \to 0} \frac{\cos\left(\frac{\pi}{2} + \frac{\pi}{2} t\right)}{-2t - t^2}$$

$$= \lim_{t \to 0} \frac{-\sin \frac{\pi}{2} t}{-t(t + 2)} = \lim_{t \to 0} \frac{\sin \frac{\pi}{2} t}{t(t + 2)}$$

$$= \lim_{t \to 0} \left(\frac{\sin \frac{\pi}{2} t}{\frac{\pi}{2} t} \times \frac{\pi}{2} \times \frac{1}{t + 2} \right) = 1 \times \frac{\pi}{2} \times \frac{1}{2} = \mathbf{\frac{\pi}{4}}$$

KEY Point

• 삼각함수의 극한에서 $x \to a\ (a \neq 0)$ 또는 $x \to \infty$일 때

　⇨ $x \to a$이면 $x - a = t$로, $x \to \infty$이면 $\dfrac{1}{x} = t$로 치환하여 $t \to 0$이 되도록 변형한다.

129 다음 극한값을 구하시오.

$$(1)\ \lim_{x \to \pi} \frac{\sin x}{\pi - x} \qquad\qquad\qquad (2)\ \lim_{x \to \frac{\pi}{2}} \left(x - \frac{\pi}{2} \right) \tan x$$

$$(3)\ \lim_{x \to \infty} x \tan \frac{1}{2x + 1} \qquad\qquad (4)\ \lim_{x \to 1} \frac{\sin\left(\cos \frac{\pi}{2} x\right)}{x - 1}$$

$$\lim_{x \to 0} \frac{\sin 2x}{\sqrt{ax+b}-2}=4$$ 를 만족시키는 상수 a, b의 값을 구하시오.

풀이

$x \to 0$일 때 0이 아닌 극한값이 존재하고 (분자)$\to 0$이므로 (분모)$\to 0$이어야 한다.

즉, $\lim_{x \to 0}(\sqrt{ax+b}-2)=0$이므로 $\sqrt{b}-2=0$　　$\therefore \boldsymbol{b=4}$

$b=4$를 주어진 식의 좌변에 대입하면

$$\lim_{x \to 0} \frac{\sin 2x}{\sqrt{ax+4}-2}=\lim_{x \to 0}\frac{\sin 2x(\sqrt{ax+4}+2)}{(\sqrt{ax+4}-2)(\sqrt{ax+4}+2)}$$

$$=\lim_{x \to 0}\frac{\sin 2x(\sqrt{ax+4}+2)}{ax}$$

$$=\lim_{x \to 0}\left\{\frac{\sin 2x}{2x} \times \frac{2}{a} \times (\sqrt{ax+4}+2)\right\}$$

$$=1 \times \frac{2}{a} \times 4 = \frac{8}{a}$$

따라서 $\dfrac{8}{a}=4$이므로 $\boldsymbol{a=2}$

• $\lim_{x \to a} \dfrac{f(x)}{g(x)}=\alpha$ (α는 상수)에서 $\begin{cases} x \to a일 \text{ 때 (분모)} \to 0이면 \text{ (분자)} \to 0 \\ x \to a일 \text{ 때 (분자)} \to 0이면 \text{ (분모)} \to 0 \text{ (단, } \alpha \neq 0) \end{cases}$

130 다음 등식을 만족시키는 상수 a, b의 값을 구하시오.

(1) $\displaystyle\lim_{x \to 0}\frac{\sin(ax+b)}{\tan x}=3 \left(단, \ 0 \leq b \leq \frac{\pi}{2}\right)$　(2) $\displaystyle\lim_{x \to 0}\frac{a-b\cos x}{x^2}=1$

(3) $\displaystyle\lim_{x \to 0}\frac{\sin ax}{\ln(x+4-b)}=7$　　　　　(4) $\displaystyle\lim_{x \to 1}\frac{\sin(2x-a)}{\log_3 x}=\ln b$ (단, a는 정수)

연 습 문 제

115 $\displaystyle\lim_{x\to\frac{\pi}{2}}\frac{\sec x-\tan x}{\cos x}$의 값은?

  ① 0   ② $\dfrac{1}{2}$ ③ 1   ④ $\dfrac{3}{2}$ ⑤ 2

116 다음 중 극한값이 나머지 넷과 <u>다른</u> 하나는?

  ① $\displaystyle\lim_{x\to 0}\frac{\tan x}{\sin x}$ ② $\displaystyle\lim_{x\to\infty}x\sin\frac{1}{x}$ ③ $\displaystyle\lim_{x\to 0}\frac{x}{\sin x}$

  ④ $\displaystyle\lim_{x\to\infty}x\tan\frac{1}{x}$ ⑤ $\displaystyle\lim_{x\to 0}x\cos\frac{1}{x}$

117 $\displaystyle\lim_{x\to 0}\frac{1-\cos kx}{\sin^2 x}=4$를 만족시키는 양수 k의 값을 구하시오.

118 $\displaystyle\lim_{x\to\infty}\sin\frac{3}{x}\cot\frac{5}{x}$의 값을 구하시오.

119 $\displaystyle\lim_{x\to\frac{\pi}{2}}\frac{(2x-\pi)^2}{2(1-\sin x)}$의 값을 구하시오.

120 $\displaystyle\lim_{x\to 0}\frac{\tan 4x}{\sqrt{2x+9}+a}=b$를 만족시키는 상수 a, b에 대하여 $a+b$의 값을 구하시오. (단, $b\neq 0$)

121 연속함수 $f(\theta)$가 $(1-\cos\theta)f(\theta)=2\theta^2$을 만족시킬 때, $f(0)$의 값을 구하시오. (단, $-\pi\le\theta\le\pi$)

122 다음 세 수 A, B, C의 대소 관계를 나타내시오.

$$A=\lim_{x\to\frac{\pi}{2}}(2x-\pi)\csc\left(\frac{x}{2}-\frac{\pi}{4}\right)$$

$$B=\lim_{x\to 0}\frac{1-\cos x}{x^2}+\lim_{\theta\to 0}\frac{1-\cos 3\theta}{\theta^2}$$

$$C=\lim_{x\to 0}\frac{\sin(\tan 3x)}{x}+\lim_{x\to 0+}\frac{\log x^3}{\log(\sin^2 x)}$$

$\csc x=\dfrac{1}{\sin x}$
$\sin^2 x+\cos^2 x=1$
$\log x^n=n\log x$

123 $\lim\limits_{x\to\pi}\dfrac{\sqrt{a+\cos x}-b}{(x-\pi)^2}=\dfrac{1}{4}$을 만족시키는 상수 a, b에 대하여 $a+2b$의 값을 구하시오.

극한값이 존재할 때,
(분모) $\to 0$이면
(분자) $\to 0$이어야 한다.

124 함수 $f(x)=\begin{cases}\dfrac{\sin 2(x-1)}{x-1} & (x\neq 1)\\ a & (x=1)\end{cases}$ 가 $x=1$에서 연속일 때, 상수 a의 값을 구하시오.

[교육청기출]

125 오른쪽 그림과 같이 빗변 AC의 길이가 1이고 $\angle BAC=\theta$인 직각삼각형 ABC가 있다. 점 B를 중심으로 하고 점 C를 지나는 원이 선분 AC와 만나는 점 중 C가 아닌 점을 D라 하고, 점 D에서 선분 AB에 내린 수선의 발을 E라 하자. 사각형 BCDE의 넓이를 $S(\theta)$라 할 때, $\lim\limits_{\theta\to 0+}\dfrac{S(\theta)}{\theta^3}$의 값은? (단, $0<\theta<\dfrac{\pi}{4}$)

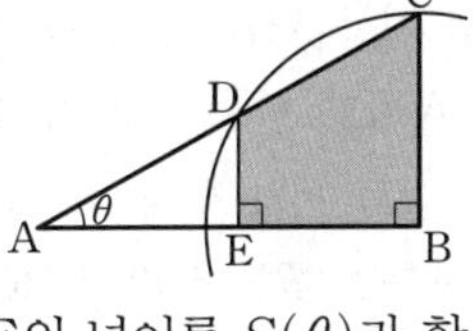

① $\dfrac{1}{4}$ ② $\dfrac{1}{2}$ ③ 1 ④ 2 ⑤ 4

실력 UP

126 $f(x)=\sec x$일 때, $\displaystyle\lim_{x\to 0}\frac{f(2x)-f(0)}{f(x)-f(0)}$의 값을 구하시오.

$$\sec x=\frac{1}{\cos x}$$
$$\cos 2x=2\cos^2 x-1$$

127 양의 정수 n에 대하여 $f(n)=\displaystyle\lim_{x\to 0}\frac{2x}{\sin x+\sin 2x+\cdots+\sin nx}$일 때, $\displaystyle\sum_{n=1}^{\infty} f(n)$의 값을 구하시오.

$$\lim_{x\to 0}\frac{\sin x}{x}=1$$

128 오른쪽 그림과 같은 직각삼각형 ABC에서 $\overline{BC}=2$, $\angle ABC=\theta$이고 꼭짓점 A에서 변 BC에 내린 수선의 발을 H라 할 때, $\displaystyle\lim_{\theta\to 0+}\frac{\overline{AH}}{\theta}$의 값을 구하시오.

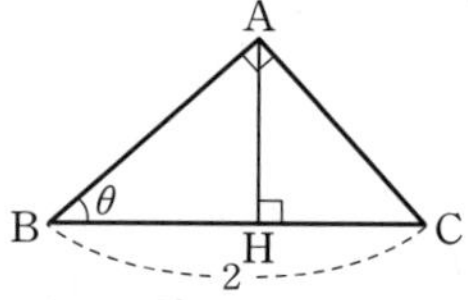

129 함수 $f(x)=\begin{cases}\dfrac{a-\cos x}{\sin^2 x} & (x\neq 0)\\ b & (x=0)\end{cases}$가 $x=0$에서 연속이 되도록 하는 상수 a, b에 대하여 $a+b$의 값을 구하시오.

[수능기출]

130  오른쪽 그림과 같이 $\overline{AB}=1$, $\angle B=\dfrac{\pi}{2}$인 직각삼각형 ABC에서 $\angle C$를 이등분하는 직선과 선분 AB의 교점을 D, 중심이 A이고 반지름의 길이가 $\overline{AD}$인 원과 선분 AC의 교점을 E라 하자. $\angle A=\theta$일 때, 부채꼴 ADE의 넓이를 $S(\theta)$, 삼각형 BCE의 넓이를 $T(\theta)$라 하자. $\displaystyle\lim_{\theta\to 0+}\frac{\{S(\theta)\}^2}{T(\theta)}$의 값은?

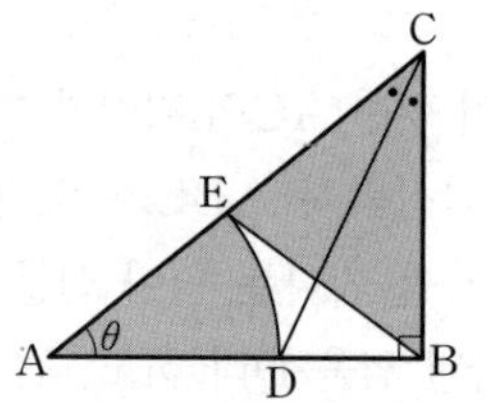

$\overline{CD}$가 $\angle C$의 이등분선이므로 $\overline{AC}:\overline{BC}=\overline{AD}:\overline{BD}$임을 이용한다.

① $\dfrac{1}{4}$　　② $\dfrac{1}{2}$　　③ $\dfrac{3}{4}$　　④ 1　　⑤ $\dfrac{5}{4}$

06 삼각함수의 미분

개념원리 이해

1. 삼각함수의 도함수　▷ 필수예제 **15~17**

사인함수와 코사인함수의 도함수는 다음과 같다.

> (1) $y=\sin x \Rightarrow y'=\cos x$
> (2) $y=\cos x \Rightarrow y'=-\sin x$

▶　$y=\sin x$와 $y=\cos x$는 모든 실수에서 미분가능하다.

증명　(1) 삼각함수 $y=\sin x$의 도함수를 구해 보자.

　　　도함수의 정의로부터

$$y'=\lim_{h\to 0}\frac{\sin(x+h)-\sin x}{h}=\lim_{h\to 0}\frac{\sin x\cos h+\cos x\sin h-\sin x}{h}$$

$$=\lim_{h\to 0}\frac{\cos x\sin h-\sin x(1-\cos h)}{h}$$

$$=\lim_{h\to 0}\frac{\cos x\sin h}{h}-\lim_{h\to 0}\frac{\sin x(1-\cos h)}{h}$$

$$=\cos x\times\lim_{h\to 0}\frac{\sin h}{h}-\sin x\times\lim_{h\to 0}\frac{1-\cos h}{h}$$

$$=\cos x\times 1-\sin x\times 0=\cos x \qquad \leftarrow \lim_{h\to 0}\frac{\sin h}{h}=1,\ \lim_{h\to 0}\frac{1-\cos h}{h}=0$$

$$\therefore (\sin x)'=\cos x$$

　　(2) 삼각함수 $y=\cos x$의 도함수를 구해 보자.

　　　도함수의 정의로부터

$$y'=\lim_{h\to 0}\frac{\cos(x+h)-\cos x}{h}=\lim_{h\to 0}\frac{\cos x\cos h-\sin x\sin h-\cos x}{h}$$

$$=\lim_{h\to 0}\frac{-\sin x\sin h+\cos x(\cos h-1)}{h}$$

$$=\lim_{h\to 0}\frac{-\sin x\sin h}{h}+\lim_{h\to 0}\frac{\cos x(\cos h-1)}{h}$$

$$=(-\sin x)\times\lim_{h\to 0}\frac{\sin h}{h}+\cos x\times\lim_{h\to 0}\frac{\cos h-1}{h}$$

$$=(-\sin x)\times 1+\cos x\times 0=-\sin x \qquad \leftarrow \lim_{h\to 0}\frac{\sin h}{h}=1,\ \lim_{h\to 0}\frac{\cos h-1}{h}=0$$

$$\therefore (\cos x)'=-\sin x$$

예　다음 함수를 미분하시오.

　　(1) $y=2\sin x-\cos x$

　　(2) $y=7x^2+2x-5\cos x$

풀이　(1) $y'=(2\sin x)'-(\cos x)'=2\cos x+\sin x$

　　(2) $y'=(7x^2)'+(2x)'-(5\cos x)'=14x+2+5\sin x$

다음 함수를 미분하시오.

(1) $y=\sqrt{3}\sin x+\cos x$　　　　(2) $y=\sin x\cos x$

(3) $y=2\cos^2 x+3\sin^2 x$　　　　(4) $y=e^x(2\cos x-1)$

설명　(3) $\cos^2 x=1-\sin^2 x$, $\sin^2 x=\sin x\sin x$임을 이용하여 미분한다.

풀이　(1) $y'=(\sqrt{3}\sin x)'+(\cos x)'=\sqrt{3}\cos x-\sin x$

(2) $y'=(\sin x)'\cos x+\sin x(\cos x)'$
$\quad=\cos x\cos x+\sin x(-\sin x)$
$\quad=\cos^2 x-\sin^2 x=\cos 2x$

(3) $y=2\cos^2 x+3\sin^2 x=2(1-\sin^2 x)+3\sin^2 x=2+\sin^2 x=2+\sin x\sin x$이므로
$\quad y'=(2+\sin x\sin x)'=(\sin x)'\sin x+\sin x(\sin x)'$
$\quad=\cos x\sin x+\sin x\cos x=2\sin x\cos x=\sin 2x$

(4) $y'=(e^x)'(2\cos x-1)+e^x(2\cos x-1)'$
$\quad=e^x(2\cos x-1)+e^x(-2\sin x)$
$\quad=e^x(2\cos x-2\sin x-1)$

KEY Point
- $y=\sin x \Rightarrow y'=\cos x$
- $y=\cos x \Rightarrow y'=-\sin x$

확인체크 **131** 다음 함수를 미분하시오.

(1) $y=(5x^2-3)\cos x$　　　　(2) $y=\sin^2 x-\cos^2 x$

(3) $y=\sin 2x-\ln x$　　　　(4) $y=3^x-\sin x$

132 함수 $f(x)=x^2\sin x$에 대하여 $f'(\pi)$의 값을 구하시오.

함수 $f(x)=\cos x-\sqrt{5}\sin x$에 대하여 $\displaystyle\lim_{h\to 0}\frac{f(\pi+h)-f(\pi-2h)}{h}$의 값을 구하시오.

풀이

$$\lim_{h\to 0}\frac{f(\pi+h)-f(\pi-2h)}{h}$$

$$=\lim_{h\to 0}\frac{f(\pi+h)-f(\pi)+f(\pi)-f(\pi-2h)}{h}$$

$$=\lim_{h\to 0}\frac{f(\pi+h)-f(\pi)}{h}-\lim_{h\to 0}\frac{f(\pi-2h)-f(\pi)}{h}$$

$$=\lim_{h\to 0}\frac{f(\pi+h)-f(\pi)}{h}+\lim_{h\to 0}\frac{f(\pi-2h)-f(\pi)}{-2h}\times 2$$

$$=f'(\pi)+2f'(\pi)=3f'(\pi)$$

이때 $f'(x)=(\cos x)'-(\sqrt{5}\sin x)'=-\sin x-\sqrt{5}\cos x$이므로

$f'(\pi)=-\sin\pi-\sqrt{5}\cos\pi=\sqrt{5}$

$\therefore 3f'(\pi)=\mathbf{3\sqrt{5}}$

함수 $f(x)=\begin{cases} e^x & (x<0) \\ a\sin x+b & (x\geq 0) \end{cases}$가 $x=0$에서 미분가능하도록 하는 상수 a, b에 대

하여 $a+b$의 값을 구하시오.

풀이

함수 $f(x)$가 $x=0$에서 미분가능하면 $x=0$에서 연속이므로

$\displaystyle\lim_{x\to 0-}e^x=\lim_{x\to 0+}(a\sin x+b)=f(0)$

$\therefore b=1$

또, $f'(0)$이 존재하므로 $f'(x)=\begin{cases} e^x & (x<0) \\ a\cos x & (x>0) \end{cases}$에서

$\displaystyle\lim_{x\to 0-}e^x=\lim_{x\to 0+}a\cos x \qquad \therefore a=1$

$\therefore a+b=1+1=\mathbf{2}$

133 함수 $f(x)=e^x\cos x$에 대하여 $\displaystyle\lim_{h\to 0}\frac{f\left(\dfrac{\pi}{3}+h\right)-f\left(\dfrac{\pi}{3}-h\right)}{h}$의 값을 구하시오.

134 함수 $f(x)=\begin{cases} \sin x+a & (x\geq 0) \\ bx+1 & (x<0) \end{cases}$이 $x=0$에서 미분가능하도록 하는 상수 a, b에 대하여

$a+b$의 값을 구하시오.

연습문제

STEP **1**

131 함수 $f(x)=a\sin x+b\cos x$에 대하여 $f'\left(\dfrac{\pi}{4}\right)=0$, $f'\left(\dfrac{\pi}{6}\right)=\sqrt{3}-1$일 때, 상수 a, b에 대하여 ab의 값을 구하시오.

132 함수 $f(x)=\lim\limits_{h\to 0}\dfrac{x\sin(x+h)-x\sin x}{h}$에 대하여 $f'\left(\dfrac{\pi}{2}\right)$의 값을 구하시오.

133 함수 $f(x)=\begin{cases} \cos x & (x\le 0) \\ 3x^2+ax+b & (x>0) \end{cases}$가 $x=0$에서 미분가능하도록 하는 상수 a, b에 대하여 $a+b$의 값을 구하시오.

> 함수 $f(x)$가 $x=a$에서 미분가능하면 $x=a$에서 연속이고 미분계수 $f'(a)$가 존재함을 이용한다.

STEP **2**

134 함수 $f(x)=\sqrt{3}\cos x-\sin x-x$에 대하여 $f'(a)=-\sqrt{2}-1$을 만족시키는 a의 값을 구하시오. $\left(\text{단, } 0\le a\le\dfrac{\pi}{2}\right)$

135 함수 $f(x)=\sin^2 x$에 대하여 $\lim\limits_{x\to\pi}\dfrac{f'(x)}{x-\pi}$의 값을 구하시오.

136 실수 a에 대하여 함수 $f(x)=\sin x+\cos x$가
$\lim\limits_{x\to a}\dfrac{\{f(x)\}^2-\{f(a)\}^2}{x-a}=1$을 만족시킬 때, $\cos^2 a$의 값은?

> $\lim\limits_{x\to a}\dfrac{f(x)-f(a)}{x-a}=f'(a)$

① $\dfrac{1}{4}$ 　　② $\dfrac{3}{8}$ 　　③ $\dfrac{1}{2}$ 　　④ $\dfrac{5}{8}$ 　　⑤ $\dfrac{3}{4}$

> 🔅 생각해 봅시다!

II

미분법

01 함수의 몫의 미분법

1. 함수의 몫의 미분법　▷ **필수예제 1**

> 미분가능한 두 함수 $f(x),\ g(x)\ (g(x)\neq 0)$에 대하여
>
> (1) $y=\dfrac{1}{g(x)} \Rightarrow y'=-\dfrac{g'(x)}{\{g(x)\}^2}$
>
> (2) $y=\dfrac{f(x)}{g(x)} \Rightarrow y'=\dfrac{f'(x)g(x)-f(x)g'(x)}{\{g(x)\}^2}$

▶　(2)에서 $f(x)=1$이면 (1)이 성립한다.

설명　(1) 미분가능한 함수 $g(x)$에 대하여 함수 $y=\dfrac{1}{g(x)}\ (g(x)\neq 0)$의 도함수를 구해 보자.

$$y'=\left\{\frac{1}{g(x)}\right\}'$$

$$=\lim_{\varDelta x\to 0}\frac{\dfrac{1}{g(x+\varDelta x)}-\dfrac{1}{g(x)}}{\varDelta x}$$

$$=\lim_{\varDelta x\to 0}\frac{-\dfrac{g(x+\varDelta x)-g(x)}{g(x+\varDelta x)g(x)}}{\varDelta x}$$

$$=-\lim_{\varDelta x\to 0}\left\{\frac{g(x+\varDelta x)-g(x)}{\varDelta x}\times\frac{1}{g(x+\varDelta x)g(x)}\right\}$$

$$=-\lim_{\varDelta x\to 0}\frac{g(x+\varDelta x)-g(x)}{\varDelta x}\times\lim_{\varDelta x\to 0}\frac{1}{g(x+\varDelta x)g(x)}$$

$$=-g'(x)\times\lim_{\varDelta x\to 0}\frac{1}{g(x+\varDelta x)g(x)}$$

이때 미분가능한 함수 $g(x)$는 연속이므로 $\lim\limits_{\varDelta x\to 0}g(x+\varDelta x)=g(x)$

$$\therefore y'=\left\{\frac{1}{g(x)}\right\}'=-\frac{g'(x)}{\{g(x)\}^2}$$

(2) 함수 $y=\dfrac{1}{g(x)}$의 도함수와 함수의 곱의 미분법을 이용하여 함수 $y=\dfrac{f(x)}{g(x)}\ (g(x)\neq 0)$의 도함수를 구할 수 있다.

$$y'=\left\{\frac{f(x)}{g(x)}\right\}'=\left\{f(x)\times\frac{1}{g(x)}\right\}'$$

$$=f'(x)\times\frac{1}{g(x)}+f(x)\times\left\{\frac{1}{g(x)}\right\}'$$

$$=\frac{f'(x)}{g(x)}-f(x)\times\frac{g'(x)}{\{g(x)\}^2}$$

$$=\frac{f'(x)g(x)-f(x)g'(x)}{\{g(x)\}^2}$$

예   다음 함수를 미분하시오.

(1) $y=\dfrac{1}{x+1}$ (2) $y=\dfrac{2x}{x^2-1}$

풀이   (1) $y'=-\dfrac{(x+1)'}{(x+1)^2}=-\dfrac{1}{(x+1)^2}$

(2) $y'=\dfrac{(2x)'(x^2-1)-2x(x^2-1)'}{(x^2-1)^2}$

$\quad=\dfrac{2(x^2-1)-2x\times 2x}{(x^2-1)^2}=\dfrac{-2x^2-2}{(x^2-1)^2}$

2. 함수 $y=x^n$ (n은 정수)의 도함수   ▷ **필수예제 2**

> n이 정수일 때
> $$y=x^n \Rightarrow y'=nx^{n-1}$$

▶ 0이 아닌 x에 대하여 $x^0=1$이므로 함수 $y=x^n$에서 $n=1$일 때도 $y'=nx^{n-1}$이 성립한다.

설명 n이 양의 정수일 때, 함수 $y=x^n$의 도함수는 $y'=nx^{n-1}$이다.

이제 n이 음의 정수 또는 0일 때, 함수 $y=x^n$의 도함수를 구해 보자.

n이 음의 정수일 때, $n=-m$ (m은 양의 정수)으로 놓으면

$$y=x^n=x^{-m}=\dfrac{1}{x^m}$$

이므로 함수의 몫의 미분법에 의하여

$$y'=(x^n)'=\left(\dfrac{1}{x^m}\right)'=-\dfrac{(x^m)'}{(x^m)^2}$$

$$=-\dfrac{mx^{m-1}}{x^{2m}}=-mx^{-m-1}$$

$$=nx^{n-1}$$

한편, $n=0$일 때 $y=x^n$에서 $y=x^0=1$이므로 $y'=0$이다.

이때 $n=0$을 $y'=nx^{n-1}$에 대입하면 $y'=0\times x^{0-1}=0$이므로 $y'=nx^{n-1}$이 성립한다.

따라서 n이 정수일 때, 함수 $y=x^n$의 도함수는 $y'=nx^{n-1}$이다.

예   다음 함수를 미분하시오.

(1) $y=x^{-5}$ (2) $y=\dfrac{3}{x^4}$

풀이   (1) $y'=(x^{-5})'=-5x^{-5-1}=-5x^{-6}$

(2) $y'=(3x^{-4})'=3\times(-4)x^{-4-1}=-12x^{-5}=-\dfrac{12}{x^5}$

3. 삼각함수의 도함수 ▷ 필수예제 **3**

> (1) $y=\sin x \Rightarrow y'=\cos x$
> (2) $y=\cos x \Rightarrow y'=-\sin x$
> (3) $y=\tan x \Rightarrow y'=\sec^2 x$
> (4) $y=\sec x \Rightarrow y'=\sec x \tan x$
> (5) $y=\csc x \Rightarrow y'=-\csc x \cot x$
> (6) $y=\cot x \Rightarrow y'=-\csc^2 x$

설명 삼각함수 $y=\sin x$, $y=\cos x$의 도함수와 함수의 몫의 미분법을 이용하여 여러 가지 삼각함수의 도함수를 구할 수 있다.

(3) $y=\tan x$에서 $\tan x=\dfrac{\sin x}{\cos x}$이므로

$$y'=\left(\dfrac{\sin x}{\cos x}\right)'=\dfrac{(\sin x)'\cos x-\sin x(\cos x)'}{\cos^2 x}$$

$$=\dfrac{\cos^2 x+\sin^2 x}{\cos^2 x}=\dfrac{1}{\cos^2 x}=\sec^2 x$$

(4) $y=\sec x$에서 $\sec x=\dfrac{1}{\cos x}$이므로

$$y'=\left(\dfrac{1}{\cos x}\right)'=-\dfrac{(\cos x)'}{\cos^2 x}$$

$$=\dfrac{\sin x}{\cos^2 x}=\dfrac{1}{\cos x}\times\dfrac{\sin x}{\cos x}=\sec x \tan x$$

(5) $y=\csc x$에서 $\csc x=\dfrac{1}{\sin x}$이므로

$$y'=\left(\dfrac{1}{\sin x}\right)'=-\dfrac{(\sin x)'}{\sin^2 x}$$

$$=-\dfrac{\cos x}{\sin^2 x}=-\dfrac{1}{\sin x}\times\dfrac{\cos x}{\sin x}=-\csc x \cot x$$

(6) $y=\cot x$에서 $\cot x=\dfrac{1}{\tan x}=\dfrac{\cos x}{\sin x}$이므로

$$y'=\left(\dfrac{\cos x}{\sin x}\right)'=\dfrac{(\cos x)'\sin x-\cos x(\sin x)'}{\sin^2 x}$$

$$=\dfrac{-\sin^2 x-\cos^2 x}{\sin^2 x}=\dfrac{-1}{\sin^2 x}=-\csc^2 x$$

예 다음 함수를 미분하시오.

(1) $y=3\tan x+\cot x$ (2) $y=2\sec x-\csc x$

풀이 (1) $y'=(3\tan x)'+(\cot x)'=3\sec^2 x-\csc^2 x$

(2) $y'=(2\sec x)'-(\csc x)'=2\sec x \tan x-(-\csc x \cot x)$

$$=2\sec x \tan x+\csc x \cot x$$

다음 함수를 미분하시오.

(1) $y = \dfrac{1}{3x+1}$ (2) $y = \dfrac{2-3x}{x^2+1}$ (3) $y = \dfrac{1+\sin x}{\cos x}$

풀이

(1) $y' = -\dfrac{(3x+1)'}{(3x+1)^2} = -\dfrac{3}{(3x+1)^2}$

(2) $y' = \dfrac{(2-3x)'(x^2+1) - (2-3x)(x^2+1)'}{(x^2+1)^2} = \dfrac{-3(x^2+1) - (2-3x)\times 2x}{(x^2+1)^2}$

$\quad = \dfrac{3x^2-4x-3}{(x^2+1)^2}$

(3) $y' = \dfrac{(1+\sin x)'\cos x - (1+\sin x)(\cos x)'}{\cos^2 x}$

$\quad = \dfrac{\cos x \cos x - (1+\sin x)\times(-\sin x)}{\cos^2 x}$

$\quad = \dfrac{\cos^2 x + \sin x + \sin^2 x}{\cos^2 x} = \dfrac{1+\sin x}{1-\sin^2 x} = \dfrac{1+\sin x}{(1+\sin x)(1-\sin x)}$

$\quad = \dfrac{1}{1-\sin x}$

KEY Point

미분가능한 두 함수 $f(x), g(x)$ $(g(x) \neq 0)$에 대하여

- $y = \dfrac{1}{g(x)} \Rightarrow y' = -\dfrac{g'(x)}{\{g(x)\}^2}$

- $y = \dfrac{f(x)}{g(x)} \Rightarrow y' = \dfrac{f'(x)g(x) - f(x)g'(x)}{\{g(x)\}^2}$

135 다음 함수를 미분하시오.

(1) $y = \dfrac{2}{x^2+3x+1}$ (2) $y = \dfrac{x^3-2x+3}{x+1}$ (3) $y = \dfrac{e^x-1}{e^x+1}$

136 함수 $f(x) = \dfrac{x^3-x^2+1}{x^2-1}$에 대하여 $f'(\sqrt{2})$의 값을 구하시오.

다음 함수를 미분하시오.

(1) $y=x^{-4}$ (2) $y=\dfrac{2x^5-3x^3+1}{x^3}$ (3) $y=\dfrac{x^2+3x-2}{x^4}$

설명   (2), (3)의 경우, 함수의 몫의 미분법을 이용하여 도함수를 구할 수도 있지만 여기서는 $y=x^n$ (n은 정수)의 도함수가 $y'=nx^{n-1}$임을 이용하여 도함수를 구해 본다.

풀이   (1) $y'=(x^{-4})'=-4x^{-4-1}=\boldsymbol{-4x^{-5}}$

(2) $y=\dfrac{2x^5-3x^3+1}{x^3}=\dfrac{2x^5}{x^3}-\dfrac{3x^3}{x^3}+\dfrac{1}{x^3}=2x^2-3+x^{-3}$이므로

$$y'=2\times 2x-3x^{-3-1}=4x-3x^{-4}=\boldsymbol{4x-\dfrac{3}{x^4}}$$

(3) $y=\dfrac{x^2+3x-2}{x^4}=\dfrac{x^2}{x^4}+\dfrac{3x}{x^4}-\dfrac{2}{x^4}=x^{-2}+3x^{-3}-2x^{-4}$이므로

$$y'=-2x^{-2-1}+3\times(-3)x^{-3-1}-2\times(-4)x^{-4-1}=-2x^{-3}-9x^{-4}+8x^{-5}$$
$$=\boldsymbol{-\dfrac{2}{x^3}-\dfrac{9}{x^4}+\dfrac{8}{x^5}}$$

다른풀이   함수의 몫의 미분법을 이용하여 구하면

(2) $y'=\dfrac{(10x^4-9x^2)\times x^3-(2x^5-3x^3+1)\times 3x^2}{x^6}=\dfrac{4x^5-3}{x^4}$

(3) $y'=\dfrac{(2x+3)\times x^4-(x^2+3x-2)\times 4x^3}{x^8}=\dfrac{-2x^2-9x+8}{x^5}$

KEY Point   • n이 정수일 때, $y=x^n \Rightarrow y'=nx^{n-1}$

137 다음 함수를 미분하시오.

(1) $y=3x^{-2}$ (2) $y=3x^2-\dfrac{2}{x^3}$ (3) $y=\dfrac{x^3-2x^2+3}{x^5}$

138 함수 $f(x)=\dfrac{1}{x}+\dfrac{2}{x^2}+\dfrac{3}{x^3}+\cdots+\dfrac{9}{x^9}$에 대하여 $f'(1)$의 값을 구하시오.

다음 함수를 미분하시오.

(1) $y = x \cot x$

(2) $y = x^2 \tan x$

(3) $y = \sec x \csc x$

(4) $y = \dfrac{\cos x}{1 + \tan x}$

풀이

(1) $y' = (x)' \cot x + x(\cot x)'$
$\quad = \cot x + x \times (-\csc^2 x)$
$\quad = \cot x - x \csc^2 x$

(2) $y' = (x^2)' \tan x + x^2 (\tan x)'$
$\quad = 2x \tan x + x^2 \sec^2 x$

(3) $y' = (\sec x)' \csc x + \sec x (\csc x)'$
$\quad = \sec x \tan x \csc x + \sec x (-\csc x \cot x)$
$\quad = \dfrac{1}{\cos^2 x} - \dfrac{1}{\sin^2 x} = \sec^2 x - \csc^2 x$

(4) $y' = \dfrac{(\cos x)'(1 + \tan x) - \cos x(1 + \tan x)'}{(1 + \tan x)^2}$
$\quad = \dfrac{-\sin x(1 + \tan x) - \cos x \sec^2 x}{(1 + \tan x)^2}$　　$\leftarrow \tan x = \dfrac{\sin x}{\cos x},\ \sec^2 x = \dfrac{1}{\cos^2 x}$
$\quad = \dfrac{-\sin x \cos x - \sin^2 x - 1}{\cos x(1 + \tan x)^2}$

KEY Point　　삼각함수의 도함수

- $(\sin x)' = \cos x$
- $(\tan x)' = \sec^2 x$
- $(\csc x)' = -\csc x \cot x$
- $(\cos x)' = -\sin x$
- $(\sec x)' = \sec x \tan x$
- $(\cot x)' = -\csc^2 x$

확인 체크　**139** 다음 함수를 미분하시오.

(1) $y = \sec x - \sqrt{5} \csc x$

(2) $y = 5e^x \tan x$

(3) $y = \sec x \tan x$

(4) $y = \dfrac{1 - \tan x}{1 + \tan x}$

140 함수 $f(x) = \dfrac{1 + \sec x}{\tan x}$ 에 대하여 $f'\left(\dfrac{\pi}{3}\right)$의 값을 구하시오.

1. 합성함수의 미분법　▷ 필수예제 **4**

> 미분가능한 두 함수 $y=f(u)$와 $u=g(x)$에 대하여 합성함수 $y=f(g(x))$의 도함수는
>
> $$\dfrac{dy}{dx}=\dfrac{dy}{du}\times\dfrac{du}{dx} \ \text{또는} \ \{f(g(x))\}'=f'(g(x))g'(x)$$

설명　미분가능한 두 함수 $y=f(u)$와 $u=g(x)$에 대하여 합성함수 $y=f(g(x))$의 도함수를 구해 보자.

함수 $u=g(x)$에서 x의 증분 $\varDelta x$에 대한 u의 증분을 $\varDelta u$라 하고, 함수 $y=f(u)$에서 u의 증분 $\varDelta u$에 대한 y의 증분을 $\varDelta y$라 하면

$$\frac{\varDelta y}{\varDelta x}=\frac{\varDelta y}{\varDelta u}\times\frac{\varDelta u}{\varDelta x}\ (\varDelta u\neq 0)$$

두 함수 $y=f(u)$와 $u=g(x)$가 미분가능하므로

$$\lim_{\varDelta u\to 0}\frac{\varDelta y}{\varDelta u}=\frac{dy}{du},\ \lim_{\varDelta x\to 0}\frac{\varDelta u}{\varDelta x}=\frac{du}{dx}$$

이때 미분가능한 함수 $u=g(x)$는 연속이므로 $\varDelta u=g(x+\varDelta x)-g(x)$에서 $\varDelta x\to 0$이면 $\varDelta u\to 0$이다.

$$\begin{aligned}
\therefore \frac{dy}{dx}&=\lim_{\varDelta x\to 0}\frac{\varDelta y}{\varDelta x}=\lim_{\varDelta x\to 0}\left(\frac{\varDelta y}{\varDelta u}\times\frac{\varDelta u}{\varDelta x}\right)\\
&=\lim_{\varDelta x\to 0}\frac{\varDelta y}{\varDelta u}\times\lim_{\varDelta x\to 0}\frac{\varDelta u}{\varDelta x}\\
&=\lim_{\varDelta u\to 0}\frac{\varDelta y}{\varDelta u}\times\lim_{\varDelta x\to 0}\frac{\varDelta u}{\varDelta x}\\
&=\frac{dy}{du}\times\frac{du}{dx}
\end{aligned}$$

여기서 $\dfrac{dy}{du}=f'(u)=f'(g(x))$, $\dfrac{du}{dx}=g'(x)$이므로

$$y'=f'(g(x))g'(x)$$

예　다음 함수를 미분하시오.

(1) $y=(3x^2-1)^4$　　　　　　　　　　　(2) $y=\cos(2x+1)$

풀이　(1) $u=3x^2-1$로 놓으면 $y=u^4$이므로

$$\frac{dy}{du}=4u^3,\ \frac{du}{dx}=6x$$

$$\begin{aligned}
\therefore y'=\frac{dy}{dx}&=\frac{dy}{du}\times\frac{du}{dx}\\
&=4u^3\times 6x=4(3x^2-1)^3\times 6x=24x(3x^2-1)^3
\end{aligned}$$

(2) $u=2x+1$로 놓으면 $y=\cos u$이므로

$$\frac{dy}{du}=-\sin u,\ \frac{du}{dx}=2$$

$$\begin{aligned}
\therefore y'=\frac{dy}{dx}&=\frac{dy}{du}\times\frac{du}{dx}\\
&=(-\sin u)\times 2=-2\sin(2x+1)
\end{aligned}$$

2. 지수함수의 도함수   ▷ 필수예제 **5**

> (1) $y=e^x \Rightarrow \boldsymbol{y'=e^x}$
>
> (2) $y=a^x \Rightarrow \boldsymbol{y'=a^x \ln a}$ (단, $a>0$, $a\neq1$)
>
> 미분가능한 함수 $f(x)$에 대하여
>
> (3) $y=e^{f(x)} \Rightarrow \boldsymbol{y'=e^{f(x)}f'(x)}$
>
> (4) $y=a^{f(x)} \Rightarrow \boldsymbol{y'=a^{f(x)}f'(x)\ln a}$ (단, $a>0$, $a\neq1$)

설명   합성함수의 미분법을 이용하여 지수함수의 도함수를 구해 보자.

(3) $y=e^{f(x)}$에서 $u=f(x)$로 놓으면 $y=e^u$이므로 $\dfrac{dy}{du}=e^u$, $\dfrac{du}{dx}=f'(x)$

$$\therefore \frac{dy}{dx}=\frac{dy}{du}\times\frac{du}{dx}=e^u\times f'(x)=e^{f(x)}f'(x)$$

(4) $y=a^{f(x)}$에서 $u=f(x)$로 놓으면 $y=a^u$이므로 $\dfrac{dy}{du}=a^u\ln a$, $\dfrac{du}{dx}=f'(x)$

$$\therefore \frac{dy}{dx}=\frac{dy}{du}\times\frac{du}{dx}=a^u\ln a\times f'(x)=a^{f(x)}f'(x)\ln a$$

예   다음 함수를 미분하시오.

(1) $y=e^{3x+1}$ (2) $y=3^{2x-1}$

풀이   (1) $y'=e^{3x+1}\times(3x+1)'=3e^{3x+1}$

(2) $y'=3^{2x-1}\ln 3\times(2x-1)'=2\times3^{2x-1}\ln 3$

3. 로그함수의 도함수   ▷ 필수예제 **6**

> (1) $y=\ln|x| \Rightarrow \boldsymbol{y'=\dfrac{1}{x}}$
>
> (2) $y=\log_a|x| \Rightarrow \boldsymbol{y'=\dfrac{1}{x\ln a}}$ (단, $a>0$, $a\neq1$)
>
> 미분가능한 함수 $f(x)$ ($f(x)\neq0$)에 대하여
>
> (3) $y=\ln|f(x)| \Rightarrow \boldsymbol{y'=\dfrac{f'(x)}{f(x)}}$
>
> (4) $y=\log_a|f(x)| \Rightarrow \boldsymbol{y'=\dfrac{f'(x)}{f(x)\ln a}}$ (단, $a>0$, $a\neq1$)

설명   합성함수의 미분법을 이용하여 로그함수의 도함수를 구해 보자.

(1) (ⅰ) $x>0$일 때, $y=\ln|x|=\ln x$이므로

$$y'=(\ln|x|)'=(\ln x)'=\frac{1}{x}$$

(ⅱ) $x<0$일 때, $y=\ln|x|=\ln(-x)$이므로

$$y'=(\ln|x|)'=\{\ln(-x)\}'=\frac{1}{-x}\times(-x)'=\frac{1}{-x}\times(-1)=\frac{1}{x}$$

(ⅰ), (ⅱ)에서 $y'=(\ln|x|)'=\dfrac{1}{x}$

(2) $y=\log_a |x|=\dfrac{\ln |x|}{\ln a}$이므로

$$y'=(\log_a |x|)'=\left(\dfrac{\ln |x|}{\ln a}\right)'$$

$$=\dfrac{1}{\ln a}(\ln |x|)'=\dfrac{1}{\ln a}\times\dfrac{1}{x}=\dfrac{1}{x\ln a}$$

(3) (ⅰ) $f(x)>0$일 때, $y=\ln |f(x)|=\ln f(x)$이므로 $u=f(x)$로 놓으면 $y=\ln u$

$$\dfrac{dy}{du}=\dfrac{1}{u},\ \dfrac{du}{dx}=f'(x)$$

$$\therefore \dfrac{dy}{dx}=\dfrac{dy}{du}\times\dfrac{du}{dx}=\dfrac{1}{u}\times f'(x)=\dfrac{f'(x)}{f(x)}$$

(ⅱ) $f(x)<0$일 때, $y=\ln |f(x)|=\ln\{-f(x)\}$이므로 $u=-f(x)$로 놓으면 $y=\ln u$

$$\dfrac{dy}{du}=\dfrac{1}{u},\ \dfrac{du}{dx}=-f'(x)$$

$$\therefore \dfrac{dy}{dx}=\dfrac{dy}{du}\times\dfrac{du}{dx}=\dfrac{1}{u}\times\{-f'(x)\}=\dfrac{-f'(x)}{-f(x)}=\dfrac{f'(x)}{f(x)}$$

(ⅰ), (ⅱ)에서 $y'=(\ln |f(x)|)'=\dfrac{f'(x)}{f(x)}$

(4) $y=\log_a |f(x)|=\dfrac{\ln |f(x)|}{\ln a}$이므로

$$y'=(\log_a |f(x)|)'=\left(\dfrac{\ln |f(x)|}{\ln a}\right)'$$

$$=\dfrac{1}{\ln a}(\ln |f(x)|)'=\dfrac{1}{\ln a}\times\dfrac{f'(x)}{f(x)}=\dfrac{f'(x)}{f(x)\ln a}$$

예 다음 함수를 미분하시오.

(1) $y=\ln (x^2+3)$ (2) $y=\log_5 (2x+3)$

풀이 (1) $y'=\dfrac{(x^2+3)'}{x^2+3}=\dfrac{2x}{x^2+3}$

(2) $y'=\dfrac{(2x+3)'}{(2x+3)\ln 5}=\dfrac{2}{(2x+3)\ln 5}$

한 걸음 더

4. 로그미분법 ▷ 필수예제 **7**

> 밑과 지수에 모두 변수가 포함된 함수 또는 복잡한 유리함수 $y=f(x)$의 도함수는 다음과 같은 방법으로 구하는 것이 편리하다.
>
> (ⅰ) $y=f(x)$의 양변에 절댓값을 취한다. ⇨ $|y|=|f(x)|$
>
> (ⅱ) (ⅰ)의 양변에 자연로그를 취한다. ⇨ $\ln |y|=\ln |f(x)|$
>
> (ⅲ) (ⅱ)의 양변을 x에 대하여 미분한다. ⇨ $\dfrac{y'}{y}=\dfrac{f'(x)}{f(x)}$
>
> (ⅳ) (ⅲ)을 y'에 대하여 정리하여 도함수를 구한다.
>
> 이와 같은 미분법을 **로그미분법**이라 한다.

예 로그미분법을 이용하여 함수 $y=\dfrac{x(2x-1)}{(x+1)^2}$ 을 미분하시오.

풀이 (ⅰ) $|y|=\left|\dfrac{x(2x-1)}{(x+1)^2}\right|$

(ⅱ) $\ln|y|=\ln\left|\dfrac{x(2x-1)}{(x+1)^2}\right|=\ln|x|+\ln|2x-1|-2\ln|x+1|$

(ⅲ) $\dfrac{y'}{y}=\dfrac{1}{x}+\dfrac{2}{2x-1}-\dfrac{2}{x+1}=\dfrac{5x-1}{x(2x-1)(x+1)}$

(ⅳ) $y'=y\times\dfrac{5x-1}{x(2x-1)(x+1)}=\dfrac{x(2x-1)}{(x+1)^2}\times\dfrac{5x-1}{x(2x-1)(x+1)}=\dfrac{5x-1}{(x+1)^3}$

5. 함수 $y=x^n$ ($x>0$, n은 실수)의 도함수   ▷ **필수예제 8**

> n이 실수일 때
> $$y=x^n \Rightarrow \boldsymbol{y'=nx^{n-1}}$$

설명 로그함수의 도함수와 합성함수의 미분법을 이용하여 n이 실수일 때, 함수 $y=x^n$의 도함수를 구해 보자.

$y=x^n$의 양변의 절댓값에 자연로그를 취하면

$$\ln|y|=\ln|x^n|, \text{ 즉 } \ln|y|=n\ln|x|$$

이 식의 양변을 각각 x에 대하여 미분하면

$$\frac{y'}{y}=\frac{n}{x}$$

$$\therefore y'=\frac{n}{x}\times y=\frac{n}{x}\times x^n=nx^{n-1}$$

예 함수 $y=x^2\sqrt{x}$를 미분하시오.

풀이 $y=x^2\sqrt{x}=x^2\times x^{\frac{1}{2}}=x^{\frac{5}{2}}$이므로 $y'=\dfrac{5}{2}x^{\frac{5}{2}-1}=\dfrac{5}{2}x^{\frac{3}{2}}=\dfrac{5}{2}x\sqrt{x}$

보충학습

여러 가지 합성함수의 미분법

① $y=\{f(x)\}^n \Rightarrow y'=n\{f(x)\}^{n-1}f'(x)$

② $y=\sin f(x) \Rightarrow y'=\cos f(x)\times f'(x)$

③ $y=\cos f(x) \Rightarrow y'=-\sin f(x)\times f'(x)$

④ $y=\tan f(x) \Rightarrow y'=\sec^2 f(x)\times f'(x)$

⑤ $y=\sin^n f(x) \Rightarrow y'=n\sin^{n-1} f(x)\times\cos f(x)\times f'(x)$

⑥ $y=\cos^n f(x) \Rightarrow y'=-n\cos^{n-1} f(x)\times\sin f(x)\times f'(x)$

⑦ $y=\tan^n f(x) \Rightarrow y'=n\tan^{n-1} f(x)\times\sec^2 f(x)\times f'(x)$

⑧ $y=\sqrt{f(x)} \Rightarrow y'=\dfrac{f'(x)}{2\sqrt{f(x)}}$

다음 함수를 미분하시오.

$$(1)\ y=(2x-3)^5 \qquad (2)\ y=\left(\frac{x}{x^2+1}\right)^3 \qquad (3)\ y=\cot(\tan x)$$

설명　(1), (2) $y=\{f(x)\}^n \Rightarrow y'=n\{f(x)\}^{n-1}f'(x)$

　　　　(3) $y=\cot f(x) \Rightarrow y'=-\csc^2 f(x)\times f'(x)$

풀이　(1) $y'=5(2x-3)^4\times(2x-3)'=5(2x-3)^4\times2=\mathbf{10(2x-3)^4}$

　　　　(2) $y'=3\left(\dfrac{x}{x^2+1}\right)^2\left(\dfrac{x}{x^2+1}\right)'=3\left(\dfrac{x}{x^2+1}\right)^2\times\dfrac{(x)'(x^2+1)-x(x^2+1)'}{(x^2+1)^2}$

　　　　　$=3\left(\dfrac{x}{x^2+1}\right)^2\times\dfrac{1\times(x^2+1)-x\times2x}{(x^2+1)^2}=3\left(\dfrac{x}{x^2+1}\right)^2\times\dfrac{1-x^2}{(x^2+1)^2}=\dfrac{\mathbf{3x^2(1-x^2)}}{\mathbf{(x^2+1)^4}}$

　　　　(3) $y'=-\csc^2(\tan x)\times(\tan x)'=\mathbf{-\sec^2 x\,\csc^2(\tan x)}$

다른풀이　(1) $u=2x-3$으로 놓으면 $y=u^5$이므로 $\dfrac{dy}{du}=5u^4,\ \dfrac{du}{dx}=2$

　　　　　$\therefore\ y'=\dfrac{dy}{dx}=\dfrac{dy}{du}\times\dfrac{du}{dx}=5u^4\times2=10(2x-3)^4$

　　　　(3) $u=\tan x$로 놓으면 $y=\cot u$이므로 $\dfrac{dy}{du}=-\csc^2 u,\ \dfrac{du}{dx}=\sec^2 x$

　　　　　$\therefore\ y'=\dfrac{dy}{dx}=\dfrac{dy}{du}\times\dfrac{du}{dx}=-\csc^2 u\times\sec^2 x=-\sec^2 x\,\csc^2(\tan x)$

KEY Point　　• $y=f(g(x)) \Rightarrow y'=f'(g(x))g'(x)$

141 다음 함수를 미분하시오.

$$(1)\ y=(x^2+1)^3(x^3+x-1)^2 \qquad\qquad (2)\ y=\frac{4x-1}{(3x+2)^2}$$

$$(3)\ y=\cos^2(x^2-x+2) \qquad\qquad (4)\ y=(1-\tan x)^3$$

142 두 함수 $f(x)=(x^2+5x)^2$, $g(x)=\dfrac{4x-3}{2x-1}$에 대하여 함수 $h(x)$가 $h(x)=(f\circ g)(x)$

일 때, $h'(1)$의 값을 구하시오.

다음 함수를 미분하시오.

(1) $y=e^{4x-2}$　　　　　　　　　　(2) $y=2^{\sin x}$

(3) $y=e^{5x^2}\tan x$　　　　　　　(4) $y=(e^x+e^{-x})^2$

설명　$y=e^{f(x)} \Rightarrow y'=e^{f(x)}f'(x),\ y=a^{f(x)} \Rightarrow y'=a^{f(x)}f'(x)\ln a\ (\text{단},\ a>0,\ a\neq 1)$

풀이

(1) $y'=e^{4x-2}(4x-2)'=4e^{4x-2}$

(2) $y'=2^{\sin x}\ln 2\times(\sin x)'=\ln 2\times 2^{\sin x}\cos x$

(3) $y'=(e^{5x^2})'\tan x+e^{5x^2}(\tan x)'$

$\quad=e^{5x^2}(5x^2)'\tan x+e^{5x^2}\sec^2 x$

$\quad=10xe^{5x^2}\tan x+e^{5x^2}\sec^2 x$

$\quad=e^{5x^2}(10x\tan x+\sec^2 x)$

(4) $y'=2(e^x+e^{-x})(e^x+e^{-x})'$

$\quad=2(e^x+e^{-x})(e^x-e^{-x})$

$\quad=2(e^{2x}-e^{-2x})$

KEY Point

- $y=e^x \Rightarrow y'=e^x$
- $y=a^x \Rightarrow y'=a^x\ln a\ (\text{단},\ a>0,\ a\neq 1)$

미분가능한 함수 $f(x)$에 대하여

- $y=e^{f(x)} \Rightarrow y'=e^{f(x)}f'(x)$
- $y=a^{f(x)} \Rightarrow y'=a^{f(x)}f'(x)\ln a\ (\text{단},\ a>0,\ a\neq 1)$

143 다음 함수를 미분하시오.

(1) $y=e^{x^2+x+1}$　　　　　　　　(2) $y=3^{\cos x}$

(3) $y=e^{3x}\sin x$　　　　　　　　(4) $y=\dfrac{e^x-e^{-x}}{e^x+e^{-x}}$

144 함수 $f(x)=\dfrac{5^x-5^{-x}}{5^x+5^{-x}}$에 대하여 $f'(0)$의 값을 구하시오.

다음 함수를 미분하시오.

(1) $y = \ln|-x^2 + 5x|$ 　　　　　　　　　　(2) $y = x \ln|3x|$

(3) $y = \log_2|\sin x|$ 　　　　　　　　　　(4) $y = \log_3|2x-3|^3$

풀이

(1) $y' = \dfrac{(-x^2+5x)'}{-x^2+5x} = \dfrac{-2x+5}{-x^2+5x}$

(2) $y' = (x)'\ln|3x| + x(\ln|3x|)'$

$\quad = \ln|3x| + x \times \dfrac{3}{3x} = \mathbf{\ln|3x| + 1}$

(3) $y' = \dfrac{(\sin x)'}{\sin x \times \ln 2} = \dfrac{\cos x}{\sin x \times \ln 2} = \dfrac{\cot x}{\ln 2}$

(4) $y' = \dfrac{\{(2x-3)^3\}'}{(2x-3)^3 \ln 3} = \dfrac{3(2x-3)^2(2x-3)'}{(2x-3)^3 \ln 3}$

$\quad = \dfrac{3(2x-3)^2 \times 2}{(2x-3)^3 \ln 3} = \dfrac{6}{(2x-3)\ln 3}$

다른풀이

(4) $y = \log_3|2x-3|^3 = 3\log_3|2x-3|$ 이므로

$\quad y' = \dfrac{3(2x-3)'}{(2x-3)\ln 3} = \dfrac{6}{(2x-3)\ln 3}$

KEY Point

- $y = \ln|x| \ \Rightarrow\ y' = \dfrac{1}{x}$

- $y = \log_a|x| \ \Rightarrow\ y' = \dfrac{1}{x \ln a}$ (단, $a>0$, $a \neq 1$)

미분가능한 함수 $f(x)$ $(f(x) \neq 0)$에 대하여

- $y = \ln|f(x)| \ \Rightarrow\ y' = \dfrac{f'(x)}{f(x)}$

- $y = \log_a|f(x)| \ \Rightarrow\ y' = \dfrac{f'(x)}{f(x)\ln a}$ (단, $a>0$, $a \neq 1$)

145 다음 함수를 미분하시오.

(1) $y = \ln|\cos x|$ 　　　　　　　　　　(2) $y = \log_2(\sin^2 x)$

(3) $y = x\ln|x| - x$ 　　　　　　　　　　(4) $y = \dfrac{\ln|x|}{x^2}$

다음 함수를 미분하시오.

(1) $y = x^{\sin x}\ (x > 0)$

(2) $y = \dfrac{(x+2)^3(x+3)^4}{(x+1)^2}$

설명　(1) 밑과 지수에 변수가 포함되어 있으면 로그미분법을 이용한다. ⇨ 양변에 자연로그를 취한다.

(2) x의 값에 따라 y의 값이 양, 음으로 바뀌므로 양변의 절댓값에 자연로그를 취한다.

풀이　(1) 주어진 식의 양변에 자연로그를 취하면　　←　$x > 0,\ y > 0$

$$\ln y = \ln x^{\sin x} = \sin x \times \ln x$$

양변을 x에 대하여 미분하면

$$\frac{y'}{y} = (\sin x)' \ln x + \sin x (\ln x)' = \cos x \times \ln x + \sin x \times \frac{1}{x}$$

$$\therefore \boldsymbol{y'} = y\left(\cos x \times \ln x + \frac{1}{x}\sin x\right) = \boldsymbol{x^{\sin x}\left(\cos x \times \ln x + \frac{1}{x}\sin x\right)}$$

(2) 주어진 식의 양변의 절댓값에 자연로그를 취하면

$$\ln |y| = \ln \left| \frac{(x+2)^3(x+3)^4}{(x+1)^2} \right|$$
$$= \ln|x+2|^3 + \ln|x+3|^4 - \ln|x+1|^2$$
$$= 3\ln|x+2| + 4\ln|x+3| - 2\ln|x+1|$$

위 식의 양변을 x에 대하여 미분하면

$$\frac{y'}{y} = \frac{3}{x+2} + \frac{4}{x+3} - \frac{2}{x+1} = \frac{5x^2+14x+5}{(x+1)(x+2)(x+3)}$$

$$\therefore \boldsymbol{y'} = y \times \frac{5x^2+14x+5}{(x+1)(x+2)(x+3)}$$
$$= \frac{(x+2)^3(x+3)^4}{(x+1)^2} \times \frac{5x^2+14x+5}{(x+1)(x+2)(x+3)}$$
$$= \boldsymbol{\frac{(x+2)^2(x+3)^3(5x^2+14x+5)}{(x+1)^3}}$$

146 다음 함수를 미분하시오.

(1) $y = x^x\ (x > 0)$

(2) $y = (\ln x)^x\ (x > 1)$

(3) $y = \dfrac{(x-1)^2(x+1)}{(x+3)^3}$

(4) $y = \sqrt{\dfrac{(x-1)(x+3)}{(x+1)^3}}$

147 함수 $f(x) = \dfrac{e^x \cos x}{1 + \sin x}$에 대하여 $f'(\pi)$의 값을 구하시오.

다음 함수를 미분하시오.

(1) $y=x^{\sqrt{2}}\ln x$ (2) $y=\sqrt[3]{1-\tan x}$ (3) $y=\dfrac{1}{\sqrt[3]{2x-1}}$

풀이

(1) $y'=(x^{\sqrt{2}})'\ln x+x^{\sqrt{2}}(\ln x)'=\sqrt{2}\,x^{\sqrt{2}-1}\ln x+x^{\sqrt{2}}\times\dfrac{1}{x}$

$\qquad =x^{\sqrt{2}-1}(\sqrt{2}\ln x+1)$

(2) $y=\sqrt[3]{1-\tan x}=(1-\tan x)^{\frac{1}{3}}$이므로

$\qquad y'=\dfrac{1}{3}(1-\tan x)^{\frac{1}{3}-1}(1-\tan x)'=\dfrac{1}{3}(1-\tan x)^{-\frac{2}{3}}\times(-\sec^2 x)$

$\qquad =-\dfrac{\sec^2 x}{3\sqrt[3]{(1-\tan x)^2}}$

(3) $y=\dfrac{1}{\sqrt[3]{2x-1}}=(2x-1)^{-\frac{1}{3}}$이므로

$\qquad y'=-\dfrac{1}{3}(2x-1)^{-\frac{1}{3}-1}(2x-1)'=-\dfrac{1}{3}(2x-1)^{-\frac{4}{3}}\times 2$

$\qquad =-\dfrac{1}{3}\times\dfrac{1}{\sqrt[3]{(2x-1)^4}}\times 2=-\dfrac{2}{3(2x-1)\sqrt[3]{2x-1}}$

KEY Point

- n이 실수이고 $f(x)>0$일 때

$$y=\{f(x)\}^n \Rightarrow y'=n\{f(x)\}^{n-1}f'(x)$$

148 다음 함수를 미분하시오.

(1) $y=(3x-2)^e$ (2) $y=\sqrt[3]{4x-x^2}$ (3) $y=x^{3\pi}\cos x$

149 함수 $f(x)=(2x-1)\sqrt{x^2+1}$에 대하여 $f'(1)$의 값을 구하시오.

연습문제

생각해 봅시다!

137 함수 $f(x)=\dfrac{\sin x}{1+e^x}$에 대하여 $f'(0)$의 값을 구하시오.

138 함수 $f(x)=\cos^2 x$에 대하여 $\displaystyle\lim_{h\to 0}\dfrac{f\left(\dfrac{\pi}{6}+h\right)-f\left(\dfrac{\pi}{6}-h\right)}{h}$의 값은?

① $-2\sqrt{3}$ ② $-\sqrt{3}$ ③ 1 ④ $\sqrt{3}$ ⑤ $2\sqrt{3}$

$\displaystyle\lim_{h\to 0}\dfrac{f(a+h)-f(a)}{h}$
$=f'(a)$

139 함수 $f(x)=\left(\dfrac{2x+a}{x+1}\right)^3$에 대하여 $f'(0)=3$일 때, 정수 a의 값은?

① -2 ② -1 ③ 1 ④ 2 ⑤ 4

[교육청기출]

140 함수 $f(x)=\dfrac{x}{2}+2\sin x$에 대하여 함수 $g(x)$를 $g(x)=(f\circ f)(x)$라 할 때, $g'(\pi)$의 값은?

① -1 ② $-\dfrac{7}{8}$ ③ $-\dfrac{3}{4}$ ④ $-\dfrac{5}{8}$ ⑤ $-\dfrac{1}{2}$

$\{f(f(x))\}'$
$=f'(f(x))f'(x)$

141 곡선 $y=\log_2(\ln x^2)$ 위의 점 $(e, 1)$에서의 접선의 기울기는?

① $\dfrac{1}{e}$ ② $\dfrac{1}{e\ln 2}$ ③ $\ln 2$ ④ $\dfrac{1}{\ln 2}$ ⑤ $e\ln 2$

142 함수 $f(x)=\sqrt{1+\sin^2 2x}$에 대하여 $x=\dfrac{\pi}{6}$에서의 미분계수를 구하시오.

함수 $y=f(x)$의 $x=a$에서의 미분계수
$\Rightarrow f'(a)$

STEP 2

[수능기출]

143 실수 전체의 집합에서 미분가능한 함수 $f(x)$에 대하여 함수 $g(x)$를 $g(x)=\dfrac{f(x)}{e^{x-2}}$라 하자. $\lim\limits_{x\to 2}\dfrac{f(x)-3}{x-2}=5$일 때, $g'(2)$의 값은?

① 1   ② 2   ③ 3   ④ 4   ⑤ 5

> 함수 $f(x)$가 미분가능하면 함수 $f(x)$는 연속이다.

144 다항식 $f(x)=x^8+ax+b$가 $(2x-1)^2$으로 나누어떨어질 때, 상수 a, b에 대하여 $a+16b$의 값을 구하시오.

145 두 함수 $f(x)$, $g(x)=x^3+1$에 대하여 합성함수 $(f\circ g)(x)=xe^x$일 때, $f'(9)$의 값을 구하시오.

> $(f\circ g)(x)=xe^x$의 양변을 x에 대하여 미분한다.

146 $\lim\limits_{x\to 0}\dfrac{1}{x}\ln\dfrac{e^x+e^{2x}+e^{3x}+\cdots+e^{nx}}{n}$의 값을 n에 대한 식으로 나타내면?

① $\dfrac{n+1}{2}$ ② $\dfrac{n+3}{2}$ ③ $\dfrac{n+1}{3}$ ④ $\dfrac{n+2}{3}$ ⑤ $\dfrac{n+3}{4}$

실력 UP   [교육청기출]

147 오른쪽 그림과 같이 $\overline{BC}=1$, $\angle ABC=\dfrac{\pi}{3}$, $\angle ACB=2\theta$인 삼각형 ABC에 내접하는 원의 반지름의 길이를 $r(\theta)$라 하자. $h(\theta)=\dfrac{r(\theta)}{\tan\theta}$일 때, $h'\left(\dfrac{\pi}{6}\right)$의 값은? $\left(\text{단, } 0<\theta<\dfrac{\pi}{3}\right)$

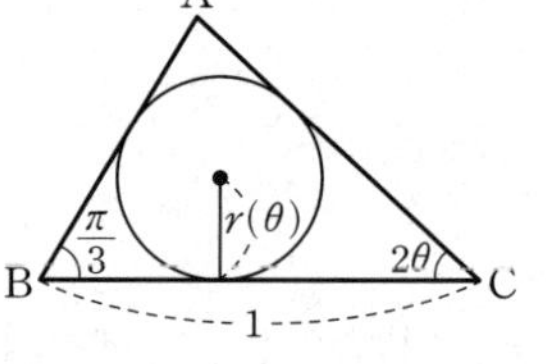

① $-\sqrt{3}$ ② $-\dfrac{\sqrt{3}}{3}$ ③ $\dfrac{\sqrt{3}}{6}$ ④ $\dfrac{\sqrt{3}}{3}$ ⑤ $\sqrt{3}$

> 삼각형의 내심
> ⇨ 내접원의 중심
> ⇨ 삼각형의 세 내각의 이등분선의 교점

실력 UP

148 함수 $f(x)=x^{\cos x}$ $(x>0)$에 대하여 $\lim\limits_{x\to\frac{\pi}{2}}\dfrac{f(x)-1}{x-\dfrac{\pi}{2}}$의 값을 구하시오.

1. 매개변수로 나타낸 함수

> 두 변수 x, y 사이의 관계를 변수 t를 매개로 하여
> $$x=f(t),\ y=g(t) \quad \cdots\cdots \ \ \boxed{\unicode{0x1D4F}}$$
> 의 꼴로 나타낼 때, 변수 t를 **매개변수**라 하고, ㉠을 **매개변수로 나타낸 함수**라 한다.

▶ ① 매개변수를 영어로 parameter라 한다.
　② 매개변수로 나타낸 함수 ㉠에 대하여 점 (x, y)를 좌표평면 위에 나타내면 곡선이 된다.

2. 매개변수로 나타낸 함수의 미분법　▷ 필수예제 **9**

> 매개변수로 나타낸 함수 $x=f(t)$, $y=g(t)$가 t에 대하여 미분가능하고 $f'(t) \neq 0$이면
> $$\frac{dy}{dx}=\frac{\dfrac{dy}{dt}}{\dfrac{dx}{dt}}=\frac{g'(t)}{f'(t)}$$

▶ x, y를 각각 t에 대하여 미분하여 $\dfrac{dx}{dt}$, $\dfrac{dy}{dt}$를 구할 수 있다.

설명 1　매개변수로 나타낸 함수 $x=f(t)$, $y=g(t)$가 t에 대하여 미분가능하고 $f'(t) \neq 0$일 때, $\dfrac{dy}{dx}$를 구해 보자.

합성함수의 미분법에 의하여
$$\frac{dy}{dt}=\frac{dy}{dx}\times\frac{dx}{dt}$$
이고 $\dfrac{dx}{dt}=f'(t) \neq 0$이므로
$$\frac{dy}{dx}=\frac{\dfrac{dy}{dt}}{\dfrac{dx}{dt}}=\frac{g'(t)}{f'(t)}$$

설명 2　매개변수로 나타낸 함수 $x=f(t)$, $y=g(t)$가 t에 대하여 미분가능하고 $f'(t) \neq 0$일 때, 매개변수 t의 증분 $\varDelta t$에 대한 x의 증분을 $\varDelta x$, y의 증분을 $\varDelta y$라 하면
$$\frac{\varDelta y}{\varDelta x}=\frac{\dfrac{\varDelta y}{\varDelta t}}{\dfrac{\varDelta x}{\varDelta t}}$$
이때 함수 $x=f(t)$가 미분가능하고 $f'(t) \neq 0$이므로 $\varDelta x \to 0$일 때, $\varDelta t \to 0$이다.
$$\therefore \ \frac{dy}{dx}=\lim_{\varDelta x \to 0}\frac{\varDelta y}{\varDelta x}=\lim_{\varDelta t \to 0}\frac{\dfrac{\varDelta y}{\varDelta t}}{\dfrac{\varDelta x}{\varDelta t}}=\frac{\dfrac{dy}{dt}}{\dfrac{dx}{dt}}=\frac{g'(t)}{f'(t)}$$

다음 매개변수로 나타낸 함수에서 $\dfrac{dy}{dx}$ 를 구하시오.

(1) $x=t^2-t,\ y=\dfrac{1}{2}t^2-3$ (2) $x=\dfrac{1+t^2}{1-t^2},\ y=\dfrac{2t}{1-t^2}$

설명 $x,\ y$의 관계가 t로 나타내어진 식 ⇨ 매개변수로 나타낸 함수의 미분법을 이용한다.

풀이 (1) $x=t^2-t$에서 $\dfrac{dx}{dt}=2t-1$, $y=\dfrac{1}{2}t^2-3$에서 $\dfrac{dy}{dt}=t$

$$\therefore \frac{dy}{dx}=\frac{\dfrac{dy}{dt}}{\dfrac{dx}{dt}}=\frac{t}{2t-1}\ \left(t\neq\frac{1}{2}\right)$$

(2) $x=\dfrac{1+t^2}{1-t^2}$에서 $\dfrac{dx}{dt}=\dfrac{2t(1-t^2)-(1+t^2)\times(-2t)}{(1-t^2)^2}=\dfrac{4t}{(1-t^2)^2}$

$y=\dfrac{2t}{1-t^2}$에서 $\dfrac{dy}{dt}=\dfrac{2(1-t^2)-2t\times(-2t)}{(1-t^2)^2}=\dfrac{2(1+t^2)}{(1-t^2)^2}$

$$\therefore \frac{dy}{dx}=\frac{\dfrac{dy}{dt}}{\dfrac{dx}{dt}}=\frac{\dfrac{2(1+t^2)}{(1-t^2)^2}}{\dfrac{4t}{(1-t^2)^2}}=\frac{1+t^2}{2t}\ (t\neq 0)$$

KEY Point • $x=f(t),\ y=g(t)$가 t에 대하여 미분가능하고 $f'(t)\neq0$이면

$$\Rightarrow \frac{dy}{dx}=\frac{\dfrac{dy}{dt}}{\dfrac{dx}{dt}}=\frac{g'(t)}{f'(t)}$$

150 다음 매개변수로 나타낸 함수에서 $\dfrac{dy}{dx}$ 를 구하시오.

(1) $x=\sqrt{t+3},\ y=4t^2$ (2) $x=3\cos t,\ y=2\sin t\ (0<t<\pi)$

151 매개변수 t로 나타낸 함수 $x=t^2-3t+5,\ y=t^3+9t-1$에 대하여 $t=-2$에서의 접선의 기울기를 구하시오.

04 음함수와 역함수의 미분법

개념원리 이해

1. 음함수

> 방정식 $f(x, y)=0$에서 x와 y가 정의되는 구간을 적당히 정하면 y는 x에 대한 함수가 되고 이때 방정식 $f(x, y)=0$을 y의 x에 대한 **음함수** 표현이라 한다.

▶ 음함수 표현 $f(x, y)=0$을 만족시키는 점 (x, y)를 좌표평면 위에 나타내면 곡선이 된다.

설명 원점을 중심으로 하고 반지름의 길이가 1인 원의 방정식

$$x^2+y^2=1 \qquad \cdots\cdots \text{㉠}$$

에서 열린구간 $(-1, 1)$에 속하는 임의의 x의 값에 대응되는 y의 값이 2개이므로 ㉠에서 y는 x에 대한 함수가 아니다.
그러나 ㉠을 y에 대하여 풀면 $y^2=1-x^2$에서 $y=\pm\sqrt{1-x^2}$

$$y\geq0\text{일 때}, y=\sqrt{1-x^2} \qquad \cdots\cdots \text{㉡}$$
$$y\leq0\text{일 때}, y=-\sqrt{1-x^2} \qquad \cdots\cdots \text{㉢}$$

이때 ㉡은 정의역이 $[-1, 1]$, 치역이 $[0, 1]$인 함수이고, ㉢은 정의역이 $[-1, 1]$, 치역이 $[-1, 0]$인 함수이다.

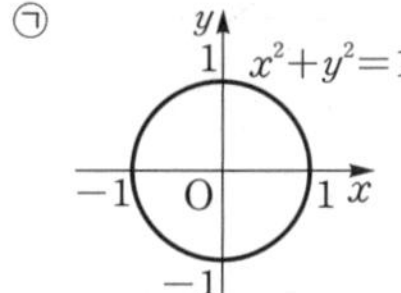
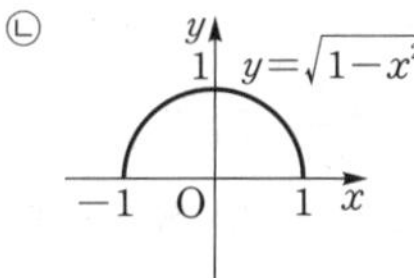
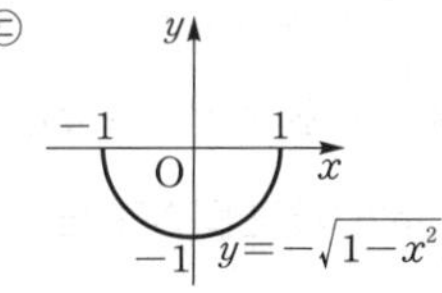

따라서 $x^2+y^2-1=0$에서 x와 y의 값의 범위를 적당히 정하면 x에 대한 함수 y를 ㉡ 또는 ㉢으로 나타낼 수 있다.
여기서 x에 대한 함수 y가 ㉠과 같이 방정식 $f(x, y)=0$의 꼴로 주어졌을 때, 이 방정식을 y의 x에 대한 음함수 표현이라 한다.

2. 음함수의 미분법 ▷ 필수예제 **10**

> 음함수 표현 $f(x, y)=0$에서 y를 x에 대한 함수로 보고, 각 항을 x에 대하여 미분하여 $\dfrac{dy}{dx}$를 구한다.

▶ 음함수의 미분법은 y를 x에 대한 식으로 나타내기 어려울 때 이용하면 편리하다.

설명 합성함수의 미분법을 이용하여 음함수 표현 $x^2+y^2-1=0$의 도함수 $\dfrac{dy}{dx}$를 구해 보자.

$x^2+y^2-1=0$에서 y를 x에 대한 함수로 보고 각 항을 x에 대하여 미분하면

$$\frac{d}{dx}(x^2)+\frac{d}{dx}(y^2)-\frac{d}{dx}(1)=\frac{d}{dx}(0)$$
$$2x+2y\frac{dy}{dx}=0$$
$$\therefore \frac{dy}{dx}=-\frac{x}{y} \ (y\neq0)$$

예 $\quad 4x^2+9y^2=36$에서 $\dfrac{dy}{dx}$를 구하시오.

풀이 $\quad$ 각 항을 x에 대하여 미분하면

$$\frac{d}{dx}(4x^2)+\frac{d}{dx}(9y^2)=\frac{d}{dx}(36)$$

$$8x+18y\frac{dy}{dx}=0$$

$$\therefore \frac{dy}{dx}=-\frac{4x}{9y}\ (y\neq0)$$

3. 역함수의 미분법 $\quad \triangleright$ 필수예제 **11, 12**

> 미분가능한 함수 $f(x)$의 역함수 $f^{-1}(x)$가 존재하고 미분가능할 때, $y=f^{-1}(x)$의 도함수는
>
> $$\boldsymbol{\frac{dy}{dx}=\frac{1}{\frac{dx}{dy}}} \text{ 또는 } (f^{-1})'(x)=\frac{1}{f'(y)}\left(\text{단, } \frac{dx}{dy}\neq0,\ f'(y)\neq0\right)$$

▶ $\quad$ ① $f(a)=b$, 즉 $f^{-1}(b)=a$이면 $(f^{-1})'(b)=\dfrac{1}{f'(a)}$ (단, $f'(a)\neq0$)

$\quad$ ② 역함수의 미분법을 이용하면 역함수를 직접 구하지 않고도 역함수의 도함수를 구할 수 있다.

설명 $\quad$ 미분가능한 함수 $f(x)$의 역함수 $f^{-1}(x)$가 존재하고 미분가능할 때, $y=f^{-1}(x)$의 도함수를 구해 보자.

$\quad$ $y=f^{-1}(x)$에서 $x=f(y)$이므로 양변을 y에 대하여 미분하면 $\dfrac{dx}{dy}=f'(y)$이다.

$\quad$ 한편, $x=f(y)$의 양변을 x에 대하여 미분하면 합성함수의 미분법에 의하여

$$1=\frac{d}{dx}f(y)=\left\{\frac{d}{dy}f(y)\right\}\frac{dy}{dx}=f'(y)\frac{dy}{dx}$$

$\quad$ 이므로

$$\frac{dy}{dx}=\frac{1}{f'(y)}=\frac{1}{\frac{dx}{dy}}\left(\text{단, } f'(y)\neq0,\ \frac{dx}{dy}\neq0\right)$$

예 $\quad$ 역함수의 미분법을 이용하여 $y=\sqrt[4]{x}$에서 $\dfrac{dy}{dx}$를 구하시오.

풀이 $\quad$ $y=\sqrt[4]{x}$의 양변을 네제곱하면 $y^4=x$

$\quad$ $x=y^4$의 양변을 y에 대하여 미분하면 $\dfrac{dx}{dy}=4y^3$

$$\therefore \frac{dy}{dx}=\frac{1}{\frac{dx}{dy}}=\frac{1}{4y^3}=\frac{1}{4\sqrt[4]{x^3}}\ (x\neq0)$$

152 다음 **보기** 중 음함수로 표현된 것만을 있는 대로 고르시오.

> | 보기 |
>
> ㄱ. $y = x^2 + 2$ ㄴ. $x^2 + 4y^2 = 9$
>
> ㄷ. $x + y - 2 = 0$ ㄹ. $\dfrac{1}{x} + \dfrac{1}{y} = -1$

생각해 봅시다!

x에 대한 함수 y가 방정식 $f(x, y) = 0$의 꼴로 주어질 때, y의 x에 대한 음함수 표현이라 한다.

153 다음은 음함수 $x^2 - 2xy + 4y^2 = 0$에서 $\dfrac{dy}{dx}$를 구하는 과정이다. $\square$ 안에 알맞은 것을 써넣으시오.

> $x^2 - 2xy + 4y^2 = 0$에서 y를 x의 함수로 보고 각 항을 x에 대하여 미분하면
>
> $$\frac{d}{dx}(x^2) - \frac{d}{dx}(2xy) + \frac{d}{dx}(4y^2) = 0$$
>
> $$\boxed{} - \left(2y + 2x\frac{dy}{dx}\right) + \boxed{}\,\frac{dy}{dx} = 0$$
>
> $$\left(\boxed{}\right) - (x - 4y)\frac{dy}{dx} = 0$$
>
> $$\therefore \frac{dy}{dx} = \boxed{} \quad \left(\boxed{} \neq 0\right)$$

음함수의 미분법

⇨ $f(x, y) = 0$에서 y를 x에 대한 함수로 보고, 각 항을 x에 대하여 미분하여 $\dfrac{dy}{dx}$를 구한다.

154 다음은 역함수의 미분법을 이용하여 함수 $y = \sqrt[3]{3x + 2}$를 미분하는 과정이다. $\square$ 안에 알맞은 것을 써넣으시오.

> $y = \sqrt[3]{3x + 2}$의 양변을 세제곱하면
>
> $$y^3 = \boxed{} \qquad \therefore x = \boxed{}$$
>
> 양변을 y에 대하여 미분하면 $\dfrac{dx}{dy} = \boxed{}$
>
> $$\therefore \frac{dy}{dx} = \frac{1}{\dfrac{dx}{dy}} = \frac{1}{\boxed{}} = \boxed{} \left(x \neq -\frac{2}{3}\right)$$

역함수의 미분법

⇨ 미분가능한 함수 $f(x)$의 역함수 $f^{-1}(x)$가 존재하고 미분가능할 때, $y = f^{-1}(x)$의 도함수는

$$\frac{dy}{dx} = \frac{1}{\dfrac{dx}{dy}}$$

$$\left(단, \frac{dx}{dy} \neq 0\right)$$

다음 음함수 표현에서 $\dfrac{dy}{dx}$ 를 구하시오.

(1) $\dfrac{x^2}{25} - \dfrac{y^2}{16} = 1$　　　　(2) $x^2 y^3 = 2$　　　　(3) $e^{x+y} + e^{x-y} = 2$

설명　$\dfrac{d}{dx} x^n = nx^{n-1}$, $\dfrac{d}{dx} y^n = ny^{n-1}\dfrac{dy}{dx}$ 를 이용한다.

풀이　(1) 주어진 식의 각 항을 x에 대하여 미분하면

$$\frac{2}{25}x - \frac{1}{8}y\frac{dy}{dx} = 0$$

$$\therefore \frac{dy}{dx} = \frac{16x}{25y} \ (y \neq 0)$$

(2) 주어진 식의 각 항을 x에 대하여 미분하면

$$2xy^3 + x^2 \times 3y^2 \frac{dy}{dx} = 0$$

$$\therefore \frac{dy}{dx} = -\frac{2y}{3x} \ (x \neq 0)$$

(3) $e^{x+y} + e^{x-y} = 2$에서 $e^x(e^y + e^{-y}) = 2$

$e^x(e^y + e^{-y}) = 2$의 각 항을 x에 대하여 미분하면

$$e^x(e^y + e^{-y}) + e^x(e^y - e^{-y})\frac{dy}{dx} = 0$$

$$\therefore \frac{dy}{dx} = \frac{e^y + e^{-y}}{e^{-y} - e^y} \ (y \neq 0)$$

KEY Point　• 음함수의 미분법

⇨ 음함수 표현 $f(x, y) = 0$에서 y를 x에 대한 함수로 보고, 각 항을 x에 대하여 미분하여 $\dfrac{dy}{dx}$ 를 구한다.

155 다음 음함수 표현에서 $\dfrac{dy}{dx}$ 를 구하시오.

(1) $(x-2)^2 + (y+1)^2 = 4$　　(2) $\sqrt{y^2 + 2} = 2x^2$　　　　(3) $\ln|y| = 4x^2$

156 음함수 표현 $x\cos y + y\cos x = \dfrac{\pi}{3}$ 에서 $\dfrac{dy}{dx}$ 를 구하시오.

역함수의 미분법을 이용하여 다음 함수에서 $\dfrac{dy}{dx}$ 를 구하시오.

(1) $x=2y^2+3y+4$　　　　　　　　(2) $y=\sqrt[4]{2x-6}$

(3) $x=\sin y \left(-\dfrac{\pi}{2}<y<\dfrac{\pi}{2}\right)$

설명　　역함수의 미분법을 이용하면 역함수를 직접 구하지 않고도 $\dfrac{dy}{dx}$ 를 구할 수 있다.

풀이　　(1) 주어진 식의 양변을 y에 대하여 미분하면

$$\frac{dx}{dy}=4y+3$$

$$\therefore \frac{dy}{dx}=\frac{1}{\dfrac{dx}{dy}}=\frac{1}{4y+3}\left(y\neq-\frac{3}{4}\right)$$

(2) $y=\sqrt[4]{2x-6}$ 의 양변을 네제곱하면

$$y^4=2x-6 \qquad \therefore x=\frac{1}{2}y^4+3$$

$x=\dfrac{1}{2}y^4+3$의 양변을 y에 대하여 미분하면

$$\frac{dx}{dy}=2y^3$$

$$\therefore \frac{dy}{dx}=\frac{1}{\dfrac{dx}{dy}}=\frac{1}{2y^3}=\frac{1}{2\sqrt[4]{(2x-6)^3}}\ (x\neq 3)$$

(3) 주어진 식의 양변을 y에 대하여 미분하면

$$\frac{dx}{dy}=\cos y$$

$$\therefore \frac{dy}{dx}=\frac{1}{\dfrac{dx}{dy}}=\frac{1}{\cos y}=\sec y$$

KEY Point

- 미분가능한 함수 $f(x)$의 역함수 $f^{-1}(x)$가 존재하고 미분가능할 때, $y=f^{-1}(x)$의 도함수는

$$\Rightarrow \frac{dy}{dx}=\frac{1}{\dfrac{dx}{dy}} \text{ 또는 } (f^{-1})'(x)=\frac{1}{f'(y)}\left(\text{단}, \frac{dx}{dy}\neq 0,\ f'(y)\neq 0\right)$$

 **157** 역함수의 미분법을 이용하여 다음 함수에서 $\dfrac{dy}{dx}$ 를 구하시오.

(1) $y=\sqrt[5]{\dfrac{x}{2}}$　　　　　　　(2) $x=y\sqrt{y+1}$　　　　　　　(3) $x=y^2-e^{-y}$

 **158** 함수 $x=\dfrac{2y}{y^2-4}\ (-2<y<2)$에서 $y=0$일 때의 $\dfrac{dy}{dx}$ 의 값을 구하시오.

함수 $f(x)=x^3+x^2+x$의 역함수를 $f^{-1}(x)$라 할 때, $(f^{-1})'(3)$의 값을 구하시오.

설명   함수 $f(x)$의 역함수 $f^{-1}(x)$의 미분계수를 구할 때에는 $f'(x)$의 미분계수를 이용한다.

풀이 $f^{-1}(3)=a$라 하면 $f(a)=3$

즉, $f(a)=a^3+a^2+a=3$이므로 $a^3+a^2+a-3=0$

$(a-1)(a^2+2a+3)=0$

이때 $a^2+2a+3>0$이므로 $a=1$

따라서 $f^{-1}(3)=1$이고, $f'(x)=3x^2+2x+1$이므로

$$(f^{-1})'(3)=\frac{1}{f'(f^{-1}(3))}=\frac{1}{f'(1)}=\frac{1}{3+2+1}=\frac{1}{6}$$

KEY Point

- 함수 $f(x)$의 역함수가 $f^{-1}(x)$이고 $f(a)=b$, 즉 $f^{-1}(b)=a$이면

$$\Rightarrow (f^{-1})'(b)=\frac{1}{f'(a)}$$

159 함수 $f(x)=x^3-3x^2+3x+2$의 역함수를 $f^{-1}(x)$라 할 때, $(f^{-1})'(-5)$의 값을 구하시오.

160 함수 $f(x)=\cos x\ (0<x<\pi)$의 역함수를 $f^{-1}(x)$라 할 때, $(f^{-1})'\left(\dfrac{\sqrt{3}}{2}\right)$의 값을 구하시오.

161 함수 $f(x)=1-\ln x$의 역함수를 $g(x)$라 할 때, $g'(-1)$의 값을 구하시오.

1. 이계도함수   ▷ 필수예제 **13**, **14**

> 함수 $y=f(x)$의 도함수 $f'(x)$가 미분가능할 때, $f'(x)$의 도함수
> $$\lim_{\Delta x \to 0} \frac{f'(x+\Delta x)-f'(x)}{\Delta x}$$
> 를 함수 $f(x)$의 **이계도함수**라 하고, 이것을 기호로
> $$f''(x),\ y'',\ \frac{d^2 y}{dx^2},\ \frac{d^2}{dx^2}f(x)$$
> 와 같이 나타낸다.

▶ ① y''은 'y double prime'이라 읽는다.

② $\dfrac{dy}{dx}$ 를 x에 대하여 미분하면 $\dfrac{d}{dx}\left(\dfrac{dy}{dx}\right)$이고, 이것을 $\dfrac{d^2 y}{dx^2}$와 같이 나타낸다.

함수	미분	도함수	미분	이계도함수
$y=f(x)$	$\longrightarrow$	$y'=f'(x)$	$\longrightarrow$	$y''=f''(x)$

참고 양의 정수 n에 대하여 함수 $y=f(x)$를 n번 미분하여 얻은 함수를 $y=f(x)$의 n계도함수라 하고, 이것을 기호로

$$f^{(n)}(x),\ y^{(n)},\ \frac{d^n y}{dx^n},\ \frac{d^n}{dx^n}f(x)$$

와 같이 나타낸다.

이계 이상의 도함수를 통틀어 고계도함수라 한다.

예 다음 함수의 이계도함수를 구하시오.

(1) $y=x^3-3x^2+5x-2$　　　　　　　(2) $y=e^x \sin x$

풀이 (1) $y'=3x^2-6x+5$　　　∴ $y''=6x-6$

(2) $y'=e^x \sin x+e^x \cos x=e^x(\sin x+\cos x)$

∴ $y''=e^x(\sin x+\cos x)+e^x(\cos x-\sin x)$

$=2e^x \cos x$

다음 함수의 이계도함수를 구하시오.

(1) $y=(x^2+3x-1)^2$ (2) $y=e^{3x}\sin 3x$ (3) $y=\sqrt{x^2+1}$

설명   이계도함수 ⇨ 한 번 미분한 후 다시 미분한다.

풀이

(1) $y'=2(x^2+3x-1)(x^2+3x-1)'=2(x^2+3x-1)(2x+3)$

$\therefore y''=2(x^2+3x-1)'(2x+3)+2(x^2+3x-1)(2x+3)'$

$=2(2x+3)(2x+3)+2(x^2+3x-1)\times 2$

$=\mathbf{12x^2+36x+14}$

(2) $y'=(e^{3x})'\sin 3x+e^{3x}(\sin 3x)'=3e^{3x}\sin 3x+3e^{3x}\cos 3x=3e^{3x}(\sin 3x+\cos 3x)$

$\therefore y''=(3e^{3x})'(\sin 3x+\cos 3x)+3e^{3x}(\sin 3x+\cos 3x)'$

$=9e^{3x}(\sin 3x+\cos 3x)+3e^{3x}(3\cos 3x-3\sin 3x)$

$=\mathbf{18e^{3x}\cos 3x}$

(3) $y'=\dfrac{(x^2+1)'}{2\sqrt{x^2+1}}=\dfrac{2x}{2\sqrt{x^2+1}}=\dfrac{x}{\sqrt{x^2+1}}$

$\therefore y''=\dfrac{(x)'\sqrt{x^2+1}-x(\sqrt{x^2+1})'}{x^2+1}=\dfrac{1}{x^2+1}\left(\sqrt{x^2+1}-x\times\dfrac{2x}{2\sqrt{x^2+1}}\right)$

$=\dfrac{\mathbf{1}}{\mathbf{(x^2+1)\sqrt{x^2+1}}}$

KEY Point • 함수 $f(x)$의 이계도함수

⇨ $f''(x),\ y'',\ \dfrac{d^2y}{dx^2},\ \dfrac{d^2}{dx^2}f(x)$

162 다음 함수의 이계도함수를 구하시오.

(1) $y=x^3\ln x$ (2) $y=x^2e^x$ (3) $y=\dfrac{1}{x^2+1}$

163 함수 $f(x)=\dfrac{x}{\ln x}$에 대하여 $f''(e)$의 값을 구하시오.

다음 물음에 답하시오.

(1) 함수 $f(x)=xe^{ax+b}$에 대하여 $f'(0)=2$, $f''(0)=4$일 때, 상수 a, b의 값을 구하시오.

(2) 함수 $y=e^x\cos 2x$가 모든 실수 x에 대하여 등식 $y''+ay'+5y=0$을 만족시킬 때, 상수 a의 값을 구하시오.

풀이

(1) $f(x)=xe^{ax+b}$에서

$$f'(x)=(x)'e^{ax+b}+x(e^{ax+b})'=e^{ax+b}+x\times ae^{ax+b}=(1+ax)e^{ax+b}$$

이때 $f'(0)=2$이므로 $e^b=2$　　$\therefore \boldsymbol{b=\ln 2}$

또, $f'(x)=(1+ax)e^{ax+\ln 2}$이므로

$$f''(x)=(1+ax)'e^{ax+\ln 2}+(1+ax)(e^{ax+\ln 2})'$$
$$=ae^{ax+\ln 2}+(1+ax)\times ae^{ax+\ln 2}$$
$$=a(2+ax)e^{ax+\ln 2}$$

이때 $f''(0)=4$이므로 $2ae^{\ln 2}=4$, $4a=4$　　$\therefore \boldsymbol{a=1}$

(2) $y'=(e^x)'\cos 2x+e^x(\cos 2x)'=e^x\cos 2x+e^x\times(-2\sin 2x)$
$$=e^x(\cos 2x-2\sin 2x)$$
$$y''=(e^x)'(\cos 2x-2\sin 2x)+e^x(\cos 2x-2\sin 2x)'$$
$$=e^x(\cos 2x-2\sin 2x)+e^x(-2\sin 2x-4\cos 2x)$$
$$=e^x(-3\cos 2x-4\sin 2x)$$

이때 $y''+ay'+5y=0$에서

$$e^x(-3\cos 2x-4\sin 2x)+ae^x(\cos 2x-2\sin 2x)+5e^x\cos 2x=0$$
$$e^x\{(a+2)\cos 2x-2(a+2)\sin 2x\}=0$$
$$e^x(a+2)(\cos 2x-2\sin 2x)=0$$

이 등식이 모든 실수 x에 대하여 성립하므로

$$a+2=0　　\therefore \boldsymbol{a=-2}$$

164 함수 $f(x)=(x+a)e^{bx}$에 대하여 $f'(0)=3$, $f''(0)=-2$일 때, 상수 a, b에 대하여 $\dfrac{a}{b}$의 값을 구하시오.

165 함수 $y=e^{ax}\sin x$가 모든 실수 x에 대하여 $y''-2y'+2y=0$을 만족시킬 때, 상수 a의 값을 구하시오.

연습문제

STEP **1**

생각해 봅시다!

149 매개변수로 나타낸 함수 $x=\cos t+t\sin t$, $y=\sin t-t\cos t$에 대하여 $t=\dfrac{\pi}{3}$에서의 $\dfrac{dy}{dx}$의 값은?

① $\dfrac{\sqrt{3}}{3}$　　② $\dfrac{\sqrt{3}}{2}$　　③ 1　　④ $\sqrt{3}$　　⑤ $2\sqrt{3}$

$$\dfrac{dy}{dx}=\dfrac{\dfrac{dy}{dt}}{\dfrac{dx}{dt}}$$
$$\left(단, \dfrac{dx}{dt}\neq0\right)$$

150 함수 $x=y^3+y-1$에 대하여 $\displaystyle\lim_{y\to1}\dfrac{dy}{dx}$의 값을 구하시오.

[수능기출]

151 함수 $f(x)=\dfrac{1}{1+e^{-x}}$의 역함수를 $g(x)$라 할 때, $g'(f(-1))$의 값은?

① $\dfrac{1}{(1+e)^2}$　　② $\dfrac{e}{1+e}$　　③ $\left(\dfrac{1+e}{e}\right)^2$

④ $\dfrac{e^2}{1+e}$　　⑤ $\dfrac{(1+e)^2}{e}$

미분가능한 함수 $f(x)$의 역함수 $g(x)$가 존재하고 미분가능할 때, $f(a)=b$, 즉 $g(b)=a$이면
$$g'(b)=\dfrac{1}{f'(a)}$$
$$(단, f'(a)\neq0)$$

152 함수 $f(x)=\ln|\sin x|$에 대하여 $f''\!\left(\dfrac{\pi}{3}\right)$의 값을 구하시오.

153 함수 $f(x)=\ln(x^2+2)$일 때, $\displaystyle\lim_{h\to0}\dfrac{f'(2+h)-f'(2)}{h}$의 값을 구하시오.

$$\lim_{h\to0}\dfrac{f(a+h)-f(a)}{h}$$
$$=f'(a)$$

154 함수 $y=e^{-x}\cos x$에 대하여 $y''+2y'=ky$가 x의 값에 관계없이 항상 성립할 때, 상수 k의 값은?

① -2　　② -1　　③ 0　　④ 1　　⑤ 2

y', y''을 구하여 $y''+2y'=ky$에 대입한다.

155 $x=t^2,\ y=\dfrac{t}{1+t}\ (t>0)$로 주어진 함수 $y=f(x)$에 대하여

$\displaystyle\lim_{h\to 0}\dfrac{f(1+h)-f(1-h)}{h}$의 값은?

① $\dfrac{1}{2}$　　② $\dfrac{1}{3}$　　③ $\dfrac{1}{4}$　　④ $\dfrac{1}{5}$　　⑤ $\dfrac{1}{6}$

156 곡선 $\dfrac{x^2}{4}-\dfrac{y^2}{12}=1$ 위의 점 $(a,\,b)$에서의 접선의 기울기가 $2\sqrt{3}$일 때, $3(a^2+b^2)$의 값을 구하시오.

> y를 x에 대한 함수로 보고 주어진 식의 각 항을 x에 대하여 미분한다.

157 미분가능한 함수 $f(x)$의 역함수 $g(x)$가 $\displaystyle\lim_{x\to 1}\dfrac{2-g(x)}{x-1}=\dfrac{1}{3}$을 만족시킬 때, $f'(2)$의 값을 구하시오.

158 함수 $f(x)=\ln(e^x+1)$의 역함수를 $g(x)$라 할 때, 양수 a에 대하여 $\dfrac{1}{f'(a)}+\dfrac{1}{g'(a)}$의 값은?

① -2　　② -1　　③ 1　　④ 2　　⑤ 3

> 함수 $f(x)$의 역함수가 $g(x)$이면 $f(a)=b \Longleftrightarrow g(b)=a$

[평가원기출]

159 $x\geq\dfrac{1}{e}$에서 정의된 함수 $f(x)=3x\ln x$의 그래프가 점 $(e,\,3e)$를 지난다.

함수 $f(x)$의 역함수를 $g(x)$라 할 때, $\displaystyle\lim_{h\to 0}\dfrac{g(3e+h)-g(3e-h)}{h}$의 값은?

① $\dfrac{1}{3}$　　② $\dfrac{1}{2}$　　③ $\dfrac{2}{3}$　　④ $\dfrac{5}{6}$　　⑤ 1

160 함수 $f(x)=e^{3x}\sin x$에 대하여 방정식 $f''(x)=0$의 해가 $x=\alpha$일 때, $\cot\alpha$의 값을 구하시오. (단, $0<\alpha<\pi$)

> $0<\alpha<\pi$에서 $\sin\alpha>0$

실력 UP

161 곡선 $\begin{cases} x=4+2\cos\theta \\ y=2+3\sin\theta \end{cases}$ 위의 한 점 $(a,\ b)$에서의 접선의 기울기가 $-\dfrac{\sqrt{3}}{2}$일 때, 양수 $a,\ b$에 대하여 ab의 값을 구하시오. (단, $0<\theta<2\pi$)

생각해 봅시다!
$\dfrac{dy}{dx}=-\dfrac{\sqrt{3}}{2}$이 되는 θ의 값을 찾는다.

162 곡선 $x^2+2y^2=17$과 곡선 $4x^2-y^2=-4$의 한 교점을 P라 하자. 두 곡선의 점 P에서의 접선의 기울기를 각각 m_1, m_2라 할 때, m_1m_2의 값을 구하시오.

163 모든 실수 x에서 미분가능하고 역함수가 존재하는 함수 $f(x)$에 대하여
$$\lim_{x\to 2}\frac{f(x)-3}{x-2}=6,\quad \lim_{x\to 3}\frac{f(x)-1}{x-3}=\frac{1}{3}$$
이다. 함수 $f(x)$의 역함수를 $g(x)$라 할 때, $\displaystyle\lim_{x\to 1}\frac{g(g(x))-2}{x-1}$의 값은?

$\{g(g(x))\}'$
$=g'(g(x))g'(x)$

① $\dfrac{1}{3}$ ② $\dfrac{1}{2}$ ③ 1 ④ 2 ⑤ 3

164 음함수 $x^2+2xy=3$에 대하여 $x=1$, $y=1$일 때, $\dfrac{d^2y}{dx^2}$의 값을 구하시오.

$\dfrac{d^2y}{dx^2}=\dfrac{d}{dx}\left(\dfrac{dy}{dx}\right)$

[교육청기출]

165 실수 전체의 집합에서 이계도함수를 갖는 함수 $f(x)$가 다음 조건을 만족시킨다.

> ㈎ $f(1)=2$, $f'(1)=3$ ㈏ $\displaystyle\lim_{x\to 1}\frac{f'(f(x))-1}{x-1}=3$

$f''(2)$의 값은?

① 1 ② 2 ③ 3 ④ 4 ⑤ 5

Ⅱ

01 접선의 방정식

1. 접선의 방정식 [수학Ⅱ 88쪽]

함수 $f(x)$가 $x=a$에서 미분가능할 때, 곡선 $y=f(x)$ 위의 점 $P(a,\ f(a))$에서의 접선의 기울기는 $x=a$에서의 미분계수 $f'(a)$와 같으므로 접선의 방정식은

$$y-f(a)=f'(a)(x-a)$$

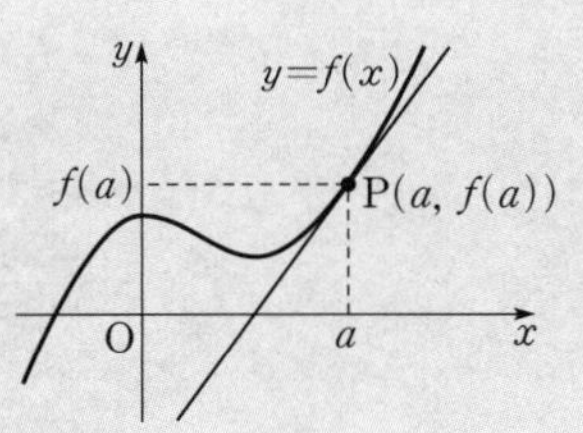

▶ 곡선 $y=f(x)$ 위의 점 $P(a,\ f(a))$를 지나고 이 점에서의 접선에 수직인 직선의 방정식은

$$y-f(a)=-\frac{1}{f'(a)}(x-a)\ (단,\ f'(a)\neq0)$$

2. 접선의 방정식을 구하는 방법 [수학Ⅱ 88, 89쪽] ▷ 필수예제 **1~5**

곡선 $y=f(x)$에 대하여

(1) **접점의 좌표 $(a,\ f(a))$가 주어진 경우**
　(ⅰ) 접선의 기울기 $f'(a)$를 구한다.
　(ⅱ) $y-f(a)=f'(a)(x-a)$를 이용하여 접선의 방정식을 구한다.

(2) **기울기 m이 주어진 경우**
　(ⅰ) 접점의 좌표를 $(a,\ f(a))$로 놓는다.
　(ⅱ) $f'(a)=m$을 이용하여 접점의 좌표를 구한다.
　(ⅲ) $y-f(a)=m(x-a)$를 이용하여 접선의 방정식을 구한다.

(3) **곡선 밖의 한 점의 좌표 $(x_1,\ y_1)$이 주어진 경우**
　(ⅰ) 접점의 좌표를 $(a,\ f(a))$로 놓는다.
　(ⅱ) 접선의 기울기가 $f'(a)$이므로 접선의 방정식은 $y-f(a)=f'(a)(x-a)$　……　㉠
　(ⅲ) ㉠에 점 $(x_1,\ y_1)$을 대입하여 a의 값을 구한다.
　(ⅳ) a의 값을 ㉠에 대입하여 접선의 방정식을 구한다.

▶ 두 곡선 $y=f(x)$, $y=g(x)$가 점 $(a,\ b)$에서 공통인 접선을 가지면
　$\Rightarrow f(a)=g(a)=b,\ f'(a)=g'(a)$

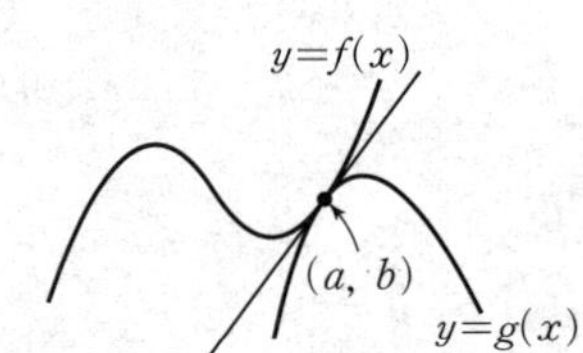

3. **매개변수로 나타낸 곡선의 접선의 방정식**　▷ 필수예제 **6**

매개변수로 나타낸 곡선 $x=f(t)$, $y=g(t)$에 대하여 $t=a$에 대응하는 점에서의 접선의 방정식은 다음과 같은 방법으로 구한다.

(i) 매개변수로 나타낸 함수의 미분법을 이용하여 $\dfrac{dy}{dx}=\dfrac{g'(t)}{f'(t)}$를 구한다.

(ii) $f(a)$, $g(a)$, $\dfrac{g'(a)}{f'(a)}$의 값을 구한다.

(iii) (ii)에서 구한 값을 $y-g(a)=\dfrac{g'(a)}{f'(a)}\{x-f(a)\}$에 대입하여 접선의 방정식을 구한다.

▶　매개변수로 나타낸 함수 $x=f(t)$, $y=g(t)$가 t에 대하여 미분가능하고 $f'(t)\neq0$일 때

$$\Rightarrow \dfrac{dy}{dx}=\dfrac{g'(t)}{f'(t)}$$

설명　곡선 $x=f(t)$, $y=g(t)$에 대하여 $t=a$에 대응하는 점에서의 접선의 기울기는

$$\dfrac{dy}{dx}=\dfrac{g'(a)}{f'(a)}\ (단,\ f'(a)\neq0)$$

따라서 매개변수로 나타낸 곡선 $x=f(t)$, $y=g(t)$에 대하여 $t=a$에 대응하는 점에서의 접선의 방정식은

$$y-g(a)=\dfrac{g'(a)}{f'(a)}\{x-f(a)\}$$

4. **곡선 $f(x,\,y)=0$의 접선의 방정식**　▷ 필수예제 **7**

곡선 $f(x,\,y)=0$ 위의 점 P에서의 접선의 방정식은 다음과 같은 방법으로 구한다.

(i) 음함수의 미분법을 이용하여 $\dfrac{dy}{dx}$를 구한다.

(ii) (i)에서 구한 $\dfrac{dy}{dx}$에 점 P의 좌표를 대입하여 접선의 기울기를 구한다.

(iii) 점 P의 좌표와 (ii)에서 구한 기울기를 이용하여 접선의 방정식을 구한다.

▶　곡선이 $f(x,\,y)=0$의 꼴로 주어졌을 때는 y를 x의 함수로 보고 각 항을 x에 대하여 미분하여 $\dfrac{dy}{dx}$를 구한다.

예　곡선 $xy=6$ 위의 점 $(3,\,2)$에서의 접선의 방정식을 구하시오.

풀이　$xy=6$의 각 항을 x에 대하여 미분하면

$$y+x\dfrac{dy}{dx}=0\qquad\therefore \dfrac{dy}{dx}=-\dfrac{y}{x}\ (x\neq0)$$

점 $(3,\,2)$에서의 접선의 기울기는 $-\dfrac{2}{3}$

따라서 구하는 접선의 방정식은 $y-2=-\dfrac{2}{3}(x-3)$

$$\therefore y=-\dfrac{2}{3}x+4$$

다음 곡선 위의 주어진 점에서의 접선의 방정식을 구하시오.

(1) $y=\dfrac{x^2+1}{x+1}$　　$(1,\ 1)$　　　(2) $y=e^{x-1}$　　$(2,\ e)$　　　(3) $y=\sin^2 x$　　$\left(\dfrac{\pi}{4},\ \dfrac{1}{2}\right)$

풀이

(1) $f(x)=\dfrac{x^2+1}{x+1}$로 놓으면 $f'(x)=\dfrac{2x(x+1)-(x^2+1)}{(x+1)^2}=\dfrac{x^2+2x-1}{(x+1)^2}$

점 $(1,\ 1)$에서의 접선의 기울기는 $f'(1)=\dfrac{1}{2}$

따라서 구하는 접선의 방정식은

$y-1=\dfrac{1}{2}(x-1)$　　　$\therefore\ \boldsymbol{y=\dfrac{1}{2}x+\dfrac{1}{2}}$

(2) $f(x)=e^{x-1}$으로 놓으면 $f'(x)=e^{x-1}$

점 $(2,\ e)$에서의 접선의 기울기는 $f'(2)=e$

따라서 구하는 접선의 방정식은

$y-e=e(x-2)$　　　$\therefore\ \boldsymbol{y=ex-e}$

(3) $f(x)=\sin^2 x$로 놓으면 $f'(x)=2\sin x\cos x$

점 $\left(\dfrac{\pi}{4},\ \dfrac{1}{2}\right)$에서의 접선의 기울기는 $f'\left(\dfrac{\pi}{4}\right)=2\sin\dfrac{\pi}{4}\cos\dfrac{\pi}{4}=1$

따라서 구하는 접선의 방정식은

$y-\dfrac{1}{2}=1\times\left(x-\dfrac{\pi}{4}\right)$　　　$\therefore\ \boldsymbol{y=x-\dfrac{\pi}{4}+\dfrac{1}{2}}$

KEY Point

• 접점의 좌표 $(a,\ f(a))$가 주어진 경우의 접선의 방정식

(i) 접선의 기울기 $f'(a)$를 구한다.

(ii) $y-f(a)=f'(a)(x-a)$를 이용하여 접선의 방정식을 구한다.

확인 체크

166 다음 곡선 위의 주어진 점에서의 접선의 방정식을 구하시오.

(1) $y=\sqrt{x^2+5}$　　$(2,\ 3)$　　　(2) $y=\ln x^2$　　$(e,\ 2)$　　　(3) $y=xe^x-2$　　$(0,\ -2)$

167 곡선 $y=\dfrac{2x+1}{x^2+2}$ 위의 점 $\left(0,\ \dfrac{1}{2}\right)$을 지나고 이 점에서의 접선에 수직인 직선의 방정식이 $ax+by-1=0$일 때, 상수 $a,\ b$에 대하여 ab의 값을 구하시오.

다음을 구하시오.

(1) 곡선 $y=e^{2x}$에 접하고 기울기가 2인 직선의 방정식

(2) 곡선 $y=\ln(x-1)$에 접하고 직선 $y=x-1$에 평행한 직선의 방정식

설명　(2) 평행한 두 직선의 기울기는 서로 같다.

풀이　(1) $f(x)=e^{2x}$으로 놓으면 $f'(x)=2e^{2x}$

접점의 좌표를 $(a,\ e^{2a})$이라 하면 이 점에서의 접선의 기울기가 2이므로

$$f'(a)=2e^{2a}=2,\ e^{2a}=1 \qquad \therefore a=0$$

따라서 접점의 좌표가 $(0,\ 1)$이므로 구하는 접선의 방정식은

$$y-1=2(x-0) \qquad \therefore \boldsymbol{y=2x+1}$$

(2) $f(x)=\ln(x-1)$로 놓으면 $f'(x)=\dfrac{1}{x-1}$

접점의 좌표를 $(a,\ \ln(a-1))$이라 하면 직선 $y=x-1$에 평행한 직선의 기울기는 1이므로

$$f'(a)=\dfrac{1}{a-1}=1 \qquad \therefore a=2$$

따라서 접점의 좌표가 $(2,\ 0)$이므로 구하는 접선의 방정식은

$$y-0=1\times(x-2) \qquad \therefore \boldsymbol{y=x-2}$$

KEY Point

- **기울기 m이 주어진 경우의 접선의 방정식**

(i) 접점의 좌표를 $(a,\ f(a))$로 놓는다.

(ii) $f'(a)=m$을 이용하여 접점의 좌표를 구한다.

(iii) $y-f(a)=m(x-a)$를 이용하여 접선의 방정식을 구한다.

168 곡선 $y=\ln(3-x)$에 접하고 직선 $y=3-x$에 평행한 직선의 방정식을 구하시오.

169 곡선 $y=e^{-x}$에 접하고 x축의 양의 방향과 이루는 각의 크기가 135°인 직선의 방정식을 구하시오.

170 곡선 $y=\sin 2x\ (0\le x\le\pi)$에 접하고 직선 $x-2y+2=0$에 수직인 직선의 방정식을 구하시오.

원점을 지나고 곡선 $y=e^{5x}$에 접하는 직선의 방정식을 구하시오.

설명 곡선 $y=f(x)$에 대하여 접점의 좌표를 $(a,\ f(a))$로 놓는다.

풀이 $f(x)=e^{5x}$으로 놓으면 $f'(x)=5e^{5x}$

접점의 좌표를 $(a,\ e^{5a})$이라 하면 이 점에서의 접선의 기울기는

$f'(a)=5e^{5a}$

이므로 기울기가 $5e^{5a}$이고 점 $(a,\ e^{5a})$을 지나는 접선의 방정식은

$y-e^{5a}=5e^{5a}(x-a)$ ······ ㉠

이 직선이 원점을 지나므로 $0-e^{5a}=5e^{5a}(0-a)$

$-1=5\times(-a)\ (\because\ e^{5a}>0)$ $\therefore\ a=\dfrac{1}{5}$

$a=\dfrac{1}{5}$ 을 ㉠에 대입하면 구하는 접선의 방정식은

$\boldsymbol{y=5ex}$

KEY Point

- 곡선 밖의 한 점 $(x_1,\ y_1)$이 주어진 경우의 접선의 방정식

  (i) 접점의 좌표를 $(a,\ f(a))$로 놓는다.

  (ii) 접선의 방정식 $y-f(a)=f'(a)(x-a)$에 점 $(x_1,\ y_1)$을 대입하여 a의 값을 구한다.

  (iii) a의 값을 $y-f(a)=f'(a)(x-a)$에 대입하여 접선의 방정식을 구한다.

확인 체크 171 다음 주어진 점에서 곡선에 그은 접선의 방정식을 구하시오.

(1) $y=x\ln x\ \ (0,\ -1)$ (2) $y=\sqrt{x}\ \ (-1,\ 0)$ (3) $y=xe^{x}\ \ (-4,\ 0)$

172 점 $(1,\ 0)$에서 곡선 $y=e^{x-1}$에 그은 접선이 점 $\left(k,\ \dfrac{e}{2}\right)$를 지날 때, k의 값을 구하시오.

점 $(a, 0)$에서 곡선 $y = e^{-x^2}$에 서로 다른 두 개의 접선을 그을 수 있을 때, a의 값의 범위를 구하시오.

설명　접점의 x좌표에 대한 방정식을 세우고 방정식의 실근의 개수를 이용한다.

풀이　$f(x) = e^{-x^2}$으로 놓으면 $f'(x) = -2xe^{-x^2}$

접점의 좌표를 (t, e^{-t^2})이라 하면 이 점에서의 접선의 기울기는

$$f'(t) = -2te^{-t^2}$$

이므로 접선의 방정식은

$$y - e^{-t^2} = -2te^{-t^2}(x-t)$$

이 직선이 점 $(a, 0)$을 지나므로

$$-e^{-t^2} = -2te^{-t^2}(a-t), \ e^{-t^2}(2t^2 - 2at + 1) = 0$$

그런데 $e^{-t^2} > 0$이므로 $2t^2 - 2at + 1 = 0$ $\quad$ …… ㉠

점 $(a, 0)$에서 곡선 $y = e^{-x^2}$에 서로 다른 두 개의 접선을 그을 수 있으려면 두 개의 접점이 존재해야 하므로 방정식 ㉠이 서로 다른 두 실근을 가져야 한다.

즉, 방정식 ㉠의 판별식을 D라 하면

$$\frac{D}{4} = a^2 - 2 > 0, \ (a + \sqrt{2})(a - \sqrt{2}) > 0$$

$$\therefore a < -\sqrt{2} \ \text{또는} \ a > \sqrt{2}$$

KEY Point

- **곡선 밖의 점에서 곡선에 그은 접선의 개수**
  - (ⅰ) 접점의 좌표를 $(t, f(t))$로 놓고 접선의 방정식을 구한다.
  - (ⅱ) 곡선 밖의 점의 좌표를 접선의 방정식에 대입하여 t에 대한 방정식을 세운다.
  - (ⅲ) (ⅱ)에서 세운 t에 대한 방정식의 실근의 개수를 구한다.

173 점 $(3, 1)$에서 곡선 $y = \dfrac{x^2 + 2}{x}$에 그을 수 있는 접선의 개수를 구하시오.

174 점 $(a, 0)$에서 곡선 $y = xe^{-x}$에 오직 하나의 접선을 그을 수 있을 때, a의 값을 모두 구하시오.

두 곡선 $y=2\ln x$, $y=kx^2$이 한 점에서 접할 때, 상수 k의 값을 구하시오.

설명   접점의 x좌표를 t로 놓고 접점의 좌표와 접선의 기울기가 각각 같음을 이용한다.

풀이 $f(x)=2\ln x$, $g(x)=kx^2$으로 놓으면

$$f'(x)=\frac{2}{x},\ g'(x)=2kx$$

두 곡선의 접점의 x좌표를 t라 하면

$f(t)=g(t)$에서 $2\ln t=kt^2$ $\cdots\cdots$ ㉠

$f'(t)=g'(t)$에서 $\dfrac{2}{t}=2kt$, 즉 $k=\dfrac{1}{t^2}$ $\cdots\cdots$ ㉡

㉡을 ㉠에 대입하면

$2\ln t=1$ $\therefore t=\sqrt{e}$

$t=\sqrt{e}$를 ㉡에 대입하면

$$k=\frac{1}{e}$$

KEY Point

- 두 곡선 $y=f(x)$, $y=g(x)$가 $x=t$인 점에서 공통인 접선을 가지면
  $\Rightarrow f(t)=g(t),\ f'(t)=g'(t)$

175 두 곡선 $y=a-2\sin^2 x$, $y=2\cos x$가 한 점에서 접할 때, 상수 a의 값을 구하시오.

$$(\text{단},\ 0<x<\pi)$$

176 두 곡선 $y=\dfrac{a}{2x}$, $y=e^x$이 한 점에서 공통인 접선을 가질 때, 이 접선의 방정식을 구하시오.

$$(\text{단},\ a\text{는 상수})$$

매개변수 t로 나타낸 곡선 $x=t^2-2t,\ y=3t+2$에 대하여 $t=-1$에 대응하는 점에서의
접선의 방정식을 구하시오.

설명　　$t=-1$에 대응하는 점의 좌표를 구하고 매개변수로 나타낸 함수의 미분법을 이용하여 $\dfrac{dy}{dx}=\dfrac{g'(t)}{f'(t)}$를 구한다.

풀이　　$\dfrac{dx}{dt}=2t-2,\ \dfrac{dy}{dt}=3$이므로

$$\frac{dy}{dx}=\frac{\dfrac{dy}{dt}}{\dfrac{dx}{dt}}=\frac{3}{2t-2}\ (t\neq1)$$

$t=-1$일 때, $x=1+2=3,\ y=-3+2=-1$이고 접선의 기울기는

$$\frac{dy}{dx}=\frac{3}{-2-2}=-\frac{3}{4}$$

이므로 구하는 접선의 방정식은

$$y+1=-\frac{3}{4}(x-3)\qquad\therefore\ \boldsymbol{y=-\frac{3}{4}x+\frac{5}{4}}$$

KEY Point
- **매개변수로 나타낸 곡선의 접선의 방정식**
  ⇨ 매개변수로 나타낸 함수의 미분법을 이용하여 접선의 기울기와 접점의 좌표를 구한다.

177 매개변수 θ로 나타낸 곡선 $x=1-\cos\theta,\ y=\theta-\sin\theta$에 대하여 $\theta=\dfrac{\pi}{2}$에 대응하는 점에서의 접선이 점 $(2,\ a)$를 지날 때, a의 값을 구하시오.

178 매개변수 t로 나타낸 곡선 $x=\dfrac{1-t^2}{1+t^2},\ y=\dfrac{2t}{1+t^2}$ 위의 점 $\left(-\dfrac{3}{5},\ \dfrac{4}{5}\right)$에서의 접선의 방정식을 구하시오.

> 곡선 $x^2+2xy-y^3+1=0$ 위의 점 $(0, 1)$에서의 접선의 방정식을 구하시오.

설명   곡선이 $f(x, y)=0$의 꼴로 주어질 때는 y를 x의 함수로 보고 각 항을 x에 대하여 미분하여 $\dfrac{dy}{dx}$를 구한다.

풀이 $x^2+2xy-y^3+1=0$의 각 항을 x에 대하여 미분하면

$$2x+2y+2x\frac{dy}{dx}-3y^2\frac{dy}{dx}=0, \ (3y^2-2x)\frac{dy}{dx}=2x+2y$$

$$\therefore \frac{dy}{dx}=\frac{2x+2y}{3y^2-2x} \ (3y^2-2x\neq 0)$$

점 $(0, 1)$에서의 접선의 기울기는 $x=0$, $y=1$일 때의 $\dfrac{dy}{dx}$의 값이므로

$$\frac{2\times 0+2\times 1}{3\times 1^2-2\times 0}=\frac{2}{3}$$

따라서 구하는 접선의 방정식은

$$y=\frac{2}{3}x+1$$

KEY Point

• 곡선 $f(x, y)=0$ 위의 점 P에서의 접선의 방정식

(i) 음함수의 미분법을 이용하여 $\dfrac{dy}{dx}$를 구한다.

(ii) (i)의 $\dfrac{dy}{dx}$에 점 P의 좌표를 대입하여 접선의 기울기를 구한다.

(iii) 점 P의 좌표와 접선의 기울기를 이용하여 접선의 방정식을 구한다.

179 곡선 $\sqrt{x}+\sqrt{y}=5$ 위의 점 $(4, 9)$에서의 접선의 x절편과 y절편의 합을 구하시오.

180 곡선 $x^3+y^2+ax+by=0$ 위의 점 $(1, 2)$에서의 접선의 기울기가 -1일 때, 상수 a, b에 대하여 ab의 값을 구하시오.

연습문제

생각해 봅시다!

166 곡선 $y=\sqrt{1+\sin \pi x}$ 위의 점 $(1, 1)$에서의 접선의 방정식이 $y=ax+b$일 때, 상수 a, b에 대하여 $a-b$의 값을 구하시오.

167 곡선 $y=e^x$의 접선 중에서 기울기가 1인 접선의 방정식을 $y=x+k$라 할 때, 상수 k의 값은?

기울기를 이용하여 접점의 좌표를 구한다.

① 1   ② 2   ③ 3   ④ 4   ⑤ 5

168 원점에서 곡선 $y=\dfrac{\ln x}{x}$에 그은 접선이 점 $\left(a, \dfrac{1}{2}\right)$을 지날 때, a의 값을 구하시오.

169 두 곡선 $y=k-\cos^2 x$, $y=\cos x$가 $x=t$에서 공통인 접선을 가질 때, 상수 k의 값을 구하시오. (단, $0<t<\pi$)

접점의 좌표와 접선의 기울기가 각각 같음을 이용한다.

170 매개변수 t로 나타낸 곡선 $x=e^t-e^{-t}$, $y=2e^t$에 대하여 $t=\ln 3$에 대응하는 점에서의 접선의 방정식을 구하시오.

[평가원기출]

171 곡선 $e^y \ln x=2y+1$ 위의 점 $(e, 0)$에서의 접선의 방정식을 $y=ax+b$라 할 때, ab의 값은? (단, a, b는 상수)

음함수의 미분법을 이용하여 $\dfrac{dy}{dx}$를 구한다.

① $-2e$ ② $-e$ ③ -1 ④ $-\dfrac{2}{e}$ ⑤ $-\dfrac{1}{e}$

STEP **2**

[교육청기출]

172 $0<x<\dfrac{\pi}{2}$에서 정의된 함수 $f(x)=\ln(\tan x)$의 그래프와 x축이 만나는 점을 P라 하자. 곡선 $y=f(x)$ 위의 점 P에서의 접선의 y절편은?

① $-\pi$　　② $-\dfrac{5}{6}\pi$　　③ $-\dfrac{2}{3}\pi$　　④ $-\dfrac{\pi}{2}$　　⑤ $-\dfrac{\pi}{3}$

173 함수 $y=\dfrac{1}{e^{kx}}-2x$의 그래프가 x축에 접할 때, 상수 k의 값을 구하시오.

곡선이 x축에 접하면 접점의 좌표가 $(t,\ 0)$의 꼴이다.

174 매개변수 θ로 나타낸 곡선 $x=\sin^4\theta$, $y=\cos^4\theta$에 대하여 $\theta=\dfrac{5}{4}\pi$에 대응하는 점에서의 접선의 x절편을 구하시오.

175 곡선 $\dfrac{x^2}{2}-\dfrac{y^2}{4}=1$ 위의 점 $(2,\ 2)$에서의 접선과 x축, y축으로 둘러싸인 삼각형의 넓이를 구하시오.

실력 **UP**

176 함수 $f(x)=e^{ax}\ (a>0)$의 그래프와 그 역함수의 그래프가 서로 접할 때, 상수 a의 값을 구하시오.

함수 $y=f(x)$의 그래프와 그 역함수의 그래프는 직선 $y=x$에 대하여 대칭이다.

실력 **UP**

177 x축 위의 점 $(t,\ 0)$에서 곡선 $y=(x-1)e^x$에 서로 다른 두 개의 접선을 그을 수 있을 때, t의 값의 범위는 $t<\alpha$ 또는 $t>\beta$이다. 이때 $\alpha^2+\beta^2$의 값을 구하시오.

접점의 좌표를 $(a,\ (a-1)e^a)$으로 놓고 접선의 방정식을 구한다.

02 함수의 극대와 극소

개념원리 이해

1. 함수의 증가와 감소 [수학Ⅱ 106쪽]　▷ 필수예제 **8, 9**

> (1) 함수 $f(x)$가 어떤 구간에 속하는 임의의 두 수 x_1, x_2에 대하여
> 　① $x_1 < x_2$일 때 $f(x_1) < f(x_2)$이면 함수 $f(x)$는 이 구간에서 **증가**한다고 한다.
> 　② $x_1 < x_2$일 때 $f(x_1) > f(x_2)$이면 함수 $f(x)$는 이 구간에서 **감소**한다고 한다.
> (2) 함수 $f(x)$가 어떤 열린구간에서 미분가능할 때, 이 구간에 속
> 　하는 모든 x에 대하여
> 　① $f'(x) > 0$이면 $f(x)$는 이 구간에서 **증가**한다.
> 　② $f'(x) < 0$이면 $f(x)$는 이 구간에서 **감소**한다.

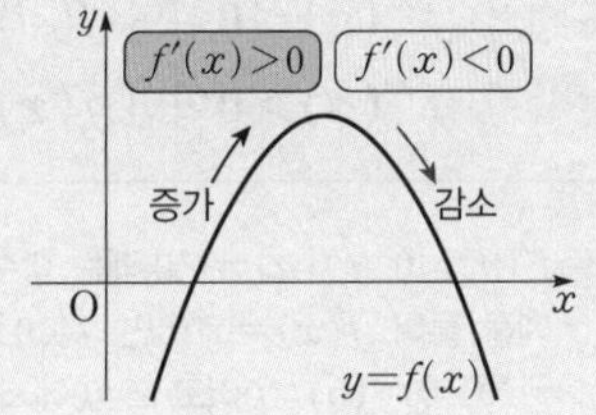

▶　(2)의 역은 성립하지 않고 다음이 성립한다.
　　함수 $f(x)$가 어떤 열린구간에서 미분가능할 때
　　① $f(x)$가 이 구간에서 증가하면 이 구간에 속하는 모든 x에 대하여 $f'(x) \geq 0$이다.
　　② $f(x)$가 이 구간에서 감소하면 이 구간에 속하는 모든 x에 대하여 $f'(x) \leq 0$이다.

참고　함수 $f(x)$가 닫힌구간 $[a, b]$에서 연속이고 열린구간 (a, b)에서 미분가능할 때
　　① 열린구간 (a, b)에서 $f'(x) > 0$이면 함수 $f(x)$는 닫힌구간 $[a, b]$에서 증가한다.
　　② 열린구간 (a, b)에서 $f'(x) < 0$이면 함수 $f(x)$는 닫힌구간 $[a, b]$에서 감소한다.

2. 함수의 극대와 극소 [수학Ⅱ 111쪽]

> (1) **함수의 극대와 극소**
> 　함수 $f(x)$에서 $x = a$를 포함하는 어떤 열린구간에 속하는 모든 x에 대하여
> 　① $f(x) \leq f(a)$일 때, 함수 $f(x)$는 $x = a$에서 **극대**라 하고, $f(a)$를 **극댓값**이라 한다.
> 　② $f(x) \geq f(a)$일 때, 함수 $f(x)$는 $x = a$에서 **극소**라 하고, $f(a)$를 **극솟값**이라 한다.
> 　이때 극댓값과 극솟값을 통틀어 **극값**이라 한다.
> (2) **극값과 미분계수**
> 　미분가능한 함수 $f(x)$가 $x = a$에서 극값을 가지면 $f'(a) = 0$이다.

▶　(2)의 역은 성립하지 않는다. 즉, 미분가능한 함수 $f(x)$에 대하여 $f'(a) = 0$이라 해서 함수 $f(x)$가 $x = a$에서 반드시 극
값을 갖는 것은 아니다.
　예를 들어 함수 $f(x) = x^3$에 대하여 $f'(x) = 3x^2$이므로 $f'(0) = 0$이지만 $f(x)$는 $x = 0$에서 극값을 갖지 않는다.

3. 함수의 극대와 극소의 판정　▷ 필수예제 **10, 11**

(1) **도함수를 이용한 함수의 극대와 극소의 판정** [수학Ⅱ 112쪽]

미분가능한 함수 $f(x)$에 대하여 $f'(a)=0$이고, $x=a$의 좌우에서

① $f'(x)$의 부호가 **양에서 음**으로 바뀌면 $f(x)$는 $x=a$에서 **극대**이고, 극댓값은 $f(a)$이다.

② $f'(x)$의 부호가 **음에서 양**으로 바뀌면 $f(x)$는 $x=a$에서 **극소**이고, 극솟값은 $f(a)$이다.

(2) **이계도함수를 이용한 함수의 극대와 극소의 판정**

이계도함수를 갖는 함수 $f(x)$에 대하여 $f'(a)=0$일 때

① $f''(a)<0$이면 $f(x)$는 $x=a$에서 **극대**이고, 극댓값 $f(a)$를 갖는다.

② $f''(a)>0$이면 $f(x)$는 $x=a$에서 **극소**이고, 극솟값 $f(a)$를 갖는다.

▶ $f'(a)=0$, $f''(a)=0$일 때는 함수 $f(x)$가 $x=a$에서 극값을 가질 수도 있고 갖지 않을 수도 있다.
예를 들어 $f(x)=x^3$이면 $f'(0)=f''(0)=0$이지만 $x=0$에서 극값을 갖지 않는다. 그런데 $f(x)=x^4$이면
$f'(0)=f''(0)=0$이고 $x=0$에서 극솟값을 갖는다.

설명　(1) 미분가능한 함수 $f(x)$에 대하여 $f'(x)=0$인 x의 값을 구하고, 그 값의 좌우에서 $f'(x)$의 부호를 조사하면
$f(x)$의 극대와 극소를 판정할 수 있다.

(2) 연속인 이계도함수를 갖는 함수 $f(x)$에 대하여 $f'(a)=0$이라 하자.

① $f''(a)<0$이면 $f'(x)$는 $x=a$를 포함하는 작은 열린구간에서 감소하고
$f'(a)=0$이므로 $x=a$의 좌우에서 $f'(x)$의 부호가 양에서 음으로 바뀐다.
따라서 함수 $f(x)$는 $x=a$에서 극대이다.

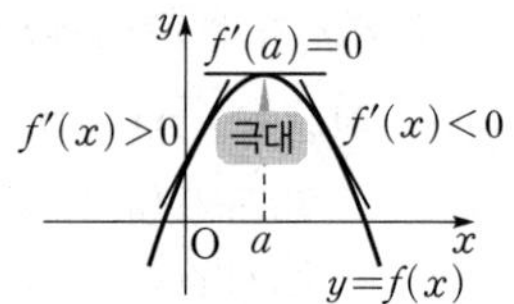

② $f''(a)>0$이면 $f'(x)$는 $x=a$를 포함하는 작은 열린구간에서 증가하고
$f'(a)=0$이므로 $x=a$의 좌우에서 $f'(x)$의 부호가 음에서 양으로 바뀐다.
따라서 함수 $f(x)$는 $x=a$에서 극소이다.

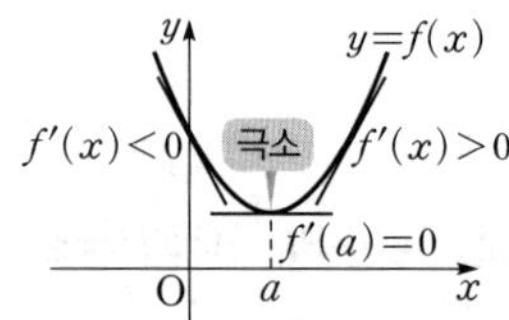

예　이계도함수를 이용하여 함수 $f(x)=x^4-2x^2+7$의 극값을 구하시오.

풀이　$f'(x)=4x^3-4x=4x(x^2-1)=4x(x+1)(x-1)$

$f''(x)=12x^2-4$

$f'(x)=0$에서 $x=-1$ 또는 $x=0$ 또는 $x=1$

이때 $f''(-1)=8>0$, $f''(0)=-4<0$, $f''(1)=8>0$

따라서 함수 $f(x)$는 $x=0$에서 극대이고 극댓값은 $f(0)=7$, $x=-1$ 또는 $x=1$에서 극소이고 극솟
값은 $f(-1)=f(1)=6$이다.

생각해 봅시다!

181 함수 $f(x)=\dfrac{\ln x}{x}$에 대하여 다음 물음에 답하시오.

(1) $f'(x)=0$이 되는 x의 값을 구하시오.

(2) $f'(x)$의 부호를 조사하여 함수 $f(x)$의 증가와 감소를 표로 나타내시오.

(3) $f(x)$의 극값을 구하시오.

182 다음은 각각 도함수와 이계도함수를 이용하여 함수 $f(x)=\dfrac{x^2+1}{x}$의 극값을 구하는 과정이다. $\square$ 안에 알맞은 것을 써넣으시오.

(2) 이계도함수를 갖는 함수 $f(x)$에 대하여 $f'(a)=0$일 때, $f''(a)<0$ $\Rightarrow x=a$에서 극대 $f''(a)>0$ $\Rightarrow x=a$에서 극소

(1) 도함수 이용

$$f'(x)=\frac{2x\times x-(x^2+1)\times 1}{x^2}=\frac{x^2-1}{x^2}$$

$f'(x)=0$에서 $x=\square$ 또는 $x=1$

x	$\cdots$	$\square$	$\cdots$	0	$\cdots$	1	$\cdots$
$f'(x)$	$+$	0	$-$		$-$	0	$+$
$f(x)$	$\nearrow$		$\searrow$		$\searrow$		$\nearrow$

따라서 함수 $f(x)$는 $x=\square$에서 극대이고 극댓값은 $\square$, $x=\square$에서 극소이고 극솟값은 $\square$이다.

(2) 이계도함수 이용

$$f'(x)=\frac{x^2-1}{x^2}$$

$f'(x)=0$에서 $x=\square$ 또는 $x=1$

이때 $f''(x)=\square$ 에서

$f''(-1)=\square<0,\ f''(1)=\square>0$

따라서 함수 $f(x)$는 $x=\square$에서 극대이고 극댓값은 $\square$, $x=\square$에서 극소이고 극솟값은 $\square$이다.

다음 함수의 증가와 감소를 조사하시오.

(1) $f(x)=\ln x-x$　　　　　　　　　　(2) $f(x)=x+\dfrac{1}{x}$

설명　함수 $f(x)$가 어떤 구간에서 미분가능하면 $f(x)$의 증가와 감소는 $f'(x)$의 부호로 알 수 있다.
　　　즉, $f'(x)>0$이면 $f(x)$는 이 구간에서 증가, $f'(x)<0$이면 $f(x)$는 이 구간에서 감소

풀이　(1) $f(x)=\ln x-x$에서 $x>0$이고 $f'(x)=\dfrac{1}{x}-1$

　　　$f'(x)=0$에서 $\dfrac{1}{x}-1=0$　　　∴ $x=1$

　　　함수 $f(x)$의 증가와 감소를 표로 나타내면 다음과 같다.

x	0	$\cdots$	1	$\cdots$
$f'(x)$		$+$	0	$-$
$f(x)$		$\nearrow$	-1	$\searrow$

　　　따라서 함수 $f(x)$는 **구간 $(0, 1]$에서 증가**하고, **구간 $[1, \infty)$에서 감소**한다.

　　　(2) $f(x)=x+\dfrac{1}{x}$에서 $x\neq0$이고 $f'(x)=1-\dfrac{1}{x^2}$

　　　$f'(x)=0$에서 $\dfrac{1}{x^2}=1$　　　∴ $x=-1$ 또는 $x=1$

　　　함수 $f(x)$의 증가와 감소를 표로 나타내면 다음과 같다.

x	$\cdots$	-1	$\cdots$	0	$\cdots$	1	$\cdots$
$f'(x)$	$+$	0	$-$		$-$	0	$+$
$f(x)$	$\nearrow$	-2	$\searrow$		$\searrow$	2	$\nearrow$

　　　따라서 함수 $f(x)$는 **구간 $(-\infty, -1]$, $[1, \infty)$에서 증가**하고, **구간 $[-1, 0)$, $(0, 1]$에서 감소**한다.

KEY Point　• 함수 $f(x)$가 어떤 열린구간에서 미분가능할 때, 이 구간에 속하는 모든 x에 대하여
　　　① $f'(x)>0$이면 $f(x)$는 이 구간에서 증가한다.
　　　② $f'(x)<0$이면 $f(x)$는 이 구간에서 감소한다.

183 다음 함수의 증가와 감소를 조사하시오.

　　(1) $f(x)=e^x-x$

　　(2) $f(x)=x+2\cos x\ (0<x<\pi)$

함수 $f(x)=(k-x)e^{x^2}$이 실수 전체의 집합에서 감소하도록 하는 실수 k의 값의 범위를 구하시오.

설명

함수 $f(x)$가 어떤 구간에서 미분가능하고 그 구간에서

$f(x)$가 증가하면 $f'(x)\geq0$, $f(x)$가 감소하면 $f'(x)\leq0$

풀이

$f(x)=(k-x)e^{x^2}$에서

$f'(x)=-e^{x^2}+(k-x)\times2xe^{x^2}=e^{x^2}(-2x^2+2kx-1)$

함수 $f(x)$가 실수 전체의 집합에서 감소하려면 모든 실수 x에 대하여 $f'(x)\leq0$이어야 하므로

$e^{x^2}(-2x^2+2kx-1)\leq0$

이때 $e^{x^2}>0$이므로 $-2x^2+2kx-1\leq0$, 즉 $2x^2-2kx+1\geq0$

이차방정식 $2x^2-2kx+1=0$의 판별식을 D라 하면

$\dfrac{D}{4}=k^2-2\leq0$, $(k+\sqrt{2})(k-\sqrt{2})\leq0$

$\therefore -\sqrt{2}\leq k\leq\sqrt{2}$

KEY Point

- 함수 $f(x)$가 어떤 열린구간에서 미분가능할 때

① $f(x)$가 이 구간에서 증가하면 이 구간에 속하는 모든 x에 대하여 $f'(x)\geq0$

② $f(x)$가 이 구간에서 감소하면 이 구간에 속하는 모든 x에 대하여 $f'(x)\leq0$

184 함수 $f(x)=ax+\ln(x^2+4)$가 구간 $(-\infty,\ \infty)$에서 증가하도록 하는 실수 a의 값의 범위를 구하시오.

185 함수 $f(x)=(x^2+1)e^{kx}$이 실수 전체의 집합에서 감소하도록 하는 실수 k의 최댓값을 구하시오.

다음 함수의 극값을 구하시오.

(1) $f(x)=\dfrac{x}{x^2+1}$　　　　　　　　(2) $f(x)=x\sin x+\cos x\ (0<x<2\pi)$

설명　　도함수의 부호를 조사하여 함수의 증가와 감소를 표로 나타낸 후, 극값을 구한다.

풀이　　(1) $f'(x)=\dfrac{x^2+1-2x^2}{(x^2+1)^2}=\dfrac{1-x^2}{(x^2+1)^2}$

$f'(x)=0$에서 $1-x^2=0$　　　∴ $x=-1$ 또는 $x=1$

함수 $f(x)$의 증가와 감소를 표로 나타내면 오른쪽과 같다.

x	$\cdots$	-1	$\cdots$	1	$\cdots$
$f'(x)$	$-$	0	$+$	0	$-$
$f(x)$	$\searrow$	극소	$\nearrow$	극대	$\searrow$

따라서 함수 $f(x)$는 $x=1$에서 극대이고

극댓값은 $f(1)=\dfrac{1}{1+1}=\dfrac{1}{2}$, $x=-1$에서

극소이고 **극솟값**은 $f(-1)=\dfrac{-1}{1+1}=-\dfrac{1}{2}$이다.

(2) $f'(x)=\sin x+x\cos x-\sin x=x\cos x$

$f'(x)=0$에서 $x\cos x=0$　　　∴ $x=\dfrac{\pi}{2}$ 또는 $x=\dfrac{3}{2}\pi\ (\because 0<x<2\pi)$

함수 $f(x)$의 증가와 감소를 표로 나타내면 다음과 같다.

x	0	$\cdots$	$\dfrac{\pi}{2}$	$\cdots$	$\dfrac{3}{2}\pi$	$\cdots$	2π
$f'(x)$		$+$	0	$-$	0	$+$	
$f(x)$		$\nearrow$	극대	$\searrow$	극소	$\nearrow$	

따라서 함수 $f(x)$는 $x=\dfrac{\pi}{2}$에서 극대이고 **극댓값**은 $f\left(\dfrac{\pi}{2}\right)=\dfrac{\pi}{2}\sin\dfrac{\pi}{2}+\cos\dfrac{\pi}{2}=\dfrac{\pi}{2}$,

$x=\dfrac{3}{2}\pi$에서 극소이고 **극솟값**은 $f\left(\dfrac{3}{2}\pi\right)=\dfrac{3}{2}\pi\sin\dfrac{3}{2}\pi+\cos\dfrac{3}{2}\pi=-\dfrac{3}{2}\pi$이다.

KEY Point　• 함수 $f(x)$의 극값을 구할 때는

(ⅰ) $f'(x)=0$인 x의 값을 구한다.

(ⅱ) 함수의 증가와 감소를 표로 나타내어 극값을 구한다.

186 다음 함수의 극값을 구하시오.

(1) $f(x)=\dfrac{x^2-3x}{x^2+3}$　　　　　　　(2) $f(x)=\sqrt{1-x^2}+x\ (0<x<1)$

(3) $f(x)=x^2e^{-x}$　　　　　　　　　(4) $f(x)=\cos^2 x\ (0<x<\pi)$

이계도함수를 이용하여 다음 함수의 극값을 구하시오.

(1) $f(x)=x-2\sin x\ (0<x<2\pi)$ (2) $f(x)=x^2\ln x$

설명 $f'(a)=0$일 때, $f''(a)<0$이면 $f(x)$는 $x=a$에서 극대, $f''(a)>0$이면 $f(x)$는 $x=a$에서 극소이다.

풀이   (1) $f'(x)=1-2\cos x$이므로

$$f'(x)=0\text{에서 }\cos x=\frac{1}{2} \qquad \therefore x=\frac{\pi}{3}\text{ 또는 }x=\frac{5}{3}\pi$$

$f''(x)=2\sin x$이므로

$$f''\left(\frac{\pi}{3}\right)=\sqrt{3}>0,\ f''\left(\frac{5}{3}\pi\right)=-\sqrt{3}<0$$

따라서 함수 $f(x)$는 $x=\frac{5}{3}\pi$에서 극대이고 **극댓값**은 $f\left(\frac{5}{3}\pi\right)=\frac{5}{3}\pi-2\sin\frac{5}{3}\pi=\frac{5}{3}\pi+\sqrt{3}$,

$x=\frac{\pi}{3}$에서 극소이고 **극솟값**은 $f\left(\frac{\pi}{3}\right)=\frac{\pi}{3}-2\sin\frac{\pi}{3}=\frac{\pi}{3}-\sqrt{3}$이다.

(2) $f'(x)=2x\ln x+x^2\times\frac{1}{x}=x(2\ln x+1)$이므로

$$f'(x)=0\text{에서 }2\ln x+1=0\ (\because x>0) \qquad \therefore x=e^{-\frac{1}{2}}=\frac{1}{\sqrt{e}}$$

$f''(x)=2\ln x+1+x\times\frac{2}{x}=2\ln x+3$이므로

$$f''\left(\frac{1}{\sqrt{e}}\right)=2>0$$

따라서 함수 $f(x)$는 $x=\frac{1}{\sqrt{e}}$에서 극소이고 **극솟값**은 $f\left(\frac{1}{\sqrt{e}}\right)=\frac{1}{e}\ln\frac{1}{\sqrt{e}}=-\frac{1}{2e}$이다.

KEY Point

- 이계도함수를 갖는 함수 $f(x)$에 대하여 $f'(a)=0$일 때
  ① $f''(a)<0$이면 $f(x)$는 $x=a$에서 극대이다.
  ② $f''(a)>0$이면 $f(x)$는 $x=a$에서 극소이다.

확인 체크 187 이계도함수를 이용하여 다음 함수의 극값을 구하시오.

(1) $f(x)=xe^x$ (2) $f(x)=\sqrt{3}\sin x+\cos x\ (0<x<2\pi)$

(3) $f(x)=x(\ln x)^2$ (4) $f(x)=e^x(\sin x+\cos x)\ (0<x<2\pi)$

함수 $f(x)=\dfrac{x^2+ax+b}{x-1}$가 $x=3$에서 극솟값 -1을 가질 때, 상수 a, b의 값과 극댓값을 구하시오.

풀이

$$f'(x)=\frac{(2x+a)(x-1)-(x^2+ax+b)}{(x-1)^2}=\frac{x^2-2x-a-b}{(x-1)^2}$$

함수 $f(x)$가 $x=3$에서 극솟값 -1을 가지므로

$f(3)=-1$, $f'(3)=0$

$f(3)=\dfrac{9+3a+b}{2}=-1$ 　　　　$\therefore\ 3a+b=-11$　　……　㉠

$f'(3)=\dfrac{9-6-a-b}{4}=0$ 　　　$\therefore\ a+b=3$　　……　㉡

㉠, ㉡을 연립하여 풀면 $a=-7$, $b=10$

$$\therefore\ f(x)=\frac{x^2-7x+10}{x-1},\ f'(x)=\frac{x^2-2x-3}{(x-1)^2}=\frac{(x+1)(x-3)}{(x-1)^2}$$

$f'(x)=0$에서 $x=-1$ 또는 $x=3$

함수 $f(x)$의 증가와 감소를 표로 나타내면 다음과 같다.

x	$\cdots$	-1	$\cdots$	1	$\cdots$	3	$\cdots$
$f'(x)$	$+$	0	$-$		$-$	0	$+$
$f(x)$	↗	극대	↘		↘	극소	↗

따라서 함수 $f(x)$는 $x=-1$에서 극대이고 **극댓값**은

$$f(-1)=\frac{1+7+10}{-2}=-9\text{이다.}$$

188 함수 $f(x)=ax^2-bx+\ln x$가 $x=1$에서 극솟값 -2를 가질 때, 상수 a, b의 값을 구하시오.

189 함수 $f(x)=e^{kx}\sin x$가 $x=\dfrac{\pi}{4}$에서 극댓값을 가질 때, 상수 k의 값을 구하시오.

다음 물음에 답하시오.

(1) 함수 $f(x)=\ln x+\dfrac{a}{4x}-4x$가 극댓값과 극솟값을 모두 갖도록 하는 실수 a의 값의 범위를 구하시오.

(2) 함수 $f(x)=kx-2\cos x$가 극값을 갖지 않도록 하는 양의 정수 k의 최솟값을 구하시오.

설명

미분가능한 함수 $f(x)$의 극대, 극소는 $f'(x)=0$인 점에서 발생하고 그 점의 좌우에서 $f'(x)$의 부호가 바뀐다. 부호가 바뀌지 않으면 극대도 극소도 아니다.

(1) 극값을 가지려면 $f'(x)=0$인 점이 존재하고 $f'(x)=0$인 점의 좌우에서 $f'(x)$의 부호가 바뀌도록 하는 a의 값의 범위를 구한다.

(2) 극값을 갖지 않으려면 $f'(x)$의 부호가 바뀌지 않아야 하므로 모든 실수 x에 대하여 $f'(x)\geq0$ 또는 $f'(x)\leq0$이어야 한다.

풀이

(1) $f'(x)=\dfrac{1}{x}-\dfrac{a}{4x^2}-4=\dfrac{-16x^2+4x-a}{4x^2}$

함수 $f(x)$가 극댓값과 극솟값을 모두 가지려면 $f'(x)=0$을 만족시키는 서로 다른 두 실수 x가 존재해야 하므로 이차방정식 $-16x^2+4x-a=0$이 $x>0$에서 서로 다른 두 양의 실근을 가져야 한다.

(i) 이차방정식 $-16x^2+4x-a=0$의 판별식을 D라 하면

$$\frac{D}{4}=4-16a>0 \qquad \therefore a<\frac{1}{4}$$

(ii) 두 근이 모두 양수이어야 하므로 근과 계수의 관계에 의하여

$$(\text{두 근의 합})=\frac{1}{4}>0, \ (\text{두 근의 곱})=\frac{a}{16}>0 \qquad \therefore a>0$$

(i), (ii)에서 구하는 실수 a의 값의 범위는

$$0<a<\frac{1}{4}$$

(2) $f'(x)=k+2\sin x$

함수 $f(x)$가 극값을 갖지 않으려면 모든 실수 x에 대하여 $f'(x)\leq0$ 또는 $f'(x)\geq0$이어야 한다.

즉, $k+2\sin x\leq0$ 또는 $k+2\sin x\geq0$에서

$$\sin x\leq-\frac{k}{2} \ \text{또는} \ \sin x\geq-\frac{k}{2}$$

그런데 $-1\leq\sin x\leq1$이므로 $-\dfrac{k}{2}\geq1$ 또는 $-\dfrac{k}{2}\leq-1$이어야 한다.

$$\therefore k\leq-2 \ \text{또는} \ k\geq2$$

따라서 양의 정수 k의 최솟값은 **2**이다.

190 함수 $f(x)=\dfrac{x^2-x+a}{e^x}$가 극값을 가질 때, 실수 a의 값의 범위를 구하시오.

191 함수 $f(x)=e^x(x^2+2x+k)$가 극값을 갖지 않도록 하는 실수 k의 값의 범위를 구하시오.

연습문제

STEP 1

178 함수 $f(x)=\dfrac{\ln(1+x)}{1+x}$가 구간 $(-1, a]$에서 증가하고 구간 $[a, \infty)$에서 감소할 때, 상수 a의 값을 구하시오.

179 함수 $f(x)=2x-\ln(x^2+k)$가 실수 전체의 집합에서 증가하도록 하는 양수 k의 값의 범위를 구하시오.

함수 $f(x)$가 실수 전체의 집합에서 증가
$\Rightarrow$ 모든 실수 x에 대하여 $f'(x)\geq 0$

180 함수 $f(x)=xe^{ax+b}$이 $x=-2$에서 극솟값 $-\dfrac{2}{e}$를 가질 때, 상수 a, b의 값을 구하시오.

STEP 2

181 함수 $f(x)=a\sin x+b\cos x+x$가 $x=\dfrac{\pi}{3}$와 $x=\pi$에서 극값을 가질 때, 극솟값을 구하시오. (단, $0\leq x<2\pi$)

이계도함수를 이용하여 극대, 극소를 구분하고 극값을 구한다.

182 함수 $f(x)=2\ln x-\dfrac{a}{x}-x$가 극값을 갖지 않을 때, 다음 중 상수 a의 값이 될 수 있는 것은?

① -3 ② $-\dfrac{1}{2}$ ③ $\dfrac{1}{2}$ ④ 1 ⑤ 2

실력 UP

183 $x>0$에서 함수 $f(x)=e^{-x}(\sin x+\cos x)$의 극댓값을 큰 것부터 차례로 $a_1, a_2, a_3, \cdots$이라 할 때, $\ln a_{99}-\ln a_{100}$의 값을 구하시오.

03 곡선의 오목과 볼록

4. 도함수의 활용

1. 곡선의 오목과 볼록

어떤 구간에서 곡선 $y=f(x)$ 위의 임의의 서로 다른 두 점 P, Q에 대하여

(1) 두 점 P, Q 사이에 있는 곡선의 부분이 선분 PQ보다 항상 아래쪽에 있으면 곡선 $y=f(x)$는 이 구간에서 **아래로 볼록**(또는 **위로 오목**)하다고 한다.

(2) 두 점 P, Q 사이에 있는 곡선의 부분이 선분 PQ보다 항상 위쪽에 있으면 곡선 $y=f(x)$는 이 구간에서 **위로 볼록**(또는 **아래로 오목**)하다고 한다.

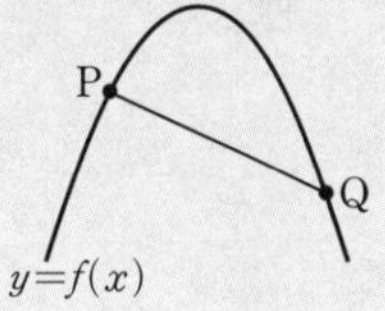

2. 곡선의 오목과 볼록의 판정 ▷ 필수예제 **14**

이계도함수를 갖는 함수 $f(x)$가 어떤 구간에서

(1) $f''(x)>0$이면 곡선 $y=f(x)$는 이 구간에서 **아래로 볼록**하다.

(2) $f''(x)<0$이면 곡선 $y=f(x)$는 이 구간에서 **위로 볼록**하다.

설명 곡선의 오목과 볼록을 이계도함수를 이용하여 조사해 보자.

(1) 함수 $f(x)$가 어떤 구간에서 $f''(x)>0$이면 그 구간에서 $f'(x)$는 증가하므로 곡선 $y=f(x)$의 접선의 기울기도 증가한다.

따라서 곡선 $y=f(x)$는 이 구간에서 아래로 볼록(또는 위로 오목)하다.

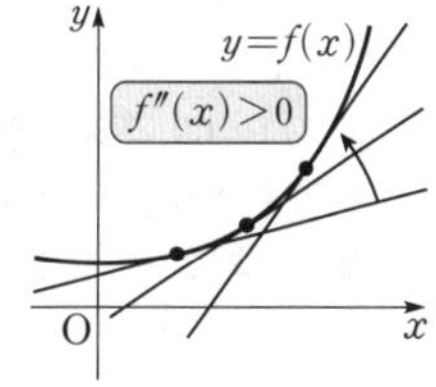

(2) 함수 $f(x)$가 어떤 구간에서 $f''(x)<0$이면 그 구간에서 $f'(x)$는 감소하므로 곡선 $y=f(x)$의 접선의 기울기도 감소한다.

따라서 곡선 $y=f(x)$는 이 구간에서 위로 볼록(또는 아래로 오목)하다.

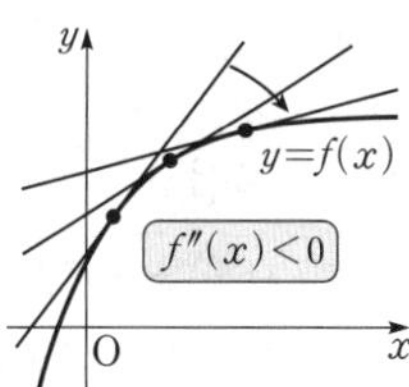

예 곡선 $f(x)=x^3-3x^2+4$의 오목과 볼록을 조사하시오.

풀이 $f'(x)=3x^2-6x$, $f''(x)=6x-6=6(x-1)$

$f''(x)=0$에서 $x=1$

이때 $x<1$에서 $f''(x)<0$, $x>1$에서 $f''(x)>0$이므로 곡선 $y=f(x)$는 구간 $(-\infty,\ 1)$에서 위로 볼록하고, 구간 $(1,\ \infty)$에서 아래로 볼록하다.

3. 변곡점 ▷ 필수예제 **14**

곡선 $y=f(x)$ 위의 점 $\mathrm{P}(a,\ f(a))$에 대하여 $x=a$의 좌우에서 곡선의 모양이 아래로 볼록에서 위로 볼록으로 변하거나 위로 볼록에서 아래로 볼록으로 변할 때, 점 P를 곡선 $y=f(x)$의 **변곡점**이라 한다.

즉, $x=a$의 좌우에서 이계도함수 $f''(x)$의 부호가 바뀌는 점 $\mathrm{P}(a,\ f(a))$가 곡선 $y=f(x)$의 변곡점이다.

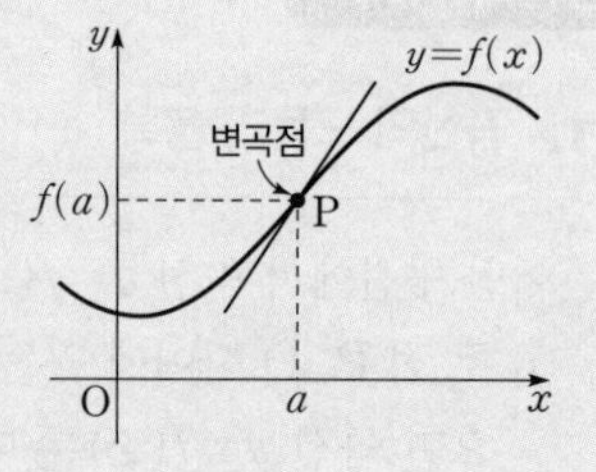

▶ ① 함수 $y=f(x)$에 대하여 $f''(x)$의 부호가 $x=a$의 좌우에서 바뀌면 다음 그림과 같이 곡선의 오목과 볼록의 상태가 바뀐다.

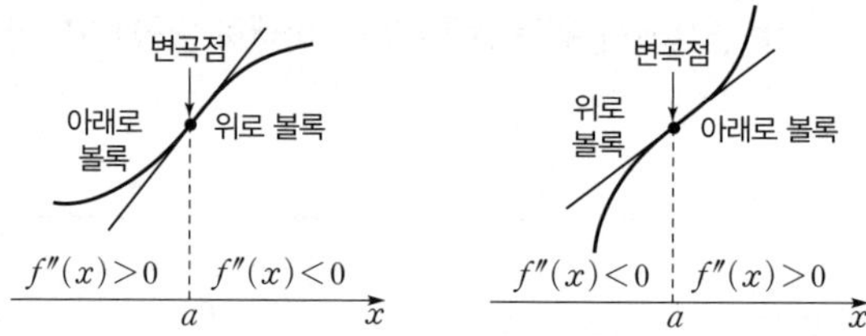

② $f''(a)=0$이 되는 곡선 $y=f(x)$ 위의 $x=a$인 점에서 접선을 그었을 때, 곡선이 접선의 위쪽에 있으면 곡선 $y=f(x)$는 아래로 볼록하고, 곡선이 접선의 아래쪽에 있으면 곡선 $y=f(x)$는 위로 볼록하다.

4. 변곡점의 판정 ▷ 필수예제 **14**

이계도함수를 갖는 함수 $f(x)$에서 $f''(a)=0$이고 $x=a$의 좌우에서 $f''(x)$의 부호가 바뀌면 점 $(a,\ f(a))$는 곡선 $y=f(x)$의 변곡점이다.

▶ $f''(a)=0$이라 해서 점 $(a,\ f(a))$가 항상 변곡점인 것은 아니다.
예를 들어 $f(x)=x^4$에서 $f''(0)=0$이지만 $x=0$의 좌우에서 $f''(x)$의 부호가 바뀌지 않으므로 점 $(0,0)$은 곡선 $y=f(x)$의 변곡점이 아니다.

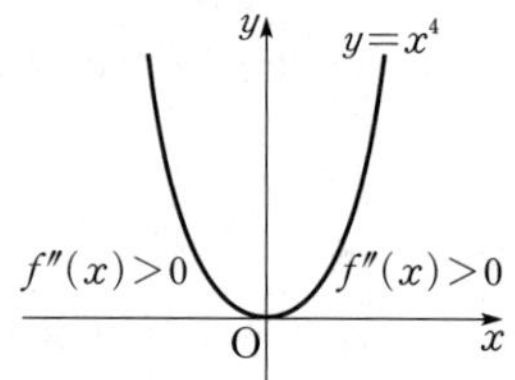

예 곡선 $y=e^{-x^2}$의 변곡점의 좌표를 구하시오.

풀이 $f(x)=e^{-x^2}$으로 놓으면

$$f'(x)=-2xe^{-x^2},\ f''(x)=-2e^{-x^2}+4x^2e^{-x^2}=(4x^2-2)e^{-x^2}$$

$f''(x)=0$에서 $x=-\dfrac{\sqrt{2}}{2}$ 또는 $x=\dfrac{\sqrt{2}}{2}$

$x=-\dfrac{\sqrt{2}}{2},\ x=\dfrac{\sqrt{2}}{2}$의 좌우에서 각각 $f''(x)$의 부호가 바뀌므로

곡선 $y=e^{-x^2}$의 변곡점의 좌표는

$$\left(-\dfrac{\sqrt{2}}{2},\ \dfrac{1}{\sqrt{e}}\right),\ \left(\dfrac{\sqrt{2}}{2},\ \dfrac{1}{\sqrt{e}}\right)$$

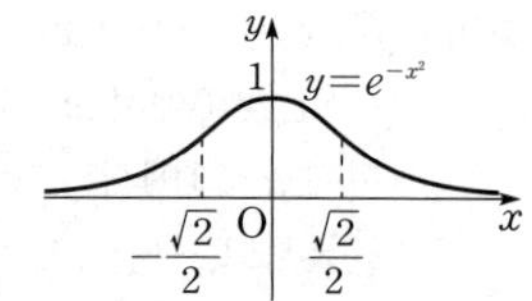

192 다음은 주어진 함수 $f(x)$에 대하여 곡선 $y=f(x)$의 오목과 볼록을 조사한 것이다. ☐ 안에 알맞은 것을 써넣으시오.

(1) $f(x)=x^4-2x^3+2x-1$

> $f(x)=x^4-2x^3+2x-1$에서
> $f'(x)=$ ☐ , $f''(x)=$ ☐
> $f''(x)=0$에서 $x=$ ☐ 또는 $x=$ ☐
> 따라서 곡선 $y=f(x)$는 구간 ☐ , ☐ 에서 $f''(x)>0$이므로 ☐ 볼록하고, 구간 ☐ 에서 $f''(x)<0$이므로 ☐ 볼록하다.

(2) $f(x)=\sin x \ (0<x<2\pi)$

> $f(x)=\sin x$에서
> $f'(x)=$ ☐ , $f''(x)=$ ☐
> $f''(x)=0$에서 $x=\pi \ (\because \ 0<x<2\pi)$
> 따라서 곡선 $y=f(x)$는 구간 ☐ 에서 $f''(x)>0$이므로 ☐ 볼록하고, 구간 ☐ 에서 $f''(x)<0$이므로 ☐ 볼록하다.

193 다음은 곡선 $f(x)=3x^5-5x^4$의 변곡점의 좌표를 구하는 과정이다. ☐ 안에 알맞은 것을 써넣으시오.

> $f(x)=3x^5-5x^4$에서
> $f'(x)=$ ☐ , $f''(x)=$ ☐
> $f''(x)=0$에서 $x=$ ☐ 또는 $x=$ ☐
> 이때 $x<$ ☐ 또는 ☐ $<x<$ ☐ 에서 $f''(x)<0$이고
> $x>$ ☐ 에서 $f''(x)>0$이다.
> 따라서 변곡점의 좌표는 (☐ , ☐)이다.

다음 곡선의 오목과 볼록을 조사하고, 변곡점의 좌표를 구하시오.

(1) $y=x^3-3x^2+5$　　　　　　　　(2) $y=xe^x$

설명　곡선의 오목, 볼록은 $f''(x)$의 부호로 판정한다.
　　⇨ $f''(x)>0$이면 아래로 볼록, $f''(x)<0$이면 위로 볼록

풀이　(1) $f(x)=x^3-3x^2+5$로 놓으면
　　　$f'(x)=3x^2-6x=3x(x-2),\ f''(x)=6x-6=6(x-1)$
　　　$f'(x)=0$에서 $x=0$ 또는 $x=2$
　　　$f''(x)=0$에서 $x=1$
　　　함수 $f(x)$의 증가와 감소를 표로 나타내면 오른쪽과 같다.
　　　따라서 곡선 $y=f(x)$는
　　　구간 $(-\infty,\ 1)$에서 $f''(x)<0$이므로 **위로 볼록**하고, **구간 $(1,\ \infty)$에서** $f''(x)>0$이므로 **아래로 볼록**하다.
　　　이때 **변곡점의 좌표**는 **$(1,\ 3)$**이다.

x	$\cdots$	0	$\cdots$	1	$\cdots$	2	$\cdots$
$f'(x)$	$+$	0	$-$	$-$	$-$	0	$+$
$f''(x)$	$-$	$-$	$-$	0	$+$	$+$	$+$
$f(x)$	↗	극대	↘	변곡점	↘	극소	↗

　(2) $f(x)=xe^x$으로 놓으면
　　　$f'(x)=e^x+xe^x=(1+x)e^x,\ f''(x)=e^x+(1+x)e^x=(2+x)e^x$
　　　$f'(x)=0$에서 $x=-1$
　　　$f''(x)=0$에서 $x=-2$
　　　함수 $f(x)$의 증가와 감소를 표로 나타내면 오른쪽과 같다.
　　　따라서 곡선 $y=f(x)$는 구간 $(-\infty,\ -2)$에서 $f''(x)<0$이므로 **위로 볼록**하고, **구간 $(-2,\ \infty)$에서** $f''(x)>0$이므로 **아래로 볼록**하다.

　　　이때 **변곡점의 좌표**는 $\left(-2,\ -\dfrac{2}{e^2}\right)$이다.

x	$\cdots$	-2	$\cdots$	-1	$\cdots$
$f'(x)$	$-$	$-$	$-$	0	$+$
$f''(x)$	$-$	0	$+$	$+$	$+$
$f(x)$	↘	변곡점	↘	극소	↗

참고　함수 $y=f(x)$의 그래프는
① $f'(x)>0,\ f''(x)>0$일 때 ⇨ 아래로 볼록하면서 증가(↗)
② $f'(x)>0,\ f''(x)<0$일 때 ⇨ 위로 볼록하면서 증가(↗)
③ $f'(x)<0,\ f''(x)>0$일 때 ⇨ 아래로 볼록하면서 감소(↘)
④ $f'(x)<0,\ f''(x)<0$일 때 ⇨ 위로 볼록하면서 감소(↘)

194 다음 곡선의 오목과 볼록을 조사하고, 변곡점의 좌표를 구하시오.

(1) $y=x^4+4x^3+20$　　　　　　　(2) $y=x+2\cos x\ (0<x<2\pi)$

(3) $y=\dfrac{1}{x^2+3}$　　　　　　　　(4) $y=\ln(x^2+1)$

함수 $f(x)=x^3-ax^2+bx-1$의 변곡점의 좌표가 $(2, 5)$일 때, 상수 a, b의 값을 구하시오.

풀이

$f'(x)=3x^2-2ax+b$

$f''(x)=6x-2a$

이때 변곡점의 좌표가 $(2, 5)$이므로

$f(2)=5,\ f''(2)=0$

$f(2)=8-4a+2b-1=5$

$\therefore 2a-b=1$　　$\cdots\cdots$ ㉠

$f''(2)=12-2a=0$　　$\therefore \boldsymbol{a=6}$

$a=6$을 ㉠에 대입하면

$12-b=1$　　$\therefore \boldsymbol{b=11}$

KEY Point

- 곡선 $y=f(x)$의 변곡점의 좌표가 (α, β)이면
 $\Rightarrow f(\alpha)=\beta,\ f''(\alpha)=0$

195 함수 $f(x)=ax^2+bx-4\ln x$가 $x=2$에서 극대이고 곡선 $y=f(x)$의 변곡점의 x좌표가 $\sqrt{2}$일 때, 상수 a, b에 대하여 $a+b$의 값을 구하시오.

196 함수 $f(x)=ax^3+bx^2+cx$의 $x=2$에서의 접선의 기울기가 4이고 점 $(1, 2)$가 곡선 $y=f(x)$의 변곡점일 때, 상수 a, b, c의 값을 구하시오.

1. 함수의 그래프의 개형 ▷ 필수예제 **16~18**

함수 $y=f(x)$의 그래프의 개형은 다음을 고려하여 그린다.
(1) 함수의 정의역과 치역
(2) 좌표축과의 교점
(3) 그래프의 대칭성과 주기
(4) 함수의 증가와 감소, 극대와 극소
(5) 곡선의 오목과 볼록, 변곡점
(6) $\lim\limits_{x \to \infty} f(x)$, $\lim\limits_{x \to -\infty} f(x)$, 점근선

설명 함수의 그래프의 개형을 결정하는 요소들에 대하여 알아보자.

(1) 함수의 정의역

① 유리함수의 정의역: (분모)$\neq 0$인 실수 전체의 집합

② 무리함수의 정의역: (근호 안의 식의 값)≥ 0이 되도록 하는 실수 전체의 집합

③ 로그함수의 정의역: (로그의 진수)> 0이 되도록 하는 실수 전체의 집합

(3) 그래프의 대칭성

함수 $f(x)$가 정의역에 속하는 임의의 실수 x에 대하여

① $f(-x)=f(x)$ ⇨ 그래프는 y축에 대하여 대칭(우함수)

② $f(-x)=-f(x)$ ⇨ 그래프는 원점에 대하여 대칭(기함수)

(6) 점근선

곡선이 어떤 직선에 한없이 가까워질 때, 이 직선을 그 곡선의 점근선이라 한다.

a, b가 실수일 때, 곡선 $y=f(x)$에 대하여

① $\lim\limits_{x \to \infty} f(x)=b$ 또는 $\lim\limits_{x \to -\infty} f(x)=b$ ⇨ 점근선은 직선 $y=b$

② $\lim\limits_{x \to a+} f(x)=\pm\infty$ 또는 $\lim\limits_{x \to a-} f(x)=\pm\infty$ ⇨ 점근선은 직선 $x=a$

③ $\lim\limits_{x \to \infty}\{f(x)-(px+q)\}=0$ 또는 $\lim\limits_{x \to -\infty}\{f(x)-(px+q)\}=0$ ⇨ 점근선은 직선 $y=px+q$

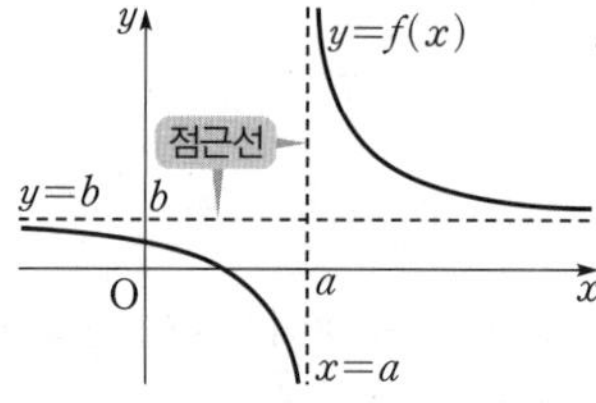

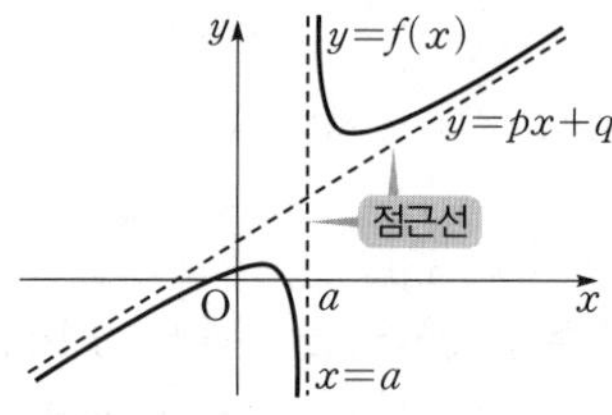

함수 $f(x)=\dfrac{3}{x^2+3}$ 의 그래프를 그리시오.

설명　유리함수의 정의역 ⇨ (분모)$\neq 0$인 실수 전체의 집합

풀이　(i) $x^2+3\neq 0$이므로 주어진 함수의 정의역은 실수 전체의 집합이다.

(ii) $x=0$일 때, $f(0)=1$이므로 그래프와 y축의 교점의 좌표는 $(0,\,1)$이다.

(iii) $f(-x)=\dfrac{3}{(-x)^2+3}=f(x)$이므로 그래프는 y축에 대하여 대칭이다.

(iv) $f'(x)=\dfrac{-3\times 2x}{(x^2+3)^2}=\dfrac{-6x}{(x^2+3)^2}$

$\quad f''(x)=\dfrac{-6(x^2+3)^2+6x\times 2(x^2+3)\times 2x}{(x^2+3)^4}=\dfrac{18x^2-18}{(x^2+3)^3}=\dfrac{18(x+1)(x-1)}{(x^2+3)^3}$

$\quad f'(x)=0$에서 $x=0$

$\quad f''(x)=0$에서 $x=-1$ 또는 $x=1$

함수 $f(x)$의 증가와 감소, 오목과 볼록을 표로 나타내면 다음과 같다.

x	$\cdots$	-1	$\cdots$	0	$\cdots$	1	$\cdots$
$f'(x)$	$+$	$+$	$+$	0	$-$	$-$	$-$
$f''(x)$	$+$	0	$-$	$-$	$-$	0	$+$
$f(x)$	↗	$\dfrac{3}{4}$ 변곡점	↗	1 극대	↘	$\dfrac{3}{4}$ 변곡점	↘

(v) $\displaystyle\lim_{x\to-\infty}\dfrac{3}{x^2+3}=0,\ \lim_{x\to\infty}\dfrac{3}{x^2+3}=0$이므로 점근선은 x축이다.

따라서 함수 $f(x)=\dfrac{3}{x^2+3}$ 의 그래프는 오른쪽 그림과 같다.

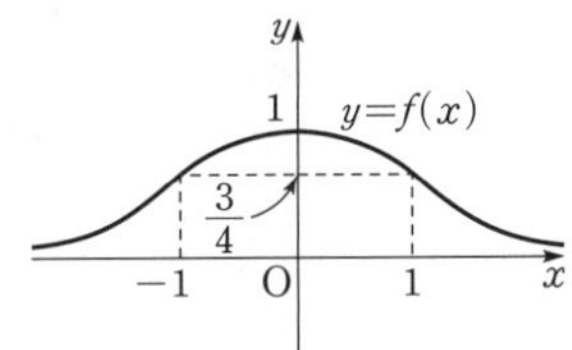

KEY Point

• 함수의 그래프

⇨ 함수의 정의역과 치역, 좌표축과의 교점, 그래프의 대칭성과 주기, 함수의 증가와 감소, 극대와 극소, 곡선의 오목과 볼록, 변곡점, $\displaystyle\lim_{x\to\infty}f(x)$, $\displaystyle\lim_{x\to-\infty}f(x)$, 점근선 등을 고려하여 그래프를 그린다.

확인체크

197 다음 함수의 그래프를 그리시오.

(1) $f(x)=\dfrac{2x}{x^2+1}$　　　　　　　　(2) $f(x)=\dfrac{x^2+x+2}{x-1}$

(3) $f(x)=x-\sqrt{x-1}$　　　　　　　　(4) $f(x)=x\sqrt{x+2}$

다음 함수의 그래프를 그리시오.

(1) $f(x)=xe^{-x}$　　　　　　　　　(2) $f(x)=\dfrac{\ln x}{x}$

풀이

(1) (ⅰ) 정의역은 실수 전체의 집합이다.

(ⅱ) $x=0$일 때, $f(0)=0$이므로 그래프는 원점을 지난다.

(ⅲ) $f'(x)=e^{-x}-xe^{-x}=(1-x)e^{-x}$

$\quad f''(x)=-e^{-x}-(1-x)e^{-x}=(x-2)e^{-x}$

$\quad f'(x)=0$에서 $x=1$

$\quad f''(x)=0$에서 $x=2$

(ⅳ) $\displaystyle\lim_{x\to-\infty} f(x)=\lim_{x\to-\infty} xe^{-x}=-\infty$,

$\quad \displaystyle\lim_{x\to\infty} f(x)=\lim_{x\to\infty} xe^{-x}=\lim_{x\to\infty}\dfrac{x}{e^{x}}=0$이므로

점근선은 x축이다.

따라서 함수 $f(x)=xe^{-x}$의 그래프는 오른쪽 그림과 같다.

x	$\cdots$	1	$\cdots$	2	$\cdots$
$f'(x)$	$+$	0	$-$	$-$	$-$
$f''(x)$	$-$	$-$	$-$	0	$+$
$f(x)$	↗	$\dfrac{1}{e}$ 극대	↘	$\dfrac{2}{e^{2}}$ 변곡점	↘

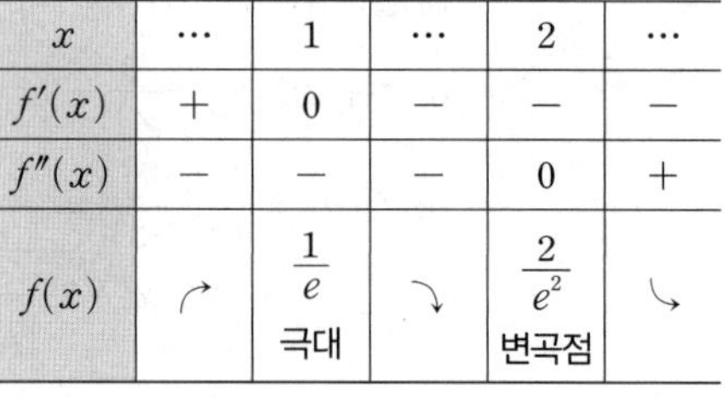

(2) (ⅰ) 정의역은 $x>0$인 실수 전체의 집합이다.

(ⅱ) $x=1$일 때, $f(1)=0$이므로 그래프와 x축의 교점의 좌표는 $(1,\,0)$이다.

(ⅲ) $f'(x)=\dfrac{\dfrac{1}{x}\times x-\ln x}{x^{2}}=\dfrac{1-\ln x}{x^{2}}$

$\quad f''(x)=\dfrac{-\dfrac{1}{x}\times x^{2}-(1-\ln x)\times 2x}{x^{4}}$

$\qquad\quad =\dfrac{2\ln x-3}{x^{3}}$

$\quad f'(x)=0$에서 $\ln x=1$　　　$\therefore x=e$

$\quad f''(x)=0$에서 $\ln x=\dfrac{3}{2}$　　　$\therefore x=e^{\frac{3}{2}}=e\sqrt{e}$

x	0	$\cdots$	e	$\cdots$	$e\sqrt{e}$	$\cdots$
$f'(x)$		$+$	0	$-$	$-$	$-$
$f''(x)$		$-$	$-$	$-$	0	$+$
$f(x)$		↗	$\dfrac{1}{e}$ 극대	↘	$\dfrac{3}{2e\sqrt{e}}$ 변곡점	↘

(ⅳ) $\displaystyle\lim_{x\to 0+} f(x)=\lim_{x\to 0+}\dfrac{\ln x}{x}=-\infty$,

$\quad \displaystyle\lim_{x\to\infty} f(x)=\lim_{x\to\infty}\dfrac{\ln x}{x}=0$

이므로 점근선은 x축이다.

따라서 함수 $f(x)=\dfrac{\ln x}{x}$의 그래프는 오른쪽 그림과 같다.

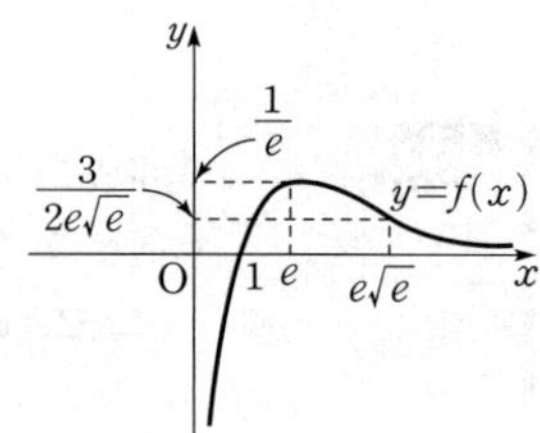

 **확인 체크**　**198** 다음 함수의 그래프를 그리시오.

(1) $f(x)=e^{-x^{2}}$　　　　　　　　(2) $f(x)=\ln(x^{2}+1)^{2}$

함수 $f(x)=x+2\sin x$의 그래프를 그리시오. (단, $0\leq x\leq 2\pi$)

설명　　주어진 범위에서 증가와 감소를 나타내는 표를 만든다.

풀이　　(ⅰ) 주어진 함수의 정의역은 $\{x\,|\,0\leq x\leq 2\pi\}$이다.

(ⅱ) $x=0$일 때, $f(0)=0$이므로 그래프는 원점을 지난다.

(ⅲ) $f'(x)=1+2\cos x$, $f''(x)=-2\sin x$

$f'(x)=0$에서 $\cos x=-\dfrac{1}{2}$　　　$\therefore x=\dfrac{2}{3}\pi$ 또는 $x=\dfrac{4}{3}\pi$ $(\because 0\leq x\leq 2\pi)$

$f''(x)=0$에서 $\sin x=0$　　$\therefore x=0$ 또는 $x=\pi$ 또는 $x=2\pi$ $(\because 0\leq x\leq 2\pi)$

함수 $f(x)$의 증가와 감소, 오목과 볼록을 표로 나타내면 다음과 같다.

x	0	$\cdots$	$\dfrac{2}{3}\pi$	$\cdots$	π	$\cdots$	$\dfrac{4}{3}\pi$	$\cdots$	2π
$f'(x)$		$+$	0	$-$	$-$	$-$	0	$+$	
$f''(x)$		$-$	$-$	$-$	0	$+$	$+$	$+$	
$f(x)$	0	$\nearrow$	$\dfrac{2}{3}\pi+\sqrt{3}$ 극대	$\searrow$	π 변곡점	$\searrow$	$\dfrac{4}{3}\pi-\sqrt{3}$ 극소	$\nearrow$	2π

따라서 함수 $f(x)=x+2\sin x$의 그래프는 오른쪽 그림과 같다.

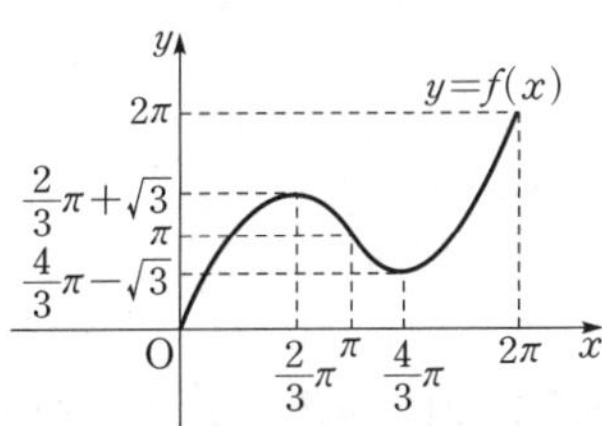

KEY Point

• 삼각함수의 그래프
⇨ 주어진 범위에서 $f'(x)=0$, $f''(x)=0$인 x의 값을 구하고 그 값을 경계로 나눈 구간에서 $f'(x)$, $f''(x)$의 부호를 조사하여 증가와 감소를 표로 나타내고 그래프를 그린다.

확인체크

199 함수 $f(x)=(2-\sin x)\sin x$의 그래프를 그리시오. (단, $0\leq x\leq 2\pi$)

200 함수 $f(x)=\cos x-\sin x$의 그래프를 그리시오. (단, $0\leq x\leq \pi$)

연습문제

생각해 봅시다!

184 함수 $f(x)=e^x(x^2+4x+2)$의 그래프의 모양이 위로 볼록한 구간은?

① $(-12, -10)$ ② $(-10, -5)$ ③ $(-6, -2)$

④ $(-3, 0)$ ⑤ $(2, 6)$

185 곡선 $y=x^3-3x^2+2$가 점 P에 대하여 대칭일 때, 점 P의 좌표를 구하시오.

삼차함수의 그래프는 변곡점에 대하여 대칭이다.

186 곡선 $y=e^x-e^{-x}+1$의 변곡점에서의 접선의 방정식은?

① $y=x+1$ ② $y=ex+1$ ③ $y=\left(e+\dfrac{1}{e}\right)x+e$

④ $y=2x+1$ ⑤ $y=x+2$

187 사차함수 $y=f(x)$의 도함수 $y=f'(x)$의 그래프가 오른쪽 그림과 같을 때, 곡선 $y=f(x)$의 변곡점의 x좌표를 모두 구하시오.

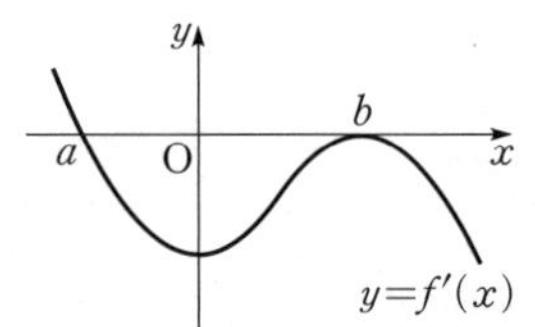

$x=a$의 좌우에서 $f''(x)$의 부호가 바뀌면 점 $(a, f(a))$는 곡선 $y=f(x)$의 변곡점이다.

[평가원기출]
188 좌표평면에서 점 $(2, a)$가 곡선 $y=\dfrac{2}{x^2+b}$ $(b>0)$의 변곡점일 때, $\dfrac{b}{a}$의 값을 구하시오. (단, a, b는 상수)

점 (α, β)가 곡선 $y=f(x)$의 변곡점 $\Rightarrow f(\alpha)=\beta$, $f''(\alpha)=0$

189 곡선 $f(x)=\dfrac{1}{x^2+3}$의 두 변곡점 사이의 거리를 구하시오.

190 미분가능한 함수 $y=f(x)$의 도함수 $y=f'(x)$의 그래프가 오른쪽 그림과 같을 때, 다음 **보기**의 설명 중 옳은 것만을 있는 대로 고르시오.

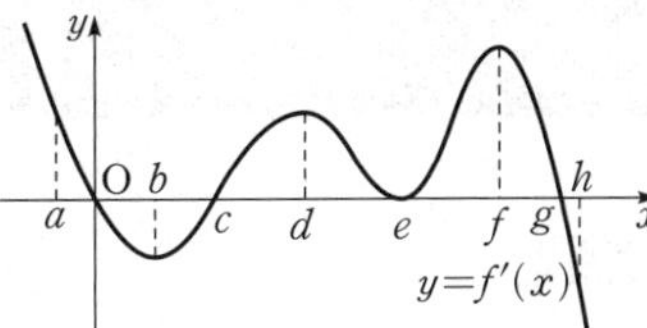

$y=f(x)$의 그래프에서의 변곡점
$\Rightarrow y=f'(x)$의 그래프에서 극값을 갖는 점

| 보기 |

ㄱ. 함수 $f(x)$가 극값을 갖는 점은 4개이다.

ㄴ. $x=c$일 때, 함수 $f(x)$는 극솟값을 갖는다.

ㄷ. $y=f(x)$의 그래프의 변곡점은 4개이다.

191 곡선 $y=\left(\ln\dfrac{1}{2ax}\right)^2$의 변곡점이 직선 $y=4x$ 위에 있을 때, 양수 a의 값을 구하시오.

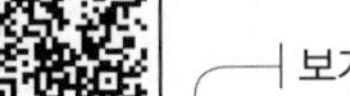
실력 UP [평가원기출]

192 양수 a와 실수 b에 대하여 함수 $f(x)=ae^{3x}+be^x$이 다음 조건을 만족시킬 때, $f(0)$의 값은?

함수 $f(x)$의 역함수가 존재하려면 그 구간에서 감소하거나 증가해야 한다.

(가) $x_1<\ln\dfrac{2}{3}<x_2$를 만족시키는 모든 실수 x_1, x_2에 대하여 $f''(x_1)f''(x_2)<0$이다.

(나) 구간 $[k, \infty)$에서 함수 $f(x)$의 역함수가 존재하도록 하는 실수 k의 최솟값을 m이라 할 때, $f(2m)=-\dfrac{80}{9}$이다.

① -15　　② -12　　③ -9　　④ -6　　⑤ -3

실력 UP

193 함수 $f(x)=e^{-2x^2}$에 대한 다음 **보기**의 설명 중 옳은 것만을 있는 대로 고르시오.

$f(-x)=f(x)$
$\Rightarrow$ 함수 $y=f(x)$의 그래프는 y축에 대하여 대칭

| 보기 |

ㄱ. $x=0$에서 극솟값 1을 갖는다.

ㄴ. 모든 실수 x에 대하여 $f(-x)=f(x)$를 만족시킨다.

ㄷ. 열린구간 $\left(-\dfrac{1}{2}, \dfrac{1}{2}\right)$에서 곡선 $y=f(x)$는 위로 볼록하다.

1. 함수의 최댓값과 최솟값

함수 $f(x)$가 닫힌구간 $[a, b]$에서 연속이면 최대 · 최소 정리에 의하여 $f(x)$는 이 구간에서 반드시 최댓값과 최솟값을 갖는다.

2. 최댓값과 최솟값을 구하는 방법 ▷ 필수예제 **19~21**

함수 $f(x)$가 닫힌구간 $[a, b]$에서 연속이면
(i) $y=f(x)$의 **극댓값**, **극솟값**을 모두 구한다.
(ii) 주어진 구간의 **양 끝 점의 함숫값** $f(a)$, $f(b)$를 구한다.
⇨ 극댓값, 극솟값, $f(a)$, $f(b)$ 중에서 가장 큰 값이 **최댓값**, 가장 작은 값이 **최솟값**이다.

설명 함수 $f(x)$가 닫힌구간 $[a, b]$에서 연속일 때
[그림 1] 극댓값과 극솟값이 각각 최댓값과 최솟값이 되는 경우
[그림 2] 양 끝 점의 함숫값 중 큰 값이 최댓값, 극솟값이 최솟값이 되는 경우
[그림 3] 양 끝 점의 함숫값 중 큰 값이 최댓값, 작은 값이 최솟값이 되는 경우

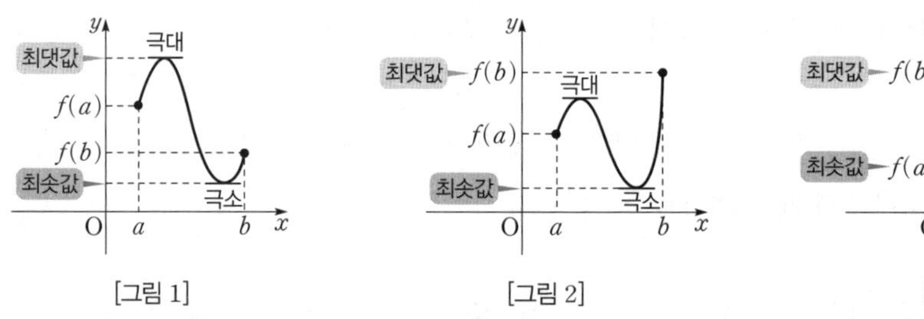

따라서 닫힌구간 $[a, b]$에서 연속인 함수 $f(x)$의 최댓값과 최솟값은 극댓값, 극솟값, $f(a)$의 값, $f(b)$의 값을 모두 구해서 비교해야 한다.

3. 극값이 하나만 존재할 때의 최댓값과 최솟값

함수 $f(x)$가 닫힌구간 $[a, b]$에서 연속이고 이 구간에서 극값이 오직 하나만 존재할 때
(1) 극값이 극솟값이면
    ⇨ (극솟값) = (최솟값)
(2) 극값이 극댓값이면
    ⇨ (극댓값) = (최댓값)

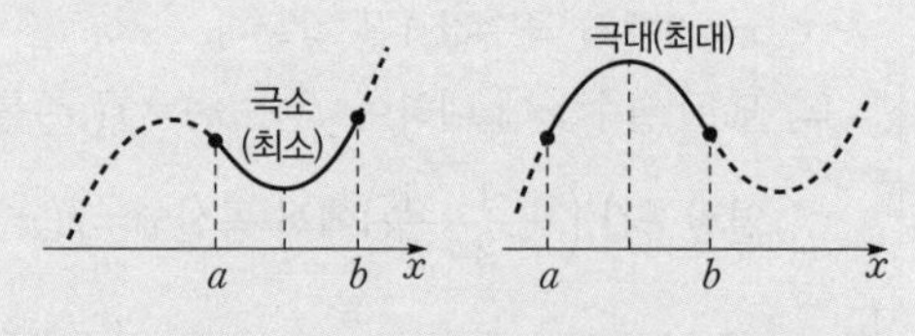

▶ 주어진 닫힌구간에서 극값이 존재하지 않을 때는 주어진 구간의 양 끝 점의 함숫값 중 큰 값이 최댓값, 작은 값이 최솟값이다.

주어진 닫힌구간에서 다음 함수의 최댓값과 최솟값을 구하시오.

(1) $f(x)=\dfrac{3x-4}{x^2+1}$ $[-1,\ 4]$ (2) $f(x)=x\sqrt{4-x^2}$ $[-2,\ 2]$

풀이

(1) $f'(x)=\dfrac{3(x^2+1)-(3x-4)\times 2x}{(x^2+1)^2}=\dfrac{-3x^2+8x+3}{(x^2+1)^2}=-\dfrac{(3x+1)(x-3)}{(x^2+1)^2}$

$f'(x)=0$에서 $x=-\dfrac{1}{3}$ 또는 $x=3$

닫힌구간 $[-1,\ 4]$에서 함수 $f(x)$의 증가와 감소를 표로 나타내면 다음과 같다.

x	-1	$\cdots$	$-\dfrac{1}{3}$	$\cdots$	3	$\cdots$	4
$f'(x)$		$-$	0	$+$	0	$-$	
$f(x)$	$-\dfrac{7}{2}$	$\searrow$	$-\dfrac{9}{2}$ 극소	$\nearrow$	$\dfrac{1}{2}$ 극대	$\searrow$	$\dfrac{8}{17}$

따라서 함수 $f(x)$의 **최댓값**은 $f(3)=\dfrac{1}{2}$, **최솟값**은 $f\left(-\dfrac{1}{3}\right)=-\dfrac{9}{2}$이다.

(2) $f'(x)=\sqrt{4-x^2}-\dfrac{x^2}{\sqrt{4-x^2}}=\dfrac{4-2x^2}{\sqrt{4-x^2}}$

$f'(x)=0$에서 $x^2=2$ $\therefore x=-\sqrt{2}$ 또는 $x=\sqrt{2}$

닫힌구간 $[-2,\ 2]$에서 함수 $f(x)$의 증가와 감소를 표로 나타내면 다음과 같다.

x	-2	$\cdots$	$-\sqrt{2}$	$\cdots$	$\sqrt{2}$	$\cdots$	2
$f'(x)$		$-$	0	$+$	0	$-$	
$f(x)$	0	$\searrow$	-2 극소	$\nearrow$	2 극대	$\searrow$	0

따라서 함수 $f(x)$의 **최댓값**은 $f(\sqrt{2})=2$, **최솟값**은 $f(-\sqrt{2})=-2$이다.

KEY Point

- 함수 $f(x)$가 닫힌구간 $[a,\ b]$에서 연속이면
  ⇨ 극댓값, 극솟값, $f(a)$, $f(b)$ 중에서 가장 큰 값이 최댓값, 가장 작은 값이 최솟값

201 주어진 닫힌구간에서 다음 함수의 최댓값과 최솟값을 구하시오.

(1) $f(x)=\dfrac{x^2-3x-1}{x+2}$ $[-1,\ 2]$ (2) $f(x)=x-2\sqrt{x-1}$ $[1,\ 5]$

주어진 닫힌구간에서 다음 함수의 최댓값과 최솟값을 구하시오.

(1) $f(x)=x^2e^{-2x}$ $[-1,\ 4]$ (2) $f(x)=x\ln x$ $\left[\dfrac{1}{e^2},\ e\right]$

풀이

(1) $f'(x)=2xe^{-2x}+x^2\times(-2e^{-2x})=-2x(x-1)e^{-2x}$

$f'(x)=0$에서 $x=0$ 또는 $x=1$ $(\because e^{-2x}>0)$

닫힌구간 $[-1,\ 4]$에서 함수 $f(x)$의 증가와 감소를 표로 나타내면 다음과 같다.

x	-1	$\cdots$	0	$\cdots$	1	$\cdots$	4
$f'(x)$		$-$	0	$+$	0	$-$	
$f(x)$	e^2	$\searrow$	0 극소	$\nearrow$	$\dfrac{1}{e^2}$ 극대	$\searrow$	$\dfrac{16}{e^8}$

따라서 함수 $f(x)$의 **최댓값**은 $f(-1)=e^2$, **최솟값**은 $f(0)=\mathbf{0}$이다.

(2) $f'(x)=\ln x+x\times\dfrac{1}{x}=\ln x+1$

$f'(x)=0$에서 $\ln x=-1$ $\therefore x=e^{-1}=\dfrac{1}{e}$

닫힌구간 $\left[\dfrac{1}{e^2},\ e\right]$에서 함수 $f(x)$의 증가와 감소를 표로 나타내면 다음과 같다.

x	$\dfrac{1}{e^2}$	$\cdots$	$\dfrac{1}{e}$	$\cdots$	e
$f'(x)$		$-$	0	$+$	
$f(x)$	$-\dfrac{2}{e^2}$	$\searrow$	$-\dfrac{1}{e}$ 극소	$\nearrow$	e

따라서 함수 $f(x)$의 **최댓값**은 $f(e)=\mathbf{e}$, **최솟값**은 $f\left(\dfrac{1}{e}\right)=-\dfrac{\mathbf{1}}{\mathbf{e}}$이다.

202 주어진 닫힌구간에서 다음 함수의 최댓값과 최솟값을 구하시오.

(1) $f(x)=xe^{-x^2}$ $[-1,\ 1]$ (2) $f(x)=\dfrac{\ln x}{x^2}$ $[1,\ e]$

203 함수 $f(x)=2x-x\ln x$가 $x=a$에서 최댓값 b를 가질 때, $a+b$의 값을 구하시오.

주어진 닫힌구간에서 다음 함수의 최댓값과 최솟값을 구하시오.

(1) $f(x)=2\sin x-x$ $[0,\ 2\pi]$ (2) $f(x)=\dfrac{2-\cos x}{\sin x}$ $\left[\dfrac{\pi}{6},\ \dfrac{5}{6}\pi\right]$

풀이

(1) $f'(x)=2\cos x-1$

$f'(x)=0$에서 $\cos x=\dfrac{1}{2}$ $\therefore x=\dfrac{\pi}{3}$ 또는 $x=\dfrac{5}{3}\pi$ $(\because 0\leq x\leq 2\pi)$

닫힌구간 $[0,\ 2\pi]$에서 함수 $f(x)$의 증가와 감소를 표로 나타내면 다음과 같다.

x	0	$\cdots$	$\dfrac{\pi}{3}$	$\cdots$	$\dfrac{5}{3}\pi$	$\cdots$	2π
$f'(x)$		$+$	0	$-$	0	$+$	
$f(x)$	0	$\nearrow$	$\sqrt{3}-\dfrac{\pi}{3}$ 극대	$\searrow$	$-\sqrt{3}-\dfrac{5}{3}\pi$ 극소	$\nearrow$	-2π

따라서 함수 $f(x)$의 **최댓값**은 $f\left(\dfrac{\pi}{3}\right)=\sqrt{3}-\dfrac{\pi}{3}$, **최솟값**은 $f\left(\dfrac{5}{3}\pi\right)=-\sqrt{3}-\dfrac{5}{3}\pi$이다.

(2) $f'(x)=\dfrac{\sin^2 x-(2-\cos x)\cos x}{\sin^2 x}=\dfrac{1-2\cos x}{\sin^2 x}$

$f'(x)=0$에서 $\cos x=\dfrac{1}{2}$ $\therefore x=\dfrac{\pi}{3}\left(\because \dfrac{\pi}{6}\leq x\leq \dfrac{5}{6}\pi\right)$

닫힌구간 $\left[\dfrac{\pi}{6},\ \dfrac{5}{6}\pi\right]$에서 함수 $f(x)$의 증가와 감소를 표로 나타내면 다음과 같다.

x	$\dfrac{\pi}{6}$	$\cdots$	$\dfrac{\pi}{3}$	$\cdots$	$\dfrac{5}{6}\pi$
$f'(x)$		$-$	0	$+$	
$f(x)$	$4-\sqrt{3}$	$\searrow$	$\sqrt{3}$ 극소	$\nearrow$	$4+\sqrt{3}$

따라서 함수 $f(x)$의 **최댓값**은 $f\left(\dfrac{5}{6}\pi\right)=4+\sqrt{3}$, **최솟값**은 $f\left(\dfrac{\pi}{3}\right)=\sqrt{3}$이다.

204 주어진 닫힌구간에서 다음 함수의 최댓값과 최솟값을 구하시오.

(1) $f(x)=\sin x(1-\sin x)$ $\left[-\pi,\ \dfrac{\pi}{6}\right]$

(2) $f(x)=(1+\cos x)\sin x$ $[0,\ 2\pi]$

205 닫힌구간 $[0,\ 2\pi]$에서 함수 $f(x)=e^{-x}(\sin x+\cos x)$의 최댓값을 M, 최솟값을 m이라 할 때, $M+m$의 값을 구하시오.

$0 \le x \le \dfrac{\pi}{4}$에서 함수 $f(x)=ax+a\cos 2x \ (a>0)$의 최솟값이 π일 때, 최댓값을 구하시오.

풀이

$f'(x)=a-2a\sin 2x$

$f'(x)=0$에서 $\sin 2x=\dfrac{1}{2}$, $2x=\dfrac{\pi}{6}$ $\qquad \therefore x=\dfrac{\pi}{12} \left(\because 0 \le x \le \dfrac{\pi}{4}\right)$

$a>0$이므로 $0 \le x \le \dfrac{\pi}{4}$에서 함수 $f(x)$의 증가와 감소를 표로 나타내면 다음과 같다.

x	0	$\cdots$	$\dfrac{\pi}{12}$	$\cdots$	$\dfrac{\pi}{4}$
$f'(x)$		$+$	0	$-$	
$f(x)$	a	$\nearrow$	$\left(\dfrac{\pi}{12}+\dfrac{\sqrt{3}}{2}\right)a$ 극대	$\searrow$	$\dfrac{a}{4}\pi$

즉, 함수 $f(x)$의 최댓값은 $f\left(\dfrac{\pi}{12}\right)=\left(\dfrac{\pi}{12}+\dfrac{\sqrt{3}}{2}\right)a$, 최솟값은 $f\left(\dfrac{\pi}{4}\right)=\dfrac{a}{4}\pi$이므로

$\dfrac{a}{4}\pi=\pi$, $\dfrac{a}{4}=1$ $\qquad \therefore a=4$

따라서 함수 $f(x)$의 최댓값은

$f\left(\dfrac{\pi}{12}\right)=\left(\dfrac{\pi}{12}+\dfrac{\sqrt{3}}{2}\right)\times 4=\mathbf{\dfrac{\pi}{3}+2\sqrt{3}}$

KEY Point
- 최대, 최소를 이용한 미정계수의 결정
  ⇨ 함수 $f(x)$의 최댓값 또는 최솟값을 구하여 주어진 값과 비교한다.

206 함수 $f(x)=x\ln x+2x+a \ (x>0)$의 최솟값이 0일 때, 상수 a의 값을 구하시오.

207 실수 전체의 집합에서 정의된 함수 $f(x)=\dfrac{ax+b}{x^2+x+1}$가 $x=2$에서 최댓값 1을 가질 때, 상수 a, b에 대하여 ab의 값을 구하시오.

오른쪽 그림과 같이 두 곡선 $y=e^x$, $y=e^{-x}$ 위의 두 점을 꼭짓점으로 하고 한 변이 x축 위에 있는 직사각형의 넓이의 최댓값을 구하시오.

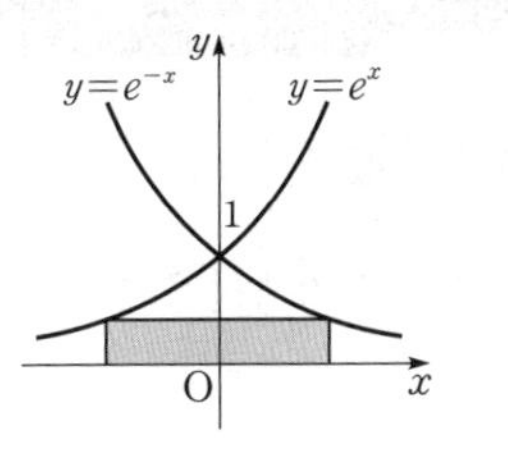

풀이　오른쪽 그림과 같이 직사각형의 한 꼭짓점의 좌표를 $P(t, e^{-t})$ $(t>0)$
이라 하면 직사각형의 가로의 길이는 $2t$, 세로의 길이는 e^{-t}이다.
직사각형의 넓이를 $S(t)$라 하면
$$S(t)=2te^{-t}$$
$$S'(t)=2e^{-t}-2te^{-t}=-2(t-1)e^{-t}$$
$S'(t)=0$에서 $t=1$
함수 $S(t)$의 증가와 감소를 표로 나타내면 다음과 같다.

t	0	$\cdots$	1	$\cdots$
$S'(t)$		$+$	0	$-$
$S(t)$		$\nearrow$	$\dfrac{2}{e}$ 극대	$\searrow$

따라서 $S(t)$는 $t=1$일 때 최대이므로 구하는 직사각형의 넓이의 최댓값은
$$S(1)=\frac{2}{e}$$

208 오른쪽 그림과 같이 지름 AB의 길이가 8인 반원에 내접하는 등변사다리꼴 $ABCD$의 넓이의 최댓값을 구하시오. (단, O는 원의 중심)

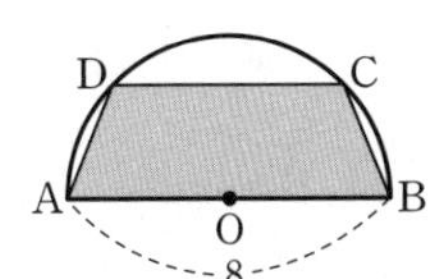

209 오른쪽 그림과 같이 반지름의 길이가 2인 구에 내접하는 원기둥이 있다. 이 원기둥의 부피가 최대가 되도록 하는 원기둥의 밑면의 반지름의 길이를 구하시오.

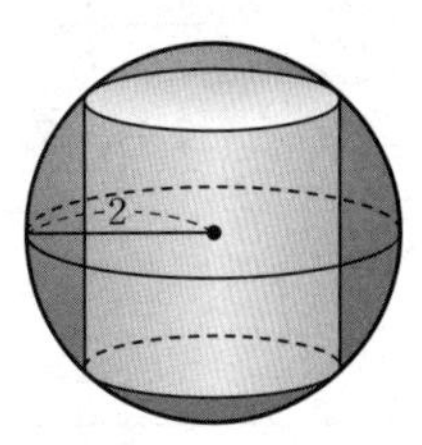

연습문제

STEP 1

194 $x>0$에서 함수 $f(x)=\dfrac{e^{x+1}}{x}$의 최솟값을 구하시오.

195 닫힌구간 $\left[-\dfrac{\pi}{2},\ \dfrac{\pi}{2}\right]$에서 함수 $f(x)=a(x-\sin 2x)$의 최솟값이 $-\pi$일 때, 상수 a의 값을 구하시오. (단, $a>0$)

극값과 구간의 양 끝 점의 함숫값을 비교하여 최솟값을 찾는다.

STEP 2

196 닫힌구간 $[0,\ a]$에서 정의된 함수 $f(x)=\dfrac{x+2}{x^2+5}$의 최댓값이 $\dfrac{1}{2}$, 최솟값이 $\dfrac{2}{5}$일 때, 양수 a의 값의 범위를 구하시오.

197 함수 $f(x)=\cos^3 x+3\sin^2 x+1$의 최댓값을 M, 최솟값을 m이라 할 때, $M+m$의 값을 구하시오.

실력 UP [교육청기출]

198 그림과 같이 길이가 2인 선분 AB를 지름으로 하는 반원 모양의 색종이가 있다. 호 AB 위의 점 P에 대하여 두 점 A, P를 연결하는 선을 접는 선으로 하여 색종이를 접는다. $\angle\text{PAB}=\theta$일 때, 포개어지는 부분의 넓이를 $S(\theta)$라 하자. $\theta=\alpha$에서 $S(\theta)$가 최댓값을 갖는다고 할 때, $\cos 2\alpha$의 값은?

$$\left(\text{단},\ 0<\theta<\dfrac{\pi}{4}\right)$$

색종이를 접었다 폈을 때 포개어지는 부분의 넓이와 같은 넓이를 갖는 도형을 찾는다.

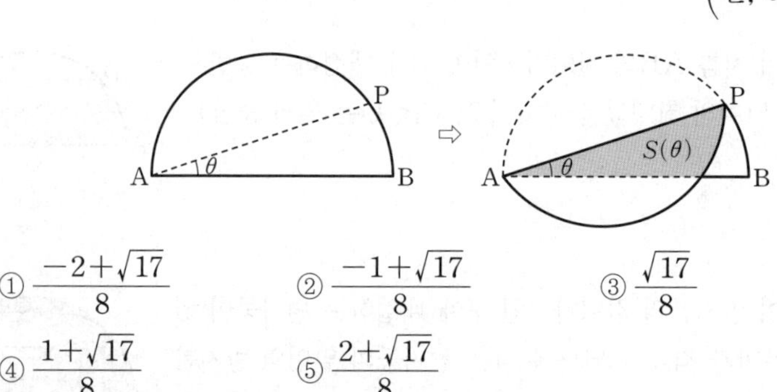

① $\dfrac{-2+\sqrt{17}}{8}$ ② $\dfrac{-1+\sqrt{17}}{8}$ ③ $\dfrac{\sqrt{17}}{8}$

④ $\dfrac{1+\sqrt{17}}{8}$ ⑤ $\dfrac{2+\sqrt{17}}{8}$

06 방정식과 부등식에의 활용

개념원리 이해

1. 방정식에의 활용 ▷ 필수예제 **24, 25**

(1) 방정식 $f(x)=0$의 실근의 개수
$\iff$ 함수 $y=f(x)$의 그래프와 x축의 교점의 개수

(2) 방정식 $f(x)=g(x)$의 실근의 개수
$\iff$ 함수 $y=f(x)$의 그래프와 함수 $y=g(x)$의 그래프의
교점의 개수

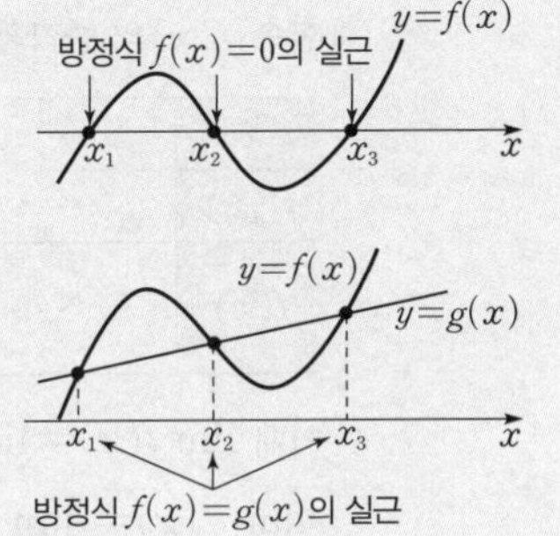

▶ (1) 방정식 $f(x)=0$의 실근은 함수 $y=f(x)$의 그래프와 x축의 교점의 x좌표와 같다.
　(2) 방정식 $f(x)=g(x)$의 실근은 함수 $y=f(x)$의 그래프와 함수 $y=g(x)$의 그래프의 교점의 x좌표와 같다.

2. 부등식에의 활용 ▷ 필수예제 **26, 27**

(1) **모든 실수 x에 대하여 부등식 $f(x)>0$ 또는 $f(x)<0$이 성립함을 증명**
① 모든 실수 x에 대하여 부등식 $f(x)>0$이 성립
$\Rightarrow$ 함수 $f(x)$에 대하여 **($f(x)$의 최솟값)>0**임을 보인다.
② 모든 실수 x에 대하여 부등식 $f(x)<0$이 성립
$\Rightarrow$ 함수 $f(x)$에 대하여 **($f(x)$의 최댓값)<0**임을 보인다.

(2) **$x>a$에서 부등식 $f(x)>0$이 성립함을 증명**
① 함수 $f(x)$의 최솟값이 존재할 때
$\Rightarrow$ **$x>a$에서 ($f(x)$의 최솟값)>0**임을 보인다.
② 함수 $f(x)$의 최솟값이 존재하지 않을 때
$\Rightarrow x>a$에서 함수 $f(x)$가 증가하고, $f(a)\geq0$임을 보인다.
즉, **$f'(x)>0$, $f(a)\geq0$**임을 보인다.

▶ (1) 모든 실수 x에 대하여 부등식 $f(x)>g(x)$가 성립함을 증명하려면 $h(x)=f(x)-g(x)$로 놓고 $h(x)>0$이 성립함을 보인다.
　(2) $x>a$에서 부등식 $f(x)>g(x)$가 성립함을 증명하려면 $h(x)=f(x)-g(x)$로 놓고 $x>a$에서 $h(x)>0$이 성립함을 보인다.

설명 모든 실수 x에 대하여 부등식 $f(x)>0$이 성립하려면 함수 $y=f(x)$의 그래프가 항상 x축의 위쪽에 있어야 한다. 따라서 $f'(x)$를 이용하여 $f(x)$의 최솟값을 찾고, 그 최솟값이 0보다 크다는 것을 보이면 된다.
마찬가지로 모든 실수 x에 대하여 부등식 $f(x)<0$이 성립하려면 함수 $y=f(x)$의 그래프가 항상 x축의 아래쪽에 있어야 한다. 따라서 $f'(x)$를 이용하여 $f(x)$의 최댓값을 찾고, 그 최댓값이 0보다 작다는 것을 보이면 된다.

다음 방정식의 서로 다른 실근의 개수를 구하시오.

(1) $e^x-2x-3=0$ (2) $x=\cos x$

풀이

(1) $f(x)=e^x-2x-3$으로 놓으면 $f'(x)=e^x-2$

$f'(x)=0$에서 $e^x=2$ $\therefore x=\ln 2$

함수 $f(x)$의 증가와 감소를 표로 나타내면 다음과 같다.

x	$\cdots$	$\ln 2$	$\cdots$
$f'(x)$	$-$	0	$+$
$f(x)$	$\searrow$	$-1-2\ln 2$ 극소	$\nearrow$

이때 $\displaystyle\lim_{x\to\infty}f(x)=\lim_{x\to\infty}(e^x-2x-3)=\infty$,

$\displaystyle\lim_{x\to-\infty}f(x)=\lim_{x\to-\infty}(e^x-2x-3)=\infty$이고 $f(0)=-2$이므로

함수 $y=f(x)$의 그래프는 오른쪽 그림과 같다.

따라서 함수 $y=f(x)$의 그래프와 x축이 서로 다른 두 점에서 만나므로

주어진 방정식의 서로 다른 실근의 개수는 **2**이다.

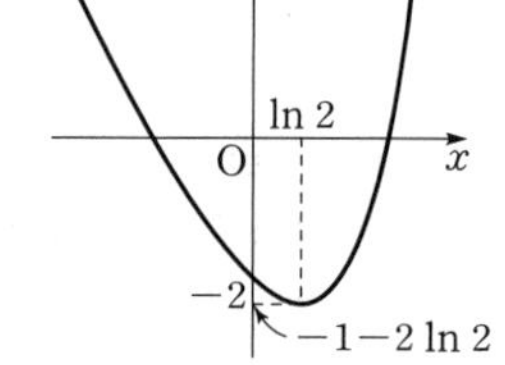

(2) $f(x)=x-\cos x$로 놓으면 $f'(x)=1+\sin x$

이때 $-1\leq\sin x\leq 1$이므로 $f'(x)=1+\sin x\geq 0$

즉, 함수 $f(x)$는 실수 전체의 집합에서 증가한다.

또, $f(0)=-1$, $f\left(\dfrac{\pi}{2}\right)=\dfrac{\pi}{2}$이므로 함수 $y=f(x)$의 그래프는 오른쪽 그림과

같다.

따라서 함수 $y=f(x)$의 그래프와 x축이 한 점에서 만나므로 주어진 방정식의 서로 다른 실근의 개수는 **1**이다.

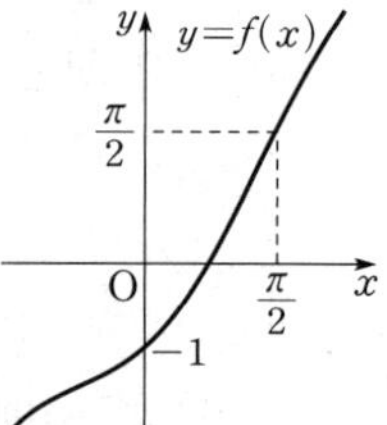

확인 체크

210 다음 방정식의 서로 다른 실근의 개수를 구하시오.

(1) $x=\ln x$ (2) $xe^{-x}=0$

211 방정식 $\sqrt{x+1}-x+k=0$의 서로 다른 실근의 개수를 실수 k의 값의 범위에 따라 구하시오.

방정식 $kx^2e^{-x}=1$이 오직 하나의 실근을 갖도록 하는 실수 k의 값의 범위를 구하시오.

풀이

$kx^2e^{-x}=1$에서 $x^2e^{-x}=\dfrac{1}{k}$

방정식 $x^2e^{-x}=\dfrac{1}{k}$이 오직 하나의 실근을 가지려면 함수 $y=x^2e^{-x}$의 그래프와 직선 $y=\dfrac{1}{k}$이 오직 한 점에서 만나야 한다.

$f(x)=x^2e^{-x}$으로 놓으면

$f'(x)=2xe^{-x}-x^2e^{-x}=x(2-x)e^{-x}$

$f'(x)=0$에서 $x=0$ 또는 $x=2$

함수 $f(x)$의 증가와 감소를 표로 나타내면 다음과 같다.

x	$\cdots$	0	$\cdots$	2	$\cdots$
$f'(x)$	$-$	0	$+$	0	$-$
$f(x)$	$\searrow$	0 극소	$\nearrow$	$\dfrac{4}{e^2}$ 극대	$\searrow$

이때 $\lim\limits_{x\to\infty}x^2e^{-x}=0$, $\lim\limits_{x\to-\infty}x^2e^{-x}=\infty$이므로 함수 $y=f(x)$의 그래프는 오른쪽 그림과 같다.

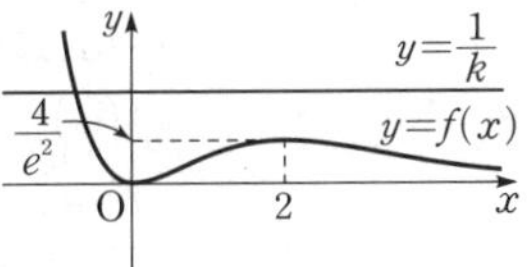

따라서 함수 $y=f(x)$의 그래프와 직선 $y=\dfrac{1}{k}$이 오직 한 점에서 만나려면

$\dfrac{1}{k}>\dfrac{4}{e^2}$ $\quad\therefore 0<k<\dfrac{e^2}{4}$

참고

함수 $y=f(x)$의 그래프는 직선 $y=0$과도 오직 한 점에서 만나지만 $\dfrac{1}{k}=0$을 만족시키는 실수 k는 존재하지 않는다.

212 방정식 $2\ln x=x+k$가 오직 하나의 실근을 갖도록 하는 실수 k의 값을 구하시오.

213 방정식 $2\sqrt{x+1}-x=a$가 서로 다른 두 실근을 가질 때, 실수 a의 값의 범위를 구하시오.

214 방정식 $(k-2)e^x-x+1=0$이 실근을 갖도록 하는 실수 k의 최댓값을 구하시오.

> $x>0$일 때, 다음 부등식이 성립함을 보이시오.
>
> (1) $x \ln x \geq x-1$　　　　　　(2) $\sin x > x-x^2$

설명　(2) $f'(x)$의 부호를 판정하기 어려운 경우에는 이계도함수 $f''(x)$의 부호를 조사한다.

풀이　(1) $x \ln x \geq x-1$에서 $x \ln x-x+1 \geq 0$

$f(x)=x \ln x-x+1$로 놓으면 $f'(x)=\ln x$

$f'(x)=0$에서 $x=1$

$x>0$에서 함수 $f(x)$의 증가와 감소를 표로 나타내면 다음과 같다.

x	0	$\cdots$	1	$\cdots$
$f'(x)$		$-$	0	$+$
$f(x)$		$\searrow$	0 극소	$\nearrow$

$x>0$일 때 함수 $f(x)$는 $x=1$에서 최솟값 0을 가지므로 $x \ln x-x+1 \geq 0$

따라서 $x>0$일 때, 부등식 $x \ln x \geq x-1$이 성립한다.

(2) $\sin x > x-x^2$에서 $\sin x-x+x^2>0$

$f(x)=\sin x-x+x^2$으로 놓으면

$f'(x)=\cos x-1+2x,\ f''(x)=2-\sin x$

$-1 \leq \sin x \leq 1$에서 $1 \leq 2-\sin x \leq 3$이므로 $f''(x)>0$

즉, $x>0$에서 함수 $f'(x)$는 증가하고, $f'(0)=0$이므로 $f'(x)>0$

또, $x>0$일 때 $f'(x)>0$이므로 $x>0$에서 함수 $f(x)$는 증가한다.

이때 $f(0)=0$이므로 $f(x)>0$

따라서 $x>0$일 때, 부등식 $\sin x > x-x^2$이 성립한다.

215 모든 실수 x에 대하여 부등식 $e^x \geq x+1$이 성립함을 보이시오.

216 $x>0$일 때, 다음 부등식이 성립함을 보이시오.

(1) $\ln(1+x)>x-\dfrac{x^2}{2}$　　　　　　(2) $(x-2)e^x+x+2>0$

다음을 구하시오.

(1) 모든 실수 x에 대하여 부등식 $e^x \geq 2x+k$가 성립하도록 하는 실수 k의 값의 범위

(2) 두 함수 $f(x)=\sqrt{x}$, $g(x)=a\ln x$에 대하여 $x>0$일 때, 부등식 $f(x)>g(x)$가 성립하도록 하는 양수 a의 값의 범위

풀이

(1) $e^x \geq 2x+k$에서 $e^x-2x-k \geq 0$

$f(x)=e^x-2x-k$로 놓으면 $f'(x)=e^x-2$

$f'(x)=0$에서 $e^x=2$　　$\therefore x=\ln 2$

함수 $f(x)$의 증가와 감소를 표로 나타내면 다음과 같다.

x	$\cdots$	$\ln 2$	$\cdots$
$f'(x)$	$-$	0	$+$
$f(x)$	$\searrow$	$2-2\ln 2-k$ 극소	$\nearrow$

따라서 함수 $f(x)$의 최솟값은 $f(\ln 2)=2-2\ln 2-k$이므로 $f(x)\geq 0$이 성립하려면

$2-2\ln 2-k \geq 0$　　$\therefore \boldsymbol{k \leq 2-2\ln 2}$

(2) $f(x)>g(x)$에서 $f(x)-g(x)>0$

$h(x)=f(x)-g(x)=\sqrt{x}-a\ln x$로 놓으면

$h'(x)=\dfrac{1}{2\sqrt{x}}-\dfrac{a}{x}=\dfrac{\sqrt{x}-2a}{2x}$

$h'(x)=0$에서 $\sqrt{x}=2a$　　$\therefore x=4a^2$

$x>0$에서 함수 $h(x)$의 증가와 감소를 표로 나타내면 다음과 같다.

x	0	$\cdots$	$4a^2$	$\cdots$
$h'(x)$		$-$	0	$+$
$h(x)$		$\searrow$	$2a-a\ln(4a^2)$ 극소	$\nearrow$

따라서 함수 $h(x)$의 최솟값은 $h(4a^2)=2a-a\ln(4a^2)$이므로 $h(x)>0$이 성립하려면

$2a-a\ln(4a^2)>0$, $\ln(4a^2)<2$ $(\because a>0)$

$4a^2<e^2$　　$\therefore \boldsymbol{0<a<\dfrac{e}{2}}$

217 모든 양수 x에 대하여 부등식 $\ln(e^x-1)\leq 2x+a$가 성립할 때, 실수 a의 값의 범위를 구하시오.

218 $x>0$인 모든 실수 x에 대하여 부등식 $\cos x>k-x^2$이 성립하도록 하는 실수 k의 최댓값을 구하시오.

1. 직선 운동에서의 속도와 가속도 ▷ 필수예제 **28**

수직선 위를 움직이는 점 P의 시각 t에서의 위치 x가 $x=f(t)$일 때, 시각 t에서의 점 P의 속도 v와 가속도 a는 다음과 같다.

(1) $v=\dfrac{dx}{dt}=f'(t)$

(2) $a=\dfrac{dv}{dt}=f''(t)$

▶ ① 속도 $v=f'(t)$의 부호는 점 P의 운동 방향을 나타낸다. $v>0$이면 점 P는 양의 방향으로 움직이고, $v<0$이면 점 P는 음의 방향으로 움직인다.
  ② 속도의 절댓값 $|v|$를 시각 t에서의 점 P의 속도의 크기 또는 속력이라 하고, 가속도의 절댓값 $|a|$를 가속도의 크기라 한다.

2. 평면 운동에서의 속도와 가속도 ▷ 필수예제 **29**

좌표평면 위를 움직이는 점 $P(x, y)$의 시각 t에서의 위치가 함수 $x=f(t)$와 $y=g(t)$로 나타내어질 때, 시각 t에서의 점 P의 속도와 가속도는

(1) **속도:** $\left(\dfrac{dx}{dt}, \dfrac{dy}{dt}\right)$ 또는 $(f'(t), g'(t))$

(2) **가속도:** $\left(\dfrac{d^2x}{dt^2}, \dfrac{d^2y}{dt^2}\right)$ 또는 $(f''(t), g''(t))$

설명 일반적으로 좌표평면 위를 움직이는 점 P의 좌표 (x, y)는 시각 t를 매개변수로 하는 함수 $x=f(t), y=g(t)$로 나타낼 수 있다.

이제 좌표평면 위를 움직이는 점 P의 속도와 가속도에 대하여 알아보자.

점 P에서 x축과 y축에 내린 수선의 발을 각각 Q, R라 하면 점 P가 움직일 때 점 Q는 x축 위에서 $x=f(t)$로 나타내어지는 직선 운동을 하고, 점 R는 y축 위에서 $y=g(t)$로 나타내어지는 직선 운동을 한다.

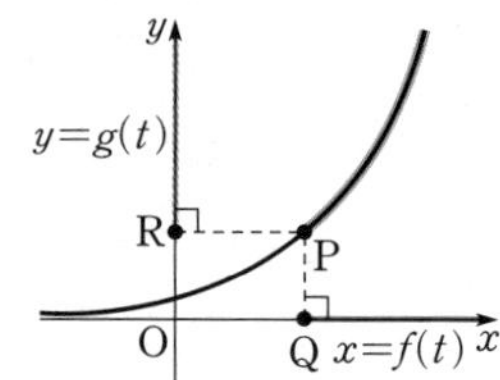

따라서 시각 t에서의 두 점 Q, R의 속도를 각각 v_x, v_y라 하면

$$v_x=\frac{dx}{dt}=f'(t),\ v_y=\frac{dy}{dt}=g'(t)$$

평면 위를 움직이는 점 P의 속도는 순서쌍 $(f'(t), g'(t))$로 나타내고, $\sqrt{\{f'(t)\}^2+\{g'(t)\}^2}$을 점 P의 속도의 크기 또는 속력이라 한다.

또한, 시각 t에서의 두 점 Q, R의 가속도를 각각 a_x, a_y라 하면

$$a_x=\frac{dv_x}{dt}=\frac{d^2x}{dt^2}=f''(t),\ a_y=\frac{dv_y}{dt}=\frac{d^2y}{dt^2}=g''(t)$$

평면 위를 움직이는 점 P의 가속도는 순서쌍 $(f''(t), g''(t))$로 나타내고, $\sqrt{\{f''(t)\}^2+\{g''(t)\}^2}$을 점 P의 가속도의 크기라 한다.

수직선 위를 움직이는 점 P의 시각 t에서의 위치 x가 $x=e^t+t^2$일 때, $t=2$에서의 점 P의 속도와 가속도를 구하시오.

설명   위치를 미분하면 속도이고, 속도를 미분하면 가속도이다.

풀이   점 P의 시각 t에서의 속도를 v, 가속도를 a라 하면

$$v=\frac{dx}{dt}=e^t+2t, \ a=\frac{dv}{dt}=e^t+2$$

따라서 $t=2$에서의 점 P의 **속도**는

$$v=e^2+4$$

$t=2$에서의 점 P의 **가속도**는

$$a=e^2+2$$

KEY Point

- 수직선 위를 움직이는 점 P의 시각 t에서의 위치 x가 $x=f(t)$일 때, 시각 t에서의 점 P의 속도 v와 가속도 a는

$$\Rightarrow v=\frac{dx}{dt}=f'(t), \ a=\frac{dv}{dt}=f''(t)$$

확인체크

219 수직선 위를 움직이는 점 P의 시각 t에서의 위치 x가 $x=\sin t-\cos t$일 때, $t=\pi$에서의 점 P의 속도와 가속도를 구하시오.

220 수직선 위를 움직이는 점 P의 시각 t에서의 위치 x가 $x=\sin t+kt^2$이다. $t=\dfrac{\pi}{2}$에서의 점 P의 속도가 2π일 때, $t=\pi$에서의 점 P의 가속도를 구하시오. (단, k는 상수)

221 수직선 위를 움직이는 점 P의 시각 t에서의 위치 x가 $x=\ln t^4-t^2$일 때, 점 P가 운동 방향을 바꿀 때의 위치를 구하시오.

좌표평면 위를 움직이는 점 P의 시각 t에서의 위치 (x, y)가 $x=t-\cos 2t$, $y=t-\sin 2t$일 때, 다음을 구하시오.

(1) $t=\dfrac{\pi}{2}$에서의 점 P의 속도와 속력

(2) $t=\dfrac{\pi}{4}$에서의 점 P의 가속도와 가속도의 크기

풀이

(1) $\dfrac{dx}{dt}=1+2\sin 2t$, $\dfrac{dy}{dt}=1-2\cos 2t$이므로 시각 t에서의 점 P의 속도는

$(1+2\sin 2t,\ 1-2\cos 2t)$

따라서 $t=\dfrac{\pi}{2}$에서의 점 P의 **속도**는 $(1+2\sin \pi,\ 1-2\cos \pi)$, 즉 **$(1, 3)$**이고

속력은 $\sqrt{1^2+3^2}=\sqrt{10}$이다.

(2) $\dfrac{d^2x}{dt^2}=4\cos 2t$, $\dfrac{d^2y}{dt^2}=4\sin 2t$이므로 시각 t에서의 점 P의 가속도는

$(4\cos 2t,\ 4\sin 2t)$

따라서 $t=\dfrac{\pi}{4}$에서의 점 P의 **가속도**는 $\left(4\cos \dfrac{\pi}{2},\ 4\sin \dfrac{\pi}{2}\right)$, 즉 **$(0, 4)$**이고

가속도의 크기는 $\sqrt{0^2+4^2}=4$이다.

KEY Point

• 좌표평면 위를 움직이는 점 $P(x, y)$의 시각 t에서의 위치가 함수 $x=f(t)$와 $y=g(t)$로 나타내어질 때

① 속도: $\left(\dfrac{dx}{dt},\ \dfrac{dy}{dt}\right)$ 또는 $(f'(t),\ g'(t))$

② 가속도: $\left(\dfrac{d^2x}{dt^2},\ \dfrac{d^2y}{dt^2}\right)$ 또는 $(f''(t),\ g''(t))$

확인 체크

222 좌표평면 위를 움직이는 점 P의 시각 t에서의 위치 (x, y)가 $x=e^t\cos t$, $y=e^t\sin t$일 때, $t=2\pi$에서의 점 P의 속도와 가속도를 구하시오.

223 좌표평면 위를 움직이는 점 P의 시각 t에서의 위치 (x, y)가 $x=t^2+at$, $y=2at^2+4t$이다. $t=1$에서의 점 P의 속력이 $4\sqrt{10}$일 때, 양수 a의 값을 구하시오.

224 좌표평면 위를 움직이는 점 P의 시각 t에서의 위치 (x, y)가 $x=t-\sin t$, $y=1-\cos t$이다. 점 P의 속력이 최대일 때, 점 P의 위치와 속력의 최댓값을 구하시오. (단, $0\le t\le 2\pi$)

연습문제

💡 **생각해 봅시다!**

199 방정식 $e^x + e^{-x} = 3$의 서로 다른 실근의 개수를 구하시오.

200 방정식 $\dfrac{\ln x}{x} = kx$가 서로 다른 두 실근을 가질 때, 실수 k의 값의 범위는?

① $0 < k < \dfrac{1}{e^2}$ ② $0 < k < \dfrac{1}{2e}$ ③ $0 < k < \dfrac{1}{e}$

④ $k > \dfrac{1}{e^2}$ ⑤ $k > \dfrac{1}{2e}$

방정식 $f(x) = g(x)$의 서로 다른 실근의 개수
⇨ 두 함수 $y = f(x)$, $y = g(x)$의 그래프의 교점의 개수

201 $x > 0$일 때, 부등식 $e^{-x} > 1 - x$가 성립함을 보이시오.

$f'(x)$의 부호를 판정하기 어려우면 $f''(x)$를 이용한다.

202 $x > 0$일 때, 부등식 $x \ln x \geq x + a$가 성립하도록 하는 실수 a의 값의 범위를 구하시오.

203 수직선 위를 움직이는 점 P의 시각 t에서의 위치 x가 $x = \ln t^2 + e^t - kt^2$이다. $t = 1$에서의 점 P의 속도가 e일 때, $t = 2$에서의 점 P의 가속도를 구하시오. (단, k는 상수)

[수능기출]

204 좌표평면 위를 움직이는 점 P의 시각 t $(t \geq 0)$에서의 위치 (x, y)가 $x = 1 - \cos 4t$, $y = \dfrac{1}{4} \sin 4t$이다. 점 P의 속력이 최대일 때, 점 P의 가속도의 크기를 구하시오.

점 P의 시각 t에서의 위치가 $(f(t), g(t))$일 때
⇨ (가속도의 크기)
$= \sqrt{\{f''(t)\}^2 + \{g''(t)\}^2}$

STEP 2

205 방정식 $\ln x = kx$의 서로 다른 실근의 개수를 실수 k의 값의 범위에 따라 구하시오.

그래프를 그려서 생각한다.

[교육청기출]

206 닫힌구간 $[0, 2\pi]$에서 x에 대한 방정식 $\sin x - x\cos x - k = 0$의 서로 다른 실근의 개수가 2가 되도록 하는 모든 정수 k의 값의 합은?

① -6　　　② -3　　　③ 0　　　④ 3　　　⑤ 6

207 두 함수 $f(x) = x^2 - x + 2$, $g(x) = ke^{-x}$에 대하여 $x > 0$일 때, 부등식 $f(x) > g(x)$가 성립하도록 하는 실수 k의 최댓값을 구하시오.

208 수직선 위를 움직이는 점 P의 시각 t에서의 위치 x가 $x = m\ln t + nt^2$이다. $t = 2$에서의 점 P의 속도가 10이고 가속도가 3일 때, 상수 m, n에 대하여 mn의 값을 구하시오.

위치를 미분하면 속도, 속도를 미분하면 가속도이다.

실력 UP [교육청기출]

209 원점 O를 중심으로 하고 두 점 A$(1, 0)$, B$(0, 1)$을 지나는 사분원이 있다. 그림과 같이 점 P는 점 A에서 출발하여 호 AB를 따라 점 B를 향하여 매초 1의 일정한 속력으로 움직인다. 선분 OP와 선분 AB가 만나는 점을 Q라 하자. 점 P의 x좌표가 $\dfrac{4}{5}$인 순간 점 Q의 속도는 (a, b)이다. $b - a$의 값은?

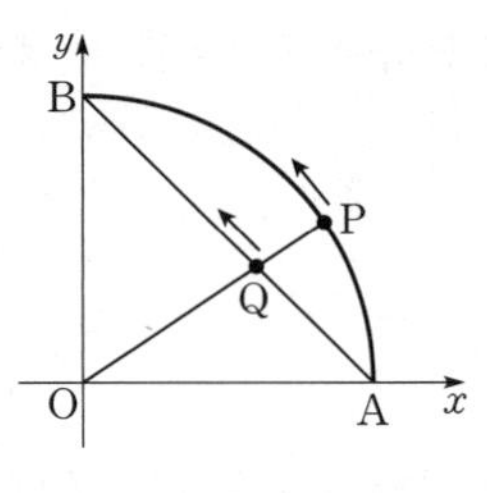

점 Q의 시각 t에서의 위치와 속도를 구한다.

① $\dfrac{2}{49}$　　　② $\dfrac{8}{49}$　　　③ $\dfrac{18}{49}$　　　④ $\dfrac{32}{49}$　　　⑤ $\dfrac{50}{49}$

III

적분법

01 여러 가지 함수의 부정적분

개념원리 이해

1. 함수 $y=x^n$ (n은 실수)의 부정적분 ▷ 필수예제 **1**

n이 실수일 때, 함수 $y=x^n$의 부정적분은 다음과 같다. (단, C는 적분상수)

(1) $n \neq -1$일 때, $\displaystyle\int x^n\,dx = \frac{1}{n+1}x^{n+1}+C$

(2) $n=-1$일 때, $\displaystyle\int x^{-1}\,dx = \int \frac{1}{x}\,dx = \ln|x|+C$

▶ 두 함수 $f(x)$, $g(x)$에 대하여

① $\displaystyle\int kf(x)dx = k\int f(x)dx$ (단, k는 0이 아닌 상수)

② $\displaystyle\int \{f(x) \pm g(x)\}dx = \int f(x)dx \pm \int g(x)dx$ (복부호동순)

설명 실수 n에 대하여 함수 $y=x^n$의 부정적분은

(1) $n \neq -1$일 때, 함수 $y=x^n$의 미분법에서 $\left(\dfrac{1}{n+1}x^{n+1}\right)' = x^n$이므로

$$\int x^n\,dx = \frac{1}{n+1}x^{n+1}+C$$

(2) $n=-1$일 때, 로그함수의 미분법에서 $(\ln|x|)' = \dfrac{1}{x}$이므로

$$\int x^{-1}\,dx = \int \frac{1}{x}\,dx = \ln|x|+C$$

예 다음 부정적분을 구하시오.

(1) $\displaystyle\int \sqrt{x}\,dx$ (2) $\displaystyle\int \frac{1}{x^2}\,dx$

풀이 (1) $\displaystyle\int \sqrt{x}\,dx = \int x^{\frac{1}{2}}\,dx = \frac{1}{\frac{1}{2}+1}x^{\frac{1}{2}+1}+C = \frac{2}{3}x^{\frac{3}{2}}+C = \frac{2}{3}x\sqrt{x}+C$

(2) $\displaystyle\int \frac{1}{x^2}\,dx = \int x^{-2}\,dx = \frac{1}{-2+1}x^{-2+1}+C = -\frac{1}{x}+C$

2. 지수함수의 부정적분 ▷ 필수예제 **2**

지수함수의 부정적분은 다음과 같다. (단, C는 적분상수)

(1) $\displaystyle\int e^x\,dx = e^x+C$

(2) $\displaystyle\int a^x\,dx = \frac{a^x}{\ln a}+C$ (단, $a>0$, $a \neq 1$)

 지수함수의 미분법에서

(1) $(e^x)'=e^x$이므로 $\displaystyle\int e^x\,dx=e^x+C$

(2) $(a^x)'=a^x\ln a\ (a>0,\ a\neq1)$이므로 $\displaystyle\int a^x\,dx=\dfrac{a^x}{\ln a}+C$

예 다음 부정적분을 구하시오.

(1) $\displaystyle\int e^{x+1}\,dx$ (2) $\displaystyle\int 2^{x+2}\,dx$

풀이 (1) $\displaystyle\int e^{x+1}\,dx=\int e^x\times e\,dx=e\int e^x\,dx=e\times e^x+C=e^{x+1}+C$

(2) $\displaystyle\int 2^{x+2}\,dx=\int 2^x\times 2^2\,dx=4\int 2^x\,dx=4\times\dfrac{2^x}{\ln 2}+C=\dfrac{2^{x+2}}{\ln 2}+C$

3. 삼각함수의 부정적분   ▷ 필수예제 **3**

삼각함수의 부정적분은 다음과 같다. (단, C는 적분상수)

(1) $\displaystyle\int \sin x\,dx=-\cos x+C$ (2) $\displaystyle\int \cos x\,dx=\sin x+C$

(3) $\displaystyle\int \sec^2 x\,dx=\tan x+C$ (4) $\displaystyle\int \csc^2 x\,dx=-\cot x+C$

(5) $\displaystyle\int \sec x\tan x\,dx=\sec x+C$ (6) $\displaystyle\int \csc x\cot x\,dx=-\csc x+C$

 삼각함수의 미분법에서

(1) $(\cos x)'=-\sin x$이므로 $\displaystyle\int \sin x\,dx=-\cos x+C$

(2) $(\sin x)'=\cos x$이므로 $\displaystyle\int \cos x\,dx=\sin x+C$

(3) $(\tan x)'=\sec^2 x$이므로 $\displaystyle\int \sec^2 x\,dx=\tan x+C$

(4) $(\cot x)'=-\csc^2 x$이므로 $\displaystyle\int \csc^2 x\,dx=-\cot x+C$

(5) $(\sec x)'=\sec x\tan x$이므로 $\displaystyle\int \sec x\tan x\,dx=\sec x+C$

(6) $(\csc x)'=-\csc x\cot x$이므로 $\displaystyle\int \csc x\cot x\,dx=-\csc x+C$

예 다음 부정적분을 구하시오.

(1) $\displaystyle\int (3\sin x-4\cos x)\,dx$ (2) $\displaystyle\int (\csc^2 x-7)\,dx$

풀이 (1) $\displaystyle\int (3\sin x-4\cos x)\,dx=3\int \sin x\,dx-4\int \cos x\,dx=-3\cos x-4\sin x+C$

(2) $\displaystyle\int (\csc^2 x-7)\,dx=\int \csc^2 x\,dx-7\int dx=-\cot x-7x+C$

225 다음 부정적분을 구하시오.

(1) $\displaystyle\int \frac{4}{x^3}\,dx$

(2) $\displaystyle\int \frac{1}{x\sqrt{x}}\,dx$

(3) $\displaystyle\int \left(x^2+\frac{1}{x^2}\right)dx$

(4) $\displaystyle\int \left(\sqrt[3]{x}+\sqrt{x}\right)dx$

(5) $\displaystyle\int \frac{x^3-x+2}{x^2}\,dx$

226 다음 부정적분을 구하시오.

(1) $\displaystyle\int 2e^{x+3}\,dx$

(2) $\displaystyle\int 5^{2x-1}\,dx$

(3) $\displaystyle\int (e^{2x}-e^x+3)\,dx$

(4) $\displaystyle\int (2^{x+2}+3^{2x})\,dx$

(5) $\displaystyle\int (e^{x-2}-4^{x+1})\,dx$

227 다음 부정적분을 구하시오.

(1) $\displaystyle\int (2\cos x+5\sin x)\,dx$

(2) $\displaystyle\int (\sec^2 x-3\csc^2 x)\,dx$

(3) $\displaystyle\int (\cot x+3)\sin x\,dx$

(4) $\displaystyle\int \frac{\cos^3 x+2}{\cos^2 x}\,dx$

(5) $\displaystyle\int \frac{\sin^2 x}{1+\cos x}\,dx$

다음 부정적분을 구하시오.

$$(1) \int \frac{x-1}{\sqrt{x}+1}\, dx \qquad (2) \int \frac{x-1}{\sqrt[3]{x^2}}\, dx \qquad (3) \int \frac{(\sqrt{x}-1)^2}{x}\, dx$$

설명　$\dfrac{1}{x^m}$ 또는 $\sqrt[m]{x}$의 부정적분은 $\dfrac{1}{x^m}=x^{-m}$, $\sqrt[m]{x}=x^{\frac{1}{m}}$으로 변형하여 구한다.

풀이

$(1) \displaystyle\int \frac{x-1}{\sqrt{x}+1}\, dx = \int \frac{(\sqrt{x}+1)(\sqrt{x}-1)}{\sqrt{x}+1}\, dx = \int (\sqrt{x}-1)\, dx$

$\qquad = \displaystyle\int x^{\frac{1}{2}}\, dx - \int dx = \frac{2}{3}x^{\frac{3}{2}} - x + C = \frac{2}{3}x\sqrt{x} - x + C$

$(2) \displaystyle\int \frac{x-1}{\sqrt[3]{x^2}}\, dx = \int (x^{\frac{1}{3}} - x^{-\frac{2}{3}})\, dx = \int x^{\frac{1}{3}}\, dx - \int x^{-\frac{2}{3}}\, dx$

$\qquad = \dfrac{3}{4}x^{\frac{4}{3}} - 3x^{\frac{1}{3}} + C = \dfrac{3}{4}x\sqrt[3]{x} - 3\sqrt[3]{x} + C$

$(3) \displaystyle\int \frac{(\sqrt{x}-1)^2}{x}\, dx = \int \frac{x-2\sqrt{x}+1}{x}\, dx = \int \left(1 - 2x^{-\frac{1}{2}} + \frac{1}{x}\right) dx$

$\qquad = \displaystyle\int dx - 2\int x^{-\frac{1}{2}}\, dx + \int \frac{1}{x}\, dx = x - 4\sqrt{x} + \ln|x| + C$

KEY Point

함수 $y=x^n$ (n은 실수)의 부정적분

- $n \neq -1$일 때, $\displaystyle\int x^n\, dx = \dfrac{1}{n+1}x^{n+1} + C$ (단, C는 적분상수)

- $n = -1$일 때, $\displaystyle\int x^{-1}\, dx = \ln|x| + C$ (단, C는 적분상수)

228 다음 부정적분을 구하시오.

$$(1) \int \left(x + \frac{1}{x^2}\right)\left(x - \frac{1}{x^2}\right) dx \qquad (2) \int \frac{x^3 + 3x^2 - x + 2}{x^2}\, dx$$

$$(3) \int \frac{(\sqrt[3]{x}+1)^3}{x}\, dx$$

229 함수 $f(x) = \displaystyle\int \frac{x-4}{\sqrt{x}-2}\, dx$에 대하여 $f(1) = \dfrac{2}{3}$일 때, $f(9)$의 값을 구하시오.

다음 부정적분을 구하시오.

(1) $\displaystyle\int (3^x-1)^2\,dx$　　　(2) $\displaystyle\int \dfrac{e^{2x}-x^2}{e^x+x}\,dx$　　　(3) $\displaystyle\int \dfrac{9^x-1}{3^x+1}\,dx$

설명　피적분함수가 지수함수인 경우, 지수법칙과 인수분해 공식을 이용하여 피적분함수를 적분하기 쉬운 모양으로 변형한다.

풀이

(1) $\displaystyle\int (3^x-1)^2\,dx=\int (9^x-2\times 3^x+1)\,dx=\int 9^x\,dx-2\int 3^x\,dx+\int dx$

$\qquad\qquad=\dfrac{9^x}{\ln 9}-2\times\dfrac{3^x}{\ln 3}+x+C=\dfrac{9^x}{\ln 9}-\dfrac{2\times 3^x}{\ln 3}+x+C$

(2) $\displaystyle\int \dfrac{e^{2x}-x^2}{e^x+x}\,dx=\int \dfrac{(e^x+x)(e^x-x)}{e^x+x}\,dx=\int (e^x-x)\,dx$

$\qquad\qquad=\int e^x\,dx-\int x\,dx=e^x-\dfrac{1}{2}x^2+C$

(3) $\displaystyle\int \dfrac{9^x-1}{3^x+1}\,dx=\int \dfrac{(3^x)^2-1}{3^x+1}\,dx=\int \dfrac{(3^x+1)(3^x-1)}{3^x+1}\,dx$

$\qquad\qquad=\int (3^x-1)\,dx=\dfrac{3^x}{\ln 3}-x+C$

KEY Point　지수함수의 부정적분

- $\displaystyle\int e^x\,dx=e^x+C$ (단, C는 적분상수)

- $\displaystyle\int a^x\,dx=\dfrac{a^x}{\ln a}+C$ (단, $a>0,\ a\neq 1,\ C$는 적분상수)

230 다음 부정적분을 구하시오.

(1) $\displaystyle\int \dfrac{xe^x-2ex-1}{x}\,dx$　　(2) $\displaystyle\int \dfrac{8^x+1}{2^x+1}\,dx$　　(3) $\displaystyle\int \left(e^{x+4}+\dfrac{1}{x}\right)dx$

231 미분가능한 함수 $f(x)$에 대하여 $f'(x)=2e^x(e^x-1)$, $f(0)=1$일 때, $f(1)$의 값을 구하시오.

다음 부정적분을 구하시오.

(1) $\displaystyle\int \frac{1-\cos^2 x}{\cos^2 x}\,dx$ 　　(2) $\displaystyle\int \cos^2 \frac{x}{2}\,dx$ 　　(3) $\displaystyle\int \frac{\cos^2 x}{1+\sin x}\,dx$

설명　삼각함수의 부정적분에서 $\sin x$, $\cos x$, $\sec^2 x$, $\csc^2 x$ 이외는 바로 적분하지 못하므로 삼각함수 사이의 관계와 여러 가지 공식을 이용하여 피적분함수를 적분하기 쉬운 모양으로 변형한다.

$\Rightarrow \sin^2 x+\cos^2 x=1,\ 1+\tan^2 x=\sec^2 x,\ 1+\cot^2 x=\csc^2 x$

풀이

(1) $\displaystyle\int \frac{1-\cos^2 x}{\cos^2 x}\,dx=\int \left(\frac{1}{\cos^2 x}-1\right)dx=\int (\sec^2 x-1)\,dx$

$$=\int \sec^2 x\,dx-\int dx=\tan x-x+C$$

(2) $\cos x=\cos\left(\dfrac{x}{2}+\dfrac{x}{2}\right)=\cos^2\dfrac{x}{2}-\sin^2\dfrac{x}{2}=2\cos^2\dfrac{x}{2}-1$에서 $\cos^2\dfrac{x}{2}=\dfrac{1+\cos x}{2}$이므로

$$\int \cos^2\frac{x}{2}\,dx=\int \frac{1+\cos x}{2}\,dx=\int \left(\frac{1}{2}+\frac{1}{2}\cos x\right)dx$$

$$=\frac{1}{2}\int dx+\frac{1}{2}\int \cos x\,dx=\frac{1}{2}x+\frac{1}{2}\sin x+C$$

(3) $\displaystyle\int \frac{\cos^2 x}{1+\sin x}\,dx=\int \frac{1-\sin^2 x}{1+\sin x}\,dx=\int \frac{(1+\sin x)(1-\sin x)}{1+\sin x}\,dx$

$$=\int (1-\sin x)\,dx=\int dx-\int \sin x\,dx=x+\cos x+C$$

KEY Point　삼각함수의 부정적분

- $\displaystyle\int \sin x\,dx=-\cos x+C$ 　　　- $\displaystyle\int \cos x\,dx=\sin x+C$

- $\displaystyle\int \sec^2 x\,dx=\tan x+C$ 　　　- $\displaystyle\int \csc^2 x\,dx=-\cot x+C$

- $\displaystyle\int \sec x\tan x\,dx=\sec x+C$ 　　　- $\displaystyle\int \csc x\cot x\,dx=-\csc x+C$

(단, C는 적분상수)

232 다음 부정적분을 구하시오.

(1) $\displaystyle\int \frac{1}{1+\sin x}\,dx$ 　　(2) $\displaystyle\int (\tan x+3)\cos x\,dx$ 　(3) $\displaystyle\int 3\cot^2 x\,dx$

233 $-\dfrac{\pi}{2}<x<\dfrac{\pi}{2}$에서 정의된 함수 $f(x)=\displaystyle\int \frac{1-\cos^3 x}{1-\sin^2 x}\,dx$에 대하여 $f(0)=0$일 때, $f\left(\dfrac{\pi}{3}\right)$의 값을 구하시오.

1. 치환적분법

어떤 함수 $f(x)$의 부정적분을 직접 구하기 어려운 경우에는 피적분함수의 전체 또는 그 일부를 다른 변수로 바꾸어 적분하면 편리한 경우가 있다. 이처럼 한 변수를 다른 변수로 치환하여 적분하는 방법을 **치환적분법**이라 한다.

> 미분가능한 함수 $g(t)$에 대하여 $x=g(t)$로 놓으면
> $$\int f(x)dx = \int f(g(t))g'(t)dt$$

▶ 치환적분법으로 구한 부정적분은 그 결과를 처음의 변수로 바꾸어 나타낸다.

설명 함수 $f(x)$의 한 부정적분을 $F(x)$라 하면

$$\int f(x)dx = F(x)+C \qquad \cdots\cdots \text{㉠}$$

이때 $F(x)$에서 x를 다른 변수 t의 미분가능한 함수 $x=g(t)$로 놓으면 $F(x)=F(g(t))$이므로 합성함수의 미분법에 의하여

$$\frac{d}{dt}F(x)=\frac{d}{dt}F(g(t))=F'(g(t))g'(t)=f(g(t))g'(t)$$

$$\therefore \int f(g(t))g'(t)dt = F(x)+C \qquad \cdots\cdots \text{㉡}$$

㉠, ㉡에서 $\displaystyle\int f(x)dx = \int f(g(t))g'(t)dt$

2. 치환적분법의 적용   ▷ 필수예제 **4~8**

> 피적분함수의 꼴에 따라 다음과 같이 치환적분법을 적용할 수 있다. (단, C는 적분상수)
>
> (1) $f(ax+b)$ (a, b는 상수, $a\neq 0$)의 꼴인 경우
>
> $\displaystyle\int f(x)dx = F(x)+C$이면
> $$\int f(ax+b)dx = \frac{1}{a}F(ax+b)+C$$
>
> (2) $f(g(x))g'(x)$의 꼴인 경우
>
> $g(x)=t$로 놓으면
> $$\int f(g(x))g'(x)dx = \int f(t)dt$$
>
> (3) $\dfrac{f'(x)}{f(x)}$의 꼴인 경우
> $$\int \frac{f'(x)}{f(x)}\,dx = \ln|f(x)|+C$$

설명 (1) $ax+b=t$로 놓고 양변을 x에 대하여 미분하면 $a=\dfrac{dt}{dx}$

이때 $f(x)$의 한 부정적분을 $F(x)$라 하면

$$\int f(ax+b)dx=\int f(t)\times\frac{1}{a}\,dt=\frac{1}{a}F(t)+C=\frac{1}{a}F(ax+b)+C$$

(2) $F(x)=\displaystyle\int f(g(x))g'(x)dx$라 하고 $g(x)=t$로 놓으면 $g'(x)=\dfrac{dt}{dx}$이므로

$$\frac{d}{dt}F(x)=\frac{d}{dx}F(x)\times\frac{dx}{dt}=f(g(x))g'(x)\times\frac{dx}{dt}=f(t)$$

즉, $F(x)=\displaystyle\int f(t)dt$이므로 $\displaystyle\int f(g(x))g'(x)dx=\int f(t)dt$

(3) $f(x)=t$로 놓으면 $f'(x)=\dfrac{dt}{dx}$이므로 (2)에 의하여

$$\int\frac{f'(x)}{f(x)}\,dx=\int\frac{1}{f(x)}\times f'(x)dx=\int\frac{1}{t}\,dt=\ln|t|+C=\ln|f(x)|+C$$

예 다음 부정적분을 구하시오.

$$(1)\ \int (x^2+x-1)^2(2x+1)dx \qquad\qquad (2)\ \int\frac{2x+2}{x^2+2x-3}\,dx$$

풀이 (1) $x^2+x-1=t$로 놓고 양변을 x에 대하여 미분하면

$$2x+1=\frac{dt}{dx}$$

$$\therefore\ (\text{주어진 식})=\int t^2\,dt=\frac{1}{3}t^3+C=\frac{1}{3}(x^2+x-1)^3+C$$

(2) $(x^2+2x-3)'=2x+2$이므로

$$(\text{주어진 식})=\int\frac{(x^2+2x-3)'}{x^2+2x-3}\,dx=\ln|x^2+2x-3|+C$$

3. 유리함수의 부정적분 ▷ 필수예제 **9**

> 피적분함수가 $\dfrac{f'(x)}{f(x)}$의 꼴이 아닌 유리함수의 부정적분은 다음과 같은 방법으로 구한다.
>
> **(1) (분자의 차수) ≥ (분모의 차수)인 경우**
>
> ① 인수분해가 되면 ⇨ **인수분해하여 약분**한다.
>
> ② 인수분해가 되지 않으면 ⇨ **분자를 분모로 나누어 몫과 나머지의 꼴로 나타낸다.**
>
> **(2) (분자의 차수) < (분모의 차수)인 경우**
>
> ⇨ 피적분함수를 **부분분수로 변형**한다.

▶ (분자의 차수) < (분모의 차수)인 경우 피적분함수를 부분분수로 변형할 때, 유리함수의 꼴에 따라 다음과 같이 변형한다.

$$① \frac{1}{(x+a)(x+b)}\text{의 꼴}\ \Rightarrow\ \frac{1}{(x+a)(x+b)}=\frac{1}{b-a}\left(\frac{1}{x+a}-\frac{1}{x+b}\right)\ (\text{단, } a\neq b)$$

$$② \frac{px+q}{(x+a)(x+b)}\text{의 꼴}$$

$$\Rightarrow\ \frac{px+q}{(x+a)(x+b)}=\frac{A}{x+a}+\frac{B}{x+b}\text{로 놓고 이 등식이 }x\text{에 대한 항등식임을 이용하여 상수 }A,\ B\text{의 값을 구한다.}$$

예   다음 부정적분을 구하시오.

(1) $\displaystyle\int \frac{2x+3}{x-1}\,dx$ (2) $\displaystyle\int \frac{1}{x(x+1)}\,dx$

풀이   (1) $\dfrac{2x+3}{x-1}=\dfrac{2(x-1)+5}{x-1}=2+\dfrac{5}{x-1}$ 이므로

$$\int \frac{2x+3}{x-1}\,dx=\int \left(2+\frac{5}{x-1}\right)dx=2x+5\ln|x-1|+C$$

(2) $\dfrac{1}{x(x+1)}=\dfrac{1}{x}-\dfrac{1}{x+1}$ 이므로

$$\int \frac{1}{x(x+1)}\,dx=\int \left(\frac{1}{x}-\frac{1}{x+1}\right)dx=\ln|x|-\ln|x+1|+C=\ln\left|\frac{x}{x+1}\right|+C$$

보충학습

치환하는 식이 일차식인 경우의 여러 가지 적분 공식

치환하는 식이 $ax+b$ $(a,\ b$는 상수, $a\neq 0)$인 경우에는 다음 공식을 적용하여 구할 수 있다.

(1) 다항함수: $\displaystyle\int (ax+b)^n\,dx=\frac{1}{a(n+1)}(ax+b)^{n+1}+C$ (단, $n\neq -1$)

(2) 지수함수: $\displaystyle\int e^{ax+b}\,dx=\frac{1}{a}e^{ax+b}+C,\ \int p^{ax+b}\,dx=\frac{1}{a\ln p}p^{ax+b}+C$ (단, $p>0,\ p\neq 1$)

(3) 삼각함수: $\displaystyle\int \sin(ax+b)\,dx=-\frac{1}{a}\cos(ax+b)+C$

$$\int \cos(ax+b)\,dx=\frac{1}{a}\sin(ax+b)+C$$

(4) 유리함수: $\displaystyle\int \frac{1}{ax+b}\,dx=\frac{1}{a}\ln|ax+b|+C$

설명   (1) $ax+b=t$로 놓고 양변을 x에 대하여 미분하면 $a=\dfrac{dt}{dx}$

$$\therefore \int (ax+b)^n\,dx=\int t^n\times\frac{1}{a}\,dt=\frac{1}{a}\times\frac{1}{n+1}t^{n+1}+C=\frac{1}{a(n+1)}(ax+b)^{n+1}+C$$

(2) $ax+b=t$로 놓고 양변을 x에 대하여 미분하면 $a=\dfrac{dt}{dx}$

$$\therefore \int e^{ax+b}\,dx=\int e^t\times\frac{1}{a}\,dt=\frac{1}{a}e^t+C=\frac{1}{a}e^{ax+b}+C$$

$$\int p^{ax+b}\,dx=\int p^t\times\frac{1}{a}\,dt=\frac{1}{a}\times\frac{p^t}{\ln p}+C=\frac{1}{a\ln p}p^{ax+b}+C$$

(3) $ax+b=t$로 놓고 양변을 x에 대하여 미분하면 $a=\dfrac{dt}{dx}$

$$\therefore \int \sin(ax+b)\,dx=\int \sin t\times\frac{1}{a}\,dt=-\frac{1}{a}\cos t+C=-\frac{1}{a}\cos(ax+b)+C$$

$$\int \cos(ax+b)\,dx=\int \cos t\times\frac{1}{a}\,dt=\frac{1}{a}\sin t+C=\frac{1}{a}\sin(ax+b)+C$$

(4) $(ax+b)'=a$이므로

$$\int \frac{1}{ax+b}\,dx=\frac{1}{a}\int \frac{a}{ax+b}\,dx=\frac{1}{a}\int \frac{(ax+b)'}{ax+b}\,dx=\frac{1}{a}\ln|ax+b|+C$$

234 다음은 치환적분법을 이용하여 각 함수의 부정적분을 구하는 과정을 나타낸 것이다. □ 안에 알맞은 것을 써넣으시오.

(1) $\displaystyle\int (4x+2)^3\,dx$

> $4x+2=t$로 놓고 양변을 x에 대하여 미분하면
>
> $\boxed{}=\dfrac{dt}{dx}$
>
> $\therefore \displaystyle\int (4x+2)^3\,dx=\int t^3\times\boxed{}$
>
> $\qquad\qquad\qquad\quad=\boxed{}\displaystyle\int t^3\,dt$
>
> $\qquad\qquad\qquad\quad=\dfrac{1}{4}\times\boxed{}+C$
>
> $\qquad\qquad\qquad\quad=\dfrac{1}{16}(\boxed{})^4+C$

(2) $\displaystyle\int (1-\cos x)^2 \sin x\,dx$

> $1-\cos x=t$로 놓고 양변을 x에 대하여 미분하면
>
> $\boxed{}=\dfrac{dt}{dx}$
>
> $\therefore \displaystyle\int (1-\cos x)^2 \sin x\,dx=\int t^2\times\boxed{}$
>
> $\qquad\qquad\qquad\qquad\qquad=\dfrac{1}{3}\boxed{}+C$
>
> $\qquad\qquad\qquad\qquad\qquad=\dfrac{1}{3}(\boxed{})^3+C$

235 다음 부정적분을 구하시오.

(1) $\displaystyle\int (2x+5)^4\,dx$

(2) $\displaystyle\int e^{-2x+3}\,dx$

(3) $\displaystyle\int \cos(3x-1)\,dx$

(4) $\displaystyle\int \dfrac{3x-5}{x+2}\,dx$

(5) $\displaystyle\int \dfrac{2}{(x-1)(x+1)}\,dx$

😊 생각해 봅시다!

미분가능한 함수 $g(t)$에 대하여 $x=g(t)$로 놓으면

$\displaystyle\int f(x)\,dx$

$=\displaystyle\int f(g(t))g'(t)\,dt$

다음 부정적분을 구하시오.

(1) $\displaystyle\int (3x+2)^4\, dx$ (2) $\displaystyle\int 6x(3x^2+1)^3\, dx$

(3) $\displaystyle\int (x^2+3x+1)^3(2x+3)\, dx$

설명 $\displaystyle\int (ax+b)^n\, dx,\ \int f(g(x))g'(x)\, dx$의 꼴이면 치환적분법을 이용하여 적분하는 것이 편리하다.

풀이   (1) $3x+2=t$로 놓고 양변을 x에 대하여 미분하면 $3=\dfrac{dt}{dx}$

$$\therefore \int (3x+2)^4\, dx=\int t^4\times\frac{1}{3}\, dt=\frac{1}{3}\int t^4\, dt$$
$$=\frac{1}{3}\times\frac{1}{5}t^5+C=\frac{1}{15}(3x+2)^5+C$$

(2) $3x^2+1=t$로 놓고 양변을 x에 대하여 미분하면 $6x=\dfrac{dt}{dx}$

$$\therefore \int 6x(3x^2+1)^3\, dx=\int t^3\, dt$$
$$=\frac{1}{4}t^4+C=\frac{1}{4}(3x^2+1)^4+C$$

(3) $x^2+3x+1=t$로 놓고 양변을 x에 대하여 미분하면 $2x+3=\dfrac{dt}{dx}$

$$\therefore \int (x^2+3x+1)^3(2x+3)\, dx=\int t^3\, dt$$
$$=\frac{1}{4}t^4+C=\frac{1}{4}(x^2+3x+1)^4+C$$

다른풀이   (1) $\displaystyle\int (ax+b)^n\, dx=\dfrac{1}{a(n+1)}(ax+b)^{n+1}+C\ (n\neq -1)$의 공식을 이용하면

$$\int (3x+2)^4\, dx=\frac{1}{3\times(4+1)}(3x+2)^{4+1}+C=\frac{1}{15}(3x+2)^5+C$$

KEY Point

- $\displaystyle\int f(x)\,dx$에서 미분가능한 함수 $g(t)$에 대하여 $x=g(t)$로 놓으면

  $\Rightarrow \displaystyle\int f(x)\,dx=\int f(g(t))g'(t)\,dt$

236 다음 부정적분을 구하시오.

(1) $\displaystyle\int \left(\frac{1}{4}x-1\right)^3 dx$ (2) $\displaystyle\int 3x^2(x^3+1)^2\, dx$

(3) $\displaystyle\int (x^2-1)(x^3-3x+4)\, dx$

다음 부정적분을 구하시오.

(1) $\displaystyle\int (5x-2)\sqrt{1-x}\,dx$ (2) $\displaystyle\int \frac{2x}{\sqrt{x^2+1}}\,dx$ (3) $\displaystyle\int \frac{x-1}{\sqrt{x+1}}\,dx$

설명   피적분함수가 무리함수를 포함한 경우에는 $\sqrt{f(x)}=t$ 또는 $f(x)=t$로 치환하여 부정적분을 구한다.

풀이   (1) $\sqrt{1-x}=t$로 놓고 양변을 제곱하면 $1-x=t^2$, 즉 $x=1-t^2$이므로

$$\frac{dx}{dt}=-2t,\ 5x-2=5(1-t^2)-2=3-5t^2$$

$$\therefore \int (5x-2)\sqrt{1-x}\,dx=\int (3-5t^2)t\times(-2t)dt=\int (-6t^2+10t^4)dt$$
$$=-2t^3+2t^5+C=-2(\sqrt{1-x})^3+2(\sqrt{1-x})^5+C$$
$$=-2(1-x)\sqrt{1-x}+2(1-x)^2\sqrt{1-x}+C$$
$$=\boldsymbol{-2x(1-x)\sqrt{1-x}+C}$$

(2) $\sqrt{x^2+1}=t$로 놓고 양변을 제곱하면 $x^2+1=t^2$이므로 $2x=2t\dfrac{dt}{dx}$

$$\therefore \int \frac{2x}{\sqrt{x^2+1}}\,dx=\int \frac{1}{t}\times 2t\,dt=\int 2\,dt=2t+C=\boldsymbol{2\sqrt{x^2+1}+C}$$

(3) $\sqrt{x+1}=t$로 놓고 양변을 제곱하면 $x+1=t^2$, 즉 $x=t^2-1$이므로

$$\frac{dx}{dt}=2t,\ x-1=(t^2-1)-1=t^2-2$$

$$\therefore \int \frac{x-1}{\sqrt{x+1}}\,dx=\int \frac{t^2-2}{t}\times 2t\,dt=2\int (t^2-2)dt=\frac{2}{3}t^3-4t+C$$
$$=\frac{2}{3}(\sqrt{x+1})^3-4\sqrt{x+1}+C=\frac{2}{3}(x+1)\sqrt{x+1}-4\sqrt{x+1}+C$$
$$=\boldsymbol{\frac{2}{3}(x-5)\sqrt{x+1}+C}$$

다른풀이   (2) $x^2+1=t$로 놓고 양변을 x에 대하여 미분하면 $2x=\dfrac{dt}{dx}$

$$\therefore \int \frac{2x}{\sqrt{x^2+1}}\,dx=\int \frac{1}{\sqrt{t}}\,dt=\int t^{-\frac{1}{2}}\,dt=\frac{1}{-\frac{1}{2}+1}t^{-\frac{1}{2}+1}+C$$
$$=2t^{\frac{1}{2}}+C=2\sqrt{t}+C=2\sqrt{x^2+1}+C$$

237 다음 부정적분을 구하시오.

(1) $\displaystyle\int (2x+3)\sqrt{x^2+3x}\,dx$ (2) $\displaystyle\int \frac{x^3}{\sqrt{1-x^2}}\,dx$ (3) $\displaystyle\int \frac{3x^2-x}{\sqrt{2x^3-x^2}}\,dx$

238 함수 $f(x)=\displaystyle\int x\sqrt{x^2+1}\,dx$에 대하여 $f(0)=3$일 때, $f(-2)$의 값을 구하시오.

다음 부정적분을 구하시오.

(1) $\displaystyle\int e^{2x}(e^{2x}+1)^3\,dx$ (2) $\displaystyle\int 2xe^{x^2-1}\,dx$

(3) $\displaystyle\int \frac{(\ln x)^2}{x}\,dx$ (4) $\displaystyle\int \frac{x}{1+x^2}\ln(1+x^2)\,dx$

풀이

(1) $e^{2x}+1=t$로 놓고 양변을 x에 대하여 미분하면 $2e^{2x}=\dfrac{dt}{dx}$

$$\therefore \int e^{2x}(e^{2x}+1)^3\,dx=\int t^3\times\frac{1}{2}\,dt=\frac{1}{2}\int t^3\,dt=\frac{1}{8}t^4+C=\boldsymbol{\frac{1}{8}(e^{2x}+1)^4+C}$$

(2) $x^2-1=t$로 놓고 양변을 x에 대하여 미분하면 $2x=\dfrac{dt}{dx}$

$$\therefore \int 2xe^{x^2-1}\,dx=\int e^t\,dt=e^t+C=\boldsymbol{e^{x^2-1}+C}$$

(3) $\ln x=t$로 놓고 양변을 x에 대하여 미분하면 $\dfrac{1}{x}=\dfrac{dt}{dx}$

$$\therefore \int \frac{(\ln x)^2}{x}\,dx=\int t^2\,dt=\frac{1}{3}t^3+C=\boldsymbol{\frac{1}{3}(\ln x)^3+C}$$

(4) $\ln(1+x^2)=t$로 놓고 양변을 x에 대하여 미분하면 $\dfrac{2x}{1+x^2}=\dfrac{dt}{dx}$

$$\therefore \int \frac{x}{1+x^2}\ln(1+x^2)\,dx=\int t\times\frac{1}{2}\,dt=\frac{1}{2}\int t\,dt$$
$$=\frac{1}{4}t^2+C=\boldsymbol{\frac{1}{4}\{\ln(1+x^2)\}^2+C}$$

KEY Point

- $\displaystyle\int e^x\,dx=e^x+C$
- $\displaystyle\int e^{ax+b}\,dx=\frac{1}{a}e^{ax+b}+C$ (단, $a\neq0$)

- $\displaystyle\int a^x\,dx=\frac{a^x}{\ln a}+C$ (단, $a>0,\ a\neq1$)
- $\displaystyle\int p^{ax+b}\,dx=\frac{1}{a\ln p}p^{ax+b}+C$

                                           (단, $p>0,\ p\neq1$)

239 다음 부정적분을 구하시오.

(1) $\displaystyle\int 10^{2x+3}\,dx$ (2) $\displaystyle\int \frac{e^x}{\sqrt{e^x-1}}\,dx$

(3) $\displaystyle\int \frac{\ln(x+1)}{x+1}\,dx$ (4) $\displaystyle\int \frac{2}{x(\ln x)^2}\,dx$

240 함수 $f(x)=\displaystyle\int e^x(1+e^x)^3\,dx$에 대하여 $f(0)=3$일 때, $f(\ln 3)$의 값을 구하시오.

다음 부정적분을 구하시오.

(1) $\displaystyle\int \sin(3x+2)\,dx$

(2) $\displaystyle\int (1+\sin x)^2 \cos x\,dx$

(3) $\displaystyle\int \sin^3 x\,dx$

풀이

(1) $3x+2=t$로 놓고 양변을 x에 대하여 미분하면 $3=\dfrac{dt}{dx}$

$$\therefore \int \sin(3x+2)\,dx=\int \sin t \times \frac{1}{3}\,dt=\frac{1}{3}\int \sin t\,dt=-\frac{1}{3}\cos t+C$$
$$=-\frac{1}{3}\cos(3x+2)+C$$

(2) $1+\sin x=t$로 놓고 양변을 x에 대하여 미분하면 $\cos x=\dfrac{dt}{dx}$

$$\therefore \int (1+\sin x)^2 \cos x\,dx=\int t^2\,dt=\frac{1}{3}t^3+C=\frac{1}{3}(1+\sin x)^3+C$$

(3) $\displaystyle\int \sin^3 x\,dx=\int \sin^2 x \sin x\,dx=\int (1-\cos^2 x)\sin x\,dx$에서

$\cos x=t$로 놓고 양변을 x에 대하여 미분하면 $-\sin x=\dfrac{dt}{dx}$

$$\therefore \int \sin^3 x\,dx=\int (1-\cos^2 x)\sin x\,dx=\int (1-t^2)\times(-1)\,dt=\int (t^2-1)\,dt$$
$$=\frac{1}{3}t^3-t+C=\frac{1}{3}\cos^3 x-\cos x+C$$

KEY Point

- $\displaystyle\int \sin(ax+b)\,dx=-\frac{1}{a}\cos(ax+b)+C$

- $\displaystyle\int \cos(ax+b)\,dx=\frac{1}{a}\sin(ax+b)+C$

241 다음 부정적분을 구하시오.

(1) $\displaystyle\int \cos(4x-3)\,dx$

(2) $\displaystyle\int \tan x \sec^2 x\,dx$

(3) $\displaystyle\int \frac{\cos^3 x}{1+\sin x}\,dx$

242 열린구간 $\left(-\dfrac{\pi}{2},\ \dfrac{\pi}{2}\right)$에서 정의된 미분가능한 함수 $f(x)$에 대하여 $f'(x)=\dfrac{\sec^2 x}{1+\tan x}$,

$f(0)=0$일 때, $f\left(\dfrac{\pi}{4}\right)$의 값을 구하시오.

$\dfrac{f'(x)}{f(x)}$의 꼴의 치환적분

↻ 더 다양한 문제는 **RPM** 미적분 136쪽

다음 부정적분을 구하시오.

(1) $\displaystyle\int \dfrac{x^2+1}{x^3+3x+2}\,dx$

(2) $\displaystyle\int \dfrac{1}{x\ln x}\,dx$

(3) $\displaystyle\int \tan x\,dx$

(4) $\displaystyle\int \dfrac{e^x}{2e^x+1}\,dx$

설명

분자가 분모의 도함수인 경우, 다음을 이용한다.

$\Rightarrow$ $y=\ln|f(x)|$일 때 $y'=\dfrac{f'(x)}{f(x)}$이므로 $\displaystyle\int \dfrac{f'(x)}{f(x)}\,dx=\ln|f(x)|+C$

풀이

(1) $(x^3+3x+2)'=3x^2+3=3(x^2+1)$이므로

$$\int \dfrac{x^2+1}{x^3+3x+2}\,dx=\dfrac{1}{3}\int \dfrac{3(x^2+1)}{x^3+3x+2}\,dx=\dfrac{1}{3}\int \dfrac{(x^3+3x+2)'}{x^3+3x+2}\,dx$$

$$=\dfrac{1}{3}\ln|x^3+3x+2|+C$$

(2) $(\ln x)'=\dfrac{1}{x}$이므로

$$\int \dfrac{1}{x\ln x}\,dx=\int \dfrac{(\ln x)'}{\ln x}\,dx=\ln|\ln x|+C$$

(3) $\tan x=\dfrac{\sin x}{\cos x}$이고 $(\cos x)'=-\sin x$이므로

$$\int \tan x\,dx=-\int \dfrac{-\sin x}{\cos x}\,dx=-\int \dfrac{(\cos x)'}{\cos x}\,dx=-\ln|\cos x|+C$$

(4) $(2e^x+1)'=2e^x$이므로

$$\int \dfrac{e^x}{2e^x+1}\,dx=\dfrac{1}{2}\int \dfrac{2e^x}{2e^x+1}\,dx=\dfrac{1}{2}\int \dfrac{(2e^x+1)'}{2e^x+1}\,dx$$

$$=\dfrac{1}{2}\ln|2e^x+1|+C=\dfrac{1}{2}\ln(2e^x+1)+C \qquad \leftarrow 2e^x+1>0이므로$$
$$|2e^x+1|=2e^x+1$$

KEY Point

- $\displaystyle\int \dfrac{f'(x)}{f(x)}\,dx=\ln|f(x)|+C$

243 다음 부정적분을 구하시오.

(1) $\displaystyle\int \dfrac{e^x-e^{-x}}{e^x+e^{-x}}\,dx$

(2) $\displaystyle\int \dfrac{\sin x}{1-\cos x}\,dx$

(3) $\displaystyle\int \dfrac{3^x\ln 3-2x}{3^x-x^2}\,dx$

244 함수 $f(x)=\displaystyle\int \dfrac{e^{2x}}{3e^{2x}-1}\,dx$에 대하여 $f(0)=\dfrac{1}{6}\ln 2$일 때, $f\!\left(\dfrac{1}{2}\right)$의 값을 구하시오.

다음 부정적분을 구하시오.

$$(1) \int \frac{x^3+1}{x+1}\,dx \qquad (2) \int \frac{x^2+3}{x+1}\,dx \qquad (3) \int \frac{x}{x^2+3x+2}\,dx$$

설명

(1) (분자의 차수) ≥ (분모의 차수)이면서 인수분해가 되는 경우이다.

(2) 인수분해가 되지 않는 경우이므로 분자를 분모로 나누어 몫과 나머지의 꼴로 나타낸다.

(3) (분자의 차수) < (분모의 차수)이므로 부분분수로 변형한다.

풀이

$$(1) \int \frac{x^3+1}{x+1}\,dx = \int \frac{(x+1)(x^2-x+1)}{x+1}\,dx = \int (x^2-x+1)\,dx = \frac{1}{3}x^3 - \frac{1}{2}x^2 + x + C$$

$$(2)\ \frac{x^2+3}{x+1} = \frac{(x+1)(x-1)+4}{x+1} = x-1+\frac{4}{x+1}\ \text{이므로}$$

$$\int \frac{x^2+3}{x+1}\,dx = \int \left(x-1+\frac{4}{x+1}\right)dx = \frac{1}{2}x^2 - x + 4\ln|x+1| + C$$

$$(3)\ \frac{x}{x^2+3x+2} = \frac{x}{(x+1)(x+2)} = \frac{A}{x+1}+\frac{B}{x+2}\ (A,\ B\text{는 상수)로 놓으면}$$

$$\frac{x}{x^2+3x+2} = \frac{A(x+2)+B(x+1)}{(x+1)(x+2)} = \frac{(A+B)x+(2A+B)}{(x+1)(x+2)}$$

위 식은 x에 대한 항등식이므로 $A+B=1,\ 2A+B=0$ $\therefore A=-1,\ B=2$

$$\therefore \int \frac{x}{x^2+3x+2}\,dx = \int \left(\frac{-1}{x+1}+\frac{2}{x+2}\right)dx = -\int \frac{1}{x+1}\,dx + 2\int \frac{1}{x+2}\,dx$$

$$= -\ln|x+1| + 2\ln|x+2| + C = \ln\left|\frac{(x+2)^2}{x+1}\right| + C$$

KEY Point

피적분함수가 $\dfrac{f'(x)}{f(x)}$ 의 꼴이 아닌 유리함수의 부정적분

- (분자의 차수) ≥ (분모의 차수)인 경우

  ① 인수분해가 되면 ⇨ 인수분해하여 약분한다.

  ② 인수분해가 되지 않으면 ⇨ 분자를 분모로 나누어 몫과 나머지의 꼴로 나타낸다.

- (분자의 차수) < (분모의 차수)인 경우 ⇨ 피적분함수를 부분분수로 변형한다.

245 다음 부정적분을 구하시오.

$$(1) \int \frac{2x^3+x-1}{x-1}\,dx \qquad (2) \int \frac{7x+4}{(x-3)(x+2)}\,dx \qquad (3) \int \frac{2-x^2}{x^3+2x}\,dx$$

246 함수 $f(x) = \displaystyle\int \frac{x+1}{x^2-4x+3}\,dx$ 에 대하여 $f(2)=0$일 때, $f(4)$의 값을 구하시오.

03 부분적분법

1. 부분적분법 ▷ 필수예제 **10, 11**

피적분함수가 두 함수의 곱으로 되어 있고 치환적분법을 사용할 수 없을 때, 즉
(다항함수)×(삼각함수), (다항함수)×(로그함수), (삼각함수)×(지수함수) 등의 꼴일 때 다음
과 같이 적분하는 방법을 **부분적분법**이라 한다.

> 두 함수 $f(x)$, $g(x)$가 미분가능할 때,
> $$\int f(x)g'(x)dx = f(x)g(x) - \int f'(x)g(x)dx$$

▶ ① 부분적분법을 이용할 때 미분하면 더 간단해지는 함수를 $f(x)$로, 적분하기 쉬운 함수를 $g'(x)$로 놓으면 편리하다.
② 부분적분법의 공식에서 좌변과 우변의 함수 사이의 관계

$$\Rightarrow \int f(x)g'(x)dx = f(x)g(x) - \int f'(x)g(x)dx$$

설명 두 함수 $f(x)$와 $g(x)$가 미분가능할 때, 함수의 곱의 미분법에서
$$\{f(x)g(x)\}' = f'(x)g(x) + f(x)g'(x)$$
이므로
$$f(x)g(x) = \int f'(x)g(x)dx + \int f(x)g'(x)dx$$
$$\therefore \int f(x)g'(x)dx = f(x)g(x) - \int f'(x)g(x)dx$$

예 부정적분 $\displaystyle\int 2xe^x\,dx$를 구하시오.

풀이 $f(x) = 2x$, $g'(x) = e^x$으로 놓으면 $f'(x) = 2$, $g(x) = e^x$
$$\therefore \int 2xe^x\,dx = 2xe^x - \int 2 \times e^x\,dx = 2xe^x - 2e^x + C = 2(x-1)e^x + C$$

보충학습

부분적분법에서 두 함수 $f(x)$, $g'(x)$의 선택

	$\ln x$	x	$\sin x$	e^x
미분	$\dfrac{1}{x}$	1	$\cos x$	e^x
적분	$x\ln x - x + C$	$\dfrac{1}{2}x^2 + C$	$-\cos x + C$	$e^x + C$

위의 표에서 로그함수, 다항함수, 삼각함수, 지수함수의 순으로 적분하기가 점점 쉬워지는 반면, 미
분은 대체로 모두 간단하다. 따라서 부분적분법에서 로그함수, 다항함수, 삼각함수, 지수함수의 순
서로 $f(x)$를 택하면 계산이 편리하다.

247 다음은 부분적분법을 이용하여 각 함수의 부정적분을 구하는 과정을 나타낸 것이다. □ 안에 알맞은 것을 써넣으시오.

(1) $\displaystyle\int x\sin x\,dx$

> $f(x)=\boxed{},\ g'(x)=\boxed{}$ 로 놓으면
> $f'(x)=\boxed{},\ g(x)=\boxed{}$
> $\therefore \displaystyle\int x\sin x\,dx=\boxed{}-\int\left(\boxed{}\right)dx$
> $\qquad\qquad\quad =\boxed{}$

(2) $\displaystyle\int (x+3)e^x\,dx$

> $f(x)=\boxed{},\ g'(x)=\boxed{}$ 으로 놓으면
> $f'(x)=\boxed{},\ g(x)=\boxed{}$
> $\therefore \displaystyle\int (x+3)e^x\,dx=\boxed{}-\int\boxed{}\,dx$
> $\qquad\qquad\qquad\quad =\boxed{}$

(3) $\displaystyle\int 2x\ln x\,dx$

> $f(x)=\boxed{},\ g'(x)=\boxed{}$ 로 놓으면
> $f'(x)=\boxed{},\ g(x)=\boxed{}$
> $\therefore \displaystyle\int 2x\ln x\,dx=\boxed{}-\int\boxed{}\,dx$
> $\qquad\qquad\qquad\quad =\boxed{}$

248 다음 부정적분을 구하시오.

(1) $\displaystyle\int 3x^2\ln x\,dx$

(2) $\displaystyle\int xe^{3x}\,dx$

(3) $\displaystyle\int x\sin 2x\,dx$

🧠 **생각해 봅시다!**

두 함수 $f(x),\ g(x)$가 미분가능할 때,
$\displaystyle\int f(x)g'(x)dx$
$=f(x)g(x)$
$\qquad-\displaystyle\int f'(x)g(x)dx$

부분적분법을 적용할 때 로그함수, 다항함수, 삼각함수, 지수함수의 순서로 $f(x)$를 택하면 계산이 편리하다.

다음 부정적분을 구하시오.

(1) $\displaystyle\int xe^{2x}\,dx$　　　　(2) $\displaystyle\int \ln x\,dx$　　　　(3) $\displaystyle\int (x-2)\cos 3x\,dx$

설명　피적분함수가 두 함수의 곱의 꼴로 되어 있으므로 부분적분법을 이용한다. 이때 미분한 결과가 간단해지는 함수를 $f(x)$로, 적분하기 쉬운 함수를 $g'(x)$로 택하면 편리하다.

풀이

(1) $f(x)=x,\ g'(x)=e^{2x}$으로 놓으면 $f'(x)=1,\ g(x)=\dfrac{1}{2}e^{2x}$이므로

$$\int xe^{2x}\,dx=x\times\frac{1}{2}e^{2x}-\int 1\times\frac{1}{2}e^{2x}\,dx=\frac{1}{2}xe^{2x}-\frac{1}{2}\int e^{2x}\,dx=\boldsymbol{\frac{1}{2}xe^{2x}-\frac{1}{4}e^{2x}+C}$$

(2) $f(x)=\ln x,\ g'(x)=1$로 놓으면 $f'(x)=\dfrac{1}{x},\ g(x)=x$이므로

$$\int \ln x\,dx=\ln x\times x-\int \frac{1}{x}\times x\,dx=x\ln x-\int dx$$
$$=\boldsymbol{x\ln x-x+C}$$

(3) $f(x)=x-2,\ g'(x)=\cos 3x$로 놓으면 $f'(x)=1,\ g(x)=\dfrac{1}{3}\sin 3x$이므로

$$\int (x-2)\cos 3x\,dx=(x-2)\times\frac{1}{3}\sin 3x-\int 1\times\frac{1}{3}\sin 3x\,dx$$
$$=\frac{1}{3}(x-2)\sin 3x-\frac{1}{3}\int \sin 3x\,dx$$
$$=\boldsymbol{\frac{1}{3}(x-2)\sin 3x+\frac{1}{9}\cos 3x+C}$$

KEY Point

• 두 함수의 곱의 적분은 부분적분법을 이용한다.

$$\Rightarrow \int \underset{①}{f(x)g'(x)}dx=\underset{②}{f(x)g(x)}-\int \underset{③}{f'(x)g(x)}dx$$

249 다음 부정적분을 구하시오.

(1) $\displaystyle\int xe^{-x}\,dx$　　　　(2) $\displaystyle\int x^3\ln x\,dx$　　　　(3) $\displaystyle\int (2x+1)\sin 2x\,dx$

250 함수 $f(x)=\displaystyle\int x\cos 2x\,dx$에 대하여 $f(0)=\dfrac{1}{4}$일 때, $f\!\left(\dfrac{\pi}{4}\right)$의 값을 구하시오.

한 걸음 더

다음 부정적분을 구하시오.

(1) $\displaystyle\int x^2 \sin x \, dx$　　　　　　　(2) $\displaystyle\int e^x \cos x \, dx$

설명

⑴ 부분적분법을 한 번 적용한 후에도 $\int$이 남아 있으면 다시 한 번 부분적분법을 적용한다.

⑵ (지수함수)×(삼각함수)의 꼴의 부정적분은 부분적분법을 한 번 적용하여 부정적분을 구할 수 없으므로 부분적분법을 반복 적용하여 같은 꼴이 나타나게 한다.

풀이

⑴ $f(x)=x^2$, $g'(x)=\sin x$로 놓으면 $f'(x)=2x$, $g(x)=-\cos x$이므로

$$\int x^2 \sin x \, dx = -x^2 \cos x + \int 2x \cos x \, dx = -x^2 \cos x + 2\int x \cos x \, dx \quad \cdots\cdots ㉠$$

한편, $\displaystyle\int x \cos x \, dx$에서 $u(x)=x$, $v'(x)=\cos x$로 놓으면 $u'(x)=1$, $v(x)=\sin x$이므로

$$\int x \cos x \, dx = x \sin x - \int \sin x \, dx = x \sin x + \cos x + C_1 \quad \cdots\cdots ㉡$$

㉡을 ㉠에 대입하면

$$\int x^2 \sin x \, dx = -x^2 \cos x + 2(x \sin x + \cos x + C_1)$$
$$= -x^2 \cos x + 2x \sin x + 2\cos x + 2C_1$$
$$= \mathbf{(2-x^2) \cos x + 2x \sin x + C}$$

⑵ $f(x)=\cos x$, $g'(x)=e^x$으로 놓으면 $f'(x)=-\sin x$, $g(x)=e^x$이므로

$$\int e^x \cos x \, dx = e^x \cos x + \int e^x \sin x \, dx \quad \cdots\cdots ㉠$$

한편, $\displaystyle\int e^x \sin x \, dx$에서 $u(x)=\sin x$, $v'(x)=e^x$으로 놓으면 $u'(x)=\cos x$, $v(x)=e^x$이므로

$$\int e^x \sin x \, dx = e^x \sin x - \int e^x \cos x \, dx \quad \cdots\cdots ㉡$$

㉡을 ㉠에 대입하면 $\displaystyle\int e^x \cos x \, dx = e^x \cos x + e^x \sin x - \int e^x \cos x \, dx$

$$2\int e^x \cos x \, dx = e^x \cos x + e^x \sin x$$

$$\therefore \int e^x \cos x \, dx = \mathbf{\frac{1}{2}e^x(\cos x + \sin x) + C}$$

확인 체크

251 다음 부정적분을 구하시오.

(1) $\displaystyle\int x^2 e^{-x} \, dx$　　　　　　　(2) $\displaystyle\int x(\ln x)^2 \, dx$

(3) $\displaystyle\int x^2 \cos 2x \, dx$　　　　　　　(4) $\displaystyle\int e^{-x} \sin 3x \, dx$

252 함수 $f(x)=\displaystyle\int (\ln x)^2 \, dx$에 대하여 $f(1)=2$일 때, $f\left(\dfrac{1}{e}\right)$의 값을 구하시오.

연습문제

STEP **1**

💡 생각해 봅시다!

210 다음 중 부정적분의 계산이 옳지 <u>않은</u> 것은?

① $\displaystyle\int e^{x+2}\,dx=e^{x+2}+C$

② $\displaystyle\int \frac{1}{1+\tan^2 x}\,dx+\int \frac{1}{1+\cot^2 x}\,dx=x+C$

③ $\displaystyle\int \frac{x^2}{\sqrt{x^3+1}}\,dx=\frac{2}{3}\sqrt{x^3+1}+C$

④ $\displaystyle\int \frac{x+2}{x^2+4x+5}\,dx=\frac{1}{2}\ln(x^2+4x+5)+C$

⑤ $\displaystyle\int \cos^3 x \sin x\,dx=\frac{1}{4}\cos^4 x+C$

211 어떤 함수 $f(x)$의 부정적분을 구해야 하는데 잘못하여 미분하였더니 $\dfrac{2}{3\sqrt[3]{x}}$가 되었다. $f(8)=3$일 때, 함수 $f(x)$의 부정적분을 구하시오.

212 함수 $f(x)=\displaystyle\int \frac{1}{x\sqrt{\ln x+7}}\,dx$에 대하여 $f(e^2)=4$일 때, $f\!\left(\dfrac{1}{e^3}\right)$의 값을 구하시오.

$\sqrt{\ln x+7}=t$로 치환한다.

213 함수 $f(x)=\displaystyle\int \frac{e^{2x}}{e^{2x}-1}\,dx-\int \frac{e^x}{e^{2x}-1}\,dx$에 대하여 $f(0)=0$일 때, $f(1)$의 값을 구하시오.

214 함수 $f(x)$에 대하여 $f'(x)=\dfrac{3}{x^2+x-2}$이고 $f(-1)=\ln 2$일 때, $f(2)$의 값을 구하시오.

215 미분가능한 함수 $f(x)$의 한 부정적분 $F(x)$가 $F(x)=xf(x)-x^2 e^x$이다. $f(0)=1$일 때, $f(1)$의 값을 구하시오.

$F'(x)=f(x)$임을 이용한다.

216 미분가능한 두 함수 $f(x)$, $g(x)$에 대하여

$$\frac{d}{dx}\{f(x)+g(x)\}=e^x,\ \frac{d}{dx}\{f(x)-g(x)\}=e^{-2x}$$

이고 $f(0)=0$, $g(0)=0$일 때, $\dfrac{g(\ln 2)}{f(\ln 2)}$의 값을 구하시오.

$\displaystyle\int\left(\frac{d}{dx}A\right)dx=A+C$
(단, C는 적분상수)

217 $-\dfrac{\pi}{2}<x<\dfrac{\pi}{2}$에서 정의된 미분가능한 함수 $f(x)$가

$f'(x)=\tan x+\tan^3 x$, $f(0)=1$을 만족시킬 때, $f\left(\dfrac{\pi}{3}\right)$의 값을 구하시오.

$1+\tan^2 x=\sec^2 x$

218 곡선 $y=f(x)$ 위의 점 $(x,\ f(x))$에서의 접선의 기울기는 $\dfrac{1}{2+e^x}$이고, 이 곡선이 원점을 지날 때, $f(\ln 2)$의 값을 구하시오.

접선의 기울기의 분자, 분모에 e^{-x}을 곱하여 분자가 분모의 도함수 꼴을 포함하도록 변형한다.

[교육청기출]
219 실수 전체의 집합에서 연속인 함수 $f(x)$의 도함수 $f'(x)$가

$$f'(x)=\begin{cases} 2x+3 & (x<1) \\ \ln x & (x>1) \end{cases}$$

이다. $f(e)=2$일 때, $f(-6)$의 값은?

① 9 　　　 ② 11 　　　 ③ 13 　　　 ④ 15 　　　 ⑤ 17

구간에 따라 부정적분을 구한다.

220 함수 $f(x)=e^x-1$의 역함수 $f^{-1}(x)$에 대하여 $g(x)=\displaystyle\int f^{-1}(x)dx$, $g(0)=1$이라 할 때, $g(e-1)$의 값을 구하시오.

$y=e^x-1$로 놓고 x에 대하여 풀어 역함수를 구한다.

221 함수 $f(x)=\displaystyle\int e^{-x}\sin x\,dx$에 대하여 $f(0)=-\dfrac{1}{2}$일 때, $f(\pi)$의 값을 구하시오.

실력 UP

---

222 $-\dfrac{\pi}{2}<x<\dfrac{\pi}{2}$에서 정의된 함수 $f(x)=-1+\sin x-\sin^2 x+\sin^3 x-\cdots$

의 한 부정적분을 $F(x)$라 하자. $F(0)=1$일 때, $F\left(\dfrac{\pi}{3}\right)$의 값을 구하시오.

생각해 봅시다!

함수 $f(x)$는 첫째항이 -1, 공비가 $-\sin x$인 등비급수이다.

---

223 닫힌구간 $[0,\ 3]$에서 함수 $f(x)=(\ln 4)\times\displaystyle\int (x-1)2^{x^2-2x+3}\,dx$의 최솟

값이 3일 때, 이 구간에서 함수 $f(x)$의 최댓값을 구하시오.

[교육청기출]

224 실수 전체의 집합에서 미분가능한 함수 $f(x)$의 역함수를 $g(x)$라 하자. 두 함수 $f(x),\ g(x)$가 다음 조건을 만족시킨다.

> (가) $f(0)=1$
> (나) 모든 실수 x에 대하여 $f(x)g'(f(x))=\dfrac{1}{x^2+1}$이다.

$f(3)$의 값은?

① e^3 ② e^6 ③ e^9 ④ e^{12} ⑤ e^{15}

함수 $g(x)$가 $f(x)$의 역함수이므로 $g(f(x))=x$임을 이용한다.

---

225 함수 $f(x)=\displaystyle\int \cos x\ln(\sin x)\,dx$에 대하여 $f\left(\dfrac{\pi}{2}\right)=-\dfrac{1}{2}$일 때, $f\left(\dfrac{\pi}{6}\right)$의 값을 구하시오.

$\sin x=t$로 놓고 치환적분법과 부분적분법을 적용한다.

---

226 미분가능한 함수 $f(x)$에 대하여 $f'(x)=(x-2)\ln x$이고, 극댓값이 $\dfrac{3}{4}$일 때, $f(x)$의 극솟값을 구하시오.

---

227 함수 $f(x)$가 $\displaystyle\lim_{h\to 0}\dfrac{f(x+h)-f(x)}{h}=x^2e^{2x}$, $f\left(\dfrac{1}{2}\right)=\dfrac{1}{8}e$를 만족시킬 때, $f(0)$의 값을 구하시오.

$\displaystyle\lim_{h\to 0}\dfrac{f(x+h)-f(x)}{h}=f'(x)$

III

적분법

1. 정적분 [수학Ⅱ 180쪽] ▷ 필수예제 **1~4**

함수 $f(x)$가 닫힌구간 $[a, b]$에서 연속일 때, 함수 $f(x)$의 한 부정적분을 $F(x)$라 하면 $f(x)$의 a에서 b까지의 정적분은 다음과 같다.

$$\int_a^b f(x)dx = \left[F(x) \right]_a^b = F(b) - F(a)$$

▶ ① $a=b$일 때, $\displaystyle\int_a^a f(x)dx = 0$

② $a>b$일 때, $\displaystyle\int_a^b f(x)dx = -\int_b^a f(x)dx$

설명 $F'(x)=f(x)$일 때, 정적분 $\displaystyle\int_a^b f(x)dx$의 값은 다음과 같은 순서로 구한다.

(ⅰ) $f(x)$를 적분하여 $F(x)$를 구한다.

(ⅱ) $F(x)$에 위끝 b와 아래끝 a를 대입한 함숫값 $F(b)$, $F(a)$를 각각 구한다.

(ⅲ) $F(b)-F(a)$를 계산한다.

이와 같은 방법으로 유리함수, 무리함수, 지수함수, 로그함수, 삼각함수 등 다항함수가 아닌 함수의 정적분의 값도 구할 수 있다.

예 다음 정적분의 값을 구하시오.

(1) $\displaystyle\int_0^8 \sqrt[3]{x}\, dx$　　　　　　　　(2) $\displaystyle\int_0^2 3^x\, dx$

풀이 (1) $\displaystyle\int_0^8 \sqrt[3]{x}\, dx = \int_0^8 x^{\frac{1}{3}}\, dx = \left[\frac{3}{4}x^{\frac{4}{3}} \right]_0^8 = \frac{3}{4} \times 8^{\frac{4}{3}} = 12$

(2) $\displaystyle\int_0^2 3^x\, dx = \left[\frac{3^x}{\ln 3} \right]_0^2 = \frac{3^2}{\ln 3} - \frac{3^0}{\ln 3} = \frac{8}{\ln 3}$

2. 정적분의 성질 [수학Ⅱ 181, 182쪽] ▷ 필수예제 **1~4**

두 함수 $f(x)$, $g(x)$가 세 실수 a, b, c를 포함하는 구간에서 연속일 때

(1) $\displaystyle\int_a^b kf(x)dx = k\int_a^b f(x)dx$ (단, k는 상수)

(2) $\displaystyle\int_a^b \{f(x) \pm g(x)\}dx = \int_a^b f(x)dx \pm \int_a^b g(x)dx$ (복부호동순)

(3) $\displaystyle\int_a^c f(x)dx + \int_c^b f(x)dx = \int_a^b f(x)dx$

예 $\displaystyle\int_1^2 (e^x-2x)dx + \int_2^5 (e^x-2x)dx = \int_1^5 (e^x-2x)dx = \left[e^x - x^2 \right]_1^5 = e^5 - e - 24$

3. 우함수와 기함수의 정적분 [수학Ⅱ 189쪽]   ▷ **필수예제 5**

위끝, 아래끝의 절댓값이 같고 부호가 다를 때, 다음의 정적분의 성질을 이용하여 정적분을 구할 수 있다.

> 함수 $f(x)$가 닫힌구간 $[-a, a]$에서 연속일 때
> (1) $f(-x)=f(x)$이면 함수 $f(x)$를 우함수라 하고
> $$\int_{-a}^{a} f(x)dx = 2\int_{0}^{a} f(x)dx$$
> (2) $f(-x)=-f(x)$이면 함수 $f(x)$를 기함수라 하고
> $$\int_{-a}^{a} f(x)dx = 0$$

▶ ① $f(x)$가 우함수이면 $y=f(x)$의 그래프는 y축에 대하여 대칭이다.
    ⇨ $y=x^2,\ y=x^4,\ y=\cos x$ 등
② $f(x)$가 기함수이면 $y=f(x)$의 그래프는 원점에 대하여 대칭이다.
    ⇨ $y=x^3,\ y=\sin x,\ y=\tan x$ 등
③ (우함수)×(우함수)=(우함수), (기함수)×(기함수)=(우함수), (우함수)×(기함수)=(기함수)

설명 (1) $f(x)$가 우함수, 즉 $f(-x)=f(x)$이면 $y=f(x)$의 그래프는 오른쪽 그림과 같으므로 $a>0$일 때 닫힌구간 $[-a, 0]$과 닫힌구간 $[0, a]$에서의 정적분의 값은 같다.

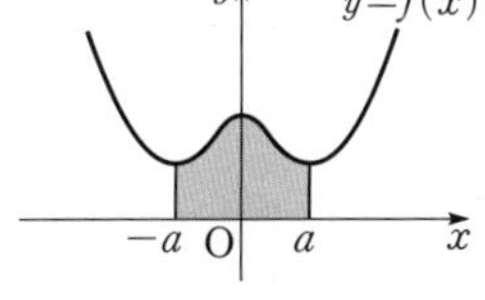

$$\int_{-a}^{0} f(x)dx = \int_{0}^{a} f(x)dx$$
$$\therefore \int_{-a}^{a} f(x)dx = \int_{-a}^{0} f(x)dx + \int_{0}^{a} f(x)dx = 2\int_{0}^{a} f(x)dx$$

(2) $f(x)$가 기함수, 즉 $f(-x)=-f(x)$이면 $y=f(x)$의 그래프는 오른쪽 그림과 같으므로 $a>0$일 때 닫힌구간 $[-a, 0]$과 닫힌구간 $[0, a]$에서의 정적분의 값은 그 절댓값이 같고 부호가 다르다.

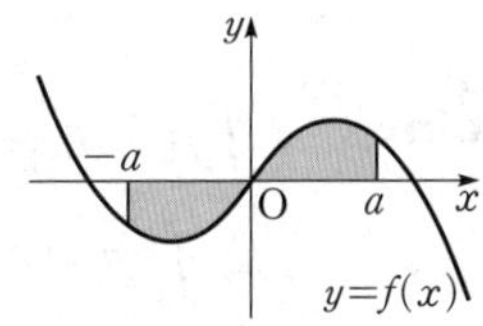

$$\int_{-a}^{0} f(x)dx = -\int_{0}^{a} f(x)dx$$
$$\therefore \int_{-a}^{a} f(x)dx = \int_{-a}^{0} f(x)dx + \int_{0}^{a} f(x)dx = 0$$

예 정적분 $\displaystyle\int_{-\frac{\pi}{2}}^{\frac{\pi}{2}} (\cos x + \sin x)dx$의 값을 구하시오.

풀이 $\cos x$는 우함수, $\sin x$는 기함수이므로

$$\int_{-\frac{\pi}{2}}^{\frac{\pi}{2}} (\cos x + \sin x)dx = \int_{-\frac{\pi}{2}}^{\frac{\pi}{2}} \cos x\, dx + \int_{-\frac{\pi}{2}}^{\frac{\pi}{2}} \sin x\, dx$$
$$= 2\int_{0}^{\frac{\pi}{2}} \cos x\, dx \quad \leftarrow \int_{-\frac{\pi}{2}}^{\frac{\pi}{2}} \sin x\, dx = 0$$
$$= 2\Big[\sin x \Big]_{0}^{\frac{\pi}{2}}$$
$$= 2\Big(\sin \frac{\pi}{2} - \sin 0 \Big) = 2$$

다음 정적분의 값을 구하시오.

$$(1)\ \int_1^2 \frac{2x+1}{x^2}\,dx \qquad (2)\ \int_0^1 (x-\sqrt{x})^2\,dx \qquad (3)\ \int_3^4 \frac{1}{x^2-3x+2}\,dx$$

풀이

$$(1)\ \int_1^2 \frac{2x+1}{x^2}\,dx = \int_1^2 \left(\frac{2}{x}+\frac{1}{x^2}\right)dx = \left[\,2\ln|x|-\frac{1}{x}\,\right]_1^2$$

$$= \left(2\ln 2-\frac{1}{2}\right)-(2\ln 1-1) = \mathbf{2\ln 2+\frac{1}{2}}$$

$$(2)\ \int_0^1 (x-\sqrt{x})^2\,dx = \int_0^1 (x^2-2x\sqrt{x}+x)\,dx = \int_0^1 \left(x^2-2x^{\frac{3}{2}}+x\right)dx$$

$$= \left[\frac{1}{3}x^3-\frac{4}{5}x^{\frac{5}{2}}+\frac{1}{2}x^2\right]_0^1 = \frac{1}{3}-\frac{4}{5}+\frac{1}{2} = \mathbf{\frac{1}{30}}$$

$$(3)\ \frac{1}{x^2-3x+2} = \frac{1}{(x-1)(x-2)} = \frac{1}{x-2}-\frac{1}{x-1}\ \text{이므로}$$

$$\int_3^4 \frac{1}{x^2-3x+2}\,dx = \int_3^4 \left(\frac{1}{x-2}-\frac{1}{x-1}\right)dx = \left[\ln|x-2|-\ln|x-1|\right]_3^4$$

$$= (\ln 2-\ln 3)-(\ln 1-\ln 2) = \mathbf{\ln\frac{4}{3}}$$

KEY Point

$$\bullet\ \int f(x)\,dx = F(x)+C \text{라 하면}$$

$$\Rightarrow \int_a^b f(x)\,dx = \left[F(x)\right]_a^b = F(b)-F(a)$$

253 다음 정적분의 값을 구하시오.

$$(1)\ \int_1^e \frac{3x^3-2x^2+1}{x}\,dx \qquad (2)\ \int_1^4 (\sqrt{x}-2)^2\,dx \qquad (3)\ \int_2^3 \frac{x+3}{x^2-1}\,dx$$

254 정적분 $\displaystyle\int_1^4 \left(\sqrt{x}+\frac{1}{\sqrt{x}}\right)dx$ 의 값을 구하시오.

다음 정적분의 값을 구하시오.

(1) $\displaystyle\int_0^1 3^{2x+1}\,dx$

(2) $\displaystyle\int_{-1}^1 (e^{3x}+e^{-3x})\,dx$

(3) $\displaystyle\int_0^{\frac{\pi}{2}} (\sin 2x+\cos x)\,dx$

(4) $\displaystyle\int_0^{\frac{\pi}{2}} (\cos x+e^{-x})\,dx+\int_{\frac{\pi}{2}}^0 (e^{-y}-\cos y)\,dy$

설명 (4) 적분변수 y가 x로 바뀌어도 정적분의 값에는 변화가 없다.

풀이

(1) $\displaystyle\int_0^1 3^{2x+1}\,dx=3\int_0^1 9^x\,dx=3\left[\frac{9^x}{\ln 9}\right]_0^1=3\left(\frac{9}{\ln 9}-\frac{1}{\ln 9}\right)=\frac{24}{\ln 9}=\boldsymbol{\frac{12}{\ln 3}}$

(2) $\displaystyle\int_{-1}^1 (e^{3x}+e^{-3x})\,dx=\left[\frac{1}{3}e^{3x}-\frac{1}{3}e^{-3x}\right]_{-1}^1=\frac{1}{3}\{(e^3-e^{-3})-(e^{-3}-e^3)\}$

$\displaystyle\qquad=\frac{1}{3}\left\{\left(e^3-\frac{1}{e^3}\right)-\left(\frac{1}{e^3}-e^3\right)\right\}=\boldsymbol{\frac{2}{3}\left(e^3-\frac{1}{e^3}\right)}$

(3) $\displaystyle\int_0^{\frac{\pi}{2}} (\sin 2x+\cos x)\,dx=\left[-\frac{1}{2}\cos 2x+\sin x\right]_0^{\frac{\pi}{2}}$

$\displaystyle\qquad=\left(-\frac{1}{2}\cos \pi+\sin \frac{\pi}{2}\right)-\left(-\frac{1}{2}\cos 0+\sin 0\right)$

$\displaystyle\qquad=\left(\frac{1}{2}+1\right)-\left(-\frac{1}{2}+0\right)=\boldsymbol{2}$

(4) $\displaystyle\int_0^{\frac{\pi}{2}} (\cos x+e^{-x})\,dx+\int_{\frac{\pi}{2}}^0 (e^{-y}-\cos y)\,dy=\int_0^{\frac{\pi}{2}} (\cos x+e^{-x})\,dx-\int_0^{\frac{\pi}{2}} (e^{-x}-\cos x)\,dx$

$\displaystyle\qquad=\int_0^{\frac{\pi}{2}} \{(\cos x+e^{-x})-(e^{-x}-\cos x)\}\,dx$

$\displaystyle\qquad=\int_0^{\frac{\pi}{2}} 2\cos x\,dx=2\left[\sin x\right]_0^{\frac{\pi}{2}}$

$\displaystyle\qquad=2\left(\sin \frac{\pi}{2}-\sin 0\right)=\boldsymbol{2}$

255 다음 정적분의 값을 구하시오.

(1) $\displaystyle\int_0^1 (e^x+e^{-x})^2\,dx$

(2) $\displaystyle\int_0^1 (2^x-1)(4^x+2^x+1)\,dx$

(3) $\displaystyle\int_0^{\ln 3} \frac{1}{1-e^x}\,dx+\int_{\ln 3}^0 \frac{e^{3t}}{1-e^t}\,dt$

(4) $\displaystyle\int_{\frac{\pi}{2}}^{\pi}(\cos x+1)^2\,dx+\int_{\pi}^{\frac{\pi}{2}}(\cos x-1)^2\,dx$

256 $\displaystyle\int_0^k \frac{e^{2x}-x^2}{e^x+x}\,dx=e^2-3$일 때, 자연수 k의 값을 구하시오.

함수 $f(x)=\begin{cases} \sin x & (x\leq\pi) \\ \cos x+1 & (x\geq\pi) \end{cases}$ 에 대하여 정적분 $\displaystyle\int_0^{2\pi} f(x)dx$의 값을 구하시오.

설명 함수 $f(x)=\begin{cases} g(x) & (a\leq x\leq b) \\ h(x) & (b\leq x\leq c) \end{cases}$ 일 때, $\displaystyle\int_a^c f(x)dx=\int_a^b g(x)dx+\int_b^c h(x)dx$

풀이
$$\int_0^{2\pi} f(x)dx=\int_0^{\pi} f(x)dx+\int_{\pi}^{2\pi} f(x)dx=\int_0^{\pi} \sin x\,dx+\int_{\pi}^{2\pi}(\cos x+1)dx$$
$$=\Big[-\cos x\Big]_0^{\pi}+\Big[\sin x+x\Big]_{\pi}^{2\pi}$$
$$=(1+1)+(2\pi-\pi)=\boldsymbol{\pi+2}$$

정적분 $\displaystyle\int_0^1 |e^x-2|dx$의 값을 구하시오.

풀이
$e^x-2=0$에서 $e^x=2$ $\therefore x=\ln 2$

따라서 $|e^x-2|=\begin{cases} -e^x+2 & (x\leq\ln 2) \\ e^x-2 & (x\geq\ln 2) \end{cases}$ 이므로

$$\int_0^1 |e^x-2|dx=\int_0^{\ln 2}(-e^x+2)dx+\int_{\ln 2}^1(e^x-2)dx=\Big[-e^x+2x\Big]_0^{\ln 2}+\Big[e^x-2x\Big]_{\ln 2}^1$$
$$=\{(-2+2\ln 2)-(-1)\}+\{(e-2)-(2-2\ln 2)\}$$
$$=\boldsymbol{4\ln 2+e-5}$$

KEY Point
- 구간에 따라 다르게 정의된 함수의 정적분 ⇨ 구간을 나누어 정적분의 값을 구한다.
- 절댓값 기호를 포함한 함수의 정적분
  ⇨ 절댓값 기호 안의 식의 값이 0이 되는 x의 값을 기준으로 구간을 나누어 적분한다.

257 함수 $f(x)=\begin{cases} e^{-x} & (x\leq 0) \\ \cos x & (x\geq 0) \end{cases}$ 에 대하여 정적분 $\displaystyle\int_{-1}^{\pi} f(x)dx$의 값을 구하시오.

258 다음 정적분의 값을 구하시오.

(1) $\displaystyle\int_0^{\pi} |\cos x|dx$ (2) $\displaystyle\int_{-1}^2 |e^x-1|dx$ (3) $\displaystyle\int_0^5 \sqrt{|x-1|}dx$

다음 정적분의 값을 구하시오.

(1) $\displaystyle\int_{-\frac{\pi}{3}}^{\frac{\pi}{3}} (\sin x+\cos x+\tan x)dx$ (2) $\displaystyle\int_{-\frac{\pi}{2}}^{\frac{\pi}{2}} (x^2 \sin x+\cos 3x)dx$

설명   위끝과 아래끝의 절댓값이 같고 부호가 다를 때, 피적분함수를 우함수, 기함수로 나누어 생각한다.

① 함수 $f(x)$가 우함수 $\Rightarrow \displaystyle\int_{-a}^{a} f(x)dx=2\int_{0}^{a} f(x)dx$

② 함수 $f(x)$가 기함수 $\Rightarrow \displaystyle\int_{-a}^{a} f(x)dx=0$

풀이   (1) $f(x)=\cos x$, $g(x)=\sin x+\tan x$라 하면

$f(-x)=\cos(-x)=\cos x=f(x)$,

$g(-x)=\sin(-x)+\tan(-x)=-\sin x-\tan x=-g(x)$

이므로 $f(x)$는 우함수, $g(x)$는 기함수이다.

$$\therefore \int_{-\frac{\pi}{3}}^{\frac{\pi}{3}} (\sin x+\cos x+\tan x)dx=\int_{-\frac{\pi}{3}}^{\frac{\pi}{3}} (\sin x+\tan x)dx+\int_{-\frac{\pi}{3}}^{\frac{\pi}{3}} \cos x\,dx$$

$$=0+2\int_{0}^{\frac{\pi}{3}} \cos x\,dx$$

$$=2\Big[\sin x\Big]_{0}^{\frac{\pi}{3}}=\sqrt{3}$$

(2) $f(x)=\cos 3x$, $g(x)=x^2 \sin x$라 하면

$f(-x)=\cos(-3x)=\cos 3x=f(x)$,

$g(-x)=(-x)^2 \sin(-x)=-x^2 \sin x=-g(x)$

이므로 $f(x)$는 우함수, $g(x)$는 기함수이다.

$$\therefore \int_{-\frac{\pi}{2}}^{\frac{\pi}{2}} (x^2 \sin x+\cos 3x)dx=\int_{-\frac{\pi}{2}}^{\frac{\pi}{2}} x^2 \sin x\,dx+\int_{-\frac{\pi}{2}}^{\frac{\pi}{2}} \cos 3x\,dx$$

$$=0+2\int_{0}^{\frac{\pi}{2}} \cos 3x\,dx$$

$$=2\Big[\frac{1}{3}\sin 3x\Big]_{0}^{\frac{\pi}{2}}=-\frac{2}{3}$$

259 다음 정적분의 값을 구하시오.

(1) $\displaystyle\int_{-\frac{\pi}{2}}^{\frac{\pi}{2}} (\cos x-x\cos x)dx$ (2) $\displaystyle\int_{-1}^{1} (3^x+4^x+3^{-x}-4^{-x})dx$

(3) $\displaystyle\int_{-\frac{\pi}{6}}^{\frac{\pi}{6}} (\cos x+x\sin^2 x+x^3 \cos x)dx$ (4) $\displaystyle\int_{-1}^{0} (e^x+e^{-x})dx+\int_{0}^{1} (e^x+e^{-x})dx$

정적분 $\displaystyle\int_0^{2\pi} |\cos 2x|\,dx$의 값을 구하시오.

설명　함수 $f(x)$가 주기가 p인 주기함수이면 $f(x+p)=f(x)$이므로 함수 $y=f(x)$의 그래프는 일정한 모양이 반복된다.

$\Rightarrow \displaystyle\int_a^b f(x)dx=\int_{a+p}^{b+p} f(x)dx,\ \int_a^{a+p} f(x)dx=\int_b^{b+p} f(x)dx$

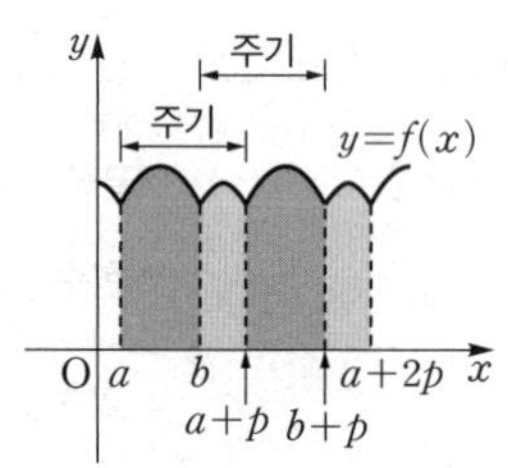

풀이　$f(x)=|\cos 2x|$로 놓으면 $f(x)$는 주기가 $\dfrac{\pi}{2}$인 주기함수이므로

$$\int_0^{\frac{\pi}{2}} |\cos 2x|\,dx=\int_{\frac{\pi}{2}}^{\pi} |\cos 2x|\,dx=\int_{\pi}^{\frac{3}{2}\pi} |\cos 2x|\,dx=\int_{\frac{3}{2}\pi}^{2\pi} |\cos 2x|\,dx$$

$$\therefore \int_0^{2\pi} |\cos 2x|\,dx=4\int_0^{\frac{\pi}{2}} |\cos 2x|\,dx$$

$$=4\int_0^{\frac{\pi}{4}} \cos 2x\,dx+4\int_{\frac{\pi}{4}}^{\frac{\pi}{2}} (-\cos 2x)\,dx$$

$$=4\left[\frac{1}{2}\sin 2x\right]_0^{\frac{\pi}{4}}+4\left[-\frac{1}{2}\sin 2x\right]_{\frac{\pi}{4}}^{\frac{\pi}{2}}$$

$$=4\times\frac{1}{2}+4\times\frac{1}{2}=\mathbf{4}$$

KEY Point

- 연속함수 $f(x)$의 주기가 p이면 $\Rightarrow \displaystyle\int_a^b f(x)dx=\int_{a+p}^{b+p} f(x)dx$

260 정적분 $\displaystyle\int_0^{\pi} |\sin 3x|\,dx$의 값을 구하시오.

261 연속함수 $f(x)$가 모든 실수 x에 대하여 $f(x)=f(x+2)$를 만족시키고, $-1\le x\le 1$에서 $f(x)=e^x+e^{-x}$이다. 이때 정적분 $\displaystyle\int_{-1}^{9} f(x)dx$의 값을 구하시오.

연습문제

STEP 1

[교육청기출]

228 $\displaystyle\int_1^5 \left(\frac{1}{x+1}+\frac{1}{x}\right)dx=\ln\alpha$일 때, 실수 α의 값을 구하시오.

229 $\displaystyle\int_{\frac{\pi}{6}}^{\frac{\pi}{4}} \frac{1+5\sin^3 x}{\sin^2 x}dx=a\sqrt{2}+b\sqrt{3}-1$일 때, 유리수 a, b에 대하여 $a+b$의 값을 구하시오.

230 함수 $f(x)=\begin{cases} -2^x+2 & (x\leq 1) \\ 2^x-2 & (x\geq 1) \end{cases}$에 대하여 정적분 $\displaystyle\int_0^2 f(x)dx$의 값을 구하시오.

구간을 나누어 정적분의 값을 구한다.

231 정적분 $\displaystyle\int_{-1}^4 \left|\frac{x-2}{x+2}\right|dx$의 값을 구하시오.

절댓값 기호 안의 식의 값이 0이 되는 x의 값을 기준으로 구간을 나누어 적분한다.

232 $\displaystyle\int_{-\frac{\pi}{4}}^{\frac{\pi}{4}} (x^3+\sin x+a)\cos x\,dx=1$일 때, 상수 a의 값을 구하시오.

233 함수 $f(x)$가 모든 실수 x에 대하여 $f\left(x+\frac{\pi}{2}\right)=f(x)$를 만족시키고, $-\frac{\pi}{4}\leq x\leq\frac{\pi}{4}$에서 $f(x)=\sec^2 x$이다. 이때 정적분 $\displaystyle\int_{-\frac{\pi}{4}}^{\frac{9}{4}\pi} f(x)dx$의 값을 구하시오.

STEP 2

234 함수 $f(x)=e^x-ax$에 대하여 등식 $\int_0^1 f(x)dx=f(1)$을 만족시키는 상수 a의 값을 구하시오.

235 자연수 n에 대하여 $a_n=(\ln 3)\times\int_0^n 3^x\,dx$일 때, 급수 $\sum_{n=1}^{\infty}\dfrac{1}{1+a_n}$의 합을 구하시오.

$|r|<1$일 때
$\sum\limits_{n=1}^{\infty}ar^{n-1}=\dfrac{a}{1-r}$

236 정적분 $\int_0^{\pi}|2\sin x\cos x|dx$의 값을 구하시오.

237 미분가능한 함수 $f(x)$에 대하여 $f(-1)=2$, $f'(x)=|e^x-1|$일 때, $f(1)$의 값을 구하시오.

$\int_{-1}^{1}f'(x)dx$
$=\Big[f(x)\Big]_{-1}^{1}$
$=f(1)-f(-1)$

238 실수 전체의 집합에서 정의된 함수 $f(x)$가 닫힌구간 $[-2,\,2]$에서 $f(x)=\dfrac{1}{e^{|x|}}$이고 모든 실수 x에 대하여 $f(x+4)=f(x)$일 때, 정적분 $\int_0^4 f(x)dx$의 값을 구하시오.

실력 UP

239 실수 전체의 집합에서 미분가능한 함수 $f(x)$가 다음 조건을 모두 만족시킬 때, 정적분 $\int_{-2}^{2}f'(x)(1+\sin x+\sin^3 x)dx$의 값을 구하시오.

곡선 $y=f(x)$가 원점에 대하여 대칭
$\Rightarrow f(x)$는 기함수

> (개) $f(2)=3$
> (내) $f'(x)$는 연속함수이다.
> (대) 곡선 $y=f(x)$는 원점에 대하여 대칭이다.

02 정적분의 치환적분법과 부분적분법

2. 정적분

1. 치환적분법을 이용한 정적분 ▷ 필수예제 **7**

> 닫힌구간 $[a, b]$에서 연속인 함수 $f(x)$에 대하여 미분가능한 함수 $x=g(t)$의 도함수 $g'(t)$
> 가 닫힌구간 $[\alpha, \beta]$에서 연속이고 $a=g(\alpha)$, $b=g(\beta)$이면
> $$\int_a^b f(x)dx = \int_\alpha^\beta f(g(t))g'(t)dt$$

▶ ① 함수 $x=g(t)$는 주어진 구간에서 일대일대응이고 미분가능해야 한다.
② 치환적분법을 이용하여 정적분을 계산할 때에는 적분 구간이 변하는 것에 주의한다.

설명 닫힌구간 $[a, b]$에서 연속인 함수 $f(x)$의 한 부정적분을 $F(x)$라 하면

$$\int_a^b f(x)dx = \Big[F(x) \Big]_a^b = F(b) - F(a) \qquad \cdots\cdots \text{㉠}$$

그런데 $\int f(x)dx$를 구할 때, x를 다른 변수 t의 미분가능한 함수 $x=g(t)$로 놓으면 치환적분법에 의하여

$$\int f(g(t))g'(t)dt = \int f(x)dx = F(x) + C = F(g(t)) + C \text{ (단, } C\text{는 적분상수)}$$

여기서 $x=g(t)$의 도함수 $g'(t)$가 닫힌구간 $[\alpha, \beta]$에서 연속이고 $a=g(\alpha)$, $b=g(\beta)$이면

$$\int_\alpha^\beta f(g(t))g'(t)dt = \Big[F(g(t)) \Big]_\alpha^\beta = F(g(\beta)) - F(g(\alpha)) = F(b) - F(a) \qquad \cdots\cdots \text{㉡}$$

㉠, ㉡에서 $\int_a^b f(x)dx = \int_\alpha^\beta f(g(t))g'(t)dt$

예 정적분 $\displaystyle\int_0^1 \frac{2x}{(x^2+1)^2}\,dx$의 값을 구하시오.

풀이 $x^2+1=t$로 놓으면 $2x=\dfrac{dt}{dx}$이고 $x=0$일 때 $t=1$, $x=1$일 때 $t=2$이므로

$$\int_0^1 \frac{2x}{(x^2+1)^2}\,dx = \int_1^2 \frac{1}{t^2}\,dt = \Big[-\frac{1}{t} \Big]_1^2 = \frac{1}{2}$$

2. 삼각치환법을 이용한 정적분 ▷ 필수예제 **8**

피적분함수가 다음과 같은 꼴일 때, 적분변수를 삼각함수로 치환하여 적분할 수 있다. 이와 같은 방법을 **삼각치환법**이라 한다.

> (1) **피적분함수가 $\sqrt{a^2-x^2}\ (a>0)$의 꼴인 경우**
>
> ⇨ $x=a\sin\theta\left(-\dfrac{\pi}{2}\leq\theta\leq\dfrac{\pi}{2}\right)$로 치환한 후 $\sin^2\theta+\cos^2\theta=1$을 이용한다.
>
> (2) **피적분함수가 $\dfrac{1}{x^2+a^2}\ (a>0)$의 꼴인 경우**
>
> ⇨ $x=a\tan\theta\left(-\dfrac{\pi}{2}<\theta<\dfrac{\pi}{2}\right)$로 치환한 후 $1+\tan^2\theta=\sec^2\theta$를 이용한다.

설명 피적분함수가 $\sqrt{a^2-x^2}$ 또는 $\dfrac{1}{a^2+x^2}\ (a>0)$의 꼴이면 적분변수를 삼각함수로 치환한 다음 정적분의 치환적분법을 이용하여 계산한다.

(1) $\sqrt{a^2-x^2}$의 꼴: $x=a\sin\theta\left(-\dfrac{\pi}{2}\le\theta\le\dfrac{\pi}{2}\right)$로 놓으면 $\dfrac{dx}{d\theta}=a\cos\theta$이고

$$\sqrt{a^2-x^2}=\sqrt{a^2-(a\sin\theta)^2}=\sqrt{a^2(1-\sin^2\theta)}=\sqrt{a^2\cos^2\theta}=a\cos\theta$$

이므로 피적분함수가 $\cos\theta$에 대한 함수로 변형되어 정적분을 구할 수 있다.

(2) $\dfrac{1}{a^2+x^2}$의 꼴: $x=a\tan\theta\left(-\dfrac{\pi}{2}<\theta<\dfrac{\pi}{2}\right)$로 놓으면 $\dfrac{dx}{d\theta}=a\sec^2\theta$이고

$$\frac{1}{a^2+x^2}=\frac{1}{a^2+(a\tan\theta)^2}=\frac{1}{a^2(1+\tan^2\theta)}=\frac{1}{a^2\sec^2\theta}$$

이므로 피적분함수가 $\sec\theta$에 대한 함수로 변형되어 정적분을 구할 수 있다.

참고 함수 $y=\sqrt{a^2-x^2}\ (a>0)$의 그래프는 중심이 원점이고 반지름의 길이가 a인 원의 위쪽 반원이다. 따라서 $\displaystyle\int_0^a\sqrt{a^2-x^2}\,dx$의 값은 반지름의 길이가 a인 원의 넓이의 $\dfrac{1}{4}$과 같다.

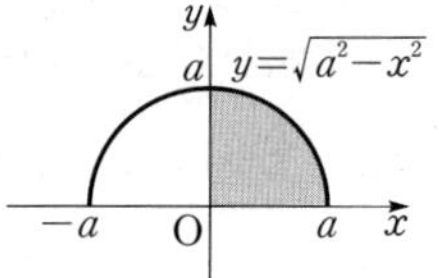

3. 부분적분법을 이용한 정적분　▷ 필수예제 **9**

피적분함수가 두 함수의 곱의 꼴로 되어 있고 치환적분법을 사용할 수 없을 때에는 다음과 같이 부분적분법을 이용하여 정적분을 구한다.

> 닫힌구간 $[a,\,b]$에서 두 함수 $f(x),\,g(x)$가 미분가능하고 $f'(x),\,g'(x)$가 연속일 때
>
> $$\int_a^b f(x)g'(x)dx=\left[f(x)g(x)\right]_a^b-\int_a^b f'(x)g(x)dx$$

▶ 로그함수$(\ln x)$, 다항함수$(1,\,x,\,x^2,\,\cdots)$ 등과 같이 미분한 결과가 간단해지는 식을 $f(x)$로, 지수함수(e^x), 삼각함수$(\sin x,\,\cos x,\,\cdots)$ 등과 같이 적분하기 쉬운 식을 $g'(x)$로 택하면 편리하다.

설명 닫힌구간 $[a,\,b]$에서 두 함수 $f(x),\,g(x)$가 미분가능하고 $f'(x),\,g'(x)$가 연속일 때, 함수의 곱의 미분법에서

$$\{f(x)g(x)\}'=f'(x)g(x)+f(x)g'(x)$$

이므로 함수 $f(x)g(x)$는 $f'(x)g(x)+f(x)g'(x)$의 한 부정적분이다. 즉,

$$\int_a^b\{f'(x)g(x)+f(x)g'(x)\}dx=\left[f(x)g(x)\right]_a^b \qquad \cdots\cdots ㉠$$

이때 정적분의 성질에 의하여

$$\int_a^b\{f'(x)g(x)+f(x)g'(x)\}dx=\int_a^b f'(x)g(x)dx+\int_a^b f(x)g'(x)dx \qquad \cdots\cdots ㉡$$

이므로 ㉠, ㉡에서

$$\int_a^b f'(x)g(x)dx+\int_a^b f(x)g'(x)dx=\left[f(x)g(x)\right]_a^b$$

$$\therefore \int_a^b f(x)g'(x)dx=\left[f(x)g(x)\right]_a^b-\int_a^b f'(x)g(x)dx$$

262 다음은 치환적분법을 이용하여 정적분 $\displaystyle\int_{-2}^{1} \frac{1}{\sqrt{2-x}}\,dx$의 값을 구하는 과정이다. $\square$ 안에 알맞은 것을 써넣으시오.

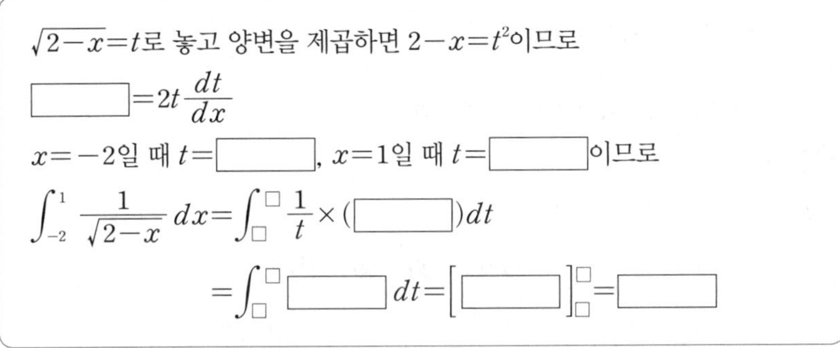

닫힌구간 $[a,\ b]$에서 연속인 함수 $f(x)$에 대하여 미분가능한 함수 $x=g(t)$의 도함수 $g'(t)$가 닫힌구간 $[\alpha,\ \beta]$에서 연속이고 $a=g(\alpha),\ b=g(\beta)$이면
$$\int_a^b f(x)\,dx = \int_\alpha^\beta f(g(t))g'(t)\,dt$$

263 다음은 삼각치환법을 이용하여 정적분 $\displaystyle\int_0^1 \frac{1}{x^2+1}\,dx$의 값을 구하는 과정이다. $\square$ 안에 알맞은 것을 써넣으시오.

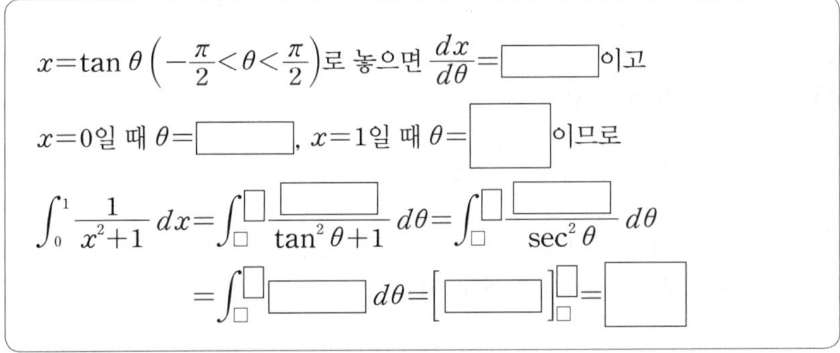

삼각치환법
① $\displaystyle\int_\alpha^\beta \sqrt{a^2-x^2}\,dx$
  $\Rightarrow x=a\sin\theta$
  $\left(-\dfrac{\pi}{2}\leq\theta\leq\dfrac{\pi}{2}\right)$로 치환
② $\displaystyle\int_\alpha^\beta \frac{1}{x^2+a^2}\,dx$
  $\Rightarrow x=a\tan\theta$
  $\left(-\dfrac{\pi}{2}<\theta<\dfrac{\pi}{2}\right)$로 치환

264 다음은 부분적분법을 이용하여 정적분 $\displaystyle\int_1^e \ln x\,dx$의 값을 구하는 과정이다. $\square$ 안에 알맞은 것을 써넣으시오.

$f(x)=\boxed{}$, $g'(x)=1$로 놓으면
$f'(x)=\boxed{}$, $g(x)=x$이므로
$\displaystyle\int_1^e \ln x\,dx=\Big[x\times\boxed{}\Big]_1^e-\int_1^e \boxed{}\times x\,dx$
$=\boxed{}-\Big[\boxed{}\Big]_1^e=\boxed{}$

닫힌구간 $[a,\ b]$에서 두 함수 $f(x),\ g(x)$가 미분가능하고 $f'(x),\ g'(x)$가 연속일 때
$$\int_a^b f(x)g'(x)\,dx$$
$$=\Big[f(x)g(x)\Big]_a^b$$
$$-\int_a^b f'(x)g(x)\,dx$$

다음 정적분의 값을 구하시오.

$$(1)\ \int_0^3 x\sqrt{4-x}\,dx \qquad (2)\ \int_1^e \frac{1}{x(1+\ln x)^2}\,dx \qquad (3)\ \int_0^{\frac{\pi}{2}} \sin^3 x \cos x\,dx$$

설명　피적분함수가 복잡할 때는 치환적분법을 이용하여 구한다. 이때 적분 구간이 바뀐다는 사실에 유의한다.

$\Rightarrow \displaystyle\int_\alpha^\beta f(g(x))g'(x)\,dx$의 꼴일 때 $g(x)=t$로 치환한다.

풀이　(1) $\sqrt{4-x}=t$로 놓고 양변을 제곱하면 $4-x=t^2$이므로

$$-1=2t\frac{dt}{dx},\ x=4-t^2$$

$x=0$일 때 $t=2$, $x=3$일 때 $t=1$이므로

$$\int_0^3 x\sqrt{4-x}\,dx=\int_2^1 (4-t^2)\times t\times(-2t)\,dt=2\int_1^2 (4t^2-t^4)\,dt$$

$$=2\left[\frac{4}{3}t^3-\frac{1}{5}t^5\right]_1^2=2\left\{\left(\frac{32}{3}-\frac{32}{5}\right)-\left(\frac{4}{3}-\frac{1}{5}\right)\right\}=\mathbf{\frac{94}{15}}$$

(2) $1+\ln x=t$로 놓으면 $\dfrac{1}{x}=\dfrac{dt}{dx}$

$x=1$일 때 $t=1$, $x=e$일 때 $t=2$이므로

$$\int_1^e \frac{1}{x(1+\ln x)^2}\,dx=\int_1^2 \frac{1}{t^2}\,dt=\left[-\frac{1}{t}\right]_1^2=\mathbf{\frac{1}{2}}$$

(3) $\sin x=t$로 놓으면 $\cos x=\dfrac{dt}{dx}$

$x=0$일 때 $t=0$, $x=\dfrac{\pi}{2}$일 때 $t=1$이므로

$$\int_0^{\frac{\pi}{2}} \sin^3 x \cos x\,dx=\int_0^1 t^3\,dt=\left[\frac{1}{4}t^4\right]_0^1=\mathbf{\frac{1}{4}}$$

주의　정적분의 치환적분법에서는 함수가 아닌 상수의 값을 구하는 것이므로 치환한 식을 다시 대입하여 처음의 변수로 바꿀 필요없이 바로 정적분의 값을 계산한다.

265 다음 정적분의 값을 구하시오.

$$(1)\ \int_2^7 \frac{x}{\sqrt{x+2}}\,dx \qquad\qquad (2)\ \int_{-1}^1 \frac{x+1}{x^2+2x+5}\,dx$$

$$(3)\ \int_{\ln 2}^1 \frac{1}{e^x-e^{-x}}\,dx \qquad\qquad (4)\ \int_1^e \ln x^{\frac{1}{x}}\,dx$$

$$(5)\ \int_0^{\frac{\pi}{6}} (1-\sin^2 x)\cos x\,dx \qquad\qquad (6)\ \int_0^{\frac{\pi}{2}} \frac{\sin^3 x}{1+\cos x}\,dx$$

다음 정적분의 값을 구하시오.

(1) $\displaystyle\int_0^2 \sqrt{4-x^2}\,dx$ (2) $\displaystyle\int_0^2 \dfrac{1}{x^2+4}\,dx$

풀이

(1) $x=2\sin\theta\left(-\dfrac{\pi}{2}\le\theta\le\dfrac{\pi}{2}\right)$로 놓으면 $\dfrac{dx}{d\theta}=2\cos\theta$이고

$x=0$일 때 $\theta=0$, $x=2$일 때 $\theta=\dfrac{\pi}{2}$이므로

$$\int_0^2 \sqrt{4-x^2}\,dx=\int_0^{\frac{\pi}{2}} \sqrt{4(1-\sin^2\theta)}\times 2\cos\theta\,d\theta=\int_0^{\frac{\pi}{2}} \sqrt{4\cos^2\theta}\times 2\cos\theta\,d\theta$$

$$=\int_0^{\frac{\pi}{2}} 4\cos^2\theta\,d\theta=\int_0^{\frac{\pi}{2}} 4\times\frac{1+\cos 2\theta}{2}\,d\theta \quad \leftarrow \cos 2\theta=2\cos^2\theta-1 \text{에서}$$
$$\cos^2\theta=\frac{1+\cos 2\theta}{2}$$

$$=2\int_0^{\frac{\pi}{2}} (1+\cos 2\theta)\,d\theta=2\left[\theta+\frac{1}{2}\sin 2\theta\right]_0^{\frac{\pi}{2}}$$

$$=2\times\frac{\pi}{2}=\pi$$

(2) $x=2\tan\theta\left(-\dfrac{\pi}{2}<\theta<\dfrac{\pi}{2}\right)$로 놓으면 $\dfrac{dx}{d\theta}=2\sec^2\theta$이고

$x=0$일 때 $\theta=0$, $x=2$일 때 $\theta=\dfrac{\pi}{4}$이므로

$$\int_0^2 \frac{1}{x^2+4}\,dx=\int_0^{\frac{\pi}{4}} \frac{1}{4(\tan^2\theta+1)}\times 2\sec^2\theta\,d\theta=\int_0^{\frac{\pi}{4}} \frac{1}{4\sec^2\theta}\times 2\sec^2\theta\,d\theta$$

$$=\int_0^{\frac{\pi}{4}} \frac{1}{2}\,d\theta=\left[\frac{1}{2}\theta\right]_0^{\frac{\pi}{4}}=\frac{1}{2}\times\frac{\pi}{4}=\frac{\pi}{8}$$

다른풀이

(1) $y=\sqrt{4-x^2}$에서 $y^2=4-x^2$ $\therefore x^2+y^2=4\ (y\ge 0)$

따라서 $\displaystyle\int_0^2 \sqrt{4-x^2}\,dx$의 값은 오른쪽 그림에서 색칠한 부분의 넓이와 같다.

$$\therefore \int_0^2 \sqrt{4-x^2}\,dx=\frac{1}{4}\times(\pi\times 2^2)=\pi$$

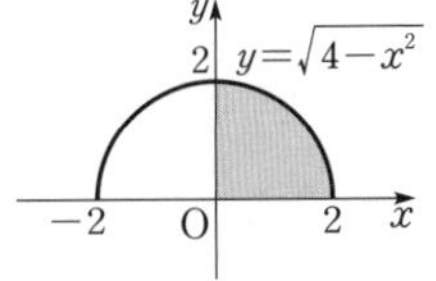

KEY Point

• 삼각치환법

① $\displaystyle\int_\alpha^\beta \sqrt{a^2-x^2}\,dx \Rightarrow x=a\sin\theta\left(-\dfrac{\pi}{2}\le\theta\le\dfrac{\pi}{2}\right)$로 치환

② $\displaystyle\int_\alpha^\beta \dfrac{1}{x^2+a^2}\,dx \Rightarrow x=a\tan\theta\left(-\dfrac{\pi}{2}<\theta<\dfrac{\pi}{2}\right)$로 치환

확인체크 **266** 다음 정적분의 값을 구하시오.

(1) $\displaystyle\int_0^3 \sqrt{9-x^2}\,dx$ (2) $\displaystyle\int_0^{\frac{1}{2}} \dfrac{1}{\sqrt{1-x^2}}\,dx$ (3) $\displaystyle\int_{-\sqrt{3}}^{\sqrt{3}} \dfrac{1}{x^2+9}\,dx$

다음 정적분의 값을 구하시오.

$$(1)\ \int_1^2 \ln x^3\,dx \qquad (2)\ \int_0^{\frac{\pi}{2}} x\cos x\,dx \qquad (3)\ \int_0^1 x^2 e^{2x}\,dx$$

설명   (3) 부분적분법을 한 번 적용한 후에도 $\int$이 남아 있으면 다시 한 번 부분적분법을 적용한다.

풀이   (1) $\int_1^2 \ln x^3\,dx = 3\int_1^2 \ln x\,dx$에서 $f(x)=\ln x$, $g'(x)=1$로 놓으면 $f'(x)=\dfrac{1}{x}$, $g(x)=x$이므로

$$\int_1^2 \ln x^3\,dx = 3\Big[\,x\ln x\,\Big]_1^2 - 3\int_1^2 \frac{1}{x}\times x\,dx = 3\times 2\ln 2 - 3\int_1^2 dx$$

$$= 6\ln 2 - 3\Big[\,x\,\Big]_1^2 = \mathbf{6\ln 2 - 3}$$

(2) $f(x)=x$, $g'(x)=\cos x$로 놓으면 $f'(x)=1$, $g(x)=\sin x$이므로

$$\int_0^{\frac{\pi}{2}} x\cos x\,dx = \Big[\,x\sin x\,\Big]_0^{\frac{\pi}{2}} - \int_0^{\frac{\pi}{2}} 1\times \sin x\,dx = \frac{\pi}{2} - \Big[\,-\cos x\,\Big]_0^{\frac{\pi}{2}} = \mathbf{\frac{\pi}{2} - 1}$$

(3) $f(x)=x^2$, $g'(x)=e^{2x}$으로 놓으면 $f'(x)=2x$, $g(x)=\dfrac{1}{2}e^{2x}$이므로

$$\int_0^1 x^2 e^{2x}\,dx = \Big[\,\frac{1}{2}x^2 e^{2x}\,\Big]_0^1 - \int_0^1 2x\times \frac{1}{2}e^{2x}\,dx = \frac{1}{2}e^2 - \int_0^1 xe^{2x}\,dx \qquad \cdots\cdots\ ㉠$$

$\int_0^1 xe^{2x}\,dx$에서 $u(x)=x$, $v'(x)=e^{2x}$으로 놓으면 $u'(x)=1$, $v(x)=\dfrac{1}{2}e^{2x}$이므로

$$\int_0^1 xe^{2x}\,dx = \Big[\,\frac{1}{2}xe^{2x}\,\Big]_0^1 - \int_0^1 1\times \frac{1}{2}e^{2x}\,dx = \frac{1}{2}e^2 - \Big[\,\frac{1}{4}e^{2x}\,\Big]_0^1 = \frac{1}{4}e^2 + \frac{1}{4} \qquad \cdots\cdots\ ㉡$$

㉡을 ㉠에 대입하면 $\int_0^1 x^2 e^{2x}\,dx = \dfrac{1}{2}e^2 - \Big(\dfrac{1}{4}e^2 + \dfrac{1}{4}\Big) = \mathbf{\dfrac{1}{4}(e^2 - 1)}$

KEY Point   • 피적분함수가 두 함수의 곱으로 되어 있을 때는 부분적분법을 이용한다.

267 다음 정적분의 값을 구하시오.

$$(1)\ \int_0^1 (x-1)e^{-x}\,dx \qquad (2)\ \int_0^{\pi} x(\sin x + \cos x)\,dx \qquad (3)\ \int_1^e \frac{\ln x}{x^2}\,dx$$

268 등식 $\int_0^{\frac{\pi}{2}} e^{-x}\cos x\,dx = a + be^{-\frac{\pi}{2}}$이 성립할 때, 유리수 a, b에 대하여 ab의 값을 구하시오.

연 습 문 제

STEP 1

240 $a>1$에서 함수 $f(a)=\int_1^a \dfrac{\sqrt{\ln x}}{x}\,dx$라 할 때, $f(a^4)$의 값과 같은 것은?

① $4f(a)$ ② $8f(a)$ ③ $12f(a)$ ④ $16f(a)$ ⑤ $20f(a)$

241 $\int_0^a \dfrac{1}{a^2+x^2}\,dx=\dfrac{\pi}{16}$일 때, 자연수 a의 값을 구하시오.

삼각치환법을 이용한다.

242 두 함수 $f(x)=\sin x$, $g(x)=3x$에 대하여 정적분 $\int_0^\pi f(g(x))g(x)dx$의 값을 구하시오.

STEP 2

243 닫힌구간 $[0,\ 2]$에서 함수 $y=f(x)$의 그래프가 오른쪽 그림과 같을 때, 정적분 $\int_0^{\ln 2} e^x f(e^x)dx$의 값은?

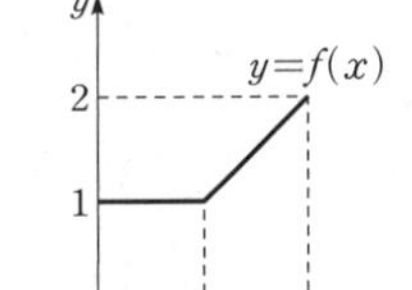

구간에 따라 함수 $f(x)$의 식을 구한다.

① $\dfrac{1}{2}$ ② $\dfrac{3}{4}$ ③ 1

④ $\dfrac{3}{2}$ ⑤ 2

[수능기출]

244 함수 $f(x)$가 $f(x)=\int_0^x \dfrac{1}{1+e^{-t}}\,dt$일 때, $(f\circ f)(a)=\ln 5$를 만족시키는 실수 a의 값은?

① $\ln 11$ ② $\ln 13$ ③ $\ln 15$ ④ $\ln 17$ ⑤ $\ln 19$

실력 UP

245 함수 $F(x)=\int_{e^x}^{e^{2x}} \ln t\,dt$가 $x=a$에서 극댓값을 가질 때, 상수 a의 값을 구하시오.

$F'(x)=0$이 되는 x의 값을 찾는다.

03 정적분으로 정의된 함수

1. 정적분으로 정의된 함수의 미분 [수학Ⅱ 198쪽] ▷ 필수예제 **10~13**

정적분 $\displaystyle\int_a^x f(t)\,dt$ (a는 상수)에서 $f(t)$의 한 부정적분을 $F(t)$라 하면

$$\int_a^x f(t)\,dt=\Big[\,F(t)\,\Big]_a^x=F(x)-F(a)$$

이므로 $\displaystyle\int_a^x f(t)\,dt$는 x에 대한 함수이다. 이와 같이 정적분으로 정의된 함수 $\displaystyle\int_a^x f(t)\,dt$, $\displaystyle\int_x^{x+a} f(t)\,dt$를 x에 대하여 미분하면 다음과 같다.

(1) $\dfrac{d}{dx}\displaystyle\int_a^x f(t)\,dt=f(x)$ (단, a는 상수)

(2) $\dfrac{d}{dx}\displaystyle\int_x^{x+a} f(t)\,dt=f(x+a)-f(x)$ (단, a는 상수)

▶ ① 정적분의 위끝 또는 아래끝에 적분변수가 아닌 다른 변수가 있으면 정적분의 결과는 그 변수에 대한 함수이다.
② (2)에서 위끝과 아래끝이 $x+a$ (a는 상수)의 꼴인 경우에만 등식이 성립한다.

설명 함수 $f(x)$의 한 부정적분을 $F(x)$라 하면

(1) $\dfrac{d}{dx}\displaystyle\int_a^x f(t)\,dt=\dfrac{d}{dx}\Big[\,F(t)\,\Big]_a^x=\dfrac{d}{dx}\{F(x)-F(a)\}=F'(x)=f(x)$

(2) $\dfrac{d}{dx}\displaystyle\int_x^{x+a} f(t)\,dt=\dfrac{d}{dx}\Big[\,F(t)\,\Big]_x^{x+a}=\dfrac{d}{dx}\{F(x+a)-F(x)\}$

$\qquad\qquad\qquad\qquad\quad =F'(x+a)-F'(x)=f(x+a)-f(x)$

예 $\dfrac{d}{dx}\displaystyle\int_1^x \cos 2t\,dt=\cos 2x$

2. 정적분으로 정의된 함수의 극한 [수학Ⅱ 199쪽] ▷ 필수예제 **14**

정적분으로 정의된 함수의 극한에 대하여 다음이 성립한다.

(1) $\displaystyle\lim_{x\to a}\dfrac{1}{x-a}\int_a^x f(t)\,dt=f(a)$ (단, a는 상수)

(2) $\displaystyle\lim_{x\to 0}\dfrac{1}{x}\int_a^{x+a} f(t)\,dt=f(a)$ (단, a는 상수)

설명 함수 $f(x)$의 한 부정적분을 $F(x)$라 하면

(1) $\displaystyle\lim_{x\to a}\dfrac{1}{x-a}\int_a^x f(t)\,dt=\lim_{x\to a}\dfrac{\Big[\,F(t)\,\Big]_a^x}{x-a}=\lim_{x\to a}\dfrac{F(x)-F(a)}{x-a}=F'(a)=f(a)$

(2) $\displaystyle\lim_{x\to 0}\dfrac{1}{x}\int_a^{x+a} f(t)\,dt=\lim_{x\to 0}\dfrac{\Big[\,F(t)\,\Big]_a^{x+a}}{x}=\lim_{x\to 0}\dfrac{F(x+a)-F(a)}{x}=F'(a)=f(a)$

다음 등식을 만족시키는 함수 $f(x)$를 구하시오.

(1) $f(x)=\sin x+\displaystyle\int_0^{\frac{\pi}{2}} f(t)dt$　　　　　　　(2) $f(x)=e^{-x}+\displaystyle\int_0^1 xf(t)dt$

설명　(1) $\displaystyle\int_0^{\frac{\pi}{2}} f(t)dt=k$ (k는 상수)로 놓고 k의 값을 구한 다음 $f(x)$를 구한다.

(2) 피적분함수에 포함된 문자 중 적분변수 이외의 문자는 적분 과정에서는 상수로 취급한다.

풀이　(1) $\displaystyle\int_0^{\frac{\pi}{2}} f(t)dt=k$ (k는 상수)　　……　㉠

　　　로 놓으면 $f(x)=\sin x+k$

　　　$f(t)=\sin t+k$를 ㉠에 대입하면

$$\int_0^{\frac{\pi}{2}}(\sin t+k)dt=\Big[-\cos t+kt\Big]_0^{\frac{\pi}{2}}=\frac{\pi}{2}k+1$$

　　　즉, $\dfrac{\pi}{2}k+1=k$이므로 $k=\dfrac{2}{2-\pi}$

　　　$\therefore \boldsymbol{f(x)=\sin x+\dfrac{2}{2-\pi}}$

(2) $f(x)=e^{-x}+\displaystyle\int_0^1 xf(t)dt=e^{-x}+x\int_0^1 f(t)dt$

　　　$\displaystyle\int_0^1 f(t)dt=k$ (k는 상수)　　……　㉠

　　　로 놓으면 $f(x)=e^{-x}+kx$

　　　$f(t)=e^{-t}+kt$를 ㉠에 대입하면

$$\int_0^1(e^{-t}+kt)dt=\Big[-e^{-t}+\frac{1}{2}kt^2\Big]_0^1=-\frac{1}{e}+\frac{1}{2}k+1$$

　　　즉, $-\dfrac{1}{e}+\dfrac{1}{2}k+1=k$이므로 $k=2\Big(1-\dfrac{1}{e}\Big)$

　　　$\therefore \boldsymbol{f(x)=e^{-x}+2\Big(1-\dfrac{1}{e}\Big)x}$

269 다음 등식을 만족시키는 함수 $f(x)$를 구하시오.

(1) $f(x)=\ln x+\displaystyle\int_1^e f(t)dt$　　　　　　　(2) $f(x)=\cos x+\displaystyle\int_0^{\frac{\pi}{4}} f(t)\sin t\,dt$

270 함수 $f(x)$가 $f(x)=e^x+3x+\displaystyle\int_0^1 f'(t)dt$를 만족시킬 때, $f(1)$의 값을 구하시오.

미분가능한 함수 $f(x)$가 $\displaystyle\int_0^x f(t)dt = e^x - 2\cos x + a(x-1)$을 만족시킬 때, $f\left(\dfrac{\pi}{2}\right)$의 값을 구하시오. (단, a는 상수)

설명　$\displaystyle\int_a^x f(t)dt = g(x)$의 꼴 $\Rightarrow$ 양변을 x에 대하여 미분한다.

풀이　$\displaystyle\int_0^x f(t)dt = e^x - 2\cos x + a(x-1)$의 양변을 x에 대하여 미분하면

$f(x) = e^x + 2\sin x + a$

또, $\displaystyle\int_0^x f(t)dt = e^x - 2\cos x + a(x-1)$의 양변에 $x=0$을 대입하면

$\displaystyle\int_0^0 f(t)dt = 1 - 2\cos 0 - a$

$0 = -1 - a \qquad \therefore a = -1$

따라서 $f(x) = e^x + 2\sin x - 1$이므로

$f\left(\dfrac{\pi}{2}\right) = e^{\frac{\pi}{2}} + 2\sin\dfrac{\pi}{2} - 1 = e^{\frac{\pi}{2}} + 1$

KEY Point

- $\displaystyle\int_a^x f(t)dt = g(x)$ (a는 상수)의 꼴일 때 함수 $f(x)$ 구하기

  $\Rightarrow \displaystyle\int_a^x f(t)dt = g(x)$의 양변을 x에 대하여 미분하고 $\displaystyle\int_a^a f(t)dt = 0$임을 이용한다.

271 모든 실수 x에 대하여 연속인 함수 $f(x)$가 $\displaystyle\int_0^x tf(t)dt = e^x - xe^x - 1$을 만족시킬 때, $f(3)$의 값을 구하시오.

272 모든 실수 x에 대하여 연속인 함수 $f(x)$가 $\displaystyle\int_{\frac{\pi}{4}}^x f(t)dt = \sin x - a\cos x + \sqrt{2}$를 만족시킬 때, $f\left(\dfrac{3}{2}\pi\right)$의 값을 구하시오. (단, a는 상수)

모든 실수 x에 대하여 연속인 함수 $f(x)$가 $\displaystyle\int_0^x (x-t)f(t)\,dt=e^{2x}-2\sin x-1$을 만족시킬 때, $f(0)$의 값을 구하시오.

설명 $\displaystyle\int_a^x (x-t)f(t)\,dt=g(x)$ (a는 상수)의 꼴에서 적분변수 t가 아닌 다른 변수 x는 상수로 취급한다.

$$\Rightarrow \int_a^x (x-t)f(t)\,dt=x\int_a^x f(t)\,dt-\int_a^x tf(t)\,dt$$

풀이 $\displaystyle\int_0^x (x-t)f(t)\,dt=x\int_0^x f(t)\,dt-\int_0^x tf(t)\,dt$이므로

$$x\int_0^x f(t)\,dt-\int_0^x tf(t)\,dt=e^{2x}-2\sin x-1$$

양변을 x에 대하여 미분하면

$$\int_0^x f(t)\,dt+xf(x)-xf(x)=2e^{2x}-2\cos x$$

$$\therefore \int_0^x f(t)\,dt=2e^{2x}-2\cos x$$

양변을 다시 x에 대하여 미분하면
$$f(x)=4e^{2x}+2\sin x$$
$$\therefore f(0)=4e^0+2\sin 0=\mathbf{4}$$

KEY Point

• $\displaystyle\int_a^x (x-t)f(t)\,dt=g(x)$ (a는 상수)의 꼴일 때 함수 $f(x)$ 구하기

$\Rightarrow x\displaystyle\int_a^x f(t)\,dt-\int_a^x tf(t)\,dt=g(x)$로 변형한 후 양변을 x에 대하여 미분한다.

273 모든 실수 x에 대하여 연속인 함수 $f(x)$가 $\displaystyle\int_0^x (x-t)f(t)\,dt=e^x+x^2-x-1$을 만족시킬 때, $f(1)$의 값을 구하시오.

274 모든 실수 x에 대하여 미분가능한 함수 $f(x)$가 $\displaystyle\int_0^x (x-t)f'(t)\,dt=\cos 2x-x^2-1$을 만족시키고 $f(0)=2$일 때, $f(x)$를 구하시오.

$0 < x < \pi$에서 함수 $f(x) = \displaystyle\int_0^x (1+2\cos t)\sin t\,dt$의 극댓값을 구하시오.

풀이

$f(x) = \displaystyle\int_0^x (1+2\cos t)\sin t\,dt$의 양변을 x에 대하여 미분하면

$f'(x) = (1+2\cos x)\sin x$

$f'(x)=0$에서 $\cos x = -\dfrac{1}{2}$

$\therefore x = \dfrac{2}{3}\pi \ (\because 0 < x < \pi)$

$0 < x < \pi$에서 함수 $f(x)$의 증가와 감소를 표로 나타내면 다음과 같다.

x	0	$\cdots$	$\dfrac{2}{3}\pi$	$\cdots$	π
$f'(x)$		$+$	0	$-$	
$f(x)$		$\nearrow$	극대	$\searrow$	

따라서 함수 $f(x)$는 $x = \dfrac{2}{3}\pi$에서 극대이므로 구하는 극댓값은

$f\left(\dfrac{2}{3}\pi\right) = \displaystyle\int_0^{\frac{2}{3}\pi} (1+2\cos t)\sin t\,dt$

$\cos t = u$로 놓으면 $-\sin t = \dfrac{du}{dt}$이고 $t=0$일 때 $u=1$, $t=\dfrac{2}{3}\pi$일 때 $u=-\dfrac{1}{2}$이므로

$f\left(\dfrac{2}{3}\pi\right) = \displaystyle\int_0^{\frac{2}{3}\pi} (1+2\cos t)\sin t\,dt$

$= \displaystyle\int_1^{-\frac{1}{2}} (1+2u)\times(-1)\,du$

$= \displaystyle\int_{-\frac{1}{2}}^1 (1+2u)\,du = \left[u+u^2\right]_{-\frac{1}{2}}^1 = \dfrac{\mathbf{9}}{\mathbf{4}}$

275 $0 \le x \le \pi$일 때, 함수 $f(x) = \displaystyle\int_0^x (1+\sin t)\cos t\,dt$의 최댓값을 구하시오.

276 $x > 1$에서 함수 $f(x) = \displaystyle\int_1^x \sqrt{t}(t-2)\,dt$의 극값을 구하시오.

다음 극한값을 구하시오.

(1) $\displaystyle\lim_{x\to 1}\frac{1}{x-1}\int_1^x \sqrt{2^t+1}\,dt$

(2) $\displaystyle\lim_{x\to 0}\frac{1}{x}\int_0^x \frac{\cos t}{1-\sin t}\,dt$

설명

정적분으로 정의된 함수의 극한

⇨ 피적분함수 $f(t)$의 한 부정적분을 $F(t)$로 놓고 미분계수의 정의를 이용한다.

풀이

(1) $f(t)=\sqrt{2^t+1}$로 놓고 $f(t)$의 한 부정적분을 $F(t)$라 하면

$$\lim_{x\to 1}\frac{1}{x-1}\int_1^x f(t)dt=\lim_{x\to 1}\frac{1}{x-1}\Big[F(t)\Big]_1^x=\lim_{x\to 1}\frac{F(x)-F(1)}{x-1}=F'(1)$$

이때 $F'(t)=f(t)$이므로

$$F'(1)=f(1)=\sqrt{2+1}=\sqrt{3}$$

(2) $f(t)=\dfrac{\cos t}{1-\sin t}$로 놓고 $f(t)$의 한 부정적분을 $F(t)$라 하면

$$\lim_{x\to 0}\frac{1}{x}\int_0^x f(t)dt=\lim_{x\to 0}\frac{1}{x}\Big[F(t)\Big]_0^x=\lim_{x\to 0}\frac{F(x)-F(0)}{x}=F'(0)$$

이때 $F'(t)=f(t)$이므로

$$F'(0)=f(0)=\frac{\cos 0}{1-\sin 0}=1$$

KEY Point

• $F'(t)=f(t)$일 때

⇨ ① $\displaystyle\lim_{x\to a}\frac{1}{x-a}\int_a^x f(t)dt=\lim_{x\to a}\frac{F(x)-F(a)}{x-a}=F'(a)=f(a)$

② $\displaystyle\lim_{x\to 0}\frac{1}{x}\int_a^{x+a} f(t)dt=\lim_{x\to 0}\frac{F(x+a)-F(a)}{x}=F'(a)=f(a)$

277 다음 극한값을 구하시오.

(1) $\displaystyle\lim_{x\to 1}\frac{1}{x^3-1}\int_1^{x^2} e^t t^3\,dt$

(2) $\displaystyle\lim_{x\to \pi}\frac{1}{x^2-\pi^2}\int_\pi^x (\sin t+1)^2\,dt$

278 $\displaystyle\lim_{h\to 0}\frac{1}{h}\int_{e^2-h}^{e^2+h} x\ln x^2\,dx$의 값을 구하시오.

연습문제

STEP 1

246 연속함수 $f(x)$가 $f(x)=e^{x^2}+\displaystyle\int_0^1 tf(t)dt$를 만족시킬 때, 정적분 $\displaystyle\int_0^1 xf(x)dx$의 값을 구하시오.

247 모든 실수 x에 대하여 연속인 함수 $f(x)$가 $f(x)=x+\displaystyle\int_0^\pi f(t)\cos t\, dt$를 만족시킬 때, $f(3)$의 값을 구하시오.

$\displaystyle\int_0^\pi f(t)\cos t\, dt=k$
(k는 상수)로 놓는다.

[평가원기출]
248 양의 실수 전체의 집합에서 연속인 함수 $f(x)$가 $\displaystyle\int_1^x f(t)dt=x^2-a\sqrt{x}\ (x>0)$을 만족시킬 때, $f(1)$의 값은? (단, a는 상수)

① 1 ② $\dfrac{3}{2}$ ③ 2 ④ $\dfrac{5}{2}$ ⑤ 3

249 양의 실수 전체의 집합에서 연속인 함수 $f(x)$가 $\displaystyle\int_1^x (x-t)f(t)dt=x^3\ln x+ax+b$를 만족시킬 때, 상수 a, b에 대하여 ab의 값을 구하시오.

피적분함수에 포함된 문자 중 적분변수가 아닌 문자는 상수로 취급한다.

250 $x>0$에서 함수 $f(x)=\displaystyle\int_1^x (1-\ln t)dt$의 극댓값을 구하시오.

251 함수 $f(x)=\displaystyle\int_x^{x+h} e^{-\frac{t^2}{2}}dt$에 대하여 $\displaystyle\lim_{h\to 0}\frac{f(0)}{h}$의 값은?

① -2 ② -1 ③ 0 ④ 1 ⑤ 2

$\displaystyle\lim_{h\to 0}\frac{f(h)-f(0)}{h}=f'(0)$

252 연속함수 $f(x)$가 $f(x)=\dfrac{x}{x^2+1}+2\displaystyle\int_0^1 f(t)dt$를 만족시킬 때, $f(1)$의 값을 구하시오.

253 양의 실수 전체의 집합에서 미분가능한 함수 $f(x)$가

$$xf(x)-\int_e^x f(t)dt=x^2\ln x$$를 만족시킬 때, $f(1)$의 값을 구하시오.

$$\int_a^a f(t)dt=0$$
(단, a는 상수)

254 실수 전체의 집합에서 연속인 함수 $f(x)$가 $\displaystyle\int_0^x f(x-t)dt=\dfrac{\sin^2 x}{1+\cos x}$를 만족시킬 때, $f\left(\dfrac{\pi}{6}\right)$의 값은?

① $-\dfrac{\sqrt{3}}{2}$ ② $-\dfrac{1}{2}$ ③ 0 ④ $\dfrac{1}{2}$ ⑤ $\dfrac{\sqrt{3}}{2}$

255 $-\pi<x<2\pi$에서 함수 $f(x)=\displaystyle\int_0^x (1+\cos t)\sin t\, dt$의 극댓값을 M, 극솟값을 m이라 할 때, $M+m$의 값을 구하시오.

$f'(x)=0$이 되는 x의 값을 구한다.

256 함수 $F(x)=\displaystyle\int_{\frac{\pi}{6}}^x (\cos t+e^t)dt$에 대하여 $\displaystyle\lim_{x\to\frac{\pi}{6}}\dfrac{F(x)}{x-\dfrac{\pi}{6}}$의 값을 구하시오.

[평가원기출]
257 함수 $f(x)=a\cos(\pi x^2)$에 대하여 $\displaystyle\lim_{x\to 0}\left\{\dfrac{x^2+1}{x}\int_1^{x+1} f(t)dt\right\}=3$일 때, $f(a)$의 값은? (단, a는 상수)

$f(x)$의 한 부정적분을 $F(x)$로 놓는다.

① 1 ② $\dfrac{3}{2}$ ③ 2 ④ $\dfrac{5}{2}$ ⑤ 3

실 력 UP

258 모든 실수 x에 대하여 미분가능한 함수 $f(x)$가

$$xf(x)=x^2 \sin x+\int_{\frac{\pi}{2}}^{x} f(t)dt$$를 만족시킬 때, $f(\pi)$의 값을 구하시오.

[교육청기출]

259  함수 $f(x)=\int_{0}^{x} \sin(\pi \cos t)dt$에 대하여 **보기**에서 옳은 것만을 있는 대로 고른 것은?

> **⏐보기⏐**
>
> ㄱ. $f'(0)=0$
> ㄴ. 함수 $y=f(x)$의 그래프는 원점에 대하여 대칭이다.
> ㄷ. $f(\pi)=0$

① ㄱ 　② ㄷ 　③ ㄱ, ㄴ 　④ ㄴ, ㄷ 　⑤ ㄱ, ㄴ, ㄷ

260 함수 $f(x)=\int_{0}^{x} t \sin(x-t)dt$에 대하여 $\lim\limits_{x \to 0} \dfrac{f'(x)}{x^2}$의 값을 구하시오.

[교육청기출]

261 자연수 n에 대하여 양의 실수 전체의 집합에서 정의된 함수

$f(x)=\int_{1}^{x} \dfrac{n-\ln t}{t}\, dt$의 최댓값을 $g(n)$이라 할 때, $\sum\limits_{n=1}^{12} g(n)$의 값을 구하 시오.

262 모든 실수 x에 대하여 미분가능한 함수 $f(x)$가 $f(2)=1$,

$\lim\limits_{x \to 2} \dfrac{1}{x^2-4}\int_{f(2)}^{f(x)} e^t \sin \dfrac{\pi}{2}t\, dt=2e$를 만족시킬 때, $f'(2)$의 값을 구하시 오.

Ⅲ

적분법

1. 구분구적법 ▷ 필수예제 1, 2

> 어떤 도형의 넓이 또는 부피를 구할 때, 그 도형을 간단한 도형으로 잘게 나누어 넓이 또는 부피의 합의 극한값으로 구하는 방법을 **구분구적법**이라 한다.
> 구분구적법을 이용하여 곡선이나 직선으로 둘러싸인 도형의 넓이 또는 부피는 다음과 같은 방법으로 구할 수 있다.
> (ⅰ) 주어진 도형을 n개의 기본 도형으로 분할한다.
> (ⅱ) n개의 기본 도형의 넓이 또는 부피의 합을 구한다.
> (ⅲ) (ⅱ)에서 구한 합의 $n \rightarrow \infty$일 때의 극한값을 구한다.
>   이 극한값이 구하는 도형의 넓이 또는 부피이다.

▶ 기본 도형은 직사각형, 이등변삼각형, 직육면체, 원기둥 등과 같이 넓이 또는 부피를 쉽게 구할 수 있는 도형으로 정한다.

설명 다음 그림과 같이 곡선으로 둘러싸인 도형의 넓이를 S, 곡선의 내부에 있는 정사각형들의 넓이의 합을 m, 곡선의 내부와 곡선의 경계선을 포함하는 정사각형들의 넓이의 합을 M이라 하면

$$m \leq S \leq M$$

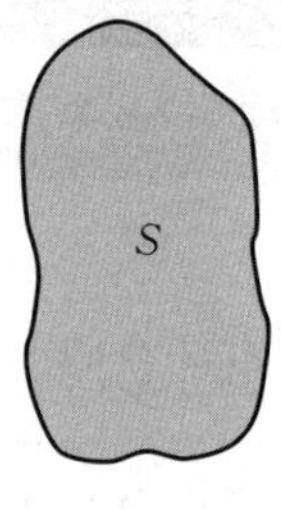 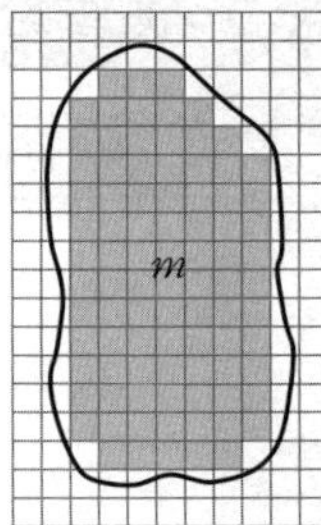 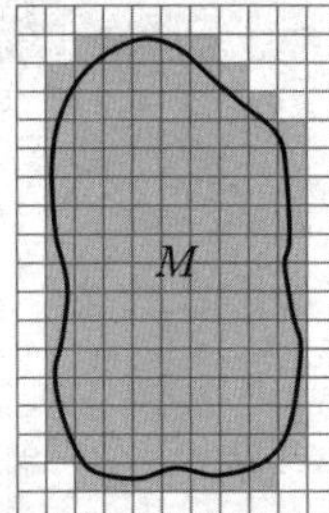

이때 정사각형의 크기를 한없이 작게 하면 m과 M은 도형의 넓이 S에 한없이 가까워지므로 m과 M의 극한을 구하면 이 도형의 넓이 S를 알 수 있다.

마찬가지로 입체도형의 부피도 직육면체 또는 원기둥으로 나누어 부피의 합을 구한 다음 극한을 이용하면 구할 수 있다.

이와 같이 어떤 도형의 넓이 또는 부피를 구할 때, 주어진 도형을 몇 개의 기본 도형으로 나누고 그 기본 도형의 넓이나 부피의 합의 극한값으로 도형의 넓이 또는 부피를 구하는 방법을 구분구적법이라 한다.

예 곡선 $y=x^2$과 직선 $x=1$ 및 x축으로 둘러싸인 도형의 넓이를 급수의 합을 이용하여 구해 보자.

오른쪽 그림과 같이 닫힌구간 $[0, 1]$을 n등분 하면 각 구간의 오른쪽 끝 점의 x좌표는 차례로

$$\frac{1}{n}, \frac{2}{n}, \frac{3}{n}, \cdots, \frac{n}{n}$$

이고, 이에 대응하는 y의 값은 각각

$$\left(\frac{1}{n}\right)^2, \left(\frac{2}{n}\right)^2, \left(\frac{3}{n}\right)^2, \cdots, \left(\frac{n}{n}\right)^2$$

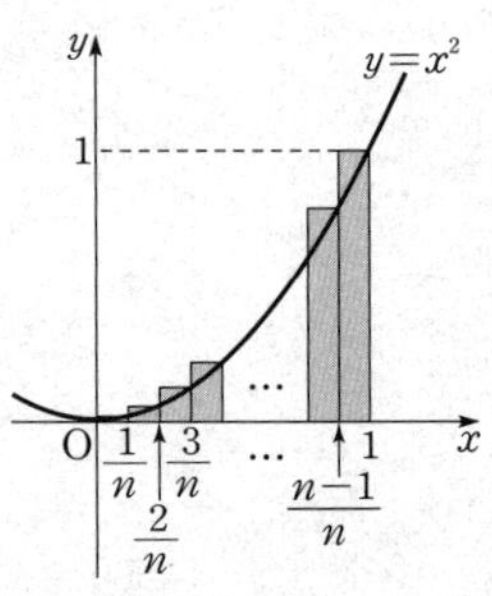

따라서 색칠한 직사각형의 넓이의 합을 U_n이라 하면 다음이 성립한다.

$$U_n=\frac{1}{n}\times\left(\frac{1}{n}\right)^2+\frac{1}{n}\times\left(\frac{2}{n}\right)^2+\frac{1}{n}\times\left(\frac{3}{n}\right)^2+\cdots+\frac{1}{n}\times\left(\frac{n}{n}\right)^2$$

$$=\frac{1}{n^3}(1^2+2^2+3^2+\cdots+n^2)$$

$$=\frac{1}{n^3}\times\frac{n(n+1)(2n+1)}{6}$$

$$=\frac{1}{6}\left(1+\frac{1}{n}\right)\left(2+\frac{1}{n}\right)$$

같은 방법으로 오른쪽 그림과 같이 닫힌구간 $[0,\,1]$을 n등분 한 각 구간의 왼쪽 끝 점의 x좌표는 차례로

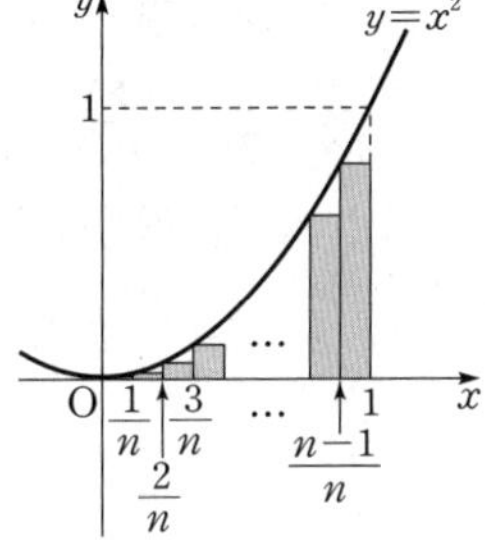

$$0,\,\frac{1}{n},\,\frac{2}{n},\,\frac{3}{n},\,\cdots,\,\frac{n-1}{n}$$

이고, 이에 대응하는 y의 값은 각각

$$0^2,\,\left(\frac{1}{n}\right)^2,\,\left(\frac{2}{n}\right)^2,\,\left(\frac{3}{n}\right)^2,\,\cdots,\,\left(\frac{n-1}{n}\right)^2$$

따라서 색칠한 직사각형의 넓이의 합을 L_n이라 하면 다음이 성립한다.

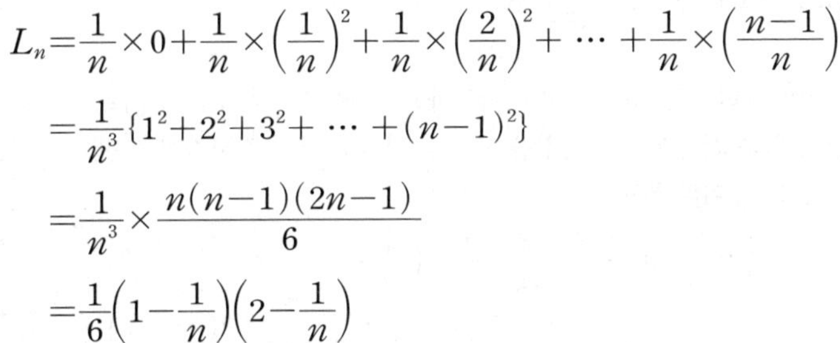

$$L_n=\frac{1}{n}\times 0+\frac{1}{n}\times\left(\frac{1}{n}\right)^2+\frac{1}{n}\times\left(\frac{2}{n}\right)^2+\cdots+\frac{1}{n}\times\left(\frac{n-1}{n}\right)^2$$

$$=\frac{1}{n^3}\{1^2+2^2+3^2+\cdots+(n-1)^2\}$$

$$=\frac{1}{n^3}\times\frac{n(n-1)(2n-1)}{6}$$

$$=\frac{1}{6}\left(1-\frac{1}{n}\right)\left(2-\frac{1}{n}\right)$$

이때 구하는 도형의 넓이를 S라 하면 $L_n<S<U_n$이므로

$$\lim_{n\to\infty}L_n\leq S\leq\lim_{n\to\infty}U_n$$

이고,

$$\lim_{n\to\infty}U_n=\lim_{n\to\infty}\frac{1}{6}\left(1+\frac{1}{n}\right)\left(2+\frac{1}{n}\right)=\frac{1}{6}\times 2=\frac{1}{3}$$

$$\lim_{n\to\infty}L_n=\lim_{n\to\infty}\frac{1}{6}\left(1-\frac{1}{n}\right)\left(2-\frac{1}{n}\right)=\frac{1}{6}\times 2=\frac{1}{3}$$

따라서 $\frac{1}{3}\leq S\leq\frac{1}{3}$이므로 구하는 도형의 넓이는 $S=\frac{1}{3}$이다.

참고   연속함수의 경우에는 $\lim\limits_{n\to\infty}U_n$과 $\lim\limits_{n\to\infty}L_n$이 일치한다는 것이 알려져 있다.

따라서 $\lim\limits_{n\to\infty}U_n$과 $\lim\limits_{n\to\infty}L_n$ 중에서 한 가지만 구하면 된다.

곡선 $y=\dfrac{1}{2}x^2$과 직선 $x=2$ 및 x축으로 둘러싸인 도형의 넓이를 구분구적법으로 구하시오.

설명 n개의 직사각형의 넓이의 합을 구한 후 $n \to \infty$일 때의 극한을 생각하여 넓이를 구한다.

풀이 오른쪽 그림과 같이 닫힌구간 $[0,\,2]$를 n등분 하면 양 끝 점과 각 분점의 x좌표는 왼쪽부터 차례로

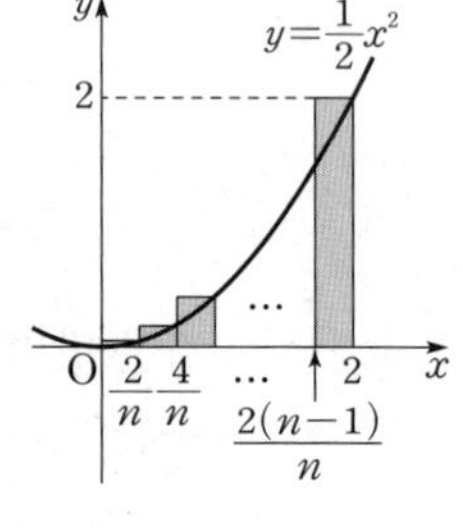

$$0=\frac{0}{n},\ \frac{2}{n},\ \frac{4}{n},\ \frac{6}{n},\ \cdots,\ \frac{2(n-1)}{n},\ \frac{2n}{n}=2$$

이때 n등분 한 각 구간을 가로의 길이로, 구간의 오른쪽 끝에서의 함숫값을 세로의 길이로 하는 n개의 직사각형을 만들면 각 직사각형의 세로의 길이는

$$\frac{1}{2}\times\left(\frac{2}{n}\right)^2,\ \frac{1}{2}\times\left(\frac{4}{n}\right)^2,\ \frac{1}{2}\times\left(\frac{6}{n}\right)^2,\ \cdots,\ \frac{1}{2}\times\left(\frac{2n}{n}\right)^2$$

이들 직사각형의 넓이의 합을 S_n이라 하면

$$S_n=\frac{2}{n}\times\frac{1}{2}\times\left(\frac{2}{n}\right)^2+\frac{2}{n}\times\frac{1}{2}\times\left(\frac{4}{n}\right)^2+\frac{2}{n}\times\frac{1}{2}\times\left(\frac{6}{n}\right)^2+\cdots+\frac{2}{n}\times\frac{1}{2}\times\left(\frac{2n}{n}\right)^2$$

$$=\frac{4}{n^3}(1^2+2^2+3^2+\cdots+n^2)=\frac{4}{n^3}\times\frac{n(n+1)(2n+1)}{6}=\frac{2}{3}\left(1+\frac{1}{n}\right)\left(2+\frac{1}{n}\right)$$

따라서 구하는 넓이 S는

$$S=\lim_{n\to\infty}S_n=\lim_{n\to\infty}\frac{2}{3}\left(1+\frac{1}{n}\right)\left(2+\frac{1}{n}\right)=\frac{2}{3}\times2=\frac{4}{3}$$

다른풀이 오른쪽 그림과 같이 닫힌구간 $[0,\,2]$를 n등분 하고 n등분 한 각 구간을 가로의 길이로, 구간의 왼쪽 끝에서의 함숫값을 세로의 길이로 하는 직사각형을 만들고 그 넓이의 합을 $S_n{}'$이라 하면

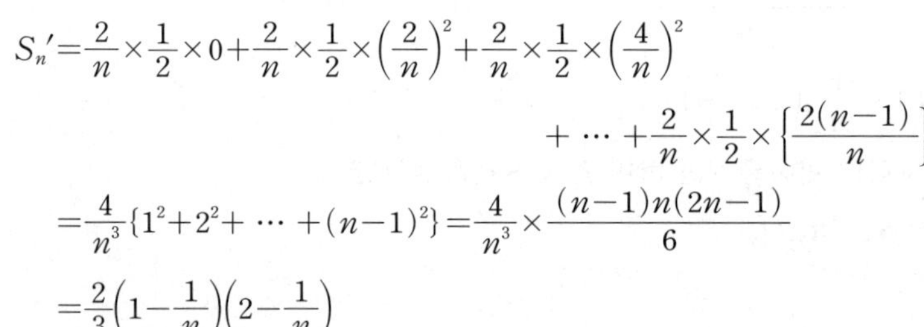

$$S_n{}'=\frac{2}{n}\times\frac{1}{2}\times0+\frac{2}{n}\times\frac{1}{2}\times\left(\frac{2}{n}\right)^2+\frac{2}{n}\times\frac{1}{2}\times\left(\frac{4}{n}\right)^2$$

$$+\cdots+\frac{2}{n}\times\frac{1}{2}\times\left\{\frac{2(n-1)}{n}\right\}^2$$

$$=\frac{4}{n^3}\{1^2+2^2+\cdots+(n-1)^2\}=\frac{4}{n^3}\times\frac{(n-1)n(2n-1)}{6}$$

$$=\frac{2}{3}\left(1-\frac{1}{n}\right)\left(2-\frac{1}{n}\right)$$

따라서 구하는 넓이 S는

$$S=\lim_{n\to\infty}S_n{}'=\lim_{n\to\infty}\frac{2}{3}\left(1-\frac{1}{n}\right)\left(2-\frac{1}{n}\right)=\frac{4}{3}$$

279 곡선 $y=x^3$과 직선 $x=1$ 및 x축으로 둘러싸인 도형의 넓이를 구분구적법으로 구하시오.

> 밑면의 반지름의 길이가 r, 높이가 h인 원뿔의 부피를 구분구적법으로 구하시오.

설명 n개의 원기둥의 부피의 합을 구한 후 $n \to \infty$일 때의 극한을 생각하여 부피를 구한다.

풀이 오른쪽 그림과 같이 원뿔의 높이를 n등분 하여 $(n-1)$개의 원기둥을 만들면 각 원기둥의 높이는 $\dfrac{h}{n}$이고, 밑면의 반지름의 길이는 위에서부터 차례로

$$\frac{r}{n}, \frac{2r}{n}, \frac{3r}{n}, \cdots, \frac{(n-1)r}{n}$$

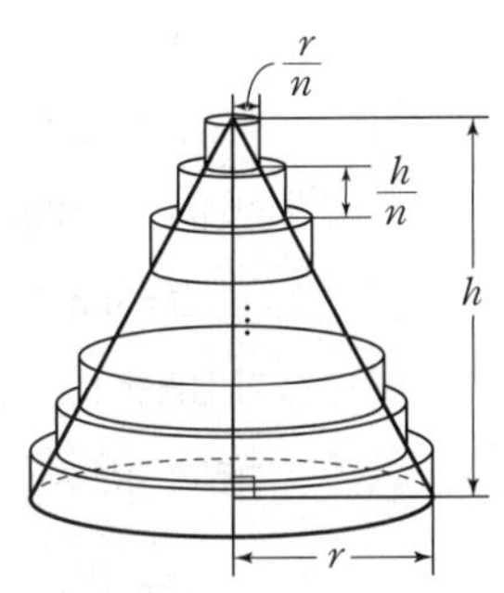

이들 원기둥의 부피의 합을 V_n이라 하면

$$V_n = \pi\left(\frac{r}{n}\right)^2 \times \frac{h}{n} + \pi\left(\frac{2r}{n}\right)^2 \times \frac{h}{n} + \cdots + \pi\left\{\frac{(n-1)r}{n}\right\}^2 \times \frac{h}{n}$$

$$= \frac{\pi r^2 h}{n^3}\{1^2 + 2^2 + \cdots + (n-1)^2\}$$

$$= \frac{\pi r^2 h}{n^3} \times \frac{(n-1)n(2n-1)}{6} = \frac{1}{6}\pi r^2 h\left(1 - \frac{1}{n}\right)\left(2 - \frac{1}{n}\right)$$

따라서 구하는 부피 V는

$$V = \lim_{n \to \infty} V_n = \lim_{n \to \infty} \frac{1}{6}\pi r^2 h\left(1 - \frac{1}{n}\right)\left(2 - \frac{1}{n}\right) = \frac{1}{6}\pi r^2 h \times 2 = \boldsymbol{\frac{1}{3}\pi r^2 h}$$

다른풀이 오른쪽 그림과 같이 원뿔의 높이를 n등분 하여 n개의 원기둥을 만들면 각 원기둥의 높이는 $\dfrac{h}{n}$이고, 밑면의 반지름의 길이는 위에서부터 차례로

$$\frac{r}{n}, \frac{2r}{n}, \frac{3r}{n}, \cdots, \frac{nr}{n}$$

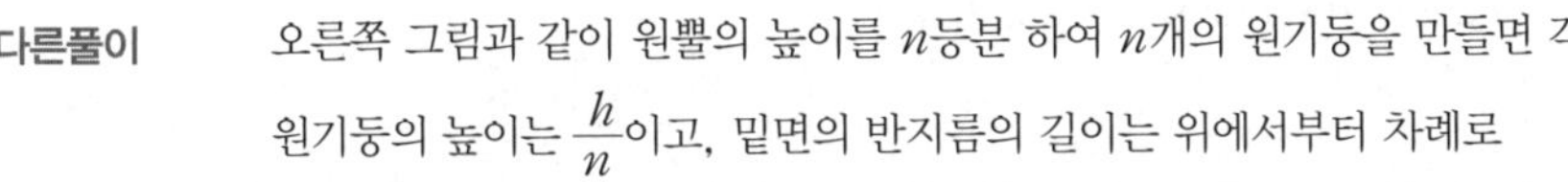

이들 원기둥의 부피의 합을 $V_n{'}$이라 하면

$$V_n{'} = \pi\left(\frac{r}{n}\right)^2 \times \frac{h}{n} + \pi\left(\frac{2r}{n}\right)^2 \times \frac{h}{n} + \cdots + \pi\left(\frac{nr}{n}\right)^2 \times \frac{h}{n}$$

$$= \frac{\pi r^2 h}{n^3}(1^2 + 2^2 + \cdots + n^2)$$

$$= \frac{\pi r^2 h}{n^3} \times \frac{n(n+1)(2n+1)}{6} = \frac{1}{6}\pi r^2 h\left(1 + \frac{1}{n}\right)\left(2 + \frac{1}{n}\right)$$

따라서 구하는 부피 V는

$$V = \lim_{n \to \infty} V_n{'} = \lim_{n \to \infty} \frac{1}{6}\pi r^2 h\left(1 + \frac{1}{n}\right)\left(2 + \frac{1}{n}\right) = \frac{1}{6}\pi r^2 h \times 2 = \frac{1}{3}\pi r^2 h$$

 **280** 오른쪽 그림과 같이 밑면은 한 변의 길이가 a인 정사각형이고, 높이가 h인 정사각뿔을 높이가 $\dfrac{h}{n}$인 $(n-1)$개의 직육면체로 나눌 때, 정사각뿔의 부피를 구분구적법으로 구하시오.

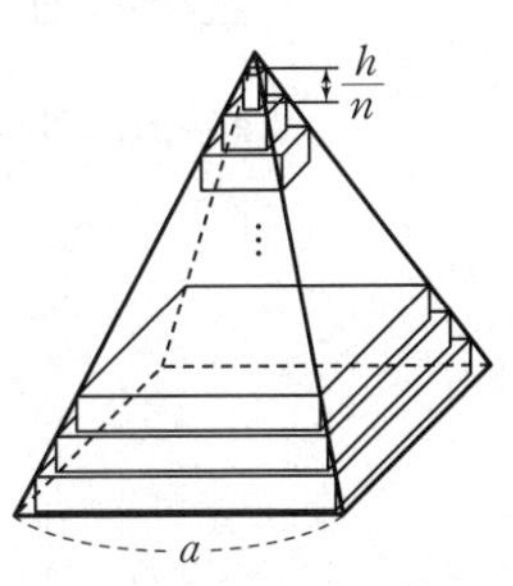

1. 정적분과 급수의 합 사이의 관계

> 함수 $f(x)$가 닫힌구간 $[a, b]$에서 연속일 때
> $$\lim_{n \to \infty} \sum_{k=1}^{n} f(x_k)\,\Delta x = \int_{a}^{b} f(x)\,dx \left(단,\ \Delta x = \frac{b-a}{n},\ x_k = a + k\Delta x \right)$$

▶ 일반적으로 함수 $f(x)$가 닫힌구간 $[a, b]$에서 연속이면 극한값 $\lim\limits_{n \to \infty} \sum\limits_{k=1}^{n} f(x_k)\,\Delta x$가 항상 존재한다.

설명 함수 $f(x)$가 닫힌구간 $[a, b]$에서 연속이고 $f(x) \geq 0$일 때, 곡선 $y = f(x)$와 x축 및 두 직선 $x = a$, $x = b$로 둘러싸인 도형의 넓이를 S라 하자.

닫힌구간 $[a, b]$를 n등분 하여 양 끝 점과 각 분점의 x좌표를 차례로

$$a = x_0,\ x_1,\ x_2,\ \cdots,\ x_{n-1},\ x_n = b$$

라 하고, 각 소구간의 길이를 Δx라 하면

$$\Delta x = \frac{b-a}{n},\ x_k = a + k\Delta x\ (k = 0, 1, 2, \cdots, n)$$

이때 색칠한 직사각형의 넓이의 합 S_n은

$$S_n = f(x_1)\Delta x + f(x_2)\Delta x + f(x_3)\Delta x + \cdots + f(x_n)\Delta x$$
$$= \sum_{k=1}^{n} f(x_k)\,\Delta x$$

여기서 n이 한없이 커지면 S_n은 구하는 도형의 넓이 S에 한없이 가까워지므로

$$S = \lim_{n \to \infty} S_n = \lim_{n \to \infty} \sum_{k=1}^{n} f(x_k)\,\Delta x \qquad \leftarrow S_n = \sum_{k=0}^{n-1} f(x_k)\,\Delta x 로 정의해도 극한값은 같다.$$

가 성립한다.

그런데 곡선 $y = f(x)$와 x축 및 두 직선 $x = a$, $x = b$로 둘러싸인 도형의 넓이 S는 $\int_{a}^{b} f(x)\,dx$이므로 다음이 성립한다.

$$\lim_{n \to \infty} \sum_{k=1}^{n} f(x_k)\,\Delta x = \int_{a}^{b} f(x)\,dx \left(단,\ \Delta x = \frac{b-a}{n},\ x_k = a + k\Delta x \right) \qquad \cdots\cdots\ \text{㉠}$$

한편, 함수 $f(x)$가 닫힌구간 $[a, b]$에서 연속이고 $f(x) \leq 0$일 때, 곡선 $y = f(x)$와 x축 및 두 직선 $x = a$, $x = b$로 둘러싸인 도형의 넓이를 T라 하면

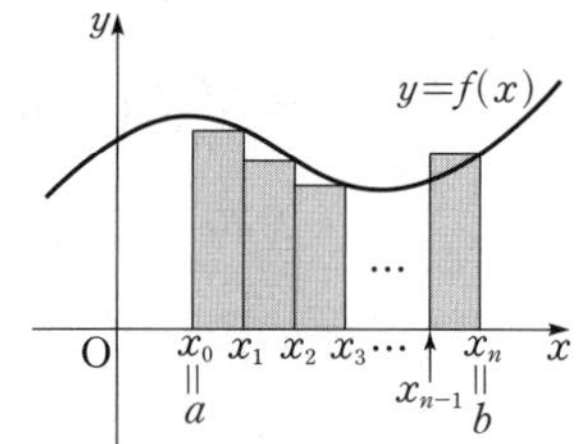

$$T = \int_{a}^{b} \{-f(x)\}\,dx = \lim_{n \to \infty} \sum_{k=1}^{n} \{-f(x_k)\}\,\Delta x$$

$$\leftarrow 닫힌구간 [a, b]에서 f(x) \leq 0이면 \int_{a}^{b} f(x)\,dx \leq 0$$

이므로 이때에도 ㉠이 성립함을 알 수 있다.

일반적으로 함수 $f(x)$가 닫힌구간 $[a, b]$에서 연속이면 극한값 $\lim\limits_{n \to \infty} \sum\limits_{k=1}^{n} f(x_k)\,\Delta x$는 항상 존재하고, 이 극한값은 함수 $f(x)$의 a에서 b까지의 정적분 $\int_{a}^{b} f(x)\,dx$의 값과 같다.

2. 정적분과 급수   ▷ 필수예제 **3**

함수 $f(x)$가 닫힌구간 $[a, b]$에서 연속일 때,

$$\lim_{n \to \infty} \sum_{k=1}^{n} f(x_k)\,\Delta x = \int_a^b f(x)\,dx \left(\Delta x = \frac{b-a}{n},\ x_k = a + k\Delta x\right)$$

임을 이용하여 다음과 같이 급수의 합을 정적분으로 나타낼 수 있다.

> (1) $\displaystyle\lim_{n \to \infty} \sum_{k=1}^{n} f\left(\frac{p}{n}k\right) \times \frac{p}{n} = \int_0^p f(x)\,dx$
>
> (2) $\displaystyle\lim_{n \to \infty} \sum_{k=1}^{n} f\left(a + \frac{b-a}{n}k\right) \times \frac{b-a}{n} = \int_a^b f(x)\,dx$
>
> (3) $\displaystyle\lim_{n \to \infty} \sum_{k=1}^{n} f\left(a + \frac{p}{n}k\right) \times \frac{p}{n} = \int_a^{a+p} f(x)\,dx = \int_0^p f(x+a)\,dx$
>
> (4) $\displaystyle\lim_{n \to \infty} \sum_{k=1}^{n} f\left(a + \frac{p}{n}k\right) \times \frac{q}{n} = q\int_0^1 f(a+px)\,dx$

설명 (2) $\Delta x = \dfrac{b-a}{n},\ x_k = a + k\Delta x = a + \dfrac{b-a}{n}k$이므로

$$\lim_{n \to \infty} \sum_{k=1}^{n} f\left(a + \frac{b-a}{n}k\right) \times \frac{b-a}{n} = \lim_{n \to \infty} \sum_{k=1}^{n} f(x_k)\,\Delta x = \int_a^b f(x)\,dx \qquad \cdots\cdots \text{①}$$

(3) ①에서 $b-a=p$로 놓으면 $b=a+p$이고, $\Delta x = \dfrac{p}{n},\ x_k = a + k\Delta x = a + \dfrac{p}{n}k$이므로

$$\lim_{n \to \infty} \sum_{k=1}^{n} f\left(a + \frac{p}{n}k\right) \times \frac{p}{n} = \int_a^{a+p} f(x)\,dx$$

이때 함수 $y=f(x)$의 그래프와 닫힌구간 $[a, a+p]$를 x축의 방향으로 $-a$만큼 평행이동하면 $y=f(x+a)$의 그래프와 닫힌구간 $[0, p]$가 되므로 정적분 $\displaystyle\int_a^{a+p} f(x)\,dx$의 값은 함수 $f(x+a)$를 닫힌구간 $[0, p]$에서 적분한 값과 같다.

$$\therefore \int_a^{a+p} f(x)\,dx = \int_0^p f(x+a)\,dx$$

(4) $\Delta x = \dfrac{1}{n} = \dfrac{1-0}{n}$이라 하면 $x_k = 0 + k\Delta x = \dfrac{k}{n}$이므로

$$\lim_{n \to \infty} \sum_{k=1}^{n} f\left(a + \frac{p}{n}k\right) \times \frac{q}{n} = \lim_{n \to \infty} \sum_{k=1}^{n} f\left(a + p \times \frac{k}{n}\right) \times \frac{1}{n} \times q$$

$$= q\int_0^1 f(a+px)\,dx$$

급수를 정적분으로 나타내는 방법

급수를 정적분으로 나타낼 때는 다음과 같은 순서로 한다.

(ⅰ) 적분변수를 정한다.

(ⅱ) 적분 구간을 정한다.

(ⅲ) 정적분으로 나타낸다.

예를 들어 $\lim\limits_{n\to\infty}\sum\limits_{k=1}^{n}\left(1+\dfrac{3k}{n}\right)^2\times\dfrac{3}{n}$의 값을 정적분을 이용하여 구해 보자. 이때 적분변수를 정하는 방법에 따라 다음과 같이 다양한 방법으로 구할 수 있다.

[방법 1] $1+\dfrac{3k}{n}$를 x로 바꾸는 경우

(ⅰ) $1+\dfrac{3k}{n}$를 x로, k의 계수인 $\dfrac{3}{n}$을 dx로 나타낸다.

(ⅱ) $k=1$일 때 $n\to\infty$이면 $x=1$, $k=n$일 때 $x=4$이므로 적분 구간은 $[1,\ 4]$이다.

(ⅲ) $\lim\limits_{n\to\infty}\sum\limits_{k=1}^{n}\left(1+\dfrac{3k}{n}\right)^2\times\dfrac{3}{n}=\displaystyle\int_{1}^{4}x^2\,dx$

$$=\left[\dfrac{1}{3}x^3\right]_{1}^{4}=\dfrac{1}{3}(64-1)=21$$

[방법 2] $\dfrac{3k}{n}$를 x로 바꾸는 경우

(ⅰ) $\dfrac{3k}{n}$를 x로, k의 계수인 $\dfrac{3}{n}$을 dx로 나타낸다.

(ⅱ) $k=1$일 때 $n\to\infty$이면 $x=0$, $k=n$일 때 $x=3$이므로 적분 구간은 $[0,\ 3]$이다.

(ⅲ) $\lim\limits_{n\to\infty}\sum\limits_{k=1}^{n}\left(1+\dfrac{3k}{n}\right)^2\times\dfrac{3}{n}=\displaystyle\int_{0}^{3}(1+x)^2\,dx=\int_{0}^{3}(x^2+2x+1)\,dx$

$$=\left[\dfrac{1}{3}x^3+x^2+x\right]_{0}^{3}=9+9+3=21$$

[방법 3] $\dfrac{k}{n}$를 x로 바꾸는 경우

(ⅰ) $\dfrac{k}{n}$를 x로, k의 계수인 $\dfrac{1}{n}$을 dx로 나타낸다.

(ⅱ) $k=1$일 때 $n\to\infty$이면 $x=0$, $k=n$일 때 $x=1$이므로 적분 구간은 $[0,\ 1]$이다.

(ⅲ) $\lim\limits_{n\to\infty}\sum\limits_{k=1}^{n}\left(1+\dfrac{3k}{n}\right)^2\times\dfrac{3}{n}=3\displaystyle\int_{0}^{1}(1+3x)^2\,dx=3\int_{0}^{1}(9x^2+6x+1)\,dx$

$$=3\left[3x^3+3x^2+x\right]_{0}^{1}=3\times(3+3+1)=21$$

정적분을 이용하여 다음 극한값을 구하시오.

(1) $\displaystyle\lim_{n\to\infty}\sum_{k=1}^{n}\frac{3}{n}e^{1+\frac{3k}{n}}$

(2) $\displaystyle\lim_{n\to\infty}\frac{1}{n^4}(1^3+2^3+3^3+\cdots+n^3)$

풀이

(1) $1+\dfrac{3k}{n}$ 를 x로, $\dfrac{3}{n}$ 을 dx로 바꾸면

$k=1$일 때 $n\longrightarrow\infty$이면 $x=1$, $k=n$일 때 $x=4$이므로 적분 구간은 $[1,\,4]$이다.

$$\therefore \lim_{n\to\infty}\sum_{k=1}^{n}\frac{3}{n}e^{1+\frac{3k}{n}}=\int_{1}^{4}e^x\,dx=\Big[e^x\Big]_{1}^{4}=\boldsymbol{e^4-e}$$

(2) $\displaystyle\lim_{n\to\infty}\frac{1}{n^4}(1^3+2^3+3^3+\cdots+n^3)=\lim_{n\to\infty}\frac{1}{n^4}\sum_{k=1}^{n}k^3=\lim_{n\to\infty}\sum_{k=1}^{n}\Big(\frac{k}{n}\Big)^3\times\frac{1}{n}$

$\dfrac{k}{n}$ 를 x로, $\dfrac{1}{n}$ 을 dx로 바꾸면

$k=1$일 때 $n\longrightarrow\infty$이면 $x=0$, $k=n$일 때 $x=1$이므로 적분 구간은 $[0,\,1]$이다.

$$\therefore (\text{주어진 식})=\int_{0}^{1}x^3\,dx=\Big[\frac{1}{4}x^4\Big]_{0}^{1}=\boldsymbol{\frac{1}{4}}$$

KEY Point

• 복잡한 급수의 합은 정적분을 이용하여 계산할 수 있다.

$\Rightarrow$ ① $\displaystyle\lim_{n\to\infty}\sum_{k=1}^{n}f\Big(\frac{p}{n}k\Big)\times\frac{p}{n}=\int_{0}^{p}f(x)dx$

② $\displaystyle\lim_{n\to\infty}\sum_{k=1}^{n}f\Big(a+\frac{p}{n}k\Big)\times\frac{p}{n}=\int_{a}^{a+p}f(x)dx=\int_{0}^{p}f(x+a)dx$

281 정적분을 이용하여 다음 극한값을 구하시오.

(1) $\displaystyle\lim_{n\to\infty}\frac{\pi}{n^2}\sum_{k=1}^{n}k\cos\frac{k\pi}{n}$

(2) $\displaystyle\lim_{n\to\infty}\frac{1}{n}\sum_{k=1}^{n}\ln\frac{n+k}{n}$

282 정적분을 이용하여 다음 극한값을 구하시오.

(1) $\displaystyle\lim_{n\to\infty}\frac{1}{n}(e^{\frac{2}{n}}+e^{\frac{4}{n}}+e^{\frac{6}{n}}+\cdots+e^{\frac{2n}{n}})$

(2) $\displaystyle\lim_{n\to\infty}\frac{1}{n}\Big(\sin\frac{\pi}{n}+\sin\frac{2\pi}{n}+\sin\frac{3\pi}{n}+\cdots+\sin\frac{n\pi}{n}\Big)$

연습문제

생각해 봅시다!

STEP 1

263 곡선 $y=x^2$과 직선 $x=2$ 및 x축으로 둘러싸인 도형의 넓이를 구분구적법을 이용하여 구하시오.

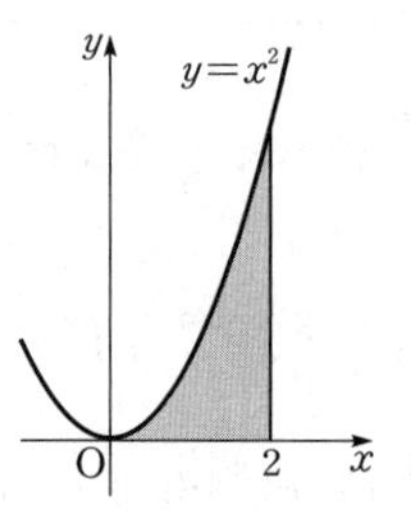

264 다음 **보기** 중 $\displaystyle\lim_{n\to\infty}\sum_{k=1}^{n}\left(3+\dfrac{2k}{n}\right)^2\times\dfrac{1}{n}$ 과 같은 값을 갖는 것만을 있는 대로 고르시오.

무엇을 적분변수로 놓는지에 따라 적분 구간이 결정됨에 유의한다.

| 보기 |

ㄱ. $\displaystyle\int_0^2 (3+x)^2\,dx$ ㄴ. $\displaystyle\int_3^5 x^2\,dx$ ㄷ. $\displaystyle\int_0^1 (3+2x)^2\,dx$

265 함수 $f(x)=2\sqrt{x}$에 대하여 $\displaystyle\lim_{n\to\infty}\sum_{k=1}^{n}\dfrac{6}{n}f'\left(1+\dfrac{3k}{n}\right)$의 값을 구하시오.

$\displaystyle\int_a^b f'(x)\,dx=\Big[f(x)\Big]_a^b$

STEP 2

266 정적분을 이용하여 $\displaystyle\lim_{n\to\infty}\left(\dfrac{n}{n^2+1}+\dfrac{n}{n^2+2^2}+\dfrac{n}{n^2+3^2}+\cdots+\dfrac{n}{2n^2}\right)$의 값을 구하시오.

267 $\overline{AB}=2$, $\overline{BC}=1$, $\angle B=\dfrac{\pi}{2}$인 직각삼각형 ABC가 있다. 변 AB를 n등분 한 점을 오른쪽 그림과 같이 차례로 B_1, B_2, B_3, $\cdots$, B_{n-1}이라 하고, 각 점에서 변 BC와 평행한 선분을 그었을 때 변 AC와 만나는 점을 각각 C_1, C_2, C_3, $\cdots$, C_{n-1}이라 하자. 이때 $\displaystyle\lim_{n\to\infty}\dfrac{2\pi}{n}\sum_{k=1}^{n-1}\overline{B_kC_k}^2$의 값을 구하시오.

급수를 $\dfrac{k}{n}$를 포함한 식으로 나타낸다.

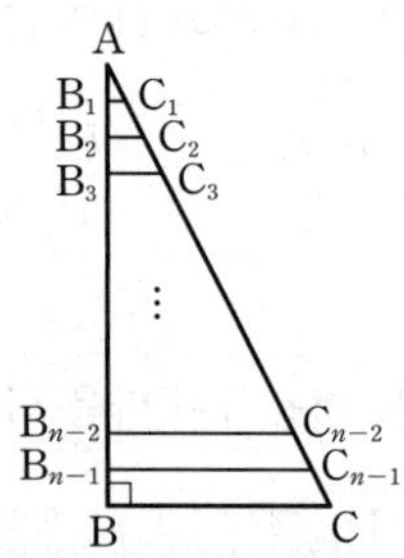

03 도형의 넓이

개념원리 이해

1. 곡선과 좌표축 사이의 넓이 [수학Ⅱ 212, 215쪽] ▷ **필수예제 4, 5**

(1) 함수 $f(x)$가 닫힌구간 $[a, b]$에서 연속일 때, 곡선 $y=f(x)$와 x축 및 두 직선 $x=a$, $x=b$로 둘러싸인 도형의 넓이 S는

$$S=\int_a^b |f(x)|\,dx$$

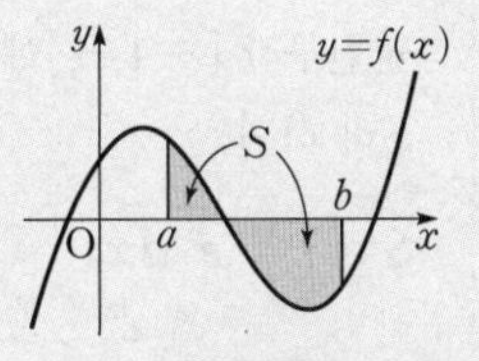

(2) 함수 $g(y)$가 닫힌구간 $[c, d]$에서 연속일 때, 곡선 $x=g(y)$와 y축 및 두 직선 $y=c$, $y=d$로 둘러싸인 도형의 넓이 S는

$$S=\int_c^d |g(y)|\,dy$$

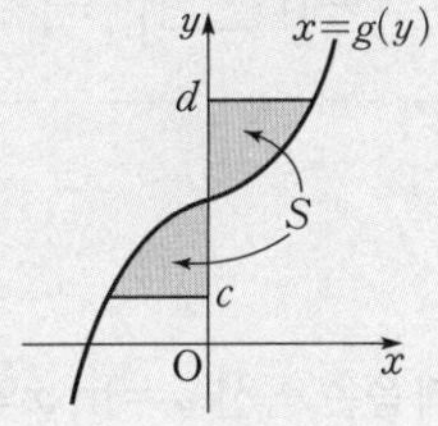

▶ 구간 $[a, b]$(또는 $[c, d]$)에서 $f(x)$(또는 $g(y)$)의 값이 양수인 구간과 음수인 구간으로 나누어 넓이를 구한다.

2. 두 곡선 사이의 넓이 [수학Ⅱ 212쪽] ▷ **필수예제 6**

(1) 두 함수 $f(x)$, $g(x)$가 닫힌구간 $[a, b]$에서 연속일 때, 두 곡선 $y=f(x)$, $y=g(x)$ 및 두 직선 $x=a$, $x=b$로 둘러싸인 도형의 넓이 S는

$$S=\int_a^b |f(x)-g(x)|\,dx$$

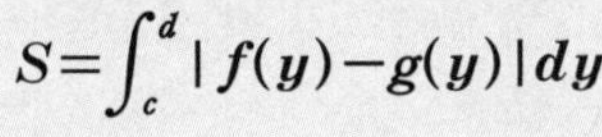

(2) 두 함수 $f(y)$, $g(y)$가 닫힌구간 $[c, d]$에서 연속일 때, 두 곡선 $x=f(y)$, $x=g(y)$ 및 두 직선 $y=c$, $y=d$로 둘러싸인 도형의 넓이 S는

$$S=\int_c^d |f(y)-g(y)|\,dy$$

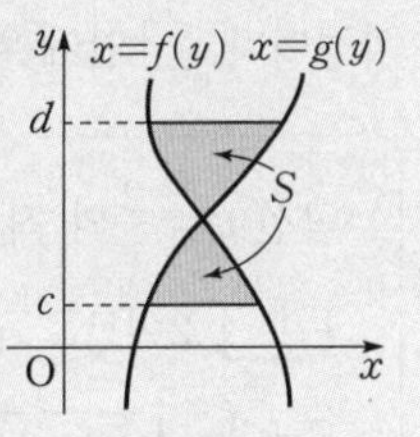

▶ 구간 $[a, b]$(또는 $[c, d]$)에서 $f(x)-g(x)$(또는 $f(y)-g(y)$)의 값이 양수인 구간과 음수인 구간으로 나누어 넓이를 구한다.

283 다음은 곡선 $y=e^x$과 x축 및 두 직선 $x=-1$, $x=1$로 둘러싸인 도형의 넓이를 구하는 과정이다. □ 안에 알맞은 것을 써넣으시오.

> 닫힌구간 $[-1, 1]$에서 $y>0$이므로 구하는 넓이를 S라 하면
>
> $$S=\int_{-1}^{\square} e^x\, dx$$
> $$=\Big[\ \boxed{}\ \Big]_{-1}^{\square}=\boxed{}$$

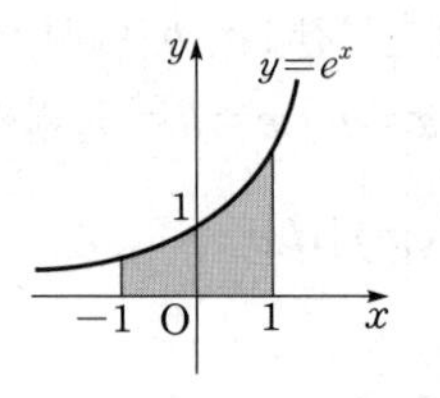

생각해 봅시다!
곡선과 x축 사이의 넓이
$\Rightarrow \displaystyle\int_a^b |f(x)|\,dx$

284 다음은 곡선 $y=\ln x$와 y축 및 두 직선 $y=2$, $y=4$로 둘러싸인 도형의 넓이를 구하는 과정이다. □ 안에 알맞은 것을 써넣으시오.

> $y=\ln x$에서 $x=e^y$이고 닫힌구간 $[2, 4]$에서 $x>0$이므로 구하는 넓이를 S라 하면
>
> $$S=\int_{\square}^{\square} e^y\, dy$$
> $$=\Big[\ \boxed{}\ \Big]_{\square}^{\square}=\boxed{}$$

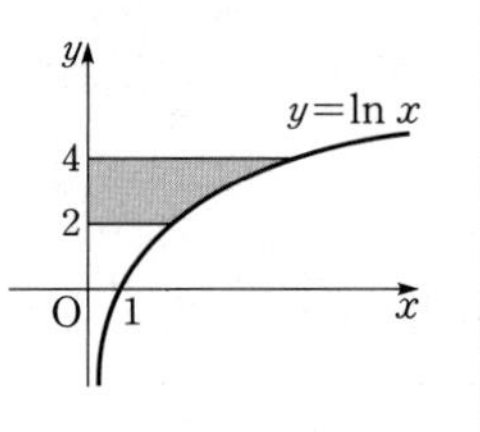

곡선과 y축 사이의 넓이
$\Rightarrow \displaystyle\int_c^d |g(y)|\,dy$

285 다음은 곡선 $y=\dfrac{2}{x}$와 직선 $y=-x+3$으로 둘러싸인 도형의 넓이를 구하는 과정이다. □ 안에 알맞은 것을 써넣으시오.

> 곡선 $y=\dfrac{2}{x}$와 직선 $y=-x+3$의 교점의 x좌표는 □, 2이므로 구하는 넓이를 S라 하면
>
> $$S=\int_{\square}^{2}\left\{\left(\boxed{}\right)-\frac{2}{x}\right\}dx$$
> $$=\Big[\ \boxed{}\ \Big]_{\square}^{2}=\boxed{}$$

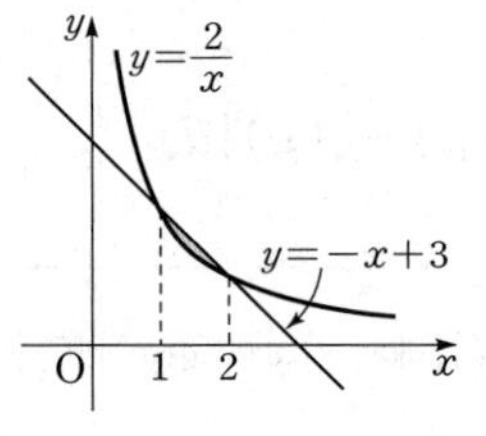

두 곡선 사이의 넓이
$\Rightarrow \displaystyle\int_a^b |f(x)-g(x)|\,dx$

다음 곡선과 직선으로 둘러싸인 도형의 넓이를 구하시오.

(1) $y=\dfrac{8}{x+2}-2$, x축, $x=0$, $x=4$ (2) $y=\sin x\ (0\le x\le 2\pi)$, x축

풀이

(1) 곡선 $y=\dfrac{8}{x+2}-2$와 x축의 교점의 x좌표는 $0=\dfrac{8}{x+2}-2$에서

$x=2$

닫힌구간 $[0,\ 2]$에서 $y\ge 0$, 닫힌구간 $[2,\ 4]$에서 $y\le 0$이므로 구하는 넓이를 S라 하면

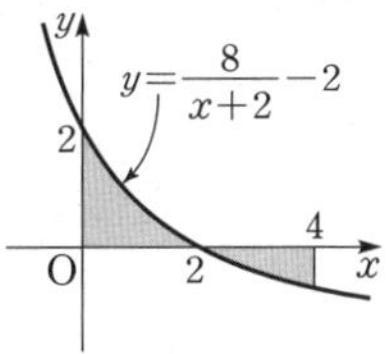

$$S=\int_0^4 \left|\frac{8}{x+2}-2\right|dx$$

$$=\int_0^2 \left(\frac{8}{x+2}-2\right)dx+\int_2^4 \left(-\frac{8}{x+2}+2\right)dx$$

$$=\Big[\,8\ln|x+2|-2x\,\Big]_0^2+\Big[-8\ln|x+2|+2x\,\Big]_2^4=8\ln\frac{4}{3}$$

(2) 곡선 $y=\sin x\ (0\le x\le 2\pi)$와 x축의 교점의 x좌표는 $\sin x=0$에서

$x=0$ 또는 $x=\pi$ 또는 $x=2\pi$

닫힌구간 $[0,\ \pi]$에서 $y\ge 0$, 닫힌구간 $[\pi,\ 2\pi]$에서 $y\le 0$이므로 구하는 넓이를 S라 하면

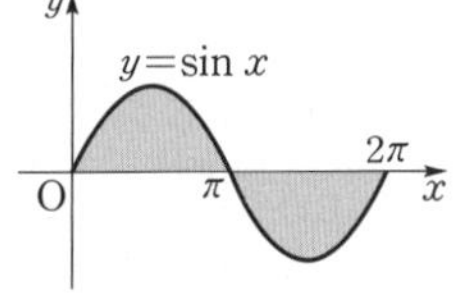

$$S=\int_0^{2\pi}|\sin x|dx=\int_0^{\pi}\sin x\,dx+\int_{\pi}^{2\pi}(-\sin x)dx$$

$$=\Big[-\cos x\Big]_0^{\pi}+\Big[\cos x\Big]_{\pi}^{2\pi}=4$$

KEY Point

• 함수 $f(x)$가 닫힌구간 $[a,\ b]$에서 연속일 때, 곡선 $y=f(x)$와 x축 및 두 직선 $x=a$, $x=b$로 둘러싸인 도형의 넓이 S는

$$\Rightarrow S=\int_a^b |f(x)|\,dx$$

확인 체크

286 다음 곡선과 직선으로 둘러싸인 도형의 넓이를 구하시오.

(1) $y=\cos x$, x축, $x=0$, $x=\pi$ (2) $y=\sqrt{1-x}$, x축, $x=-3$

(3) $y=\ln(x+1)$, x축, $x=2$ (4) $y=e^x-1$, x축, $x=-1$, $x=1$

287 곡선 $y=\sqrt{x}$와 x축 및 직선 $x=4$로 둘러싸인 도형의 넓이를 직선 $x=a$가 이등분할 때, 양수 a의 값을 구하시오.

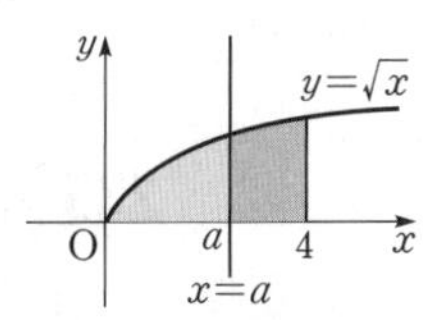

다음 곡선과 직선으로 둘러싸인 도형의 넓이를 구하시오.

(1) $y=\sqrt{2x}$, y축, $y=2$ (2) $y=-\dfrac{1}{x}$, y축, $y=1$, $y=e$

풀이

(1) $y=\sqrt{2x}$에서 $y^2=2x\ (y\geq0)$, 즉 $x=\dfrac{1}{2}y^2$

곡선 $x=\dfrac{1}{2}y^2$과 y축의 교점의 y좌표는 $0=\dfrac{1}{2}y^2$에서 $y=0$

닫힌구간 $[0,\ 2]$에서 $x\geq0$이므로 구하는 넓이를 S라 하면

$$S=\int_0^2 \dfrac{1}{2}y^2\,dy=\left[\dfrac{1}{6}y^3\right]_0^2=\dfrac{1}{6}\times8=\dfrac{4}{3}$$

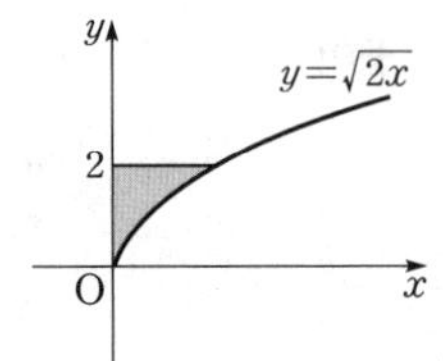

(2) $y=-\dfrac{1}{x}$에서 $x=-\dfrac{1}{y}$

닫힌구간 $[1,\ e]$에서 $x<0$이므로 구하는 넓이를 S라 하면

$$S=\int_1^e\left\{-\left(-\dfrac{1}{y}\right)\right\}dy=\int_1^e\dfrac{1}{y}\,dy$$
$$=\left[\ln|y|\right]_1^e=\mathbf{1}$$

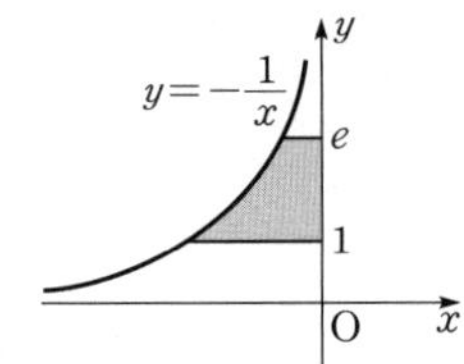

KEY Point

- 함수 $g(y)$가 닫힌구간 $[c,\ d]$에서 연속일 때, 곡선 $x=g(y)$와 y축 및 두 직선 $y=c$, $y=d$로 둘러싸인 도형의 넓이 S는

$$\Rightarrow S=\int_c^d |g(y)|\,dy$$

288 다음 곡선과 직선으로 둘러싸인 도형의 넓이를 구하시오.

(1) $y=\dfrac{1}{x}$, y축, $y=2$, $y=3$ (2) $y=\ln(x+1)-1$, x축, y축

(3) $y=e^x$, y축, $y=2$, $y=3$ (4) $y=\sqrt{x+1}-1$, y축, $y=-1$, $y=1$

289 곡선 $y=(x+2)^2\ (x\geq-2)$과 x축, y축 및 직선 $y=9$로 둘러싸인 도형의 넓이를 구하시오.

다음 곡선과 직선으로 둘러싸인 도형의 넓이를 구하시오.

(1) $y=\sin x$, $y=\cos x$, $x=0$, $x=\pi$　　　(2) $y=\ln x$, $y=x$, $y=1$, $y=2$

풀이　(1) 두 곡선 $y=\sin x$와 $y=\cos x$의 교점의 x좌표는

$\sin x=\cos x$에서 $x=\dfrac{\pi}{4}$ $(\because 0\leq x\leq\pi)$

이때 닫힌구간 $\left[0,\ \dfrac{\pi}{4}\right]$에서 $\sin x\leq\cos x$, 닫힌구간 $\left[\dfrac{\pi}{4},\ \pi\right]$에서

$\sin x\geq\cos x$이므로 구하는 넓이를 S라 하면

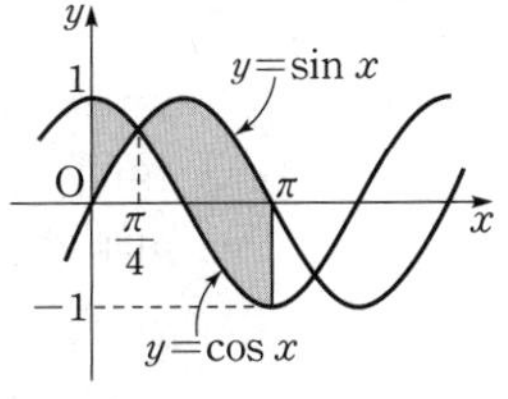

$$S=\int_0^\pi |\sin x-\cos x|\,dx$$
$$=\int_0^{\frac{\pi}{4}}(\cos x-\sin x)\,dx+\int_{\frac{\pi}{4}}^\pi(\sin x-\cos x)\,dx$$
$$=\Big[\sin x+\cos x\Big]_0^{\frac{\pi}{4}}+\Big[-\cos x-\sin x\Big]_{\frac{\pi}{4}}^\pi$$
$$=(\sqrt{2}-1)+(1+\sqrt{2})=\mathbf{2\sqrt{2}}$$

(2) $y=\ln x$에서 $x=e^y$

이때 닫힌구간 $[1,\ 2]$에서 $e^y>y$이므로 구하는 넓이를 S라 하면

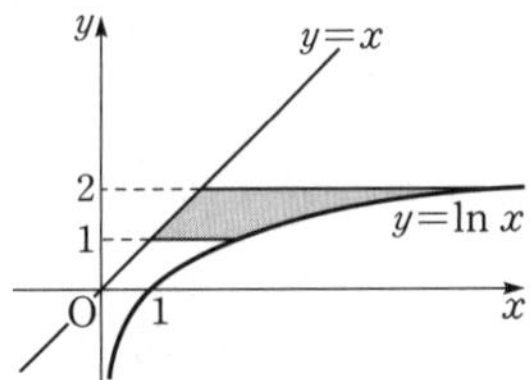

$$S=\int_1^2(e^y-y)\,dy$$
$$=\Big[e^y-\dfrac{1}{2}y^2\Big]_1^2$$
$$=(e^2-2)-\Big(e-\dfrac{1}{2}\Big)=\mathbf{e^2-e-\dfrac{3}{2}}$$

KEY Point

• 두 곡선 사이의 넓이

⇨ 두 곡선의 위치 관계를 파악하여 적분한다.

290 다음 곡선과 직선으로 둘러싸인 도형의 넓이를 구하시오.

(1) $y=e^x$, $y=e^{-x}$, $x=-1$, $x=1$

(2) $y=\dfrac{1}{x}$, $y=\sqrt{x}$, $x=\dfrac{1}{4}$, $x=4$

(3) $y=\ln x$, $y=\ln\dfrac{1}{x}$, $y=-1$

(4) $y=e^x$, $y=x$, $y=1$, $y=3$

곡선 $y=e^x-1$과 이 곡선 위의 점 $(1,\ e-1)$에서의 접선 및 y축으로 둘러싸인 도형의 넓이를 구하시오.

설명　　곡선 $y=f(x)$ 위의 점 $(a,\ f(a))$에서의 접선의 방정식 ➪ $y-f(a)=f'(a)(x-a)$

풀이　　$y=e^x-1$에서 $y'=e^x$이므로 곡선 위의 점 $(1,\ e-1)$에서의 접선의 기울기는 e이다.

이때 점 $(1,\ e-1)$에서의 접선의 방정식은

$$y-(e-1)=e(x-1)$$

$$\therefore\ y=ex-1$$

따라서 구하는 넓이를 S라 하면

$$S=\int_0^1 \{(e^x-1)-(ex-1)\}dx$$

$$=\int_0^1 (e^x-ex)dx$$

$$=\left[e^x-\frac{e}{2}x^2\right]_0^1=\frac{1}{2}e-1$$

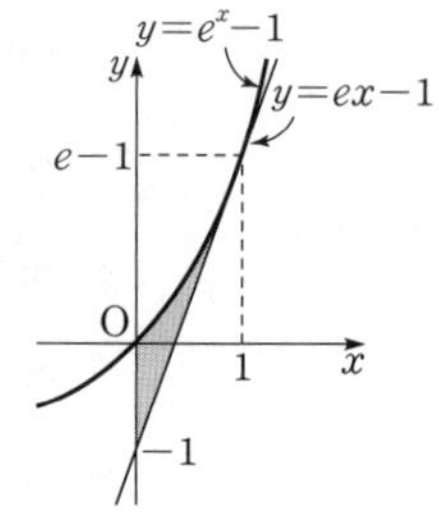

KEY Point
- 곡선과 접선으로 둘러싸인 도형의 넓이
  ➪ 곡선 $y=f(x)$ 위의 점 $(a,\ f(a))$에서의 접선의 기울기는 $f'(a)$임을 이용하여 접선의 방정식을 구한 후, 곡선과 접선의 위치 관계를 파악한다.

291　곡선 $y=\ln x$와 이 곡선 위의 점 $(e,\ 1)$에서의 접선 및 x축으로 둘러싸인 도형의 넓이를 구하시오.

292　곡선 $y=\sqrt{x-1}$과 원점에서 이 곡선에 그은 접선 및 x축으로 둘러싸인 도형의 넓이를 구하시오.

다음 물음에 답하시오.

(1) 함수 $f(x)=\sqrt{5x-6}$의 역함수를 $g(x)$라 할 때, 두 곡선 $y=f(x)$, $y=g(x)$로 둘러싸인 도형의 넓이를 구하시오.

(2) 함수 $f(x)=\ln x$의 역함수를 $g(x)$라 할 때, 정적분 $\displaystyle\int_{1}^{e} f(x)dx+\int_{0}^{1} g(x)dx$의 값을 구하시오.

설명　함수 $y=f(x)$의 그래프와 그 역함수의 그래프는 직선 $y=x$에 대하여 대칭이다.

풀이

(1) 두 곡선 $y=f(x)$, $y=g(x)$는 직선 $y=x$에 대하여 대칭이므로 두 곡선 $y=f(x)$, $y=g(x)$의 교점의 x좌표는 곡선 $y=f(x)$와 직선 $y=x$의 교점의 x좌표와 같다.

즉, $\sqrt{5x-6}=x$에서

$5x-6=x^2$, $x^2-5x+6=0$

$(x-2)(x-3)=0$

$\therefore x=2$ 또는 $x=3$

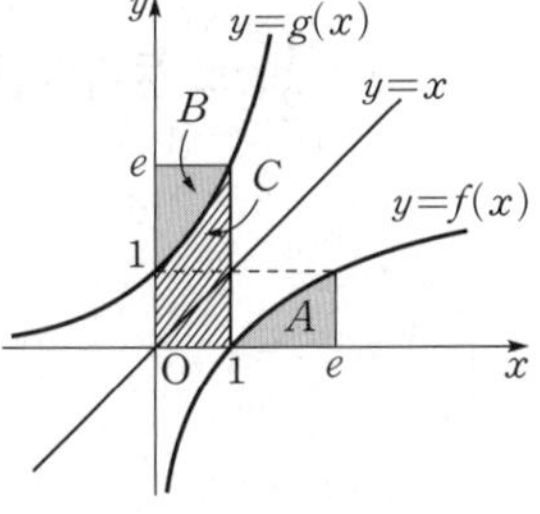

이때 두 곡선 $y=f(x)$, $y=g(x)$로 둘러싸인 도형의 넓이는 곡선 $y=f(x)$와 직선 $y=x$로 둘러싸인 도형의 넓이의 2배와 같다.

따라서 구하는 넓이를 S라 하면

$$S=2\int_{2}^{3}(\sqrt{5x-6}-x)dx=2\left[\frac{2}{15}(5x-6)^{\frac{3}{2}}-\frac{1}{2}x^2\right]_{2}^{3}$$

$$=2\times\frac{1}{30}=\frac{1}{15}$$

(2) $f(e)=1$에서 $g(1)=e$이므로 곡선 $y=f(x)$와 x축 및 직선 $x=e$로 둘러싸인 도형의 넓이를 A, 곡선 $y=g(x)$와 y축 및 직선 $y=e$로 둘러싸인 도형의 넓이를 B라 하면 $A=B$이다.

이때 $\displaystyle\int_{0}^{1} g(x)dx=C$라 하면

$$\int_{1}^{e} f(x)dx+\int_{0}^{1} g(x)dx=A+C=B+C=1\times e=\boldsymbol{e}$$

 **293** 함수 $f(x)=\sqrt{4x-3}$의 역함수를 $g(x)$라 할 때, 두 곡선 $y=f(x)$, $y=g(x)$로 둘러싸인 도형의 넓이를 구하시오.

294 함수 $f(x)=e^x+1$의 역함수를 $g(x)$라 할 때, 정적분 $\displaystyle\int_{0}^{1} f(x)dx+\int_{2}^{e+1} g(x)dx$의 값을 구하시오.

연습문제

STEP 1

268 곡선 $y=-\ln(x+1)$과 x축 및 직선 $x=e-1$로 둘러싸인 도형의 넓이를 구하시오.

269 곡선 $y=e^x$과 x축, y축 및 직선 $x=\ln 3$으로 둘러싸인 도형의 넓이를 직선 $x=k$가 이등분할 때, 상수 k의 값을 구하시오.

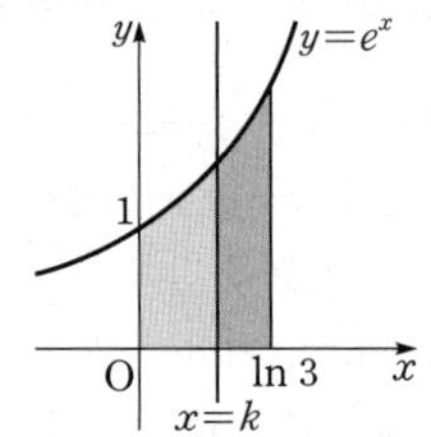

곡선 $y=e^x$과 x축, y축 및 직선 $x=\ln 3$으로 둘러싸인 도형의 넓이를 먼저 구한다.

270 곡선 $y=\ln(x+k)$와 x축 및 y축으로 둘러싸인 도형의 넓이가 1일 때, 상수 k의 값을 구하시오. (단, $k>1$)

271 오른쪽 그림과 같이 곡선 $y=\dfrac{1}{x}$과 두 직선 $y=2x$, $y=\dfrac{1}{2}x$로 둘러싸인 도형의 넓이를 구하시오.

$$\text{(단, } x>0,\ y>0)$$

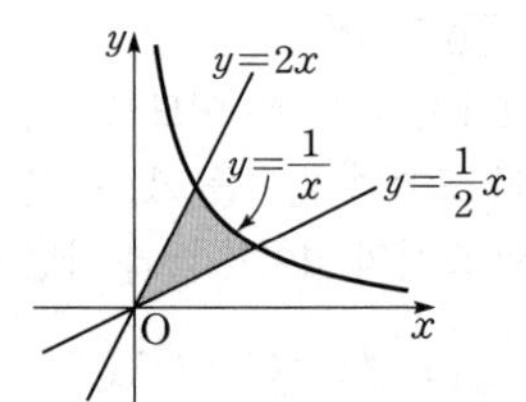

곡선 $y=\dfrac{1}{x}$과 두 직선 $y=2x$, $y=\dfrac{1}{2}x$의 교점의 x좌표를 각각 구한다.

[교육청기출]

272 점 $(1,\ 0)$에서 곡선 $y=e^x$에 그은 접선을 l이라 하자. 곡선 $y=e^x$과 y축 및 직선 l로 둘러싸인 부분의 넓이는?

① $\dfrac{1}{2}e^2-2$　② $\dfrac{1}{2}e^2-1$　③ e^2-3　④ e^2-2　⑤ e^2-1

273 함수 $f(x)=\tan x$의 역함수를 $g(x)$라 할 때, 정적분 $\displaystyle\int_0^{\frac{\pi}{4}} f(x)dx+\int_0^1 g(x)dx$의 값을 구하시오. $\left(\text{단, } -\dfrac{\pi}{2}<x<\dfrac{\pi}{2}\right)$

함수 $y=f(x)$의 그래프와 그 역함수 $y=g(x)$의 그래프는 직선 $y=x$에 대하여 대칭이다.

[평가원기출]

274 곡선 $y=|\sin 2x|+1$과 x축 및 두 직선 $x=\dfrac{\pi}{4}$, $x=\dfrac{5\pi}{4}$로 둘러싸인 부분의 넓이는?

① $\pi+1$ ② $\pi+\dfrac{3}{2}$ ③ $\pi+2$ ④ $\pi+\dfrac{5}{2}$ ⑤ $\pi+3$

$y=|\sin 2x|+1$의 그래프를 그려 본다.

[수능기출]

275 곡선 $y=e^{2x}$과 y축 및 직선 $y=-2x+a$로 둘러싸인 영역을 A, 곡선 $y=e^{2x}$과 두 직선 $y=-2x+a$, $x=1$로 둘러싸인 영역을 B라 하자. A의 넓이와 B의 넓이가 같을 때, 상수 a의 값은? (단, $1<a<e^2$)

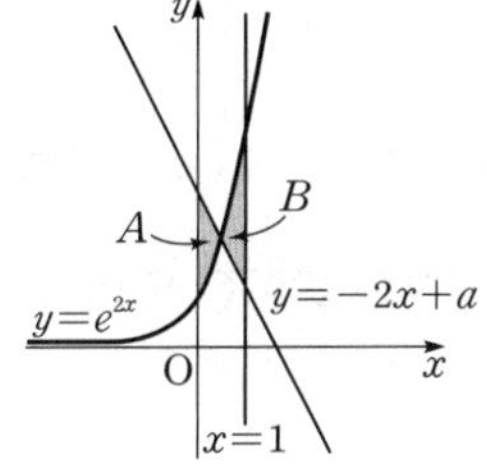

① $\dfrac{e^2+1}{2}$ ② $\dfrac{2e^2+1}{4}$ ③ $\dfrac{e^2}{2}$

④ $\dfrac{2e^2-1}{4}$ ⑤ $\dfrac{e^2-1}{2}$

276 오른쪽 그림과 같이 곡선 $y=\cos x$와 x축 및 y축으로 둘러싸인 도형이 곡선 $y=\sqrt{3}\sin x$에 의하여 나누어진 두 부분의 넓이를 각각 S_1, S_2라 할 때, S_2-S_1의 값을 구하시오. $\left(\text{단, } 0\le x\le\dfrac{\pi}{2}\right)$

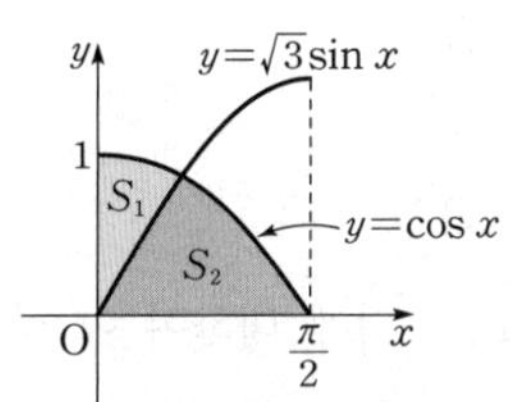

두 곡선의 교점의 x좌표를 구한다.

277 곡선 $y=e^x$과 이 곡선 위의 점 $(1,\ e)$에서의 접선 및 이 접선에 수직이고 점 $\left(-1,\ \dfrac{1}{e}\right)$을 지나는 직선으로 둘러싸인 도형의 넓이를 구하시오.

두 직선이 수직
⇨ (기울기의 곱)$=-1$

278 함수 $f(x)=\sqrt{ax}$의 그래프와 그 역함수 $y=f^{-1}(x)$의 그래프로 둘러싸인 도형의 넓이가 $\dfrac{25}{3}$일 때, 양수 a의 값을 구하시오.

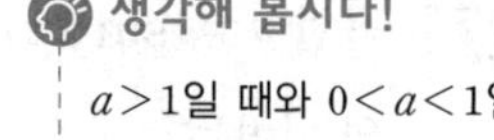

실 력 UP

[교육청기출]

279  곡선 $y=\dfrac{1}{x}$과 두 직선 $x=1$, $x=2$ 및 x축으로 둘러싸인 부분의 넓이를 S라 하자. 곡선 $y=\dfrac{1}{x}$과 두 직선 $x=1$, $x=a$ 및 x축으로 둘러싸인 부분의 넓이가 $2S$가 되도록 하는 모든 양수 a의 값의 합은?

① $\dfrac{15}{4}$ ② $\dfrac{17}{4}$ ③ $\dfrac{19}{4}$ ④ $\dfrac{21}{4}$ ⑤ $\dfrac{23}{4}$

$a>1$일 때와 $0<a<1$일 때로 나누어 생각한다.

280 자연수 n에 대하여 닫힌구간 $[(n-1)\pi,\ n\pi]$에서 곡선 $y=\left(\dfrac{1}{2}\right)^n \sin x$와 x축으로 둘러싸인 부분의 넓이를 S_n이라 할 때, $\displaystyle\sum_{n=1}^{\infty} S_n$의 값을 구하시오.

281 곡선 $y=a\cos x$와 x축, y축으로 둘러싸인 도형의 넓이를 곡선 $y=\sin x$가 이등분하도록 하는 상수 a의 값을 구하시오. $\left(\text{단, } a>0,\ 0\leq x\leq\dfrac{\pi}{2}\right)$

두 곡선 $y=a\cos x$, $y=\sin x$의 교점의 x좌표를 α라 하고 $\tan \alpha$, $\cos \alpha$, $\sin \alpha$의 값을 차례로 구한다.

[평가원기출]

282 오른쪽 그림과 같이 곡선 $y=x\sin x\left(0\leq x\leq\dfrac{\pi}{2}\right)$에 대하여 이 곡선과 x축, 직선 $x=k$로 둘러싸인 영역을 A, 이 곡선과 직선 $x=k$, 직선 $y=\dfrac{\pi}{2}$로 둘러싸인 영역을 B라 하자. A의 넓이와 B의 넓이가 같을 때, 상수 k의 값은? $\left(\text{단, } 0\leq k\leq\dfrac{\pi}{2}\right)$

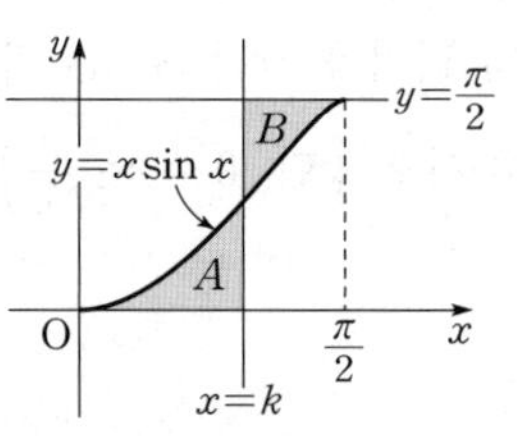

① $\dfrac{\pi}{4}-\dfrac{1}{\pi}$ ② $\dfrac{\pi}{4}$ ③ $\dfrac{\pi}{2}-\dfrac{2}{\pi}$ ④ $\dfrac{\pi}{4}+\dfrac{1}{\pi}$ ⑤ $\dfrac{\pi}{2}-\dfrac{1}{\pi}$

283 서로 역함수 관계가 있는 두 곡선 $y=e^{x-1}$과 $y=\ln x+1$은 접하고 있다. 이 두 곡선과 x축, y축으로 둘러싸인 도형의 넓이를 구하시오.

서로 역함수 관계가 있는 두 곡선은 직선 $y=x$에 대하여 대칭이다.

04 입체도형의 부피

1. 입체도형의 부피   ▷ 필수예제 **9~11**

닫힌구간 $[a, b]$에서 x좌표가 x인 점을 지나고 x축에 수직인 평면으로 자른 단면의 넓이가 $S(x)$인 입체도형의 부피 V는

$$V = \int_a^b S(x)\,dx \ (단, \ S(x)는 \ 닫힌구간 \ [a, b]에서 \ 연속)$$

설명 어떤 입체도형이 주어졌을 때, 한 직선을 x축으로 정하여 x좌표가 각각 a, b인 두 점을 지나고 x축에 수직인 두 평면 사이에 있는 부분의 부피 V를 정적분을 이용하여 구해 보자.

오른쪽 그림과 같이 x좌표가 x인 점을 지나고 x축에 수직인 평면으로 입체도형을 자른 단면의 넓이를 $S(x)$라 하자.

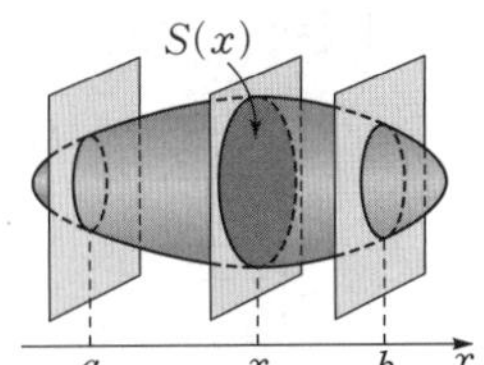

x축 위의 닫힌구간 $[a, b]$를 n등분 하여 양 끝 점과 각 분점의 x좌표를 차례로

$$a = x_0, \ x_1, \ x_2, \ \cdots, \ x_{n-1}, \ x_n = b$$

라 하고, 각 소구간의 길이를 Δx라 하면

$$\Delta x = \frac{b-a}{n}, \ x_k = a + k\Delta x \ (k = 0, 1, 2, \cdots, n)$$

이때 밑면의 넓이가 $S(x_k)$이고 높이가 Δx인 입체도형의 부피는 $S(x_k)\Delta x$이므로 n개의 입체도형의 부피의 합 V_n은

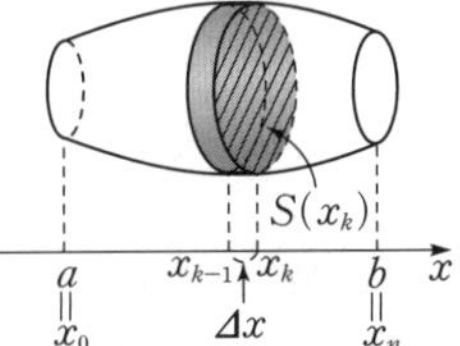

$$V_n = \sum_{k=1}^{n} S(x_k)\Delta x$$

따라서 입체도형의 부피 V는 정적분과 급수의 합 사이의 관계에 의하여

$$V = \lim_{n \to \infty} V_n = \lim_{n \to \infty} \sum_{k=1}^{n} S(x_k)\Delta x$$
$$= \int_a^b S(x)\,dx$$

KEY Point

• 입체도형의 부피 V 구하는 방법

 (i) 좌표평면 위에 나타내기

 (ii) x축에 수직인 평면으로 입체도형 자르기

 (iii) 자른 단면의 넓이 $S(x)$ 구하기

 (iv) 닫힌구간 $[a, b]$에서 $V = \int_a^b S(x)\,dx$ 계산하기

295 오른쪽 그림과 같이 어떤 그릇에 물을 채운다. 밑면으로부터의 물의 높이가 x cm일 때, 수면의 넓이가 $3\sqrt{x}$ cm²이다. 다음은 밑면으로부터의 물의 높이가 8 cm일 때, 이 그릇에 담긴 물의 부피를 구하는 과정이다. □ 안에 알맞은 것을 써넣으시오.

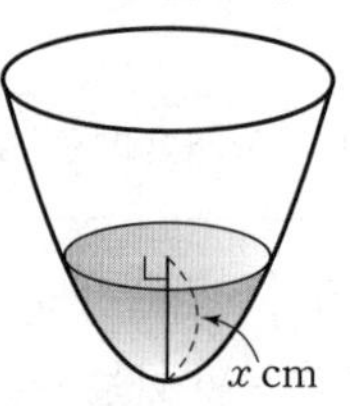

밑면으로부터의 물의 높이가 x cm일 때, 수면의 넓이를 $S(x)$라 하면

$$S(x)=\boxed{}\,(\text{cm}^2)$$

따라서 밑면으로부터의 물의 높이가 8 cm일 때, 이 그릇에 담긴 물의 부피 V는

$$V=\int_0^8 \boxed{}\,dx$$

$$=\Big[\,\boxed{}\,\Big]_0^8$$

$$=\boxed{}\,(\text{cm}^3)$$

생각해 봅시다!

입체도형의 부피
⇨ 단면의 넓이를 적분한다.
⇨ x축에 수직인 평면으로 자른 단면의 넓이가 $S(x)$일 때,
$$V=\int_a^b S(x)dx$$

296 오른쪽 그림과 같이 높이가 10 cm인 그릇이 있다. 그릇에 담긴 물의 높이가 x cm일 때, 수면은 한 변의 길이가 $\sqrt{3x^2+2}$ cm인 정사각형이다. 다음은 이 그릇의 부피를 구하는 과정이다. □ 안에 알맞은 것을 써넣으시오.

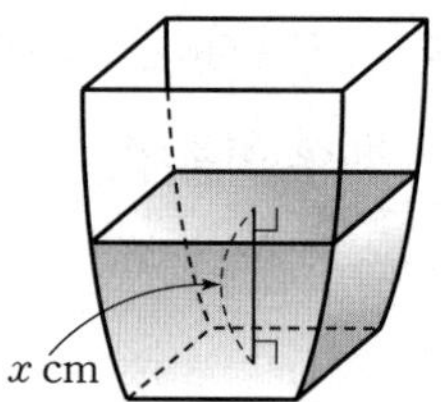

그릇에 담긴 물의 높이가 x cm일 때, 수면은 한 변의 길이가 $\boxed{}$ cm인 정사각형이므로 수면의 넓이를 $S(x)$라 하면

$$S(x)=\boxed{}\,(\text{cm}^2)$$

따라서 구하는 부피 V는

$$V=\int_0^{10}\Big(\boxed{}\Big)dx$$

$$=\Big[\,\boxed{}\,\Big]_0^{10}$$

$$=\boxed{}\,(\text{cm}^3)$$

다음 물음에 답하시오.

(1) 어떤 그릇에 물을 채우는데 그릇에 채워진 물의 높이가 $x\,\mathrm{cm}$일 때의 수면의 넓이가 $12\sqrt{4x+9}\,\mathrm{cm}^2$이다. 물의 높이가 $4\,\mathrm{cm}$일 때, 이 그릇에 채워진 물의 부피를 구하시오.

(2) 정적분을 이용하여 밑면의 넓이가 S, 높이가 h인 사각뿔의 부피를 구하시오.

설명   입체도형의 부피 ⇨ 주어진 입체도형을 밑면과 평행한 평면으로 자른 단면의 넓이를 적분한다.

풀이   (1) 물의 높이가 $x\,\mathrm{cm}$일 때의 수면의 넓이가 $12\sqrt{4x+9}\,\mathrm{cm}^2$이므로 물의 높이가 $4\,\mathrm{cm}$일 때의 물의 부피를 V라 하면

$$V=\int_0^4 12\sqrt{4x+9}\,dx=12\left[\frac{1}{6}(4x+9)^{\frac{3}{2}}\right]_0^4$$
$$=2(125-27)=\mathbf{196(\mathrm{cm}^3)}$$

(2) 오른쪽 그림과 같이 밑면으로부터 높이가 x인 지점에서 밑면에 평행한 평면으로 자른 단면의 넓이를 $S(x)$라 하자.

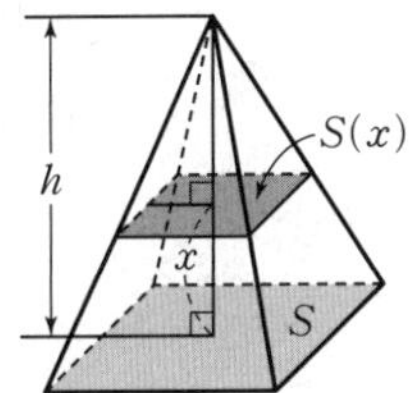

이때 단면인 사각형과 사각뿔의 밑면은 닮은 도형이고 닮음비는

$$(h-x):h$$

따라서 넓이의 비는 $(h-x)^2:h^2$이므로

$$S(x):S=(h-x)^2:h^2$$
$$\therefore\ S(x)=\frac{S}{h^2}(h-x)^2$$

따라서 구하는 부피를 V라 하면

$$V=\int_0^h S(x)\,dx=\int_0^h \frac{S}{h^2}(h-x)^2\,dx$$
$$=\frac{S}{h^2}\left[-\frac{1}{3}(h-x)^3\right]_0^h=\frac{S}{h^2}\times\frac{1}{3}h^3=\mathbf{\frac{1}{3}Sh}$$

297 어떤 용기에 물을 채우는데 물의 깊이가 $x\,\mathrm{cm}$일 때의 수면의 넓이는 $\ln(x+1)\,\mathrm{cm}^2$이다. 물의 깊이가 $5\,\mathrm{cm}$일 때, 이 용기에 담긴 물의 부피를 구하시오.

298 물이 담겨 있는 어떤 용기에서 깊이가 $x\,\mathrm{cm}$일 때의 물의 부피가 $V=x^3-2x^2+3x\,(\mathrm{cm}^3)$이다. 수면의 넓이가 $18\,\mathrm{cm}^2$일 때의 물의 깊이를 구하시오.

299 정적분을 이용하여 밑면의 반지름의 길이가 r, 높이가 h인 원뿔의 부피를 구하시오.

곡선 $y=-x^2+x$ $(0\le x\le 1)$와 x축으로 둘러싸인 도형을 밑면으로 하는 입체도형을
x축에 수직인 평면으로 자른 단면이 모두 반원일 때, 이 입체도형의 부피를 구하시오.

설명　입체도형의 밑면에 대한 도형의 방정식이 주어진 경우에는 밑면을 좌표평면 위에 나타내고, 입체도형을 밑면에 수직인
평면으로 자른 단면의 넓이를 식으로 나타낸다.

풀이　오른쪽 그림과 같이 x축 위의 점 $\mathrm{P}(x,\,0)$ $(0\le x\le 1)$을 지나고 x축에
수직인 직선이 곡선 $y=-x^2+x$와 만나는 점을 Q라 하면
$\mathrm{Q}(x,\,-x^2+x)$
점 P를 지나고 x축에 수직인 평면으로 주어진 입체도형을 자른 단면은
반지름의 길이가 $\dfrac{1}{2}\overline{\mathrm{PQ}}$인 반원이므로 그 넓이를 $S(x)$라 하면

$$S(x)=\frac{1}{2}\times\pi\times\left(\frac{1}{2}\overline{\mathrm{PQ}}\right)^2=\frac{\pi}{8}(-x^2+x)^2=\frac{\pi}{8}(x^4-2x^3+x^2)$$

따라서 구하는 입체도형의 부피는

$$\int_0^1 S(x)\,dx=\int_0^1 \frac{\pi}{8}(x^4-2x^3+x^2)\,dx$$
$$=\frac{\pi}{8}\left[\frac{1}{5}x^5-\frac{1}{2}x^4+\frac{1}{3}x^3\right]_0^1=\frac{\pi}{8}\times\frac{1}{30}=\frac{\pi}{240}$$

KEY Point
- 입체도형의 부피 V 구하는 방법
  (ⅰ) 밑면을 좌표평면 위에 나타내기
  (ⅱ) x축에 수직인 평면으로 입체도형 자르기
  (ⅲ) 자른 단면의 넓이 $S(x)$ 구하기
  (ⅳ) 닫힌구간 $[a,\,b]$에서 $V=\displaystyle\int_a^b S(x)\,dx$ 계산하기

300 곡선 $y=2\sqrt{\sin x}$ $(0\le x\le\pi)$와 x축으로 둘러싸인 도
형을 밑면으로 하는 입체도형을 x축에 수직인 평면으로
자른 단면이 모두 정사각형일 때, 이 입체도형의 부피를
구하시오.

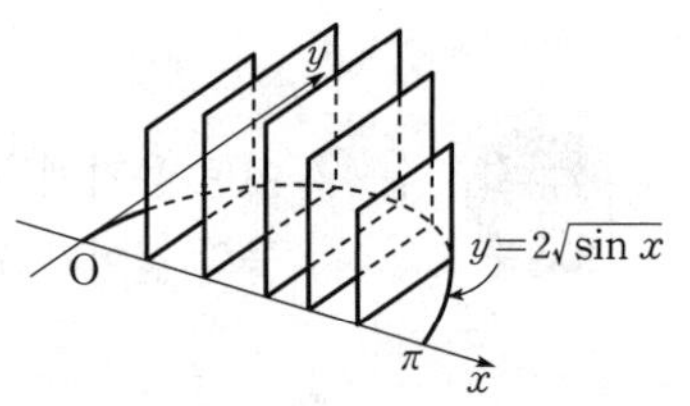

301 곡선 $y=\dfrac{2}{x+1}$ $(0\le x\le 2)$ 위의 점 $\mathrm{P}\!\left(x,\,\dfrac{2}{x+1}\right)$에서 x축에 내린 수선의 발을 H라 하
고, 선분 PH를 한 변으로 하는 정삼각형을 x축에 수직인 평면 위에 그린다. 점 P의 x좌표
가 $x=0$에서 $x=2$까지 변할 때, 이 정삼각형이 만드는 입체도형의 부피를 구하시오.

오른쪽 그림과 같이 밑면의 반지름의 길이가 2이고 높이가 4인 원기둥이 있다. 이 원기둥을 밑면의 중심을 지나고 밑면과 $60°$의 각을 이루는 평면으로 자를 때 생기는 두 입체도형 중에서 작은 것의 부피를 구하시오.

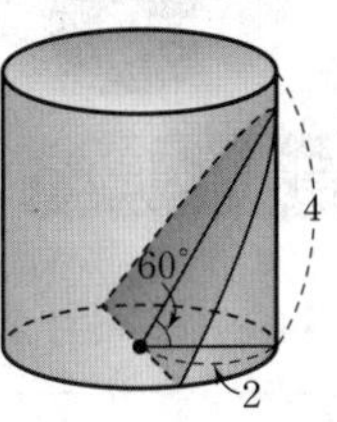

설명 입체도형의 모양이 복잡할 때에는 밑면을 좌표평면 위에 나타내고, 입체도형을 좌표평면에 수직인 평면으로 자른 단면의 넓이를 식으로 나타낸다.

풀이 오른쪽 그림과 같이 원기둥의 밑면의 중심을 원점, 밑면의 지름을 포함하는 직선을 x축으로 정하자.

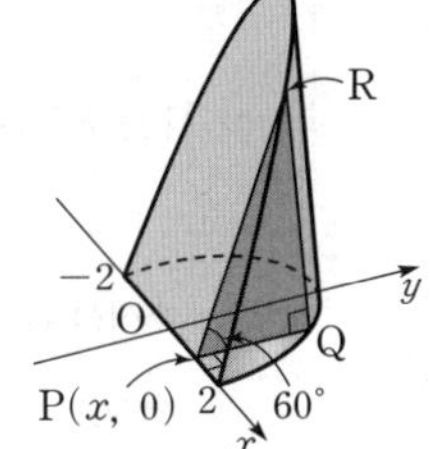

x축 위의 점 $\mathrm{P}(x,\ 0)\ (-2 \leq x \leq 2)$을 지나고 x축에 수직인 평면으로 주어진 입체도형을 자른 단면을 삼각형 PQR라 하면

$$\overline{\mathrm{PQ}} = \sqrt{\overline{\mathrm{OQ}}^2 - \overline{\mathrm{OP}}^2} = \sqrt{2^2 - x^2} = \sqrt{4 - x^2}$$

$$\overline{\mathrm{RQ}} = \overline{\mathrm{PQ}} \tan 60° = \overline{\mathrm{PQ}} \times \sqrt{3} = \sqrt{3(4 - x^2)}$$

이때 삼각형 PQR의 넓이를 $S(x)$라 하면

$$S(x) = \frac{1}{2} \times \overline{\mathrm{PQ}} \times \overline{\mathrm{RQ}} = \frac{1}{2} \times \sqrt{4 - x^2} \times \sqrt{3(4 - x^2)} = \frac{\sqrt{3}}{2}(4 - x^2)$$

따라서 구하는 입체도형의 부피는

$$\int_{-2}^{2} S(x)\,dx = \int_{-2}^{2} \frac{\sqrt{3}}{2}(4 - x^2)\,dx$$

$$= 2 \times \frac{\sqrt{3}}{2} \int_{0}^{2} (4 - x^2)\,dx$$

$$= \sqrt{3}\left[4x - \frac{1}{3}x^3 \right]_{0}^{2} = \sqrt{3} \times \frac{16}{3} = \frac{16\sqrt{3}}{3}$$

확인 체크 **302** 밑면의 반지름의 길이가 4, 높이가 4인 원기둥 모양의 그릇에 물이 가득 담겨 있다. 오른쪽 그림과 같이 이 그릇을 $45°$의 각도로 기울였을 때, 그릇에 남아 있는 물의 부피를 구하시오.

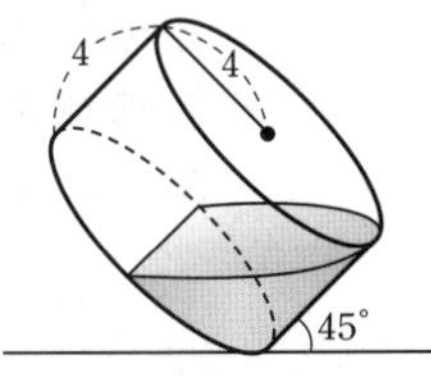

303 오른쪽 그림과 같이 지름의 길이가 2인 반구가 있다. 이 반구를 밑면의 중심을 지나고 밑면과 $30°$의 각을 이루는 평면으로 자를 때 생기는 두 입체도형 중에서 작은 것의 부피를 구하시오.

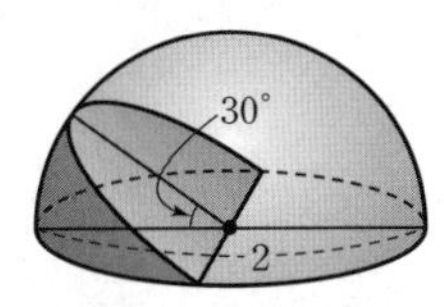

1. **직선 위의 점의 위치와 움직인 거리** [수학Ⅱ 232쪽] ▷ 필수예제 **12**

> 수직선 위를 움직이는 점 P의 시각 t에서의 속도가 $v(t)$이고 시각 $t=a$에서의 위치가 x_0일 때
>
> (1) 시각 t에서 점 P의 위치 x는 $x=x_0+\displaystyle\int_a^t v(t)dt$
>
> (2) 시각 $t=a$에서 $t=b$까지 점 P의 위치의 변화량은 $\displaystyle\int_a^b v(t)dt$
>
> (3) 시각 $t=a$에서 $t=b$까지 점 P가 움직인 거리 s는 $s=\displaystyle\int_a^b |v(t)|dt$

설명 수직선 위를 움직이는 점 P의 시각 t에서의 속도가 $v(t)$이고 시각 $t=a$에서의 위치가 x_0일 때,

점 P의 시각 t에서의 위치를 $x=f(t)$라 하면 $v(t)=\dfrac{dx}{dt}=f'(t)$이므로

$$\int_a^t v(t)dt=\Big[f(t) \Big]_a^t=f(t)-f(a)$$

이때 $f(a)=x_0$이므로 시각 t에서 점 P의 위치 x는

$$x=f(t)=f(a)+\int_a^t v(t)dt=x_0+\int_a^t v(t)dt$$

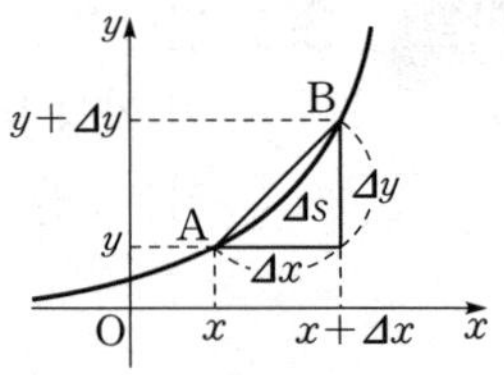

2. **평면 위의 점이 움직인 거리** ▷ 필수예제 **13**

> 좌표평면 위를 움직이는 점 $P(x, y)$의 시각 t에서의 위치가 함수 $x=f(t)$, $y=g(t)$로 나타내어질 때, 시각 $t=a$에서 $t=b$까지 점 P가 움직인 거리 s는
>
> $$s=\int_a^b \sqrt{\left(\frac{dx}{dt}\right)^2+\left(\frac{dy}{dt}\right)^2}\,dt=\int_a^b \sqrt{\{f'(t)\}^2+\{g'(t)\}^2}\,dt$$

설명 좌표평면 위를 움직이는 점 $P(x, y)$의 시각 t에서의 위치가 시각 t를 매개변수로 하는 함수 $x=f(t)$, $y=g(t)$로 나타내어질 때, 시각 $t=a$에서 $t=b$까지 점 P가 움직인 거리 s를 구해 보자.

점 P가 움직인 거리는 시각 t ($a\le t\le b$)의 함수이므로 $s=s(t)$로 나타내기로 하자.

시각 t에서 점 $A(x, y)$에 있던 점 P가 시각 $t+\varDelta t$에서 점 $B(x+\varDelta x, y+\varDelta y)$로 이동했을 때, 움직인 거리 s의 증분 $\varDelta s$는 $\varDelta t$가 충분히 작으면
$\overline{AB}=\sqrt{(\varDelta x)^2+(\varDelta y)^2}$에 아주 가까운 값이 되므로

$$s'(t)=\frac{ds}{dt}=\lim_{\varDelta t\to 0}\frac{\varDelta s}{\varDelta t}$$

$$=\lim_{\varDelta t\to 0}\sqrt{\left(\frac{\varDelta x}{\varDelta t}\right)^2+\left(\frac{\varDelta y}{\varDelta t}\right)^2}$$

$$=\sqrt{\left(\frac{dx}{dt}\right)^2+\left(\frac{dy}{dt}\right)^2}$$

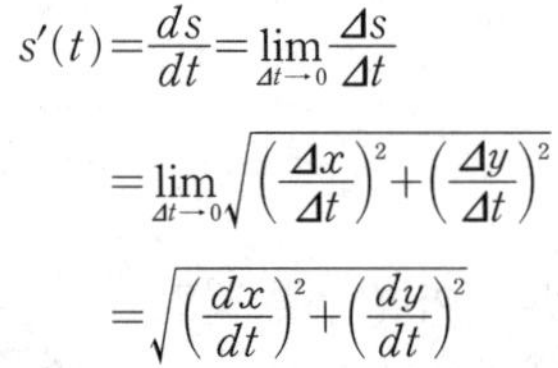

따라서 시각 $t=a$에서 $t=b$까지 점 P가 움직인 거리 s는

$$s=s(b)-s(a)=\Big[s(t)\Big]_a^b=\int_a^b \sqrt{\Big(\frac{dx}{dt}\Big)^2+\Big(\frac{dy}{dt}\Big)^2}\,dt$$

$$=\int_a^b \sqrt{\{f'(t)\}^2+\{g'(t)\}^2}\,dt$$

예 좌표평면 위를 움직이는 점 $\mathrm{P}(x,\,y)$의 시각 t에서의 위치가 $x=t^3-3t$, $y=3t^2$일 때, $t=0$에서 $t=1$까지 점 P가 움직인 거리 s를 구하시오.

풀이 $\dfrac{dx}{dt}=3t^2-3$, $\dfrac{dy}{dt}=6t$이므로

$$s=\int_0^1 \sqrt{\Big(\frac{dx}{dt}\Big)^2+\Big(\frac{dy}{dt}\Big)^2}\,dt=\int_0^1 \sqrt{(3t^2-3)^2+(6t)^2}\,dt$$

$$=\int_0^1 \sqrt{(3t^2+3)^2}\,dt=\int_0^1 (3t^2+3)\,dt=\Big[t^3+3t\Big]_0^1=4$$

3. 곡선의 길이 ▷ 필수예제 **14**

> (1) 곡선 $x=f(t),\,y=g(t)\ (a\le t\le b)$의 겹치는 부분이 없을 때, 곡선의 길이 l은
>
> $$l=\int_a^b \sqrt{\Big(\frac{dx}{dt}\Big)^2+\Big(\frac{dy}{dt}\Big)^2}\,dt=\int_a^b \sqrt{\{f'(t)\}^2+\{g'(t)\}^2}\,dt$$
>
> (2) $x=a$에서 $x=b$까지의 곡선 $y=f(x)$의 길이 l은
>
> $$l=\int_a^b \sqrt{1+\Big(\frac{dy}{dx}\Big)^2}\,dx=\int_a^b \sqrt{1+\{f'(x)\}^2}\,dx$$

설명 (1) 좌표평면 위를 움직이는 점 $\mathrm{P}(x,\,y)$의 시각 t에서의 위치가 $x=f(t),\,y=g(t)$일 때, 점 P가 움직인 경로가 겹치지 않으면 $t=a$에서 $t=b$까지 점 P가 그리는 곡선의 길이는 점 P가 움직인 거리와 같다. 이때 곡선의 길이 l은

$$l=\int_a^b \sqrt{\Big(\frac{dx}{dt}\Big)^2+\Big(\frac{dy}{dt}\Big)^2}\,dt=\int_a^b \sqrt{\{f'(t)\}^2+\{g'(t)\}^2}\,dt$$

(2) 곡선 $y=f(x)$ 위를 움직이는 점 $\mathrm{P}(x,\,y)$의 시각 t에서의 위치는 $x=t,\,y=f(t)\ (a\le t\le b)$로 나타낼 수 있다. 따라서 곡선 $y=f(x)\ (a\le x\le b)$의 길이 l은

$$l=\int_a^b \sqrt{\Big(\frac{dx}{dt}\Big)^2+\Big(\frac{dy}{dt}\Big)^2}\,dt=\int_a^b \sqrt{1+\{f'(t)\}^2}\,dt=\int_a^b \sqrt{1+\{f'(x)\}^2}\,dx$$

예 (1) 곡선 $x=3t^2,\,y=1-t^2\ (0\le t\le 2)$의 길이 l은

$$l=\int_0^2 \sqrt{\Big(\frac{dx}{dt}\Big)^2+\Big(\frac{dy}{dt}\Big)^2}\,dt=\int_0^2 \sqrt{(6t)^2+(-2t)^2}\,dt$$

$$=\int_0^2 2\sqrt{10}\,t\,dt=\Big[\sqrt{10}\,t^2\Big]_0^2=4\sqrt{10}$$

(2) $x=0$에서 $x=3$까지의 곡선 $y=\dfrac{2}{3}x\sqrt{x}$의 길이 l은

$$l=\int_0^3 \sqrt{1+\Big(\frac{dy}{dx}\Big)^2}\,dx=\int_0^3 \sqrt{1+x}\,dx=\Big[\frac{2}{3}(1+x)^{\frac{3}{2}}\Big]_0^3=\frac{14}{3}$$

수직선 위를 움직이는 점 P의 시각 t에서의 속도 $v(t)$가 $v(t)=\sin \pi t$이고 $t=0$일 때의 점 P의 위치가 원점일 때, 다음을 구하시오.

(1) 시각 $t=2$에서의 점 P의 위치

(2) 시각 $t=1$에서 $t=3$까지 점 P가 움직인 거리

설명　직선 위의 점의 위치와 움직인 거리는 각각 주어진 속도, 속력을 적분하여 구할 수 있다.

풀이

(1) $0+\displaystyle\int_0^2 \sin \pi t \, dt=\left[-\dfrac{1}{\pi}\cos \pi t\right]_0^2=\mathbf{0}$

(2) $\displaystyle\int_1^3 |\sin \pi t|\, dt=\int_1^2 (-\sin \pi t)dt+\int_2^3 \sin \pi t \, dt$

$$=\left[\dfrac{1}{\pi}\cos \pi t\right]_1^2+\left[-\dfrac{1}{\pi}\cos \pi t\right]_2^3$$

$$=\dfrac{2}{\pi}+\dfrac{2}{\pi}=\dfrac{\mathbf{4}}{\boldsymbol{\pi}}$$

KEY Point

● 수직선 위를 움직이는 점 P의 시각 t에서의 속도가 $v(t)$이고 시각 $t=a$에서의 위치가 x_0일 때

① 시각 t에서 점 P의 위치 x는 $x=x_0+\displaystyle\int_a^t v(t)dt$

② 시각 $t=a$에서 $t=b$까지 점 P의 위치의 변화량은 $\displaystyle\int_a^b v(t)dt$

③ 시각 $t=a$에서 $t=b$까지 점 P가 움직인 거리 s는 $s=\displaystyle\int_a^b |v(t)|dt$

확인체크

304 원점에서 출발하여 수직선 위를 움직이는 점 P의 시각 t에서의 속도 $v(t)$가 $v(t)=(1+t)e^t$일 때, 다음을 구하시오.

(1) 시각 t에서의 점 P의 위치

(2) 시각 $t=0$에서 $t=2$까지 점 P가 움직인 거리

305 수직선 위를 움직이는 점 P의 시각 t에서의 속도 $v(t)$가 $v(t)=\dfrac{2t}{1+t^2}$일 때, 시각 $t=1$에서 $t=3$까지 점 P가 움직인 거리를 구하시오.

좌표평면 위를 움직이는 점 $P(x, y)$의 시각 t에서의 위치가 다음과 같을 때, 시각 $t=0$에서 $t=2$까지 점 P가 움직인 거리 s를 구하시오.

(1) $x=\dfrac{5}{3}t^3-t+2,\ y=\sqrt{5}\,t^2+4$ (2) $x=e^t\cos 2t,\ y=e^t\sin 2t$

설명 평면 위의 점이 움직인 거리는 속력을 적분하여 구할 수 있다.

풀이 (1) $\dfrac{dx}{dt}=5t^2-1,\ \dfrac{dy}{dt}=2\sqrt{5}\,t$이므로 시각 $t=0$에서 $t=2$까지 점 P가 움직인 거리 s는

$$s=\int_0^2 \sqrt{\left(\dfrac{dx}{dt}\right)^2+\left(\dfrac{dy}{dt}\right)^2}\,dt=\int_0^2 \sqrt{(5t^2-1)^2+(2\sqrt{5}\,t)^2}\,dt$$

$$=\int_0^2 \sqrt{(5t^2+1)^2}\,dt=\int_0^2 (5t^2+1)\,dt=\left[\dfrac{5}{3}t^3+t\right]_0^2=\dfrac{46}{3}$$

(2) $\dfrac{dx}{dt}=e^t\cos 2t-2e^t\sin 2t=e^t(\cos 2t-2\sin 2t),$

$\dfrac{dy}{dt}=e^t\sin 2t+2e^t\cos 2t=e^t(\sin 2t+2\cos 2t)$

이므로 시각 $t=0$에서 $t=2$까지 점 P가 움직인 거리 s는

$$s=\int_0^2 \sqrt{\left(\dfrac{dx}{dt}\right)^2+\left(\dfrac{dy}{dt}\right)^2}\,dt=\int_0^2 \sqrt{e^{2t}(\cos 2t-2\sin 2t)^2+e^{2t}(\sin 2t+2\cos 2t)^2}\,dt$$

$$=\int_0^2 \sqrt{5e^{2t}(\cos^2 2t+\sin^2 2t)}\,dt=\int_0^2 \sqrt{5}\,e^t\,dt=\left[\sqrt{5}\,e^t\right]_0^2=\sqrt{5}(e^2-1)$$

KEY Point

• 좌표평면 위를 움직이는 점 $P(x, y)$의 시각 t에서의 위치가 함수 $x=f(t),\ y=g(t)$로 나타내어질 때, 시각 $t=a$에서 $t=b$까지 점 P가 움직인 거리 s는

$$\Rightarrow\ s=\int_a^b \sqrt{\left(\dfrac{dx}{dt}\right)^2+\left(\dfrac{dy}{dt}\right)^2}\,dt$$

306 좌표평면 위를 움직이는 점 $P(x, y)$의 시각 t에서의 위치가 $x=2t^2+1,\ y=t^3$일 때, 시각 $t=0$에서 $t=1$까지 점 P가 움직인 거리 s를 구하시오.

307 좌표평면 위를 움직이는 점 $P(x, y)$의 시각 t에서의 위치가 $x=\cos(t^2+4t),$ $y=\sin(t^2+4t)$일 때, 시각 $t=0$에서 $t=3$까지 점 P가 움직인 거리 s를 구하시오.

다음 곡선의 길이 l을 구하시오.

(1) $x=\cos t+t\sin t,\ y=\sin t-t\cos t\ (0\le t\le \pi)$

(2) $y=\dfrac{1}{2}(e^x+e^{-x})\ (-1\le x\le 1)$

풀이

(1) $\dfrac{dx}{dt}=-\sin t+\sin t+t\cos t=t\cos t,$

$\dfrac{dy}{dt}=\cos t-\cos t+t\sin t=t\sin t$

이므로 곡선의 길이 l은

$$l=\int_0^{\pi}\sqrt{\left(\frac{dx}{dt}\right)^2+\left(\frac{dy}{dt}\right)^2}\,dt=\int_0^{\pi}\sqrt{(t\cos t)^2+(t\sin t)^2}\,dt$$

$$=\int_0^{\pi}\sqrt{t^2(\cos^2 t+\sin^2 t)}\,dt=\int_0^{\pi}t\,dt=\left[\frac{1}{2}t^2\right]_0^{\pi}=\frac{\pi^2}{2}$$

(2) $\dfrac{dy}{dx}=\dfrac{1}{2}(e^x-e^{-x})$ 이므로 곡선의 길이 l은

$$l=\int_{-1}^{1}\sqrt{1+\left(\frac{dy}{dx}\right)^2}\,dx=\int_{-1}^{1}\sqrt{1+\left\{\frac{1}{2}(e^x-e^{-x})\right\}^2}\,dx$$

$$=\int_{-1}^{1}\sqrt{\frac{1}{4}(e^x+e^{-x})^2}\,dx=\frac{1}{2}\int_{-1}^{1}(e^x+e^{-x})\,dx$$

$$=2\times\frac{1}{2}\int_0^{1}(e^x+e^{-x})\,dx=\left[e^x-e^{-x}\right]_0^{1}=e-\frac{1}{e}$$

- 곡선 $x=f(t),\ y=g(t)\ (a\le t\le b)$의 길이 $\Rightarrow \displaystyle\int_a^b\sqrt{\{f'(t)\}^2+\{g'(t)\}^2}\,dt$

- 곡선 $y=f(x)\ (a\le x\le b)$의 길이 $\Rightarrow \displaystyle\int_a^b\sqrt{1+\{f'(x)\}^2}\,dx$

308 다음 곡선의 길이 l을 구하시오.

(1) $x=e^t\cos t,\ y=e^t\sin t\ \left(0\le t\le \dfrac{\pi}{2}\right)$

(2) $y=\dfrac{1}{3}x^3+\dfrac{1}{4x}\ (1\le x\le 3)$

309 $0\le x\le \dfrac{\pi}{6}$ 일 때, 곡선 $y=\ln(\cos x)$의 길이 l을 구하시오.

연습문제

284 오른쪽 그림과 같이 높이가 10인 용기를 밑면으로부터의 높이가 x인 지점에서 밑면에 평행하게 자르면 한 변의 길이가 $\sqrt{30-2x}$인 정사각형 모양의 단면이 생긴다. 이 용기의 부피를 구하시오.

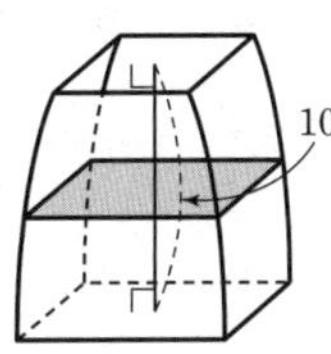

285 곡선 $y=3\sqrt{\sin x}\ (0\le x\le\pi)$와 x축으로 둘러싸인 도형을 밑면으로 하는 입체도형을 x축에 수직인 평면으로 자른 단면이 모두 정삼각형일 때, 이 입체도형의 부피를 구하시오.

> 💡 **생각해 봅시다!**
>
> 한 변의 길이가 a인 정삼각형의 넓이
> $\Rightarrow \dfrac{\sqrt{3}}{4}a^2$

286 원점에서 출발하여 수직선 위를 움직이는 점 P의 시각 t에서의 속도 $v(t)$가 $v(t)=\cos\pi t$일 때, 시각 $t=1$에서 $t=2$까지 점 P가 움직인 거리를 구하시오.

> 시각 $t=a$에서 $t=b$까지 점 P가 움직인 거리
> $\Rightarrow \displaystyle\int_a^b |v(t)|\,dt$

287 좌표평면 위를 움직이는 점 $P(x,\ y)$의 시각 t에서의 위치가 $x=-3t+5$, $y=2t\sqrt{t}+3$일 때, 시각 $t=3$에서 $t=8$까지 점 P가 움직인 거리 s를 구하시오.

[평가원기출]
288 $x=0$에서 $x=\ln 2$까지의 곡선 $y=\dfrac{1}{8}e^{2x}+\dfrac{1}{2}e^{-2x}$의 길이는?

① $\dfrac{1}{2}$　　② $\dfrac{9}{16}$　　③ $\dfrac{5}{8}$　　④ $\dfrac{11}{16}$　　⑤ $\dfrac{3}{4}$

> $x=a$에서 $x=b$까지의 곡선 $y=f(x)$의 길이
> $\Rightarrow \displaystyle\int_a^b \sqrt{1+\{f'(x)\}^2}\,dx$

289 어떤 그릇에 깊이가 $x\,\mathrm{cm}$가 되도록 물을 넣으면 물의 부피가 $\dfrac{1}{\ln 3}(9^x+3^x-2)\,\mathrm{cm}^3$라 한다. 수면의 넓이가 $21\,\mathrm{cm}^2$일 때, 채워진 물의 깊이를 구하시오.

290 오른쪽 그림과 같이 반지름의 길이가 2인 원을 밑면으로 하는 입체도형을 밑면의 한 지름에 수직인 평면으로 자른 단면이 모두 정삼각형일 때, 이 입체도형의 부피를 구하시오.

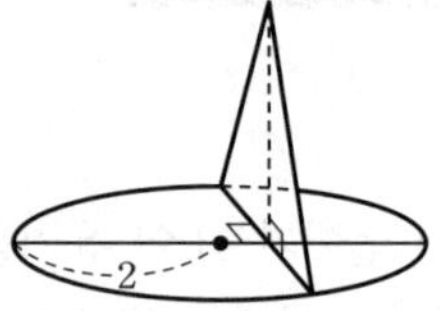

291 좌표평면 위를 움직이는 점 P의 시각 t에서의 위치가 $x = e^{-t} \cos t$, $y = e^{-t} \sin t$라 한다. 점 P가 시각 $t = 0$에서 $t = a$까지 움직인 거리를 $s(a)$라 할 때, $\lim_{a \to \infty} s(a)$를 구하시오.

292 $0 \le x \le a$에서 곡선 $y = \dfrac{1}{3}(x^2 + 2)^{\frac{3}{2}}$의 길이가 12일 때, 양수 a의 값을 구하시오.

실력 **UP** [교육청기출]

293 그림과 같이 함수

$$f(x) = \begin{cases} e^{-x} & (x < 0) \\ \sqrt{\ln(x+1)+1} & (x \ge 0) \end{cases}$$

의 그래프 위의 점 $P(x, f(x))$에서 x축에 내린 수선의 발을 H라 하고, 선분 PH를 한 변으로 하는 정사각형을 x축에 수직인 평면 위에 그린다. 점 P의 x좌표가 $x = -\ln 2$에서 $x = e - 1$까지 변할 때, 이 정사각형이 만드는 입체도형의 부피는?

$x < 0$일 때와 $x \ge 0$일 때로 나누어 단면의 넓이를 적분한다.

① $e - \dfrac{3}{2}$　　② $e + \dfrac{2}{3}$　　③ $2e - \dfrac{3}{2}$　　④ $e + \dfrac{3}{2}$　　⑤ $2e - \dfrac{2}{3}$

실력 **UP**

294 좌표평면 위를 움직이는 점 P의 시각 t $(t > 0)$초에서의 위치 (x, y)가 $x = \dfrac{t^2}{2} - \ln 3t$, $y = 2t$이다. 점 P가 속력이 최소일 때부터 3초 동안 움직인 거리 s를 구하시오.

속력이 최소가 되는 시각을 구한다.

1 (1) 발산 (2) 발산 (3) 수렴, 0

2 ㄱ, ㄷ

3 (1) 1 (2) 23 (3) -12 (4) -1

4 (1) 3 (2) 0 (3) -8

5 (1) 수렴, $\dfrac{1}{2}$ (2) 수렴, 0 (3) 발산

6 (1) 8 (2) -7

7 8

8 (1) 수렴, $\dfrac{3}{2}$ (2) 수렴, 0 (3) 발산

   (4) 수렴, $\log \dfrac{2}{3}$

9 (1) $\dfrac{1}{3}$ (2) $\dfrac{1}{2}$

10 $\dfrac{4}{3}$

11 12

12 9

13 (1) 수렴, $-\dfrac{3}{4}$ (2) 수렴, 1 (3) 발산 (4) 수렴, 1

14 $\dfrac{\sqrt{2}}{2}$

15 $a=8$, $b=1$

16 -1

17 3

18 $\dfrac{3}{5}$

19 9

20 (1) 0 (2) 1

21 (1) 발산 (2) 수렴 (3) 발산 (4) 발산

22 (1) 수렴, 0 (2) 수렴, 0 (3) 수렴, 0 (4) 발산

23 (1) $-\dfrac{1}{2} < r \le \dfrac{1}{2}$ (2) $-2 \le r < 2$

24 (1) 발산 (2) 수렴, 3 (3) 수렴, 1 (4) 발산

25 $\dfrac{5}{2}$

26 (1) $-1 \le x \le 2$ (2) $-2 \le x \le 3$

27 $1 < x \le 9$

28 풀이 참조

29 9

30 (1) 발산 (2) 수렴, 1 (3) 발산 (4) 수렴, 2

31 풀이 참조

32 (1) 13 (2) -20

33 (1) $\dfrac{1}{2}$ (2) $\dfrac{1}{2}$

34 $\dfrac{3}{4}$

35 (1) $\log 2$ (2) $-\log 2$

36 1

37 (1) 수렴, 1 (2) 수렴, 1

38 4

39 2

40 4

41 5

42 (1) 수렴, 3 (2) 발산 (3) 수렴, $\dfrac{3(\sqrt{3}-1)}{2}$

   (4) 수렴, $\dfrac{2(3+\sqrt{3})}{3}$

43 (1) 발산 (2) 발산 (3) 수렴, $\dfrac{\sqrt{2}}{2}$ (4) 수렴, 25

44 (1) $-\dfrac{5}{6}$ (2) $\dfrac{22}{5}$ (3) $-\dfrac{3}{7}$

45 2

46 $\dfrac{19}{24}$

47 $\dfrac{8}{7}$

48 $-\dfrac{1}{3}$

49 (1) $\dfrac{1}{2} < x < 2$ (2) $\dfrac{\pi}{3} < x < \dfrac{2}{3}\pi$

   (3) $0 < x < 1$ (4) $1 < x < 3$ 또는 $x=4$

50 $-4 < x < -3$ 또는 $3 < x < 4$

51 (1) $\dfrac{14}{99}$ (2) $\dfrac{37}{30}$ (3) $\dfrac{218}{165}$

52 $\dfrac{8}{9}$

53 $\dfrac{5}{8}$

54 $\left(\dfrac{4}{5}, \dfrac{2}{5} \right)$

55 8

56 $2(\pi-2)$

57 $\dfrac{9}{19}$

58 180 cm

59 70 m

60 (1) 1 (2) ∞ (3) 0 (4) $\dfrac{1}{2}$ (5) 0 (6) ∞

61 (1) 0 (2) $-\infty$ (3) ∞ (4) -1 (5) ∞ (6) $-\infty$

62 (1) 1 (2) 5 (3) ∞ (4) -1

63 3

64 (1) -1 (2) 2 (3) 0 (4) -1

65 12

66 (1) e^2 (2) $\sqrt{e}$ (3) $\sqrt[3]{e}$ (4) e^2

67 (1) 3 (2) $-\dfrac{1}{2}$ (3) $\dfrac{1}{e^2}$ (4) $\ln 5$

68 (1) $-2, -2$ (2) $2x, 2$

69 (1) $\dfrac{1}{\sqrt{e^3}}$ (2) $\sqrt[3]{e}$ (3) $\dfrac{1}{\sqrt{e}}$ (4) $\sqrt[3]{e^2}$

70 $2e$

71 (1) $\dfrac{1}{3}$ (2) 2 (3) $\dfrac{1}{3}$ (4) -1 (5) $-\dfrac{1}{2}e$ (6) 3

72 (1) 4 (2) 2

73 (1) $\dfrac{3}{\ln 3}$ (2) $\dfrac{\ln 2}{3}$ (3) $\dfrac{1}{\ln 5}$ (4) $\ln 3$

74 (1) $\dfrac{1}{\ln 10}$ (2) $\ln \dfrac{\sqrt{2}}{2}$

75 (1) $a=1, b=6$ (2) $a=1, b=\dfrac{1}{4}$

76 5

77 (1) $a=1, b=\dfrac{1}{\ln 3}$ (2) $a=-1, b=\dfrac{3}{5}$

78 $\dfrac{1}{7}$

79 $e-1$

80 (1) $y'=3\times 2^{3x+1}\ln 2$ (2) $y'=x^2 e^{-x}(3-x)$

(3) $y'=(3x^2-x^3\ln 3-3\ln 3)\left(\dfrac{1}{3}\right)^x$

(4) $y'=e^x(6x^2+12x-1)$

(5) $y'=3^x(5x\ln 3-\ln 3+5)$

(6) $y'=e^{4x}(1+4x)$

81 (1) $y'=\dfrac{5}{x}$ (2) $y'=\log_5 2x+\dfrac{1}{\ln 5}$

(3) $y'=\dfrac{3}{x}$ (4) $y'=e^x\left(\log_3 x+\dfrac{1}{x\ln 3}\right)$

(5) $y'=x^2(3\ln x+1)$ (6) $y'=\dfrac{2\log_2 x}{x\ln 2}$

82 2

83 2

84 $9\ln 3$

85 $3(e+2)$

86 $a=\dfrac{1}{2}, b=e\sqrt{e}$

87 $\dfrac{4}{e}$

88 (1) $\dfrac{r}{y}\ (y\neq 0)$ (2) $\dfrac{r}{x}\ (x\neq 0)$ (3) $\dfrac{x}{y}\ (y\neq 0)$

89 (1) $\dfrac{5}{3}$ (2) $-\dfrac{5}{4}$ (3) $-\dfrac{4}{3}$

90 (1) $\csc 400°>0,\ \sec 400°>0,\ \cot 400°>0$

(2) $\csc \dfrac{7}{6}\pi<0,\ \sec \dfrac{7}{6}\pi<0,\ \cot \dfrac{7}{6}\pi>0$

91 (1) 제2사분면 (2) 제4사분면

(3) 제2사분면 또는 제4사분면

92 $\dfrac{2\sqrt{3}-2}{3}$

93 $-2\sqrt{3}$

94 $\csc \theta<0,\ \sec \theta<0,\ \cot \theta>0$

95 제4사분면

96 $\csc \theta-\sec \theta-\cot \theta$

97 (1) $\sec^2 \theta$ (2) $\csc^2 \theta$

98 $\dfrac{5}{4},\ <,\ -\dfrac{\sqrt{5}}{2},\ -2,\ \tan^2 \theta,\ 5,\ >,\ \sqrt{5}$

99 (1) $-\dfrac{17}{8}$ (2) $-\dfrac{17}{15}$

100 (1) 1 (2) $2(\cot \theta+1)$

101 $-\dfrac{3+\sqrt{5}}{2}$

102 $\sin \dfrac{\alpha}{2}=\dfrac{3}{5},\ \cos \dfrac{\alpha}{2}=-\dfrac{4}{5}$

103 $30°,\ \cos 30°,\ \sin 45°,\ \sin 30°,\ \dfrac{\sqrt{3}}{2},\ \dfrac{\sqrt{2}}{2},\ \dfrac{1}{2},$ $\dfrac{\sqrt{6}-\sqrt{2}}{4}$

104 (1) $\dfrac{\sqrt{6}-\sqrt{2}}{4}$ (2) $\dfrac{\sqrt{2}+\sqrt{6}}{4}$ (3) $2+\sqrt{3}$

(4) $-\sqrt{2}-\sqrt{6}$

105 (1) $\dfrac{\sqrt{2}}{2}$ (2) $\dfrac{\sqrt{2}}{2}$ (3) $\dfrac{\sqrt{3}}{3}$ (4) $\dfrac{\sqrt{2}}{2}$

106 (1) $-\dfrac{9\sqrt{10}}{50}$ (2) $-\dfrac{\sqrt{10}}{10}$ (3) 3

107 $\dfrac{7}{25}$

108 4

109 $\dfrac{\pi}{4}$

110 2

111 4

112 (1) $-\dfrac{4\sqrt{2}}{9}$ (2) $-\dfrac{7}{9}$ (3) $\dfrac{4\sqrt{2}}{7}$

113 $\sin 2a=-\dfrac{3}{4}$, $\cos 2a=-\dfrac{\sqrt{7}}{4}$, $\tan 2a=\dfrac{3\sqrt{7}}{7}$

114 ㉠ 2 ㉡ $\dfrac{5}{3}\pi$ ㉢ $\theta+\dfrac{5}{3}\pi$

115 (1) $\sqrt{2}\sin\left(\theta+\dfrac{3}{4}\pi\right)$ (2) $\sqrt{2}\cos\left(\theta-\dfrac{7}{4}\pi\right)$

116 주기: 2π, 최댓값: 1, 최솟값: -1

117 $\sqrt{3}\sin\left(\theta+\dfrac{\pi}{3}\right)$, $\sqrt{3}\cos\left(\theta-\dfrac{\pi}{6}\right)$

118 (1) 최댓값: $\sqrt{2}$, 최솟값: $-\sqrt{2}$

(2) 최댓값: 3, 최솟값: -7

(3) 최댓값: $\sqrt{3}$, 최솟값: $-\sqrt{3}$

(4) 최댓값: 5, 최솟값: 1

119 3

120 0, $\dfrac{\sqrt{2}}{2}$, $\dfrac{\sqrt{3}}{2}$, 1, $\dfrac{\sqrt{2}}{2}$

121 (1) 1 (2) 3

122 $7x$, $\dfrac{7}{5}$, $\dfrac{7}{5}$, $\dfrac{5}{7}$

123 (1) $\dfrac{2}{5}$ (2) $\dfrac{3}{5}$

124 (1) 1 (2) -2 (3) $\sqrt{2}$ (4) $-2\sqrt{2}$

125 0

126 (1) $\dfrac{5}{2}$ (2) 2 (3) $\dfrac{1}{2}$ (4) $\dfrac{1}{2}$

127 (1) $\dfrac{3}{2}$ (2) $\dfrac{1}{3}$

128 (1) $\dfrac{1}{12}$ (2) 2 (3) $\dfrac{1}{4}$ (4) $\dfrac{1}{2}$

129 (1) 1 (2) -1 (3) $\dfrac{1}{2}$ (4) $-\dfrac{\pi}{2}$

130 (1) $a=3$, $b=0$ (2) $a=2$, $b=2$

(3) $a=7$, $b=3$ (4) $a=2$, $b=9$

131 (1) $y'=10x\cos x-(5x^2-3)\sin x$

(2) $y'=2\sin 2x$

(3) $y'=2\cos 2x-\dfrac{1}{x}$

(4) $y'=3^x\ln 3-\cos x$

132 $-\pi^2$

133 $(1-\sqrt{3})e^{\frac{\pi}{3}}$

134 2

135 (1) $y'=-\dfrac{2(2x+3)}{(x^2+3x+1)^2}$

(2) $y'=\dfrac{2x^3+3x^2-5}{(x+1)^2}$

(3) $y'=\dfrac{2e^x}{(e^x+1)^2}$

136 -2

137 (1) $y'=-6x^{-3}$ (2) $y'=6x+\dfrac{6}{x^4}$

(3) $y'=-\dfrac{2}{x^3}+\dfrac{6}{x^4}-\dfrac{15}{x^6}$

138 -285

139 (1) $y'=\sec x\tan x+\sqrt{5}\csc x\cot x$

(2) $y'=5e^x(\tan x+\sec^2 x)$

(3) $y'=\sec x(\tan^2 x+\sec^2 x)$

(4) $y'=-\dfrac{2\sec^2 x}{(1+\tan x)^2}$

140 -2

141 (1) $y'=2(x^2+1)^2(x^3+x-1)(6x^4+7x^2-3x+1)$

(2) $y'=-\dfrac{2(6x-7)}{(3x+2)^3}$

(3) $y'=2(1-2x)\cos(x^2-x+2)\sin(x^2-x+2)$

(4) $y'=-3(1-\tan x)^2\sec^2 x$

142 168

143 (1) $y'=(2x+1)e^{x^2+x+1}$

(2) $y'=-\ln 3\times 3^{\cos x}\sin x$

(3) $y'=e^{3x}(3\sin x+\cos x)$

(4) $y'=\dfrac{4}{(e^x+e^{-x})^2}$

144 $\ln 5$

145 (1) $y'=-\tan x$ (2) $y'=\dfrac{2\cot x}{\ln 2}$

(3) $y'=\ln|x|$　(4) $y'=\dfrac{1-2\ln|x|}{x^3}$

146 (1) $y'=x^x(\ln x+1)$

(2) $y'=(\ln x)^x\left\{\ln(\ln x)+\dfrac{1}{\ln x}\right\}$

(3) $y'=\dfrac{(x-1)(10x+6)}{(x+3)^4}$

(4) $y'=\dfrac{-x^2-2x+11}{2(x+1)^2\sqrt{(x-1)(x+1)(x+3)}}$

147 $-2e^{\pi}$

148 (1) $y'=3e(3x-2)^{e-1}$

(2) $y'=\dfrac{4-2x}{3\sqrt[3]{(4x-x^2)^2}}$

(3) $y'=x^{3\pi-1}(3\pi\cos x-x\sin x)$

149 $\dfrac{5\sqrt{2}}{2}$

150 (1) $\dfrac{dy}{dx}=16t\sqrt{t+3}$

(2) $\dfrac{dy}{dx}=-\dfrac{2}{3}\cot t$

151 -3

152 ㄴ, ㄷ, ㄹ

153 $2x,\ 8y,\ x-y,\ \dfrac{x-y}{x-4y},\ x-4y$

154 $3x+2,\ \dfrac{1}{3}y^3-\dfrac{2}{3},\ y^2,\ y^2,\ \dfrac{1}{\sqrt[3]{(3x+2)^2}}$

155 (1) $\dfrac{dy}{dx}=-\dfrac{x-2}{y+1}\ (y\neq-1)$

(2) $\dfrac{dy}{dx}=\dfrac{4x\sqrt{y^2+2}}{y}\ (y\neq0)$

(3) $\dfrac{dy}{dx}=8xy$

156 $\dfrac{dy}{dx}=\dfrac{y\sin x-\cos y}{\cos x-x\sin y}\ (\cos x-x\sin y\neq0)$

157 (1) $\dfrac{dy}{dx}=\dfrac{\sqrt[5]{16}}{10\sqrt[5]{x^4}}\ (x\neq0)$

(2) $\dfrac{dy}{dx}=\dfrac{2\sqrt{y+1}}{3y+2}\left(y\neq-\dfrac{2}{3}\right)$

(3) $\dfrac{dy}{dx}=\dfrac{1}{2y+e^{-y}}$

158 -2

159 $\dfrac{1}{12}$

160 -2

161 $-e^2$

162 (1) $y''=x(6\ln x+5)$　(2) $y''=(x^2+4x+2)e^x$

(3) $y''=\dfrac{2(3x^2-1)}{(x^2+1)^3}$

163 $\dfrac{1}{e}$

164 8

165 1

166 (1) $y=\dfrac{2}{3}x+\dfrac{5}{3}$　(2) $y=\dfrac{2}{e}x$　(3) $y=x-2$

167 4

168 $y=-x+2$

169 $y=-x+1$

170 $y=-2x+\pi$

171 (1) $y=x-1$　(2) $y=\dfrac{1}{2}x+\dfrac{1}{2}$

(3) $y=-\dfrac{1}{e^2}x-\dfrac{4}{e^2}$

172 $\dfrac{3}{2}$

173 2

174 $0,\ 4$

175 $\dfrac{5}{2}$

176 $y=\dfrac{1}{e}x+\dfrac{2}{e}$

177 $\dfrac{\pi}{2}$

178 $y=\dfrac{3}{4}x+\dfrac{5}{4}$

179 25

180 2

181 (1) $x=e$　(2) 풀이 참조　(3) 극댓값: $\dfrac{1}{e}$

182 (1) $-1,\ -1,\ -1,\ -2,\ 1,\ 2$

(2) $-1,\ \dfrac{2}{x^3},\ -2,\ 2,\ -1,\ -2,\ 1,\ 2$

183 (1) 구간 $(-\infty,\ 0]$에서 감소,

구간 $[0,\ \infty)$에서 증가

(2) 구간 $\left(0,\ \dfrac{\pi}{6}\right],\ \left[\dfrac{5}{6}\pi,\ \pi\right)$에서 증가,

구간 $\left[\dfrac{\pi}{6},\ \dfrac{5}{6}\pi\right]$에서 감소

184 $a \geq \dfrac{1}{2}$

185 -1

186 (1) 극댓값: $\dfrac{3}{2}$, 극솟값: $-\dfrac{1}{2}$　(2) 극댓값: $\sqrt{2}$

　　(3) 극댓값: $\dfrac{4}{e^2}$, 극솟값: 0　(4) 극솟값: 0

187 (1) 극솟값: $-\dfrac{1}{e}$　(2) 극댓값: 2, 극솟값: -2

　　(3) 극댓값: $\dfrac{4}{e^2}$, 극솟값: 0

　　(4) 극댓값: $e^{\frac{\pi}{2}}$, 극솟값: $-e^{\frac{3}{2}\pi}$

188 $a=1,\ b=3$

189 -1

190 $a < \dfrac{5}{4}$

191 $k \geq 2$

192 (1) $4x^3-6x^2+2,\ 12x^2-12x,\ 0,\ 1,\ (-\infty,\,0),$
　　$(1,\,\infty),$ 아래로, $(0,\,1),$ 위로

　　(2) $\cos x,\ -\sin x,\ (\pi,\,2\pi),$ 아래로, $(0,\,\pi),$
　　위로

193 $15x^4-20x^3,\ 60x^3-60x^2,\ 0,\ 1,\ 0,\ 0,\ 1,\ 1,\ 1,$
　　-2

194 (1) 구간 $(-\infty,\,-2),\ (0,\,\infty)$에서 아래로 볼록,
　　구간 $(-2,\,0)$에서 위로 볼록
　　변곡점의 좌표: $(-2,\,4),\ (0,\,20)$

　　(2) 구간 $\left(0,\,\dfrac{\pi}{2}\right),\ \left(\dfrac{3}{2}\pi,\,2\pi\right)$에서 위로 볼록,
　　구간 $\left(\dfrac{\pi}{2},\,\dfrac{3}{2}\pi\right)$에서 아래로 볼록
　　변곡점의 좌표: $\left(\dfrac{\pi}{2},\,\dfrac{\pi}{2}\right),\ \left(\dfrac{3}{2}\pi,\,\dfrac{3}{2}\pi\right)$

　　(3) 구간 $(-\infty,\,-1),\ (1,\,\infty)$에서 아래로 볼록,
　　구간 $(-1,\,1)$에서 위로 볼록
　　변곡점의 좌표: $\left(-1,\,\dfrac{1}{4}\right),\ \left(1,\,\dfrac{1}{4}\right)$

　　(4) 구간 $(-\infty,\,-1),\ (1,\,\infty)$에서 위로 볼록,
　　구간 $(-1,\,1)$에서 아래로 볼록
　　변곡점의 좌표: $(-1,\,\ln 2),\ (1,\,\ln 2)$

195 5

196 $a=1,\ b=-3,\ c=4$

197 풀이 참조

198 풀이 참조

199 풀이 참조

200 풀이 참조

201 (1) 최댓값: 3, 최솟값: -1

　　(2) 최댓값: 1, 최솟값: 0

202 (1) 최댓값: $\dfrac{1}{\sqrt{2e}}$, 최솟값: $-\dfrac{1}{\sqrt{2e}}$

　　(2) 최댓값: $\dfrac{1}{2e}$, 최솟값: 0

203 $2e$

204 (1) 최댓값: $\dfrac{1}{4}$, 최솟값: -2

　　(2) 최댓값: $\dfrac{3\sqrt{3}}{4}$, 최솟값: $-\dfrac{3\sqrt{3}}{4}$

205 $1-\dfrac{1}{e^{\pi}}$

206 $\dfrac{1}{e^3}$

207 -15

208 $12\sqrt{3}$

209 $\dfrac{2\sqrt{6}}{3}$

210 (1) 0　(2) 1

211 풀이 참조

212 $2\ln 2-2$

213 $1 \leq a < 2$

214 $\dfrac{1}{e^2}+2$

215 풀이 참조

216 (1) 풀이 참조　(2) 풀이 참조

217 $a \geq -2\ln 2$

218 1

219 속도: -1, 가속도: -1

220 4

221 $\ln 4-2$

222 속도: $(e^{2\pi},\,e^{2\pi})$, 가속도: $(0,\,2e^{2\pi})$

223 2

224 위치: $(\pi,\,2)$, 최댓값: 2

225 (1) $-\dfrac{2}{x^2}+C$

(2) $-\dfrac{2}{\sqrt{x}}+C$ (3) $\dfrac{1}{3}x^3-\dfrac{1}{x}+C$

(4) $\dfrac{3}{4}x\sqrt[3]{x}+\dfrac{2}{3}x\sqrt{x}+C$

(5) $\dfrac{1}{2}x^2-\ln|x|-\dfrac{2}{x}+C$

226 (1) $2e^{x+3}+C$ (2) $\dfrac{25^x}{5\ln 25}+C$

(3) $\dfrac{1}{2}e^{2x}-e^x+3x+C$ (4) $\dfrac{2^{x+2}}{\ln 2}+\dfrac{9^x}{\ln 9}+C$

(5) $e^{x-2}-\dfrac{4^{x+1}}{\ln 4}+C$

227 (1) $2\sin x-5\cos x+C$

(2) $\tan x+3\cot x+C$

(3) $\sin x-3\cos x+C$

(4) $\sin x+2\tan x+C$

(5) $x-\sin x+C$

228 (1) $\dfrac{1}{3}x^3+\dfrac{1}{3x^3}+C$

(2) $\dfrac{1}{2}x^2+3x-\ln|x|-\dfrac{2}{x}+C$

(3) $x+\dfrac{9}{2}\sqrt[3]{x^2}+9\sqrt[3]{x}+\ln|x|+C$

229 34

230 (1) $e^x-2ex-\ln|x|+C$

(2) $\dfrac{4^x}{\ln 4}-\dfrac{2^x}{\ln 2}+x+C$

(3) $e^{x+4}+\ln|x|+C$

231 e^2-2e+2

232 (1) $\tan x-\sec x+C$

(2) $-\cos x+3\sin x+C$

(3) $-3\cot x-3x+C$

233 $\dfrac{\sqrt{3}}{2}$

234 (1) $4,\ \dfrac{1}{4}dt,\ \dfrac{1}{4},\ \dfrac{1}{4}t^4,\ 4x+2$

(2) $\sin x,\ dt,\ t^3,\ 1-\cos x$

235 (1) $\dfrac{1}{10}(2x+5)^5+C$ (2) $-\dfrac{1}{2}e^{-2x+3}+C$

(3) $\dfrac{1}{3}\sin(3x-1)+C$

(4) $3x-11\ln|x+2|+C$

(5) $\ln\left|\dfrac{x-1}{x+1}\right|+C$

236 (1) $\left(\dfrac{1}{4}x-1\right)^4+C$

(2) $\dfrac{1}{3}(x^3+1)^3+C$

(3) $\dfrac{1}{6}(x^3-3x+4)^2+C$

237 (1) $\dfrac{2}{3}(x^2+3x)\sqrt{x^2+3x}+C$

(2) $-\dfrac{1}{3}(x^2+2)\sqrt{1-x^2}+C$

(3) $\sqrt{2x^3-x^2}+C$

238 $\dfrac{1}{3}(5\sqrt{5}+8)$

239 (1) $\dfrac{1}{2\ln 10}10^{2x+3}+C$ (2) $2\sqrt{e^x-1}+C$

(3) $\dfrac{1}{2}\{\ln(x+1)\}^2+C$ (4) $-\dfrac{2}{\ln x}+C$

240 63

241 (1) $\dfrac{1}{4}\sin(4x-3)+C$ (2) $\dfrac{1}{2}\tan^2 x+C$

(3) $-\dfrac{1}{2}(1-\sin x)^2+C$

242 $\ln 2$

243 (1) $\ln(e^x+e^{-x})+C$ (2) $\ln(1-\cos x)+C$

(3) $\ln|3^x-x^2|+C$

244 $\dfrac{1}{6}\ln(3e-1)$

245 (1) $\dfrac{2}{3}x^3+x^2+3x+2\ln|x-1|+C$

(2) $5\ln|x-3|+2\ln|x+2|+C$

(3) $\ln\left|\dfrac{x}{x^2+2}\right|+C$

246 $-\ln 3$

247 (1) $x,\ \sin x,\ 1,\ -\cos x,\ -x\cos x,\ -\cos x,$
$-x\cos x+\sin x+C$

(2) $x+3,\ e^x,\ 1,\ e^x,\ (x+3)e^x,\ e^x,\ (x+2)e^x+C$

(3) $\ln x,\ 2x,\ \dfrac{1}{x},\ x^2,\ x^2\ln x,\ x,$
$x^2\ln x-\dfrac{1}{2}x^2+C$

248 (1) $x^3\ln x-\dfrac{1}{3}x^3+C$

(2) $\dfrac{1}{3}xe^{3x}-\dfrac{1}{9}e^{3x}+C$

(3) $-\dfrac{1}{2}x\cos 2x+\dfrac{1}{4}\sin 2x+C$

249 (1) $-(x+1)e^{-x}+C$

(2) $\dfrac{1}{4}x^4\ln x-\dfrac{1}{16}x^4+C$

(3) $-\dfrac{1}{2}(2x+1)\cos 2x+\dfrac{1}{2}\sin 2x+C$

250 $\dfrac{\pi}{8}$

251 (1) $-(x^2+2x+2)e^{-x}+C$

(2) $\dfrac{1}{4}x^2\{2(\ln x)^2-2\ln x+1\}+C$

(3) $\dfrac{1}{4}(2x^2-1)\sin 2x+\dfrac{1}{2}x\cos 2x+C$

(4) $-\dfrac{1}{10}e^{-x}(\sin 3x+3\cos 3x)+C$

252 $\dfrac{5}{e}$

253 (1) e^3-e^2+1 (2) $\dfrac{5}{6}$ (3) $\ln 3$

254 $\dfrac{20}{3}$

255 (1) $\dfrac{1}{2}e^2+2-\dfrac{1}{2e^2}$ (2) $\dfrac{7}{3\ln 2}-1$

(3) $6+\ln 3$ (4) -4

256 2

257 $e-1$

258 (1) 2 (2) $e^2+\dfrac{1}{e}-3$ (3) 6

259 (1) 2 (2) $\dfrac{16}{3\ln 3}$ (3) 1 (4) $2\left(e-\dfrac{1}{e}\right)$

260 2

261 $10\left(e-\dfrac{1}{e}\right)$

262 풀이 참조

263 풀이 참조

264 $\ln x,\ \dfrac{1}{x},\ \ln x,\ \dfrac{1}{x},\ e,\ x,\ 1$

265 (1) $\dfrac{26}{3}$ (2) $\dfrac{1}{2}\ln 2$ (3) $\dfrac{1}{2}\ln\dfrac{3(e-1)}{e+1}$

(4) $\dfrac{1}{2}$ (5) $\dfrac{11}{24}$ (6) $\dfrac{1}{2}$

266 (1) $\dfrac{9}{4}\pi$ (2) $\dfrac{\pi}{6}$ (3) $\dfrac{\pi}{9}$

267 (1) $-\dfrac{1}{e}$ (2) $\pi-2$ (3) $1-\dfrac{2}{e}$

268 $\dfrac{1}{4}$

269 (1) $f(x)=\ln x+\dfrac{1}{2-e}$

(2) $f(x)=\cos x+\dfrac{\sqrt{2}}{4}$

270 $2e+5$

271 $-e^3$

272 -3

273 $e+2$

274 $f(x)=-2\sin 2x-2x+2$

275 $\dfrac{3}{2}$

276 극솟값: $\dfrac{14-16\sqrt{2}}{15}$

277 (1) $\dfrac{2}{3}e$ (2) $\dfrac{1}{2\pi}$

278 $8e^2$

279 $\dfrac{1}{4}$

280 $\dfrac{1}{3}a^2h$

281 (1) $-\dfrac{2}{\pi}$ (2) $2\ln 2-1$

282 (1) $\dfrac{1}{2}(e^2-1)$ (2) $\dfrac{2}{\pi}$

283 풀이 참조

284 풀이 참조

285 풀이 참조

286 (1) 2 (2) $\dfrac{16}{3}$ (3) $3\ln 3-2$ (4) $e+\dfrac{1}{e}-2$

287 $\sqrt[3]{16}$

288 (1) $\ln\dfrac{3}{2}$ (2) $e-2$ (3) $\ln\dfrac{27}{4}-1$ (4) 2

289 $\dfrac{16}{3}$

290 (1) $2\left(e+\dfrac{1}{e}-2\right)$ (2) $\dfrac{49}{12}$ (3) $e+\dfrac{1}{e}-2$

(4) $6-3\ln 3$

291 $\dfrac{1}{2}e-1$

292 $\dfrac{1}{3}$

293 $\dfrac{2}{3}$

294 $e+1$

295 $3\sqrt{x}$, $3\sqrt{x}$, $2x^{\frac{3}{2}}$, $32\sqrt{2}$

296 $\sqrt{3x^2+2}$, $3x^2+2$, $3x^2+2$, x^3+2x, 1020

297 $(6\ln 6 - 5)\,\text{cm}^3$

298 $3\,\text{cm}$

299 $\dfrac{1}{3}\pi r^2 h$

300 8

301 $\dfrac{2\sqrt{3}}{3}$

302 $\dfrac{128}{3}$

303 $\dfrac{\pi}{9}$

304 (1) te^t (2) $2e^2$

305 $\ln 5$

306 $\dfrac{61}{27}$

307 21

308 (1) $\sqrt{2}\left(e^{\frac{\pi}{2}}-1\right)$ (2) $\dfrac{53}{6}$

309 $\dfrac{1}{2}\ln 3$

1	①, ④	**35**	16
2	-3	**36**	$\dfrac{13}{72}$
3	③	**37**	$\dfrac{1}{4}$
4	4	**38**	$-\log 2$
5	6	**39**	①, ⑤
6	-2	**40**	$-\dfrac{1}{2}$
7	5	**41**	③
8	5	**42**	ㄹ
9	50	**43**	-38
10	$\dfrac{1}{3}$	**44**	2
11	9	**45**	1
12	29	**46**	$\dfrac{1}{2}$
13	3	**47**	ㄱ, ㄴ
14	12	**48**	①
15	-2	**49**	$\dfrac{9}{2}$
16	⑤	**50**	-1
17	$\dfrac{1}{3}$	**51**	ㄴ, ㄷ
18	④	**52**	19
19	⑤	**53**	-12
20	15	**54**	12
21	⑤	**55**	$\dfrac{92}{15}$
22	ㄱ, ㄹ	**56**	32
23	$-1\le x\le 1$	**57**	⑤
24	2	**58**	③
25	3	**59**	$\dfrac{19}{33}$
26	$-1-\sqrt{2}$	**60**	②
27	4	**61**	$1<x<3$
28	$\dfrac{4}{3}$	**62**	ㄱ, ㄴ, ㅁ, ㅂ
29	-1	**63**	③
30	④	**64**	$\dfrac{18}{5}$
31	④	**65**	4
32	$\dfrac{1}{2}$	**66**	$2+\sqrt{3}$
33	$\dfrac{3}{2}$		
34	10		

67 ④	**100** $-\dfrac{9\sqrt{5}}{10}$
68 $\dfrac{11}{4}$	**101** $2\csc\theta$
69 $\dfrac{8}{3}$	**102** 4
70 1	**103** $\dfrac{16\sqrt{7}}{9}$
71 ②	**104** $\dfrac{7}{24}$
72 2	**105** 5
73 ㄱ, ㄹ	**106** ④
74 $B<C<A$	**107** 7
75 ②	**108** 2
76 $\dfrac{e^2}{3}$	**109** 10
77 ④	**110** $\dfrac{4}{5}$
78 $\dfrac{1}{2}$	**111** 15
79 3	**112** 50
80 ②	**113** 43
81 $2e^2$	**114** ③
82 1	**115** ②
83 -4	**116** ⑤
84 ②	**117** $2\sqrt{2}$
85 $\dfrac{e-1}{4}$	**118** $\dfrac{3}{5}$
86 -3	**119** 4
87 ③	**120** 9
88 8	**121** 4
89 ②	**122** $A<C<B$
90 ④	**123** 4
91 $4e^2$	**124** 2
92 $a=3,\ b=3$	**125** ④
93 50	**126** 4
94 $\dfrac{7}{2}$	**127** 4
95 ③	**128** 2
96 1	**129** $\dfrac{3}{2}$
97 ⑤	**130** ②
98 $\dfrac{4}{3}$	**131** 4
99 ④	**132** $-\dfrac{\pi}{2}$
	133 1

134 $\dfrac{\pi}{12}$		**165** ①
135 2		**166** $-\pi-1$
136 ⑤		**167** ①
137 $\dfrac{1}{2}$		**168** e
138 ②		**169** $-\dfrac{1}{4}$
139 ③		**170** $y=\dfrac{9}{5}x+\dfrac{6}{5}$
140 ③		**171** ⑤
141 ②		**172** ④
142 $\dfrac{\sqrt{21}}{7}$		**173** $-\dfrac{2}{e}$
143 ②		**174** $\dfrac{1}{2}$
144 $\dfrac{3}{8}$		**175** 1
145 $\dfrac{e^2}{4}$		**176** $\dfrac{1}{e}$
146 ①		**177** 10
147 ②		**178** $e-1$
148 $-\ln\dfrac{\pi}{2}$		**179** $k\geq\dfrac{1}{4}$
149 ④		**180** $a=\dfrac{1}{2},\ b=0$
150 $\dfrac{1}{4}$		**181** $\pi-\sqrt{3}$
151 ⑤		**182** ①
152 $-\dfrac{4}{3}$		**183** 2π
153 $-\dfrac{1}{9}$		**184** ③
154 ①		**185** $(1,\,0)$
155 ③		**186** ④
156 28		**187** $0,\ b$
157 -3		**188** 96
158 ④		**189** 2
159 ①		**190** ㄴ, ㄷ
160 $-\dfrac{4}{3}$		**191** $2e$
161 $10+\dfrac{15\sqrt{3}}{2}$		**192** ③
162 $-\dfrac{1}{4}$		**193** ㄴ, ㄷ
163 ②		**194** e^2
164 3		**195** 2
		196 $1\leq a\leq\dfrac{5}{2}$
		197 4

198 ④

199 2

200 ②

201 풀이 참조

202 $a \leq -1$

203 $e^2 - \dfrac{5}{2}$

204 4

205 풀이 참조

206 ⑤

207 2

208 8

209 ⑤

210 ⑤

211 $\dfrac{3}{5} x \sqrt[3]{x^2} - x + C$

212 2

213 $\ln \dfrac{e+1}{2}$

214 $-\ln 4$

215 $2e$

216 $\dfrac{5}{11}$

217 $\dfrac{5}{2}$

218 $\dfrac{1}{2} \ln \dfrac{3}{2}$

219 ④

220 2

221 $\dfrac{1}{2e^\pi}$

222 $2 - \sqrt{3}$

223 63

224 ④

225 $-\dfrac{1}{2} \ln 2$

226 $2 - 2 \ln 2$

227 $\dfrac{1}{4}$

228 15

229 1

230 $\dfrac{1}{\ln 2}$

231 $12 \ln 2 - 4 \ln 3 - 1$

232 $\dfrac{\sqrt{2}}{2}$

233 10

234 2

235 $\dfrac{1}{2}$

236 2

237 $e + \dfrac{1}{e}$

238 $2\left(1 - \dfrac{1}{e^2}\right)$

239 6

240 ②

241 4

242 π

243 ④

244 ④

245 $-2 \ln 2$

246 $e - 1$

247 1

248 ②

249 -1

250 $e - 2$

251 ④

252 $\dfrac{1}{2} - \ln 2$

253 -1

254 ④

255 2

256 $e^{\frac{\pi}{6}} + \dfrac{\sqrt{3}}{2}$

257 ⑤

258 1

259 ⑤

260 $\dfrac{1}{2}$

261 325

262 8

263 $\dfrac{8}{3}$

264 ㄷ

265 4

266 $\dfrac{\pi}{4}$

267 $\dfrac{2}{3}\pi$

268 1

269 $\ln 2$

270 e

271 $\ln 2$

272 ⑤

273 $\dfrac{\pi}{4}$

274 ③

275 ①

276 $2\sqrt{3}-3$

277 $\dfrac{e^2-3}{2e}$

278 5

279 ②

280 2

281 $\dfrac{4}{3}$

282 ③

283 $1-\dfrac{2}{e}$

284 200

285 $\dfrac{9\sqrt{3}}{2}$

286 $\dfrac{2}{\pi}$

287 38

288 ⑤

289 $1\ \mathrm{cm}$

290 $\dfrac{32\sqrt{3}}{3}$

291 $\sqrt{2}$

292 3

293 ④

294 $\dfrac{15}{2}+\ln 4$

개념원리

미적분

정답과 풀이

1

(1) 오른쪽 그래프에서 n이 한없이 커질 때, a_n의 값은 0과 2를 번갈아 가지므로 수열 $\{a_n\}$은 발산(진동)한다.

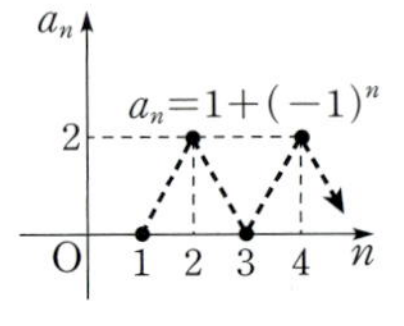

(2) 오른쪽 그래프에서 n이 한없이 커질 때, a_n의 값도 한없이 커지므로 수열 $\{a_n\}$은 양의 무한대로 발산한다.

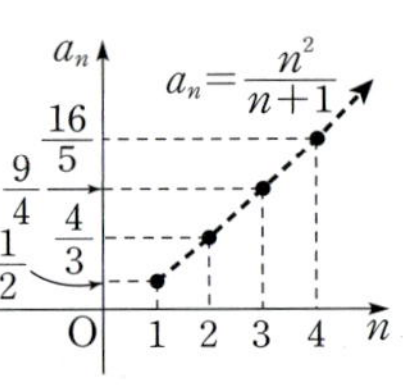

(3) 오른쪽 그래프에서 n이 한없이 커질 때, a_n의 값은 0이므로 수열 $\{a_n\}$은 0에 수렴한다.

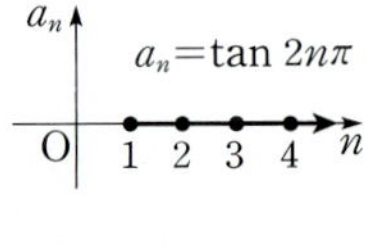

답 (1) 발산 (2) 발산 (3) 수렴, 0

2

n이 커짐에 따라 a_n의 값의 변화를 그래프로 나타내면 다음 그림과 같다.

ㄱ. 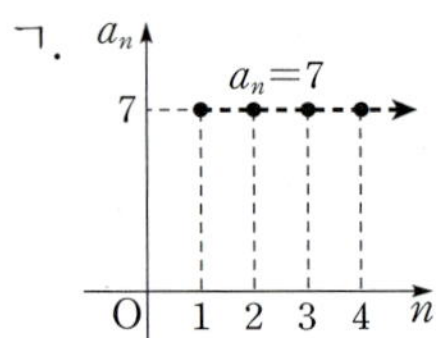

ㄴ. 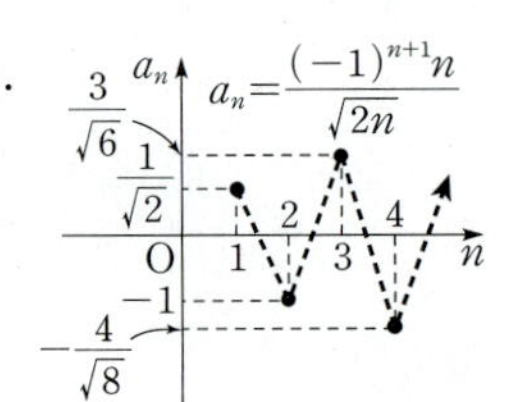

즉, 7에 수렴한다.   즉, 발산(진동)한다.

ㄷ. 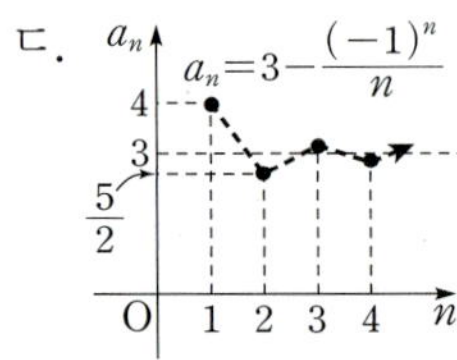

ㄹ. 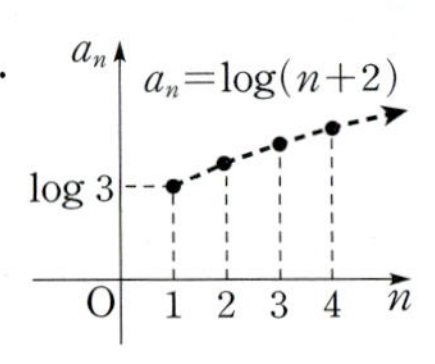

즉, 3에 수렴한다.   즉, 양의 무한대로 발산한다.

따라서 수렴하는 수열은 ㄱ, ㄷ이다.   답 ㄱ, ㄷ

3

(1) $\displaystyle\lim_{n\to\infty}(a_n+b_n)=\lim_{n\to\infty}a_n+\lim_{n\to\infty}b_n=4+(-3)=1$

(2) $\displaystyle\lim_{n\to\infty}(2a_n-5b_n)=2\lim_{n\to\infty}a_n-5\lim_{n\to\infty}b_n$
$$=2\times 4-5\times(-3)=23$$

(3) $\displaystyle\lim_{n\to\infty}a_nb_n=\lim_{n\to\infty}a_n\times\lim_{n\to\infty}b_n=4\times(-3)=-12$

(4) $\displaystyle\lim_{n\to\infty}\dfrac{2a_n+1}{3b_n}=\dfrac{\lim_{n\to\infty}(2a_n+1)}{\lim_{n\to\infty}3b_n}=\dfrac{2\lim_{n\to\infty}a_n+1}{3\lim_{n\to\infty}b_n}$
$$=\dfrac{2\times 4+1}{3\times(-3)}=-1$$

답 (1) 1 (2) 23 (3) −12 (4) −1

4

(1) $\displaystyle\lim_{n\to\infty}\left(3+\dfrac{2}{n}\right)=\lim_{n\to\infty}3+\lim_{n\to\infty}\dfrac{2}{n}$
$$=3+0=3$$

(2) $\displaystyle\lim_{n\to\infty}\dfrac{2n+1}{n^2}=\lim_{n\to\infty}\left(\dfrac{2}{n}+\dfrac{1}{n^2}\right)$
$$=\lim_{n\to\infty}\dfrac{2}{n}+\lim_{n\to\infty}\dfrac{1}{n^2}$$
$$=0+0=0$$

(3) $\displaystyle\lim_{n\to\infty}\left(4+\dfrac{3}{n}\right)\left(\dfrac{3}{n}-2\right)$
$$=\lim_{n\to\infty}\left(4+\dfrac{3}{n}\right)\times\lim_{n\to\infty}\left(\dfrac{3}{n}-2\right)$$
$$=4\times(-2)=-8$$

답 (1) 3 (2) 0 (3) −8

5

(1) $\displaystyle\lim_{n\to\infty}\dfrac{n-2}{2n+1}=\lim_{n\to\infty}\dfrac{1-\dfrac{2}{n}}{2+\dfrac{1}{n}}=\dfrac{1-0}{2+0}=\dfrac{1}{2}$ (수렴)

(2) $\displaystyle\lim_{n\to\infty}(\sqrt{n+1}-\sqrt{n})$
$$=\lim_{n\to\infty}\dfrac{(\sqrt{n+1}-\sqrt{n})(\sqrt{n+1}+\sqrt{n})}{\sqrt{n+1}+\sqrt{n}}$$
$$=\lim_{n\to\infty}\dfrac{1}{\sqrt{n+1}+\sqrt{n}}=0$$ (수렴)

(3) $\displaystyle\lim_{n\to\infty}(3+2n^2-n^3)=\lim_{n\to\infty}n^3\left(\dfrac{3}{n^3}+\dfrac{2}{n}-1\right)$

$\qquad\qquad\qquad\qquad =-\infty$ (발산)

답 (1) **수렴, $\dfrac{1}{2}$** (2) **수렴, 0** (3) **발산**

6

(1) $\displaystyle\lim_{n\to\infty}(3a_n-1)(b_n+2)$

$\quad =\displaystyle\lim_{n\to\infty}(3a_n-1)\times\lim_{n\to\infty}(b_n+2)$

$\quad =\left(3\displaystyle\lim_{n\to\infty}a_n-1\right)\left(\lim_{n\to\infty}b_n+2\right)$

$\quad =(3\times3-1)(-1+2)$

$\quad =8$

(2) $\displaystyle\lim_{n\to\infty}\dfrac{a_n+4}{a_nb_n+2}=\dfrac{\displaystyle\lim_{n\to\infty}a_n+4}{\displaystyle\lim_{n\to\infty}a_n\times\lim_{n\to\infty}b_n+2}$

$\qquad\qquad\qquad =\dfrac{3+4}{3\times(-1)+2}=-7$

답 (1) **8** (2) **-7**

7

$\displaystyle\lim_{n\to\infty}(a_n-1)=3$에서 $\displaystyle\lim_{n\to\infty}a_n=4$

$\therefore \displaystyle\lim_{n\to\infty}a_n(a_n-2)=\lim_{n\to\infty}a_n\times\lim_{n\to\infty}(a_n-2)$

$\qquad\qquad\qquad =4\times(4-2)=8$ 　　답 **8**

8

(1) $\displaystyle\lim_{n\to\infty}\dfrac{(n+2)(3n-5)}{(2n+1)(n-2)}=\lim_{n\to\infty}\dfrac{3n^2+n-10}{2n^2-3n-2}$

$\qquad\qquad\qquad\qquad =\displaystyle\lim_{n\to\infty}\dfrac{3+\dfrac{1}{n}-\dfrac{10}{n^2}}{2-\dfrac{3}{n}-\dfrac{2}{n^2}}$

$\qquad\qquad\qquad\qquad =\dfrac{3+0-0}{2-0-0}=\dfrac{3}{2}$ (수렴)

(2) $\displaystyle\lim_{n\to\infty}\dfrac{3n-1}{n^2-2n+2}=\lim_{n\to\infty}\dfrac{\dfrac{3}{n}-\dfrac{1}{n^2}}{1-\dfrac{2}{n}+\dfrac{2}{n^2}}$

$\qquad\qquad\qquad\qquad =\dfrac{0-0}{1-0+0}=0$ (수렴)

(3) $\displaystyle\lim_{n\to\infty}\dfrac{2n^3+5n}{n^2+1}=\lim_{n\to\infty}\dfrac{2n+\dfrac{5}{n}}{1+\dfrac{1}{n^2}}=\infty$ (발산)

(4) $\displaystyle\lim_{n\to\infty}\{\log(2n+1)-\log(3n+2)\}$

$\quad =\displaystyle\lim_{n\to\infty}\log\dfrac{2n+1}{3n+2}$

$\quad =\log\displaystyle\lim_{n\to\infty}\dfrac{2+\dfrac{1}{n}}{3+\dfrac{2}{n}}=\log\dfrac{2}{3}$ (수렴)

답 (1) **수렴, $\dfrac{3}{2}$** (2) **수렴, 0**

(3) **발산** (4) **수렴, $\log\dfrac{2}{3}$**

9

(1) $1^2+2^2+3^2+\cdots+n^2=\dfrac{n(n+1)(2n+1)}{6}$

이므로

$\dfrac{1^2+2^2+3^2+\cdots+n^2}{n^3}=\dfrac{2n^3+3n^2+n}{6n^3}$

$\therefore \displaystyle\lim_{n\to\infty}\dfrac{1^2+2^2+3^2+\cdots+n^2}{n^3}$

$\quad =\displaystyle\lim_{n\to\infty}\dfrac{2n^3+3n^2+n}{6n^3}$

$\quad =\displaystyle\lim_{n\to\infty}\dfrac{2+\dfrac{3}{n}+\dfrac{1}{n^2}}{6}$

$\quad =\dfrac{2+0+0}{6}=\dfrac{1}{3}$

(2) $\displaystyle\lim_{n\to\infty}\left(1-\dfrac{1}{2^2}\right)\left(1-\dfrac{1}{3^2}\right)\cdots\left(1-\dfrac{1}{n^2}\right)$

$\quad =\displaystyle\lim_{n\to\infty}\left(\dfrac{2^2-1}{2^2}\times\dfrac{3^2-1}{3^2}\times\cdots\times\dfrac{n^2-1}{n^2}\right)$

$\quad =\displaystyle\lim_{n\to\infty}\left\{\dfrac{(2-1)(2+1)}{2\times2}\times\dfrac{(3-1)(3+1)}{3\times3}\right.$

$\qquad\qquad\qquad\left.\times\cdots\times\dfrac{(n-1)(n+1)}{n\times n}\right\}$

$\quad =\displaystyle\lim_{n\to\infty}\left(\dfrac{1}{2}\times\dfrac{3}{2}\times\dfrac{2}{3}\times\dfrac{4}{3}\times\cdots\times\dfrac{n-1}{n}\times\dfrac{n+1}{n}\right)$

$\quad =\displaystyle\lim_{n\to\infty}\left(\dfrac{1}{2}\times\dfrac{n+1}{n}\right)$

$$=\lim_{n\to\infty}\frac{n+1}{2n}=\lim_{n\to\infty}\frac{1+\dfrac{1}{n}}{2}$$

$$=\frac{1+0}{2}=\frac{1}{2}$$

답 (1) $\dfrac{1}{3}$ (2) $\dfrac{1}{2}$

10

$$1^2+3^2+5^2+\cdots+(2n-1)^2$$
$$=\sum_{k=1}^{n}(2k-1)^2$$
$$=\sum_{k=1}^{n}(4k^2-4k+1)$$
$$=4\times\frac{n(n+1)(2n+1)}{6}-4\times\frac{n(n+1)}{2}+n$$
$$=\frac{4n^3-n}{3}$$

이므로

$$\frac{1^2+3^2+5^2+\cdots+(2n-1)^2}{n^3}=\frac{4n^3-n}{3n^3}$$

$$\therefore \lim_{n\to\infty}\frac{1^2+3^2+5^2+\cdots+(2n-1)^2}{n^3}$$

$$=\lim_{n\to\infty}\frac{4n^3-n}{3n^3}=\lim_{n\to\infty}\frac{4-\dfrac{1}{n^2}}{3}$$

$$=\frac{4-0}{3}=\frac{4}{3}$$

답 $\dfrac{4}{3}$

11

극한값이 0이 아닌 값으로 수렴하므로 $a=0$

$$\therefore \lim_{n\to\infty}\frac{bn+4}{an^2+2n+2}=\lim_{n\to\infty}\frac{bn+4}{2n+2}$$

$$=\lim_{n\to\infty}\frac{b+\dfrac{4}{n}}{2+\dfrac{2}{n}}$$

$$=\frac{b}{2}$$

따라서 $\dfrac{b}{2}=6$이므로 $b=12$

$$\therefore a+b=0+12=12$$

답 12

12

$$\lim_{n\to\infty}\frac{\sqrt{n^2+2}+an}{n}=\lim_{n\to\infty}\frac{\sqrt{1+\dfrac{2}{n^2}}+a}{1}$$

$$=\frac{1+a}{1}=1+a$$

따라서 $1+a=10$이므로 $a=9$

답 9

13

(1) $\displaystyle\lim_{n\to\infty}(\sqrt{4n^2-3n}-2n)$

$$=\lim_{n\to\infty}\frac{(\sqrt{4n^2-3n}-2n)(\sqrt{4n^2-3n}+2n)}{\sqrt{4n^2-3n}+2n}$$

$$=\lim_{n\to\infty}\frac{-3n}{\sqrt{4n^2-3n}+2n}$$

$$=\lim_{n\to\infty}\frac{-3}{\sqrt{4-\dfrac{3}{n}}+2}$$

$$=\frac{-3}{2+2}=-\frac{3}{4}\ (\text{수렴})$$

(2) $\displaystyle\lim_{n\to\infty}\sqrt{n}(\sqrt{n+1}-\sqrt{n-1})$

$$=\lim_{n\to\infty}\frac{\sqrt{n}(\sqrt{n+1}-\sqrt{n-1})(\sqrt{n+1}+\sqrt{n-1})}{\sqrt{n+1}+\sqrt{n-1}}$$

$$=\lim_{n\to\infty}\frac{2\sqrt{n}}{\sqrt{n+1}+\sqrt{n-1}}$$

$$=\lim_{n\to\infty}\frac{2}{\sqrt{1+\dfrac{1}{n}}+\sqrt{1-\dfrac{1}{n}}}=\frac{2}{1+1}=1\ (\text{수렴})$$

(3) $\displaystyle\lim_{n\to\infty}(n^3-6n)=\lim_{n\to\infty}n^3\left(1-\frac{6}{n^2}\right)$

$$=\infty\ (\text{발산})$$

(4) $\displaystyle\lim_{n\to\infty}\frac{2}{\sqrt{n^2+2n}-\sqrt{n^2-2n}}$

$$=\lim_{n\to\infty}\frac{2(\sqrt{n^2+2n}+\sqrt{n^2-2n})}{(\sqrt{n^2+2n}-\sqrt{n^2-2n})(\sqrt{n^2+2n}+\sqrt{n^2-2n})}$$

$$=\lim_{n\to\infty}\frac{2(\sqrt{n^2+2n}+\sqrt{n^2-2n})}{4n}$$

$$=\lim_{n\to\infty}\frac{\sqrt{1+\dfrac{2}{n}}+\sqrt{1-\dfrac{2}{n}}}{2}=\frac{1+1}{2}=1\ (\text{수렴})$$

답 (1) 수렴, $-\dfrac{3}{4}$ (2) 수렴, 1 (3) 발산 (4) 수렴, 1

14

$$1+2+3+\cdots+(n+1)=\frac{(n+1)(n+2)}{2},$$

$$1+2+3+\cdots+n=\frac{n(n+1)}{2}$$이므로

$$\lim_{n\to\infty}\{\sqrt{1+2+3+\cdots+(n+1)}$$
$$-\sqrt{1+2+3+\cdots+n}\}$$

$$=\lim_{n\to\infty}\left\{\sqrt{\frac{(n+1)(n+2)}{2}}-\sqrt{\frac{n(n+1)}{2}}\right\}$$

$$=\lim_{n\to\infty}\frac{\sqrt{n+1}(\sqrt{n+2}-\sqrt{n})}{\sqrt{2}}$$

$$=\lim_{n\to\infty}\frac{\sqrt{n+1}(\sqrt{n+2}-\sqrt{n})(\sqrt{n+2}+\sqrt{n})}{\sqrt{2}(\sqrt{n+2}+\sqrt{n})}$$

$$=\lim_{n\to\infty}\frac{2\sqrt{n+1}}{\sqrt{2}(\sqrt{n+2}+\sqrt{n})}$$

$$=\lim_{n\to\infty}\frac{2\sqrt{1+\dfrac{1}{n}}}{\sqrt{2}\left(\sqrt{1+\dfrac{2}{n}}+\sqrt{1}\right)}$$

$$=\frac{2}{\sqrt{2}(1+1)}=\frac{\sqrt{2}}{2}$$

답 $\dfrac{\sqrt{2}}{2}$

15

$$\lim_{n\to\infty}(\sqrt{n^2+an+2}-\sqrt{bn^2+2n+3})$$

$$=\lim_{n\to\infty}\frac{(1-b)n^2+(a-2)n-1}{\sqrt{n^2+an+2}+\sqrt{bn^2+2n+3}}$$

$$=\lim_{n\to\infty}\frac{(1-b)n+(a-2)-\dfrac{1}{n}}{\sqrt{1+\dfrac{a}{n}+\dfrac{2}{n^2}}+\sqrt{b+\dfrac{2}{n}+\dfrac{3}{n^2}}}\quad\cdots\cdots\ \bigcirc$$

이때 $1-b\neq0$이면 극한값이 3이 될 수 없으므로

$$1-b=0\qquad\therefore b=1$$

$b=1$을 ㉠에 대입하면

$$\lim_{n\to\infty}\frac{(a-2)-\dfrac{1}{n}}{\sqrt{1+\dfrac{a}{n}+\dfrac{2}{n^2}}+\sqrt{1+\dfrac{2}{n}+\dfrac{3}{n^2}}}=\frac{a-2}{2}$$

따라서 $\dfrac{a-2}{2}=3$이므로 $a-2=6$

$$\therefore a=8$$

답 $a=8,\ b=1$

16

$$\lim_{n\to\infty}\frac{1}{\sqrt{n^2+an}-n}$$

$$=\lim_{n\to\infty}\frac{\sqrt{n^2+an}+n}{(\sqrt{n^2+an}-n)(\sqrt{n^2+an}+n)}$$

$$=\lim_{n\to\infty}\frac{\sqrt{n^2+an}+n}{an}$$

$$=\lim_{n\to\infty}\frac{\sqrt{1+\dfrac{a}{n}}+1}{a}$$

$$=\frac{2}{a}$$

따라서 $\dfrac{2}{a}=-2$이므로 $-2a=2$

$$\therefore a=-1$$

답 -1

17

$$\frac{3a_n-5}{a_n-1}=b_n$$으로 놓으면

$$3a_n-5=b_n(a_n-1),\ (3-b_n)a_n=5-b_n$$

$$\therefore a_n=\frac{5-b_n}{3-b_n}$$

이때 $\displaystyle\lim_{n\to\infty}b_n=2$이므로

$$\lim_{n\to\infty}a_n=\lim_{n\to\infty}\frac{5-b_n}{3-b_n}$$

$$=\frac{5-2}{3-2}=3$$

답 3

18

$$na_n=b_n$$으로 놓으면

$$a_n=\frac{b_n}{n},\ \lim_{n\to\infty}b_n=5$$

$$\therefore \lim_{n\to\infty}\frac{3n^2+2n}{n^3a_n}=\lim_{n\to\infty}\frac{3n^2+2n}{n^3\times\dfrac{b_n}{n}}$$

$$=\lim_{n\to\infty}\frac{3n^2+2n}{n^2b_n}$$

$$=\lim_{n\to\infty}\frac{3+\dfrac{2}{n}}{b_n}=\frac{3}{5}$$

답 $\dfrac{3}{5}$

19

$\dfrac{3n^2}{n+1}<a_n<\dfrac{3n^2+2n}{n+1}$에서

$\dfrac{3n}{n+1}<\dfrac{a_n}{n}<\dfrac{3n+2}{n+1}$

이때

$$\lim_{n\to\infty}\dfrac{3n}{n+1}=\lim_{n\to\infty}\dfrac{3}{1+\dfrac{1}{n}}=3,$$

$$\lim_{n\to\infty}\dfrac{3n+2}{n+1}=\lim_{n\to\infty}\dfrac{3+\dfrac{2}{n}}{1+\dfrac{1}{n}}=3$$

이므로 수열의 극한의 대소 관계에 의하여

$$\lim_{n\to\infty}\dfrac{a_n}{n}=3$$

$$\therefore\ \lim_{n\to\infty}\dfrac{a_n+6n}{n+5}=\lim_{n\to\infty}\dfrac{\dfrac{a_n}{n}+6}{1+\dfrac{5}{n}}$$

$$=\dfrac{3+6}{1+0}=9$$

답 **9**

20

(1) 모든 자연수 n에 대하여 $-1\le\cos 2n\theta\le1$이므로

$$-\dfrac{1}{n^2}\le\dfrac{\cos 2n\theta}{n^2}\le\dfrac{1}{n^2}$$

이때 $\lim\limits_{n\to\infty}\left(-\dfrac{1}{n^2}\right)=\lim\limits_{n\to\infty}\dfrac{1}{n^2}=0$이므로 수열의 극한의 대소 관계에 의하여

$$\lim_{n\to\infty}\dfrac{\cos 2n\theta}{n^2}=0$$

(2) 모든 자연수 n에 대하여 $-1\le\sin n\theta\le1$이므로

$$-\dfrac{1}{n}\le\dfrac{\sin n\theta}{n}\le\dfrac{1}{n}$$

이때 $\lim\limits_{n\to\infty}\left(-\dfrac{1}{n}\right)=\lim\limits_{n\to\infty}\dfrac{1}{n}=0$이므로 수열의 극한의 대소 관계에 의하여

$$\lim_{n\to\infty}\dfrac{\sin n\theta}{n}=0$$

$$\therefore\ \lim_{n\to\infty}\left(1+\dfrac{\sin n\theta}{n}\right)=1+0=1$$

답 (1) **0**　(2) **1**

21

(1) $\dfrac{5^n}{3^{n+1}}=\dfrac{1}{3}\left(\dfrac{5}{3}\right)^n$에서 공비는 $\dfrac{5}{3}$이고, $\dfrac{5}{3}>1$이므로

$$\lim_{n\to\infty}\dfrac{5^n}{3^{n+1}}=\infty\ (발산)$$

(2) 공비는 $\log 4-\log 5$이고,

$-1<\log 4-\log 5<1$이므로

$$\lim_{n\to\infty}(\log 4-\log 5)^n=0\ (수렴)$$

(3) $(-2)^n$에서 공비는 -2이고, $-2<-1$이므로 주어진 수열은 발산(진동)한다.

(4) $\left(\dfrac{2}{3}\right)^{1-n}=\dfrac{2}{3}\left(\dfrac{3}{2}\right)^n$에서 공비는 $\dfrac{3}{2}$이고, $\dfrac{3}{2}>1$이므로

$$\lim_{n\to\infty}\left(\dfrac{2}{3}\right)^{1-n}=\infty\ (발산)$$

답 (1) **발산**　(2) **수렴**　(3) **발산**　(4) **발산**

22

(1) $\dfrac{(-3)^n}{2^{2n}}=\left(-\dfrac{3}{4}\right)^n$에서 공비는 $-\dfrac{3}{4}$이고,

$-1<-\dfrac{3}{4}<1$이므로 $\lim\limits_{n\to\infty}\dfrac{(-3)^n}{2^{2n}}=0\ (수렴)$

(2) $3^n\times 4^{-n}=\left(\dfrac{3}{4}\right)^n$에서 공비는 $\dfrac{3}{4}$이고, $-1<\dfrac{3}{4}<1$이므로

$$\lim_{n\to\infty}(3^n\times 4^{-n})=0\ (수렴)$$

(3) $2^{-n}=\left(\dfrac{1}{2}\right)^n$에서 공비는 $\dfrac{1}{2}$이고, $-1<\dfrac{1}{2}<1$이므로

$$\lim_{n\to\infty}2^{-n}=0$$

$3^{-n}=\left(\dfrac{1}{3}\right)^n$에서 공비는 $\dfrac{1}{3}$이고, $-1<\dfrac{1}{3}<1$이므로

$$\lim_{n\to\infty}3^{-n}=0$$

$$\therefore\ \lim_{n\to\infty}(2^{-n}+3^{-n})=0+0=0\ (수렴)$$

(4) 공비는 $\dfrac{\sqrt{5}}{2}$이고, $\dfrac{\sqrt{5}}{2}>1$이므로

$$\lim_{n\to\infty}\left(\dfrac{\sqrt{5}}{2}\right)^n=\infty\ (발산)$$

답 (1) **수렴, 0**　(2) **수렴, 0**　(3) **수렴, 0**　(4) **발산**

23

(1) 공비가 $2r$이므로 주어진 등비수열이 수렴하려면

$$-1 < 2r \leq 1 \qquad \therefore -\frac{1}{2} < r \leq \frac{1}{2}$$

(2) 공비가 $-\dfrac{r}{2}$이므로 주어진 등비수열이 수렴하려면

$$-1 < -\frac{r}{2} \leq 1 \qquad \therefore -2 \leq r < 2$$

답 (1) $-\dfrac{1}{2} < r \leq \dfrac{1}{2}$ (2) $-2 \leq r < 2$

24

(1) $\displaystyle\lim_{n\to\infty}\frac{\sqrt{5^n}+1}{2^n} = \lim_{n\to\infty}\frac{\left(\frac{\sqrt{5}}{2}\right)^n + \left(\frac{1}{2}\right)^n}{1} = \infty$ (발산)

(2) $\displaystyle\lim_{n\to\infty}\frac{3^{n+1}-2^n}{3^n+2^{n+1}} = \lim_{n\to\infty}\frac{3-\left(\frac{2}{3}\right)^n}{1+2\times\left(\frac{2}{3}\right)^n}$

$$= \frac{3-0}{1+2\times 0} = 3 \text{ (수렴)}$$

(3) $\displaystyle\lim_{n\to\infty}\frac{3^n+3^{-n}}{3^n-3^{-n}} = \lim_{n\to\infty}\frac{3^n+\left(\frac{1}{3}\right)^n}{3^n-\left(\frac{1}{3}\right)^n}$

$$= \lim_{n\to\infty}\frac{1+\left(\frac{1}{9}\right)^n}{1-\left(\frac{1}{9}\right)^n}$$

$$= \frac{1+0}{1-0} = 1 \text{ (수렴)}$$

(4) $\displaystyle\lim_{n\to\infty}(2^n-4^n) = \lim_{n\to\infty}4^n\left\{\left(\frac{1}{2}\right)^n - 1\right\}$

$$= -\infty \text{ (발산)}$$

답 (1) **발산** (2) **수렴, 3** (3) **수렴, 1** (4) **발산**

25

$\displaystyle\lim_{n\to\infty}a_n = \alpha$ (α는 실수)라 하면

$$\lim_{n\to\infty}\frac{3^n a_n + 5^{n+1}}{5^n a_n - 3^n} = \lim_{n\to\infty}\frac{\left(\frac{3}{5}\right)^n \times a_n + 5}{a_n - \left(\frac{3}{5}\right)^n}$$

$$= \frac{0\times\alpha+5}{\alpha-0} = \frac{5}{\alpha}$$

따라서 $\dfrac{5}{\alpha} = 2$이므로 $2\alpha = 5$ $\qquad \therefore \alpha = \dfrac{5}{2}$

$$\therefore \lim_{n\to\infty}a_n = \frac{5}{2} \qquad\qquad \text{답 } \frac{5}{2}$$

26

(1) 등비수열 $\left\{\left(\dfrac{x^2-x}{2}\right)^n\right\}$은 첫째항과 공비가 모두

$\dfrac{x^2-x}{2}$이므로 이 수열이 수렴하려면

$$-1 < \frac{x^2-x}{2} \leq 1$$

(i) $-1 < \dfrac{x^2-x}{2}$에서 $x^2-x+2 > 0$, 즉

$\left(x-\dfrac{1}{2}\right)^2 + \dfrac{7}{4} > 0$이므로 모든 실수 x에 대하여

성립한다.

(ii) $\dfrac{x^2-x}{2} \leq 1$에서 $x^2-x-2 \leq 0$

$(x+1)(x-2) \leq 0 \qquad \therefore -1 \leq x \leq 2$

(i), (ii)에서 $-1 \leq x \leq 2$

(2) 등비수열 $\left\{(x+2)\left(\dfrac{2x-1}{5}\right)^{n-1}\right\}$은 첫째항이

$x+2$, 공비가 $\dfrac{2x-1}{5}$이므로 이 수열이 수렴하려면

$x+2=0$ 또는 $-1 < \dfrac{2x-1}{5} \leq 1$

(i) $x+2=0$에서 $x=-2$

(ii) $-1 < \dfrac{2x-1}{5} \leq 1$에서 $-5 < 2x-1 \leq 5$

$-4 < 2x \leq 6 \qquad \therefore -2 < x \leq 3$

(i), (ii)에서 $-2 \leq x \leq 3$

답 (1) $-1 \leq x \leq 2$ (2) $-2 \leq x \leq 3$

27

등비수열 $\{(\log_3 x - 1)^n\}$은 첫째항과 공비가 모두

$\log_3 x - 1$이므로 이 수열이 수렴하려면

$-1 < \log_3 x - 1 \leq 1$

$0 < \log_3 x \leq 2, \ \log_3 1 < \log_3 x \leq \log_3 3^2$

$\therefore 1 < x \leq 9 \qquad\qquad$ 답 $1 < x \leq 9$

28

(i) $|r|<1$일 때, $\lim\limits_{n\to\infty}r^n=0$이므로

$$\lim_{n\to\infty}\frac{r^n}{r^{2n}+1}=\frac{0}{0+1}=\mathbf{0}\ (\text{수렴})$$

(ii) $r=1$일 때, $\lim\limits_{n\to\infty}r^n=1$이므로

$$\lim_{n\to\infty}\frac{r^n}{r^{2n}+1}=\frac{1}{1+1}=\frac{1}{2}\ (\text{수렴})$$

(iii) $|r|>1$일 때, $\lim\limits_{n\to\infty}|r^n|=\infty$이므로 $\lim\limits_{n\to\infty}\dfrac{1}{r^n}=0$

$$\therefore\ \lim_{n\to\infty}\frac{r^n}{r^{2n}+1}=\lim_{n\to\infty}\frac{\dfrac{1}{r^n}}{1+\dfrac{1}{r^{2n}}}$$

$$=\frac{0}{1+0}=\mathbf{0}\ (\text{수렴})$$

(iv) $r=-1$일 때,

　㉠ n이 짝수이면 $\lim\limits_{n\to\infty}r^n=1$, $\lim\limits_{n\to\infty}r^{2n}=1$이므로

$$\lim_{n\to\infty}\frac{r^n}{r^{2n}+1}=\frac{1}{1+1}=\frac{1}{2}$$

　㉡ n이 홀수이면 $\lim\limits_{n\to\infty}r^n=-1$, $\lim\limits_{n\to\infty}r^{2n}=1$이므로

$$\lim_{n\to\infty}\frac{r^n}{r^{2n}+1}=\frac{-1}{1+1}=-\frac{1}{2}$$

　㉠, ㉡에서 $\lim\limits_{n\to\infty}\dfrac{r^n}{r^{2n}+1}$ 은 **발산**(진동)한다.

답 풀이 참조

29

(i) $|r|<5$일 때, $\lim\limits_{n\to\infty}\left(\dfrac{r}{5}\right)^n=0$이므로

$$\lim_{n\to\infty}\frac{r^n+5^n}{r^n-5^n}=\lim_{n\to\infty}\frac{\left(\dfrac{r}{5}\right)^n+1}{\left(\dfrac{r}{5}\right)^n-1}=-1$$

(ii) $|r|>5$일 때, $\lim\limits_{n\to\infty}\left(\dfrac{5}{r}\right)^n=0$이므로

$$\lim_{n\to\infty}\frac{r^n+5^n}{r^n-5^n}=\lim_{n\to\infty}\frac{1+\left(\dfrac{5}{r}\right)^n}{1-\left(\dfrac{5}{r}\right)^n}=1$$

(i), (ii)에서 $\lim\limits_{n\to\infty}\dfrac{r^n+5^n}{r^n-5^n}=-1$을 만족시키는 r의 값의 범위는 $|r|<5$이므로 구하는 정수 r는 -4, -3, -2, $\cdots$, 4의 9개이다.

답 9

30

(1) 제n항까지의 부분합을 S_n이라 하면

$$S_n=\sum_{k=1}^{n}\frac{k+2}{2}=\frac{1}{2}\left\{\frac{n(n+1)}{2}+2n\right\}=\frac{n^2+5n}{4}$$

$$\therefore\ \lim_{n\to\infty}S_n=\lim_{n\to\infty}\frac{n^2+5n}{4}=\infty$$

따라서 주어진 급수는 발산한다.

(2) 제n항까지의 부분합을 S_n이라 하면

$$S_n=\sum_{k=1}^{n}\left(\frac{1}{\sqrt{k}}-\frac{1}{\sqrt{k+1}}\right)$$

$$=\left(1-\frac{1}{\sqrt{2}}\right)+\left(\frac{1}{\sqrt{2}}-\frac{1}{\sqrt{3}}\right)+\left(\frac{1}{\sqrt{3}}-\frac{1}{\sqrt{4}}\right)$$

$$+\cdots+\left(\frac{1}{\sqrt{n}}-\frac{1}{\sqrt{n+1}}\right)$$

$$=1-\frac{1}{\sqrt{n+1}}$$

$$\therefore\ \lim_{n\to\infty}S_n=\lim_{n\to\infty}\left(1-\frac{1}{\sqrt{n+1}}\right)=1$$

따라서 주어진 급수는 수렴하고, 그 합은 1이다.

(3) 주어진 급수의 제n항을 a_n이라 하면

$$a_n=n^2$$

이때 제n항까지의 부분합을 S_n이라 하면

$$S_n=\sum_{k=1}^{n}k^2=\frac{n(n+1)(2n+1)}{6}$$

$$\therefore\ \lim_{n\to\infty}S_n=\lim_{n\to\infty}\frac{n(n+1)(2n+1)}{6}=\infty$$

따라서 주어진 급수는 발산한다.

(4) 주어진 급수의 제n항을 a_n이라 하면

$$a_n=\frac{1}{1+2+3+\cdots+n}=\frac{2}{n(n+1)}$$

$$=2\left(\frac{1}{n}-\frac{1}{n+1}\right)$$

이때 제n항까지의 부분합을 S_n이라 하면

$$S_n=\sum_{k=1}^{n}2\left(\frac{1}{k}-\frac{1}{k+1}\right)$$

$$=2\left\{\left(1-\frac{1}{2}\right)+\left(\frac{1}{2}-\frac{1}{3}\right)+\left(\frac{1}{3}-\frac{1}{4}\right)\right.$$

$$\left.+\cdots+\left(\frac{1}{n}-\frac{1}{n+1}\right)\right\}$$

$$=2\left(1-\frac{1}{n+1}\right)$$

$$\therefore \lim_{n\to\infty} S_n = \lim_{n\to\infty} 2\left(1-\frac{1}{n+1}\right)=2$$

따라서 주어진 급수는 수렴하고, 그 합은 2이다.

답 (1) 발산 (2) 수렴, 1 (3) 발산 (4) 수렴, 2

31

(1) 주어진 급수의 제n항을 a_n이라 하면 $a_n=\dfrac{n}{2n+1}$ 이므로

$$\lim_{n\to\infty} a_n = \lim_{n\to\infty}\frac{n}{2n+1}=\frac{1}{2}\neq 0$$

따라서 주어진 급수는 발산한다.

(2) 주어진 급수의 제n항을 a_n이라 하면

$a_n=\sqrt{n^2+2n}-n$이므로

$$\begin{aligned}
\lim_{n\to\infty} a_n &= \lim_{n\to\infty}(\sqrt{n^2+2n}-n)\\
&=\lim_{n\to\infty}\frac{(\sqrt{n^2+2n}-n)(\sqrt{n^2+2n}+n)}{\sqrt{n^2+2n}+n}\\
&=\lim_{n\to\infty}\frac{2n}{\sqrt{n^2+2n}+n}\\
&=1\neq 0
\end{aligned}$$

따라서 주어진 급수는 발산한다.

(3) 주어진 급수의 제n항을 a_n이라 하면

$a_n=\log\dfrac{3n^2}{n^2+2}$이므로

$$\lim_{n\to\infty} a_n = \lim_{n\to\infty}\log\frac{3n^2}{n^2+2}=\log 3\neq 0$$

따라서 주어진 급수는 발산한다.

(4) 주어진 급수의 제n항을 a_n이라 하면 $a_n=\dfrac{5^n}{2^n+3^n}$ 이므로

$$\lim_{n\to\infty} a_n = \lim_{n\to\infty}\frac{5^n}{2^n+3^n}=\lim_{n\to\infty}\frac{\left(\frac{5}{3}\right)^n}{\left(\frac{2}{3}\right)^n+1}=\infty\neq 0$$

따라서 주어진 급수는 발산한다.

답 풀이 참조

32

(1) $\displaystyle\sum_{n=1}^{\infty}(a_n+3b_n)=\sum_{n=1}^{\infty}a_n+3\sum_{n=1}^{\infty}b_n$

$$=-2+3\times 5=13$$

(2) $\displaystyle\sum_{n=1}^{\infty}(5a_n-2b_n)=5\sum_{n=1}^{\infty}a_n-2\sum_{n=1}^{\infty}b_n$

$$=5\times(-2)-2\times 5=-20$$

답 (1) 13 (2) -20

33

(1) 제n항까지의 부분합을 S_n이라 하면

$$\begin{aligned}
S_n &= \sum_{k=1}^{n}\frac{1}{k^2+3k+2}\\
&=\sum_{k=1}^{n}\frac{1}{(k+1)(k+2)}\\
&=\sum_{k=1}^{n}\left(\frac{1}{k+1}-\frac{1}{k+2}\right)\\
&=\left(\frac{1}{2}-\frac{1}{3}\right)+\left(\frac{1}{3}-\frac{1}{4}\right)+\left(\frac{1}{4}-\frac{1}{5}\right)\\
&\qquad +\cdots+\left(\frac{1}{n+1}-\frac{1}{n+2}\right)\\
&=\frac{1}{2}-\frac{1}{n+2}
\end{aligned}$$

$$\therefore \lim_{n\to\infty} S_n = \lim_{n\to\infty}\left(\frac{1}{2}-\frac{1}{n+2}\right)=\frac{1}{2}$$

(2) 주어진 급수의 제n항을 a_n이라 하면

$$\begin{aligned}
a_n &= \frac{1}{(2n)^2-1}\\
&=\frac{1}{(2n-1)(2n+1)}\\
&=\frac{1}{2}\left(\frac{1}{2n-1}-\frac{1}{2n+1}\right)
\end{aligned}$$

이때 제n항까지의 부분합을 S_n이라 하면

$$\begin{aligned}
S_n &= \sum_{k=1}^{n}\frac{1}{2}\left(\frac{1}{2k-1}-\frac{1}{2k+1}\right)\\
&=\frac{1}{2}\left\{\left(1-\frac{1}{3}\right)+\left(\frac{1}{3}-\frac{1}{5}\right)+\left(\frac{1}{5}-\frac{1}{7}\right)\right.\\
&\qquad\left.+\cdots+\left(\frac{1}{2n-1}-\frac{1}{2n+1}\right)\right\}\\
&=\frac{1}{2}\left(1-\frac{1}{2n+1}\right)=\frac{n}{2n+1}
\end{aligned}$$

$$\therefore \lim_{n\to\infty} S_n = \lim_{n\to\infty}\frac{n}{2n+1}=\frac{1}{2}$$

답 (1) $\dfrac{1}{2}$ (2) $\dfrac{1}{2}$

34

$$S_n=\frac{n\{2\times3+(n-1)\times2\}}{2}=n(n+2) \text{이므로}$$

$$\frac{1}{S_n}=\frac{1}{n(n+2)}=\frac{1}{2}\left(\frac{1}{n}-\frac{1}{n+2}\right)$$

$$\therefore \lim_{n\to\infty}\sum_{k=1}^{n}\frac{1}{S_k}$$

$$=\lim_{n\to\infty}\sum_{k=1}^{n}\frac{1}{2}\left(\frac{1}{k}-\frac{1}{k+2}\right)$$

$$=\lim_{n\to\infty}\frac{1}{2}\left\{\left(1-\frac{1}{3}\right)+\left(\frac{1}{2}-\frac{1}{4}\right)+\left(\frac{1}{3}-\frac{1}{5}\right)\right.$$

$$\left.+\cdots+\left(\frac{1}{n-1}-\frac{1}{n+1}\right)+\left(\frac{1}{n}-\frac{1}{n+2}\right)\right\}$$

$$=\lim_{n\to\infty}\frac{1}{2}\left(1+\frac{1}{2}-\frac{1}{n+1}-\frac{1}{n+2}\right)$$

$$=\frac{1}{2}\left(1+\frac{1}{2}\right)=\frac{3}{4}$$

답 $\dfrac{3}{4}$

35

(1) $\displaystyle\sum_{n=2}^{\infty}\log\frac{n^2}{n^2-1}$

$$=\sum_{n=2}^{\infty}\log\frac{n\times n}{(n-1)(n+1)}$$

$$=\lim_{n\to\infty}\sum_{k=2}^{n}\log\left(\frac{k}{k-1}\times\frac{k}{k+1}\right)$$

$$=\lim_{n\to\infty}\left\{\log\left(\frac{2}{1}\times\frac{2}{3}\right)+\log\left(\frac{3}{2}\times\frac{3}{4}\right)\right.$$

$$\left.+\log\left(\frac{4}{3}\times\frac{4}{5}\right)+\cdots+\log\left(\frac{n}{n-1}\times\frac{n}{n+1}\right)\right\}$$

$$=\lim_{n\to\infty}\log\left\{\left(\frac{2}{1}\times\frac{2}{3}\right)\left(\frac{3}{2}\times\frac{3}{4}\right)\left(\frac{4}{3}\times\frac{4}{5}\right)\right.$$

$$\left.\cdots\left(\frac{n}{n-1}\times\frac{n}{n+1}\right)\right\}$$

$$=\lim_{n\to\infty}\log\frac{2n}{n+1}=\log 2$$

(2) 주어진 급수의 제n항을 a_n이라 하면

$$a_n=\log\left\{1-\frac{1}{(n+1)^2}\right\}$$

$$=\log\frac{n(n+2)}{(n+1)^2}$$

이때 제n항까지의 부분합을 S_n이라 하면

$$S_n=\sum_{k=1}^{n}\log\frac{k(k+2)}{(k+1)^2}$$

$$=\sum_{k=1}^{n}\log\left(\frac{k}{k+1}\times\frac{k+2}{k+1}\right)$$

$$=\log\left(\frac{1}{2}\times\frac{3}{2}\right)+\log\left(\frac{2}{3}\times\frac{4}{3}\right)+\log\left(\frac{3}{4}\times\frac{5}{4}\right)$$

$$+\cdots+\log\left(\frac{n}{n+1}\times\frac{n+2}{n+1}\right)$$

$$=\log\left\{\left(\frac{1}{2}\times\frac{3}{2}\right)\left(\frac{2}{3}\times\frac{4}{3}\right)\left(\frac{3}{4}\times\frac{5}{4}\right)\right.$$

$$\left.\cdots\left(\frac{n}{n+1}\times\frac{n+2}{n+1}\right)\right\}$$

$$=\log\frac{n+2}{2(n+1)}$$

$$\therefore \lim_{n\to\infty}S_n=\lim_{n\to\infty}\log\frac{n+2}{2(n+1)}$$

$$=\log\frac{1}{2}=-\log 2$$

답 (1) $\log 2$ (2) $-\log 2$

36

주어진 급수의 제n항까지의 부분합을 S_n이라 하면

$$S_n=\sum_{k=1}^{n}\log_3 a_k$$

$$=\log_3 a_1+\log_3 a_2+\log_3 a_3+\cdots+\log_3 a_n$$

$$=\log_3(a_1 a_2 a_3\cdots a_n)=\log_3\frac{3n-1}{n+1}$$

$$\therefore \sum_{n=1}^{\infty}\log_3 a_n=\lim_{n\to\infty}S_n=\lim_{n\to\infty}\log_3\frac{3n-1}{n+1}$$

$$=\log_3 3=1$$

답 1

37

(1) 주어진 급수의 제n항을 a_n, 제n항까지의 부분합을 S_n이라 하면

(i) $a_{2k-1}=\dfrac{1}{k}$ (k는 자연수)이므로

$$S_{2k-1}=1+\left(-\frac{1}{2}+\frac{1}{2}\right)+\left(-\frac{1}{3}+\frac{1}{3}\right)$$

$$+\cdots+\left(-\frac{1}{k}+\frac{1}{k}\right)$$

$$=1$$

$$\therefore \lim_{k\to\infty}S_{2k-1}=\lim_{k\to\infty}1=1$$

(ii) $a_{2k}=-\dfrac{1}{k+1}$ (k는 자연수)이므로

$$S_{2k}=\left(1-\dfrac{1}{2}\right)+\left(\dfrac{1}{2}-\dfrac{1}{3}\right)+\left(\dfrac{1}{3}-\dfrac{1}{4}\right)$$
$$+\cdots+\left(\dfrac{1}{k}-\dfrac{1}{k+1}\right)$$
$$=1-\dfrac{1}{k+1}$$
$$\therefore\ \lim_{k\to\infty}S_{2k}=\lim_{k\to\infty}\left(1-\dfrac{1}{k+1}\right)=1$$

(i), (ii)에서 $\displaystyle\lim_{k\to\infty}S_{2k-1}=\lim_{k\to\infty}S_{2k}=1$이므로 주어진 급수는 수렴하고, 그 합은 1이다.

(2) 제n항까지의 부분합을 S_n이라 하면

$$S_n=\left(2-\dfrac{3}{2}\right)+\left(\dfrac{3}{2}-\dfrac{4}{3}\right)+\left(\dfrac{4}{3}-\dfrac{5}{4}\right)$$
$$+\cdots+\left(\dfrac{n+1}{n}-\dfrac{n+2}{n+1}\right)$$
$$=2-\dfrac{n+2}{n+1}$$
$$\therefore\ \lim_{n\to\infty}S_n=\lim_{n\to\infty}\left(2-\dfrac{n+2}{n+1}\right)$$
$$=2-1=1$$

따라서 주어진 급수는 수렴하고, 그 합은 1이다.

답 (1) **수렴, 1** (2) **수렴, 1**

38

$\displaystyle\sum_{n=1}^{\infty}(a_n+5)$가 수렴하므로

$\displaystyle\lim_{n\to\infty}(a_n+5)=0 \qquad \therefore\ \lim_{n\to\infty}a_n=-5$

$\displaystyle\sum_{n=1}^{\infty}b_n$이 수렴하므로 $\displaystyle\lim_{n\to\infty}b_n=0$

$\therefore\ \displaystyle\lim_{n\to\infty}\dfrac{12a_n+b_n^2}{3a_n-2b_n^2}=\dfrac{12\times(-5)+0}{3\times(-5)-2\times0}=4$ **답 4**

39

$\displaystyle\sum_{n=1}^{\infty}\left(a_n-\dfrac{2n^2}{n^2+1}\right)$이 수렴하므로

$$\lim_{n\to\infty}\left(a_n-\dfrac{2n^2}{n^2+1}\right)=0$$

이때 $b_n=a_n-\dfrac{2n^2}{n^2+1}$으로 놓으면 $\displaystyle\lim_{n\to\infty}b_n=0$이고

$$a_n=b_n+\dfrac{2n^2}{n^2+1}$$

$$\therefore\ \lim_{n\to\infty}a_n=\lim_{n\to\infty}\left(b_n+\dfrac{2n^2}{n^2+1}\right)=2 \qquad \text{답 2}$$

40

두 급수 $\displaystyle\sum_{n=1}^{\infty}a_n$, $\displaystyle\sum_{n=1}^{\infty}b_n$이 모두 수렴하므로

$\displaystyle\sum_{n=1}^{\infty}a_n=\alpha$, $\displaystyle\sum_{n=1}^{\infty}b_n=\beta$ (α, β는 실수)라 하면

$\displaystyle\sum_{n=1}^{\infty}(a_n-b_n)=1$에서 $\displaystyle\sum_{n=1}^{\infty}a_n-\sum_{n=1}^{\infty}b_n=1$

$\therefore\ \alpha-\beta=1 \qquad\qquad \cdots\cdots\ \text{㉠}$

$\displaystyle\sum_{n=1}^{\infty}(4a_n+3b_n)=11$에서 $4\displaystyle\sum_{n=1}^{\infty}a_n+3\sum_{n=1}^{\infty}b_n=11$

$\therefore\ 4\alpha+3\beta=11 \qquad\qquad \cdots\cdots\ \text{㉡}$

㉠, ㉡을 연립하여 풀면 $\alpha=2$, $\beta=1$

따라서 $\displaystyle\sum_{n=1}^{\infty}a_n=2$, $\displaystyle\sum_{n=1}^{\infty}b_n=1$이므로

$$\sum_{n=1}^{\infty}(a_n+2b_n)=\sum_{n=1}^{\infty}a_n+2\sum_{n=1}^{\infty}b_n$$
$$=2+2\times1=4 \qquad \text{답 4}$$

41

$$\sum_{n=1}^{\infty}a_n=\lim_{n\to\infty}S_n=\lim_{n\to\infty}\dfrac{4n^2-1}{n^2+n-4}=4,$$

$$\sum_{n=1}^{\infty}b_n=\lim_{n\to\infty}T_n=\lim_{n\to\infty}\left(\sqrt{n^2+6n}-n\right)$$
$$=\lim_{n\to\infty}\dfrac{(\sqrt{n^2+6n}-n)(\sqrt{n^2+6n}+n)}{\sqrt{n^2+6n}+n}$$
$$=\lim_{n\to\infty}\dfrac{6n}{\sqrt{n^2+6n}+n}=3$$

이므로

$$\sum_{n=1}^{\infty}(2a_n-b_n)=2\sum_{n=1}^{\infty}a_n-\sum_{n=1}^{\infty}b_n$$
$$=2\times4-3=5 \qquad \text{답 5}$$

42

(1) 첫째항이 1, 공비가 $\dfrac{2}{3}$이고, $\left|\dfrac{2}{3}\right|<1$이므로 주어진 등비급수는 수렴한다.

따라서 그 합은

$$\dfrac{1}{1-\dfrac{2}{3}}=3$$

(2) 첫째항이 1, 공비가 $-\sqrt{2}$이고, $|-\sqrt{2}|>1$이므로 주어진 등비급수는 발산한다.

(3) 첫째항이 $\sqrt{3}$, 공비가 $-\dfrac{1}{\sqrt{3}}$이고, $\left|-\dfrac{1}{\sqrt{3}}\right|<1$이

므로 주어진 등비급수는 수렴한다.

따라서 그 합은

$$\dfrac{\sqrt{3}}{1-\left(-\dfrac{1}{\sqrt{3}}\right)}=\dfrac{3(\sqrt{3}-1)}{2}$$

(4) 첫째항이 2, 공비가 $\dfrac{\sqrt{3}-1}{2}$이고, $\left|\dfrac{\sqrt{3}-1}{2}\right|<1$이

므로 주어진 등비급수는 수렴한다.

따라서 그 합은

$$\dfrac{2}{1-\dfrac{\sqrt{3}-1}{2}}=\dfrac{2(3+\sqrt{3})}{3}$$

답 (1) **수렴, 3** (2) **발산** (3) **수렴, $\dfrac{3(\sqrt{3}-1)}{2}$**

(4) **수렴, $\dfrac{2(3+\sqrt{3})}{3}$**

43

(1) $\displaystyle\sum_{n=1}^{\infty}\left(-\dfrac{2}{\sqrt{3}}\right)^{n}=\sum_{n=1}^{\infty}\left(-\dfrac{2}{\sqrt{3}}\right)\left(-\dfrac{2}{\sqrt{3}}\right)^{n-1}$에서 첫

째항이 $-\dfrac{2}{\sqrt{3}}$, 공비가 $-\dfrac{2}{\sqrt{3}}$이고, $\left|-\dfrac{2}{\sqrt{3}}\right|>1$이

므로 주어진 등비급수는 발산한다.

(2) $\displaystyle\sum_{n=1}^{\infty}2\times(-1)^{n-1}$에서 첫째항이 2, 공비가 -1이

고, $|-1|=1$이므로 주어진 등비급수는 발산한다.

(3) $\displaystyle\sum_{n=1}^{\infty}(1-\sqrt{2})^{n-1}$에서 첫째항이 1, 공비가 $1-\sqrt{2}$이

고, $|1-\sqrt{2}|<1$이므로 주어진 등비급수는 수렴한다.

따라서 그 합은

$$\dfrac{1}{1-(1-\sqrt{2})}=\dfrac{\sqrt{2}}{2}$$

(4) $\displaystyle\sum_{n=1}^{\infty}\dfrac{5^{n+1}}{6^{n}}=\sum_{n=1}^{\infty}\dfrac{25}{6}\left(\dfrac{5}{6}\right)^{n-1}$에서 첫째항이 $\dfrac{25}{6}$, 공

비가 $\dfrac{5}{6}$이고, $\left|\dfrac{5}{6}\right|<1$이므로 주어진 등비급수는 수렴

한다.

따라서 그 합은

$$\dfrac{\dfrac{25}{6}}{1-\dfrac{5}{6}}=25$$

답 (1) **발산** (2) **발산** (3) **수렴, $\dfrac{\sqrt{2}}{2}$** (4) **수렴, 25**

44

(1) $\displaystyle\sum_{n=1}^{\infty}\dfrac{2^{n}-3^{n}}{5^{n}}=\sum_{n=1}^{\infty}\left\{\left(\dfrac{2}{5}\right)^{n}-\left(\dfrac{3}{5}\right)^{n}\right\}$

$\qquad=\displaystyle\sum_{n=1}^{\infty}\left(\dfrac{2}{5}\right)^{n}-\sum_{n=1}^{\infty}\left(\dfrac{3}{5}\right)^{n}$

$\qquad=\dfrac{\dfrac{2}{5}}{1-\dfrac{2}{5}}-\dfrac{\dfrac{3}{5}}{1-\dfrac{3}{5}}=-\dfrac{5}{6}$

(2) $\displaystyle\sum_{n=1}^{\infty}(4\times3^{-n}+12\times6^{-n})$

$\qquad=4\displaystyle\sum_{n=1}^{\infty}\left(\dfrac{1}{3}\right)^{n}+12\sum_{n=1}^{\infty}\left(\dfrac{1}{6}\right)^{n}$

$\qquad=4\times\dfrac{\dfrac{1}{3}}{1-\dfrac{1}{3}}+12\times\dfrac{\dfrac{1}{6}}{1-\dfrac{1}{6}}=\dfrac{22}{5}$

(3) $\displaystyle\sum_{n=1}^{\infty}\left(-\dfrac{1}{3}\right)^{n}\left(\dfrac{3}{2}\right)^{2n}$

$\qquad=\displaystyle\sum_{n=1}^{\infty}\left(-\dfrac{1}{3}\right)^{n}\left(\dfrac{9}{4}\right)^{n}=\sum_{n=1}^{\infty}\left(-\dfrac{1}{3}\times\dfrac{9}{4}\right)^{n}$

$\qquad=\displaystyle\sum_{n=1}^{\infty}\left(-\dfrac{3}{4}\right)^{n}=\dfrac{-\dfrac{3}{4}}{1-\left(-\dfrac{3}{4}\right)}=-\dfrac{3}{7}$

답 (1) $-\dfrac{5}{6}$ (2) $\dfrac{22}{5}$ (3) $-\dfrac{3}{7}$

45

$\log_{2}2+\log_{2}\sqrt{2}+\log_{2}\sqrt[4]{2}+\log_{2}\sqrt[8]{2}+\cdots$

$=\log_{2}2+\dfrac{1}{2}\log_{2}2+\dfrac{1}{4}\log_{2}2+\dfrac{1}{8}\log_{2}2+\cdots$

$=1+\dfrac{1}{2}+\dfrac{1}{4}+\dfrac{1}{8}+\cdots$

$=\dfrac{1}{1-\dfrac{1}{2}}=2$

답 **2**

46

$$\frac{a_1}{5}+\frac{a_2}{5^2}+\frac{a_3}{5^3}+\frac{a_4}{5^4}+\cdots$$

$$=\sum_{n=1}^{\infty}\frac{a_n}{5^n}$$

$$=\sum_{n=1}^{\infty}\frac{7+(-1)^n}{2\times 5^n}$$

$$=\sum_{n=1}^{\infty}\left\{\frac{7}{2}\left(\frac{1}{5}\right)^n+\frac{1}{2}\left(-\frac{1}{5}\right)^n\right\}$$

$$=\frac{7}{2}\sum_{n=1}^{\infty}\left(\frac{1}{5}\right)^n+\frac{1}{2}\sum_{n=1}^{\infty}\left(-\frac{1}{5}\right)^n$$

$$=\frac{7}{2}\times\frac{\frac{1}{5}}{1-\frac{1}{5}}+\frac{1}{2}\times\frac{-\frac{1}{5}}{1-\left(-\frac{1}{5}\right)}$$

$$=\frac{7}{8}-\frac{1}{12}=\frac{19}{24}$$

답 $\dfrac{19}{24}$

47

등비수열 $\{a_n\}$의 첫째항을 a, 공비를 $r\,(-1<r<1)$
라 하면

$$\sum_{n=1}^{\infty}a_n=2$$ 에서 $\dfrac{a}{1-r}=2$

$$\therefore a=2(1-r) \qquad \cdots\cdots\ \unicode{x1D4F}$$

수열 $\{a_n{}^2\}$의 첫째항은 a^2, 공비는 r^2이므로

$$\sum_{n=1}^{\infty}a_n{}^2=\frac{4}{3}$$ 에서 $\dfrac{a^2}{1-r^2}=\dfrac{4}{3}$

$$\therefore \frac{a^2}{(1-r)(1+r)}=\frac{4}{3} \qquad \cdots\cdots\ \unicode{x1D4F}$$

$\unicode{x1D4F}$을 $\unicode{x1D4F}$에 대입하면 $\dfrac{4(1-r)^2}{(1-r)(1+r)}=\dfrac{4}{3}$

$$\frac{1-r}{1+r}=\frac{1}{3},\ 3(1-r)=1+r$$

$$4r=2 \qquad \therefore r=\frac{1}{2}$$

$r=\dfrac{1}{2}$ 을 $\unicode{x1D4F}$에 대입하면 $a=1$

따라서 수열 $\{a_n{}^3\}$은 첫째항이 $a^3=1$, 공비가 $r^3=\dfrac{1}{8}$
인 등비수열이므로

$$\sum_{n=1}^{\infty}a_n{}^3=\frac{a^3}{1-r^3}=\frac{1}{1-\frac{1}{8}}=\frac{8}{7}$$

답 $\dfrac{8}{7}$

48

등비수열 $\{a_n\}$의 첫째항을 a, 공비를 $r\,(-1<r<1)$
라 하면

$$a_2=-\frac{4}{3}$$ 에서 $ar=-\dfrac{4}{3}$ $\qquad\cdots\cdots\ \unicode{x1D4F}$

$$\sum_{n=1}^{\infty}a_n=3$$ 에서 $\dfrac{a}{1-r}=3$

$$\therefore a=3(1-r) \qquad\cdots\cdots\ \unicode{x1D4F}$$

$\unicode{x1D4F}$을 $\unicode{x1D4F}$에 대입하면

$$3(1-r)r=-\frac{4}{3},\ 9r^2-9r-4=0$$

$$(3r+1)(3r-4)=0$$

$$\therefore r=-\frac{1}{3}\ (\because -1<r<1)$$

답 $-\dfrac{1}{3}$

49

(1) 주어진 등비급수의 첫째항이 1, 공비가 $\log_{\frac{1}{2}}x$이므
로 이 등비급수가 수렴하려면

$$-1<\log_{\frac{1}{2}}x<1 \qquad \therefore \frac{1}{2}<x<2$$

(2) 주어진 등비급수의 첫째항이 1, 공비가 $2\cos x$이
므로 이 등비급수가 수렴하려면

$$-1<2\cos x<1,\ -\frac{1}{2}<\cos x<\frac{1}{2}$$

$$\therefore \frac{\pi}{3}<x<\frac{2}{3}\pi\ (\because 0<x<\pi)$$

(3) 주어진 등비급수의 첫째항과 공비가 모두
x^2-x+1이므로 이 등비급수가 수렴하려면

$$-1<x^2-x+1<1$$

(ⅰ) $-1<x^2-x+1$에서 $x^2-x+2>0$

$$\left(x-\frac{1}{2}\right)^2+\frac{7}{4}>0$$

이므로 모든 실수 x에 대하여 항상 성립한다.

(ⅱ) $x^2-x+1<1$에서 $x^2-x<0$

$$x(x-1)<0 \qquad \therefore 0<x<1$$

(ⅰ), (ⅱ)에서 $0<x<1$

(4) 주어진 등비급수의 첫째항이 $(x-4)(x-2)$, 공
비가 $x-2$이므로 이 등비급수가 수렴하려면

$$(x-4)(x-2)=0 \text{ 또는 } -1<x-2<1$$

(i) $(x-4)(x-2)=0$에서 $x=4$ 또는 $x=2$

(ii) $-1<x-2<1$에서 $1<x<3$

(i), (ii)에서 $1<x<3$ 또는 $x=4$

$$\text{답 } (1)\ \frac{1}{2}<x<2 \quad (2)\ \frac{\pi}{3}<x<\frac{2}{3}\pi$$

$$(3)\ 0<x<1 \quad (4)\ 1<x<3 \text{ 또는 } x=4$$

50

등비급수 $\displaystyle\sum_{n=1}^{\infty}\left(\frac{x}{4}\right)^n$의 첫째항과 공비가 모두 $\frac{x}{4}$이므로 이 등비급수가 수렴하려면

$$-1<\frac{x}{4}<1 \qquad \therefore\ -4<x<4 \qquad \cdots\cdots\ \text{㉠}$$

등비급수 $\displaystyle\sum_{n=1}^{\infty}\left(\frac{3}{x}\right)^n$의 첫째항과 공비가 모두 $\frac{3}{x}$이므로 이 등비급수가 수렴하려면

$$-1<\frac{3}{x}<1,\ \frac{x}{3}<-1 \text{ 또는 } \frac{x}{3}>1$$

$$\therefore\ x<-3 \text{ 또는 } x>3 \qquad \cdots\cdots\ \text{㉡}$$

㉠, ㉡의 공통 범위를 구하면

$$-4<x<-3 \text{ 또는 } 3<x<4$$

$$\text{답 } -4<x<-3 \text{ 또는 } 3<x<4$$

51

(1) $0.\dot{1}\dot{4}=0.14+0.0014+0.000014+\cdots$

$$=\frac{14}{10^2}+\frac{14}{10^4}+\frac{14}{10^6}+\cdots$$

이 급수는 첫째항이 $\frac{14}{100}$이고 공비가 $\frac{1}{100}$인 등비급수이므로

$$0.\dot{1}\dot{4}=\frac{\dfrac{14}{100}}{1-\dfrac{1}{100}}=\frac{14}{99}$$

(2) $1.2\dot{3}=1.2+0.03+0.003+0.0003+\cdots$

$$=\frac{12}{10}+\frac{3}{10^2}+\frac{3}{10^3}+\frac{3}{10^4}+\cdots$$

이때 급수 $\frac{3}{10^2}+\frac{3}{10^3}+\frac{3}{10^4}+\cdots$은 첫째항이 $\frac{3}{100}$이고 공비가 $\frac{1}{10}$인 등비급수이므로

$$1.2\dot{3}=\frac{12}{10}+\frac{\dfrac{3}{100}}{1-\dfrac{1}{10}}=\frac{12}{10}+\frac{1}{30}=\frac{37}{30}$$

(3) $1.3\dot{2}\dot{1}=1.3+0.021+0.00021+0.0000021+\cdots$

$$=\frac{13}{10}+\frac{21}{10^3}+\frac{21}{10^5}+\frac{21}{10^7}+\cdots$$

이때 급수 $\frac{21}{10^3}+\frac{21}{10^5}+\frac{21}{10^7}+\cdots$은 첫째항이 $\frac{21}{1000}$이고 공비가 $\frac{1}{100}$인 등비급수이므로

$$1.3\dot{2}\dot{1}=\frac{13}{10}+\frac{\dfrac{21}{1000}}{1-\dfrac{1}{100}}=\frac{13}{10}+\frac{7}{330}=\frac{218}{165}$$

$$\text{답 } (1)\ \frac{14}{99} \quad (2)\ \frac{37}{30} \quad (3)\ \frac{218}{165}$$

52

$0.\dot{4}=\frac{4}{9}$, $0.0\dot{5}=\frac{5}{90}=\frac{1}{18}$이므로 공비를 r라 하면

$$\frac{4}{9}r^3=\frac{1}{18},\ r^3=\frac{1}{8}$$

$$\therefore\ r=\frac{1}{2}$$

따라서 구하는 등비급수의 합은

$$\frac{\dfrac{4}{9}}{1-\dfrac{1}{2}}=\frac{8}{9} \qquad\qquad \text{답 } \frac{8}{9}$$

53

$\frac{12}{99}=0.\dot{1}\dot{2}=0.121212\cdots$이므로

$$a_1=1,\ a_2=2,\ a_3=1,\ a_4=2,\ a_5=1,\ a_6=2,\ \cdots$$

$$\therefore\ \sum_{n=1}^{\infty}\frac{a_n}{3^n}=\frac{1}{3}+\frac{2}{3^2}+\frac{1}{3^3}+\frac{2}{3^4}+\frac{1}{3^5}+\frac{2}{3^6}+\cdots$$

$$=\left(\frac{1}{3}+\frac{1}{3^3}+\frac{1}{3^5}+\cdots\right)$$

$$+\left(\frac{2}{3^2}+\frac{2}{3^4}+\frac{2}{3^6}+\cdots\right)$$

$$=\frac{\dfrac{1}{3}}{1-\dfrac{1}{3^2}}+\frac{\dfrac{2}{3^2}}{1-\dfrac{1}{3^2}}$$

$$=\frac{3}{8}+\frac{2}{8}=\frac{5}{8} \qquad\qquad \text{답 } \frac{5}{8}$$

54

점 P_n이 한없이 가까워지는 점의 좌표를 (x, y)라 하면

$x = \overline{OP_1} - \overline{P_2P_3} + \overline{P_4P_5} - \overline{P_6P_7} + \cdots$

$\quad = 1 - \left(\dfrac{1}{2}\right)^2 + \left(\dfrac{1}{2}\right)^4 - \left(\dfrac{1}{2}\right)^6 + \cdots$

$\quad = \dfrac{1}{1-\left(-\dfrac{1}{4}\right)} = \dfrac{1}{\dfrac{5}{4}} = \dfrac{4}{5}$

$y = \overline{P_1P_2} - \overline{P_3P_4} + \overline{P_5P_6} - \overline{P_7P_8} + \cdots$

$\quad = \dfrac{1}{2} - \left(\dfrac{1}{2}\right)^3 + \left(\dfrac{1}{2}\right)^5 - \left(\dfrac{1}{2}\right)^7 + \cdots$

$\quad = \dfrac{\dfrac{1}{2}}{1-\left(-\dfrac{1}{4}\right)} = \dfrac{\dfrac{1}{2}}{\dfrac{5}{4}} = \dfrac{2}{5}$

따라서 점 P_n이 한없이 가까워지는 점의 좌표는

$\left(\dfrac{4}{5},\ \dfrac{2}{5}\right)$이다.   답 $\left(\dfrac{\mathbf{4}}{\mathbf{5}},\ \dfrac{\mathbf{2}}{\mathbf{5}}\right)$

55

삼각형 A_1의 둘레의 길이는 4

삼각형 A_2의 둘레의 길이는 $\dfrac{1}{2} \times 4$

삼각형 A_3의 둘레의 길이는 $\left(\dfrac{1}{2}\right)^2 \times 4$

$\qquad \vdots$

따라서 모든 삼각형 $A_1, A_2, A_3, \cdots$의 둘레의 길이의 합은

$4 + \dfrac{1}{2} \times 4 + \left(\dfrac{1}{2}\right)^2 \times 4 + \cdots$

$= \dfrac{4}{1-\dfrac{1}{2}} = 8$ 답 8

KEY Point

삼각형의 중점 연결 정리

삼각형 ABC의 두 변 AB와 AC의

중점을 각각 D, E라 할 때

$\Rightarrow \overline{DE} = \dfrac{1}{2}\overline{BC}, \ \overline{DE} /\!/ \overline{BC}$

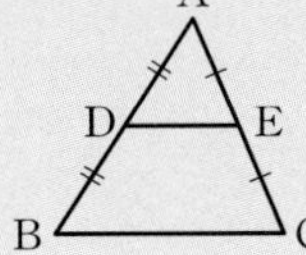

56

원 $C_1, C_2, C_3, \cdots, C_n$의 반지름의 길이는 각각

$1, \dfrac{1}{\sqrt{2}}, \left(\dfrac{1}{\sqrt{2}}\right)^2, \cdots, \left(\dfrac{1}{\sqrt{2}}\right)^{n-1}$이므로 원 C_n의 넓이는

$\pi\left\{\left(\dfrac{1}{\sqrt{2}}\right)^{n-1}\right\}^2 = \pi\left(\dfrac{1}{2}\right)^{n-1}$

정사각형 $M_1, M_2, M_3, \cdots, M_n$의 한 변의 길이는

각각 $\sqrt{2}, 1, \dfrac{1}{\sqrt{2}}, \cdots, \sqrt{2}\left(\dfrac{1}{\sqrt{2}}\right)^{n-1}$이므로 정사각형

M_n의 넓이는

$\left\{\sqrt{2}\left(\dfrac{1}{\sqrt{2}}\right)^{n-1}\right\}^2 = 2\left(\dfrac{1}{2}\right)^{n-1}$

따라서 원 C_n의 넓이에서 정사각형 M_n의 넓이를 뺀

값은

$S_n = \pi\left(\dfrac{1}{2}\right)^{n-1} - 2\left(\dfrac{1}{2}\right)^{n-1} = (\pi-2)\left(\dfrac{1}{2}\right)^{n-1}$

$\therefore \displaystyle\sum_{n=1}^{\infty} S_n = \sum_{n=1}^{\infty}(\pi-2)\left(\dfrac{1}{2}\right)^{n-1}$

$\qquad\qquad = \dfrac{\pi-2}{1-\dfrac{1}{2}} = 2(\pi-2)$ 답 $2(\pi-2)$

57

$A_n = \left\{\left(\dfrac{2}{3}\right)^{n-1} - \left(\dfrac{2}{3}\right)^n\right\} \times \left\{\left(\dfrac{2}{3}\right)^{n-1}\right\}^2$

$\quad = \dfrac{1}{3}\left(\dfrac{2}{3}\right)^{3n-3} = \dfrac{1}{3}\left\{\left(\dfrac{2}{3}\right)^3\right\}^{n-1} = \dfrac{1}{3}\left(\dfrac{8}{27}\right)^{n-1}$

$\therefore \displaystyle\sum_{n=1}^{\infty} A_n = \sum_{n=1}^{\infty} \dfrac{1}{3}\left(\dfrac{8}{27}\right)^{n-1}$

$\qquad\qquad = \dfrac{\dfrac{1}{3}}{1-\dfrac{8}{27}} = \dfrac{9}{19}$ 답 $\dfrac{\mathbf{9}}{\mathbf{19}}$

58

추가 멈출 때까지 움직인 거리는

$30 + 30 \times \dfrac{5}{6} + 30 \times \left(\dfrac{5}{6}\right)^2 + 30 \times \left(\dfrac{5}{6}\right)^3 + \cdots$

$= \dfrac{30}{1-\dfrac{5}{6}} = 180\,(\text{cm})$ 답 $\mathbf{180\ cm}$

59

감속 장치를 장착한 자동차의 속력이 매초 30 %씩 감
소하면 이 자동차의 속력은 이전 속력의 70 %가 되는
것이므로 자동차의 처음 속력을 a m/s라 하면
브레이크 페달을 밟은 순간의 속력은

$$a \times \frac{70}{100} = \frac{7}{10}a \, (\text{m/s})$$

이고 1초 동안 자동차가 이동한 거리는

$$\frac{7}{10}a \times 1 = \frac{7}{10}a \, (\text{m})$$

그 다음 1초 동안의 속력은

$$\frac{7}{10}a \times \frac{7}{10} = \left(\frac{7}{10}\right)^2 a \, (\text{m/s})$$

이고 1초 동안 자동차가 이동한 거리는

$$\left(\frac{7}{10}\right)^2 a \times 1 = \left(\frac{7}{10}\right)^2 a \, (\text{m})$$

$$\vdots$$

따라서 자동차가 완전히 멈출 때까지 이동한 거리는

$$\frac{7}{10}a + \left(\frac{7}{10}\right)^2 a + \left(\frac{7}{10}\right)^3 a + \cdots$$

$$= \frac{\dfrac{7}{10}a}{1 - \dfrac{7}{10}} = \frac{7}{3}a \, (\text{m})$$

한편, 시속 108 km는 초속 30 m이므로

$$a = 30$$

$$\therefore \frac{7}{3}a = \frac{7}{3} \times 30 = 70 \, (\text{m})$$

답 70 m

II. 미분법

60

답 (1) 1　(2) ∞　(3) 0　(4) $\dfrac{1}{2}$　(5) 0　(6) ∞

61

(1) $\displaystyle\lim_{x\to 1}\log_3 x=\log_3 1=0$

(4) $\displaystyle\lim_{x\to 2}\log_{\frac{1}{2}} x=\log_{\frac{1}{2}} 2=\log_{2^{-1}} 2=-1$

답 (1) 0　(2) $-\infty$　(3) ∞　(4) -1　(5) ∞　(6) $-\infty$

62

(1) $\displaystyle\lim_{x\to\infty}\frac{2^x}{2^x-2^{-x}}=\lim_{x\to\infty}\frac{1}{1-2^{-2x}}$

$\qquad =\displaystyle\lim_{x\to\infty}\frac{1}{1-\left(\frac{1}{4}\right)^x}=1$

(2) $\displaystyle\lim_{x\to\infty}(5^x-3^{x+1})^{\frac{1}{x}}=\lim_{x\to\infty}\left[5^x\left\{1-3\times\left(\frac{3}{5}\right)^x\right\}\right]^{\frac{1}{x}}$

$\qquad =\displaystyle\lim_{x\to\infty}5\left\{1-3\times\left(\frac{3}{5}\right)^x\right\}^{\frac{1}{x}}$

$\qquad =5\times 1=5$

(3) $\displaystyle\lim_{x\to\infty}(2^{2x+1}-3^x)=\lim_{x\to\infty}(2\times 4^x-3^x)$

$\qquad =\displaystyle\lim_{x\to\infty}4^x\left\{2-\left(\frac{3}{4}\right)^x\right\}=\infty$

(4) $\displaystyle\lim_{x\to-\infty}\frac{5^x+5^{-x}}{5^x-5^{-x}}=\lim_{x\to-\infty}\frac{5^{2x}+1}{5^{2x}-1}$

$\qquad =\dfrac{0+1}{0-1}=-1$

답 (1) 1　(2) 5　(3) ∞　(4) -1

63

$\displaystyle\lim_{x\to\infty}\frac{a\times 3^{x+1}+1}{3^{x-1}-2}=\lim_{x\to\infty}\frac{a\times 3+\frac{1}{3^x}}{3^{-1}-2\times\frac{1}{3^x}}$

$\qquad =\displaystyle\lim_{x\to\infty}\frac{3a+\left(\frac{1}{3}\right)^x}{\frac{1}{3}-2\times\left(\frac{1}{3}\right)^x}=9a$

따라서 $9a=27$이므로 $a=3$　　　답 3

64

(1) $\displaystyle\lim_{x\to\infty}\left\{\log_{\frac{1}{2}}(2x+1)-\log_{\frac{1}{2}} x\right\}$

$\qquad =\displaystyle\lim_{x\to\infty}\log_{\frac{1}{2}}\frac{2x+1}{x}$

$\qquad =\displaystyle\log_{\frac{1}{2}}\lim_{x\to\infty}\frac{2x+1}{x}$

$\qquad =\displaystyle\log_{\frac{1}{2}}\lim_{x\to\infty}\left(2+\frac{1}{x}\right)$

$\qquad =\displaystyle\log_{\frac{1}{2}}2=\log_{2^{-1}}2=-1$

(2) $\displaystyle\lim_{x\to\infty}\left\{\log_3(9x^2-1)-\log_3(x^2+1)\right\}$

$\qquad =\displaystyle\lim_{x\to\infty}\log_3\frac{9x^2-1}{x^2+1}$

$\qquad =\displaystyle\log_3\lim_{x\to\infty}\frac{9x^2-1}{x^2+1}$

$\qquad =\displaystyle\log_3\lim_{x\to\infty}\frac{9-\frac{1}{x^2}}{1+\frac{1}{x^2}}$

$\qquad =\log_3 9=2$

(3) $\displaystyle\lim_{x\to\infty}\left\{\log_2 7^x-\log_2(7^x+2)\right\}$

$\qquad =\displaystyle\lim_{x\to\infty}\log_2\frac{7^x}{7^x+2}$

$\qquad =\displaystyle\log_2\lim_{x\to\infty}\frac{7^x}{7^x+2}$

$\qquad =\displaystyle\log_2\lim_{x\to\infty}\frac{1}{1+\frac{2}{7^x}}$

$\qquad =\log_2 1=0$

(4) $\displaystyle\lim_{x\to 2}(\log_3|x^2-4|-\log_3|x^3-8|)$

$\qquad =\displaystyle\lim_{x\to 2}\log_3\left|\frac{x^2-4}{x^3-8}\right|$

$\qquad =\displaystyle\lim_{x\to 2}\log_3\left|\frac{(x-2)(x+2)}{(x-2)(x^2+2x+4)}\right|$

$\qquad =\displaystyle\lim_{x\to 2}\log_3\left|\frac{x+2}{x^2+2x+4}\right|$

$\qquad =\displaystyle\log_3\lim_{x\to 2}\left|\frac{x+2}{x^2+2x+4}\right|$

$\qquad =\displaystyle\log_3\frac{1}{3}=\log_3 3^{-1}=-1$

답 (1) -1　(2) 2　(3) 0　(4) -1

65

$$\lim_{x \to \infty} \{\log_2(ax+1) - \log_2(3x-1)\}$$

$$= \lim_{x \to \infty} \log_2 \frac{ax+1}{3x-1}$$

$$= \log_2 \lim_{x \to \infty} \frac{ax+1}{3x-1}$$

$$= \log_2 \lim_{x \to \infty} \frac{a+\dfrac{1}{x}}{3-\dfrac{1}{x}}$$

$$= \log_2 \frac{a}{3}$$

따라서 $\log_2 \dfrac{a}{3} = 2$이므로

$$\frac{a}{3} = 4 \qquad \therefore a = 12$$

답 12

66

(1) $\displaystyle\lim_{x \to 0}(1+2x)^{\frac{1}{x}} = \lim_{x \to 0}\{(1+2x)^{\frac{1}{2x}}\}^2 = e^2$

(2) $\displaystyle\lim_{x \to 0}(1+3x)^{\frac{1}{6x}} = \lim_{x \to 0}\{(1+3x)^{\frac{1}{3x}}\}^{\frac{1}{2}}$

$$= e^{\frac{1}{2}} = \sqrt{e}$$

(3) $\displaystyle\lim_{x \to \infty}\left(1+\frac{1}{3x}\right)^x = \lim_{x \to \infty}\left\{\left(1+\frac{1}{3x}\right)^{3x}\right\}^{\frac{1}{3}}$

$$= e^{\frac{1}{3}} = \sqrt[3]{e}$$

(4) $\displaystyle\lim_{x \to \infty}\left(1+\frac{1}{4x}\right)^{8x} = \lim_{x \to \infty}\left\{\left(1+\frac{1}{4x}\right)^{4x}\right\}^2 = e^2$

답 (1) e^2 (2) $\sqrt{e}$ (3) $\sqrt[3]{e}$ (4) e^2

67

(2) $x = \ln \dfrac{1}{\sqrt{e}} = \ln e^{-\frac{1}{2}}$

$$= -\frac{1}{2}\ln e = -\frac{1}{2}$$

(4) $e^x = 5$에서 $\ln e^x = \ln 5$ $\qquad \therefore x = \ln 5$

답 (1) 3 (2) $-\dfrac{1}{2}$ (3) $\dfrac{1}{e^2}$ (4) $\ln 5$

68

답 (1) $-2, -2$ (2) $2x, 2$

69

(1) $\displaystyle\lim_{x \to 0}\left(1+\frac{x}{2}\right)^{-\frac{3}{x}} = \lim_{x \to 0}\left\{\left(1+\frac{x}{2}\right)^{\frac{2}{x}}\right\}^{-\frac{3}{2}}$

$$= e^{-\frac{3}{2}} = \frac{1}{\sqrt{e^3}}$$

(2) $\displaystyle\lim_{x \to \infty}\left(\frac{x+1}{x}\right)^{\frac{x}{3}} = \lim_{x \to \infty}\left(1+\frac{1}{x}\right)^{\frac{x}{3}}$

$$= \lim_{x \to \infty}\left\{\left(1+\frac{1}{x}\right)^x\right\}^{\frac{1}{3}}$$

$$= e^{\frac{1}{3}} = \sqrt[3]{e}$$

(3) $-x = t$로 놓으면 $x = -t$이고 $x \to -\infty$일 때

$t \to \infty$이므로

$$\lim_{x \to -\infty}\left(1-\frac{1}{2x}\right)^x = \lim_{t \to \infty}\left(1+\frac{1}{2t}\right)^{-t}$$

$$= \lim_{t \to \infty}\left\{\left(1+\frac{1}{2t}\right)^{2t}\right\}^{-\frac{1}{2}}$$

$$= e^{-\frac{1}{2}} = \frac{1}{\sqrt{e}}$$

(4) $x-1 = t$로 놓으면 $x = t+1$이고 $x \to 1$일 때

$t \to 0$이므로

$$\lim_{x \to 1} x^{\frac{2}{3x-3}} = \lim_{t \to 0}(1+t)^{\frac{2}{3t}}$$

$$= \lim_{t \to 0}\{(1+t)^{\frac{1}{t}}\}^{\frac{2}{3}}$$

$$= e^{\frac{2}{3}} = \sqrt[3]{e^2}$$

답 (1) $\dfrac{1}{\sqrt{e^3}}$ (2) $\sqrt[3]{e}$ (3) $\dfrac{1}{\sqrt{e}}$ (4) $\sqrt[3]{e^2}$

70

$x+2 = t$로 놓으면 $x = t-2$이고 $x \to -2$일 때

$t \to 0$이므로

$$\lim_{x \to -2}(x+3)^{\frac{1}{x+2}} = \lim_{t \to 0}(1+t)^{\frac{1}{t}} = e$$

$-x = s$로 놓으면 $x = -s$이고 $x \to -\infty$일 때

$s \to \infty$이므로

$$\lim_{x \to -\infty}\left(1+\frac{1}{x}\right)^x = \lim_{s \to \infty}\left(1-\frac{1}{s}\right)^{-s} = e$$

$\therefore$ (주어진 식) $= e+e = 2e$

답 2e

71

(1) $\displaystyle\lim_{x\to 0}\frac{\ln(1+2x)}{6x}=\lim_{x\to 0}\frac{\ln(1+2x)}{2x}\times\frac{1}{3}$

$$=1\times\frac{1}{3}=\frac{1}{3}$$

(2) $\displaystyle\lim_{x\to 0}\frac{e^{4x}-1}{2x}=\lim_{x\to 0}\frac{e^{4x}-1}{4x}\times 2=1\times 2=2$

(3) $\displaystyle\lim_{x\to 0}\frac{\ln(1+x)}{\ln(1+3x)}$

$$=\lim_{x\to 0}\left\{\frac{\ln(1+x)}{x}\times\frac{3x}{\ln(1+3x)}\times\frac{1}{3}\right\}$$

$$=1\times 1\times\frac{1}{3}=\frac{1}{3}$$

(4) $\displaystyle\lim_{x\to 0}\frac{1-e^x}{\ln(x+1)}=\lim_{x\to 0}\left\{\frac{1-e^x}{x}\times\frac{x}{\ln(x+1)}\right\}$

$$=\lim_{x\to 0}\left\{-\frac{e^x-1}{x}\times\frac{x}{\ln(x+1)}\right\}$$

$$=(-1)\times 1=-1$$

(5) $\displaystyle\lim_{x\to 0}\frac{e^{1-x}-e}{2x}=\lim_{x\to 0}\frac{e(e^{-x}-1)}{x}\times\frac{1}{2}$

$$=e\lim_{x\to 0}\frac{e^{-x}-1}{-x}\times\left(-\frac{1}{2}\right)$$

$$=e\times 1\times\left(-\frac{1}{2}\right)=-\frac{1}{2}e$$

(6) $\displaystyle\lim_{x\to 0}\frac{e^x-e^{-2x}}{x}$

$$=\lim_{x\to 0}\frac{e^x-1+1-e^{-2x}}{x}$$

$$=\lim_{x\to 0}\frac{e^x-1}{x}-\lim_{x\to 0}\frac{e^{-2x}-1}{x}$$

$$=\lim_{x\to 0}\frac{e^x-1}{x}-\lim_{x\to 0}\frac{e^{-2x}-1}{-2x}\times(-2)$$

$$=1-1\times(-2)=3$$

답 (1) $\dfrac{1}{3}$ (2) $\mathbf{2}$ (3) $\dfrac{1}{3}$
(4) $\mathbf{-1}$ (5) $-\dfrac{1}{2}e$ (6) $\mathbf{3}$

72

(1) $x+1=t$로 놓으면 $x=t-1$이고 $x\to -1$일 때
$t\to 0$이므로

$$\lim_{x\to -1}\frac{x^3+e^{x+1}}{x+1}=\lim_{t\to 0}\frac{(t-1)^3+e^t}{t}$$

$$=\lim_{t\to 0}\frac{t^3-3t^2+3t-1+e^t}{t}$$

$$=\lim_{t\to 0}\left(\frac{t^3-3t^2+3t}{t}+\frac{e^t-1}{t}\right)$$

$$=\lim_{t\to 0}(t^2-3t+3)+\lim_{t\to 0}\frac{e^t-1}{t}$$

$$=3+1=4$$

(2) $\displaystyle\lim_{x\to\infty}x\ln\frac{x+1}{x-1}=\lim_{x\to\infty}x\ln\left(1+\frac{2}{x-1}\right)$
······ ㉠

$\dfrac{2}{x-1}=t$로 놓으면 $x=\dfrac{t+2}{t}$이고 $x\to\infty$일 때

$t\to 0$이므로 ㉠에서

$$\lim_{t\to 0}\frac{t+2}{t}\ln(1+t)$$

$$=\lim_{t\to 0}\left\{(t+2)\times\frac{\ln(1+t)}{t}\right\}$$

$$=2\times 1=2$$

답 (1) $\mathbf{4}$ (2) $\mathbf{2}$

73

(1) $\displaystyle\lim_{x\to 0}\frac{\log_3(1+3x)}{x}=\lim_{x\to 0}\frac{\log_3(1+3x)}{3x}\times 3$

$$=\frac{1}{\ln 3}\times 3=\frac{3}{\ln 3}$$

(2) $\displaystyle\lim_{x\to 0}\frac{2x}{\log_2(1+6x)}=\lim_{x\to 0}\frac{6x}{\log_2(1+6x)}\times\frac{1}{3}$

$$=\ln 2\times\frac{1}{3}=\frac{\ln 2}{3}$$

(3) $\displaystyle\lim_{x\to 0}\frac{x}{5^x-1}=\frac{1}{\ln 5}$

(4) $\displaystyle\lim_{x\to 0}\frac{6^x-2^x}{x}=\lim_{x\to 0}\frac{6^x-1+1-2^x}{x}$

$$=\lim_{x\to 0}\frac{6^x-1}{x}-\lim_{x\to 0}\frac{2^x-1}{x}$$

$$=\ln 6-\ln 2$$

$$=\ln 3$$

답 (1) $\dfrac{3}{\ln 3}$ (2) $\dfrac{\ln 2}{3}$ (3) $\dfrac{1}{\ln 5}$ (4) $\mathbf{\ln 3}$

다른풀이 $(4)\ \displaystyle\lim_{x\to 0}\frac{6^x-2^x}{x}=\lim_{x\to 0}\frac{2^x(3^x-1)}{x}$

$$=\lim_{x\to 0}\left(\frac{3^x-1}{x}\times 2^x\right)$$

$$=\ln 3\times 1=\ln 3$$

74

(1) $x-3=t$로 놓으면 $x=t+3$이고 $x\to 3$일 때
$t\to 0$이므로

$$\lim_{x\to 3}\frac{\log(x-2)}{x-3}=\lim_{t\to 0}\frac{\log(1+t)}{t}=\frac{1}{\ln 10}$$

(2) $x+1=t$로 놓으면 $x=t-1$이고 $x\to -1$일 때
$t\to 0$이므로

$$\lim_{x\to -1}\frac{2^{x+1}-1}{x^2-1}=\lim_{x\to -1}\left(\frac{2^{x+1}-1}{x+1}\times\frac{1}{x-1}\right)$$

$$=\lim_{t\to 0}\left(\frac{2^t-1}{t}\times\frac{1}{t-2}\right)$$

$$=\ln 2\times\left(-\frac{1}{2}\right)=\ln\frac{\sqrt{2}}{2}$$

답 $(1)\ \dfrac{1}{\ln 10}\quad (2)\ \ln\dfrac{\sqrt{2}}{2}$

75

(1) $x\to 0$일 때 극한값이 존재하고 (분모)$\to 0$이므로
(분자)$\to 0$이어야 한다.

즉, $\displaystyle\lim_{x\to 0}\ln(a+6x)=0$이므로

$\ln a=0\qquad\therefore a=1$

$a=1$을 주어진 식의 좌변에 대입하면

$$\lim_{x\to 0}\frac{\ln(1+6x)}{x}=\lim_{x\to 0}\frac{\ln(1+6x)}{6x}\times 6$$

$$=1\times 6=6$$

$\therefore b=6$

(2) $x\to 2$일 때 극한값이 존재하고 (분모)$\to 0$이므로
(분자)$\to 0$이어야 한다.

즉, $\displaystyle\lim_{x\to 2}(e^{x-2}-a)=0$이므로

$1-a=0\qquad\therefore a=1$

$a=1$을 주어진 식의 좌변에 대입하면

$$\lim_{x\to 2}\frac{e^{x-2}-1}{x^2-4}=b$$

이때 $x-2=t$로 놓으면 $x=t+2$이고 $x\to 2$일 때
$t\to 0$이므로

$$\lim_{x\to 2}\frac{e^{x-2}-1}{x^2-4}=\lim_{t\to 0}\frac{e^t-1}{(t+2)^2-4}$$

$$=\lim_{t\to 0}\frac{e^t-1}{t(t+4)}$$

$$=\lim_{t\to 0}\left(\frac{e^t-1}{t}\times\frac{1}{t+4}\right)$$

$$=1\times\frac{1}{4}=\frac{1}{4}$$

$\therefore b=\dfrac{1}{4}$

답 $(1)\ a=1,\ b=6\quad (2)\ a=1,\ b=\dfrac{1}{4}$

76

$\displaystyle\lim_{x\to\infty}ax\{\ln(x+b)-\ln x\}=5$에서

$\displaystyle\lim_{x\to\infty}ax\ln\frac{x+b}{x}=5$

$\therefore\displaystyle\lim_{x\to\infty}ax\ln\left(1+\frac{b}{x}\right)=5\qquad\cdots\cdots\ \unicode{x3000}\small\bigcirc$

$\dfrac{b}{x}=t$로 놓으면 $x=\dfrac{b}{t}$이고 $x\to\infty$일 때 $t\to 0$이므로 ㉠에서

$$\lim_{t\to 0}\frac{ab}{t}\ln(1+t)=\lim_{t\to 0}\frac{\ln(1+t)}{t}\times ab$$

$$=1\times ab=ab$$

$\therefore ab=5\qquad\qquad\qquad$ **답 5**

다른풀이 $\displaystyle\lim_{x\to\infty}ax\{\ln(x+b)-\ln x\}=5$에서

$$\lim_{x\to\infty}ax\ln\frac{x+b}{x}=\lim_{x\to\infty}\ln\left(1+\frac{b}{x}\right)^{ax}$$

$$=\ln\lim_{x\to\infty}\left\{\left(1+\frac{b}{x}\right)^{\frac{x}{b}}\right\}^{ab}$$

$$=\ln e^{ab}=ab$$

$\therefore ab=5$

77

(1) 함수 $f(x)$가 $x=0$에서 연속이므로

$\displaystyle\lim_{x\to 0}f(x)=f(0)$

$\therefore\displaystyle\lim_{x\to 0}\frac{\ln(x+a)}{3^x-1}=b\qquad\cdots\cdots\ \unicode{x3000}\small\bigcirc$

⊙에서 $x \longrightarrow 0$일 때 극한값이 존재하고 (분모)$\longrightarrow 0$
이므로 (분자)$\longrightarrow 0$이어야 한다.

즉, $\lim\limits_{x \to 0} \ln(x+a) = 0$이므로

$\ln a = 0 \qquad \therefore a = 1$

$a=1$을 ⊙의 좌변에 대입하면

$$\lim_{x \to 0} \frac{\ln(x+1)}{3^x-1} = \lim_{x \to 0} \left\{ \frac{\ln(x+1)}{x} \times \frac{x}{3^x-1} \right\}$$

$$= 1 \times \frac{1}{\ln 3} = \frac{1}{\ln 3}$$

$$\therefore b = \frac{1}{\ln 3}$$

(2) 함수 $f(x)$가 $x=0$에서 연속이므로

$$\lim_{x \to 0} f(x) = f(0)$$

$$\therefore \lim_{x \to 0} \frac{e^{3x}+a}{5x} = b \qquad \cdots\cdots ⊙$$

⊙에서 $x \longrightarrow 0$일 때 극한값이 존재하고 (분모)$\longrightarrow 0$
이므로 (분자)$\longrightarrow 0$이어야 한다.

즉, $\lim\limits_{x \to 0}(e^{3x}+a)=0$이므로

$1+a=0 \qquad \therefore a=-1$

$a=-1$을 ⊙의 좌변에 대입하면

$$\lim_{x \to 0} \frac{e^{3x}-1}{5x} = \lim_{x \to 0} \frac{e^{3x}-1}{3x} \times \frac{3}{5}$$

$$= 1 \times \frac{3}{5} = \frac{3}{5}$$

$$\therefore b = \frac{3}{5}$$

$$\text{답 } (1)\ a=1,\ b=\frac{1}{\ln 3} \quad (2)\ a=-1,\ b=\frac{3}{5}$$

78

$x \neq 0$일 때 $f(x) = \dfrac{x}{\ln(1+7x)}$이고 $x > -\dfrac{1}{7}$에서

함수 $f(x)$가 연속이므로 $f(x)$는 $x=0$에서 연속이다.

즉, $\lim\limits_{x \to 0} f(x) = f(0)$

$$\therefore \lim_{x \to 0} f(x) = \lim_{x \to 0} \frac{x}{\ln(1+7x)}$$

$$= \lim_{x \to 0} \frac{7x}{\ln(1+7x)} \times \frac{1}{7}$$

$$= 1 \times \frac{1}{7} = \frac{1}{7}$$

$$\therefore f(0) = \frac{1}{7} \qquad\qquad \text{답 } \frac{1}{7}$$

79

점 P에서 x축에 내린 수선
의 발을 H라 하면
$\overline{\text{PH}} = 2\ln t$이므로

$$S(t) = \frac{1}{2} \times \overline{\text{AB}} \times \overline{\text{PH}}$$

$$= \frac{1}{2}(e-1) \times 2\ln t$$

$$= (e-1)\ln t$$

$$\therefore \lim_{t \to 1+} \frac{S(t)}{t-1} = \lim_{t \to 1+} \frac{(e-1)\ln t}{t-1}$$

$t-1=x$로 놓으면 $t=x+1$이고 $t \to 1+$일 때
$x \to 0+$이므로

$$\lim_{t \to 1+} \frac{(e-1)\ln t}{t-1}$$

$$= (e-1)\lim_{x \to 0+} \frac{\ln(1+x)}{x}$$

$$= (e-1) \times 1 = e-1 \qquad\qquad \text{답 } e-1$$

80

(1) $y = 2^{3x+1} = 2^{3x} \times 2 = 2 \times 8^x$이므로

$$y' = 2 \times 8^x \ln 8$$

$$= 2^{3x+1} \ln 2^3$$

$$= 3 \times 2^{3x+1} \ln 2$$

(2) $e^{-x} = \left(\dfrac{1}{e}\right)^x$이므로

$$y' = (x^3)'\left(\frac{1}{e}\right)^x + x^3 \left\{\left(\frac{1}{e}\right)^x\right\}'$$

$$= 3x^2\left(\frac{1}{e}\right)^x + x^3\left(\frac{1}{e}\right)^x \ln \frac{1}{e}$$

$$= 3x^2 e^{-x} - x^3 e^{-x}$$

$$= x^2 e^{-x}(3-x)$$

(3) $y' = (x^3+3)'\left(\dfrac{1}{3}\right)^x + (x^3+3)\left\{\left(\dfrac{1}{3}\right)^x\right\}'$

$$= 3x^2\left(\frac{1}{3}\right)^x + (x^3+3)\left(\frac{1}{3}\right)^x \ln \frac{1}{3}$$

$$= 3x^2\left(\frac{1}{3}\right)^x - (x^3+3)\left(\frac{1}{3}\right)^x \ln 3$$

$$= (3x^2 - x^3 \ln 3 - 3\ln 3)\left(\frac{1}{3}\right)^x$$

(4) $y'=(e^x)'(6x^2-1)+e^x(6x^2-1)'$

$\quad=e^x(6x^2-1)+e^x\times 12x$

$\quad=e^x(6x^2+12x-1)$

(5) $y'=(3^x)'(5x-1)+3^x(5x-1)'$

$\quad=3^x\ln 3\times(5x-1)+3^x\times 5$

$\quad=3^x(5x\ln 3-\ln 3+5)$

(6) $e^{4x}=(e^4)^x$이므로

$\quad\{(e^4)^x\}'=e^{4x}\ln e^4=4e^{4x}$

$\quad\therefore y'=(x)'e^{4x}+x(e^{4x})'$

$\quad\quad=e^{4x}+x\times 4e^{4x}$

$\quad\quad=e^{4x}(1+4x)$

$\qquad$ 답 (1) $y'=3\times 2^{3x+1}\ln 2$

$\qquad\quad$ (2) $y'=x^2e^{-x}(3-x)$

$\qquad\quad$ (3) $y'=(3x^2-x^3\ln 3-3\ln 3)\left(\dfrac{1}{3}\right)^x$

$\qquad\quad$ (4) $y'=e^x(6x^2+12x-1)$

$\qquad\quad$ (5) $y'=3^x(5x\ln 3-\ln 3+5)$

$\qquad\quad$ (6) $y'=e^{4x}(1+4x)$

81

(1) $y=\ln x^5=5\ln x$이므로

$\quad y'=5\times\dfrac{1}{x}=\dfrac{5}{x}$

(2) $\log_5 2x=\log_5 2+\log_5 x$이므로

$\quad y'=(x)'\log_5 2x+x(\log_5 2x)'$

$\quad\quad=\log_5 2x+x(\log_5 2+\log_5 x)'$

$\quad\quad=\log_5 2x+x\left(0+\dfrac{1}{x\ln 5}\right)$

$\quad\quad=\log_5 2x+\dfrac{1}{\ln 5}$

(3) $y=\ln (5x)^3$

$\quad=3\ln 5x$

$\quad=3(\ln 5+\ln x)$

$\quad=3\ln 5+3\ln x$

이므로

$\quad y'=(3\ln 5)'+(3\ln x)'$

$\quad\quad=0+3\times\dfrac{1}{x}=\dfrac{3}{x}$

(4) $y'=(e^x)'\log_3 x+e^x(\log_3 x)'$

$\quad=e^x\log_3 x+e^x\times\dfrac{1}{x\ln 3}$

$\quad=e^x\left(\log_3 x+\dfrac{1}{x\ln 3}\right)$

(5) $y'=(x^3)'\ln x+x^3(\ln x)'$

$\quad=3x^2\ln x+x^3\times\dfrac{1}{x}$

$\quad=3x^2\ln x+x^2$

$\quad=x^2(3\ln x+1)$

(6) $y=(\log_2 x)^2=(\log_2 x)(\log_2 x)$이므로

$\quad y'=(\log_2 x)'\log_2 x+\log_2 x(\log_2 x)'$

$\quad\quad=\dfrac{1}{x\ln 2}\times\log_2 x+\log_2 x\times\dfrac{1}{x\ln 2}$

$\quad\quad=\dfrac{2\log_2 x}{x\ln 2}$

$\qquad$ 답 (1) $y'=\dfrac{5}{x}$ (2) $y'=\log_5 2x+\dfrac{1}{\ln 5}$

$\qquad\quad$ (3) $y'=\dfrac{3}{x}$ (4) $y'=e^x\left(\log_3 x+\dfrac{1}{x\ln 3}\right)$

$\qquad\quad$ (5) $y'=x^2(3\ln x+1)$ (6) $y'=\dfrac{2\log_2 x}{x\ln 2}$

82

$f(x)=(3x^2+2)e^x$에서

$f'(x)=(3x^2+2)'e^x+(3x^2+2)(e^x)'$

$\quad=6xe^x+(3x^2+2)e^x$

$\quad=e^x(3x^2+6x+2)$

$\therefore f'(0)=e^0\times 2=1\times 2=2$ $\qquad$ 답 2

83

$f(x)=x^3\ln x^2=2x^3\ln x\ (x>0)$에서

$f'(x)=(2x^3)'\ln x+2x^3(\ln x)'$

$\quad=6x^2\ln x+2x^3\times\dfrac{1}{x}$

$\quad=6x^2\ln x+2x^2$

$\therefore f'(1)=0+2=2$ $\qquad$ 답 2

84

$$\lim_{h\to 0}\frac{f(1+h)-f(1-2h)}{h}$$

$$=\lim_{h\to 0}\frac{f(1+h)-f(1)+f(1)-f(1-2h)}{h}$$

$$=\lim_{h\to 0}\frac{f(1+h)-f(1)}{h}-\lim_{h\to 0}\frac{f(1-2h)-f(1)}{h}$$

$$=\lim_{h\to 0}\frac{f(1+h)-f(1)}{h}$$

$$\qquad\qquad+\lim_{h\to 0}\frac{f(1-2h)-f(1)}{-2h}\times 2$$

$$=f'(1)+2f'(1)=3f'(1)$$

이때 $f(x)=3^x$에서

$f'(x)=3^x\ln 3$이므로

$3f'(1)=3\times 3\ln 3=9\ln 3$

답 9 ln 3

85

$$\lim_{x\to 1}\frac{f(x^3)-f(1)}{x-1}$$

$$=\lim_{x\to 1}\left\{\frac{f(x^3)-f(1)}{x^3-1}\times (x^2+x+1)\right\}$$

$$=\lim_{x\to 1}\frac{f(x^3)-f(1)}{x^3-1}\times \lim_{x\to 1}(x^2+x+1)$$

$$=3f'(1)$$

이때 $f(x)=e^x\ln x+x^2$에서

$$f'(x)=(e^x)'\ln x+e^x(\ln x)'+(x^2)'$$

$$\qquad=e^x\ln x+e^x\times\frac{1}{x}+2x$$

$$\therefore 3f'(1)=3(e\ln 1+e\times 1+2)$$

$$\qquad\qquad=3(e+2)$$

답 3(e+2)

86

함수 $f(x)$가 $x=1$에서 미분가능하면 $x=1$에서 연속
이다.

즉, $\displaystyle\lim_{x\to 1+}f(x)=\lim_{x\to 1-}f(x)=f(1)$에서

$$\lim_{x\to 1+}(ax^2+1)=\lim_{x\to 1-}\ln bx=\ln b$$

$$\therefore a+1=\ln b \qquad\qquad \cdots\cdots ㉠$$

$\ln bx=\ln b+\ln x$이므로

$$(\ln bx)'=(\ln b+\ln x)'=\frac{1}{x}$$

$$\therefore f'(x)=\begin{cases} \dfrac{1}{x} & (0<x<1) \\[2mm] 2ax & (x>1) \end{cases}$$

또, $f(x)$의 $x=1$에서의 미분계수 $f'(1)$이 존재하므
로

$\displaystyle\lim_{x\to 1+}f'(x)=\lim_{x\to 1-}f'(x)$에서 $\displaystyle\lim_{x\to 1+}2ax=\lim_{x\to 1-}\frac{1}{x}$

$$2a=1 \qquad \therefore a=\frac{1}{2}$$

$a=\dfrac{1}{2}$을 ㉠에 대입하면

$$\frac{1}{2}+1=\ln b,\ \ln b=\frac{3}{2}$$

$$\therefore b=e^{\frac{3}{2}}=e\sqrt{e}$$

답 $a=\dfrac{1}{2},\ b=e\sqrt{e}$

87

함수 $f(x)$가 $x=2$에서 미분가능하면 $x=2$에서 연속
이다.

즉, $\displaystyle\lim_{x\to 2+}f(x)=\lim_{x\to 2-}f(x)=f(2)$에서

$$\lim_{x\to 2+}(x^2+a)=\lim_{x\to 2-}be^{x-1}=4+a$$

$$\therefore 4+a=be \qquad\qquad \cdots\cdots ㉠$$

$be^{x-1}=be^{-1}\times e^x$이므로

$$(be^{x-1})'=(be^{-1}\times e^x)'=be^{-1}\times e^x=be^{x-1}$$

$$\therefore f'(x)=\begin{cases} 2x & (x>2) \\[2mm] be^{x-1} & (x<2) \end{cases}$$

또, $f(x)$의 $x=2$에서의 미분계수 $f'(2)$가 존재하므
로

$\displaystyle\lim_{x\to 2+}f'(x)=\lim_{x\to 2-}f'(x)$에서

$$\lim_{x\to 2+}2x=\lim_{x\to 2-}be^{x-1}$$

$$4=be \qquad \therefore b=\frac{4}{e}$$

$b=\dfrac{4}{e}$를 ㉠에 대입하면

$$4+a=\frac{4}{e}\times e \qquad \therefore a=0$$

$$\therefore a+b=0+\frac{4}{e}=\frac{4}{e}$$

답 $\dfrac{4}{e}$

88

$\sin\theta=\dfrac{y}{r}$, $\cos\theta=\dfrac{x}{r}$, $\tan\theta=\dfrac{y}{x}$ $(x\neq 0)$이므로

(1) $\csc\theta=\dfrac{1}{\sin\theta}=\dfrac{r}{y}$ $(y\neq 0)$

(2) $\sec\theta=\dfrac{1}{\cos\theta}=\dfrac{r}{x}$ $(x\neq 0)$

(3) $\cot\theta=\dfrac{1}{\tan\theta}=\dfrac{x}{y}$ $(y\neq 0)$

$\quad$ 답 (1) $\dfrac{r}{y}$ $(y\neq 0)$ $\quad$ (2) $\dfrac{r}{x}$ $(x\neq 0)$ $\quad$ (3) $\dfrac{x}{y}$ $(y\neq 0)$

89

오른쪽 그림에서

$\overline{\mathrm{OP}}=\sqrt{(-4)^2+3^2}=5$이고,

$\sin\theta=\dfrac{3}{5}$, $\cos\theta=-\dfrac{4}{5}$,

$\tan\theta=-\dfrac{3}{4}$

(1) $\csc\theta=\dfrac{1}{\sin\theta}=\dfrac{5}{3}$

(2) $\sec\theta=\dfrac{1}{\cos\theta}=-\dfrac{5}{4}$

(3) $\cot\theta=\dfrac{1}{\tan\theta}=-\dfrac{4}{3}$

$\quad$ 답 (1) $\dfrac{5}{3}$ $\quad$ (2) $-\dfrac{5}{4}$ $\quad$ (3) $-\dfrac{4}{3}$

90

(1) $400°$는 제1사분면의 각이므로

$\quad$ $\sin 400°>0$, $\cos 400°>0$, $\tan 400°>0$

$\quad$ $\therefore$ **$\csc 400°>0$, $\sec 400°>0$, $\cot 400°>0$**

(2) $\dfrac{7}{6}\pi$는 제3사분면의 각이므로

$\quad$ $\sin\dfrac{7}{6}\pi<0$, $\cos\dfrac{7}{6}\pi<0$, $\tan\dfrac{7}{6}\pi>0$

$\quad$ $\therefore$ **$\csc\dfrac{7}{6}\pi<0$, $\sec\dfrac{7}{6}\pi<0$, $\cot\dfrac{7}{6}\pi>0$**

$\quad$ 답 풀이 참조

91

(1) $\csc\theta>0$이면 $\sin\theta>0$이므로 θ는 제1사분면 또는 제2사분면의 각이고, $\sec\theta<0$이면 $\cos\theta<0$

이므로 θ는 제2사분면 또는 제3사분면의 각이다. 따라서 θ는 제2사분면의 각이다.

(2) $\sec\theta>0$이면 $\cos\theta>0$이므로 θ는 제1사분면 또는 제4사분면의 각이고, $\cot\theta<0$이면 $\tan\theta<0$ 이므로 θ는 제2사분면 또는 제4사분면의 각이다. 따라서 θ는 제4사분면의 각이다.

(3) $\csc\theta\,\sec\theta<0$이면

$\quad$ $\csc\theta>0$, $\sec\theta<0$ 또는 $\csc\theta<0$, $\sec\theta>0$

$\quad$ 즉, $\sin\theta>0$, $\cos\theta<0$ 또는 $\sin\theta<0$, $\cos\theta>0$

$\quad$ 이므로 θ는 제2사분면 또는 제4사분면의 각이다.

$\quad$ 답 (1) 제2사분면 $\quad$ (2) 제4사분면

$\quad\quad\quad$ (3) 제2사분면 또는 제4사분면

92

오른쪽 그림에서

$\overline{\mathrm{OP}}=\sqrt{(\sqrt{3})^2+(-1)^2}=2$

이므로

$\csc\theta=\dfrac{1}{\sin\theta}=-2$,

$\sec\theta=\dfrac{1}{\cos\theta}=\dfrac{2\sqrt{3}}{3}$,

$\cot\theta=\dfrac{1}{\tan\theta}=-\sqrt{3}$

$\therefore \dfrac{3\sec\theta+\csc\theta}{\cot^2\theta}=\dfrac{3\times\dfrac{2\sqrt{3}}{3}-2}{(-\sqrt{3})^2}=\dfrac{2\sqrt{3}-2}{3}$

$\quad$ 답 $\dfrac{2\sqrt{3}-2}{3}$

93

θ가 제3사분면의 각이고 $\cos\theta=-\dfrac{\sqrt{3}}{2}$이므로

오른쪽 그림과 같이 중심이 원점이고 반지름의 길이가 2인 원을 그리면 각 θ를 나타내는 동경 OP와 만나는 점 P는

$\mathrm{P}(-\sqrt{3},\ -1)$이다.

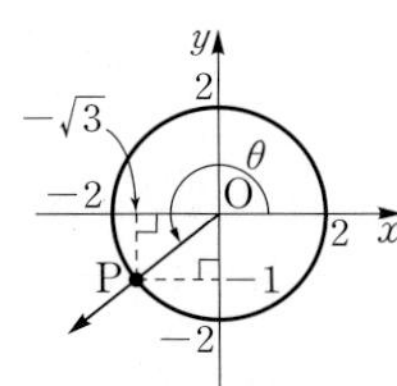

이때 $\sin\theta=-\dfrac{1}{2}$, $\tan\theta=\dfrac{\sqrt{3}}{3}$이므로

$\csc\theta=\dfrac{1}{\sin\theta}=-2$, $\cot\theta=\dfrac{1}{\tan\theta}=\sqrt{3}$

$\therefore \csc\theta\cot\theta=-2\sqrt{3}$ 　　　　　　답 $-2\sqrt{3}$

94

$\theta=-\dfrac{5}{6}\pi=2\pi\times(-1)+\dfrac{7}{6}\pi$이므로 θ는 제3사분

면의 각이다.

따라서 $\sin\theta<0$, $\cos\theta<0$, $\tan\theta>0$이므로

$\csc\theta<0$, $\sec\theta<0$, $\cot\theta>0$ 　　　답 **풀이 참조**

95

(ⅰ) $\csc\theta\cot\theta>0$에서

　　$\csc\theta>0$, $\cot\theta>0$ 또는 $\csc\theta<0$, $\cot\theta<0$

　　$\csc\theta>0$, $\cot\theta>0$일 때,

　　θ는 제1사분면의 각

　　$\csc\theta<0$, $\cot\theta<0$일 때,

　　θ는 제4사분면의 각

(ⅱ) $\sec\theta\tan\theta<0$에서

　　$\sec\theta>0$, $\tan\theta<0$ 또는 $\sec\theta<0$, $\tan\theta>0$

　　$\sec\theta>0$, $\tan\theta<0$일 때,

　　θ는 제4사분면의 각

　　$\sec\theta<0$, $\tan\theta>0$일 때,

　　θ는 제3사분면의 각

(ⅰ), (ⅱ)에서 주어진 조건을 동시에 만족시키는 θ는 제4

사분면의 각이다. 　　　　　　답 **제4사분면**

96

$\csc\theta>0$, $\sec\theta<0$에서 θ는 제2사분면의 각이므로

$\cot\theta<0$

$\therefore |\csc\theta|+\sqrt{\sec^2\theta}+\sqrt{\cot^2\theta}$

　　$=\csc\theta-\sec\theta-\cot\theta$

　　　　　　답 **$\csc\theta-\sec\theta-\cot\theta$**

97

답 (1) **$\sec^2\theta$** 　(2) **$\csc^2\theta$**

98

답 $\dfrac{5}{4}$, $<$, $-\dfrac{\sqrt{5}}{2}$, -2, $\tan^2\theta$, 5, $>$, $\sqrt{5}$

99

(1) $\tan\theta=\dfrac{15}{8}$이므로 $1+\tan^2\theta=\sec^2\theta$에서

$\sec^2\theta=1+\left(\dfrac{15}{8}\right)^2=\dfrac{289}{64}$

그런데 θ가 제3사분면의 각이므로

$\sec\theta<0$ 　　　$\therefore \sec\theta=-\dfrac{17}{8}$

(2) $\cot\theta=\dfrac{8}{15}$이므로 $1+\cot^2\theta=\csc^2\theta$에서

$\csc^2\theta=1+\left(\dfrac{8}{15}\right)^2=\dfrac{289}{225}$

그런데 θ가 제3사분면의 각이므로

$\csc\theta<0$ 　　　$\therefore \csc\theta=-\dfrac{17}{15}$

답 (1) $-\dfrac{17}{8}$ 　(2) $-\dfrac{17}{15}$

100

(1) $(\sin\theta-\csc\theta)^2+(\cos\theta-\sec\theta)^2$
$$-(\tan\theta-\cot\theta)^2$$
$$=(\sin^2\theta-2+\csc^2\theta)+(\cos^2\theta-2+\sec^2\theta)$$
$$-(\tan^2\theta-2+\cot^2\theta)$$
$$=-2+(\sin^2\theta+\cos^2\theta)+(\csc^2\theta-\cot^2\theta)$$
$$+(\sec^2\theta-\tan^2\theta)$$
$$=-2+1+1+1=1$$

(2) $\dfrac{1+\sin\theta}{\csc\theta-\cot\theta}-\dfrac{1-\sin\theta}{\csc\theta+\cot\theta}$

$=\dfrac{(1+\sin\theta)(\csc\theta+\cot\theta)-(1-\sin\theta)(\csc\theta-\cot\theta)}{(\csc\theta-\cot\theta)(\csc\theta+\cot\theta)}$

$=\dfrac{2(\cot\theta+\sin\theta\csc\theta)}{\csc^2\theta-\cot^2\theta}$

$=2\left(\cot\theta+\sin\theta\times\dfrac{1}{\sin\theta}\right)$

$=2(\cot\theta+1)$

답 (1) **1** 　(2) **$2(\cot\theta+1)$**

101

$$\frac{1+\cos\theta}{\sin\theta}+\frac{\sin\theta}{1+\cos\theta}$$

$$=\frac{(1+\cos\theta)^2+\sin^2\theta}{\sin\theta(1+\cos\theta)}$$

$$=\frac{1+2\cos\theta+\cos^2\theta+\sin^2\theta}{\sin\theta(1+\cos\theta)}$$

$$=\frac{2(1+\cos\theta)}{\sin\theta(1+\cos\theta)}$$

$$=\frac{2}{\sin\theta}$$

즉, $\dfrac{2}{\sin\theta}=-3$에서 $2\csc\theta=-3$

$$\therefore \csc\theta=-\frac{3}{2}$$

$1+\cot^2\theta=\csc^2\theta$에서 $\cot^2\theta=\csc^2\theta-1$이므로

$$\cot^2\theta=\left(-\frac{3}{2}\right)^2-1=\frac{5}{4}$$

이때 $\dfrac{3}{2}\pi<\theta<2\pi$이므로 $\cot\theta<0$

$$\therefore \cot\theta=-\frac{\sqrt{5}}{2}$$

$$\therefore \csc\theta+\cot\theta=-\frac{3}{2}-\frac{\sqrt{5}}{2}=-\frac{3+\sqrt{5}}{2}$$

$$답\ -\frac{3+\sqrt{5}}{2}$$

102

$1+\tan^2\alpha=\sec^2\alpha$에서

$$\sec^2\alpha=1+\left(-\frac{24}{7}\right)^2=\frac{625}{49}$$

$\cos^2\alpha=\dfrac{1}{\sec^2\alpha}$이므로 $\cos^2\alpha=\dfrac{49}{625}$

$$\therefore \cos\alpha=\frac{7}{25}\left(\because \frac{3}{2}\pi<\alpha<2\pi\right)$$

이때 $\dfrac{3}{2}\pi<\alpha<2\pi$에서 $\dfrac{3}{4}\pi<\dfrac{\alpha}{2}<\pi$이므로

$$\sin\frac{\alpha}{2}>0,\ \cos\frac{\alpha}{2}<0 \qquad \cdots\cdots ㉠$$

$$\sin^2\frac{\alpha}{2}=\frac{1-\cos\alpha}{2}=\frac{1-\frac{7}{25}}{2}=\frac{9}{25}$$

$$\therefore \sin\frac{\alpha}{2}=\frac{3}{5}\ (\because ㉠)$$

$$\cos^2\frac{\alpha}{2}=\frac{1+\cos\alpha}{2}=\frac{1+\frac{7}{25}}{2}=\frac{16}{25}$$

$$\therefore \cos\frac{\alpha}{2}=-\frac{4}{5}\ (\because ㉠)$$

$$답\ \sin\frac{\alpha}{2}=\frac{3}{5},\ \cos\frac{\alpha}{2}=-\frac{4}{5}$$

103

$$답\ 30°,\ \cos 30°,\ \sin 45°,\ \sin 30°,$$
$$\frac{\sqrt{3}}{2},\ \frac{\sqrt{2}}{2},\ \frac{1}{2},\ \frac{\sqrt{6}-\sqrt{2}}{4}$$

104

(1) $\sin 15°=\sin(45°-30°)$

$$=\sin 45°\cos 30°-\cos 45°\sin 30°$$

$$=\frac{\sqrt{2}}{2}\times\frac{\sqrt{3}}{2}-\frac{\sqrt{2}}{2}\times\frac{1}{2}=\frac{\sqrt{6}-\sqrt{2}}{4}$$

(2) $\cos\dfrac{\pi}{12}=\cos\left(\dfrac{\pi}{3}-\dfrac{\pi}{4}\right)$

$$=\cos\frac{\pi}{3}\cos\frac{\pi}{4}+\sin\frac{\pi}{3}\sin\frac{\pi}{4}$$

$$=\frac{1}{2}\times\frac{\sqrt{2}}{2}+\frac{\sqrt{3}}{2}\times\frac{\sqrt{2}}{2}=\frac{\sqrt{2}+\sqrt{6}}{4}$$

(3) $\tan\dfrac{5}{12}\pi=\tan\left(\dfrac{\pi}{4}+\dfrac{\pi}{6}\right)$

$$=\frac{\tan\frac{\pi}{4}+\tan\frac{\pi}{6}}{1-\tan\frac{\pi}{4}\tan\frac{\pi}{6}}=\frac{1+\frac{\sqrt{3}}{3}}{1-1\times\frac{\sqrt{3}}{3}}$$

$$=\frac{3+\sqrt{3}}{3-\sqrt{3}}=2+\sqrt{3}$$

(4) $\cos 105°=\cos(60°+45°)$

$$=\cos 60°\cos 45°-\sin 60°\sin 45°$$

$$=\frac{1}{2}\times\frac{\sqrt{2}}{2}-\frac{\sqrt{3}}{2}\times\frac{\sqrt{2}}{2}=\frac{\sqrt{2}-\sqrt{6}}{4}$$

이므로

$$\sec 105°=\frac{1}{\cos 105°}=\frac{4}{\sqrt{2}-\sqrt{6}}=-\sqrt{2}-\sqrt{6}$$

$$답\ (1)\ \frac{\sqrt{6}-\sqrt{2}}{4}\quad (2)\ \frac{\sqrt{2}+\sqrt{6}}{4}$$
$$(3)\ 2+\sqrt{3}\quad (4)\ -\sqrt{2}-\sqrt{6}$$

105

(1) $\sin 25° \cos 20° + \cos 25° \sin 20°$

$\quad = \sin(25° + 20°) = \sin 45° = \dfrac{\sqrt{2}}{2}$

(2) $\cos 55° \cos 10° + \sin 55° \sin 10°$

$\quad = \cos(55° - 10°) = \cos 45° = \dfrac{\sqrt{2}}{2}$

(3) $\dfrac{\tan 20° + \tan 10°}{1 - \tan 20° \tan 10°} = \tan(20° + 10°)$

$\qquad\qquad\qquad = \tan 30° = \dfrac{\sqrt{3}}{3}$

(4) $\sin 80° = \sin(90° - 10°) = \cos 10°$,

$\quad \sin 125° = \sin(90° + 35°) = \cos 35°$이므로

$\quad \sin 80° \sin 125° - \sin 10° \sin 35°$

$\quad = \cos 10° \cos 35° - \sin 10° \sin 35°$

$\quad = \cos(10° + 35°) = \cos 45° = \dfrac{\sqrt{2}}{2}$

$\qquad$ 답 (1) $\dfrac{\sqrt{2}}{2}$ (2) $\dfrac{\sqrt{2}}{2}$ (3) $\dfrac{\sqrt{3}}{3}$ (4) $\dfrac{\sqrt{2}}{2}$

106

$0 < \alpha < \dfrac{\pi}{2}$, $\pi < \beta < \dfrac{3}{2}\pi$이므로

$\cos \alpha > 0$, $\sin \beta < 0$

$\therefore \cos \alpha = \sqrt{1 - \sin^2 \alpha} = \sqrt{1 - \left(\dfrac{4}{5}\right)^2} = \dfrac{3}{5}$

$\quad \sin \beta = -\sqrt{1 - \cos^2 \beta} = -\sqrt{1 - \left(-\dfrac{3\sqrt{10}}{10}\right)^2}$

$\qquad = -\dfrac{\sqrt{10}}{10}$

$\quad \tan \alpha = \dfrac{\sin \alpha}{\cos \alpha} = \dfrac{4}{3}$, $\tan \beta = \dfrac{\sin \beta}{\cos \beta} = \dfrac{1}{3}$

(1) $\sin(\alpha - \beta) = \sin \alpha \cos \beta - \cos \alpha \sin \beta$

$\qquad = \dfrac{4}{5} \times \left(-\dfrac{3\sqrt{10}}{10}\right) - \dfrac{3}{5} \times \left(-\dfrac{\sqrt{10}}{10}\right)$

$\qquad = -\dfrac{9\sqrt{10}}{50}$

(2) $\cos(\alpha + \beta) = \cos \alpha \cos \beta - \sin \alpha \sin \beta$

$\qquad = \dfrac{3}{5} \times \left(-\dfrac{3\sqrt{10}}{10}\right) - \dfrac{4}{5} \times \left(-\dfrac{\sqrt{10}}{10}\right)$

$\qquad = -\dfrac{\sqrt{10}}{10}$

(3) $\tan(\alpha + \beta) = \dfrac{\tan \alpha + \tan \beta}{1 - \tan \alpha \tan \beta}$

$\qquad = \dfrac{\dfrac{4}{3} + \dfrac{1}{3}}{1 - \dfrac{4}{3} \times \dfrac{1}{3}} = 3$

$\qquad$ 답 (1) $-\dfrac{9\sqrt{10}}{50}$ (2) $-\dfrac{\sqrt{10}}{10}$ (3) $\mathbf{3}$

107

$0 < \alpha < \dfrac{\pi}{2}$이므로 $\cos \alpha > 0$

$\therefore \cos \alpha = \sqrt{1 - \sin^2 \alpha} = \sqrt{1 - \left(\dfrac{3}{5}\right)^2} = \dfrac{4}{5}$

$\dfrac{\pi}{2} < \beta < \pi$이므로 $\cos \beta < 0$

$\therefore \cos \beta = -\sqrt{1 - \sin^2 \beta} = -\sqrt{1 - \left(\dfrac{4}{5}\right)^2} = -\dfrac{3}{5}$

$\therefore \sin(\alpha + \beta) - \cos(\alpha - \beta)$

$\quad = \sin \alpha \cos \beta + \cos \alpha \sin \beta$

$\qquad\qquad - (\cos \alpha \cos \beta + \sin \alpha \sin \beta)$

$\quad = \dfrac{3}{5} \times \left(-\dfrac{3}{5}\right) + \dfrac{4}{5} \times \dfrac{4}{5}$

$\qquad\qquad - \left\{\dfrac{4}{5} \times \left(-\dfrac{3}{5}\right) + \dfrac{3}{5} \times \dfrac{4}{5}\right\}$

$\quad = \dfrac{7}{25}$ $\qquad$ 답 $\dfrac{7}{25}$

108

이차방정식 $2x^2 - 4x + 1 = 0$의 두 근이 $\tan \alpha$, $\tan \beta$
이므로 근과 계수의 관계에 의하여

$\tan \alpha + \tan \beta = 2$, $\tan \alpha \tan \beta = \dfrac{1}{2}$

$\therefore \tan(\alpha + \beta) = \dfrac{\tan \alpha + \tan \beta}{1 - \tan \alpha \tan \beta}$

$\qquad = \dfrac{2}{1 - \dfrac{1}{2}} = 4$ $\qquad$ 답 $\mathbf{4}$

109

두 직선 $y = -\dfrac{1}{5}x + \dfrac{3}{5}$, $y = \dfrac{2}{3}x + \dfrac{1}{3}$이 x축의 양의

방향과 이루는 각의 크기를 각각 α, β라 하면

$\tan \alpha = -\dfrac{1}{5}$, $\tan \beta = \dfrac{2}{3}$

두 직선이 이루는 예각의 크기를 θ라 하면

$$\tan\theta = |\tan(\alpha-\beta)|$$
$$= \left|\frac{\tan\alpha - \tan\beta}{1+\tan\alpha\tan\beta}\right|$$
$$= \left|\frac{-\dfrac{1}{5}-\dfrac{2}{3}}{1+\left(-\dfrac{1}{5}\right)\times\dfrac{2}{3}}\right| = 1$$

$$\therefore \theta = \frac{\pi}{4}\left(\because 0<\theta<\frac{\pi}{2}\right) \qquad \text{답 } \frac{\pi}{4}$$

110

두 직선 $x+3y-4=0$, $2x+y-3=0$, 즉

$y=-\dfrac{1}{3}x+\dfrac{4}{3}$, $y=-2x+3$이 x축의 양의 방향과

이루는 각의 크기를 각각 α, β라 하면

$\tan\alpha = -\dfrac{1}{3}$, $\tan\beta = -2$

$$\therefore \tan\theta = |\tan(\alpha-\beta)|$$
$$= \left|\frac{\tan\alpha - \tan\beta}{1+\tan\alpha\tan\beta}\right|$$
$$= \left|\frac{-\dfrac{1}{3}-(-2)}{1+\left(-\dfrac{1}{3}\right)\times(-2)}\right| = 1$$

$$\therefore \sec^2\theta = 1+\tan^2\theta$$
$$= 1+1^2 = 2 \qquad \text{답 } 2$$

111

두 직선 $x-3y+2=0$, $kx-2y-1=0$, 즉

$y=\dfrac{1}{3}x+\dfrac{2}{3}$, $y=\dfrac{k}{2}x-\dfrac{1}{2}$이 x축의 양의 방향과 이루

는 각의 크기를 각각 α, β라 하면

$\tan\alpha = \dfrac{1}{3}$, $\tan\beta = \dfrac{k}{2}$

두 직선이 이루는 예각의 크기가 $\dfrac{\pi}{4}$이므로

$$|\tan(\alpha-\beta)| = \tan\frac{\pi}{4} = 1$$

$$\left|\frac{\tan\alpha - \tan\beta}{1+\tan\alpha\tan\beta}\right| = 1$$

$$\left|\frac{\dfrac{1}{3}-\dfrac{k}{2}}{1+\dfrac{1}{3}\times\dfrac{k}{2}}\right| = 1, \ \frac{2-3k}{6+k} = \pm 1$$

$\dfrac{2-3k}{6+k}=1$에서 $2-3k=6+k$ $\qquad \therefore k=-1$

$\dfrac{2-3k}{6+k}=-1$에서 $2-3k=-6-k$ $\qquad \therefore k=4$

그런데 $k>0$이므로 $k=4$ $\qquad\qquad$ 답 **4**

112

$\dfrac{3}{2}\pi<\alpha<2\pi$에서 $\cos\alpha>0$이므로

$$\cos\alpha = \sqrt{1-\sin^2\alpha} = \sqrt{1-\left(-\frac{2\sqrt{2}}{3}\right)^2} = \frac{1}{3}$$

$$\tan\alpha = \frac{\sin\alpha}{\cos\alpha} = \frac{-\dfrac{2\sqrt{2}}{3}}{\dfrac{1}{3}} = -2\sqrt{2}$$

(1) $\sin 2\alpha = 2\sin\alpha\cos\alpha$
$$= 2\times\left(-\frac{2\sqrt{2}}{3}\right)\times\frac{1}{3} = -\frac{4\sqrt{2}}{9}$$

(2) $\cos 2\alpha = 1-2\sin^2\alpha = 1-2\times\left(-\frac{2\sqrt{2}}{3}\right)^2$
$$= -\frac{7}{9}$$

(3) $\tan 2\alpha = \dfrac{2\tan\alpha}{1-\tan^2\alpha} = \dfrac{2\times(-2\sqrt{2})}{1-(-2\sqrt{2})^2} = \dfrac{4\sqrt{2}}{7}$

$$\text{답 (1) } -\frac{4\sqrt{2}}{9} \quad \text{(2) } -\frac{7}{9} \quad \text{(3) } \frac{4\sqrt{2}}{7}$$

다른풀이 (3) $\tan 2\alpha = \dfrac{\sin 2\alpha}{\cos 2\alpha} = \dfrac{-\dfrac{4\sqrt{2}}{9}}{-\dfrac{7}{9}} = \dfrac{4\sqrt{2}}{7}$

113

$\sin\alpha+\cos\alpha = \dfrac{1}{2}$의 양변을 제곱하면

$$\sin^2\alpha + 2\sin\alpha\cos\alpha + \cos^2\alpha = \frac{1}{4}$$

$1+\sin 2\alpha = \dfrac{1}{4}$ $\qquad \therefore \sin 2\alpha = -\dfrac{3}{4}$

$\sin^2 2\alpha + \cos^2 2\alpha = 1$이므로

$\cos^2 2\alpha = 1 - \sin^2 2\alpha = 1 - \left(-\dfrac{3}{4}\right)^2 = \dfrac{7}{16}$

$\therefore \cos 2\alpha = -\dfrac{\sqrt{7}}{4} \left(\because \pi < 2\alpha < \dfrac{3}{2}\pi\right)$

$\tan 2\alpha = \dfrac{\sin 2\alpha}{\cos 2\alpha} = \dfrac{-\dfrac{3}{4}}{-\dfrac{\sqrt{7}}{4}} = \dfrac{3\sqrt{7}}{7}$

$$\text{답 } \sin 2\alpha = -\dfrac{3}{4}, \ \cos 2\alpha = -\dfrac{\sqrt{7}}{4},$$
$$\tan 2\alpha = \dfrac{3\sqrt{7}}{7}$$

114

답 ㉠ 2 ㉡ $\dfrac{5}{3}\pi$ ㉢ $\theta + \dfrac{5}{3}\pi$

115

(1) 오른쪽 그림과 같이 $\sin\theta$의 계수 -1, $\cos\theta$의 계수 1을 각각 x좌표, y좌표로 하는 점 P$(-1, 1)$을 잡으면
$\overline{\text{OP}} = \sqrt{(-1)^2 + 1^2} = \sqrt{2}$이고,
$\cos\dfrac{3}{4}\pi = -\dfrac{1}{\sqrt{2}}, \ \sin\dfrac{3}{4}\pi = \dfrac{1}{\sqrt{2}}$

$\therefore -\sin\theta + \cos\theta$

$\quad = \sqrt{2}\left(-\dfrac{1}{\sqrt{2}}\sin\theta + \dfrac{1}{\sqrt{2}}\cos\theta\right)$

$\quad = \sqrt{2}\left(\cos\dfrac{3}{4}\pi\sin\theta + \sin\dfrac{3}{4}\pi\cos\theta\right)$

$\quad = \sqrt{2}\sin\left(\theta + \dfrac{3}{4}\pi\right)$

(2) 오른쪽 그림과 같이 $\sin\theta$의 계수 -1, $\cos\theta$의 계수 1을 각각 y좌표, x좌표로 하는 점 Q$(1, -1)$을 잡으면
$\overline{\text{OQ}} = \sqrt{1^2 + (-1)^2} = \sqrt{2}$이고,
$\sin\dfrac{7}{4}\pi = -\dfrac{1}{\sqrt{2}}, \ \cos\dfrac{7}{4}\pi = \dfrac{1}{\sqrt{2}}$

$\therefore -\sin\theta + \cos\theta$

$\quad = \sqrt{2}\left(-\dfrac{1}{\sqrt{2}}\sin\theta + \dfrac{1}{\sqrt{2}}\cos\theta\right)$

$\quad = \sqrt{2}\left(\sin\dfrac{7}{4}\pi\sin\theta + \cos\dfrac{7}{4}\pi\cos\theta\right)$

$\quad = \sqrt{2}\cos\left(\theta - \dfrac{7}{4}\pi\right)$

$$\text{답 (1) } \sqrt{2}\sin\left(\theta + \dfrac{3}{4}\pi\right) \quad \text{(2) } \sqrt{2}\cos\left(\theta - \dfrac{7}{4}\pi\right)$$

116

오른쪽 그림과 같이 $\sin\theta$의 계수 $\dfrac{\sqrt{3}}{2}$, $\cos\theta$의 계수 $\dfrac{1}{2}$을 각각 x좌표, y좌표로 하는 점 P$\left(\dfrac{\sqrt{3}}{2}, \dfrac{1}{2}\right)$을 잡으면

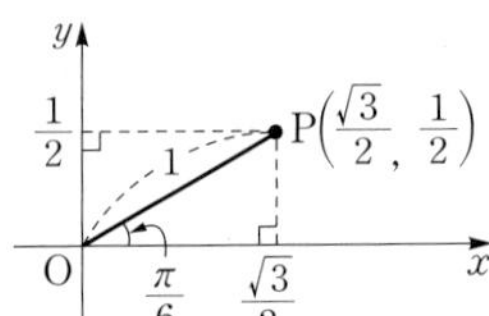

$\overline{\text{OP}} = \sqrt{\left(\dfrac{\sqrt{3}}{2}\right)^2 + \left(\dfrac{1}{2}\right)^2} = 1$이고,

$\cos\dfrac{\pi}{6} = \dfrac{\sqrt{3}}{2}, \ \sin\dfrac{\pi}{6} = \dfrac{1}{2}$

$\therefore y = \dfrac{\sqrt{3}}{2}\sin\theta + \dfrac{1}{2}\cos\theta$

$\quad = \cos\dfrac{\pi}{6}\sin\theta + \sin\dfrac{\pi}{6}\cos\theta = \sin\left(\theta + \dfrac{\pi}{6}\right)$

$\therefore$ 주기: 2π, 최댓값: 1, 최솟값: -1

$$\text{답 주기: } 2\pi, \text{ 최댓값: } 1, \text{ 최솟값: } -1$$

117

$\sin\left(\theta - \dfrac{\pi}{3}\right) = \sin\theta\cos\dfrac{\pi}{3} - \cos\theta\sin\dfrac{\pi}{3}$

$\qquad\qquad = \dfrac{1}{2}\sin\theta - \dfrac{\sqrt{3}}{2}\cos\theta$

이므로

$\sqrt{3}\sin\left(\theta - \dfrac{\pi}{3}\right) + 3\cos\theta$

$= \sqrt{3}\left(\dfrac{1}{2}\sin\theta - \dfrac{\sqrt{3}}{2}\cos\theta\right) + 3\cos\theta$

$= \dfrac{\sqrt{3}}{2}\sin\theta - \dfrac{3}{2}\cos\theta + 3\cos\theta$

$= \dfrac{\sqrt{3}}{2}\sin\theta + \dfrac{3}{2}\cos\theta$

(i) 오른쪽 그림과 같이 $\sin\theta$의 계수 $\dfrac{\sqrt{3}}{2}$, $\cos\theta$의 계수 $\dfrac{3}{2}$을 각각 x좌표, y좌표로 하는 점 $\mathrm{P}\!\left(\dfrac{\sqrt{3}}{2},\ \dfrac{3}{2}\right)$을 잡으면

$$\overline{\mathrm{OP}}=\sqrt{\left(\dfrac{\sqrt{3}}{2}\right)^{2}+\left(\dfrac{3}{2}\right)^{2}}=\sqrt{3}$$

이고,

$$\cos\dfrac{\pi}{3}=\dfrac{1}{2},\ \sin\dfrac{\pi}{3}=\dfrac{\sqrt{3}}{2}$$

$$\therefore\ \dfrac{\sqrt{3}}{2}\sin\theta+\dfrac{3}{2}\cos\theta$$

$$=\sqrt{3}\left(\dfrac{1}{2}\sin\theta+\dfrac{\sqrt{3}}{2}\cos\theta\right)$$

$$=\sqrt{3}\left(\cos\dfrac{\pi}{3}\sin\theta+\sin\dfrac{\pi}{3}\cos\theta\right)$$

$$=\sqrt{3}\sin\left(\theta+\dfrac{\pi}{3}\right)$$

(ii) 오른쪽 그림과 같이 $\sin\theta$의 계수 $\dfrac{\sqrt{3}}{2}$, $\cos\theta$의 계수 $\dfrac{3}{2}$을 각각 y좌표, x좌표로 하는 점 $\mathrm{Q}\!\left(\dfrac{3}{2},\ \dfrac{\sqrt{3}}{2}\right)$을 잡으면

$$\overline{\mathrm{OQ}}=\sqrt{\left(\dfrac{3}{2}\right)^{2}+\left(\dfrac{\sqrt{3}}{2}\right)^{2}}=\sqrt{3}$$

이고,

$$\sin\dfrac{\pi}{6}=\dfrac{1}{2},\ \cos\dfrac{\pi}{6}=\dfrac{\sqrt{3}}{2}$$

$$\therefore\ \dfrac{\sqrt{3}}{2}\sin\theta+\dfrac{3}{2}\cos\theta$$

$$=\sqrt{3}\left(\dfrac{1}{2}\sin\theta+\dfrac{\sqrt{3}}{2}\cos\theta\right)$$

$$=\sqrt{3}\left(\sin\dfrac{\pi}{6}\sin\theta+\cos\dfrac{\pi}{6}\cos\theta\right)$$

$$=\sqrt{3}\cos\left(\theta-\dfrac{\pi}{6}\right)$$

$$\textbf{답 } \sqrt{3}\sin\left(\theta+\dfrac{\pi}{3}\right),\ \sqrt{3}\cos\left(\theta-\dfrac{\pi}{6}\right)$$

118

(1) 오른쪽 그림과 같이 $\sin x$의 계수 -1, $\cos x$의 계수 -1을 각각 x좌표, y좌표로 하는 점 $\mathrm{P}(-1,\ -1)$을 잡으면

$$\overline{\mathrm{OP}}=\sqrt{(-1)^{2}+(-1)^{2}}=\sqrt{2}$$

이고, $\cos\dfrac{5}{4}\pi=-\dfrac{1}{\sqrt{2}}$, $\sin\dfrac{5}{4}\pi=-\dfrac{1}{\sqrt{2}}$

$$\therefore\ y=-\sin x-\cos x$$

$$=\sqrt{2}\left(-\dfrac{1}{\sqrt{2}}\sin x-\dfrac{1}{\sqrt{2}}\cos x\right)$$

$$=\sqrt{2}\left(\cos\dfrac{5}{4}\pi\sin x+\sin\dfrac{5}{4}\pi\cos x\right)$$

$$=\sqrt{2}\sin\left(x+\dfrac{5}{4}\pi\right)$$

이때 $-1\leq\sin\left(x+\dfrac{5}{4}\pi\right)\leq1$이므로

$$-\sqrt{2}\leq\sqrt{2}\sin\left(x+\dfrac{5}{4}\pi\right)\leq\sqrt{2}$$

$\therefore$ 최댓값: $\sqrt{2}$, 최솟값: $-\sqrt{2}$

(2) $y=3\sin x+4\cos x-2$

$$=5\left(\dfrac{3}{5}\sin x+\dfrac{4}{5}\cos x\right)-2$$

$$=5\sin(x+\alpha)-2$$

$$\left(\text{단},\ \cos\alpha=\dfrac{3}{5},\ \sin\alpha=\dfrac{4}{5}\right)$$

이때 $-1\leq\sin(x+\alpha)\leq1$이므로

$$-5\leq5\sin(x+\alpha)\leq5$$

$$\therefore\ -7\leq5\sin(x+\alpha)-2\leq3$$

$\therefore$ 최댓값: 3, 최솟값: -7

(3) $y=2\sqrt{3}\sin x+3\cos\left(x+\dfrac{\pi}{3}\right)$

$$=2\sqrt{3}\sin x+3\left(\cos x\cos\dfrac{\pi}{3}-\sin x\sin\dfrac{\pi}{3}\right)$$

$$=2\sqrt{3}\sin x+3\left(\dfrac{1}{2}\cos x-\dfrac{\sqrt{3}}{2}\sin x\right)$$

$$=\dfrac{\sqrt{3}}{2}\sin x+\dfrac{3}{2}\cos x$$

$$=\sqrt{3}\left(\dfrac{1}{2}\sin x+\dfrac{\sqrt{3}}{2}\cos x\right)$$

$$=\sqrt{3}\left(\cos\dfrac{\pi}{3}\sin x+\sin\dfrac{\pi}{3}\cos x\right)$$

$$=\sqrt{3}\sin\left(x+\dfrac{\pi}{3}\right)$$

이때 $-1 \leq \sin\left(x+\dfrac{\pi}{3}\right) \leq 1$이므로

$-\sqrt{3} \leq \sqrt{3}\sin\left(x+\dfrac{\pi}{3}\right) \leq \sqrt{3}$

$\therefore$ 최댓값: $\sqrt{3}$, 최솟값: $-\sqrt{3}$

(4) $y = 2\cos x - 2\sin\left(x+\dfrac{\pi}{6}\right) + 3$

$\quad = 2\cos x - 2\left(\sin x \cos\dfrac{\pi}{6} + \cos x \sin\dfrac{\pi}{6}\right) + 3$

$\quad = 2\cos x - 2\left(\dfrac{\sqrt{3}}{2}\sin x + \dfrac{1}{2}\cos x\right) + 3$

$\quad = 2\cos x - \sqrt{3}\sin x - \cos x + 3$

$\quad = -\sqrt{3}\sin x + \cos x + 3$

$\quad = 2\left(-\dfrac{\sqrt{3}}{2}\sin x + \dfrac{1}{2}\cos x\right) + 3$

$\quad = 2\left(\cos\dfrac{5}{6}\pi \sin x + \sin\dfrac{5}{6}\pi \cos x\right) + 3$

$\quad = 2\sin\left(x+\dfrac{5}{6}\pi\right) + 3$

이때 $-1 \leq \sin\left(x+\dfrac{5}{6}\pi\right) \leq 1$이므로

$-2 \leq 2\sin\left(x+\dfrac{5}{6}\pi\right) \leq 2$

$\therefore 1 \leq 2\sin\left(x+\dfrac{5}{6}\pi\right) + 3 \leq 5$

$\therefore$ 최댓값: 5, 최솟값: 1

답 (1) **최댓값: $\sqrt{2}$, 최솟값: $-\sqrt{2}$**

(2) **최댓값: 3, 최솟값: -7**

(3) **최댓값: $\sqrt{3}$, 최솟값: $-\sqrt{3}$**

(4) **최댓값: 5, 최솟값: 1**

119

$y = -\sin x + \sqrt{a}\cos x$

$\quad = \sqrt{1+a}\left(-\dfrac{1}{\sqrt{1+a}}\sin x + \dfrac{\sqrt{a}}{\sqrt{1+a}}\cos x\right)$

$\quad = \sqrt{1+a}(\cos\alpha \sin x + \sin\alpha \cos x)$

$\quad = \sqrt{1+a}\sin(x+\alpha)$

$\qquad \left(\text{단, }\cos\alpha = -\dfrac{1}{\sqrt{1+a}},\ \sin\alpha = \dfrac{\sqrt{a}}{\sqrt{1+a}}\right)$

이때 $-1 \leq \sin(x+\alpha) \leq 1$이므로

$-\sqrt{1+a} \leq \sqrt{1+a}\sin(x+\alpha) \leq \sqrt{1+a}$

최솟값이 -2이므로 $-\sqrt{1+a} = -2$

$1+a = 4 \qquad \therefore a = 3$　　　　　답 **3**

120

답 $0,\ \dfrac{\sqrt{2}}{2},\ \dfrac{\sqrt{3}}{2},\ 1,\ \dfrac{\sqrt{2}}{2}$

121

(1) $\displaystyle\lim_{x\to\frac{\pi}{4}}\sin 2x = \sin\left(2\times\dfrac{\pi}{4}\right) = \sin\dfrac{\pi}{2} = 1$

(2) $\displaystyle\lim_{x\to 0}\dfrac{3+\sin x}{\cos x} = \dfrac{3+\sin 0}{\cos 0} = \dfrac{3}{1} = 3$

답 (1) **1**　(2) **3**

122

답 $7x,\ \dfrac{7}{5},\ \dfrac{7}{5},\ \dfrac{5}{7}$

123

(1) $\displaystyle\lim_{x\to 0}\dfrac{\sin 2x}{5x} = \lim_{x\to 0}\dfrac{\sin 2x}{2x}\times\dfrac{2}{5} = 1\times\dfrac{2}{5} = \dfrac{2}{5}$

(2) $\displaystyle\lim_{x\to 0}\dfrac{\sin 3x}{\tan 5x} = \lim_{x\to 0}\left(\dfrac{\sin 3x}{3x}\times\dfrac{5x}{\tan 5x}\times\dfrac{3}{5}\right)$

$\qquad = 1\times 1\times\dfrac{3}{5} = \dfrac{3}{5}$

답 (1) $\dfrac{2}{5}$　(2) $\dfrac{3}{5}$

124

(1) $\displaystyle\lim_{x\to\frac{\pi}{4}}\dfrac{\sec x}{\csc x} = \lim_{x\to\frac{\pi}{4}}\dfrac{\dfrac{1}{\cos x}}{\dfrac{1}{\sin x}} = \lim_{x\to\frac{\pi}{4}}\dfrac{\sin x}{\cos x}$

$\qquad = \lim_{x\to\frac{\pi}{4}}\tan x = 1$

(2) $\displaystyle\lim_{x\to\frac{\pi}{2}}\dfrac{\sin 4x}{\sin 2x} = \lim_{x\to\frac{\pi}{2}}\dfrac{2\sin 2x \cos 2x}{\sin 2x}$

$\qquad = \lim_{x\to\frac{\pi}{2}}2\cos 2x = 2\times(-1) = -2$

(3) $\displaystyle\lim_{x\to\frac{\pi}{4}}\dfrac{\cos 2x}{\cos x - \sin x}$

$\qquad = \lim_{x\to\frac{\pi}{4}}\dfrac{\cos^2 x - \sin^2 x}{\cos x - \sin x}$

$\qquad = \lim_{x\to\frac{\pi}{4}}\dfrac{(\cos x + \sin x)(\cos x - \sin x)}{\cos x - \sin x}$

$\qquad = \lim_{x\to\frac{\pi}{4}}(\cos x + \sin x) = \dfrac{\sqrt{2}}{2} + \dfrac{\sqrt{2}}{2} = \sqrt{2}$

(4) $\displaystyle\lim_{x\to\frac{\pi}{4}}\frac{1-\tan^2 x}{\sin x-\cos x}$

$\displaystyle=\lim_{x\to\frac{\pi}{4}}\frac{(1+\tan x)(1-\tan x)}{-\cos x\left(1-\dfrac{\sin x}{\cos x}\right)}$

$\displaystyle=\lim_{x\to\frac{\pi}{4}}\frac{(1+\tan x)(1-\tan x)}{-\cos x(1-\tan x)}$

$\displaystyle=\lim_{x\to\frac{\pi}{4}}\frac{1+\tan x}{-\cos x}$

$\displaystyle=\frac{1+1}{-\dfrac{\sqrt{2}}{2}}=-2\sqrt{2}$

$\qquad$ 답 (1) **1** (2) **-2** (3) $\boldsymbol{\sqrt{2}}$ (4) **$-2\sqrt{2}$**

125

$x\neq0$일 때, $x^2>0$이고 $-1\leq\sin\dfrac{1}{x}\leq1$이므로

$-x^2\leq x^2\sin\dfrac{1}{x}\leq x^2$

이때 $\displaystyle\lim_{x\to0}(-x^2)=\lim_{x\to0}x^2=0$이므로 함수의 극한의 대

소 관계에 의하여

$\displaystyle\lim_{x\to0}x^2\sin\dfrac{1}{x}=0$ $\qquad$ 답 **0**

126

(1) $\displaystyle\lim_{x\to0}\frac{\sin(3x^3+x^2+5x)}{5x^3+4x^2+2x}$

$\displaystyle=\lim_{x\to0}\left\{\frac{\sin(3x^3+x^2+5x)}{3x^3+x^2+5x}\times\frac{3x^3+x^2+5x}{5x^3+4x^2+2x}\right\}$

$\displaystyle=\lim_{x\to0}\frac{\sin(3x^3+x^2+5x)}{3x^3+x^2+5x}\times\lim_{x\to0}\frac{3x^3+x^2+5x}{5x^3+4x^2+2x}$

$\displaystyle=1\times\lim_{x\to0}\frac{3x^2+x+5}{5x^2+4x+2}$

$\displaystyle=1\times\frac{5}{2}=\frac{5}{2}$

(2) $\displaystyle\lim_{x\to0}\frac{\tan 2x}{x\cos x}$

$\displaystyle=\lim_{x\to0}\left(\frac{\tan 2x}{2x}\times\frac{2}{\cos x}\right)$

$\displaystyle=1\times\frac{2}{1}=2$

(3) $\displaystyle\lim_{x\to0}\frac{\sin(\tan x)}{\sin 2x}$

$\displaystyle=\lim_{x\to0}\left\{\frac{\sin(\tan x)}{\tan x}\times\frac{\tan x}{x}\times\frac{2x}{\sin 2x}\times\frac{1}{2}\right\}$

$\displaystyle=1\times1\times1\times\frac{1}{2}=\frac{1}{2}$

(4) $\displaystyle\lim_{x\to0}\frac{\sin 2x}{x+\tan 3x}$

$\displaystyle=\lim_{x\to0}\frac{\dfrac{\sin 2x}{x}}{1+\dfrac{\tan 3x}{x}}$

$\displaystyle=\frac{\displaystyle\lim_{x\to0}\left(\frac{\sin 2x}{2x}\times 2\right)}{1+\displaystyle\lim_{x\to0}\left(\frac{\tan 3x}{3x}\times 3\right)}$

$\displaystyle=\frac{2}{1+3}=\frac{1}{2}$

$\qquad$ 답 (1) $\dfrac{5}{2}$ (2) **2** (3) $\dfrac{1}{2}$ (4) $\dfrac{1}{2}$

127

(1) $\displaystyle\lim_{x\to0}\frac{e^{3x}-1}{\sin 2x}$

$\displaystyle=\lim_{x\to0}\left(\frac{e^{3x}-1}{3x}\times\frac{2x}{\sin 2x}\times\frac{3}{2}\right)$

$\displaystyle=1\times1\times\frac{3}{2}=\frac{3}{2}$

(2) $\displaystyle\lim_{x\to0}\frac{\ln(x+1)}{\tan 3x}$

$\displaystyle=\lim_{x\to0}\left\{\frac{\ln(x+1)}{x}\times\frac{3x}{\tan 3x}\times\frac{1}{3}\right\}$

$\displaystyle=1\times1\times\frac{1}{3}=\frac{1}{3}$

$\qquad$ 답 (1) $\dfrac{3}{2}$ (2) $\dfrac{1}{3}$

참고 $\displaystyle\lim_{\blacktriangle\to0}\frac{e^{\blacktriangle}-1}{\blacktriangle}=1$

$\displaystyle\lim_{\blacksquare\to0}\frac{\ln(1+\blacksquare)}{\blacksquare}=1$

128

(1) $\displaystyle\lim_{x\to 0}\frac{1-\cos x}{x\tan 6x}$

$\displaystyle=\lim_{x\to 0}\frac{(1-\cos x)(1+\cos x)}{x\tan 6x(1+\cos x)}$

$\displaystyle=\lim_{x\to 0}\frac{1-\cos^2 x}{x\tan 6x(1+\cos x)}$

$\displaystyle=\lim_{x\to 0}\frac{\sin^2 x}{x\tan 6x(1+\cos x)}$

$\displaystyle=\lim_{x\to 0}\left\{\left(\frac{\sin x}{x}\right)^2\times\frac{6x}{\tan 6x}\times\frac{1}{6(1+\cos x)}\right\}$

$\displaystyle=1^2\times 1\times\frac{1}{6\times 2}=\frac{1}{12}$

(2) $\displaystyle\lim_{x\to 0}\frac{1-\cos 2x}{x^2}$

$\displaystyle=\lim_{x\to 0}\frac{(1-\cos 2x)(1+\cos 2x)}{x^2(1+\cos 2x)}$

$\displaystyle=\lim_{x\to 0}\frac{1-\cos^2 2x}{x^2(1+\cos 2x)}$

$\displaystyle=\lim_{x\to 0}\frac{\sin^2 2x}{x^2(1+\cos 2x)}$

$\displaystyle=\lim_{x\to 0}\left(\frac{\sin^2 2x}{x^2}\times\frac{1}{1+\cos 2x}\right)$

$\displaystyle=\lim_{x\to 0}\left\{\left(\frac{\sin 2x}{2x}\right)^2\times\frac{4}{1+\cos 2x}\right\}$

$\displaystyle=1^2\times\frac{4}{2}=2$

(3) $\displaystyle\lim_{x\to 0}\frac{1-\cos x}{1-\cos 2x}$

$\displaystyle=\lim_{x\to 0}\left(\frac{1-\cos x}{1-\cos 2x}\times\frac{1+\cos x}{1+\cos x}\times\frac{1+\cos 2x}{1+\cos 2x}\right)$

$\displaystyle=\lim_{x\to 0}\left(\frac{1-\cos^2 x}{1-\cos^2 2x}\times\frac{1+\cos 2x}{1+\cos x}\right)$

$\displaystyle=\lim_{x\to 0}\left(\frac{\sin^2 x}{\sin^2 2x}\times\frac{1+\cos 2x}{1+\cos x}\right)$

$\displaystyle=\lim_{x\to 0}\left\{\frac{\sin^2 x}{x^2}\times\frac{(2x)^2}{\sin^2 2x}\times\frac{1}{2^2}\times\frac{1+\cos 2x}{1+\cos x}\right\}$

$\displaystyle=\lim_{x\to 0}\left\{\left(\frac{\sin x}{x}\right)^2\times\left(\frac{2x}{\sin 2x}\right)^2\times\frac{1}{4}\times\frac{1+\cos 2x}{1+\cos x}\right\}$

$\displaystyle=1^2\times 1^2\times\frac{1}{4}\times\frac{2}{2}$

$\displaystyle=\frac{1}{4}$

(4) $\displaystyle\lim_{x\to 0}\frac{\csc x-\cot x}{x}$

$\displaystyle=\lim_{x\to 0}\frac{\dfrac{1}{\sin x}-\dfrac{\cos x}{\sin x}}{x}$

$\displaystyle=\lim_{x\to 0}\frac{1-\cos x}{x\sin x}$

$\displaystyle=\lim_{x\to 0}\frac{(1-\cos x)(1+\cos x)}{x\sin x(1+\cos x)}$

$\displaystyle=\lim_{x\to 0}\frac{1-\cos^2 x}{x\sin x(1+\cos x)}$

$\displaystyle=\lim_{x\to 0}\frac{\sin^2 x}{x\sin x(1+\cos x)}$

$\displaystyle=\lim_{x\to 0}\frac{\sin x}{x(1+\cos x)}$

$\displaystyle=\lim_{x\to 0}\left(\frac{\sin x}{x}\times\frac{1}{1+\cos x}\right)$

$\displaystyle=1\times\frac{1}{2}=\frac{1}{2}$

답 (1) $\dfrac{1}{12}$　(2) $\mathbf{2}$　(3) $\dfrac{1}{4}$　(4) $\dfrac{1}{2}$

129

(1) $x-\pi=t$로 놓으면 $x=\pi+t$이고 $x\to\pi$일 때 $t\to 0$이므로

$\displaystyle\lim_{x\to\pi}\frac{\sin x}{\pi-x}=\lim_{t\to 0}\frac{\sin(\pi+t)}{-t}$

$\displaystyle\qquad=\lim_{t\to 0}\frac{-\sin t}{-t}$

$\displaystyle\qquad=1$

(2) $x-\dfrac{\pi}{2}=t$로 놓으면 $x=\dfrac{\pi}{2}+t$이고 $x\to\dfrac{\pi}{2}$일 때 $t\to 0$이므로

$\displaystyle\lim_{x\to\frac{\pi}{2}}\left(x-\frac{\pi}{2}\right)\tan x=\lim_{t\to 0}t\tan\left(\frac{\pi}{2}+t\right)$

$\displaystyle\qquad=\lim_{t\to 0}t(-\cot t)$

$\displaystyle\qquad=\lim_{t\to 0}\left(-\frac{t}{\tan t}\right)$

$\displaystyle\qquad=-1$

(3) $\dfrac{1}{2x+1}=t$로 놓으면 $x=\dfrac{1-t}{2t}$이고 $x \to \infty$일 때

$t \to 0$이므로

$$\lim_{x \to \infty} x \tan \dfrac{1}{2x+1} = \lim_{t \to 0}\left(\dfrac{1-t}{2t} \times \tan t\right)$$

$$=\lim_{t \to 0}\left(\dfrac{1-t}{2} \times \dfrac{\tan t}{t}\right)$$

$$=\dfrac{1}{2} \times 1 = \dfrac{1}{2}$$

(4) $x-1=t$로 놓으면 $x=t+1$이고 $x \to 1$일 때

$t \to 0$이므로

$$\lim_{x \to 1} \dfrac{\sin\left(\cos \dfrac{\pi}{2}x\right)}{x-1}$$

$$=\lim_{t \to 0} \dfrac{\sin\left\{\cos \dfrac{\pi}{2}(t+1)\right\}}{t}$$

$$=\lim_{t \to 0} \dfrac{\sin\left\{\cos\left(\dfrac{\pi}{2}+\dfrac{\pi}{2}t\right)\right\}}{t}$$

$$=\lim_{t \to 0} \dfrac{\sin\left(-\sin \dfrac{\pi}{2}t\right)}{t}$$

$$=\lim_{t \to 0}\left\{-\dfrac{\sin\left(\sin \dfrac{\pi}{2}t\right)}{\sin \dfrac{\pi}{2}t} \times \dfrac{\sin \dfrac{\pi}{2}t}{\dfrac{\pi}{2}t} \times \dfrac{\pi}{2}\right\}$$

$$=-1 \times 1 \times \dfrac{\pi}{2} = -\dfrac{\pi}{2}$$

답 (1) 1　(2) −1　(3) $\dfrac{\mathbf{1}}{\mathbf{2}}$　(4) $-\dfrac{\boldsymbol{\pi}}{\mathbf{2}}$

130

(1) $x \to 0$일 때 극한값이 존재하고 (분모) $\to 0$이므로 (분자) $\to 0$이어야 한다.

즉, $\lim\limits_{x \to 0} \sin(ax+b)=0$이므로 $\sin b=0$

$\therefore b=0 \left(\because 0 \le b \le \dfrac{\pi}{2}\right)$

$b=0$을 주어진 식의 좌변에 대입하면

$$\lim_{x \to 0} \dfrac{\sin ax}{\tan x} = \lim_{x \to 0}\left(\dfrac{\sin ax}{ax} \times \dfrac{x}{\tan x} \times a\right)$$

$$=1 \times 1 \times a = a$$

$\therefore a=3$

(2) $x \to 0$일 때 극한값이 존재하고 (분모) $\to 0$이므로 (분자) $\to 0$이어야 한다.

즉, $\lim\limits_{x \to 0}(a-b\cos x)=0$이므로 $a-b=0$

$\therefore a=b$ 　　　　　…… ㉠

㉠을 주어진 식의 좌변에 대입하면

$$\lim_{x \to 0} \dfrac{a-a\cos x}{x^2}$$

$$=\lim_{x \to 0} \dfrac{a(1-\cos x)}{x^2}$$

$$=\lim_{x \to 0} \dfrac{a(1-\cos x)(1+\cos x)}{x^2(1+\cos x)}$$

$$=\lim_{x \to 0} \dfrac{a(1-\cos^2 x)}{x^2(1+\cos x)}$$

$$=\lim_{x \to 0} \dfrac{a\sin^2 x}{x^2(1+\cos x)}$$

$$=\lim_{x \to 0}\left\{a \times \left(\dfrac{\sin x}{x}\right)^2 \times \dfrac{1}{1+\cos x}\right\}$$

$$=a \times 1^2 \times \dfrac{1}{2}$$

$$=\dfrac{a}{2}$$

따라서 $\dfrac{a}{2}=1$이므로 $a=2$

$a=2$를 ㉠에 대입하면 $b=2$

(3) $x \to 0$일 때 0이 아닌 극한값이 존재하고 (분자) $\to 0$이므로 (분모) $\to 0$이어야 한다.

즉, $\lim\limits_{x \to 0}\ln(x+4-b)=0$이므로 $\ln(4-b)=0$

$4-b=1$ 　　　　$\therefore b=3$

$b=3$을 주어진 식의 좌변에 대입하면

$$\lim_{x \to 0} \dfrac{\sin ax}{\ln(x+4-3)}$$

$$=\lim_{x \to 0} \dfrac{\sin ax}{\ln(x+1)}$$

$$=\lim_{x \to 0}\left\{\dfrac{\sin ax}{ax} \times \dfrac{a}{\dfrac{\ln(x+1)}{x}}\right\}$$

$$=1 \times \dfrac{a}{1} = a$$

$\therefore a=7$

(4) $x \to 1$일 때 극한값이 존재하고 (분모) $\to 0$이므로 (분자) $\to 0$이어야 한다.

즉, $\lim\limits_{x \to 1} \sin(2x-a)=0$이므로 $\sin(2-a)=0$

$\therefore a=2$ ($\because a$는 정수)

$a=2$를 주어진 식의 좌변에 대입하면

$$\lim_{x \to 1} \frac{\sin(2x-2)}{\log_3 x} = \lim_{x \to 1} \frac{\sin\{2(x-1)\}}{\log_3 x}$$

이때 $x-1=t$로 놓으면 $x=t+1$이고 $x \to 1$일 때 $t \to 0$이므로

$$\lim_{x \to 1} \frac{\sin\{2(x-1)\}}{\log_3 x}$$

$$= \lim_{t \to 0} \frac{\sin 2t}{\log_3(t+1)}$$

$$= \lim_{t \to 0} \left\{ \frac{\sin 2t}{2t} \times \frac{2}{\dfrac{\log_3(t+1)}{t}} \right\}$$

$$= 1 \times \frac{2}{\dfrac{1}{\ln 3}} = 2 \ln 3 = \ln 9$$

따라서 $\ln 9 = \ln b$이므로 $b=9$

$$\text{답 (1) } \boldsymbol{a=3, \, b=0} \quad \text{(2) } \boldsymbol{a=2, \, b=2}$$
$$\text{(3) } \boldsymbol{a=7, \, b=3} \quad \text{(4) } \boldsymbol{a=2, \, b=9}$$

131

(1) $y'=(5x^2-3)' \cos x + (5x^2-3)(\cos x)'$

$\qquad = 10x \cos x + (5x^2-3)(-\sin x)$

$\qquad = 10x \cos x - (5x^2-3) \sin x$

(2) $y=\sin^2 x - \cos^2 x$

$\qquad = \sin x \sin x - \cos x \cos x$

이므로

$y'=(\sin x)' \sin x + \sin x (\sin x)'$

$\qquad - \{(\cos x)' \cos x + \cos x (\cos x)'\}$

$\quad = \cos x \sin x + \sin x \cos x$

$\qquad - \{(-\sin x) \cos x + \cos x (-\sin x)\}$

$\quad = 2 \sin x \cos x + 2 \sin x \cos x$

$\quad = 4 \sin x \cos x$

$\quad = 2 \sin 2x$

(3) $y=\sin 2x - \ln x$

$\qquad = 2 \sin x \cos x - \ln x$

이므로

$$y'=(2 \sin x \cos x)' - (\ln x)'$$

$$= 2(\sin x)' \cos x + 2 \sin x (\cos x)' - \frac{1}{x}$$

$$= 2 \cos x \cos x + 2 \sin x (-\sin x) - \frac{1}{x}$$

$$= 2 \cos^2 x - 2 \sin^2 x - \frac{1}{x}$$

$$= 2(\cos^2 x - \sin^2 x) - \frac{1}{x}$$

$$= 2 \cos 2x - \frac{1}{x}$$

(4) $y'=(3^x)' - (\sin x)' = 3^x \ln 3 - \cos x$

$$\text{답 (1) } \boldsymbol{y'=10x \cos x - (5x^2-3) \sin x}$$
$$\text{(2) } \boldsymbol{y'=2 \sin 2x}$$
$$\text{(3) } \boldsymbol{y'=2 \cos 2x - \dfrac{1}{x}}$$
$$\text{(4) } \boldsymbol{y'=3^x \ln 3 - \cos x}$$

132

$f(x)=x^2 \sin x$에서

$f'(x)=(x^2)' \sin x + x^2 (\sin x)'$

$\qquad = 2x \sin x + x^2 \cos x$

$\therefore f'(\pi) = 2\pi \sin \pi + \pi^2 \cos \pi$

$\qquad\qquad = -\pi^2$ $\qquad\qquad$ 답 $\boldsymbol{-\pi^2}$

133

$$\lim_{h \to 0} \frac{f\left(\dfrac{\pi}{3}+h\right) - f\left(\dfrac{\pi}{3}-h\right)}{h}$$

$$= \lim_{h \to 0} \frac{f\left(\dfrac{\pi}{3}+h\right) - f\left(\dfrac{\pi}{3}\right) + f\left(\dfrac{\pi}{3}\right) - f\left(\dfrac{\pi}{3}-h\right)}{h}$$

$$= \lim_{h \to 0} \frac{f\left(\dfrac{\pi}{3}+h\right) - f\left(\dfrac{\pi}{3}\right)}{h}$$

$$\qquad + \lim_{h \to 0} \frac{f\left(\dfrac{\pi}{3}-h\right) - f\left(\dfrac{\pi}{3}\right)}{-h}$$

$$= f'\left(\frac{\pi}{3}\right) + f'\left(\frac{\pi}{3}\right) = 2f'\left(\frac{\pi}{3}\right)$$

이때

$f'(x)=(e^x)' \cos x + e^x (\cos x)'$

$\qquad = e^x \cos x + e^x (-\sin x)$

$\qquad = e^x (\cos x - \sin x)$

이므로

$$f'\left(\frac{\pi}{3}\right)=e^{\frac{\pi}{3}}\left(\cos\frac{\pi}{3}-\sin\frac{\pi}{3}\right)$$

$$=e^{\frac{\pi}{3}}\left(\frac{1}{2}-\frac{\sqrt{3}}{2}\right)=\frac{1-\sqrt{3}}{2}e^{\frac{\pi}{3}}$$

$$\therefore\ 2f'\left(\frac{\pi}{3}\right)=(1-\sqrt{3})e^{\frac{\pi}{3}}\qquad\text{답}\ (1-\sqrt{3})e^{\frac{\pi}{3}}$$

134

함수 $f(x)$가 $x=0$에서 미분가능하면 $x=0$에서 연속이므로

$$\lim_{x\to0+}(\sin x+a)=\lim_{x\to0-}(bx+1)=f(0)$$

$$\therefore\ a=1$$

또, $f'(0)$이 존재하므로

$$f'(x)=\begin{cases}\cos x & (x>0)\\ b & (x<0)\end{cases}\ \text{에서}$$

$$\lim_{x\to0+}\cos x=\lim_{x\to0-}b\qquad \therefore\ b=1$$

$$\therefore\ a+b=1+1=2\qquad\qquad\text{답}\ 2$$

135

$$(1)\ y'=-\frac{2(x^2+3x+1)'}{(x^2+3x+1)^2}$$

$$=-\frac{2(2x+3)}{(x^2+3x+1)^2}$$

$$(2)\ y'=\frac{(x^3-2x+3)'(x+1)-(x^3-2x+3)(x+1)'}{(x+1)^2}$$

$$=\frac{(3x^2-2)(x+1)-(x^3-2x+3)\times1}{(x+1)^2}$$

$$=\frac{2x^3+3x^2-5}{(x+1)^2}$$

$$(3)\ y'=\frac{(e^x-1)'(e^x+1)-(e^x-1)(e^x+1)'}{(e^x+1)^2}$$

$$=\frac{e^x(e^x+1)-(e^x-1)\times e^x}{(e^x+1)^2}$$

$$=\frac{2e^x}{(e^x+1)^2}$$

$$\text{답}\ (1)\ y'=-\frac{2(2x+3)}{(x^2+3x+1)^2}$$

$$(2)\ y'=\frac{2x^3+3x^2-5}{(x+1)^2}$$

$$(3)\ y'=\frac{2e^x}{(e^x+1)^2}$$

136

$$f'(x)$$

$$=\frac{(x^3-x^2+1)'(x^2-1)-(x^3-x^2+1)(x^2-1)'}{(x^2-1)^2}$$

$$=\frac{(3x^2-2x)(x^2-1)-(x^3-x^2+1)\times2x}{(x^2-1)^2}$$

$$=\frac{x^2(x^2-3)}{(x^2-1)^2}$$

$$\therefore\ f'(\sqrt{2})=\frac{2\times(2-3)}{(2-1)^2}=-2\qquad\text{답}\ -2$$

137

$$(1)\ y'=-6x^{-3}$$

$$(2)\ y=3x^2-\frac{2}{x^3}=3x^2-2x^{-3}$$

$$\therefore\ y'=6x+6x^{-4}=6x+\frac{6}{x^4}$$

$$(3)\ y=\frac{x^3-2x^2+3}{x^5}=\frac{1}{x^2}-\frac{2}{x^3}+\frac{3}{x^5}$$

$$=x^{-2}-2x^{-3}+3x^{-5}$$

$$\therefore\ y'=-2x^{-3}+6x^{-4}-15x^{-6}$$

$$=-\frac{2}{x^3}+\frac{6}{x^4}-\frac{15}{x^6}$$

$$\text{답}\ (1)\ y'=-6x^{-3}\quad (2)\ y'=6x+\frac{6}{x^4}$$

$$(3)\ y'=-\frac{2}{x^3}+\frac{6}{x^4}-\frac{15}{x^6}$$

138

$$f(x)=\frac{1}{x}+\frac{2}{x^2}+\frac{3}{x^3}+\cdots+\frac{9}{x^9}$$

$$=x^{-1}+2x^{-2}+3x^{-3}+\cdots+9x^{-9}$$

$$\therefore\ f'(x)=-x^{-2}-2^2x^{-3}-3^2x^{-4}-\cdots-9^2x^{-10}$$

$$\therefore\ f'(1)=-1-2^2-3^2-\cdots-9^2$$

$$=-(1+2^2+3^2+\cdots+9^2)$$

$$=-\frac{9\times10\times19}{6}=-285\qquad\text{답}\ -285$$

139

(1) $y' = \sec x \tan x - \sqrt{5}(-\csc x \cot x)$
$= \sec x \tan x + \sqrt{5} \csc x \cot x$

(2) $y' = 5e^x \tan x + 5e^x \sec^2 x$
$= 5e^x(\tan x + \sec^2 x)$

(3) $y' = \sec x \tan x \tan x + \sec x \sec^2 x$
$= \sec x \tan^2 x + \sec^3 x$
$= \sec x(\tan^2 x + \sec^2 x)$

(4) $y' = \dfrac{(1-\tan x)'(1+\tan x)-(1-\tan x)(1+\tan x)'}{(1+\tan x)^2}$
$= \dfrac{(-\sec^2 x)(1+\tan x)-(1-\tan x)\times \sec^2 x}{(1+\tan x)^2}$
$= -\dfrac{2\sec^2 x}{(1+\tan x)^2}$

$$\text{답} \ (1) \ y' = \sec x \tan x + \sqrt{5} \csc x \cot x$$
$$(2) \ y' = 5e^x(\tan x + \sec^2 x)$$
$$(3) \ y' = \sec x(\tan^2 x + \sec^2 x)$$
$$(4) \ y' = -\dfrac{2\sec^2 x}{(1+\tan x)^2}$$

140

$f'(x) = \dfrac{(1+\sec x)' \tan x - (1+\sec x)(\tan x)'}{\tan^2 x}$
$= \dfrac{\sec x \tan x \tan x - (1+\sec x)\sec^2 x}{\tan^2 x}$
$= \sec x - \csc^2 x(1+\sec x)$

$\therefore f'\left(\dfrac{\pi}{3}\right) = \sec \dfrac{\pi}{3} - \csc^2 \dfrac{\pi}{3}\left(1 + \sec \dfrac{\pi}{3}\right)$
$= 2 - \dfrac{4}{3} \times (1+2)$
$= -2$

$\text{답} \ -2$

141

(1) $y' = \{(x^2+1)^3\}'(x^3+x-1)^2$
$\qquad\qquad + (x^2+1)^3\{(x^3+x-1)^2\}'$
$= 3(x^2+1)^2(x^2+1)'(x^3+x-1)^2$
$\qquad\qquad + (x^2+1)^3 \times 2(x^3+x-1)(x^3+x-1)'$
$= 3(x^2+1)^2 \times 2x(x^3+x-1)^2$
$\qquad\qquad + (x^2+1)^3 \times 2(x^3+x-1)(3x^2+1)$
$= 2(x^2+1)^2(x^3+x-1)(6x^4+7x^2-3x+1)$

(2) $y' = \dfrac{(4x-1)'(3x+2)^2-(4x-1)\{(3x+2)^2\}'}{\{(3x+2)^2\}^2}$
$= \dfrac{4(3x+2)^2-(4x-1)\times 2(3x+2)\times 3}{(3x+2)^4}$
$= \dfrac{2(3x+2)\{2(3x+2)-3(4x-1)\}}{(3x+2)^4}$
$= -\dfrac{2(6x-7)}{(3x+2)^3}$

(3) $y' = 2\cos(x^2-x+2)\{\cos(x^2-x+2)\}'$
$= 2\cos(x^2-x+2)$
$\qquad\qquad \times \{-\sin(x^2-x+2)\}(x^2-x+2)'$
$= 2(1-2x)\cos(x^2-x+2)\sin(x^2-x+2)$

(4) $y' = 3(1-\tan x)^2(1-\tan x)'$
$= 3(1-\tan x)^2(-\sec^2 x)$
$= -3(1-\tan x)^2 \sec^2 x$

답 풀이 참조

142

$h(x) = (f \circ g)(x) = f(g(x))$이므로
$h'(x) = f'(g(x))g'(x)$
$f(x) = (x^2+5x)^2$에서
$f'(x) = 2(x^2+5x)(2x+5)$
$g(x) = \dfrac{4x-3}{2x-1}$에서
$g'(x) = \dfrac{4(2x-1)-(4x-3)\times 2}{(2x-1)^2} = \dfrac{2}{(2x-1)^2}$
$g(1) = \dfrac{4-3}{2-1} = 1, \ g'(1) = \dfrac{2}{1} = 2$이므로
$h'(1) = f'(g(1))g'(1) = 2f'(1)$
$\qquad = 2 \times (2 \times 6 \times 7) = 168$

답 168

143

(1) $y' = e^{x^2+x+1}(x^2+x+1)'$
$= (2x+1)e^{x^2+x+1}$

(2) $y' = 3^{\cos x} \ln 3 \times (\cos x)'$
$= 3^{\cos x} \ln 3 \times (-\sin x)$
$= -\ln 3 \times 3^{\cos x} \sin x$

(3) $y' = (e^{3x})' \sin x + e^{3x}(\sin x)'$
$= 3e^{3x} \sin x + e^{3x} \cos x$
$= e^{3x}(3\sin x + \cos x)$

(4) $y' = \dfrac{(e^x - e^{-x})'(e^x + e^{-x}) - (e^x - e^{-x})(e^x + e^{-x})'}{(e^x + e^{-x})^2}$

$\quad = \dfrac{(e^x + e^{-x})^2 - (e^x - e^{-x})^2}{(e^x + e^{-x})^2}$

$\quad = \dfrac{4}{(e^x + e^{-x})^2}$

답 풀이 참조

144

$f(x) = \dfrac{5^x - 5^{-x}}{5^x + 5^{-x}}$ 에서

$f'(x) = \dfrac{(5^x - 5^{-x})'(5^x + 5^{-x}) - (5^x - 5^{-x})(5^x + 5^{-x})'}{(5^x + 5^{-x})^2}$

$\quad = \dfrac{(5^x + 5^{-x})\ln 5 \times (5^x + 5^{-x}) - (5^x - 5^{-x})(5^x - 5^{-x})\ln 5}{(5^x + 5^{-x})^2}$

$\quad = \dfrac{\{(5^x + 5^{-x})^2 - (5^x - 5^{-x})^2\}\ln 5}{(5^x + 5^{-x})^2}$

$\quad = \dfrac{4\ln 5}{(5^x + 5^{-x})^2}$

$\therefore f'(0) = \dfrac{4\ln 5}{2^2} = \ln 5$

답 ln 5

145

(1) $y' = \dfrac{(\cos x)'}{\cos x} = \dfrac{-\sin x}{\cos x} = -\tan x$

(2) $y' = \dfrac{(\sin^2 x)'}{\sin^2 x \times \ln 2} = \dfrac{2\sin x(\sin x)'}{\sin^2 x \times \ln 2}$

$\quad = \dfrac{2\sin x \cos x}{\sin^2 x \times \ln 2} = \dfrac{2\cos x}{\sin x \times \ln 2}$

$\quad = \dfrac{2\cot x}{\ln 2}$

(3) $y' = (x)'\ln|x| + x(\ln|x|)' - 1$

$\quad = \ln|x| + x \times \dfrac{1}{x} - 1 = \ln|x|$

(4) $y' = \dfrac{(\ln|x|)' \times x^2 - \ln|x| \times (x^2)'}{x^4}$

$\quad = \dfrac{\dfrac{1}{x} \times x^2 - \ln|x| \times 2x}{x^4}$

$\quad = \dfrac{x - 2x\ln|x|}{x^4} = \dfrac{1 - 2\ln|x|}{x^3}$

답 풀이 참조

146

(1) $x > 0$, $y > 0$이므로 주어진 식의 양변에 자연로그를 취하면

$\ln y = \ln x^x = x\ln x$

양변을 x에 대하여 미분하면

$\dfrac{y'}{y} = (x)'\ln x + x(\ln x)'$

$\quad = \ln x + x \times \dfrac{1}{x} = \ln x + 1$

$\therefore y' = y(\ln x + 1)$

$\quad = x^x(\ln x + 1)$

(2) $x > 1$, $y > 0$이므로 주어진 식의 양변에 자연로그를 취하면

$\ln y = \ln(\ln x)^x = x\ln(\ln x)$

양변을 x에 대하여 미분하면

$\dfrac{y'}{y} = (x)'\ln(\ln x) + x\{\ln(\ln x)\}'$

$\quad = \ln(\ln x) + x \times \dfrac{(\ln x)'}{\ln x}$

$\quad = \ln(\ln x) + \dfrac{1}{\ln x}$

$\therefore y' = y\left\{\ln(\ln x) + \dfrac{1}{\ln x}\right\}$

$\quad = (\ln x)^x\left\{\ln(\ln x) + \dfrac{1}{\ln x}\right\}$

(3) 주어진 식의 양변의 절댓값에 자연로그를 취하면

$\ln|y| = \ln\left|\dfrac{(x-1)^2(x+1)}{(x+3)^3}\right|$

$\quad = 2\ln|x-1| + \ln|x+1| - 3\ln|x+3|$

위 식의 양변을 x에 대하여 미분하면

$\dfrac{y'}{y} = \dfrac{2}{x-1} + \dfrac{1}{x+1} - \dfrac{3}{x+3}$

$\quad = \dfrac{10x+6}{(x-1)(x+1)(x+3)}$

$\therefore y' = y \times \dfrac{10x+6}{(x-1)(x+1)(x+3)}$

$\quad = \dfrac{(x-1)^2(x+1)}{(x+3)^3}$

$\qquad \times \dfrac{10x+6}{(x-1)(x+1)(x+3)}$

$\quad = \dfrac{(x-1)(10x+6)}{(x+3)^4}$

(4) 주어진 식의 양변에 자연로그를 취하면

$$\ln y = \ln \sqrt{\frac{(x-1)(x+3)}{(x+1)^3}}$$

$$= \frac{1}{2}(\ln|x-1| + \ln|x+3| - 3\ln|x+1|)$$

위 식의 양변을 x에 대하여 미분하면

$$\frac{y'}{y} = \frac{1}{2}\left(\frac{1}{x-1} + \frac{1}{x+3} - \frac{3}{x+1}\right)$$

$$= \frac{-x^2-2x+11}{2(x-1)(x+1)(x+3)}$$

$$\therefore y' = y \times \frac{-x^2-2x+11}{2(x-1)(x+1)(x+3)}$$

$$= \sqrt{\frac{(x-1)(x+3)}{(x+1)^3}}$$

$$\times \frac{-x^2-2x+11}{2(x-1)(x+1)(x+3)}$$

$$= \frac{-x^2-2x+11}{2(x+1)^2\sqrt{(x-1)(x+1)(x+3)}}$$

답 풀이 참조

147

주어진 식의 양변의 절댓값에 자연로그를 취하면

$$\ln|f(x)| = \ln\left|\frac{e^x\cos x}{1+\sin x}\right|$$

$$= x + \ln|\cos x| - \ln(1+\sin x)$$

위 식의 양변을 x에 대하여 미분하면

$$\frac{f'(x)}{f(x)} = 1 + \frac{(\cos x)'}{\cos x} - \frac{(1+\sin x)'}{1+\sin x}$$

$$= 1 - \frac{\sin x}{\cos x} - \frac{\cos x}{1+\sin x}$$

$$\therefore f'(x) = f(x)\left(1 - \frac{\sin x}{\cos x} - \frac{\cos x}{1+\sin x}\right)$$

$$= \frac{e^x\cos x}{1+\sin x}\left(1 - \frac{\sin x}{\cos x} - \frac{\cos x}{1+\sin x}\right)$$

$$\therefore f'(\pi) = -e^\pi \times (1+1) = -2e^\pi$$

답 $-2e^\pi$

148

(1) $y' = e(3x-2)^{e-1}(3x-2)' = 3e(3x-2)^{e-1}$

(2) $y = \sqrt[3]{4x-x^2} = (4x-x^2)^{\frac{1}{3}}$이므로

$$y' = \frac{1}{3}(4x-x^2)^{\frac{1}{3}-1}(4x-x^2)'$$

$$= \frac{1}{3}(4x-x^2)^{-\frac{2}{3}}(4-2x) = \frac{4-2x}{3\sqrt[3]{(4x-x^2)^2}}$$

(3) $y' = (x^{3\pi})'\cos x + x^{3\pi}(\cos x)'$

$$= 3\pi x^{3\pi-1}\cos x + x^{3\pi}(-\sin x)$$

$$= x^{3\pi-1}(3\pi\cos x - x\sin x)$$

답 풀이 참조

149

$$f'(x) = (2x-1)'\sqrt{x^2+1} + (2x-1)(\sqrt{x^2+1})'$$

$$= 2\sqrt{x^2+1} + (2x-1)\times\frac{(x^2+1)'}{2\sqrt{x^2+1}}$$

$$= 2\sqrt{x^2+1} + (2x-1)\times\frac{2x}{2\sqrt{x^2+1}}$$

$$= \frac{2(x^2+1) + x(2x-1)}{\sqrt{x^2+1}}$$

$$= \frac{4x^2-x+2}{\sqrt{x^2+1}}$$

$$\therefore f'(1) = \frac{4-1+2}{\sqrt{2}} = \frac{5}{\sqrt{2}} = \frac{5\sqrt{2}}{2}$$

답 $\dfrac{5\sqrt{2}}{2}$

150

(1) $x = \sqrt{t+3}$에서 $\dfrac{dx}{dt} = \dfrac{1}{2\sqrt{t+3}}$

$y = 4t^2$에서 $\dfrac{dy}{dt} = 8t$

$$\therefore \frac{dy}{dx} = \frac{\dfrac{dy}{dt}}{\dfrac{dx}{dt}} = \frac{8t}{\dfrac{1}{2\sqrt{t+3}}} = 16t\sqrt{t+3}$$

(2) $x = 3\cos t$에서 $\dfrac{dx}{dt} = -3\sin t$

$y = 2\sin t$에서 $\dfrac{dy}{dt} = 2\cos t$

$$\therefore \frac{dy}{dx} = \frac{\dfrac{dy}{dt}}{\dfrac{dx}{dt}} = \frac{2\cos t}{-3\sin t} = -\frac{2}{3}\cot t$$

답 (1) $\dfrac{dy}{dx} = 16t\sqrt{t+3}$ (2) $\dfrac{dy}{dx} = -\dfrac{2}{3}\cot t$

151

$x=t^2-3t+5$에서 $\dfrac{dx}{dt}=2t-3$

$y=t^3+9t-1$에서 $\dfrac{dy}{dt}=3t^2+9$

$$\therefore \frac{dy}{dx}=\frac{\dfrac{dy}{dt}}{\dfrac{dx}{dt}}=\frac{3t^2+9}{2t-3}\left(t\neq\frac{3}{2}\right)$$

따라서 $t=-2$에서의 접선의 기울기는

$$\frac{3\times(-2)^2+9}{2\times(-2)-3}=-3$$

답 -3

152

답 ㄴ, ㄷ, ㄹ

153

답 $2x,\ 8y,\ x-y,\ \dfrac{x-y}{x-4y},\ x-4y$

154

답 $3x+2,\ \dfrac{1}{3}y^3-\dfrac{2}{3},\ y^2,\ y^2,\ \dfrac{1}{\sqrt[3]{(3x+2)^2}}$

155

(1) 주어진 식의 각 항을 x에 대하여 미분하면

$$2(x-2)+2(y+1)\frac{dy}{dx}=0$$

$$\therefore \frac{dy}{dx}=-\frac{x-2}{y+1}\ (y\neq-1)$$

(2) 주어진 식의 각 항을 x에 대하여 미분하면

$$\frac{2y}{2\sqrt{y^2+2}}\times\frac{dy}{dx}=4x$$

$$\therefore \frac{dy}{dx}=\frac{4x\sqrt{y^2+2}}{y}\ (y\neq0)$$

(3) 주어진 식의 각 항을 x에 대하여 미분하면

$$\frac{1}{y}\times\frac{dy}{dx}=8x \qquad \therefore \frac{dy}{dx}=8xy$$

답 풀이 참조

156

$x\cos y+y\cos x=\dfrac{\pi}{3}$의 각 항을 x에 대하여 미분하면

$$\cos y-x\sin y\frac{dy}{dx}+\cos x\frac{dy}{dx}-y\sin x=0$$

$$(\cos x-x\sin y)\frac{dy}{dx}=y\sin x-\cos y$$

$$\therefore \frac{dy}{dx}=\frac{y\sin x-\cos y}{\cos x-x\sin y}\ (\cos x-x\sin y\neq0)$$

답 $\dfrac{dy}{dx}=\dfrac{y\sin x-\cos y}{\cos x-x\sin y}\ (\cos x-x\sin y\neq0)$

157

(1) $y=\sqrt[5]{\dfrac{x}{2}}$의 양변을 5제곱하면

$$y^5=\frac{x}{2} \qquad \therefore x=2y^5$$

양변을 y에 대하여 미분하면

$$\frac{dx}{dy}=10y^4$$

$$\therefore \frac{dy}{dx}=\frac{1}{\dfrac{dx}{dy}}=\frac{1}{10y^4}=\frac{1}{10\sqrt[5]{\left(\dfrac{x}{2}\right)^4}}$$

$$=\frac{\sqrt[5]{16}}{10\sqrt[5]{x^4}}\ (x\neq0)$$

(2) 양변을 y에 대하여 미분하면

$$\frac{dx}{dy}=\sqrt{y+1}+y\times\frac{1}{2\sqrt{y+1}}$$

$$=\frac{3y+2}{2\sqrt{y+1}}$$

$$\therefore \frac{dy}{dx}=\frac{1}{\dfrac{dx}{dy}}$$

$$=\frac{2\sqrt{y+1}}{3y+2}\left(y\neq-\frac{2}{3}\right)$$

(3) 양변을 y에 대하여 미분하면

$$\frac{dx}{dy}=2y-(-e^{-y})=2y+e^{-y}$$

$$\therefore \frac{dy}{dx}=\frac{1}{\dfrac{dx}{dy}}=\frac{1}{2y+e^{-y}}$$

답 풀이 참조

158

$x=\dfrac{2y}{y^2-4}$의 양변을 y에 대하여 미분하면

$\dfrac{dx}{dy}=\dfrac{2(y^2-4)-2y\times 2y}{(y^2-4)^2}=\dfrac{-2y^2-8}{(y^2-4)^2}$

$\therefore\ \dfrac{dy}{dx}=\dfrac{1}{\dfrac{dx}{dy}}=-\dfrac{(y^2-4)^2}{2y^2+8}$

따라서 $y=0$일 때 $\dfrac{dy}{dx}$의 값은

$-\dfrac{(-4)^2}{8}=-2$

답 -2

159

$f^{-1}(-5)=a$라 하면 $f(a)=-5$

즉, $f(a)=a^3-3a^2+3a+2=-5$이므로

$a^3-3a^2+3a+7=0$

$(a+1)(a^2-4a+7)=0$

이때 $a^2-4a+7>0$이므로 $a=-1$

따라서 $f^{-1}(-5)=-1$이고,

$f'(x)=3x^2-6x+3$이므로

$(f^{-1})'(-5)=\dfrac{1}{f'(f^{-1}(-5))}=\dfrac{1}{f'(-1)}$

$=\dfrac{1}{12}$

답 $\dfrac{1}{12}$

160

$f^{-1}\left(\dfrac{\sqrt{3}}{2}\right)=a$라 하면 $f(a)=\dfrac{\sqrt{3}}{2}$이므로

$\cos a=\dfrac{\sqrt{3}}{2}$

이때 $0<a<\pi$이므로 $a=\dfrac{\pi}{6}$

따라서 $f^{-1}\left(\dfrac{\sqrt{3}}{2}\right)=\dfrac{\pi}{6}$이고, $f'(x)=-\sin x$이므로

$(f^{-1})'\left(\dfrac{\sqrt{3}}{2}\right)=\dfrac{1}{f'\left(f^{-1}\left(\dfrac{\sqrt{3}}{2}\right)\right)}=\dfrac{1}{f'\left(\dfrac{\pi}{6}\right)}$

$=\dfrac{1}{-\sin\dfrac{\pi}{6}}=\dfrac{1}{-\dfrac{1}{2}}=-2$

답 -2

161

$g(-1)=a$라 하면 $f(a)=-1$이므로

$1-\ln a=-1,\ \ln a=2$

$\therefore\ a=e^2$

따라서 $g(-1)=e^2$이고, $f'(x)=-\dfrac{1}{x}$이므로

$g'(-1)=\dfrac{1}{f'(g(-1))}$

$=\dfrac{1}{-\dfrac{1}{e^2}}$

$=-e^2$

답 $-e^2$

162

(1) $y'=(x^3)'\ln x+x^3(\ln x)'$

$=3x^2\ln x+x^3\times\dfrac{1}{x}$

$=3x^2\ln x+x^2$

$=x^2(3\ln x+1)$

$\therefore\ \boldsymbol{y''}=(x^2)'(3\ln x+1)+x^2(3\ln x+1)'$

$=2x(3\ln x+1)+x^2\times\dfrac{3}{x}$

$=6x\ln x+5x$

$=\boldsymbol{x(6\ln x+5)}$

(2) $y'=(x^2)'e^x+x^2(e^x)'$

$=2xe^x+x^2e^x$

$=(x^2+2x)e^x$

$\therefore\ \boldsymbol{y''}=(x^2+2x)'e^x+(x^2+2x)(e^x)'$

$=(2x+2)e^x+(x^2+2x)e^x$

$=\boldsymbol{(x^2+4x+2)e^x}$

(3) $y'=\dfrac{-(x^2+1)'}{(x^2+1)^2}=\dfrac{-2x}{(x^2+1)^2}$

$\therefore\ \boldsymbol{y''}=\dfrac{(-2x)'(x^2+1)^2-(-2x)\{(x^2+1)^2\}'}{(x^2+1)^4}$

$=\dfrac{-2(x^2+1)^2+8x^2(x^2+1)}{(x^2+1)^4}$

$=\dfrac{\boldsymbol{2(3x^2-1)}}{\boldsymbol{(x^2+1)^3}}$

답 풀이 참조

163

$f'(x)=\dfrac{(x)'\ln x-x(\ln x)'}{(\ln x)^2}=\dfrac{\ln x-1}{(\ln x)^2}$이므로

$$f''(x)=\dfrac{(\ln x-1)'(\ln x)^2-(\ln x-1)\{(\ln x)^2\}'}{(\ln x)^4}$$

$$=\dfrac{\dfrac{1}{x}(\ln x)^2-(\ln x-1)\times 2\ln x\times\dfrac{1}{x}}{(\ln x)^4}$$

$$=\dfrac{2-\ln x}{x(\ln x)^3}$$

$$\therefore f''(e)=\dfrac{2-\ln e}{e(\ln e)^3}=\dfrac{1}{e}$$

답 $\dfrac{1}{e}$

164

$f(x)=(x+a)e^{bx}$에서

$$\begin{aligned}f'(x)&=(x+a)'e^{bx}+(x+a)(e^{bx})'\\&=e^{bx}+(x+a)\times be^{bx}\\&=(bx+ab+1)e^{bx}\end{aligned}$$

이때 $f'(0)=3$이므로

$$ab+1=3 \qquad \therefore ab=2 \qquad \cdots\cdots\ \text{㉠}$$

또, $f'(x)=(bx+3)e^{bx}$이므로

$$\begin{aligned}f''(x)&=(bx+3)'e^{bx}+(bx+3)(e^{bx})'\\&=be^{bx}+(bx+3)\times be^{bx}\\&=b(bx+4)e^{bx}\end{aligned}$$

이때 $f''(0)=-2$이므로

$$4b=-2 \qquad \therefore b=-\dfrac{1}{2}$$

$b=-\dfrac{1}{2}$을 ㉠에 대입하면

$$-\dfrac{1}{2}a=2 \qquad \therefore a=-4$$

$$\therefore \dfrac{a}{b}=(-4)\div\left(-\dfrac{1}{2}\right)=8$$

답 8

165

$y=e^{ax}\sin x$에서

$$\begin{aligned}y'&=(e^{ax})'\sin x+e^{ax}(\sin x)'\\&=ae^{ax}\sin x+e^{ax}\cos x\\&=e^{ax}(a\sin x+\cos x)\end{aligned}$$

$$\begin{aligned}y''&=(e^{ax})'(a\sin x+\cos x)+e^{ax}(a\sin x+\cos x)'\\&=ae^{ax}(a\sin x+\cos x)+e^{ax}(a\cos x-\sin x)\\&=e^{ax}\{(a^2-1)\sin x+2a\cos x\}\end{aligned}$$

이때 $y''-2y'+2y=0$에서

$$e^{ax}\{(a^2-1)\sin x+2a\cos x\}$$
$$-2e^{ax}(a\sin x+\cos x)+2e^{ax}\sin x=0$$

$$e^{ax}\{(a-1)^2\sin x+2(a-1)\cos x\}=0$$

$$e^{ax}(a-1)\{(a-1)\sin x+2\cos x\}=0$$

이 등식이 모든 실수 x에 대하여 성립하므로

$$a-1=0 \qquad \therefore a=1$$

답 1

166

(1) $f(x)=\sqrt{x^2+5}$로 놓으면

$$f'(x)=\dfrac{2x}{2\sqrt{x^2+5}}=\dfrac{x}{\sqrt{x^2+5}}$$

점 $(2,3)$에서의 접선의 기울기는

$$f'(2)=\dfrac{2}{\sqrt{4+5}}=\dfrac{2}{3}$$

따라서 구하는 접선의 방정식은

$$y-3=\dfrac{2}{3}(x-2) \qquad \therefore y=\dfrac{2}{3}x+\dfrac{5}{3}$$

(2) $f(x)=\ln x^2$으로 놓으면

$$f'(x)=\dfrac{2x}{x^2}=\dfrac{2}{x}$$

점 $(e,2)$에서의 접선의 기울기는

$$f'(e)=\dfrac{2}{e}$$

따라서 구하는 접선의 방정식은

$$y-2=\dfrac{2}{e}(x-e) \qquad \therefore y=\dfrac{2}{e}x$$

(3) $f(x)=xe^x-2$로 놓으면

$$f'(x)=e^x+xe^x$$

점 $(0,-2)$에서의 접선의 기울기는

$$f'(0)=1$$

따라서 구하는 접선의 방정식은

$$y=x-2$$

답 (1) $y=\dfrac{2}{3}x+\dfrac{5}{3}$ (2) $y=\dfrac{2}{e}x$ (3) $y=x-2$

167

$f(x)=\dfrac{2x+1}{x^2+2}$로 놓으면

$$f'(x)=\dfrac{2(x^2+2)-(2x+1)\times 2x}{(x^2+2)^2}$$

$$=\dfrac{-2x^2-2x+4}{(x^2+2)^2}$$

점 $\left(0,\ \dfrac{1}{2}\right)$에서의 접선의 기울기는

$$f'(0)=\dfrac{4}{2^2}=1$$

즉, 이 점에서의 접선에 수직인 직선의 기울기는 -1

이므로 점 $\left(0,\ \dfrac{1}{2}\right)$을 지나고 기울기가 -1인 직선의

방정식은

$$y=-x+\dfrac{1}{2}\qquad \therefore 2x+2y-1=0$$

따라서 $a=2,\ b=2$이므로 $ab=4$ **답 4**

168

$f(x)=\ln(3-x)$로 놓으면 $f'(x)=-\dfrac{1}{3-x}$

접점의 좌표를 $(a,\ \ln(3-a))$라 하면 직선 $y=3-x$

에 평행한 직선의 기울기는 -1이므로

$$f'(a)=-\dfrac{1}{3-a}=-1\qquad \therefore a=2$$

따라서 접점의 좌표가 $(2,\ 0)$이므로 구하는 접선의 방

정식은

$$y-0=-(x-2)\qquad \therefore y=-x+2$$

답 $y=-x+2$

169

$f(x)=e^{-x}$으로 놓으면 $f'(x)=-e^{-x}$

접점의 좌표를 $(a,\ e^{-a})$이라 하면 접선이 x축의 양의 방

향과 이루는 각의 크기가 $135°$이므로 접선의 기울기는

$$\tan 135°=-1$$

즉, $f'(a)=-e^{-a}=-1$이므로

$$e^{-a}=1\qquad \therefore a=0$$

따라서 접점의 좌표가 $(0,\ 1)$이므로 구하는 접선의 방

정식은

$$y-1=-(x-0)\qquad \therefore y=-x+1$$

답 $y=-x+1$

170

$f(x)=\sin 2x$로 놓으면 $f'(x)=2\cos 2x$

접점의 좌표를 $(a,\ \sin 2a)$라 하면 직선

$x-2y+2=0$에 수직인 직선의 기울기는 -2이므로

$$f'(a)=2\cos 2a=-2$$

즉, $\cos 2a=-1$에서 $0\le a\le\pi$이므로

$$2a=\pi\qquad \therefore a=\dfrac{\pi}{2}$$

따라서 접점의 좌표가 $\left(\dfrac{\pi}{2},\ 0\right)$이므로 구하는 접선의

방정식은

$$y-0=-2\left(x-\dfrac{\pi}{2}\right)\qquad \therefore y=-2x+\pi$$

답 $y=-2x+\pi$

171

(1) $f(x)=x\ln x$로 놓으면 $f'(x)=\ln x+1$

접점의 좌표를 $(a,\ a\ln a)$라 하면 이 점에서의 접

선의 기울기는

$$f'(a)=\ln a+1$$

이므로 기울기가 $\ln a+1$이고 점 $(a,\ a\ln a)$를 지

나는 접선의 방정식은

$$y-a\ln a=(\ln a+1)(x-a)\qquad \cdots\cdots ㉠$$

이 직선이 점 $(0,\ -1)$을 지나므로

$$-1-a\ln a=(\ln a+1)\times(-a)$$

$$-1=-a\qquad \therefore a=1$$

$a=1$을 ㉠에 대입하면 구하는 접선의 방정식은

$$y=x-1$$

(2) $f(x)=\sqrt{x}$로 놓으면 $f'(x)=\dfrac{1}{2\sqrt{x}}$

접점의 좌표를 $(a,\ \sqrt{a})$라 하면 이 점에서의 접선의

기울기는

$$f'(a)=\dfrac{1}{2\sqrt{a}}$$

이므로 기울기가 $\dfrac{1}{2\sqrt{a}}$이고 점 $(a,\ \sqrt{a})$를 지나는

접선의 방정식은

$$y-\sqrt{a}=\dfrac{1}{2\sqrt{a}}(x-a)\qquad \cdots\cdots ㉠$$

이 직선이 점 $(-1, 0)$을 지나므로

$$-\sqrt{a}=\frac{1}{2\sqrt{a}}(-1-a)$$

$$-2a=-1-a \qquad \therefore a=1$$

$a=1$을 ㉠에 대입하면 구하는 접선의 방정식은

$$y-1=\frac{1}{2}(x-1) \qquad \therefore y=\frac{1}{2}x+\frac{1}{2}$$

(3) $f(x)=xe^x$으로 놓으면

$$f'(x)=e^x+xe^x=(1+x)e^x$$

접점의 좌표를 (a, ae^a)이라 하면 이 점에서의 접선의 기울기는

$$f'(a)=(1+a)e^a$$

이므로 기울기가 $(1+a)e^a$이고 점 (a, ae^a)을 지나는 접선의 방정식은

$$y-ae^a=(1+a)e^a(x-a) \qquad \cdots\cdots ㉠$$

이 직선이 점 $(-4, 0)$을 지나므로

$$-ae^a=(1+a)e^a(-4-a)$$

$$-a=(1+a)(-4-a), \; a^2+4a+4=0$$

$$(a+2)^2=0 \qquad \therefore a=-2$$

$a=-2$를 ㉠에 대입하면 구하는 접선의 방정식은

$$y+2e^{-2}=-e^{-2}(x+2)$$

$$\therefore y=-\frac{1}{e^2}x-\frac{4}{e^2}$$

$$답 \;(1)\; y=x-1 \quad (2)\; y=\frac{1}{2}x+\frac{1}{2}$$

$$(3)\; y=-\frac{1}{e^2}x-\frac{4}{e^2}$$

172

$f(x)=e^{x-1}$으로 놓으면 $f'(x)=e^{x-1}$

접점의 좌표를 (a, e^{a-1})이라 하면 이 점에서의 접선의 기울기는 $f'(a)=e^{a-1}$이므로 기울기가 e^{a-1}이고 점 (a, e^{a-1})을 지나는 접선의 방정식은

$$y-e^{a-1}=e^{a-1}(x-a) \qquad \cdots\cdots ㉠$$

이 직선이 점 $(1, 0)$을 지나므로

$$-e^{a-1}=e^{a-1}(1-a)$$

$$-1=1-a \qquad \therefore a=2$$

$a=2$를 ㉠에 대입하면

$$y-e=e(x-2) \qquad \therefore y=ex-e$$

따라서 이 직선이 점 $\left(k, \dfrac{e}{2}\right)$를 지나므로

$$\frac{e}{2}=ek-e \qquad \therefore k=\frac{3}{2} \qquad\qquad 답\; \frac{3}{2}$$

173

$f(x)=\dfrac{x^2+2}{x}=x+\dfrac{2}{x}$로 놓으면 $f'(x)=1-\dfrac{2}{x^2}$

접점의 좌표를 $\left(a, a+\dfrac{2}{a}\right)$라 하면 이 점에서의 접선의 기울기는

$$f'(a)=1-\frac{2}{a^2}$$

이므로 접선의 방정식은

$$y-\left(a+\frac{2}{a}\right)=\left(1-\frac{2}{a^2}\right)(x-a)$$

이 직선이 점 $(3, 1)$을 지나므로

$$1-\left(a+\frac{2}{a}\right)=\left(1-\frac{2}{a^2}\right)(3-a)$$

$$a^2+2a-3=0, \; (a+3)(a-1)=0$$

$$\therefore a=-3 \;또는\; a=1$$

따라서 접점의 좌표가 $\left(-3, -\dfrac{11}{3}\right)$, $(1, 3)$의 2개이므로 점 $(3, 1)$에서 곡선 $y=\dfrac{x^2+2}{x}$에 그을 수 있는 접선의 개수는 2이다. $\qquad 답\; 2$

174

$f(x)=xe^{-x}$으로 놓으면

$$f'(x)=e^{-x}-xe^{-x}=e^{-x}(1-x)$$

접점의 좌표를 (t, te^{-t})이라 하면 이 점에서의 접선의 기울기는

$$f'(t)=e^{-t}(1-t)$$

이므로 접선의 방정식은

$$y-te^{-t}=e^{-t}(1-t)(x-t)$$

이 직선이 점 $(a, 0)$을 지나므로

$$-te^{-t}=e^{-t}(1-t)(a-t), \; e^{-t}(t^2-at+a)=0$$

$$\therefore t^2-at+a=0 \;(\because e^{-t}>0) \qquad \cdots\cdots ㉠$$

점 $(a, 0)$에서 곡선 $y=xe^{-x}$에 오직 하나의 접선을 그을 수 있으려면 접점이 오직 하나만 존재해야 하므로 t에 대한 방정식 ㉠이 중근을 가져야 한다.

즉, 방정식 ㉠의 판별식을 D라 하면
$$D=(-a)^2-4a=0, \ a(a-4)=0$$
$$\therefore \ a=0 \ \text{또는} \ a=4$$

답 **0, 4**

175

$f(x)=a-2\sin^2 x, \ g(x)=2\cos x$로 놓으면

$f'(x)=-4\sin x\cos x, \ g'(x)=-2\sin x$

두 곡선의 접점의 x좌표를 t라 하면

$f(t)=g(t)$에서

$$a-2\sin^2 t=2\cos t \qquad \cdots\cdots ㉠$$

$f'(t)=g'(t)$에서

$$-4\sin t\cos t=-2\sin t$$

$$\cos t=\frac{1}{2} \ (\because \ 0<t<\pi \text{에서} \ \sin t>0)$$

$$\therefore \ t=\frac{\pi}{3} \ (\because \ 0<t<\pi)$$

$t=\dfrac{\pi}{3}$를 ㉠에 대입하면 $a-2\sin^2\dfrac{\pi}{3}=2\cos\dfrac{\pi}{3}$

$$a-2\times\left(\frac{\sqrt{3}}{2}\right)^2=2\times\frac{1}{2} \qquad \therefore \ a=\frac{5}{2}$$

답 $\dfrac{5}{2}$

176

$f(x)=\dfrac{a}{2x}, \ g(x)=e^x$으로 놓으면

$f'(x)=-\dfrac{a}{2x^2}, \ g'(x)=e^x$

두 곡선의 접점의 x좌표를 t라 하면

$f(t)=g(t)$에서 $\dfrac{a}{2t}=e^t \qquad \cdots\cdots ㉠$

$f'(t)=g'(t)$에서 $-\dfrac{a}{2t^2}=e^t \qquad \cdots\cdots ㉡$

㉠, ㉡에서

$$\frac{a}{2t}=-\frac{a}{2t^2} \qquad \therefore \ t=-1 \ (\because \ a\neq 0)$$

따라서 주어진 곡선의 접점의 좌표가 $\left(-1, \dfrac{1}{e}\right)$이고

접선의 기울기가 $g'(-1)=\dfrac{1}{e}$이므로 구하는 접선의

방정식은

$$y-\frac{1}{e}=\frac{1}{e}(x+1)$$

$$\therefore \ y=\frac{1}{e}x+\frac{2}{e}$$

답 $y=\dfrac{1}{e}x+\dfrac{2}{e}$

177

$\dfrac{dx}{d\theta}=\sin\theta, \ \dfrac{dy}{d\theta}=1-\cos\theta$이므로

$$\frac{dy}{dx}=\frac{\dfrac{dy}{d\theta}}{\dfrac{dx}{d\theta}}=\frac{1-\cos\theta}{\sin\theta} \ (\sin\theta\neq 0)$$

$\theta=\dfrac{\pi}{2}$일 때, $x=1-\cos\dfrac{\pi}{2}=1$,

$y=\dfrac{\pi}{2}-\sin\dfrac{\pi}{2}=\dfrac{\pi}{2}-1$이고 접선의 기울기는

$$\frac{dy}{dx}=\frac{1-\cos\dfrac{\pi}{2}}{\sin\dfrac{\pi}{2}}=1$$이므로 구하는 접선의 방정식은

$$y-\left(\frac{\pi}{2}-1\right)=1\times(x-1)$$

$$\therefore \ y=x+\frac{\pi}{2}-2$$

이 접선이 점 $(2, a)$를 지나므로

$$a=2+\frac{\pi}{2}-2 \qquad \therefore \ a=\frac{\pi}{2}$$

답 $\dfrac{\pi}{2}$

178

$$\frac{dx}{dt}=\frac{-2t(1+t^2)-(1-t^2)\times 2t}{(1+t^2)^2}=\frac{-4t}{(1+t^2)^2},$$

$$\frac{dy}{dt}=\frac{2(1+t^2)-2t\times 2t}{(1+t^2)^2}=\frac{2-2t^2}{(1+t^2)^2}$$이므로

$$\frac{dy}{dx}=\frac{\dfrac{2-2t^2}{(1+t^2)^2}}{\dfrac{-4t}{(1+t^2)^2}}=\frac{t^2-1}{2t} \ (t\neq 0)$$

이때 $\dfrac{1-t^2}{1+t^2}=-\dfrac{3}{5}$에서

$-5+5t^2=3+3t^2, \ t^2=4$

$$\therefore \ t=\pm 2 \qquad \cdots\cdots ㉠$$

$\dfrac{2t}{1+t^2}=\dfrac{4}{5}$에서

$4t^2-10t+4=0, \ 2t^2-5t+2=0$

$(2t-1)(t-2)=0$

$$\therefore \ t=\frac{1}{2} \ \text{또는} \ t=2 \qquad \cdots\cdots ㉡$$

㉠, ㉡에서 $t=2$

따라서 접선의 기울기는 $\dfrac{dy}{dx}=\dfrac{4-1}{4}=\dfrac{3}{4}$ 이므로 구하는 접선의 방정식은

$$y-\dfrac{4}{5}=\dfrac{3}{4}\left(x+\dfrac{3}{5}\right) \qquad \therefore y=\dfrac{3}{4}x+\dfrac{5}{4}$$

$$\text{답 } \boldsymbol{y=\dfrac{3}{4}x+\dfrac{5}{4}}$$

179

$\sqrt{x}+\sqrt{y}=5$의 각 항을 x에 대하여 미분하면

$$\dfrac{1}{2\sqrt{x}}+\dfrac{1}{2\sqrt{y}}\times\dfrac{dy}{dx}=0$$

$$\therefore \dfrac{dy}{dx}=-\dfrac{\sqrt{y}}{\sqrt{x}}\ (x\neq0)$$

점 $(4,\ 9)$에서의 접선의 기울기는 $x=4$, $y=9$일 때의 $\dfrac{dy}{dx}$의 값이므로 $-\dfrac{\sqrt{9}}{\sqrt{4}}=-\dfrac{3}{2}$

따라서 접선의 방정식은

$$y-9=-\dfrac{3}{2}(x-4) \qquad \therefore y=-\dfrac{3}{2}x+15$$

이 직선의 x절편은 10, y절편은 15이므로 구하는 합은 25이다.

$$\text{답 } \boldsymbol{25}$$

180

$x^3+y^2+ax+by=0$의 각 항을 x에 대하여 미분하면

$$3x^2+2y\dfrac{dy}{dx}+a+b\dfrac{dy}{dx}=0$$

$$(2y+b)\dfrac{dy}{dx}=-3x^2-a$$

$$\therefore \dfrac{dy}{dx}=-\dfrac{3x^2+a}{2y+b}\ (2y+b\neq0)$$

이때 점 $(1,\ 2)$에서의 접선의 기울기가 -1이므로

$$-\dfrac{3+a}{4+b}=-1,\ 3+a=4+b$$

$$\therefore a-b=1 \qquad\qquad \cdots\cdots\ \text{㉠}$$

또한, 곡선 $x^3+y^2+ax+by=0$이 점 $(1,\ 2)$를 지나므로

$$1+4+a+2b=0 \qquad \therefore a+2b=-5 \qquad \cdots\cdots\ \text{㉡}$$

㉠, ㉡을 연립하여 풀면

$$a=-1,\ b=-2$$

$$\therefore ab=2 \qquad\qquad\qquad \text{답 } \boldsymbol{2}$$

181

(1) $f(x)=\dfrac{\ln x}{x}$에서 $x>0$이고

$$f'(x)=\dfrac{1-\ln x}{x^2}$$

$f'(x)=0$에서 $1-\ln x=0$

$$\therefore x=e$$

(2)

x	0	$\cdots$	e	$\cdots$
$f'(x)$		$+$	0	$-$
$f(x)$		↗	극대	↘

(3) 함수 $f(x)$는 $x=e$에서 극대이고 극댓값은

$$f(e)=\dfrac{1}{e}\text{이다.}$$

$$\text{답 (1) } \boldsymbol{x=e} \quad \text{(2) 풀이 참조} \quad \text{(3) 극댓값: }\boldsymbol{\dfrac{1}{e}}$$

182

답 (1) $\boldsymbol{-1,\ -1,\ -1,\ -2,\ 1,\ 2}$

(2) $\boldsymbol{-1,\ \dfrac{2}{x^3},\ -2,\ 2,\ -1,\ -2,\ 1,\ 2}$

183

(1) $f'(x)=e^x-1$

$f'(x)=0$에서 $e^x=1$

$$\therefore x=0$$

함수 $f(x)$의 증가와 감소를 표로 나타내면 다음과 같다.

x	$\cdots$	0	$\cdots$
$f'(x)$	$-$	0	$+$
$f(x)$	↘	1	↗

따라서 함수 $f(x)$는 **구간 $(-\infty,\ 0]$에서 감소**하고, **구간 $[0,\ \infty)$에서 증가**한다.

(2) $f'(x)=1-2\sin x$

$f'(x)=0$에서 $\sin x=\dfrac{1}{2}$

$$\therefore x=\dfrac{\pi}{6}\text{ 또는 } x=\dfrac{5}{6}\pi\ (\because 0<x<\pi)$$

함수 $f(x)$의 증가와 감소를 표로 나타내면 다음과 같다.

x	0	$\cdots$	$\dfrac{\pi}{6}$	$\cdots$	$\dfrac{5}{6}\pi$	$\cdots$	π
$f'(x)$		$+$	0	$-$	0	$+$	
$f(x)$		$\nearrow$	$\dfrac{\pi}{6}+\sqrt{3}$	$\searrow$	$\dfrac{5}{6}\pi-\sqrt{3}$	$\nearrow$	

따라서 함수 $f(x)$는 구간 $\left(0,\ \dfrac{\pi}{6}\right]$, $\left[\dfrac{5}{6}\pi,\ \pi\right)$에서 증가하고, 구간 $\left[\dfrac{\pi}{6},\ \dfrac{5}{6}\pi\right]$에서 감소한다.

답 풀이 참조

184

$f(x)=ax+\ln(x^2+4)$에서

$$f'(x)=a+\frac{2x}{x^2+4}=\frac{ax^2+2x+4a}{x^2+4}$$

함수 $f(x)$가 구간 $(-\infty,\ \infty)$에서 증가하려면 모든 실수 x에 대하여 $f'(x)\geq0$이어야 하므로

$$\frac{ax^2+2x+4a}{x^2+4}\geq0$$

이때 $x^2+4>0$이므로

$ax^2+2x+4a\geq0$ $\qquad\qquad$ $\cdots\cdots$ ㉠

(i) $a=0$일 때,

$2x\geq0$이므로 $f'(x)\geq0$이 모든 실수 x에 대하여 성립하는 것은 아니다.

(ii) $a\neq0$일 때,

이차부등식 ㉠이 모든 실수 x에 대하여 성립해야 하므로

$a>0$

또, 이차방정식 $ax^2+2x+4a=0$의 판별식을 D라 하면

$$\frac{D}{4}=1-4a^2\leq0,\ (2a+1)(2a-1)\geq0$$

$\therefore a\leq-\dfrac{1}{2}$ 또는 $a\geq\dfrac{1}{2}$

그런데 $a>0$이므로 $a\geq\dfrac{1}{2}$

(i), (ii)에서 $a\geq\dfrac{1}{2}$ $\qquad\qquad$ 답 $a\geq\dfrac{1}{2}$

185

$f(x)=(x^2+1)e^{kx}$에서

$f'(x)=2xe^{kx}+k(x^2+1)e^{kx}=e^{kx}(kx^2+2x+k)$

함수 $f(x)$가 실수 전체의 집합에서 감소하려면 모든 실수 x에 대하여 $f'(x)\leq0$이어야 하므로

$e^{kx}(kx^2+2x+k)\leq0$

이때 $e^{kx}>0$이므로 $kx^2+2x+k\leq0$ $\qquad$ $\cdots\cdots$ ㉠

(i) $k=0$일 때, $2x\leq0$이므로 $f'(x)\leq0$이 모든 실수 x에 대하여 성립하는 것은 아니다.

(ii) $k\neq0$일 때, 이차부등식 ㉠이 모든 실수 x에 대하여 성립해야 하므로 $k<0$

또, 이차방정식 $kx^2+2x+k=0$의 판별식을 D라 하면

$$\frac{D}{4}=1-k^2\leq0,\ (k+1)(k-1)\geq0$$

$\therefore k\leq-1$ 또는 $k\geq1$

그런데 $k<0$이므로 $k\leq-1$

(i), (ii)에서 $k\leq-1$

따라서 실수 k의 최댓값은 -1이다. $\qquad$ 답 -1

186

(1) $f'(x)=\dfrac{(2x-3)(x^2+3)-(x^2-3x)\times2x}{(x^2+3)^2}$

$\qquad\quad =\dfrac{3x^2+6x-9}{(x^2+3)^2}$

$f'(x)=0$에서 $3x^2+6x-9=0$

$3(x+3)(x-1)=0$

$\therefore x=-3$ 또는 $x=1$

함수 $f(x)$의 증가와 감소를 표로 나타내면 다음과 같다.

x	$\cdots$	-3	$\cdots$	1	$\cdots$
$f'(x)$	$+$	0	$-$	0	$+$
$f(x)$	$\nearrow$	극대	$\searrow$	극소	$\nearrow$

따라서 함수 $f(x)$는 $x=-3$에서 극대이고 극댓값은 $f(-3)=\dfrac{9+9}{9+3}=\dfrac{3}{2}$, $x=1$에서 극소이고 극솟값은 $f(1)=\dfrac{1-3}{1+3}=-\dfrac{1}{2}$이다.

(2) $f'(x)=\dfrac{-2x}{2\sqrt{1-x^2}}+1$

$\qquad =\dfrac{\sqrt{1-x^2}-x}{\sqrt{1-x^2}}$

$f'(x)=0$에서 $\sqrt{1-x^2}=x$

양변을 제곱하면

$1-x^2=x^2,\ x^2=\dfrac{1}{2}$

$\therefore\ x=\dfrac{1}{\sqrt{2}}\ (\because\ 0<x<1)$

함수 $f(x)$의 증가와 감소를 표로 나타내면 다음과 같다.

x	0	$\cdots$	$\dfrac{1}{\sqrt{2}}$	$\cdots$	1
$f'(x)$		$+$	0	$-$	
$f(x)$		$\nearrow$	극대	$\searrow$	

따라서 함수 $f(x)$는 $x=\dfrac{1}{\sqrt{2}}$에서 극대이고 극댓값

은 $f\left(\dfrac{1}{\sqrt{2}}\right)=\sqrt{1-\dfrac{1}{2}}+\dfrac{1}{\sqrt{2}}=\sqrt{2}$이다.

(3) $f'(x)=2xe^{-x}-x^2e^{-x}$

$\qquad =x(2-x)e^{-x}$

$f'(x)=0$에서 $x=0$ 또는 $x=2$

함수 $f(x)$의 증가와 감소를 표로 나타내면 다음과 같다.

x	$\cdots$	0	$\cdots$	2	$\cdots$
$f'(x)$	$-$	0	$+$	0	$-$
$f(x)$	$\searrow$	극소	$\nearrow$	극대	$\searrow$

따라서 함수 $f(x)$는 $x=2$에서 극대이고 극댓값은

$f(2)=4e^{-2}=\dfrac{4}{e^2}$, $x=0$에서 극소이고 극솟값은

$f(0)=0$이다.

(4) $f'(x)=-2\cos x\sin x$

$f'(x)=0$에서 $-2\cos x\sin x=0$

$0<x<\pi$에서 $\sin x>0$이므로

$\cos x=0\qquad\therefore\ x=\dfrac{\pi}{2}$

함수 $f(x)$의 증가와 감소를 표로 나타내면 다음과 같다.

x	0	$\cdots$	$\dfrac{\pi}{2}$	$\cdots$	π
$f'(x)$		$-$	0	$+$	
$f(x)$		$\searrow$	극소	$\nearrow$	

따라서 함수 $f(x)$는 $x=\dfrac{\pi}{2}$에서 극소이고 극솟값은

$f\left(\dfrac{\pi}{2}\right)=\cos^2\dfrac{\pi}{2}=0$이다.

답 (1) **극댓값: $\dfrac{3}{2}$, 극솟값: $-\dfrac{1}{2}$** (2) **극댓값: $\sqrt{2}$**

(3) **극댓값: $\dfrac{4}{e^2}$, 극솟값: 0** (4) **극솟값: 0**

187

(1) $f'(x)=e^x+xe^x=(1+x)e^x$이므로

$f'(x)=0$에서 $1+x=0$

$\therefore\ x=-1$

$f''(x)=e^x+(1+x)e^x=(2+x)e^x$이므로

$f''(-1)=e^{-1}>0$

따라서 함수 $f(x)$는 $x=-1$에서 극소이고 극솟값

은 $f(-1)=-e^{-1}=-\dfrac{1}{e}$이다.

(2) $f'(x)=\sqrt{3}\cos x-\sin x$이므로

$f'(x)=0$에서 $\sqrt{3}\cos x=\sin x$

$\tan x=\sqrt{3}$

$\therefore\ x=\dfrac{\pi}{3}$ 또는 $x=\dfrac{4}{3}\pi$

$f''(x)=-\sqrt{3}\sin x-\cos x$이므로

$f''\left(\dfrac{\pi}{3}\right)=-\sqrt{3}\sin\dfrac{\pi}{3}-\cos\dfrac{\pi}{3}=-2<0$

$f''\left(\dfrac{4}{3}\pi\right)=-\sqrt{3}\sin\dfrac{4}{3}\pi-\cos\dfrac{4}{3}\pi=2>0$

따라서 함수 $f(x)$는 $x=\dfrac{\pi}{3}$에서 극대이고 극댓값

은 $f\left(\dfrac{\pi}{3}\right)=\sqrt{3}\sin\dfrac{\pi}{3}+\cos\dfrac{\pi}{3}=2$, $x=\dfrac{4}{3}\pi$에서

극소이고 극솟값은

$f\left(\dfrac{4}{3}\pi\right)=\sqrt{3}\sin\dfrac{4}{3}\pi+\cos\dfrac{4}{3}\pi=-2$이다.

(3) $f'(x)=(\ln x)^2+x\times 2\ln x\times\dfrac{1}{x}$

$\qquad =\ln x(\ln x+2)$

이므로

$f'(x)=0$에서 $\ln x=0$ 또는 $\ln x+2=0$

$\therefore x=1$ 또는 $x=\dfrac{1}{e^2}$

$f''(x)=\dfrac{1}{x}(\ln x+2)+\ln x\times\dfrac{1}{x}$

$\qquad =\dfrac{2}{x}(\ln x+1)$

이므로 $f''(1)=2>0$

$f''\left(\dfrac{1}{e^2}\right)=2e^2\left(\ln\dfrac{1}{e^2}+1\right)=-2e^2<0$

따라서 함수 $f(x)$는 $x=\dfrac{1}{e^2}$에서 극대이고 극댓값

은 $f\left(\dfrac{1}{e^2}\right)=\dfrac{1}{e^2}\left(\ln\dfrac{1}{e^2}\right)^2=\dfrac{4}{e^2}$, $x=1$에서 극소이

고 극솟값은 $f(1)=0$이다.

(4) $f'(x)=e^x(\sin x+\cos x)+e^x(\cos x-\sin x)$

$\qquad =2e^x\cos x$

이므로

$f'(x)=0$에서 $\cos x=0$

$\therefore x=\dfrac{\pi}{2}$ 또는 $x=\dfrac{3}{2}\pi$

$f''(x)=2\{e^x\cos x+e^x(-\sin x)\}$

$\qquad =2e^x(\cos x-\sin x)$

이므로

$f''\left(\dfrac{\pi}{2}\right)=2e^{\frac{\pi}{2}}\left(\cos\dfrac{\pi}{2}-\sin\dfrac{\pi}{2}\right)=-2e^{\frac{\pi}{2}}<0$

$f''\left(\dfrac{3}{2}\pi\right)=2e^{\frac{3}{2}\pi}\left(\cos\dfrac{3}{2}\pi-\sin\dfrac{3}{2}\pi\right)=2e^{\frac{3}{2}\pi}>0$

따라서 함수 $f(x)$는 $x=\dfrac{\pi}{2}$에서 극대이고 극댓값

은 $f\left(\dfrac{\pi}{2}\right)=e^{\frac{\pi}{2}}\left(\sin\dfrac{\pi}{2}+\cos\dfrac{\pi}{2}\right)=e^{\frac{\pi}{2}}$, $x=\dfrac{3}{2}\pi$에

서 극소이고 극솟값은

$f\left(\dfrac{3}{2}\pi\right)=e^{\frac{3}{2}\pi}\left(\sin\dfrac{3}{2}\pi+\cos\dfrac{3}{2}\pi\right)=-e^{\frac{3}{2}\pi}$이다.

$\qquad$ 답 (1) 극솟값: $-\dfrac{1}{e}$ $\quad$ (2) 극댓값: 2, 극솟값: -2

$\qquad\quad$ (3) 극댓값: $\dfrac{4}{e^2}$, 극솟값: 0

$\qquad\quad$ (4) 극댓값: $e^{\frac{\pi}{2}}$, 극솟값: $-e^{\frac{3}{2}\pi}$

188

$f'(x)=2ax-b+\dfrac{1}{x}$

함수 $f(x)$가 $x=1$에서 극솟값 -2를 가지므로

$f(1)=-2$, $f'(1)=0$

$f(1)=a-b=-2$ $\qquad\qquad$ ……㉠

$f'(1)=2a-b+1=0$ $\qquad\quad$ ……㉡

㉠, ㉡을 연립하여 풀면

$a=1$, $b=3$ $\qquad\qquad\qquad$ 답 $a=1$, $b=3$

189

$f'(x)=ke^{kx}\sin x+e^{kx}\cos x$

$\qquad =e^{kx}(k\sin x+\cos x)$

$f''(x)=ke^{kx}(k\sin x+\cos x)$

$\qquad\qquad\qquad +e^{kx}(k\cos x-\sin x)$

$\qquad =e^{kx}\{(k^2-1)\sin x+2k\cos x\}$

함수 $f(x)$가 $x=\dfrac{\pi}{4}$에서 극댓값을 가지므로

$f'\left(\dfrac{\pi}{4}\right)=0$, $f''\left(\dfrac{\pi}{4}\right)<0$

$f'\left(\dfrac{\pi}{4}\right)=e^{\frac{\pi}{4}k}\left(\dfrac{k}{\sqrt{2}}+\dfrac{1}{\sqrt{2}}\right)=0$ $\quad$ ……㉠

$f''\left(\dfrac{\pi}{4}\right)=e^{\frac{\pi}{4}k}\left(\dfrac{k^2-1}{\sqrt{2}}+\dfrac{2k}{\sqrt{2}}\right)<0$ $\quad$ ……㉡

㉠에서 $k=-1$

이것은 ㉡을 만족시키므로 $k=-1$ $\qquad$ 답 -1

190

$f'(x)=\dfrac{(2x-1)e^x-(x^2-x+a)e^x}{e^{2x}}$

$\qquad =\dfrac{-x^2+3x-a-1}{e^x}$

함수 $f(x)$가 극값을 가지려면 $f'(x)=0$인 점이 존재

하고 그 점의 좌우에서 $f'(x)$의 부호가 바뀌어야 하므

로 이차방정식 $-x^2+3x-a-1=0$, 즉

$x^2-3x+a+1=0$ $\qquad\qquad$ ……㉠

이 서로 다른 두 실근을 가져야 한다.

이차방정식 ㉠의 판별식을 D라 하면

$D=(-3)^2-4(a+1)>0$

$5-4a>0$ $\qquad\quad \therefore a<\dfrac{5}{4}$ $\qquad$ 답 $a<\dfrac{5}{4}$

191

$$f'(x)=e^x(x^2+2x+k)+e^x(2x+2)$$
$$=e^x(x^2+4x+k+2)$$

이때 $e^x>0$이므로 함수 $f(x)$가 극값을 갖지 않으려면 모든 실수 x에 대하여 $x^2+4x+k+2\geq0$이어야 한다. 즉, 이차방정식 $x^2+4x+k+2=0$의 판별식을 D라 하면

$$\frac{D}{4}=2^2-(k+2)\leq0,\ 2-k\leq0$$

$$\therefore k\geq2 \qquad\qquad 답\ \boldsymbol{k\geq2}$$

192

답 (1) $4x^3-6x^2+2,\ 12x^2-12x,\ 0,\ 1,\ (-\infty,\ 0),$
$(1,\ \infty),$ 아래로, $(0,\ 1),$ 위로

(2) $\cos x,\ -\sin x,\ (\pi,\ 2\pi),$ 아래로, $(0,\ \pi),$ 위로

193

답 $15x^4-20x^3,\ 60x^3-60x^2,\ 0,\ 1,\ 0,\ 0,\ 1,\ 1,\ 1,\ -2$

194

(1) $f(x)=x^4+4x^3+20$으로 놓으면

$$f'(x)=4x^3+12x^2=4x^2(x+3)$$
$$f''(x)=12x^2+24x=12x(x+2)$$

$f'(x)=0$에서 $x=-3$ 또는 $x=0$

$f''(x)=0$에서 $x=-2$ 또는 $x=0$

함수 $f(x)$의 증가와 감소를 표로 나타내면 다음과 같다.

x	$\cdots$	-3	$\cdots$	-2	$\cdots$	0	$\cdots$
$f'(x)$	$-$	0	$+$	$+$	$+$	0	$+$
$f''(x)$	$+$	$+$	$+$	0	$-$	0	$+$
$f(x)$	$\searrow$	극소	$\nearrow$	변곡점	$\nearrow$	변곡점	$\nearrow$

따라서 곡선 $y=f(x)$는 구간 $(-\infty,\ -2),$ $(0,\ \infty)$에서 $f''(x)>0$이므로 **아래로 볼록**하고, 구간 $(-2,\ 0)$에서 $f''(x)<0$이므로 **위로 볼록**하다.
이때 **변곡점의 좌표**는 $(-2,\ 4),\ (0,\ 20)$이다.

(2) $f(x)=x+2\cos x$로 놓으면

$$f'(x)=1-2\sin x$$
$$f''(x)=-2\cos x$$

$f'(x)=0$에서 $x=\dfrac{\pi}{6}$ 또는 $x=\dfrac{5}{6}\pi$

$f''(x)=0$에서 $x=\dfrac{\pi}{2}$ 또는 $x=\dfrac{3}{2}\pi$

함수 $f(x)$의 증가와 감소를 표로 나타내면 다음과 같다.

x	0	$\cdots$	$\dfrac{\pi}{6}$	$\cdots$	$\dfrac{\pi}{2}$	$\cdots$	$\dfrac{5}{6}\pi$	$\cdots$	$\dfrac{3}{2}\pi$	$\cdots$	2π
$f'(x)$		$+$	0	$-$	$-$	$-$	0	$+$	$+$	$+$	
$f''(x)$		$-$	$-$	$-$	0	$+$	$+$	$+$	0	$-$	
$f(x)$		$\nearrow$		$\searrow$		$\searrow$		$\nearrow$		$\nearrow$	

$\uparrow$ 극대　$\uparrow$ 변곡점　$\uparrow$ 극소　$\uparrow$ 변곡점

따라서 곡선 $y=f(x)$는 구간 $\left(0,\ \dfrac{\pi}{2}\right),\ \left(\dfrac{3}{2}\pi,\ 2\pi\right)$에서 $f''(x)<0$이므로 **위로 볼록**하고, 구간 $\left(\dfrac{\pi}{2},\ \dfrac{3}{2}\pi\right)$에서 $f''(x)>0$이므로 **아래로 볼록**하다.

이때 **변곡점의 좌표**는 $\left(\dfrac{\pi}{2},\ \dfrac{\pi}{2}\right),\ \left(\dfrac{3}{2}\pi,\ \dfrac{3}{2}\pi\right)$이다.

(3) $f(x)=\dfrac{1}{x^2+3}$로 놓으면

$$f'(x)=\frac{-2x}{(x^2+3)^2}$$
$$f''(x)=\frac{-2(x^2+3)^2+2x\times2(x^2+3)\times2x}{(x^2+3)^4}$$
$$=\frac{-2(x^2+3)+8x^2}{(x^2+3)^3}=\frac{6(x+1)(x-1)}{(x^2+3)^3}$$

$f'(x)=0$에서 $x=0$

$f''(x)=0$에서 $x=-1$ 또는 $x=1$

함수 $f(x)$의 증가와 감소를 표로 나타내면 다음과 같다.

x	$\cdots$	-1	$\cdots$	0	$\cdots$	1	$\cdots$
$f'(x)$	$+$	$+$	$+$	0	$-$	$-$	$-$
$f''(x)$	$+$	0	$-$	$-$	$-$	0	$+$
$f(x)$	$\nearrow$	변곡점	$\nearrow$	극대	$\searrow$	변곡점	$\searrow$

따라서 곡선 $y=f(x)$는 **구간 $(-\infty, -1)$,
$(1, \infty)$에서 $f''(x)>0$이므로 아래로 볼록**하고,
구간 $(-1, 1)$에서 $f''(x)<0$이므로 위로 볼록하
다.

이때 **변곡점의 좌표**는 $\left(-1, \dfrac{1}{4}\right), \left(1, \dfrac{1}{4}\right)$이다.

(4) $f(x)=\ln(x^2+1)$로 놓으면

$$f'(x)=\frac{2x}{x^2+1}$$

$$f''(x)=\frac{2(x^2+1)-4x^2}{(x^2+1)^2}=\frac{-2(x^2-1)}{(x^2+1)^2}$$

$$=\frac{-2(x+1)(x-1)}{(x^2+1)^2}$$

$f'(x)=0$에서 $x=0$

$f''(x)=0$에서 $x=-1$ 또는 $x=1$

함수 $f(x)$의 증가와 감소를 표로 나타내면 다음과
같다.

x	$\cdots$	-1	$\cdots$	0	$\cdots$	1	$\cdots$
$f'(x)$	$-$	$-$	$-$	0	$+$	$+$	$+$
$f''(x)$	$-$	0	$+$	$+$	$+$	0	$-$
$f(x)$	$\searrow$	변곡점	$\searrow$	극소	$\nearrow$	변곡점	$\nearrow$

따라서 곡선 $y=f(x)$는 **구간 $(-\infty, -1)$,
$(1, \infty)$에서 $f''(x)<0$이므로 위로 볼록**하고, **구간
$(-1, 1)$에서 $f''(x)>0$이므로 아래로 볼록**하다.
이때 **변곡점의 좌표**는 $(-1, \ln 2), (1, \ln 2)$이다.

답 풀이 참조

195

$$f'(x)=2ax+b-\frac{4}{x}$$

$$f''(x)=2a+\frac{4}{x^2}$$

함수 $f(x)$가 $x=2$에서 극대이므로 $f'(2)=0$

$$\therefore\ 4a+b-2=0 \qquad \cdots\cdots\ \bigcirc$$

또, 변곡점의 x좌표가 $\sqrt{2}$이므로 $f''(\sqrt{2})=0$

$$2a+2=0 \qquad \therefore\ a=-1$$

$a=-1$을 $\bigcirc$에 대입하면

$$-4+b-2=0 \qquad \therefore\ b=6$$

$$\therefore\ a+b=-1+6=5 \qquad\qquad \textbf{답 5}$$

196

$$f'(x)=3ax^2+2bx+c$$

$$f''(x)=6ax+2b$$

곡선 $y=f(x)$의 $x=2$에서의 접선의 기울기가 4이므
로

$$f'(2)=4$$

$$\therefore\ 12a+4b+c=4 \qquad \cdots\cdots\ \bigcirc$$

또, 점 $(1, 2)$가 곡선 $y=f(x)$의 변곡점이므로

$$f(1)=2, \quad f''(1)=0$$

$$f(1)=a+b+c=2 \qquad \cdots\cdots\ \bigcirc\!\bigcirc$$

$$f''(1)=6a+2b=0 \qquad \cdots\cdots\ \bigcirc\!\bigcirc\!\bigcirc$$

$\bigcirc$, $\bigcirc\!\bigcirc$, $\bigcirc\!\bigcirc\!\bigcirc$을 연립하여 풀면

$$a=1, \quad b=-3, \quad c=4$$

답 $a=1, b=-3, c=4$

197

(1) (ⅰ) $x^2+1\neq0$이므로 주어진 함수의 정의역은 실수
　　전체의 집합이다.

(ⅱ) $x=0$일 때, $f(0)=0$이므로 그래프는 원점을
　　지난다.

(ⅲ) $f(-x)=-\dfrac{2x}{x^2+1}=-f(x)$이므로 그래프는
　　원점에 대하여 대칭이다.

(ⅳ) $f'(x)=\dfrac{2(x^2+1)-2x\times2x}{(x^2+1)^2}$

$$=\frac{-2x^2+2}{(x^2+1)^2}=\frac{-2(x+1)(x-1)}{(x^2+1)^2}$$

$$f''(x)=\frac{-4x(x^2+1)^2-(-2x^2+2)\times2(x^2+1)\times2x}{(x^2+1)^4}$$

$$=\frac{4x(x^2-3)}{(x^2+1)^3}$$

$f'(x)=0$에서 $x=-1$ 또는 $x=1$

$f''(x)=0$에서

$x=0$ 또는 $x=-\sqrt{3}$ 또는 $x=\sqrt{3}$

함수 $f(x)$의 증가와 감소, 오목과 볼록을 표로
나타내면 다음과 같다.

x	$\cdots$	$-\sqrt{3}$	$\cdots$	-1	$\cdots$	0	$\cdots$	1	$\cdots$	$\sqrt{3}$	$\cdots$
$f'(x)$	$-$	$-$	$-$	0	$+$	$+$	$+$	0	$-$	$-$	$-$
$f''(x)$	$-$	0	$+$	$+$	$+$	0	$-$	$-$	$-$	0	$+$
$f(x)$	$\searrow$	$-\dfrac{\sqrt{3}}{2}$	$\searrow$	-1	$\nearrow$	0	$\nearrow$	1	$\searrow$	$\dfrac{\sqrt{3}}{2}$	$\searrow$

↑ 변곡점   ↑ 극소   ↑ 변곡점   ↑ 극대   ↑ 변곡점

(v) $\displaystyle\lim_{x\to-\infty}\dfrac{2x}{x^2+1}=0$, $\displaystyle\lim_{x\to\infty}\dfrac{2x}{x^2+1}=0$ 이므로 점근

선은 x축이다.

따라서 함수 $f(x)=\dfrac{2x}{x^2+1}$ 의 그래프는 다음 그림

과 같다.

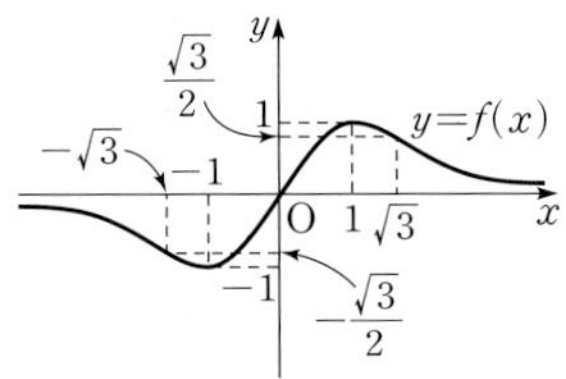

⑵ (ⅰ) 정의역은 $x\neq1$인 실수 전체의 집합이다.

(ⅱ) $x=0$일 때, $f(0)=-2$이므로 그래프와 y축의

교점의 좌표는 $(0,\ -2)$이다.

또, $x^2+x+2=\left(x+\dfrac{1}{2}\right)^2+\dfrac{7}{4}>0$이므로 x축

과 만나지 않는다.

(ⅲ) $f'(x)=\dfrac{(2x+1)(x-1)-(x^2+x+2)\times 1}{(x-1)^2}$

$\qquad\ \ =\dfrac{x^2-2x-3}{(x-1)^2}$

$\qquad\ \ =\dfrac{(x+1)(x-3)}{(x-1)^2}$

$f''(x)=\dfrac{(2x-2)(x-1)^2-(x^2-2x-3)\times 2(x-1)}{(x-1)^4}$

$\qquad\ \ =\dfrac{8}{(x-1)^3}$

$f'(x)=0$에서 $x=-1$ 또는 $x=3$

$f''(x)\neq0$이므로 변곡점이 없다.

함수 $f(x)$의 증가와 감소, 오목과 볼록을 표로

나타내면 다음과 같다.

x	$\cdots$	-1	$\cdots$	1	$\cdots$	3	$\cdots$
$f'(x)$	$+$	0	$-$		$-$	0	$+$
$f''(x)$	$-$	$-$	$-$		$+$	$+$	$+$
$f(x)$	$\nearrow$	-1 극대	$\searrow$		$\searrow$	7 극소	$\nearrow$

(ⅳ) $y=\dfrac{x^2+x+2}{x-1}=x+2+\dfrac{4}{x-1}$ 이므로 점근선

은 두 직선 $x=1$, $y=x+2$이다.

따라서 함수

$f(x)=\dfrac{x^2+x+2}{x-1}$ 의 그래

프는 오른쪽 그림과 같다.

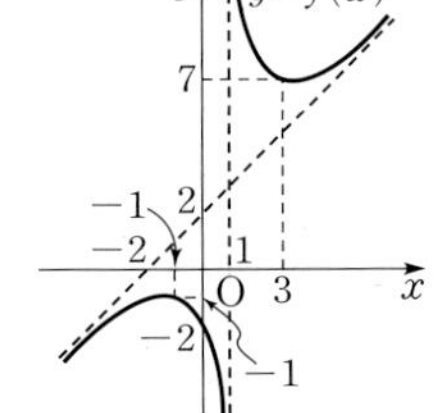

⑶ (ⅰ) 정의역은 $x\geq1$인 실수 전체의 집합이다.

(ⅱ) $f'(x)=1-\dfrac{1}{2\sqrt{x-1}}$

$\qquad f''(x)=\dfrac{1}{4(x-1)\sqrt{x-1}}$

$\qquad f'(x)=0$에서 $2\sqrt{x-1}=1$

$\qquad 4(x-1)=1 \qquad \therefore x=\dfrac{5}{4}$

$f''(x)\neq0$이므로 변곡점이 없다.

함수 $f(x)$의 증가와 감소, 오목과 볼록을 표로

나타내면 다음과 같다.

x	1	$\cdots$	$\dfrac{5}{4}$	$\cdots$
$f'(x)$		$-$	0	$+$
$f''(x)$		$+$	$+$	$+$
$f(x)$	1	$\searrow$	$\dfrac{3}{4}$ 극소	$\nearrow$

(ⅲ) $\displaystyle\lim_{x\to\infty}(x-\sqrt{x-1})=\infty$

따라서 함수

$f(x)=x-\sqrt{x-1}$의 그

래프는 오른쪽 그림과

같다.

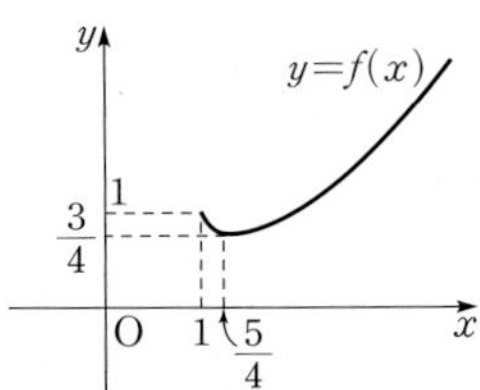

(4) (ⅰ) 정의역은 $x \geq -2$인 실수 전체의 집합이다.

(ⅱ) $x=0$일 때, $f(0)=0$이므로 그래프는 원점을 지난다.

또, $x\sqrt{x+2}=0$에서 $x=-2$ 또는 $x=0$이므로 그래프와 x축의 교점의 좌표는 $(-2, 0)$, $(0, 0)$이다.

(ⅲ) $f'(x)$

$$= \sqrt{x+2} + x \times \frac{1}{2\sqrt{x+2}}$$

$$= \frac{3x+4}{2\sqrt{x+2}}$$

$f''(x)$

$$= \frac{6\sqrt{x+2} - (3x+4) \times \dfrac{1}{\sqrt{x+2}}}{4(x+2)}$$

$$= \frac{3x+8}{4(x+2)\sqrt{x+2}}$$

$f'(x)=0$에서

$$x=-\frac{4}{3}$$

$x \geq -2$에서 $f''(x)=0$을 만족시키는 x의 값은 존재하지 않는다.

함수 $f(x)$의 증가와 감소, 오목과 볼록을 표로 나타내면 다음과 같다.

x	-2	$\cdots$	$-\dfrac{4}{3}$	$\cdots$
$f'(x)$		$-$	0	$+$
$f''(x)$		$+$	$+$	$+$
$f(x)$	0	$\searrow$	$-\dfrac{4\sqrt{6}}{9}$ 극소	$\nearrow$

(ⅳ) $\displaystyle \lim_{x \to \infty} x\sqrt{x+2} = \infty$

따라서 함수 $f(x)=x\sqrt{x+2}$의 그래프는 오른쪽 그림과 같다.

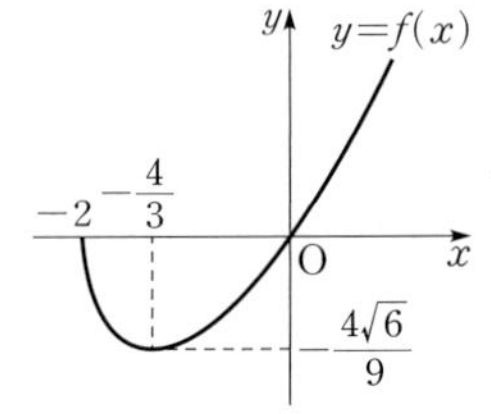

답 풀이 참조

(1) (ⅰ) 정의역은 실수 전체의 집합이다.

(ⅱ) $x=0$일 때, $f(0)=1$이므로 그래프와 y축의 교점의 좌표는 $(0, 1)$이다.

(ⅲ) $f(-x)=e^{-x^2}=f(x)$이므로 그래프는 y축에 대하여 대칭이다.

(ⅳ) $f'(x)=-2xe^{-x^2}$

$$f''(x)=-2e^{-x^2}+4x^2e^{-x^2}$$
$$=2e^{-x^2}(2x^2-1)$$

$f'(x)=0$에서 $x=0$

$f''(x)=0$에서 $x^2=\dfrac{1}{2}$

$$\therefore x=-\frac{1}{\sqrt{2}} \text{ 또는 } x=\frac{1}{\sqrt{2}}$$

함수 $f(x)$의 증가와 감소, 오목과 볼록을 표로 나타내면 다음과 같다.

x	$\cdots$	$-\dfrac{1}{\sqrt{2}}$	$\cdots$	0	$\cdots$	$\dfrac{1}{\sqrt{2}}$	$\cdots$
$f'(x)$	$+$	$+$	$+$	0	$-$	$-$	$-$
$f''(x)$	$+$	0	$-$	$-$	$-$	0	$+$
$f(x)$	$\nearrow$	$\dfrac{1}{\sqrt{e}}$ 변곡점	$\nearrow$	1 극대	$\searrow$	$\dfrac{1}{\sqrt{e}}$ 변곡점	$\searrow$

(ⅴ) $\displaystyle \lim_{x \to -\infty} e^{-x^2} = \lim_{x \to -\infty} \frac{1}{e^{x^2}} = 0$, $\displaystyle \lim_{x \to \infty} e^{-x^2} = 0$

이므로 점근선은 x축이다.

따라서 함수 $f(x)=e^{-x^2}$의 그래프는 오른쪽 그림과 같다.

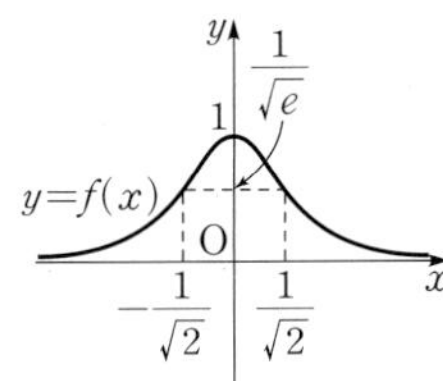

(2) $f(x)=\ln(x^2+1)^2=2\ln(x^2+1)$

(ⅰ) $x^2+1>0$이므로 정의역은 실수 전체의 집합이다.

(ⅱ) $x=0$일 때, $f(0)=0$이므로 그래프는 원점을 지난다.

(ⅲ) $f(-x)=\ln(x^2+1)^2=f(x)$이므로 그래프는 y축에 대하여 대칭이다.

(iv) $f'(x)=\dfrac{4x}{x^2+1}$

$f''(x)=\dfrac{4(x^2+1)-4x\times 2x}{(x^2+1)^2}$

$\qquad =\dfrac{-4x^2+4}{(x^2+1)^2}=\dfrac{-4(x+1)(x-1)}{(x^2+1)^2}$

$f'(x)=0$에서 $x=0$

$f''(x)=0$에서 $x=-1$ 또는 $x=1$

함수 $f(x)$의 증가와 감소, 오목과 볼록을 표로 나타내면 다음과 같다.

x	$\cdots$	-1	$\cdots$	0	$\cdots$	1	$\cdots$
$f'(x)$	$-$	$-$	$-$	0	$+$	$+$	$+$
$f''(x)$	$-$	0	$+$	$+$	$+$	0	$-$
$f(x)$	$\searrow$	$2\ln 2$ 변곡점	$\searrow$	0 극소	$\nearrow$	$2\ln 2$ 변곡점	$\nearrow$

(v) $\displaystyle\lim_{x\to-\infty}\ln(x^2+1)^2=\infty$, $\displaystyle\lim_{x\to\infty}\ln(x^2+1)^2=\infty$

따라서 함수
$f(x)=\ln(x^2+1)^2$의 그래프
는 오른쪽 그림과 같다.

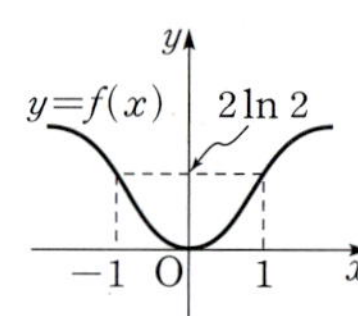

답 풀이 참조

199

(ⅰ) 주어진 함수의 정의역은 $\{x\,|\,0\le x\le 2\pi\}$이다.

(ⅱ) $x=0$일 때, $f(0)=0$이므로 그래프는 원점을 지난다.
또, $(2-\sin x)\sin x=0$에서 $\sin x=0$, 즉
$x=0$ 또는 $x=\pi$ 또는 $x=2\pi$이므로 그래프와 x축의 교점의 좌표는 $(\pi,\ 0)$, $(2\pi,\ 0)$이다.

(ⅲ) $f'(x)=-\cos x\sin x+(2-\sin x)\cos x$
$\qquad =2(1-\sin x)\cos x$

$f''(x)=2\times(-\cos x)\times\cos x$
$\qquad\qquad\quad +2(1-\sin x)\times(-\sin x)$
$\qquad =-2\cos^2 x-2\sin x+2\sin^2 x$
$\qquad =-2(1-\sin^2 x)-2\sin x+2\sin^2 x$
$\qquad =4\sin^2 x-2\sin x-2$
$\qquad =2(2\sin x+1)(\sin x-1)$

$f'(x)=0$에서 $\sin x=1$ 또는 $\cos x=0$

$\therefore x=\dfrac{\pi}{2}$ 또는 $x=\dfrac{3}{2}\pi$

$f''(x)=0$에서 $\sin x=-\dfrac{1}{2}$ 또는 $\sin x=1$

$\therefore x=\dfrac{\pi}{2}$ 또는 $x=\dfrac{7}{6}\pi$ 또는 $x=\dfrac{11}{6}\pi$

함수 $f(x)$의 증가와 감소, 오목과 볼록을 표로 나타내면 다음과 같다.

x	0	$\cdots$	$\dfrac{\pi}{2}$	$\cdots$	$\dfrac{7}{6}\pi$	$\cdots$	$\dfrac{3}{2}\pi$	$\cdots$	$\dfrac{11}{6}\pi$	$\cdots$	2π
$f'(x)$		$+$	0	$-$	$-$	$-$	0	$+$	$+$	$+$	
$f''(x)$		$-$	0	$-$	0	$+$	$+$	$+$	0	$-$	
$f(x)$	0	$\nearrow$	1	$\searrow$	$-\dfrac{5}{4}$	$\searrow$	-3	$\nearrow$	$-\dfrac{5}{4}$	$\nearrow$	0

극대   변곡점   극소   변곡점

따라서 함수 $f(x)=(2-\sin x)\sin x$의 그래프는 다음 그림과 같다.

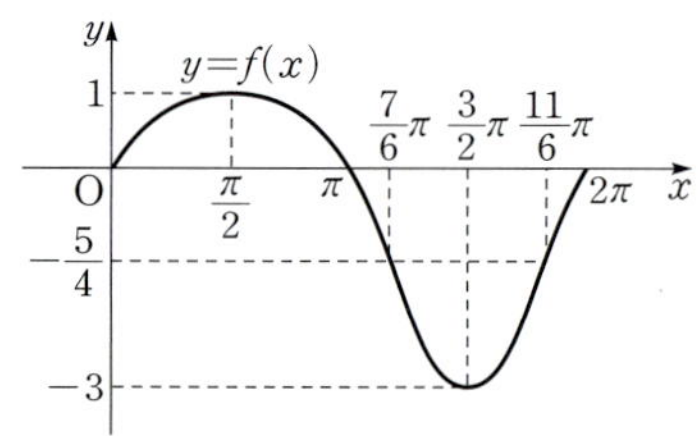

답 풀이 참조

200

(ⅰ) 주어진 함수의 정의역은 $\{x\,|\,0\le x\le\pi\}$이다.

(ⅱ) $x=0$일 때, $f(0)=1$이므로 그래프와 y축의 교점의 좌표는 $(0,\ 1)$이다.
또, $\cos x-\sin x=0$에서 $\cos x=\sin x$, 즉
$x=\dfrac{\pi}{4}$이므로 그래프와 x축의 교점의 좌표는
$\left(\dfrac{\pi}{4},\ 0\right)$이다.

(ⅲ) $f'(x)=-\sin x-\cos x$
$\quad\ f''(x)=-\cos x+\sin x$

$f'(x)=0$에서 $\sin x=-\cos x$ $\qquad\therefore x=\dfrac{3}{4}\pi$

$f''(x)=0$에서 $\sin x=\cos x$ $\qquad\therefore x=\dfrac{\pi}{4}$

함수 $f(x)$의 증가와 감소, 오목과 볼록을 표로 나타내면 다음과 같다.

x	0	$\cdots$	$\dfrac{\pi}{4}$	$\cdots$	$\dfrac{3}{4}\pi$	$\cdots$	π
$f'(x)$		$-$	$-$	$-$	0	$+$	
$f''(x)$		$-$	0	$+$	$+$	$+$	
$f(x)$	1	$\searrow$	0 변곡점	$\searrow$	$-\sqrt{2}$ 극소	$\nearrow$	-1

따라서 함수 $f(x)=\cos x-\sin x$의 그래프는 다음 그림과 같다.

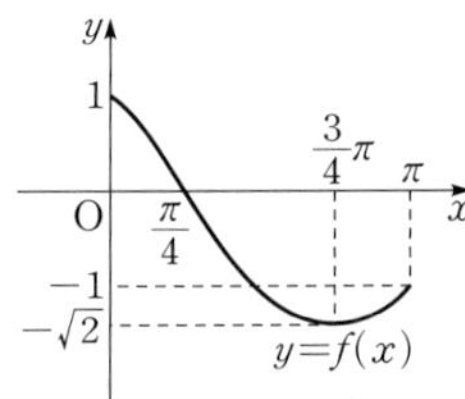

답 풀이 참조

201

(1) $f'(x)=\dfrac{(2x-3)(x+2)-(x^2-3x-1)}{(x+2)^2}$

$\qquad =\dfrac{x^2+4x-5}{(x+2)^2}=\dfrac{(x+5)(x-1)}{(x+2)^2}$

$f'(x)=0$에서 $x=1$ $(\because\ -1\le x\le 2)$

닫힌구간 $[-1,\ 2]$에서 함수 $f(x)$의 증가와 감소를 표로 나타내면 다음과 같다.

x	-1	$\cdots$	1	$\cdots$	2
$f'(x)$		$-$	0	$+$	
$f(x)$	3	$\searrow$	-1 극소	$\nearrow$	$-\dfrac{3}{4}$

따라서 함수 $f(x)$의 최댓값은 $f(-1)=3$, 최솟값은 $f(1)=-1$이다.

(2) $f'(x)=1-\dfrac{1}{\sqrt{x-1}}=\dfrac{\sqrt{x-1}-1}{\sqrt{x-1}}$

$f'(x)=0$에서 $\sqrt{x-1}=1$

양변을 제곱하면

$x-1=1$ $\qquad \therefore\ x=2$

닫힌구간 $[1,\ 5]$에서 함수 $f(x)$의 증가와 감소를 표로 나타내면 다음과 같다.

x	1	$\cdots$	2	$\cdots$	5
$f'(x)$		$-$	0	$+$	
$f(x)$	1	$\searrow$	0 극소	$\nearrow$	1

따라서 함수 $f(x)$의 최댓값은 $f(1)=f(5)=1$, 최솟값은 $f(2)=0$이다.

답 (1) 최댓값: 3, 최솟값: -1
(2) 최댓값: 1, 최솟값: 0

202

(1) $f'(x)=e^{-x^2}-2x^2 e^{-x^2}=(1-2x^2)e^{-x^2}$

$f'(x)=0$에서

$x^2=\dfrac{1}{2}$ $\qquad \therefore\ x=-\dfrac{1}{\sqrt{2}}$ 또는 $x=\dfrac{1}{\sqrt{2}}$

닫힌구간 $[-1,\ 1]$에서 함수 $f(x)$의 증가와 감소를 표로 나타내면 다음과 같다.

x	-1	$\cdots$	$-\dfrac{1}{\sqrt{2}}$	$\cdots$	$\dfrac{1}{\sqrt{2}}$	$\cdots$	1
$f'(x)$		$-$	0	$+$	0	$-$	
$f(x)$	$-\dfrac{1}{e}$	$\searrow$	$-\dfrac{1}{\sqrt{2e}}$ 극소	$\nearrow$	$\dfrac{1}{\sqrt{2e}}$ 극대	$\searrow$	$\dfrac{1}{e}$

따라서 함수 $f(x)$의 최댓값은 $f\left(\dfrac{1}{\sqrt{2}}\right)=\dfrac{1}{\sqrt{2e}}$,

최솟값은 $f\left(-\dfrac{1}{\sqrt{2}}\right)=-\dfrac{1}{\sqrt{2e}}$이다.

(2) $f'(x)=\dfrac{\dfrac{1}{x}\times x^2-\ln x\times 2x}{x^4}$

$\qquad =\dfrac{x-2x\ln x}{x^4}$

$\qquad =\dfrac{1-2\ln x}{x^3}$

$f'(x)=0$에서

$\ln x=\dfrac{1}{2}$ $\qquad \therefore\ x=\sqrt{e}$

닫힌구간 $[1, e]$에서 함수 $f(x)$의 증가와 감소를
표로 나타내면 다음과 같다.

x	1	$\cdots$	$\sqrt{e}$	$\cdots$	e
$f'(x)$		$+$	0	$-$	
$f(x)$	0	$\nearrow$	$\dfrac{1}{2e}$ 극대	$\searrow$	$\dfrac{1}{e^2}$

따라서 함수 $f(x)$의 최댓값은 $f(\sqrt{e})=\dfrac{1}{2e}$,

최솟값은 $f(1)=0$이다.

답 ⑴ 최댓값: $\dfrac{1}{\sqrt{2e}}$, 최솟값: $-\dfrac{1}{\sqrt{2e}}$

⑵ 최댓값: $\dfrac{1}{2e}$, 최솟값: 0

203

$f(x)=2x-x\ln x$에서 $x>0$이고

$f'(x)=2-(\ln x+1)=1-\ln x$

$f'(x)=0$에서 $\ln x=1$ $\qquad \therefore x=e$

$x>0$에서 함수 $f(x)$의 증가와 감소를 표로 나타내면
다음과 같다.

x	0	$\cdots$	e	$\cdots$
$f'(x)$		$+$	0	$-$
$f(x)$		$\nearrow$	극대	$\searrow$

이때 함수 $f(x)$는 $x=e$에서 최대이고, 최댓값은

$f(e)=2e-e\ln e=e$

따라서 $a=e$, $b=e$이므로

$a+b=2e$ 답 $2e$

204

⑴ $f'(x)=\cos x(1-\sin x)+\sin x\times(-\cos x)$

$\qquad =\cos x(1-2\sin x)$

$f'(x)=0$에서 $\cos x=0$ 또는 $\sin x=\dfrac{1}{2}$

$\therefore x=-\dfrac{\pi}{2}$ 또는 $x=\dfrac{\pi}{6}$ $\left(\because -\pi\leq x\leq\dfrac{\pi}{6}\right)$

닫힌구간 $\left[-\pi,\ \dfrac{\pi}{6}\right]$에서 함수 $f(x)$의 증가와 감
소를 표로 나타내면 다음과 같다.

x	$-\pi$	$\cdots$	$-\dfrac{\pi}{2}$	$\cdots$	$\dfrac{\pi}{6}$
$f'(x)$		$-$	0	$+$	
$f(x)$	0	$\searrow$	-2 극소	$\nearrow$	$\dfrac{1}{4}$

따라서 함수 $f(x)$의 최댓값은 $f\left(\dfrac{\pi}{6}\right)=\dfrac{1}{4}$,

최솟값은 $f\left(-\dfrac{\pi}{2}\right)=-2$이다.

⑵ $f'(x)=-\sin^2 x+(1+\cos x)\cos x$

$\qquad =-(1-\cos^2 x)+\cos x+\cos^2 x$

$\qquad =2\cos^2 x+\cos x-1$

$\qquad =(\cos x+1)(2\cos x-1)$

$f'(x)=0$에서 $\cos x=-1$ 또는 $\cos x=\dfrac{1}{2}$

$\therefore x=\dfrac{\pi}{3}$ 또는 $x=\pi$ 또는 $x=\dfrac{5}{3}\pi$ $(\because 0\leq x\leq 2\pi)$

닫힌구간 $[0,\ 2\pi]$에서 함수 $f(x)$의 증가와 감소
를 표로 나타내면 다음과 같다.

x	0	$\cdots$	$\dfrac{\pi}{3}$	$\cdots$	π	$\cdots$	$\dfrac{5}{3}\pi$	$\cdots$	2π
$f'(x)$		$+$	0	$-$	0	$-$	0	$+$	
$f(x)$	0	$\nearrow$	$\dfrac{3\sqrt{3}}{4}$ 극대	$\searrow$	0	$\searrow$	$-\dfrac{3\sqrt{3}}{4}$ 극소	$\nearrow$	0

따라서 함수 $f(x)$의 최댓값은 $f\left(\dfrac{\pi}{3}\right)=\dfrac{3\sqrt{3}}{4}$,

최솟값은 $f\left(\dfrac{5}{3}\pi\right)=-\dfrac{3\sqrt{3}}{4}$이다.

답 ⑴ 최댓값: $\dfrac{1}{4}$, 최솟값: -2

⑵ 최댓값: $\dfrac{3\sqrt{3}}{4}$, 최솟값: $-\dfrac{3\sqrt{3}}{4}$

205

$f'(x)=-e^{-x}(\sin x+\cos x)+e^{-x}(\cos x-\sin x)$

$\qquad =-2e^{-x}\sin x$

$f'(x)=0$에서 $\sin x=0$

$\therefore x=0$ 또는 $x=\pi$ 또는 $x=2\pi$ $(\because 0\leq x\leq 2\pi)$

닫힌구간 $[0,\ 2\pi]$에서 함수 $f(x)$의 증가와 감소를 표로 나타내면 다음과 같다.

x	0	$\cdots$	π	$\cdots$	2π
$f'(x)$		$-$	0	$+$	
$f(x)$	1	$\searrow$	$-\dfrac{1}{e^{\pi}}$ 극소	$\nearrow$	$\dfrac{1}{e^{2\pi}}$

따라서 함수 $f(x)$의 최댓값은 $M=f(0)=1$, 최솟값은 $m=f(\pi)=-\dfrac{1}{e^{\pi}}$이므로

$$M+m=1-\dfrac{1}{e^{\pi}}$$

답 $1-\dfrac{1}{e^{\pi}}$

206

$$f'(x)=\ln x+x\times\dfrac{1}{x}+2=\ln x+3$$

$f'(x)=0$에서 $\ln x=-3$ $\qquad\therefore x=e^{-3}$

$x>0$에서 함수 $f(x)$의 증가와 감소를 표로 나타내면 다음과 같다.

x	0	$\cdots$	e^{-3}	$\cdots$
$f'(x)$		$-$	0	$+$
$f(x)$		$\searrow$	$a-\dfrac{1}{e^{3}}$ 극소	$\nearrow$

따라서 함수 $f(x)$의 최솟값은 $f(e^{-3})$이므로

$$a-\dfrac{1}{e^{3}}=0 \qquad \therefore a=\dfrac{1}{e^{3}}$$

답 $\dfrac{1}{e^{3}}$

207

$$f'(x)=\dfrac{a(x^2+x+1)-(ax+b)(2x+1)}{(x^2+x+1)^2}$$

$$=\dfrac{-ax^2-2bx+a-b}{(x^2+x+1)^2}$$

이므로 함수 $f(x)$는 실수 전체의 집합에서 연속이고 미분가능하다.

이때 함수 $f(x)$가 $x=2$에서 최댓값 1을 가지므로 $f(x)$는 $x=2$에서 극대이다.

$\therefore f(2)=1,\ f'(2)=0$

$f(2)=\dfrac{2a+b}{7}=1 \qquad \therefore 2a+b=7 \qquad \cdots\cdots \text{㉠}$

$f'(2)=\dfrac{-4a-4b+a-b}{49}=0$

$\therefore 3a+5b=0 \qquad \cdots\cdots \text{㉡}$

㉠, ㉡을 연립하여 풀면 $a=5,\ b=-3$

$\therefore ab=-15$

답 -15

208

오른쪽 그림과 같이 점 D에서 $\overline{AB}$에 내린 수선의 발을 E라 하고,

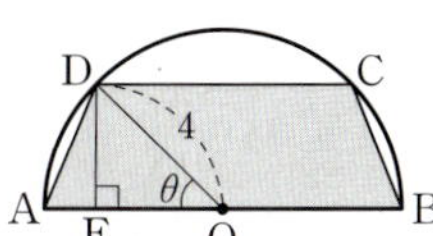

$\angle DOE=\theta\left(0<\theta<\dfrac{\pi}{2}\right)$라 하면 지름 AB의 길이가 8이므로

$\overline{OD}=4,\ \overline{DE}=4\sin\theta,\ \overline{EO}=4\cos\theta$

$\overline{DC}=2\overline{EO}=8\cos\theta$

등변사다리꼴 $ABCD$의 넓이를 $f(\theta)$라 하면

$$f(\theta)=\dfrac{1}{2}(\overline{AB}+\overline{CD})\times\overline{DE}$$

$$=\dfrac{1}{2}(8+8\cos\theta)\times4\sin\theta$$

$$=16(1+\cos\theta)\sin\theta$$

$$f'(\theta)=16\times(-\sin\theta)\times\sin\theta$$
$$+16(1+\cos\theta)\cos\theta$$
$$=-16\sin^2\theta+16\cos\theta+16\cos^2\theta$$
$$=-16(1-\cos^2\theta)+16\cos\theta+16\cos^2\theta$$
$$=32\cos^2\theta+16\cos\theta-16$$
$$=16(\cos\theta+1)(2\cos\theta-1)$$

$f'(\theta)=0$에서 $\cos\theta=-1$ 또는 $\cos\theta=\dfrac{1}{2}$

이때 $0<\theta<\dfrac{\pi}{2}$이므로 $\theta=\dfrac{\pi}{3}$

$0<\theta<\dfrac{\pi}{2}$에서 함수 $f(\theta)$의 증가와 감소를 표로 나타내면 다음과 같다.

θ	0	$\cdots$	$\dfrac{\pi}{3}$	$\cdots$	$\dfrac{\pi}{2}$
$f'(\theta)$		$+$	0	$-$	
$f(\theta)$		$\nearrow$	$12\sqrt{3}$ 극대	$\searrow$	

따라서 $f(\theta)$는 $\theta=\dfrac{\pi}{3}$일 때 최대이므로 구하는 등변사

다리꼴 ABCD의 넓이의 최댓값은

$$f\left(\dfrac{\pi}{3}\right)=12\sqrt{3}$$

답 $12\sqrt{3}$

209

오른쪽 그림과 같이 원기둥의 밑면의 반지름의 길이를 $r\ (0<r<2)$, 높이를 h라 하면 $h=2\sqrt{4-r^2}$

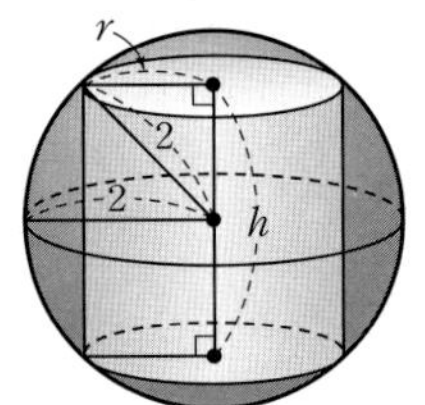

원기둥의 부피를 $V(r)$라 하면

$$V(r)=\pi r^2\times2\sqrt{4-r^2}$$
$$=2\pi r^2\sqrt{4-r^2}$$

$$V'(r)=4\pi r\sqrt{4-r^2}+2\pi r^2\times\dfrac{-2r}{2\sqrt{4-r^2}}$$

$$=\dfrac{4\pi r(4-r^2)-2\pi r^3}{\sqrt{4-r^2}}$$

$$=\dfrac{16\pi r-6\pi r^3}{\sqrt{4-r^2}}$$

$$=\dfrac{2\pi r(8-3r^2)}{\sqrt{4-r^2}}$$

$V'(r)=0$에서

$$r^2=\dfrac{8}{3}\qquad\therefore r=\dfrac{2\sqrt{6}}{3}\ (\because 0<r<2)$$

$0<r<2$에서 함수 $V(r)$의 증가와 감소를 표로 나타내면 다음과 같다.

r	0	$\cdots$	$\dfrac{2\sqrt{6}}{3}$	$\cdots$	2
$V'(r)$		$+$	0	$-$	
$V(r)$		$\nearrow$	극대	$\searrow$	

따라서 $V(r)$는 $r=\dfrac{2\sqrt{6}}{3}$일 때 최대이므로 원기둥의 부피가 최대가 되도록 하는 밑면의 반지름의 길이는 $\dfrac{2\sqrt{6}}{3}$이다.

답 $\dfrac{2\sqrt{6}}{3}$

210

(1) $f(x)=\ln x-x$로 놓으면 $x>0$이고

$$f'(x)=\dfrac{1}{x}-1=\dfrac{1-x}{x}$$

$f'(x)=0$에서 $x=1$

$x>0$에서 함수 $f(x)$의 증가와 감소를 표로 나타내면 다음과 같다.

x	0	$\cdots$	1	$\cdots$
$f'(x)$		$+$	0	$-$
$f(x)$		$\nearrow$	-1 극대	$\searrow$

이때 $\lim\limits_{x\to0+}f(x)=\lim\limits_{x\to0+}(\ln x-x)=-\infty$,

$\lim\limits_{x\to\infty}f(x)=\lim\limits_{x\to\infty}(\ln x-x)=-\infty$이므로

함수 $y=f(x)$의 그래프는 오른쪽 그림과 같다.

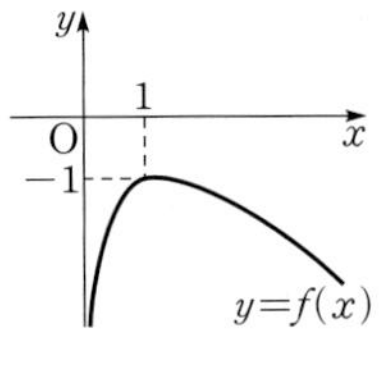

따라서 함수 $y=f(x)$의 그래프와 x축이 만나지 않으므로 주어진 방정식의 실근의 개수는 0이다.

(2) $f(x)=xe^{-x}$으로 놓으면

$$f'(x)=e^{-x}-xe^{-x}=e^{-x}(1-x)$$

$f'(x)=0$에서 $e^{-x}>0$이므로

$$1-x=0\qquad\therefore x=1$$

함수 $f(x)$의 증가와 감소를 표로 나타내면 다음과 같다.

x	$\cdots$	1	$\cdots$
$f'(x)$	$+$	0	$-$
$f(x)$	$\nearrow$	$\dfrac{1}{e}$ 극대	$\searrow$

이때 $f(0)=0$이고 $\lim\limits_{x\to\infty}xe^{-x}=\lim\limits_{x\to\infty}\dfrac{x}{e^x}=0$,

$\lim\limits_{x\to-\infty}xe^{-x}=\lim\limits_{x\to-\infty}\dfrac{x}{e^x}=-\infty$이므로

함수 $y=f(x)$의 그래프는 오른쪽 그림과 같다.

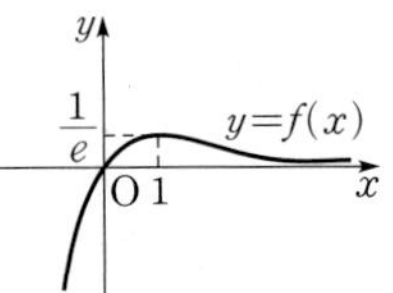

따라서 함수 $y=f(x)$의 그래프와 x축이 한 점에서 만

나므로 주어진 방정식의 서로 다른 실근의 개수는 1
이다.

답 (1) 0   (2) 1

211

$\sqrt{x+1}-x+k=0$에서 $k=x-\sqrt{x+1}$

$f(x)=x-\sqrt{x+1}$로 놓으면 $x\geq-1$이고

$f'(x)=1-\dfrac{1}{2\sqrt{x+1}}=\dfrac{2\sqrt{x+1}-1}{2\sqrt{x+1}}$

$f'(x)=0$에서 $\sqrt{x+1}=\dfrac{1}{2}$

$x+1=\dfrac{1}{4}$ $\therefore x=-\dfrac{3}{4}$

$x\geq-1$에서 함수 $f(x)$의 증가와 감소를 표로 나타내
면 다음과 같다.

x	-1	$\cdots$	$-\dfrac{3}{4}$	$\cdots$
$f'(x)$		$-$	0	$+$
$f(x)$	-1	$\searrow$	$-\dfrac{5}{4}$ 극소	$\nearrow$

이때 $\lim\limits_{x\to\infty}(x-\sqrt{x+1})=\infty$이므로 함수 $y=f(x)$의
그래프는 다음 그림과 같다.

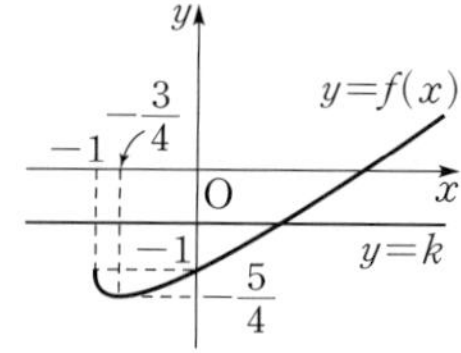

따라서 방정식 $\sqrt{x+1}-x+k=0$, 즉 $f(x)=k$의 서
로 다른 실근의 개수는

(ⅰ) $k>-1$이면 **1**

(ⅱ) $-\dfrac{5}{4}<k\leq-1$이면 **2**

(ⅲ) $k=-\dfrac{5}{4}$이면 **1**

(ⅳ) $k<-\dfrac{5}{4}$이면 **0**

답 풀이 참조

212

$2\ln x=x+k$에서 $2\ln x-x=k$

방정식 $2\ln x-x=k$가 오직 하나의 실근을 가지려면
함수 $y=2\ln x-x$의 그래프와 직선 $y=k$가 오직 한
점에서 만나야 한다.

$f(x)=2\ln x-x$로 놓으면 $x>0$이고

$f'(x)=\dfrac{2}{x}-1=\dfrac{2-x}{x}$

$f'(x)=0$에서 $2-x=0$ $\therefore x=2$

$x>0$에서 함수 $f(x)$의 증가와 감소를 표로 나타내면
다음과 같다.

x	0	$\cdots$	2	$\cdots$
$f'(x)$		$+$	0	$-$
$f(x)$		$\nearrow$	$2\ln 2-2$ 극대	$\searrow$

이때 $\lim\limits_{x\to 0+}f(x)=\lim\limits_{x\to 0+}(2\ln x-x)=-\infty$,

$\lim\limits_{x\to\infty}f(x)=\lim\limits_{x\to\infty}(2\ln x-x)=-\infty$이므로 함수

$y=f(x)$의 그래프는 다음 그림과 같다.

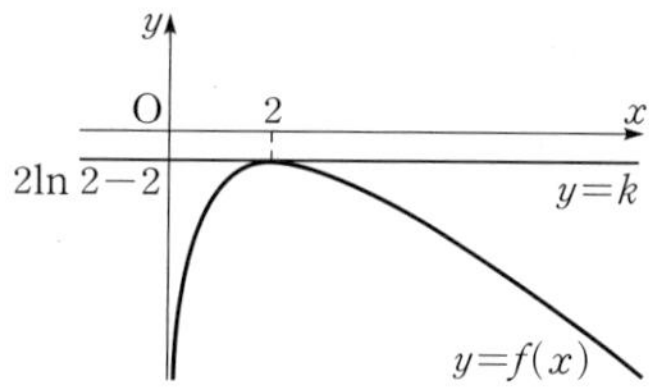

따라서 함수 $y=f(x)$의 그래프와 직선 $y=k$가 오직
한 점에서 만나려면

$k=2\ln 2-2$

답 $2\ln 2-2$

다른풀이 $2\ln x=x+k$에서

$f(x)=2\ln x,\ g(x)=x+k$로 놓으면

$f'(x)=\dfrac{2}{x},\ g'(x)=1$

방정식 $2\ln x=x+k$가 오직
하나의 실근을 가지려면 함수
$y=f(x)$의 그래프와 직선
$y=g(x)$가 접해야 한다.

접점의 x좌표를 t라 하면

$f(t)=g(t)$에서

$2\ln t=t+k$ $\cdots\cdots$ ㉠

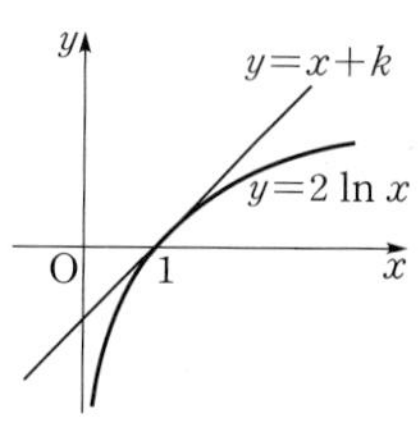

$f'(t)=g'(t)$에서

$$\dfrac{2}{t}=1 \qquad \therefore t=2$$

$t=2$를 ㉠에 대입하면

$$2\ln 2=2+k \qquad \therefore k=2\ln 2-2$$

213

방정식 $2\sqrt{x+1}-x=a$가 서로 다른 두 실근을 가지려면 함수 $y=2\sqrt{x+1}-x$의 그래프와 직선 $y=a$가 서로 다른 두 점에서 만나야 한다.

$f(x)=2\sqrt{x+1}-x$로 놓으면 $x\geq-1$이고

$$f'(x)=\dfrac{1}{\sqrt{x+1}}-1=\dfrac{1-\sqrt{x+1}}{\sqrt{x+1}}$$

$f'(x)=0$에서 $\sqrt{x+1}=1$

$$x+1=1 \qquad \therefore x=0$$

$x\geq-1$에서 함수 $f(x)$의 증가와 감소를 표로 나타내면 다음과 같다.

x	-1	$\cdots$	0	$\cdots$
$f'(x)$		$+$	0	$-$
$f(x)$	1	$\nearrow$	2 극대	$\searrow$

이때 $\lim\limits_{x\to\infty}(2\sqrt{x+1}-x)=-\infty$이므로

함수 $y=f(x)$의 그래프는 오른쪽 그림과 같다.

따라서 함수 $y=f(x)$의 그래프와 직선 $y=a$가 서로 다른 두 점에서 만나려면

$$1\leq a<2$$

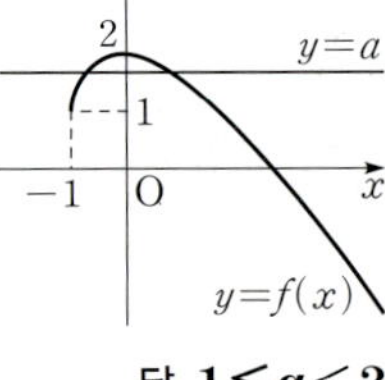

답 $1\leq a<2$

214

$(k-2)e^x-x+1=0$에서 $(k-2)e^x=x-1$

$$\therefore k-2=e^{-x}(x-1)$$

즉, 주어진 방정식이 실근을 가지려면 함수 $y=e^{-x}(x-1)$의 그래프와 직선 $y=k-2$가 만나야 한다.

$f(x)=e^{-x}(x-1)$로 놓으면

$$f'(x)=-e^{-x}(x-1)+e^{-x}=-e^{-x}(x-2)$$

$f'(x)=0$에서 $x=2$

함수 $f(x)$의 증가와 감소를 표로 나타내면 다음과 같다.

x	$\cdots$	2	$\cdots$
$f'(x)$	$+$	0	$-$
$f(x)$	$\nearrow$	$\dfrac{1}{e^2}$ 극대	$\searrow$

이때 $\lim\limits_{x\to\infty}e^{-x}(x-1)=0$, $\lim\limits_{x\to-\infty}e^{-x}(x-1)=-\infty$이므로 함수 $y=f(x)$의 그래프는 오른쪽 그림과 같다.

따라서 함수 $y=f(x)$의 그래프와 직선 $y=k-2$가 만나려면

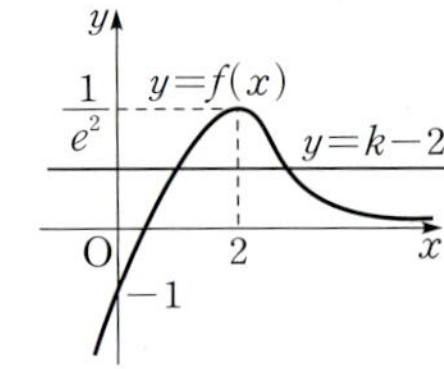

$$k-2\leq\dfrac{1}{e^2} \qquad \therefore k\leq\dfrac{1}{e^2}+2$$

따라서 실수 k의 최댓값은 $\dfrac{1}{e^2}+2$이다. **답** $\dfrac{1}{e^2}+2$

215

$e^x\geq x+1$에서 $e^x-x-1\geq0$

$f(x)=e^x-x-1$로 놓으면

$$f'(x)=e^x-1$$

$f'(x)=0$에서 $e^x=1 \qquad \therefore x=0$

함수 $f(x)$의 증가와 감소를 표로 나타내면 다음과 같다.

x	$\cdots$	0	$\cdots$
$f'(x)$	$-$	0	$+$
$f(x)$	$\searrow$	0 극소	$\nearrow$

함수 $f(x)$는 $x=0$에서 최솟값 0을 가지므로 $f(x)\geq0$, 즉

$$e^x-x-1\geq0$$

따라서 모든 실수 x에 대하여 부등식 $e^x\geq x+1$이 성립한다.

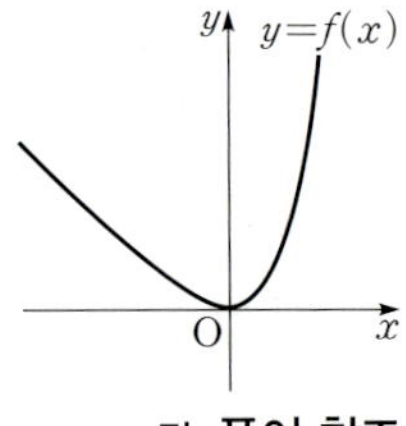

답 풀이 참조

216

(1) $\ln(1+x)>x-\dfrac{x^2}{2}$에서

$$\ln(1+x)-x+\dfrac{x^2}{2}>0$$

$f(x)=\ln(1+x)-x+\dfrac{x^2}{2}$으로 놓으면

$f'(x)=\dfrac{1}{1+x}-1+x=\dfrac{x^2}{1+x}$

$x>0$일 때 $f'(x)>0$이므로 $x>0$에서 함수 $f(x)$는 증가한다.

이때 $f(0)=0$이므로 $f(x)>0$

따라서 $x>0$일 때, 부등식 $\ln(1+x)>x-\dfrac{x^2}{2}$이 성립한다.

(2) $f(x)=(x-2)e^x+x+2$로 놓으면

$f'(x)=e^x+(x-2)e^x+1$
$\qquad=(x-1)e^x+1$

$f''(x)=e^x+(x-1)e^x=xe^x$

$x>0$일 때, $f''(x)>0$

즉, $x>0$에서 함수 $f'(x)$는 증가하고, $f'(0)=0$이므로 $f'(x)>0$

또, $x>0$일 때 $f'(x)>0$이므로 $x>0$에서 함수 $f(x)$는 증가한다.

이때 $f(0)=0$이므로 $f(x)>0$

따라서 $x>0$일 때, 부등식 $(x-2)e^x+x+2>0$이 성립한다.

답 (1) **풀이 참조** (2) **풀이 참조**

217

$\ln(e^x-1)\le 2x+a$에서

$2x+a-\ln(e^x-1)\ge 0$

$f(x)=2x+a-\ln(e^x-1)$로 놓으면

$f'(x)=2-\dfrac{e^x}{e^x-1}=\dfrac{e^x-2}{e^x-1}$

$f'(x)=0$에서 $e^x=2$ $\qquad \therefore x=\ln 2$

$x>0$에서 함수 $f(x)$의 증가와 감소를 표로 나타내면 다음과 같다.

x	0	$\cdots$	$\ln 2$	$\cdots$
$f'(x)$		$-$	0	$+$
$f(x)$		$\searrow$	$2\ln 2+a$ 극소	$\nearrow$

따라서 함수 $f(x)$의 최솟값은 $f(\ln 2)=2\ln 2+a$이므로 $f(x)\ge 0$이 성립하려면

$2\ln 2+a\ge 0$

$\therefore a\ge -2\ln 2$ $\qquad$ **답** $a\ge -2\ln 2$

218

$\cos x>k-x^2$에서

$\cos x-k+x^2>0$

$f(x)=\cos x-k+x^2$으로 놓으면

$f'(x)=-\sin x+2x$

$f''(x)=-\cos x+2$

이때 $-1\le \cos x\le 1$에서 $1\le -\cos x+2\le 3$이므로 $f''(x)>0$

즉, $x>0$에서 함수 $f'(x)$는 증가하고, $f'(0)=0$이므로 $f'(x)>0$

또, $x>0$일 때 $f'(x)>0$이므로 $x>0$에서 함수 $f(x)$는 증가한다.

이때 $x>0$에서 $f(x)>0$이 성립하려면

$f(0)=1-k\ge 0$ $\qquad \therefore k\le 1$

따라서 실수 k의 최댓값은 1이다. $\qquad$ **답 1**

219

점 P의 시각 t에서의 속도를 v, 가속도를 a라 하면

$v=\dfrac{dx}{dt}=\cos t+\sin t,\ a=\dfrac{dv}{dt}=-\sin t+\cos t$

따라서 $t=\pi$에서의 점 P의 속도는

$v=\cos \pi+\sin \pi=-1$

$t=\pi$에서의 점 P의 가속도는

$a=-\sin \pi+\cos \pi=-1$

답 속도: -1, 가속도: -1

220

점 P의 시각 t에서의 속도를 v, 가속도를 a라 하면

$v=\dfrac{dx}{dt}=\cos t+2kt,\ a=\dfrac{dv}{dt}=-\sin t+2k$

$t=\dfrac{\pi}{2}$에서의 점 P의 속도는

$$v = \cos\frac{\pi}{2} + k\pi = k\pi$$

즉, $k\pi = 2\pi$이므로 $k = 2$

$\therefore v = \cos t + 4t, \ a = -\sin t + 4$

따라서 $t = \pi$에서의 점 P의 가속도는

$$a = -\sin\pi + 4 = 4$$

답 4

221

점 P의 시각 t에서의 속도는

$$\frac{dx}{dt} = \frac{4t^3}{t^4} - 2t = \frac{4}{t} - 2t$$

점 P가 운동 방향을 바꿀 때의 속도는 0이므로

$$\frac{4}{t} - 2t = 0, \ t^2 = 2$$

$$\therefore t = \sqrt{2} \ (\because t > 0)$$

따라서 $t = \sqrt{2}$에서의 점 P의 위치는

$$x = \ln(\sqrt{2})^4 - (\sqrt{2})^2 = \ln 4 - 2$$

답 $\ln 4 - 2$

222

$$\frac{dx}{dt} = e^t \cos t - e^t \sin t = e^t(\cos t - \sin t)$$

$$\frac{dy}{dt} = e^t \sin t + e^t \cos t = e^t(\sin t + \cos t)$$

이므로 시각 t에서의 점 P의 속도는

$$(e^t(\cos t - \sin t), \ e^t(\sin t + \cos t))$$

따라서 $t = 2\pi$에서의 점 P의 속도는

$(e^{2\pi}(\cos 2\pi - \sin 2\pi), \ e^{2\pi}(\sin 2\pi + \cos 2\pi))$, 즉

$(e^{2\pi}, \ e^{2\pi})$

또,

$$\frac{d^2x}{dt^2} = e^t(\cos t - \sin t) + e^t(-\sin t - \cos t)$$
$$= -2e^t \sin t$$

$$\frac{d^2y}{dt^2} = e^t(\sin t + \cos t) + e^t(\cos t - \sin t)$$
$$= 2e^t \cos t$$

이므로 시각 t에서의 점 P의 가속도는

$$(-2e^t \sin t, \ 2e^t \cos t)$$

따라서 $t = 2\pi$에서의 점 P의 가속도는

$(-2e^{2\pi} \sin 2\pi, \ 2e^{2\pi} \cos 2\pi)$, 즉 $(0, \ 2e^{2\pi})$

답 속도: $(e^{2\pi}, \ e^{2\pi})$, 가속도: $(0, \ 2e^{2\pi})$

223

$$\frac{dx}{dt} = 2t + a, \ \frac{dy}{dt} = 4at + 4$$

이므로 시각 t에서의 점 P의 속도는

$$(2t + a, \ 4at + 4)$$

$t = 1$에서의 점 P의 속도는

$$(2 + a, \ 4a + 4)$$

따라서 $t = 1$에서의 점 P의 속력은

$$\sqrt{(2+a)^2 + (4a+4)^2} = \sqrt{17a^2 + 36a + 20}$$

$t = 1$에서의 점 P의 속력이 $4\sqrt{10}$이므로

$$\sqrt{17a^2 + 36a + 20} = 4\sqrt{10}$$

$$17a^2 + 36a - 140 = 0, \ (17a + 70)(a - 2) = 0$$

$$\therefore a = 2 \ (\because a > 0)$$

답 2

224

$$\frac{dx}{dt} = 1 - \cos t, \ \frac{dy}{dt} = \sin t$$

이므로 시각 t에서의 점 P의 속도는

$$(1 - \cos t, \ \sin t)$$

즉, 시각 t에서의 점 P의 속력은

$$\sqrt{(1 - \cos t)^2 + (\sin t)^2} = \sqrt{2(1 - \cos t)}$$

$0 \le t \le 2\pi$에서 $-1 \le \cos t \le 1$이므로 점 P의 속력은

$\cos t = -1$일 때 최대이다.

즉, 점 P의 속력이 최대일 때

$$t = \pi \ (\because 0 \le t \le 2\pi)$$

따라서 $t = \pi$일 때,

$$x = \pi - \sin\pi = \pi, \ y = 1 - \cos\pi = 2$$

이므로 점 P의 위치는 $(\pi, \ 2)$이고 속력의 최댓값은

$$\sqrt{2(1 - \cos\pi)} = 2$$

답 위치: $(\pi, \ 2)$, 최댓값: 2

III. 적분법

225

(1) $\displaystyle\int \frac{4}{x^3}\,dx = 4\int x^{-3}\,dx$

$$= 4\times\frac{1}{-3+1}x^{-3+1}+C$$

$$= -2x^{-2}+C = -\frac{2}{x^2}+C$$

(2) $\displaystyle\int \frac{1}{x\sqrt{x}}\,dx = \int x^{-\frac{3}{2}}\,dx$

$$= \frac{1}{-\frac{3}{2}+1}x^{-\frac{3}{2}+1}+C$$

$$= -2x^{-\frac{1}{2}}+C = -\frac{2}{\sqrt{x}}+C$$

(3) $\displaystyle\int \left(x^2+\frac{1}{x^2}\right)dx$

$$= \int x^2\,dx+\int x^{-2}\,dx$$

$$= \frac{1}{3}x^3+\frac{1}{-2+1}x^{-2+1}+C$$

$$= \frac{1}{3}x^3-\frac{1}{x}+C$$

(4) $\displaystyle\int (\sqrt[3]{x}+\sqrt{x})\,dx$

$$= \int x^{\frac{1}{3}}\,dx+\int x^{\frac{1}{2}}\,dx$$

$$= \frac{1}{\frac{1}{3}+1}x^{\frac{1}{3}+1}+\frac{1}{\frac{1}{2}+1}x^{\frac{1}{2}+1}+C$$

$$= \frac{3}{4}x^{\frac{4}{3}}+\frac{2}{3}x^{\frac{3}{2}}+C = \frac{3}{4}x\sqrt[3]{x}+\frac{2}{3}x\sqrt{x}+C$$

(5) $\displaystyle\int \frac{x^3-x+2}{x^2}\,dx$

$$= \int \left(x-\frac{1}{x}+\frac{2}{x^2}\right)dx$$

$$= \int x\,dx-\int \frac{1}{x}\,dx+2\int x^{-2}\,dx$$

$$= \frac{1}{2}x^2-\ln|x|+2\times\frac{1}{-2+1}x^{-2+1}+C$$

$$= \frac{1}{2}x^2-\ln|x|-\frac{2}{x}+C$$

답 풀이 참조

226

(1) $\displaystyle\int 2e^{x+3}\,dx = \int 2e^x e^3\,dx$

$$= 2e^3\int e^x\,dx$$

$$= 2e^3 e^x+C = 2e^{x+3}+C$$

(2) $\displaystyle\int 5^{2x-1}\,dx = \int (5^2)^x\times\frac{1}{5}\,dx$

$$= \frac{1}{5}\int 25^x\,dx$$

$$= \frac{25^x}{5\ln 25}+C$$

(3) $\displaystyle\int (e^{2x}-e^x+3)\,dx$

$$= \int (e^2)^x\,dx-\int e^x\,dx+\int 3\,dx$$

$$= \frac{(e^2)^x}{\ln e^2}-e^x+3x+C$$

$$= \frac{1}{2}e^{2x}-e^x+3x+C$$

(4) $\displaystyle\int (2^{x+2}+3^{2x})\,dx = \int \{2^x\times 2^2+(3^2)^x\}\,dx$

$$= 4\int 2^x\,dx+\int 9^x\,dx$$

$$= 4\times\frac{2^x}{\ln 2}+\frac{9^x}{\ln 9}+C$$

$$= \frac{2^{x+2}}{\ln 2}+\frac{9^x}{\ln 9}+C$$

(5) $\displaystyle\int (e^{x-2}-4^{x+1})\,dx$

$$= \int (e^x\times e^{-2}-4^x\times 4)\,dx$$

$$= e^{-2}\int e^x\,dx-4\int 4^x\,dx$$

$$= e^{-2}\times e^x-4\times\frac{4^x}{\ln 4}+C$$

$$= e^{x-2}-\frac{4^{x+1}}{\ln 4}+C$$

답 풀이 참조

227

(1) $\displaystyle\int (2\cos x+5\sin x)\,dx$

$$= 2\int \cos x\,dx+5\int \sin x\,dx$$

$$= 2\sin x-5\cos x+C$$

(2) $\displaystyle\int (\sec^2 x - 3\csc^2 x)\,dx$

$\displaystyle = \int \sec^2 x\,dx - 3\int \csc^2 x\,dx$

$= \tan x + 3\cot x + C$

(3) $\displaystyle\int (\cot x + 3)\sin x\,dx$

$\displaystyle = \int \left(\frac{\cos x}{\sin x} + 3\right)\sin x\,dx$

$\displaystyle = \int (\cos x + 3\sin x)\,dx$

$\displaystyle = \int \cos x\,dx + 3\int \sin x\,dx$

$= \sin x - 3\cos x + C$

(4) $\displaystyle\int \frac{\cos^3 x + 2}{\cos^2 x}\,dx$

$\displaystyle = \int \left(\cos x + \frac{2}{\cos^2 x}\right) dx$

$\displaystyle = \int \cos x\,dx + 2\int \sec^2 x\,dx$

$= \sin x + 2\tan x + C$

(5) $\displaystyle\int \frac{\sin^2 x}{1 + \cos x}\,dx$

$\displaystyle = \int \frac{1 - \cos^2 x}{1 + \cos x}\,dx$

$\displaystyle = \int \frac{(1 + \cos x)(1 - \cos x)}{1 + \cos x}\,dx$

$\displaystyle = \int (1 - \cos x)\,dx$

$\displaystyle = \int dx - \int \cos x\,dx$

$= x - \sin x + C$

답 풀이 참조

228

(1) $\displaystyle\int \left(x + \frac{1}{x^2}\right)\left(x - \frac{1}{x^2}\right) dx$

$\displaystyle = \int \left(x^2 - \frac{1}{x^4}\right) dx$

$\displaystyle = \int x^2\,dx - \int x^{-4}\,dx$

$= \dfrac{1}{3}x^3 + \dfrac{1}{3x^3} + C$

(2) $\displaystyle\int \frac{x^3 + 3x^2 - x + 2}{x^2}\,dx$

$\displaystyle = \int \left(x + 3 - \frac{1}{x} + \frac{2}{x^2}\right) dx$

$\displaystyle = \int x\,dx + \int 3\,dx - \int \frac{1}{x}\,dx + 2\int x^{-2}\,dx$

$= \dfrac{1}{2}x^2 + 3x - \ln|x| - \dfrac{2}{x} + C$

(3) $\displaystyle\int \frac{(\sqrt[3]{x} + 1)^3}{x}\,dx$

$\displaystyle = \int \frac{x + 3\sqrt[3]{x^2} + 3\sqrt[3]{x} + 1}{x}\,dx$

$\displaystyle = \int \left(1 + 3x^{-\frac{1}{3}} + 3x^{-\frac{2}{3}} + \frac{1}{x}\right) dx$

$\displaystyle = \int dx + 3\int x^{-\frac{1}{3}}\,dx + 3\int x^{-\frac{2}{3}}\,dx + \int \frac{1}{x}\,dx$

$= x + \dfrac{9}{2}x^{\frac{2}{3}} + 9x^{\frac{1}{3}} + \ln|x| + C$

$= x + \dfrac{9}{2}\sqrt[3]{x^2} + 9\sqrt[3]{x} + \ln|x| + C$

답 풀이 참조

229

$\displaystyle f(x) = \int \frac{x - 4}{\sqrt{x} - 2}\,dx$

$\displaystyle = \int \frac{(\sqrt{x} + 2)(\sqrt{x} - 2)}{\sqrt{x} - 2}\,dx$

$\displaystyle = \int (\sqrt{x} + 2)\,dx$

$\displaystyle = \int (x^{\frac{1}{2}} + 2)\,dx$

$= \dfrac{2}{3}x^{\frac{3}{2}} + 2x + C$

$= \dfrac{2}{3}x\sqrt{x} + 2x + C$

이때 $f(1) = \dfrac{2}{3}$이므로

$\dfrac{2}{3} + 2 + C = \dfrac{2}{3} \qquad \therefore C = -2$

따라서 $f(x) = \dfrac{2}{3}x\sqrt{x} + 2x - 2$이므로

$f(9) = \dfrac{2}{3} \times 9\sqrt{9} + 18 - 2 = 34$ 답 **34**

230

(1) $\displaystyle\int \frac{xe^x - 2ex - 1}{x}\,dx$

$\displaystyle = \int \left(e^x - 2e - \frac{1}{x}\right)dx$

$\displaystyle = \int e^x\,dx - 2e\int dx - \int \frac{1}{x}\,dx$

$\boldsymbol{= e^x - 2ex - \ln|x| + C}$

(2) $\displaystyle\int \frac{8^x + 1}{2^x + 1}\,dx$

$\displaystyle = \int \frac{(2^x)^3 + 1}{2^x + 1}\,dx$

$\displaystyle = \int \frac{(2^x + 1)\{(2^x)^2 - 2^x + 1\}}{2^x + 1}\,dx$

$\displaystyle = \int (4^x - 2^x + 1)\,dx$

$\displaystyle = \int 4^x\,dx - \int 2^x\,dx + \int dx$

$\boldsymbol{= \dfrac{4^x}{\ln 4} - \dfrac{2^x}{\ln 2} + x + C}$

(3) $\displaystyle\int \left(e^{x+4} + \frac{1}{x}\right)dx$

$\displaystyle = e^4\int e^x\,dx + \int \frac{1}{x}\,dx$

$= e^4 e^x + \ln|x| + C$

$\boldsymbol{= e^{x+4} + \ln|x| + C}$

답 풀이 참조

231

$\displaystyle f(x) = \int f'(x)\,dx = \int 2e^x(e^x - 1)\,dx$

$\displaystyle = \int \{2 \times (e^x)^2 - 2e^x\}\,dx$

$\displaystyle = 2\int (e^2)^x\,dx - 2\int e^x\,dx$

$\displaystyle = 2 \times \frac{(e^2)^x}{\ln e^2} - 2e^x + C$

$= e^{2x} - 2e^x + C$

이때 $f(0) = 1$이므로

$1 - 2 + C = 1 \qquad \therefore C = 2$

따라서 $f(x) = e^{2x} - 2e^x + 2$이므로

$f(1) = e^2 - 2e + 2$

답 $e^2 - 2e + 2$

232

(1) $\displaystyle\int \frac{1}{1 + \sin x}\,dx$

$\displaystyle = \int \frac{1 - \sin x}{(1 + \sin x)(1 - \sin x)}\,dx$

$\displaystyle = \int \frac{1 - \sin x}{\cos^2 x}\,dx$

$\displaystyle = \int \left(\frac{1}{\cos^2 x} - \frac{1}{\cos x} \times \frac{\sin x}{\cos x}\right)dx$

$\displaystyle = \int (\sec^2 x - \sec x \tan x)\,dx$

$\displaystyle = \int \sec^2 x\,dx - \int \sec x \tan x\,dx$

$\boldsymbol{= \tan x - \sec x + C}$

(2) $\displaystyle\int (\tan x + 3)\cos x\,dx$

$\displaystyle = \int \left(\frac{\sin x}{\cos x} + 3\right)\cos x\,dx$

$\displaystyle = \int (\sin x + 3\cos x)\,dx$

$\displaystyle = \int \sin x\,dx + 3\int \cos x\,dx$

$\boldsymbol{= -\cos x + 3\sin x + C}$

(3) $\displaystyle\int 3\cot^2 x\,dx$

$\displaystyle = \int 3(\csc^2 x - 1)\,dx$

$\displaystyle = 3\int \csc^2 x\,dx - 3\int dx$

$\boldsymbol{= -3\cot x - 3x + C}$

답 풀이 참조

233

$\sin^2 x + \cos^2 x = 1$이므로

$\displaystyle f(x) = \int \frac{1 - \cos^3 x}{1 - \sin^2 x}\,dx = \int \frac{1 - \cos^3 x}{\cos^2 x}\,dx$

$\displaystyle = \int \left(\frac{1}{\cos^2 x} - \cos x\right)dx$

$\displaystyle = \int (\sec^2 x - \cos x)\,dx$

$\displaystyle = \int \sec^2 x\,dx - \int \cos x\,dx$

$= \tan x - \sin x + C$

이때 $f(0)=0$이므로

$\tan 0-\sin 0+C=0$ $\qquad \therefore C=0$

따라서 $f(x)=\tan x-\sin x$이므로

$$f\left(\frac{\pi}{3}\right)=\tan\frac{\pi}{3}-\sin\frac{\pi}{3}$$

$$=\sqrt{3}-\frac{\sqrt{3}}{2}=\frac{\sqrt{3}}{2}$$
답 $\dfrac{\sqrt{3}}{2}$

234

답 (1) $4,\ \dfrac{1}{4}dt,\ \dfrac{1}{4},\ \dfrac{1}{4}t^4,\ 4x+2$

(2) $\sin x,\ dt,\ t^3,\ 1-\cos x$

235

(1) $2x+5=t$로 놓고 양변을 x에 대하여 미분하면

$$2=\frac{dt}{dx}$$

$$\therefore \int (2x+5)^4\,dx=\int t^4\times\frac{1}{2}\,dt$$

$$=\frac{1}{2}\int t^4\,dt=\frac{1}{2}\times\frac{1}{5}t^5+C$$

$$=\frac{1}{10}(2x+5)^5+C$$

(2) $-2x+3=t$로 놓고 양변을 x에 대하여 미분하면

$$-2=\frac{dt}{dx}$$

$$\therefore \int e^{-2x+3}\,dx=\int e^t\times\left(-\frac{1}{2}\right)dt$$

$$=-\frac{1}{2}\int e^t\,dt$$

$$=-\frac{1}{2}e^t+C$$

$$=-\frac{1}{2}e^{-2x+3}+C$$

(3) $3x-1=t$로 놓고 양변을 x에 대하여 미분하면

$$3=\frac{dt}{dx}$$

$$\therefore \int \cos(3x-1)\,dx=\int \cos t\times\frac{1}{3}\,dt$$

$$=\frac{1}{3}\int \cos t\,dt$$

$$=\frac{1}{3}\sin t+C$$

$$=\frac{1}{3}\sin(3x-1)+C$$

(4) $\dfrac{3x-5}{x+2}=\dfrac{3(x+2)-11}{x+2}=3-\dfrac{11}{x+2}$이므로

$$\int \frac{3x-5}{x+2}\,dx=\int\left(3-\frac{11}{x+2}\right)dx$$

$$=\int 3\,dx-11\int\frac{1}{x+2}\,dx$$

$$=3x-11\ln|x+2|+C$$

(5) $\dfrac{2}{(x-1)(x+1)}=\dfrac{1}{x-1}-\dfrac{1}{x+1}$이므로

$$\int \frac{2}{(x-1)(x+1)}\,dx$$

$$=\int\left(\frac{1}{x-1}-\frac{1}{x+1}\right)dx$$

$$=\int\frac{1}{x-1}\,dx-\int\frac{1}{x+1}\,dx$$

$$=\ln|x-1|-\ln|x+1|+C$$

$$=\ln\left|\frac{x-1}{x+1}\right|+C$$

답 풀이 참조

236

(1) $\dfrac{1}{4}x-1=t$로 놓고 양변을 x에 대하여 미분하면

$$\frac{1}{4}=\frac{dt}{dx}$$

$$\therefore \int\left(\frac{1}{4}x-1\right)^3 dx=\int t^3\times 4\,dt$$

$$=4\int t^3\,dt$$

$$=4\times\frac{1}{4}t^4+C$$

$$=\left(\frac{1}{4}x-1\right)^4+C$$

(2) $x^3+1=t$로 놓고 양변을 x에 대하여 미분하면

$$3x^2=\frac{dt}{dx}$$

$$\therefore \int 3x^2(x^3+1)^2\,dx=\int t^2\,dt=\frac{1}{3}t^3+C$$

$$=\frac{1}{3}(x^3+1)^3+C$$

(3) $x^3-3x+4=t$로 놓고 양변을 x에 대하여 미분하면

$$3x^2-3=\frac{dt}{dx}$$

$$\therefore \int (x^2-1)(x^3-3x+4)\,dx$$
$$=\frac{1}{3}\int (3x^2-3)(x^3-3x+4)\,dx$$
$$=\frac{1}{3}\int t\,dt=\frac{1}{3}\times\frac{1}{2}t^2+C$$
$$=\frac{1}{6}(x^3-3x+4)^2+C$$

답 풀이 참조

$$\therefore \int \frac{3x^2-x}{\sqrt{2x^3-x^2}}\,dx=\int \frac{1}{t}\times t\,dt$$
$$=\int 1\,dt$$
$$=t+C$$
$$=\sqrt{2x^3-x^2}+C$$

답 풀이 참조

237

(1) $\sqrt{x^2+3x}=t$로 놓고 양변을 제곱하면

$x^2+3x=t^2$이므로 $2x+3=2t\dfrac{dt}{dx}$

$$\therefore \int (2x+3)\sqrt{x^2+3x}\,dx$$
$$=\int t\times 2t\,dt$$
$$=2\int t^2\,dt=\frac{2}{3}t^3+C$$
$$=\frac{2}{3}(\sqrt{x^2+3x})^3+C$$
$$=\frac{2}{3}(x^2+3x)\sqrt{x^2+3x}+C$$

(2) $\sqrt{1-x^2}=t$로 놓고 양변을 제곱하면

$1-x^2=t^2$이므로 $-2x=2t\dfrac{dt}{dx}$, $x^2=1-t^2$

$$\therefore \int \frac{x^3}{\sqrt{1-x^2}}\,dx$$
$$=\int \frac{x^2}{\sqrt{1-x^2}}\times x\,dx$$
$$=\int \frac{1-t^2}{t}\times(-t)dt$$
$$=\int (t^2-1)dt$$
$$=\frac{1}{3}t^3-t+C$$
$$=\frac{1}{3}(\sqrt{1-x^2})^3-\sqrt{1-x^2}+C$$
$$=\frac{1}{3}(1-x^2)\sqrt{1-x^2}-\sqrt{1-x^2}+C$$
$$=-\frac{1}{3}(x^2+2)\sqrt{1-x^2}+C$$

(3) $\sqrt{2x^3-x^2}=t$로 놓고 양변을 제곱하면

$2x^3-x^2=t^2$이므로 $6x^2-2x=2t\dfrac{dt}{dx}$

238

$\sqrt{x^2+1}=t$로 놓고 양변을 제곱하면

$x^2+1=t^2$이므로 $2x=2t\dfrac{dt}{dx}$

$$\therefore f(x)=\int x\sqrt{x^2+1}\,dx$$
$$=\int t\times t\,dt=\int t^2\,dt$$
$$=\frac{1}{3}t^3+C$$
$$=\frac{1}{3}(\sqrt{x^2+1})^3+C$$
$$=\frac{1}{3}(x^2+1)\sqrt{x^2+1}+C$$

이때 $f(0)=3$이므로

$$\frac{1}{3}+C=3 \qquad \therefore C=\frac{8}{3}$$

따라서 $f(x)=\dfrac{1}{3}(x^2+1)\sqrt{x^2+1}+\dfrac{8}{3}$이므로

$$f(-2)=\frac{1}{3}\times 5\sqrt{5}+\frac{8}{3}$$
$$=\frac{1}{3}(5\sqrt{5}+8) \qquad\qquad \text{답}\ \frac{1}{3}(5\sqrt{5}+8)$$

239

(1) $2x+3=t$로 놓고 양변을 x에 대하여 미분하면

$$2=\frac{dt}{dx}$$

$$\therefore \int 10^{2x+3}\,dx=\int 10^t\times\frac{1}{2}\,dt$$
$$=\frac{1}{2}\int 10^t\,dt$$
$$=\frac{10^t}{2\ln 10}+C$$
$$=\frac{1}{2\ln 10}10^{2x+3}+C$$

(2) $\sqrt{e^x-1}=t$로 놓고 양변을 제곱하면

$e^x-1=t^2$이므로 $e^x=2t\dfrac{dt}{dx}$

$$\therefore \int \frac{e^x}{\sqrt{e^x-1}}\,dx=\int \frac{1}{t}\times 2t\,dt$$
$$=\int 2\,dt$$
$$=2t+C$$
$$=\boldsymbol{2\sqrt{e^x-1}+C}$$

(3) $\ln(x+1)=t$로 놓고 양변을 x에 대하여 미분하면

$$\frac{1}{x+1}=\frac{dt}{dx}$$
$$\therefore \int \frac{\ln(x+1)}{x+1}\,dx=\int t\,dt$$
$$=\frac{1}{2}t^2+C$$
$$=\boldsymbol{\frac{1}{2}\{\ln(x+1)\}^2+C}$$

(4) $\ln x=t$로 놓고 양변을 x에 대하여 미분하면

$$\frac{1}{x}=\frac{dt}{dx}$$
$$\therefore \int \frac{2}{x(\ln x)^2}\,dx=\int \frac{1}{t^2}\times 2\,dt$$
$$=2\int t^{-2}\,dt$$
$$=-\frac{2}{t}+C$$
$$=\boldsymbol{-\frac{2}{\ln x}+C}$$

답 풀이 참조

240

$1+e^x=t$로 놓고 양변을 x에 대하여 미분하면

$$e^x=\frac{dt}{dx}$$
$$\therefore f(x)=\int e^x(1+e^x)^3\,dx$$
$$=\int t^3\,dt$$
$$=\frac{1}{4}t^4+C$$
$$=\frac{1}{4}(1+e^x)^4+C$$

이때 $f(0)=3$이므로 $\dfrac{1}{4}(1+e^0)^4+C=3$

$4+C=3 \qquad \therefore C=-1$

따라서 $f(x)=\dfrac{1}{4}(1+e^x)^4-1$이므로

$f(\ln 3)=\dfrac{1}{4}(1+e^{\ln 3})^4-1=63$

답 63

241

(1) $4x-3=t$로 놓고 양변을 x에 대하여 미분하면

$$4=\frac{dt}{dx}$$
$$\therefore \int \cos(4x-3)\,dx=\int \cos t\times \frac{1}{4}\,dt$$
$$=\frac{1}{4}\int \cos t\,dt$$
$$=\frac{1}{4}\sin t+C$$
$$=\boldsymbol{\frac{1}{4}\sin(4x-3)+C}$$

(2) $\tan x=t$로 놓고 양변을 x에 대하여 미분하면

$$\sec^2 x=\frac{dt}{dx}$$
$$\therefore \int \tan x\sec^2 x\,dx=\int t\,dt$$
$$=\frac{1}{2}t^2+C$$
$$=\boldsymbol{\frac{1}{2}\tan^2 x+C}$$

(3)
$$\int \frac{\cos^3 x}{1+\sin x}\,dx=\int \frac{\cos^2 x\cos x}{1+\sin x}\,dx$$
$$=\int \frac{1-\sin^2 x}{1+\sin x}\times \cos x\,dx$$
$$=\int (1-\sin x)\cos x\,dx$$

$1-\sin x=t$로 놓고 양변을 x에 대하여 미분하면

$$-\cos x=\frac{dt}{dx}$$
$$\therefore \int \frac{\cos^3 x}{1+\sin x}\,dx=\int (1-\sin x)\cos x\,dx$$
$$=\int t\times (-1)dt$$
$$=-\frac{1}{2}t^2+C$$
$$=\boldsymbol{-\frac{1}{2}(1-\sin x)^2+C}$$

답 풀이 참조

242

$1+\tan x=t$로 놓고 양변을 x에 대하여 미분하면

$$\sec^2 x=\frac{dt}{dx}$$

$$\therefore f(x)=\int f'(x)\,dx=\int \frac{\sec^2 x}{1+\tan x}\,dx$$

$$=\int \frac{1}{t}\,dt=\ln|t|+C$$

$$=\ln|1+\tan x|+C$$

이때 $f(0)=0$이므로

$$\ln 1+C=0 \qquad \therefore C=0$$

따라서 $f(x)=\ln|1+\tan x|$이므로

$$f\left(\frac{\pi}{4}\right)=\ln\left|1+\tan \frac{\pi}{4}\right|=\ln 2 \qquad\qquad \text{답 } \ln 2$$

243

(1) $(e^x+e^{-x})'=e^x-e^{-x}$이므로

$$\int \frac{e^x-e^{-x}}{e^x+e^{-x}}\,dx=\int \frac{(e^x+e^{-x})'}{e^x+e^{-x}}\,dx$$

$$=\ln|e^x+e^{-x}|+C$$

$$=\boldsymbol{\ln(e^x+e^{-x})+C} \leftarrow e^x+e^{-x}>0$$

(2) $(1-\cos x)'=\sin x$이므로

$$\int \frac{\sin x}{1-\cos x}\,dx=\int \frac{(1-\cos x)'}{1-\cos x}\,dx$$

$$=\ln|1-\cos x|+C$$

$$=\boldsymbol{\ln(1-\cos x)+C}$$

$$\leftarrow 1-\cos x>0$$

(3) $(3^x-x^2)'=3^x\ln 3-2x$이므로

$$\int \frac{3^x\ln 3-2x}{3^x-x^2}\,dx=\int \frac{(3^x-x^2)'}{3^x-x^2}\,dx$$

$$=\boldsymbol{\ln|3^x-x^2|+C}$$

답 풀이 참조

244

$(3e^{2x}-1)'=6e^{2x}$이므로

$$f(x)=\int \frac{e^{2x}}{3e^{2x}-1}\,dx=\frac{1}{6}\int \frac{6e^{2x}}{3e^{2x}-1}\,dx$$

$$=\frac{1}{6}\int \frac{(3e^{2x}-1)'}{3e^{2x}-1}\,dx$$

$$=\frac{1}{6}\ln|3e^{2x}-1|+C$$

이때 $f(0)=\frac{1}{6}\ln 2$이므로

$$\frac{1}{6}\ln 2+C=\frac{1}{6}\ln 2 \qquad \therefore C=0$$

따라서 $f(x)=\frac{1}{6}\ln|3e^{2x}-1|$이므로

$$f\left(\frac{1}{2}\right)=\frac{1}{6}\ln(3e-1) \qquad\qquad \text{답 } \frac{1}{6}\ln(3e-1)$$

245

(1) $\dfrac{2x^3+x-1}{x-1}=2x^2+2x+3+\dfrac{2}{x-1}$이므로

$$\int \frac{2x^3+x-1}{x-1}\,dx$$

$$=\int \left(2x^2+2x+3+\frac{2}{x-1}\right)dx$$

$$=\boldsymbol{\frac{2}{3}x^3+x^2+3x+2\ln|x-1|+C}$$

(2) $\dfrac{7x+4}{(x-3)(x+2)}=\dfrac{A}{x-3}+\dfrac{B}{x+2}$ $(A,\,B$는 상수$)$

로 놓으면

$$\frac{7x+4}{(x-3)(x+2)}=\frac{A(x+2)+B(x-3)}{(x-3)(x+2)}$$

$$=\frac{(A+B)x+(2A-3B)}{(x-3)(x+2)}$$

즉, $A+B=7,\ 2A-3B=4$이므로

$$A=5,\ B=2$$

$$\therefore \int \frac{7x+4}{(x-3)(x+2)}\,dx$$

$$=\int \left(\frac{5}{x-3}+\frac{2}{x+2}\right)dx$$

$$=5\int \frac{1}{x-3}\,dx+2\int \frac{1}{x+2}\,dx$$

$$=\boldsymbol{5\ln|x-3|+2\ln|x+2|+C}$$

(3) $\dfrac{2-x^2}{x^3+2x}=\dfrac{2-x^2}{x(x^2+2)}=\dfrac{A}{x}+\dfrac{Bx+C}{x^2+2}$

$(A,\,B,\,C$는 상수$)$로 놓으면

$$\frac{2-x^2}{x^3+2x}=\frac{A(x^2+2)+(Bx+C)x}{x(x^2+2)}$$

$$=\frac{(A+B)x^2+Cx+2A}{x(x^2+2)}$$

즉, $A+B=-1$, $C=0$, $2A=2$이므로
$A=1$, $B=-2$, $C=0$

$$\therefore \int \frac{2-x^2}{x^3+2x}\,dx$$
$$=\int\left(\frac{1}{x}-\frac{2x}{x^2+2}\right)dx$$
$$=\int\frac{1}{x}\,dx-\int\frac{2x}{x^2+2}\,dx$$
$$=\int\frac{1}{x}\,dx-\int\frac{(x^2+2)'}{x^2+2}\,dx$$
$$=\ln|x|-\ln|x^2+2|+C$$
$$=\ln\left|\frac{x}{x^2+2}\right|+C$$

답 풀이 참조

246

$$\frac{x+1}{x^2-4x+3}=\frac{x+1}{(x-3)(x-1)}=\frac{A}{x-3}+\frac{B}{x-1}$$

(A, B는 상수)로 놓으면

$$\frac{x+1}{x^2-4x+3}=\frac{A(x-1)+B(x-3)}{(x-3)(x-1)}$$
$$=\frac{(A+B)x-(A+3B)}{(x-3)(x-1)}$$

즉, $A+B=1$, $A+3B=-1$이므로
$A=2$, $B=-1$

$$\therefore f(x)=\int\frac{x+1}{x^2-4x+3}\,dx$$
$$=\int\left(\frac{2}{x-3}-\frac{1}{x-1}\right)dx$$
$$=2\int\frac{1}{x-3}\,dx-\int\frac{1}{x-1}\,dx$$
$$=2\ln|x-3|-\ln|x-1|+C$$
$$=\ln\left|\frac{(x-3)^2}{x-1}\right|+C$$

이때 $f(2)=0$이므로

$$\ln 1+C=0 \qquad \therefore C=0$$

따라서 $f(x)=\ln\left|\dfrac{(x-3)^2}{x-1}\right|$이므로

$$f(4)=\ln\frac{1}{3}=-\ln 3$$

답 $-\ln 3$

247

답 (1) x, $\sin x$, 1, $-\cos x$, $-x\cos x$, $-\cos x$,
$-x\cos x+\sin x+C$

(2) $x+3$, e^x, 1, e^x, $(x+3)e^x$, e^x,
$(x+2)e^x+C$

(3) $\ln x$, $2x$, $\dfrac{1}{x}$, x^2, $x^2\ln x$, x,
$x^2\ln x-\dfrac{1}{2}x^2+C$

248

(1) $f(x)=\ln x$, $g'(x)=3x^2$으로 놓으면

$$f'(x)=\frac{1}{x},\ g(x)=x^3$$
$$\therefore \int 3x^2\ln x\,dx=(\ln x)\times x^3-\int\frac{1}{x}\times x^3\,dx$$
$$=x^3\ln x-\int x^2\,dx$$
$$=x^3\ln x-\frac{1}{3}x^3+C$$

(2) $f(x)=x$, $g'(x)=e^{3x}$으로 놓으면

$$f'(x)=1,\ g(x)=\frac{1}{3}e^{3x}$$
$$\therefore \int xe^{3x}\,dx=x\times\frac{1}{3}e^{3x}-\int 1\times\frac{1}{3}e^{3x}\,dx$$
$$=\frac{1}{3}xe^{3x}-\frac{1}{3}\int e^{3x}\,dx$$
$$=\frac{1}{3}xe^{3x}-\frac{1}{9}e^{3x}+C$$

(3) $f(x)=x$, $g'(x)=\sin 2x$로 놓으면

$$f'(x)=1,\ g(x)=-\frac{1}{2}\cos 2x$$
$$\therefore \int x\sin 2x\,dx$$
$$=x\times\left(-\frac{1}{2}\cos 2x\right)-\int 1\times\left(-\frac{1}{2}\cos 2x\right)dx$$
$$=-\frac{1}{2}x\cos 2x+\frac{1}{2}\int\cos 2x\,dx$$
$$=-\frac{1}{2}x\cos 2x+\frac{1}{4}\sin 2x+C$$

답 풀이 참조

249

(1) $f(x)=x$, $g'(x)=e^{-x}$으로 놓으면
$$f'(x)=1,\ g(x)=-e^{-x}$$

$$\therefore \int xe^{-x}\,dx$$

$$=x\times(-e^{-x})-\int 1\times(-e^{-x})\,dx$$

$$=-xe^{-x}+\int e^{-x}\,dx$$

$$=-xe^{-x}-e^{-x}+C$$

$$=-(x+1)e^{-x}+C$$

(2) $f(x)=\ln x,\ g'(x)=x^3$으로 놓으면

$$f'(x)=\frac{1}{x},\ g(x)=\frac{1}{4}x^4$$

$$\therefore \int x^3\ln x\,dx$$

$$=(\ln x)\times\frac{1}{4}x^4-\int \frac{1}{x}\times\frac{1}{4}x^4\,dx$$

$$=\frac{1}{4}x^4\ln x-\frac{1}{4}\int x^3\,dx$$

$$=\frac{1}{4}x^4\ln x-\frac{1}{16}x^4+C$$

(3) $f(x)=2x+1,\ g'(x)=\sin 2x$로 놓으면

$$f'(x)=2,\ g(x)=-\frac{1}{2}\cos 2x$$

$$\therefore \int (2x+1)\sin 2x\,dx$$

$$=(2x+1)\times\left(-\frac{1}{2}\cos 2x\right)$$

$$-\int 2\times\left(-\frac{1}{2}\cos 2x\right)dx$$

$$=-\frac{1}{2}(2x+1)\cos 2x+\int \cos 2x\,dx$$

$$=-\frac{1}{2}(2x+1)\cos 2x+\frac{1}{2}\sin 2x+C$$

답 풀이 참조

250

$f(x)=x,\ g'(x)=\cos 2x$로 놓으면

$$f'(x)=1,\ g(x)=\frac{1}{2}\sin 2x$$

$$\therefore f(x)=\int x\cos 2x\,dx$$

$$=x\times\frac{1}{2}\sin 2x-\int 1\times\frac{1}{2}\sin 2x\,dx$$

$$=\frac{1}{2}x\sin 2x-\frac{1}{2}\int \sin 2x\,dx$$

$$=\frac{1}{2}x\sin 2x+\frac{1}{4}\cos 2x+C$$

이때 $f(0)=\frac{1}{4}$이므로

$$\frac{1}{4}+C=\frac{1}{4} \qquad \therefore C=0$$

따라서 $f(x)=\frac{1}{2}x\sin 2x+\frac{1}{4}\cos 2x$이므로

$$f\left(\frac{\pi}{4}\right)=\frac{1}{2}\times\frac{\pi}{4}\times 1+\frac{1}{4}\times 0=\frac{\pi}{8}$$

답 $\dfrac{\pi}{8}$

251

(1) $f(x)=x^2,\ g'(x)=e^{-x}$으로 놓으면

$$f'(x)=2x,\ g(x)=-e^{-x}$$이므로

$$\int x^2 e^{-x}\,dx=x^2\times(-e^{-x})-\int 2x\times(-e^{-x})dx$$

$$=-x^2 e^{-x}+2\int xe^{-x}\,dx \quad\cdots\cdots\ \text{㉠}$$

한편, $\displaystyle\int xe^{-x}\,dx$에서

$u(x)=x,\ v'(x)=e^{-x}$으로 놓으면

$u'(x)=1,\ v(x)=-e^{-x}$이므로

$$\int xe^{-x}\,dx=x\times(-e^{-x})-\int 1\times(-e^{-x})\,dx$$

$$=-xe^{-x}+\int e^{-x}\,dx$$

$$=-xe^{-x}-e^{-x}+C_1 \quad\cdots\cdots\ \text{㉡}$$

㉡을 ㉠에 대입하면

$$\int x^2 e^{-x}\,dx$$

$$=-x^2 e^{-x}+2(-xe^{-x}-e^{-x}+C_1)$$

$$=-x^2 e^{-x}-2xe^{-x}-2e^{-x}+2C_1$$

$$=-(x^2+2x+2)e^{-x}+C$$

(2) $f(x)=(\ln x)^2,\ g'(x)=x$로 놓으면

$$f'(x)=\frac{2}{x}\ln x,\ g(x)=\frac{1}{2}x^2$$이므로

$$\int x(\ln x)^2\,dx$$

$$=(\ln x)^2\times\frac{1}{2}x^2-\int \frac{2}{x}\ln x\times\frac{1}{2}x^2\,dx$$

$$=\frac{1}{2}x^2(\ln x)^2-\int x\ln x\,dx \quad\cdots\cdots\ \text{㉠}$$

한편, $\displaystyle\int x\ln x\,dx$에서

$u(x)=\ln x,\ v'(x)=x$로 놓으면

$u'(x)=\frac{1}{x},\ v(x)=\frac{1}{2}x^2$이므로

$$\int x \ln x \, dx = (\ln x) \times \frac{1}{2}x^2 - \int \frac{1}{x} \times \frac{1}{2}x^2 \, dx$$

$$= \frac{1}{2}x^2 \ln x - \frac{1}{2}\int x \, dx$$

$$= \frac{1}{2}x^2 \ln x - \frac{1}{4}x^2 + C_1 \quad \cdots\cdots \; \text{ⓛ}$$

ⓛ을 ㉠에 대입하면

$$\int x(\ln x)^2 \, dx$$

$$= \frac{1}{2}x^2(\ln x)^2 - \left(\frac{1}{2}x^2 \ln x - \frac{1}{4}x^2 + C_1\right)$$

$$= \frac{1}{2}x^2(\ln x)^2 - \frac{1}{2}x^2 \ln x + \frac{1}{4}x^2 - C_1$$

$$= \frac{1}{4}x^2\{2(\ln x)^2 - 2\ln x + 1\} + C$$

(3) $f(x) = x^2$, $g'(x) = \cos 2x$로 놓으면

$$f'(x) = 2x, \; g(x) = \frac{1}{2}\sin 2x \text{이므로}$$

$$\int x^2 \cos 2x \, dx$$

$$= x^2 \times \frac{1}{2}\sin 2x - \int 2x \times \frac{1}{2}\sin 2x \, dx$$

$$= \frac{1}{2}x^2 \sin 2x - \int x \sin 2x \, dx \quad \cdots\cdots \; \text{㉠}$$

한편, $\int x \sin 2x \, dx$에서

$u(x) = x$, $v'(x) = \sin 2x$로 놓으면

$$u'(x) = 1, \; v(x) = -\frac{1}{2}\cos 2x \text{이므로}$$

$$\int x \sin 2x \, dx$$

$$= x \times \left(-\frac{1}{2}\cos 2x\right) - \int 1 \times \left(-\frac{1}{2}\cos 2x\right) dx$$

$$= -\frac{1}{2}x \cos 2x + \frac{1}{2}\int \cos 2x \, dx$$

$$= -\frac{1}{2}x \cos 2x + \frac{1}{4}\sin 2x + C_1 \quad \cdots\cdots \; \text{ⓛ}$$

ⓛ을 ㉠에 대입하면

$$\int x^2 \cos 2x \, dx$$

$$= \frac{1}{2}x^2 \sin 2x$$

$$\qquad - \left(-\frac{1}{2}x \cos 2x + \frac{1}{4}\sin 2x + C_1\right)$$

$$= \frac{1}{2}x^2 \sin 2x + \frac{1}{2}x \cos 2x - \frac{1}{4}\sin 2x - C_1$$

$$= \frac{1}{4}(2x^2 - 1)\sin 2x + \frac{1}{2}x \cos 2x + C$$

(4) $f(x) = \sin 3x$, $g'(x) = e^{-x}$으로 놓으면

$$f'(x) = 3\cos 3x, \; g(x) = -e^{-x} \text{이므로}$$

$$\int e^{-x} \sin 3x \, dx$$

$$= \sin 3x \times (-e^{-x}) - \int 3\cos 3x \times (-e^{-x}) dx$$

$$= -e^{-x} \sin 3x + 3\int e^{-x} \cos 3x \, dx \quad \cdots\cdots \; \text{㉠}$$

한편, $\int e^{-x} \cos 3x \, dx$에서

$u(x) = \cos 3x$, $v'(x) = e^{-x}$으로 놓으면

$$u'(x) = -3\sin 3x, \; v(x) = -e^{-x} \text{이므로}$$

$$\int e^{-x} \cos 3x \, dx$$

$$= \cos 3x \times (-e^{-x})$$

$$\qquad - \int (-3\sin 3x) \times (-e^{-x}) dx$$

$$= -e^{-x} \cos 3x - 3\int e^{-x} \sin 3x \, dx \quad \cdots\cdots \; \text{ⓛ}$$

ⓛ을 ㉠에 대입하면

$$\int e^{-x} \sin 3x \, dx$$

$$= -e^{-x} \sin 3x$$

$$\qquad + 3\left(-e^{-x} \cos 3x - 3\int e^{-x} \sin 3x \, dx\right)$$

$$= -e^{-x} \sin 3x - 3e^{-x} \cos 3x$$

$$\qquad\qquad - 9\int e^{-x} \sin 3x \, dx$$

정리하면

$$10\int e^{-x} \sin 3x \, dx$$

$$= -e^{-x} \sin 3x - 3e^{-x} \cos 3x$$

$$\therefore \int e^{-x} \sin 3x \, dx$$

$$= \frac{1}{10}(-e^{-x} \sin 3x - 3e^{-x} \cos 3x) + C$$

$$= -\frac{1}{10}e^{-x}(\sin 3x + 3\cos 3x) + C$$

답 풀이 참조

252

$f(x) = \int (\ln x)^2 \, dx$에서

$u(x) = (\ln x)^2$, $v'(x) = 1$로 놓으면

$u'(x) = \dfrac{2}{x} \ln x,\ v(x) = x$이므로

$$f(x) = \int (\ln x)^2\, dx$$

$$= (\ln x)^2 \times x - \int \dfrac{2}{x} \ln x \times x\, dx$$

$$= x(\ln x)^2 - 2\int \ln x\, dx \qquad \cdots\cdots ㉠$$

한편, $\displaystyle\int \ln x\, dx$에서

$p(x) = \ln x,\ q'(x) = 1$로 놓으면

$p'(x) = \dfrac{1}{x},\ q(x) = x$이므로

$$\int \ln x\, dx = (\ln x) \times x - \int \dfrac{1}{x} \times x\, dx$$

$$= x \ln x - \int dx$$

$$= x \ln x - x + C_1 \qquad \cdots\cdots ㉡$$

㉡을 ㉠에 대입하면

$$f(x) = \int (\ln x)^2\, dx$$

$$= x(\ln x)^2 - 2(x \ln x - x + C_1)$$

$$= x(\ln x)^2 - 2x \ln x + 2x + C$$

이때 $f(1) = 2$이므로

$2 + C = 2 \qquad \therefore C = 0$

따라서 $f(x) = x(\ln x)^2 - 2x \ln x + 2x$이므로

$$f\left(\dfrac{1}{e}\right) = \dfrac{1}{e} \times (-1)^2 - \dfrac{2}{e} \times (-1) + \dfrac{2}{e} = \dfrac{5}{e}$$

답 $\dfrac{5}{e}$

(2) $\displaystyle\int_1^4 (\sqrt{x} - 2)^2\, dx$

$$= \int_1^4 (x - 4\sqrt{x} + 4)\, dx$$

$$= \left[\dfrac{1}{2}x^2 - \dfrac{8}{3}x^{\frac{3}{2}} + 4x \right]_1^4$$

$$= \left(8 - \dfrac{64}{3} + 16\right) - \left(\dfrac{1}{2} - \dfrac{8}{3} + 4\right) = \dfrac{5}{6}$$

(3) $\dfrac{x+3}{x^2-1} = \dfrac{x+3}{(x-1)(x+1)} = \dfrac{A}{x-1} + \dfrac{B}{x+1}$

　　$(A,\ B$는 상수$)$로 놓으면

$$\dfrac{x+3}{x^2-1} = \dfrac{A(x+1) + B(x-1)}{(x-1)(x+1)}$$

$$= \dfrac{(A+B)x + (A-B)}{(x-1)(x+1)}$$

위 식은 x에 대한 항등식이므로

$A + B = 1,\ A - B = 3$

두 식을 연립하여 풀면

$A = 2,\ B = -1$

$$\therefore \int_2^3 \dfrac{x+3}{x^2-1}\, dx$$

$$= \int_2^3 \left(\dfrac{2}{x-1} - \dfrac{1}{x+1}\right) dx$$

$$= \left[2\ln|x-1| - \ln|x+1| \right]_2^3$$

$$= (2\ln 2 - \ln 4) - (2\ln 1 - \ln 3)$$

$$= \mathbf{\ln 3}$$

답 풀이 참조

253

(1) $\displaystyle\int_1^e \dfrac{3x^3 - 2x^2 + 1}{x}\, dx$

$$= \int_1^e \left(3x^2 - 2x + \dfrac{1}{x}\right) dx$$

$$= \left[x^3 - x^2 + \ln|x| \right]_1^e$$

$$= (e^3 - e^2 + \ln e) - (1 - 1 + \ln 1)$$

$$= \boldsymbol{e^3 - e^2 + 1}$$

254

$$\int_1^4 \left(\sqrt{x} + \dfrac{1}{\sqrt{x}}\right) dx = \int_1^4 \left(x^{\frac{1}{2}} + x^{-\frac{1}{2}}\right) dx$$

$$= \left[\dfrac{2}{3}x^{\frac{3}{2}} + 2x^{\frac{1}{2}} \right]_1^4$$

$$= \left(\dfrac{16}{3} + 4\right) - \left(\dfrac{2}{3} + 2\right) = \dfrac{20}{3}$$

답 $\dfrac{20}{3}$

255

(1) $\displaystyle\int_0^1 (e^x+e^{-x})^2\,dx$

$\displaystyle=\int_0^1 (e^{2x}+2+e^{-2x})\,dx$

$\displaystyle=\left[\frac{1}{2}e^{2x}+2x-\frac{1}{2}e^{-2x}\right]_0^1$

$\displaystyle=\left(\frac{1}{2}e^2+2-\frac{1}{2}e^{-2}\right)-\left(\frac{1}{2}-\frac{1}{2}\right)$

$\displaystyle=\boldsymbol{\frac{1}{2}e^2+2-\frac{1}{2e^2}}$

(2) $\displaystyle\int_0^1 (2^x-1)(4^x+2^x+1)\,dx$

$\displaystyle=\int_0^1 (8^x-1)\,dx=\left[\frac{8^x}{\ln 8}-x\right]_0^1$

$\displaystyle=\left(\frac{8}{\ln 8}-1\right)-\frac{1}{\ln 8}=\boldsymbol{\frac{7}{3\ln 2}-1}$

(3) $\displaystyle\int_0^{\ln 3}\frac{1}{1-e^x}\,dx+\int_{\ln 3}^0\frac{e^{3t}}{1-e^t}\,dt$

$\displaystyle=\int_0^{\ln 3}\frac{1}{1-e^x}\,dx-\int_0^{\ln 3}\frac{e^{3x}}{1-e^x}\,dx$

$\displaystyle=\int_0^{\ln 3}\left(\frac{1}{1-e^x}-\frac{e^{3x}}{1-e^x}\right)dx$

$\displaystyle=\int_0^{\ln 3}\frac{1-e^{3x}}{1-e^x}\,dx$

$\displaystyle=\int_0^{\ln 3}\frac{(1-e^x)(1+e^x+e^{2x})}{1-e^x}\,dx$

$\displaystyle=\int_0^{\ln 3}(1+e^x+e^{2x})\,dx$

$\displaystyle=\left[x+e^x+\frac{1}{2}e^{2x}\right]_0^{\ln 3}=\left(\ln 3+3+\frac{9}{2}\right)-\frac{3}{2}$

$\displaystyle=\boldsymbol{6+\ln 3}$

(4) $\displaystyle\int_{\frac{\pi}{2}}^{\pi}(\cos x+1)^2\,dx+\int_{\pi}^{\frac{\pi}{2}}(\cos x-1)^2\,dx$

$\displaystyle=\int_{\frac{\pi}{2}}^{\pi}(\cos x+1)^2\,dx-\int_{\frac{\pi}{2}}^{\pi}(\cos x-1)^2\,dx$

$\displaystyle=\int_{\frac{\pi}{2}}^{\pi}\{(\cos x+1)^2-(\cos x-1)^2\}\,dx$

$\displaystyle=4\int_{\frac{\pi}{2}}^{\pi}\cos x\,dx=4\left[\sin x\right]_{\frac{\pi}{2}}^{\pi}$

$\displaystyle=4\left(\sin \pi-\sin\frac{\pi}{2}\right)=\boldsymbol{-4}$

답 풀이 참조

256

$\displaystyle\int_0^k \frac{e^{2x}-x^2}{e^x+x}\,dx=\int_0^k \frac{(e^x+x)(e^x-x)}{e^x+x}\,dx$

$\displaystyle=\int_0^k (e^x-x)\,dx$

$\displaystyle=\left[e^x-\frac{1}{2}x^2\right]_0^k$

$\displaystyle=e^k-\frac{1}{2}k^2-1$

이때 $\displaystyle\int_0^k \frac{e^{2x}-x^2}{e^x+x}\,dx=e^2-3$이므로

$\displaystyle e^k-\frac{1}{2}k^2-1=e^2-3$

$\therefore k=2$ 답 **2**

257

$\displaystyle\int_{-1}^{\pi} f(x)\,dx=\int_{-1}^{0} f(x)\,dx+\int_{0}^{\pi} f(x)\,dx$

$\displaystyle=\int_{-1}^{0} e^{-x}\,dx+\int_{0}^{\pi}\cos x\,dx$

$\displaystyle=\left[-e^{-x}\right]_{-1}^{0}+\left[\sin x\right]_{0}^{\pi}$

$\displaystyle=(-1+e)+(\sin \pi-\sin 0)$

$\displaystyle=e-1$ 답 **$e-1$**

258

(1) $\cos x=0$에서 $x=\dfrac{\pi}{2}$ $(\because 0\le x\le\pi)$

따라서 $|\cos x|=\begin{cases}\cos x & \left(0\le x\le\dfrac{\pi}{2}\right)\\ -\cos x & \left(\dfrac{\pi}{2}\le x\le\pi\right)\end{cases}$ 이므로

$\displaystyle\int_0^{\pi}|\cos x|\,dx$

$\displaystyle=\int_0^{\frac{\pi}{2}}\cos x\,dx+\int_{\frac{\pi}{2}}^{\pi}(-\cos x)\,dx$

$\displaystyle=\left[\sin x\right]_0^{\frac{\pi}{2}}+\left[-\sin x\right]_{\frac{\pi}{2}}^{\pi}$

$\displaystyle=\left(\sin\frac{\pi}{2}-\sin 0\right)+\left(-\sin \pi+\sin\frac{\pi}{2}\right)$

$\displaystyle=\boldsymbol{2}$

(2) $e^x-1=0$에서 $e^x=1$ $\qquad$ $\therefore x=0$

따라서 $|e^x-1|=\begin{cases}-e^x+1 & (x\leq 0)\\ e^x-1 & (x\geq 0)\end{cases}$ 이므로

$\displaystyle\int_{-1}^{2}|e^x-1|\,dx$

$=\displaystyle\int_{-1}^{0}(-e^x+1)\,dx+\int_{0}^{2}(e^x-1)\,dx$

$=\Big[-e^x+x\Big]_{-1}^{0}+\Big[e^x-x\Big]_{0}^{2}$

$=\{-1-(-e^{-1}-1)\}+\{(e^2-2)-1\}$

$=e^2+\dfrac{1}{e}-3$

(3) $\sqrt{|x-1|}=0$에서 $x=1$

따라서 $\sqrt{|x-1|}=\begin{cases}\sqrt{1-x} & (x\leq 1)\\ \sqrt{x-1} & (x\geq 1)\end{cases}$ 이므로

$\displaystyle\int_{0}^{5}\sqrt{|x-1|}\,dx$

$=\displaystyle\int_{0}^{1}\sqrt{1-x}\,dx+\int_{1}^{5}\sqrt{x-1}\,dx$

$=\Big[-\dfrac{2}{3}(1-x)^{\frac{3}{2}}\Big]_{0}^{1}+\Big[\dfrac{2}{3}(x-1)^{\frac{3}{2}}\Big]_{1}^{5}$

$=\dfrac{2}{3}+\dfrac{16}{3}=6$

답 풀이 참조

259

(1) $f(x)=\cos x$, $g(x)=x\cos x$라 하면

$f(-x)=\cos(-x)=\cos x=f(x)$,

$g(-x)=-x\cos(-x)=-x\cos x=-g(x)$

이므로 $f(x)$는 우함수, $g(x)$는 기함수이다.

$\therefore \displaystyle\int_{-\frac{\pi}{2}}^{\frac{\pi}{2}}(\cos x-x\cos x)\,dx$

$=\displaystyle\int_{-\frac{\pi}{2}}^{\frac{\pi}{2}}\cos x\,dx-\int_{-\frac{\pi}{2}}^{\frac{\pi}{2}}x\cos x\,dx$

$=2\displaystyle\int_{0}^{\frac{\pi}{2}}\cos x\,dx-0=2\Big[\sin x\Big]_{0}^{\frac{\pi}{2}}=2$

(2) $f(x)=3^x+3^{-x}$, $g(x)=4^x-4^{-x}$이라 하면

$f(-x)=3^{-x}+3^x=f(x)$,

$g(-x)=4^{-x}-4^x=-(4^x-4^{-x})=-g(x)$

이므로 $f(x)$는 우함수, $g(x)$는 기함수이다.

$\therefore \displaystyle\int_{-1}^{1}(3^x+4^x+3^{-x}-4^{-x})\,dx$

$=\displaystyle\int_{-1}^{1}(3^x+3^{-x})\,dx+\int_{-1}^{1}(4^x-4^{-x})\,dx$

$=2\displaystyle\int_{0}^{1}(3^x+3^{-x})\,dx+0$

$=2\Big[\dfrac{3^x}{\ln 3}-\dfrac{3^{-x}}{\ln 3}\Big]_{0}^{1}$

$=2\times\dfrac{8}{3\ln 3}=\dfrac{16}{3\ln 3}$

(3) $f(x)=\cos x$, $g(x)=x\sin^2 x+x^3\cos x$라 하면

$f(-x)=\cos(-x)=\cos x=f(x)$,

$g(-x)=-x\sin^2(-x)+(-x)^3\cos(-x)$

$\qquad=-x\sin^2 x-x^3\cos x=-g(x)$

이므로 $f(x)$는 우함수, $g(x)$는 기함수이다.

$\therefore \displaystyle\int_{-\frac{\pi}{6}}^{\frac{\pi}{6}}(\cos x+x\sin^2 x+x^3\cos x)\,dx$

$=\displaystyle\int_{-\frac{\pi}{6}}^{\frac{\pi}{6}}\cos x\,dx$

$\qquad\qquad+\displaystyle\int_{-\frac{\pi}{6}}^{\frac{\pi}{6}}(x\sin^2 x+x^3\cos x)\,dx$

$=2\displaystyle\int_{0}^{\frac{\pi}{6}}\cos x\,dx+0$

$=2\Big[\sin x\Big]_{0}^{\frac{\pi}{6}}=2\times\dfrac{1}{2}=1$

(4) $f(x)=e^x+e^{-x}$이라 하면

$f(-x)=e^{-x}+e^x=f(x)$

이므로 $f(x)$는 우함수이다.

$\therefore \displaystyle\int_{-1}^{0}(e^x+e^{-x})\,dx+\int_{0}^{1}(e^x+e^{-x})\,dx$

$=\displaystyle\int_{-1}^{1}(e^x+e^{-x})\,dx$

$=2\displaystyle\int_{0}^{1}(e^x+e^{-x})\,dx$

$=2\Big[e^x-e^{-x}\Big]_{0}^{1}=2\Big(e-\dfrac{1}{e}\Big)$

답 풀이 참조

260

$f(x)=|\sin 3x|$로 놓으면 $f(x)$는 주기가 $\dfrac{\pi}{3}$인 주기함수이므로

$$\int_0^{\frac{\pi}{3}}|\sin 3x|\,dx=\int_{\frac{\pi}{3}}^{\frac{2}{3}\pi}|\sin 3x|\,dx$$

$$=\int_{\frac{2}{3}\pi}^{\pi}|\sin 3x|\,dx$$

$$\therefore \int_0^{\pi}|\sin 3x|\,dx=3\int_0^{\frac{\pi}{3}}|\sin 3x|\,dx$$

$$=3\int_0^{\frac{\pi}{3}}\sin 3x\,dx$$

$$=3\left[-\frac{1}{3}\cos 3x\right]_0^{\frac{\pi}{3}}$$

$$=3\left(-\frac{1}{3}\cos\pi+\frac{1}{3}\cos 0\right)$$

$$=3\times\frac{2}{3}=2 \qquad \text{답 } 2$$

261

함수 $f(x)$에 대하여 $f(x)=f(x+2)$이므로

$$\int_{-1}^{1}f(x)\,dx=\int_{1}^{3}f(x)\,dx=\cdots=\int_{7}^{9}f(x)\,dx$$

이때 $-1\le x\le 1$에서

$$f(-x)=e^{-x}+e^{x}=f(x)$$

이므로 $f(x)$는 우함수이다. 즉,

$$\int_{-1}^{1}f(x)\,dx=\int_{-1}^{1}(e^{x}+e^{-x})\,dx$$

$$=2\int_{0}^{1}(e^{x}+e^{-x})\,dx$$

$$=2\left[e^{x}-e^{-x}\right]_0^1=2\left(e-\frac{1}{e}\right)$$

$$\therefore \int_{-1}^{9}f(x)\,dx=5\int_{-1}^{1}f(x)\,dx$$

$$=5\times 2\left(e-\frac{1}{e}\right)$$

$$=10\left(e-\frac{1}{e}\right) \qquad \text{답 } 10\left(e-\frac{1}{e}\right)$$

262

$\sqrt{2-x}=t$로 놓고 양변을 제곱하면 $2-x=t^2$이므로

$$\boxed{-1}=2t\frac{dt}{dx}$$

$x=-2$일 때 $t=\boxed{2}$, $x=1$일 때 $t=\boxed{1}$이므로

$$\int_{-2}^{1}\frac{1}{\sqrt{2-x}}\,dx=\int_{\boxed{2}}^{\boxed{1}}\frac{1}{t}\times(\boxed{-2t})\,dt$$

$$=\int_{\boxed{1}}^{\boxed{2}}\boxed{2}\,dt$$

$$=\left[\boxed{2t}\right]_{\boxed{1}}^{\boxed{2}}=\boxed{2} \qquad \text{답 풀이 참조}$$

263

$x=\tan\theta\left(-\frac{\pi}{2}<\theta<\frac{\pi}{2}\right)$로 놓으면

$$\frac{dx}{d\theta}=\boxed{\sec^2\theta}\text{이고}$$

$x=0$일 때 $\theta=\boxed{0}$, $x=1$일 때 $\theta=\boxed{\dfrac{\pi}{4}}$이므로

$$\int_0^1\frac{1}{x^2+1}\,dx=\int_{\boxed{0}}^{\boxed{\frac{\pi}{4}}}\frac{\boxed{\sec^2\theta}}{\tan^2\theta+1}\,d\theta$$

$$=\int_{\boxed{0}}^{\boxed{\frac{\pi}{4}}}\frac{\boxed{\sec^2\theta}}{\sec^2\theta}\,d\theta$$

$$=\int_{\boxed{0}}^{\boxed{\frac{\pi}{4}}}\boxed{1}\,d\theta$$

$$=\left[\boxed{\theta}\right]_{\boxed{0}}^{\boxed{\frac{\pi}{4}}}=\boxed{\dfrac{\pi}{4}} \qquad \text{답 풀이 참조}$$

264

답 $\ln x,\ \dfrac{1}{x},\ \ln x,\ \dfrac{1}{x},\ e,\ x,\ 1$

265

(1) $\sqrt{x+2}=t$로 놓고 양변을 제곱하면

$$x+2=t^2\text{이므로 }1=2t\frac{dt}{dx},\ x=t^2-2$$

$x=2$일 때 $t=2$, $x=7$일 때 $t=3$이므로

$$\int_2^7\frac{x}{\sqrt{x+2}}\,dx=\int_2^3\frac{t^2-2}{t}\times 2t\,dt$$

$$=2\int_2^3(t^2-2)\,dt$$

$$=2\left[\frac{1}{3}t^3-2t\right]_2^3$$

$$=2\left\{(9-6)-\left(\frac{8}{3}-4\right)\right\}$$

$$=\frac{26}{3}$$

(2) $x^2+2x+5=t$로 놓으면 $2x+2=\dfrac{dt}{dx}$

$x=-1$일 때 $t=4$, $x=1$일 때 $t=8$이므로

$$\int_{-1}^{1} \frac{x+1}{x^2+2x+5}\,dx$$

$$=\frac{1}{2}\int_{-1}^{1} \frac{2x+2}{x^2+2x+5}\,dx$$

$$=\frac{1}{2}\int_{4}^{8} \frac{1}{t}\,dt$$

$$=\frac{1}{2}\Big[\ln|t|\Big]_{4}^{8}$$

$$=\frac{1}{2}(\ln 8-\ln 4)=\frac{1}{2}\ln 2$$

(3) $e^x=t$로 놓으면 $e^x=\dfrac{dt}{dx}$

$x=\ln 2$일 때 $t=2$, $x=1$일 때 $t=e$이므로

$$\int_{\ln 2}^{1} \frac{1}{e^x-e^{-x}}\,dx$$

$$=\int_{\ln 2}^{1} \frac{e^x}{e^{2x}-1}\,dx=\int_{2}^{e} \frac{1}{t^2-1}\,dt$$

$$=\int_{2}^{e} \frac{1}{(t-1)(t+1)}\,dt$$

$$=\frac{1}{2}\int_{2}^{e}\left(\frac{1}{t-1}-\frac{1}{t+1}\right)dt$$

$$=\frac{1}{2}\Big[\ln|t-1|-\ln|t+1|\Big]_{2}^{e}$$

$$=\frac{1}{2}[\{\ln(e-1)-\ln(e+1)\}-(\ln 1-\ln 3)]$$

$$=\frac{1}{2}\ln\frac{3(e-1)}{e+1}$$

(4) $\ln x=t$로 놓으면 $\dfrac{1}{x}=\dfrac{dt}{dx}$

$x=1$일 때 $t=0$, $x=e$일 때 $t=1$이므로

$$\int_{1}^{e} \ln x^{\frac{1}{x}}\,dx=\int_{1}^{e} \frac{1}{x}\ln x\,dx$$

$$=\int_{0}^{1} t\,dt$$

$$=\Big[\frac{1}{2}t^2\Big]_{0}^{1}=\frac{1}{2}$$

(5) $\sin x=t$로 놓으면 $\cos x=\dfrac{dt}{dx}$

$x=0$일 때 $t=0$, $x=\dfrac{\pi}{6}$일 때 $t=\dfrac{1}{2}$이므로

$$\int_{0}^{\frac{\pi}{6}} (1-\sin^2 x)\cos x\,dx=\int_{0}^{\frac{1}{2}} (1-t^2)\,dt$$

$$=\Big[t-\frac{1}{3}t^3\Big]_{0}^{\frac{1}{2}}$$

$$=\frac{1}{2}-\frac{1}{24}=\frac{11}{24}$$

(6) $\displaystyle\int_{0}^{\frac{\pi}{2}} \frac{\sin^3 x}{1+\cos x}\,dx$

$$=\int_{0}^{\frac{\pi}{2}} \frac{\sin^2 x\sin x}{1+\cos x}\,dx$$

$$=\int_{0}^{\frac{\pi}{2}} \frac{(1-\cos^2 x)\sin x}{1+\cos x}\,dx$$

$$=\int_{0}^{\frac{\pi}{2}} (1-\cos x)\sin x\,dx$$

$1-\cos x=t$로 놓으면 $\sin x=\dfrac{dt}{dx}$

$x=0$일 때 $t=0$, $x=\dfrac{\pi}{2}$일 때 $t=1$이므로

$$\int_{0}^{\frac{\pi}{2}} \frac{\sin^3 x}{1+\cos x}\,dx=\int_{0}^{\frac{\pi}{2}} (1-\cos x)\sin x\,dx$$

$$=\int_{0}^{1} t\,dt=\Big[\frac{1}{2}t^2\Big]_{0}^{1}=\frac{1}{2}$$

답 **풀이 참조**

266

(1) $x=3\sin\theta\left(-\dfrac{\pi}{2}\leq\theta\leq\dfrac{\pi}{2}\right)$로 놓으면

$$\frac{dx}{d\theta}=3\cos\theta \text{이고}$$

$x=0$일 때 $\theta=0$, $x=3$일 때 $\theta=\dfrac{\pi}{2}$이므로

$$\int_{0}^{3} \sqrt{9-x^2}\,dx$$

$$=\int_{0}^{\frac{\pi}{2}} \sqrt{9(1-\sin^2\theta)}\times 3\cos\theta\,d\theta$$

$$=\int_{0}^{\frac{\pi}{2}} \sqrt{9\cos^2\theta}\times 3\cos\theta\,d\theta$$

$$=\int_{0}^{\frac{\pi}{2}} 9\cos^2\theta\,d\theta=\int_{0}^{\frac{\pi}{2}} 9\times\frac{1+\cos 2\theta}{2}\,d\theta$$

$$=\frac{9}{2}\int_{0}^{\frac{\pi}{2}} (1+\cos 2\theta)\,d\theta$$

$$=\frac{9}{2}\Big[\theta+\frac{1}{2}\sin 2\theta\Big]_{0}^{\frac{\pi}{2}}=\frac{9}{2}\times\frac{\pi}{2}=\frac{9}{4}\pi$$

(2) $x=\sin\theta\left(-\dfrac{\pi}{2}<\theta<\dfrac{\pi}{2}\right)$로 놓으면

$\dfrac{dx}{d\theta}=\cos\theta$이고

$x=0$일 때 $\theta=0$, $x=\dfrac{1}{2}$일 때 $\theta=\dfrac{\pi}{6}$이므로

$$\int_0^{\frac{1}{2}}\dfrac{1}{\sqrt{1-x^2}}\,dx=\int_0^{\frac{\pi}{6}}\dfrac{1}{\sqrt{1-\sin^2\theta}}\times\cos\theta\,d\theta$$

$$=\int_0^{\frac{\pi}{6}}\dfrac{1}{\sqrt{\cos^2\theta}}\times\cos\theta\,d\theta$$

$$=\int_0^{\frac{\pi}{6}}\dfrac{1}{\cos\theta}\times\cos\theta\,d\theta$$

$$=\int_0^{\frac{\pi}{6}}d\theta=\Big[\,\theta\,\Big]_0^{\frac{\pi}{6}}=\dfrac{\pi}{6}$$

(3) $x=3\tan\theta\left(-\dfrac{\pi}{2}<\theta<\dfrac{\pi}{2}\right)$로 놓으면

$\dfrac{dx}{d\theta}=3\sec^2\theta$이고

$x=-\sqrt{3}$일 때 $\theta=-\dfrac{\pi}{6}$, $x=\sqrt{3}$일 때 $\theta=\dfrac{\pi}{6}$이므로

$$\int_{-\sqrt{3}}^{\sqrt{3}}\dfrac{1}{x^2+9}\,dx$$

$$=\int_{-\frac{\pi}{6}}^{\frac{\pi}{6}}\dfrac{1}{9(\tan^2\theta+1)}\times3\sec^2\theta\,d\theta$$

$$=\int_{-\frac{\pi}{6}}^{\frac{\pi}{6}}\dfrac{1}{9\sec^2\theta}\times3\sec^2\theta\,d\theta=\int_{-\frac{\pi}{6}}^{\frac{\pi}{6}}\dfrac{1}{3}\,d\theta$$

$$=\Big[\dfrac{1}{3}\theta\Big]_{-\frac{\pi}{6}}^{\frac{\pi}{6}}=\dfrac{1}{3}\times\dfrac{\pi}{3}=\dfrac{\pi}{9}$$

답 (1) $\dfrac{9}{4}\pi$　(2) $\dfrac{\pi}{6}$　(3) $\dfrac{\pi}{9}$

267

(1) $f(x)=x-1$, $g'(x)=e^{-x}$으로 놓으면
$f'(x)=1$, $g(x)=-e^{-x}$이므로

$$\int_0^1(x-1)e^{-x}\,dx$$

$$=\Big[-(x-1)e^{-x}\Big]_0^1+\int_0^1 e^{-x}\,dx$$

$$=-1+\Big[-e^{-x}\Big]_0^1$$

$$=-1+(-e^{-1}+1)=-\dfrac{1}{e}$$

(2) $f(x)=x$, $g'(x)=\sin x+\cos x$로 놓으면
$f'(x)=1$, $g(x)=-\cos x+\sin x$이므로

$$\int_0^{\pi}x(\sin x+\cos x)\,dx$$

$$=\Big[x(-\cos x+\sin x)\Big]_0^{\pi}$$

$$\qquad\qquad-\int_0^{\pi}(-\cos x+\sin x)\,dx$$

$$=\pi-\Big[-\sin x-\cos x\Big]_0^{\pi}$$

$$=\pi-(1+1)$$

$$=\pi-2$$

(3) $f(x)=\ln x$, $g'(x)=\dfrac{1}{x^2}$로 놓으면

$f'(x)=\dfrac{1}{x}$, $g(x)=-\dfrac{1}{x}$이므로

$$\int_1^e\dfrac{\ln x}{x^2}\,dx$$

$$=\Big[-\dfrac{1}{x}\ln x\Big]_1^e-\int_1^e\dfrac{1}{x}\times\left(-\dfrac{1}{x}\right)dx$$

$$=-\dfrac{1}{e}+\int_1^e\dfrac{1}{x^2}\,dx$$

$$=-\dfrac{1}{e}+\Big[-\dfrac{1}{x}\Big]_1^e$$

$$=-\dfrac{1}{e}+\left(-\dfrac{1}{e}+1\right)$$

$$=1-\dfrac{2}{e}$$

답 (1) $-\dfrac{1}{e}$　(2) $\pi-2$　(3) $1-\dfrac{2}{e}$

268

$f(x)=\cos x$, $g'(x)=e^{-x}$으로 놓으면
$f'(x)=-\sin x$, $g(x)=-e^{-x}$이므로

$$\int_0^{\frac{\pi}{2}}e^{-x}\cos x\,dx$$

$$=\Big[-e^{-x}\cos x\Big]_0^{\frac{\pi}{2}}-\int_0^{\frac{\pi}{2}}(-\sin x)\times(-e^{-x})\,dx$$

$$=1-\int_0^{\frac{\pi}{2}}e^{-x}\sin x\,dx \qquad\qquad \cdots\cdots ㉠$$

$\displaystyle\int_0^{\frac{\pi}{2}} e^{-x}\sin x\,dx$에서

$u(x)=\sin x,\ v'(x)=e^{-x}$으로 놓으면

$u'(x)=\cos x,\ v(x)=-e^{-x}$이므로

$\displaystyle\int_0^{\frac{\pi}{2}} e^{-x}\sin x\,dx$

$=\left[-e^{-x}\sin x\right]_0^{\frac{\pi}{2}}-\displaystyle\int_0^{\frac{\pi}{2}}\cos x\times(-e^{-x})dx$

$=-e^{-\frac{\pi}{2}}+\displaystyle\int_0^{\frac{\pi}{2}} e^{-x}\cos x\,dx \qquad \cdots\cdots\ ㉡$

㉡을 ㉠에 대입하면

$\displaystyle\int_0^{\frac{\pi}{2}} e^{-x}\cos x\,dx$

$=1-\left(-e^{-\frac{\pi}{2}}+\displaystyle\int_0^{\frac{\pi}{2}} e^{-x}\cos x\,dx\right)$

$2\displaystyle\int_0^{\frac{\pi}{2}} e^{-x}\cos x\,dx=1+e^{-\frac{\pi}{2}}$

$\therefore \displaystyle\int_0^{\frac{\pi}{2}} e^{-x}\cos x\,dx=\dfrac{1}{2}+\dfrac{1}{2}e^{-\frac{\pi}{2}}$

따라서 $a=\dfrac{1}{2},\ b=\dfrac{1}{2}$이므로

$ab=\dfrac{1}{4}$ \hfill 답 $\dfrac{1}{4}$

269

(1) $\displaystyle\int_1^e f(t)\,dt=k\ (k\text{는 상수}) \qquad \cdots\cdots\ ㉠$

로 놓으면

$f(x)=\ln x+k$

$f(t)=\ln t+k$를 ㉠에 대입하면

$\displaystyle\int_1^e (\ln t+k)\,dt$

$=\left[t\ln t-t+kt\right]_1^e \quad \leftarrow \displaystyle\int \ln x\,dx=x\ln x-x+C$

$=(e\ln e-e+ek)-(\ln 1-1+k)$

$=ek+1-k$

즉, $ek+1-k=k$이므로 $k=\dfrac{1}{2-e}$

$\therefore f(x)=\ln x+\dfrac{1}{2-e}$

(2) $\displaystyle\int_0^{\frac{\pi}{4}} f(t)\sin t\,dt=k\ (k\text{는 상수}) \qquad \cdots\cdots\ ㉠$

로 놓으면

$f(x)=\cos x+k$

$f(t)=\cos t+k$를 ㉠에 대입하면

$\displaystyle\int_0^{\frac{\pi}{4}}(\cos t+k)\sin t\,dt$

$=\displaystyle\int_0^{\frac{\pi}{4}}(\cos t\sin t+k\sin t)dt$

$=\displaystyle\int_0^{\frac{\pi}{4}}\left(\dfrac{1}{2}\sin 2t+k\sin t\right)dt$

$=\left[-\dfrac{1}{4}\cos 2t-k\cos t\right]_0^{\frac{\pi}{4}}$

$=-\dfrac{1}{\sqrt{2}}k-\left(-\dfrac{1}{4}-k\right)$

$=-\dfrac{1}{\sqrt{2}}k+\dfrac{1}{4}+k$

즉, $-\dfrac{1}{\sqrt{2}}k+\dfrac{1}{4}+k=k$이므로

$k=\dfrac{\sqrt{2}}{4}$

$\therefore f(x)=\cos x+\dfrac{\sqrt{2}}{4}$

답 (1) $f(x)=\ln x+\dfrac{1}{2-e}$

(2) $f(x)=\cos x+\dfrac{\sqrt{2}}{4}$

270

$\displaystyle\int_0^1 f'(t)\,dt=k\ (k\text{는 상수}) \qquad \cdots\cdots\ ㉠$

로 놓으면

$f(x)=e^x+3x+k$

$\therefore f'(x)=e^x+3$

$f'(t)=e^t+3$을 ㉠에 대입하면

$\displaystyle\int_0^1 (e^t+3)\,dt=\left[e^t+3t\right]_0^1$

$\qquad\qquad =(e+3)-1=e+2$

즉, $k=e+2$이므로

$f(x)=e^x+3x+e+2$

$\therefore f(1)=e+3+e+2$

$\qquad =2e+5$ \hfill 답 $2e+5$

271

$\int_0^x tf(t)dt = e^x - xe^x - 1$의 양변을 x에 대하여 미분
하면
$$xf(x) = e^x - (e^x + xe^x) = -xe^x$$
따라서 $f(x) = -e^x$이므로
$$f(3) = -e^3 \qquad\qquad \text{답 } -e^3$$

272

$\int_{\frac{\pi}{4}}^x f(t)dt = \sin x - a\cos x + \sqrt{2}$의 양변을 x에 대
하여 미분하면
$$f(x) = \cos x + a\sin x$$
또, $\int_{\frac{\pi}{4}}^x f(t)dt = \sin x - a\cos x + \sqrt{2}$의 양변에
$x = \dfrac{\pi}{4}$를 대입하면
$$\int_{\frac{\pi}{4}}^{\frac{\pi}{4}} f(t)dt = \sin\frac{\pi}{4} - a\cos\frac{\pi}{4} + \sqrt{2}$$
$$0 = \frac{\sqrt{2}}{2} - \frac{\sqrt{2}}{2}a + \sqrt{2} \qquad \therefore a = 3$$
따라서 $f(x) = \cos x + 3\sin x$이므로
$$f\left(\frac{3}{2}\pi\right) = \cos\frac{3}{2}\pi + 3\sin\frac{3}{2}\pi = -3 \qquad \text{답 } -3$$

273

$\int_0^x (x-t)f(t)dt = x\int_0^x f(t)dt - \int_0^x tf(t)dt$이므로
$$x\int_0^x f(t)dt - \int_0^x tf(t)dt = e^x + x^2 - x - 1$$
양변을 x에 대하여 미분하면
$$\int_0^x f(t)dt + xf(x) - xf(x) = e^x + 2x - 1$$
$$\therefore \int_0^x f(t)dt = e^x + 2x - 1$$
양변을 다시 x에 대하여 미분하면
$$f(x) = e^x + 2$$
$$\therefore f(1) = e + 2 \qquad\qquad \text{답 } e+2$$

274

$\int_0^x (x-t)f'(t)dt = x\int_0^x f'(t)dt - \int_0^x tf'(t)dt$
이므로
$$x\int_0^x f'(t)dt - \int_0^x tf'(t)dt = \cos 2x - x^2 - 1$$
양변을 x에 대하여 미분하면
$$\int_0^x f'(t)dt + xf'(x) - xf'(x) = -2\sin 2x - 2x$$
즉, $\int_0^x f'(t)dt = -2\sin 2x - 2x$이므로
$$\Big[f(t)\Big]_0^x = -2\sin 2x - 2x$$
$$f(x) - f(0) = -2\sin 2x - 2x$$
이때 $f(0) = 2$이므로
$$f(x) = -2\sin 2x - 2x + 2$$
$$\text{답 } f(x) = -2\sin 2x - 2x + 2$$

275

$f(x) = \int_0^x (1+\sin t)\cos t\, dt$의 양변을 x에 대하여
미분하면
$$f'(x) = (1+\sin x)\cos x$$
$$f'(x) = 0$$에서 $\cos x = 0$
$$\therefore x = \frac{\pi}{2} \ (\because 0 \leq x \leq \pi)$$
$0 \leq x \leq \pi$에서 함수 $f(x)$의 증가와 감소를 표로 나타
내면 다음과 같다.

x	0	$\cdots$	$\dfrac{\pi}{2}$	$\cdots$	π
$f'(x)$		$+$	0	$-$	
$f(x)$		$\nearrow$	극대	$\searrow$	

따라서 함수 $f(x)$는 $x = \dfrac{\pi}{2}$에서 극대이면서 최대이므
로 구하는 최댓값은
$$f\left(\frac{\pi}{2}\right) = \int_0^{\frac{\pi}{2}} (1+\sin t)\cos t\, dt$$

$1+\sin t=u$로 놓으면 $\cos t=\dfrac{du}{dt}$이고

$t=0$일 때 $u=1$, $t=\dfrac{\pi}{2}$일 때 $u=2$이므로

$$f\left(\dfrac{\pi}{2}\right)=\int_0^{\frac{\pi}{2}}(1+\sin t)\cos t\,dt$$

$$=\int_1^2 u\,du$$

$$=\left[\dfrac{1}{2}u^2\right]_1^2$$

$$=\dfrac{1}{2}(4-1)=\dfrac{3}{2}$$

답 $\dfrac{3}{2}$

276

$f(x)=\displaystyle\int_1^x \sqrt{t}\,(t-2)dt$의 양변을 x에 대하여 미분하면

$$f'(x)=\sqrt{x}\,(x-2)$$

$f'(x)=0$에서 $x=2$ $(\because x>1)$

$x>1$에서 함수 $f(x)$의 증가와 감소를 표로 나타내면 다음과 같다.

x	1	$\cdots$	2	$\cdots$
$f'(x)$		$-$	0	$+$
$f(x)$		$\searrow$	극소	$\nearrow$

따라서 함수 $f(x)$는 $x=2$에서 극소이므로 극솟값은

$$f(2)=\int_1^2 \sqrt{t}\,(t-2)dt$$

$$=\int_1^2 \left(t^{\frac{3}{2}}-2t^{\frac{1}{2}}\right)dt$$

$$=\left[\dfrac{2}{5}t^{\frac{5}{2}}-\dfrac{4}{3}t^{\frac{3}{2}}\right]_1^2$$

$$=\left(\dfrac{2}{5}\times 2^{\frac{5}{2}}-\dfrac{4}{3}\times 2^{\frac{3}{2}}\right)-\left(\dfrac{2}{5}-\dfrac{4}{3}\right)$$

$$=\dfrac{14-16\sqrt{2}}{15}$$

답 극솟값: $\dfrac{14-16\sqrt{2}}{15}$

277

(1) $f(t)=e^t t^3$으로 놓고 $f(t)$의 한 부정적분을 $F(t)$라 하면

$$\lim_{x\to 1}\dfrac{1}{x^3-1}\int_1^{x^2}f(t)dt$$

$$=\lim_{x\to 1}\dfrac{1}{x^3-1}\Big[F(t)\Big]_1^{x^2}=\lim_{x\to 1}\dfrac{F(x^2)-F(1)}{x^3-1}$$

$$=\lim_{x\to 1}\left\{\dfrac{F(x^2)-F(1)}{x^2-1}\times\dfrac{x^2-1}{x^3-1}\right\}$$

$$=\lim_{x\to 1}\left\{\dfrac{F(x^2)-F(1)}{x^2-1}\times\dfrac{(x+1)(x-1)}{(x-1)(x^2+x+1)}\right\}$$

$$=\dfrac{2}{3}F'(1)$$

이때 $F'(t)=f(t)$이므로 구하는 극한값은

$$\dfrac{2}{3}F'(1)=\dfrac{2}{3}f(1)=\dfrac{2}{3}e$$

(2) $f(t)=(\sin t+1)^2$으로 놓고 $f(t)$의 한 부정적분을 $F(t)$라 하면

$$\lim_{x\to\pi}\dfrac{1}{x^2-\pi^2}\int_\pi^x f(t)dt$$

$$=\lim_{x\to\pi}\dfrac{1}{x^2-\pi^2}\Big[F(t)\Big]_\pi^x=\lim_{x\to\pi}\dfrac{F(x)-F(\pi)}{x^2-\pi^2}$$

$$=\lim_{x\to\pi}\left\{\dfrac{F(x)-F(\pi)}{x-\pi}\times\dfrac{1}{x+\pi}\right\}=\dfrac{1}{2\pi}F'(\pi)$$

이때 $F'(t)=f(t)$이므로 구하는 극한값은

$$\dfrac{1}{2\pi}F'(\pi)=\dfrac{1}{2\pi}f(\pi)=\dfrac{1}{2\pi}$$

답 (1) $\dfrac{2}{3}e$ (2) $\dfrac{1}{2\pi}$

278

$f(x)=x\ln x^2$으로 놓고 $f(x)$의 한 부정적분을 $F(x)$라 하면

$$\lim_{h\to 0}\dfrac{1}{h}\int_{e^2-h}^{e^2+h}f(x)\,dx$$

$$=\lim_{h\to 0}\dfrac{1}{h}\Big[F(x)\Big]_{e^2-h}^{e^2+h}$$

$$=\lim_{h\to 0}\dfrac{F(e^2+h)-F(e^2-h)}{h}$$

$$=\lim_{h\to 0}\dfrac{F(e^2+h)-F(e^2)+F(e^2)-F(e^2-h)}{h}$$

$$=\lim_{h\to 0}\dfrac{F(e^2+h)-F(e^2)}{h}$$

$$\quad+\lim_{h\to 0}\dfrac{F(e^2-h)-F(e^2)}{-h}$$

$$=F'(e^2)+F'(e^2)=2F'(e^2)$$

이때 $F'(x)=f(x)$이므로
$$2F'(e^2)=2f(e^2)$$
$$=2e^2\ln e^4$$
$$=8e^2$$

답 $8e^2$

279

오른쪽 그림과 같이 닫힌구간 $[0,\ 1]$을 n등분 하면 양 끝점과 각 분점의 x좌표는 왼쪽부터 차례로

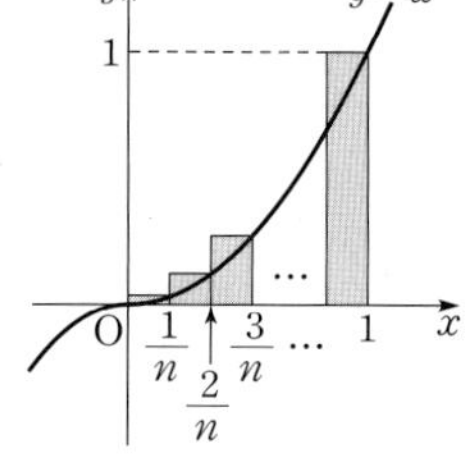

$$0=\frac{0}{n},\ \frac{1}{n},\ \frac{2}{n},\ \cdots,\ \frac{n}{n}=1$$

이때 n등분 한 각 구간을 가로의 길이로, 구간의 오른쪽 끝에서의 함숫값을 세로의 길이로 하는 n개의 직사각형을 만들면 각 직사각형의 세로의 길이는

$$\left(\frac{1}{n}\right)^3,\ \left(\frac{2}{n}\right)^3,\ \left(\frac{3}{n}\right)^3,\ \cdots,\ \left(\frac{n}{n}\right)^3$$

이들 직사각형의 넓이의 합을 S_n이라 하면

$$S_n=\frac{1}{n}\times\left(\frac{1}{n}\right)^3+\frac{1}{n}\times\left(\frac{2}{n}\right)^3+\frac{1}{n}\times\left(\frac{3}{n}\right)^3$$
$$+\cdots+\frac{1}{n}\times\left(\frac{n}{n}\right)^3$$
$$=\frac{1}{n^4}(1^3+2^3+3^3+\cdots+n^3)$$
$$=\frac{1}{n^4}\times\left\{\frac{n(n+1)}{2}\right\}^2$$
$$=\frac{(n+1)^2}{4n^2}$$

따라서 구하는 넓이 S는

$$S=\lim_{n\to\infty}S_n=\lim_{n\to\infty}\frac{(n+1)^2}{4n^2}=\frac{1}{4}$$

답 $\dfrac{1}{4}$

280

정사각뿔의 높이를 n등분 하여 만들어진 직육면체의 밑넓이는 위에서부터 차례로

$$\left(\frac{a}{n}\right)^2,\ \left(\frac{2a}{n}\right)^2,\ \left(\frac{3a}{n}\right)^2,\ \cdots,\ \left\{\frac{(n-1)a}{n}\right\}^2$$

이고, 높이는 모두 $\dfrac{h}{n}$이므로 $(n-1)$개의 직육면체의 부피의 합을 V_n이라 하면

$$V_n=\left(\frac{a}{n}\right)^2\times\frac{h}{n}+\left(\frac{2a}{n}\right)^2\times\frac{h}{n}+\left(\frac{3a}{n}\right)^2\times\frac{h}{n}$$
$$+\cdots+\left\{\frac{(n-1)a}{n}\right\}^2\times\frac{h}{n}$$
$$=\frac{a^2h}{n^3}\{1^2+2^2+3^2+\cdots+(n-1)^2\}$$
$$=\frac{a^2h}{n^3}\times\frac{(n-1)n(2n-1)}{6}$$
$$=\frac{1}{6}a^2h\left(1-\frac{1}{n}\right)\left(2-\frac{1}{n}\right)$$

따라서 구하는 부피 V는

$$V=\lim_{n\to\infty}V_n=\lim_{n\to\infty}\frac{1}{6}a^2h\left(1-\frac{1}{n}\right)\left(2-\frac{1}{n}\right)$$
$$=\frac{1}{6}a^2h\times2=\frac{1}{3}a^2h$$

답 $\dfrac{1}{3}a^2h$

281

(1) $\displaystyle\lim_{n\to\infty}\frac{\pi}{n^2}\sum_{k=1}^{n}k\cos\frac{k\pi}{n}=\pi\lim_{n\to\infty}\sum_{k=1}^{n}\frac{k}{n}\cos\frac{k\pi}{n}\times\frac{1}{n}$

$\dfrac{k}{n}$를 x로, $\dfrac{1}{n}$을 dx로 바꾸면

$k=1$일 때 $n\to\infty$이면 $x=0$, $k=n$일 때 $x=1$이므로 적분 구간은 $[0,\ 1]$이다.

$$\therefore\ (\text{주어진 식})=\pi\int_0^1 x\cos\pi x\,dx$$

이때 $f(x)=x$, $g'(x)=\cos\pi x$로 놓으면

$f'(x)=1$, $g(x)=\dfrac{1}{\pi}\sin\pi x$이므로

$$\pi\int_0^1 x\cos\pi x\,dx$$
$$=\pi\left[x\times\frac{1}{\pi}\sin\pi x\right]_0^1-\pi\int_0^1\frac{1}{\pi}\sin\pi x\,dx$$
$$=0+\left[\frac{1}{\pi}\cos\pi x\right]_0^1=-\frac{2}{\pi}$$

(2) $\displaystyle\lim_{n\to\infty}\frac{1}{n}\sum_{k=1}^{n}\ln\frac{n+k}{n}$

$$=\lim_{n\to\infty}\sum_{k=1}^{n}\ln\left(1+\frac{k}{n}\right)\times\frac{1}{n}$$

$1+\dfrac{k}{n}$를 x로, $\dfrac{1}{n}$을 dx로 바꾸면

$k=1$일 때 $n\to\infty$이면 $x=1$, $k=n$일 때 $x=2$이므로 적분 구간은 $[1,\ 2]$이다.

$$\therefore \lim_{n\to\infty}\sum_{k=1}^{n}\ln\left(1+\frac{k}{n}\right)\times\frac{1}{n}$$

$$=\int_{1}^{2}\ln x\,dx$$

$$=\left[x\ln x\right]_{1}^{2}-\int_{1}^{2}dx$$

$$=2\ln 2-\left[x\right]_{1}^{2}$$

$$=2\ln 2-1$$

답 (1) $-\dfrac{2}{\pi}$ (2) $2\ln 2-1$

282

(1) $\displaystyle\lim_{n\to\infty}\frac{1}{n}\left(e^{\frac{2}{n}}+e^{\frac{4}{n}}+e^{\frac{6}{n}}+\cdots+e^{\frac{2n}{n}}\right)$

$$=\lim_{n\to\infty}\frac{1}{n}\sum_{k=1}^{n}e^{\frac{2k}{n}}$$

$$=\frac{1}{2}\lim_{n\to\infty}\sum_{k=1}^{n}e^{\frac{2k}{n}}\times\frac{2}{n}$$

$\dfrac{2k}{n}$ 를 x로, $\dfrac{2}{n}$ 를 dx로 바꾸면

$k=1$일 때 $n\to\infty$이면 $x=0$, $k=n$일 때 $x=2$이
므로 적분 구간은 $[0,\ 2]$이다.

$$\therefore \text{(주어진 식)}=\frac{1}{2}\int_{0}^{2}e^{x}\,dx$$

$$=\frac{1}{2}\left[e^{x}\right]_{0}^{2}=\frac{1}{2}(e^{2}-1)$$

(2) $\displaystyle\lim_{n\to\infty}\frac{1}{n}\left(\sin\frac{\pi}{n}+\sin\frac{2\pi}{n}+\sin\frac{3\pi}{n}\right.$

$$\left.+\cdots+\sin\frac{n\pi}{n}\right)$$

$$=\lim_{n\to\infty}\sum_{k=1}^{n}\sin\left(\frac{k}{n}\pi\right)\times\frac{1}{n}$$

$\dfrac{k}{n}$ 를 x로, $\dfrac{1}{n}$ 을 dx로 바꾸면

$k=1$일 때 $n\to\infty$이면 $x=0$, $k=n$일 때 $x=1$이
므로 적분 구간은 $[0,\ 1]$이다.

$$\therefore \text{(주어진 식)}=\int_{0}^{1}\sin\pi x\,dx$$

$$=\left[-\frac{1}{\pi}\cos\pi x\right]_{0}^{1}=\frac{2}{\pi}$$

답 (1) $\dfrac{1}{2}(e^{2}-1)$ (2) $\dfrac{2}{\pi}$

283

닫힌구간 $[-1,\ 1]$에서 $y>0$이므로 구하는 넓이를 S
라 하면

$$S=\int_{-1}^{\boxed{1}}e^{x}\,dx$$

$$=\left[\boxed{e^{x}}\right]_{-1}^{\boxed{1}}=e-e^{-1}=\boxed{e-\frac{1}{e}}$$

답 풀이 참조

284

$y=\ln x$에서 $x=e^{y}$이고 닫힌구간 $[2,\ 4]$에서 $x>0$
이므로 구하는 넓이를 S라 하면

$$S=\int_{\boxed{2}}^{\boxed{4}}e^{y}\,dy$$

$$=\left[\boxed{e^{y}}\right]_{\boxed{2}}^{\boxed{4}}=\boxed{e^{4}-e^{2}}$$

답 풀이 참조

285

곡선 $y=\dfrac{2}{x}$와 직선 $y=-x+3$의 교점의 x좌표는

$\boxed{1}$, 2이므로 구하는 넓이를 S라 하면

$$S=\int_{\boxed{1}}^{2}\left\{(\boxed{-x+3})-\frac{2}{x}\right\}dx$$

$$=\left[\boxed{-\frac{1}{2}x^{2}+3x-2\ln|x|}\right]_{\boxed{1}}^{2}$$

$$=(-2+6-2\ln 2)-\left(-\frac{1}{2}+3\right)$$

$$=\boxed{\frac{3}{2}-2\ln 2}$$

답 풀이 참조

286

(1) 곡선 $y=\cos x$와 x축의 교
점의 x좌표는
$\cos x=0$에서
$x=\dfrac{\pi}{2}\ (\because 0\le x\le\pi)$

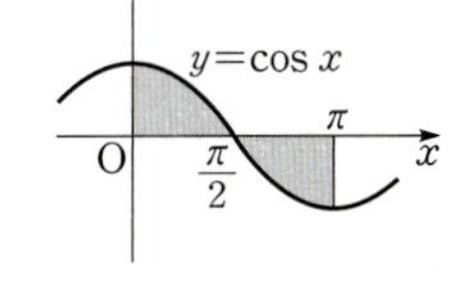

닫힌구간 $\left[0,\ \dfrac{\pi}{2}\right]$에서 $y\geq 0$, 닫힌구간 $\left[\dfrac{\pi}{2},\ \pi\right]$에서 $y\leq 0$이므로 구하는 넓이를 S라 하면

$$S=\int_0^\pi |\cos x|\,dx$$
$$=\int_0^{\frac{\pi}{2}} \cos x\,dx+\int_{\frac{\pi}{2}}^{\pi}(-\cos x)\,dx$$
$$=\Big[\sin x\Big]_0^{\frac{\pi}{2}}+\Big[-\sin x\Big]_{\frac{\pi}{2}}^{\pi}=2$$

(2) 곡선 $y=\sqrt{1-x}$와 x축의 교점의 x좌표는 $0=\sqrt{1-x}$에서 $x=1$

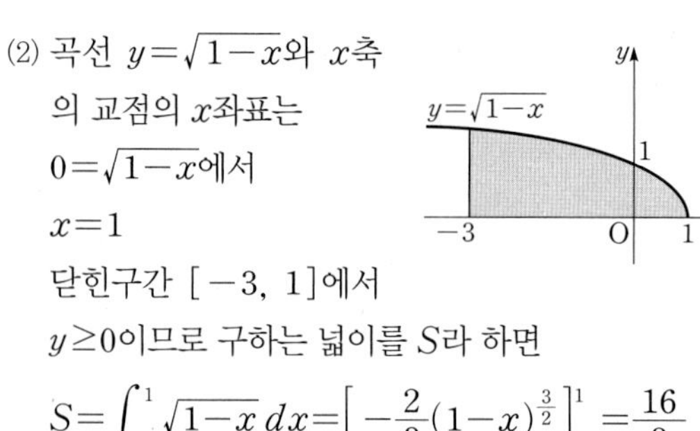

닫힌구간 $[-3,\ 1]$에서 $y\geq 0$이므로 구하는 넓이를 S라 하면

$$S=\int_{-3}^1 \sqrt{1-x}\,dx=\Big[-\dfrac{2}{3}(1-x)^{\frac{3}{2}}\Big]_{-3}^1=\dfrac{16}{3}$$

(3) 곡선 $y=\ln(x+1)$과 x축의 교점의 x좌표는 $0=\ln(x+1)$에서 $x+1=1$ $\therefore x=0$

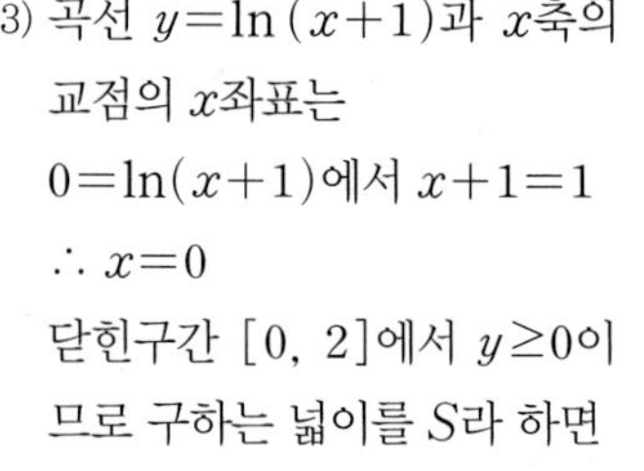

닫힌구간 $[0,\ 2]$에서 $y\geq 0$이므로 구하는 넓이를 S라 하면

$$S=\int_0^2 \ln(x+1)\,dx$$
$$=\Big[x\ln(x+1)\Big]_0^2-\int_0^2 \dfrac{x}{x+1}\,dx$$
$$=2\ln 3-\int_0^2\Big(1-\dfrac{1}{x+1}\Big)dx$$
$$=2\ln 3-\Big[x-\ln|x+1|\Big]_0^2$$
$$=2\ln 3-(2-\ln 3)$$
$$=3\ln 3-2$$

(4) 곡선 $y=e^x-1$과 x축의 교점의 x좌표는 $0=e^x-1$에서 $x=0$

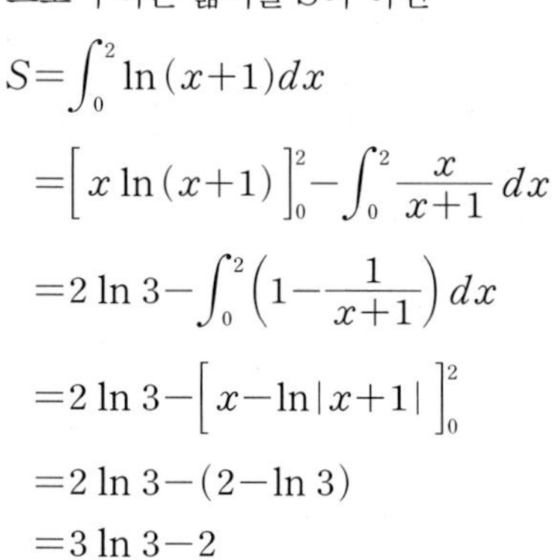

닫힌구간 $[-1,\ 0]$에서 $y\leq 0$, 닫힌구간 $[0,\ 1]$에서 $y\geq 0$이므로 구하는 넓이를 S라 하면

$$S=\int_{-1}^1 |e^x-1|\,dx$$
$$=\int_{-1}^0 (-e^x+1)\,dx+\int_0^1 (e^x-1)\,dx$$
$$=\Big[-e^x+x\Big]_{-1}^0+\Big[e^x-x\Big]_0^1$$
$$=e+\dfrac{1}{e}-2$$

답 (1) **2** (2) $\dfrac{16}{3}$ (3) $3\ln 3-2$ (4) $e+\dfrac{1}{e}-2$

287

곡선 $y=\sqrt{x}$와 x축 및 직선 $x=4$로 둘러싸인 도형의 넓이는

$$\int_0^4 \sqrt{x}\,dx=\Big[\dfrac{2}{3}x^{\frac{3}{2}}\Big]_0^4=\dfrac{16}{3}$$

이므로

$$\int_0^a \sqrt{x}\,dx=\dfrac{8}{3}$$

즉, $\int_0^a \sqrt{x}\,dx=\Big[\dfrac{2}{3}x^{\frac{3}{2}}\Big]_0^a=\dfrac{2}{3}a^{\frac{3}{2}}$에서

$$\dfrac{2}{3}a^{\frac{3}{2}}=\dfrac{8}{3},\ a^{\frac{3}{2}}=4$$
$$a^3=16 \qquad \therefore a=\sqrt[3]{16}$$

답 $\sqrt[3]{16}$

288

(1) $y=\dfrac{1}{x}$에서 $x=\dfrac{1}{y}$

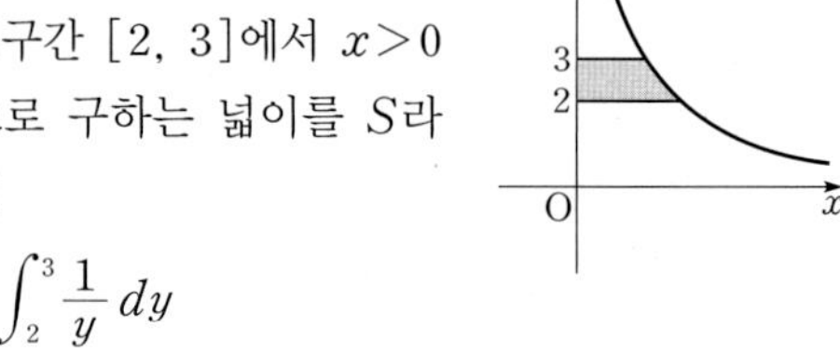

닫힌구간 $[2,\ 3]$에서 $x>0$이므로 구하는 넓이를 S라 하면

$$S=\int_2^3 \dfrac{1}{y}\,dy$$
$$=\Big[\ln|y|\Big]_2^3=\ln \dfrac{3}{2}$$

(2) $y=\ln(x+1)-1$에서 $x=e^{y+1}-1$

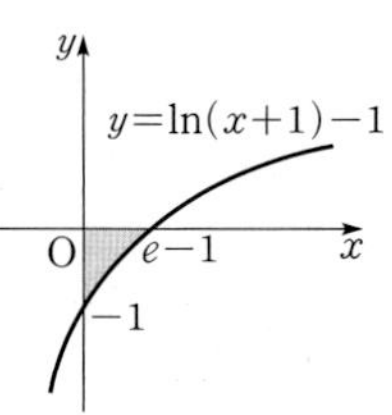

곡선 $x=e^{y+1}-1$과 y축의 교점의 y좌표는 $0=e^{y+1}-1$에서 $y=-1$

닫힌구간 $[-1, 0]$에서 $x≥0$이므로 구하는 넓이를 S라 하면

$$S=\int_{-1}^{0}(e^{y+1}-1)dy$$

$$=\Big[e^{y+1}-y\Big]_{-1}^{0}$$

$$=e-2$$

(3) $y=e^x$에서 $x=\ln y$

닫힌구간 $[2, 3]$에서 $x>0$
이므로 구하는 넓이를 S라
하면

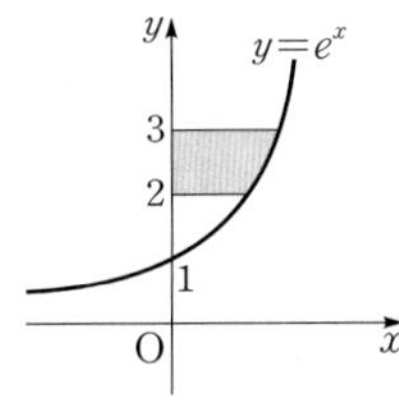

$$S=\int_{2}^{3}\ln y\,dy$$

$$=\Big[y\ln y\Big]_{2}^{3}-\int_{2}^{3}dy$$

$$=3\ln 3-2\ln 2-\Big[y\Big]_{2}^{3}$$

$$=\ln\frac{27}{4}-1$$

(4) $y=\sqrt{x+1}-1$에서

$y+1=\sqrt{x+1}\ (y≥-1)$

$(y+1)^2=x+1$

$\therefore x=y^2+2y$

곡선 $x=y^2+2y$와 y축

의 교점의 y좌표는 $0=y^2+2y$에서

$y=0\ (\because y≥-1)$

닫힌구간 $[-1, 0]$에서 $x≤0$, 닫힌구간 $[0, 1]$에
서 $x≥0$이므로 구하는 넓이를 S라 하면

$$S=\int_{-1}^{1}|y^2+2y|\,dy$$

$$=\int_{-1}^{0}(-y^2-2y)dy+\int_{0}^{1}(y^2+2y)dy$$

$$=\Big[-\frac{1}{3}y^3-y^2\Big]_{-1}^{0}+\Big[\frac{1}{3}y^3+y^2\Big]_{0}^{1}$$

$$=\frac{2}{3}+\frac{4}{3}=2$$

답 (1) $\ln\dfrac{3}{2}$　(2) $e-2$

(3) $\ln\dfrac{27}{4}-1$　(4) 2

289

$y=(x+2)^2$에서

$\sqrt{y}=x+2\ (\because x≥-2)$

$\therefore x=\sqrt{y}-2$

곡선 $x=\sqrt{y}-2$와 y축의 교점
의 y좌표는 $0=\sqrt{y}-2$에서

$y=4$

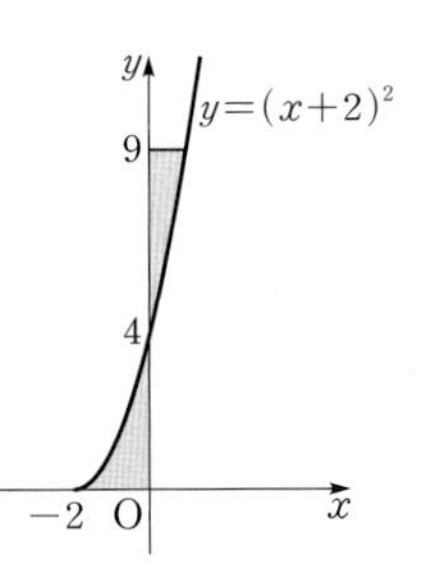

닫힌구간 $[0, 4]$에서 $x≤0$,
닫힌구간 $[4, 9]$에서 $x≥0$이므로 구하는 넓이를 S라
하면

$$S=\int_{0}^{9}|\sqrt{y}-2|\,dy$$

$$=\int_{0}^{4}(-\sqrt{y}+2)dy+\int_{4}^{9}(\sqrt{y}-2)dy$$

$$=\Big[-\frac{2}{3}y^{\frac{3}{2}}+2y\Big]_{0}^{4}+\Big[\frac{2}{3}y^{\frac{3}{2}}-2y\Big]_{4}^{9}$$

$$=\frac{8}{3}+\frac{8}{3}=\frac{16}{3}$$

답 $\dfrac{16}{3}$

290

(1) 닫힌구간 $[-1, 0]$에서
$e^x≤e^{-x}$, 닫힌구간 $[0, 1]$에
서 $e^x≥e^{-x}$이므로 구하는 넓
이를 S라 하면

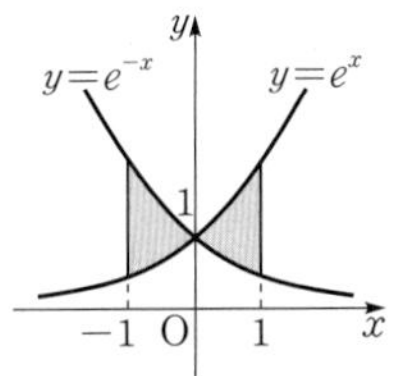

$$S=\int_{-1}^{1}|e^x-e^{-x}|\,dx$$

$$=\int_{-1}^{0}(e^{-x}-e^x)dx+\int_{0}^{1}(e^x-e^{-x})dx$$

$$=\Big[-e^{-x}-e^x\Big]_{-1}^{0}+\Big[e^x+e^{-x}\Big]_{0}^{1}$$

$$=2\Big(e+\frac{1}{e}-2\Big)$$

(2) 두 곡선 $y=\dfrac{1}{x}$과 $y=\sqrt{x}$

의 교점의 x좌표는

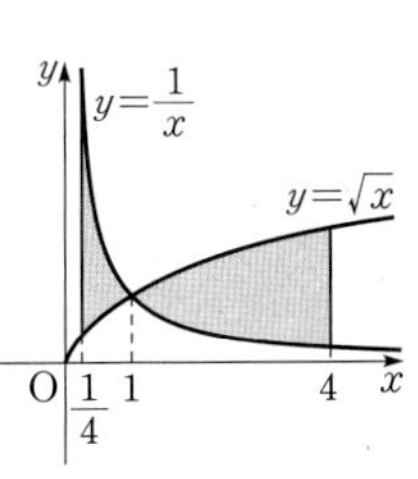

$\dfrac{1}{x}=\sqrt{x}$에서 $x\sqrt{x}=1$

양변을 제곱하면 $x^3=1$

$(x-1)(x^2+x+1)=0$

$\therefore x=1\ (\because x^2+x+1>0)$

이때 닫힌구간 $\left[\dfrac{1}{4},\,1\right]$에서 $\dfrac{1}{x}\geq\sqrt{x}$, 닫힌구간

$[1,\,4]$에서 $\dfrac{1}{x}\leq\sqrt{x}$이므로 구하는 넓이를 S라 하면

$$S=\int_{\frac{1}{4}}^{4}\left|\dfrac{1}{x}-\sqrt{x}\right|dx$$

$$=\int_{\frac{1}{4}}^{1}\left(\dfrac{1}{x}-\sqrt{x}\right)dx+\int_{1}^{4}\left(\sqrt{x}-\dfrac{1}{x}\right)dx$$

$$=\left[\ln|x|-\dfrac{2}{3}x^{\frac{3}{2}}\right]_{\frac{1}{4}}^{1}+\left[\dfrac{2}{3}x^{\frac{3}{2}}-\ln|x|\right]_{1}^{4}$$

$$=\dfrac{49}{12}$$

(3) $y=\ln x$에서 $x=e^{y}$

$y=\ln\dfrac{1}{x}$, 즉 $y=-\ln x$

에서 $x=e^{-y}$

이때 닫힌구간 $[-1,\,0]$

에서 $e^{y}\leq e^{-y}$이므로 구하

는 넓이를 S라 하면

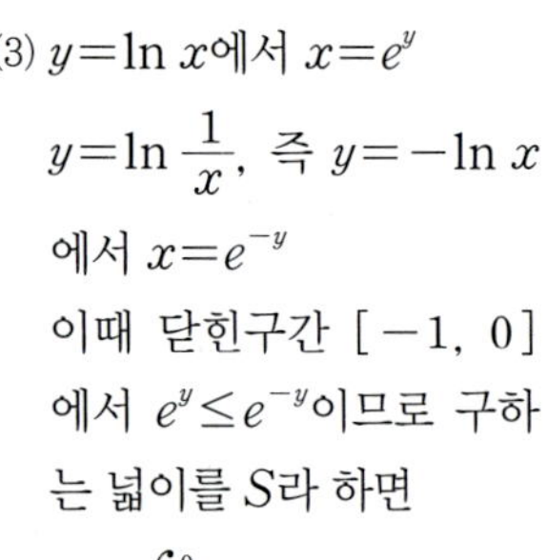

$$S=\int_{-1}^{0}(e^{-y}-e^{y})dy$$

$$=\left[-e^{-y}-e^{y}\right]_{-1}^{0}$$

$$=e+\dfrac{1}{e}-2$$

(4) $y=e^{x}$에서 $x=\ln y$

닫힌구간 $[1,\,3]$에서

$y>\ln y$이므로 구하는 넓이

를 S라 하면

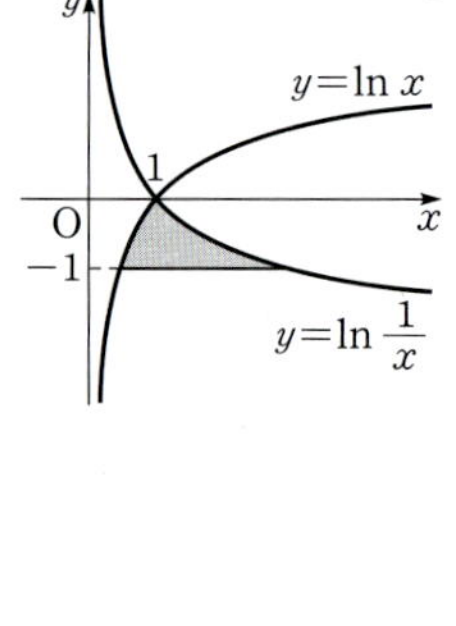

$$S=\int_{1}^{3}(y-\ln y)dy$$

$$=\int_{1}^{3}y\,dy-\int_{1}^{3}\ln y\,dy$$

$$=\left[\dfrac{1}{2}y^{2}\right]_{1}^{3}-\left(\left[y\ln y\right]_{1}^{3}-\int_{1}^{3}dy\right)$$

$$=4-3\ln3+\left[y\right]_{1}^{3}$$

$$=6-3\ln3$$

답 (1) $2\left(e+\dfrac{1}{e}-2\right)$　(2) $\dfrac{49}{12}$

　　(3) $e+\dfrac{1}{e}-2$　(4) $6-3\ln3$

291

$y=\ln x$에서 $y'=\dfrac{1}{x}$이므로 곡선 위의 점 $(e,\,1)$에서

의 접선의 기울기는 $\dfrac{1}{e}$이다.

따라서 점 $(e,\,1)$에서의 접선의 방정식은

$$y-1=\dfrac{1}{e}(x-e)\qquad\therefore\ y=\dfrac{1}{e}x$$

이때 $y=\ln x$에서 $x=e^{y}$,

$y=\dfrac{1}{e}x$에서 $x=ey$이므로

구하는 넓이를 S라 하면

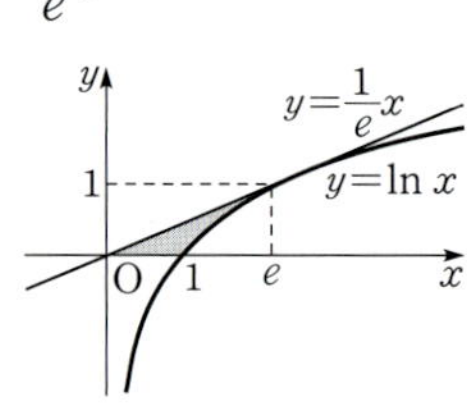

$$S=\int_{0}^{1}(e^{y}-ey)dy$$

$$=\left[e^{y}-\dfrac{e}{2}y^{2}\right]_{0}^{1}$$

$$=\dfrac{1}{2}e-1$$

답 $\dfrac{1}{2}e-1$

다른풀이　구하는 넓이를 S라 하면

$$S=\dfrac{1}{2}\times e\times1-\int_{1}^{e}\ln x\,dx$$

$$=\dfrac{1}{2}e-\left(\left[x\ln x\right]_{1}^{e}-\int_{1}^{e}dx\right)$$

$$=\dfrac{1}{2}e-e+\left[x\right]_{1}^{e}=\dfrac{1}{2}e-1$$

292

$y=\sqrt{x-1}$에서 $y'=\dfrac{1}{2\sqrt{x-1}}$

접점의 좌표를 $(t,\,\sqrt{t-1}\,)$이라 하면 이 점에서의 접선

의 기울기는 $\dfrac{1}{2\sqrt{t-1}}$이므로 접선의 방정식은

$$y-\sqrt{t-1}=\dfrac{1}{2\sqrt{t-1}}(x-t)$$

이 직선이 원점을 지나므로

$$0-\sqrt{t-1}=\dfrac{1}{2\sqrt{t-1}}(0-t)$$

$$-2(t-1)=-t\qquad\therefore\ t=2$$

즉, 곡선 위의 점 $(2,\,1)$에서의 접선의 방정식은

$$y=\dfrac{1}{2}x$$

이때 $y=\sqrt{x-1}$ 에서

$x=y^2+1\ (y\geq0)$, $y=\dfrac{1}{2}x$

에서 $x=2y$ 이므로 구하는

넓이를 S 라 하면

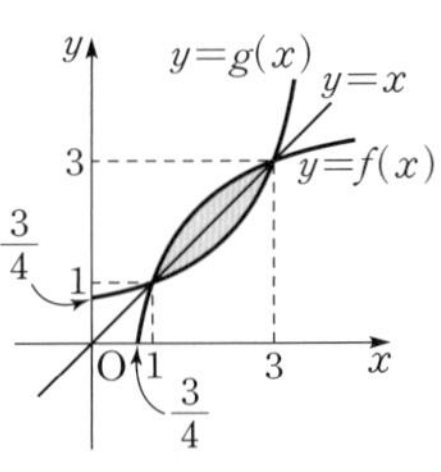

$$S=\int_0^1 \{(y^2+1)-2y\}dy$$

$$=\left[\frac{1}{3}y^3+y-y^2\right]_0^1=\frac{1}{3}$$

답 $\dfrac{1}{3}$

293

두 곡선 $y=f(x)$, $y=g(x)$ 는 직선 $y=x$ 에 대하여 대칭이므로 두 곡선 $y=f(x)$, $y=g(x)$ 의 교점의 x좌표 는 곡선 $y=f(x)$ 와 직선 $y=x$ 의 교점의 x좌표와 같다.

즉, $\sqrt{4x-3}=x$ 에서 $4x-3=x^2$, $x^2-4x+3=0$

$(x-1)(x-3)=0$ $\qquad \therefore x=1$ 또는 $x=3$

이때 두 곡선 $y=f(x)$, $y=g(x)$ 로 둘러싸인 도형의 넓이는 곡선 $y=f(x)$ 와 직선 $y=x$ 로 둘러싸인 도형 의 넓이의 2배와 같다.

따라서 구하는 넓이를 S 라 하면

$$S=2\int_1^3 (\sqrt{4x-3}-x)dx$$

$$=2\left[\frac{1}{6}(4x-3)^{\frac{3}{2}}-\frac{1}{2}x^2\right]_1^3$$

$$=2\times\frac{1}{3}=\frac{2}{3}$$

답 $\dfrac{2}{3}$

294

$f(1)=e+1$ 에서

$g(e+1)=1$ 이므로 곡선

$y=f(x)$ 와 y축 및 직선

$y=e+1$ 로 둘러싸인 도형

의 넓이를 A, 곡선

$y=g(x)$ 와 x축 및 직선

$x=e+1$ 로 둘러싸인 도형의 넓이를 B 라 하면 $A=B$ 이다.

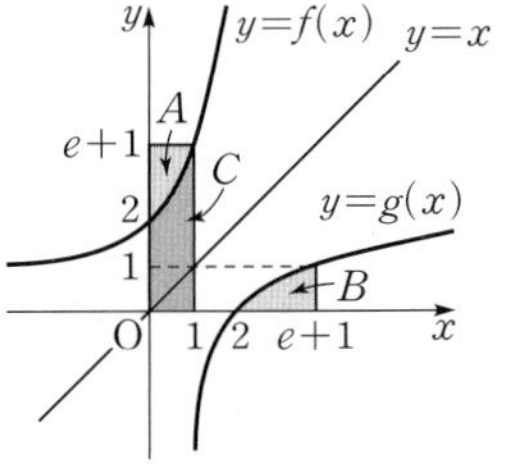

이때 $\displaystyle\int_0^1 f(x)dx=C$ 라 하면

$$\int_0^1 f(x)dx+\int_2^{e+1} g(x)dx=C+B=C+A$$

$$=1\times(e+1)=e+1$$

답 $e+1$

295

답 $3\sqrt{x}$, $3\sqrt{x}$, $2x^{\frac{3}{2}}$, $32\sqrt{2}$

296

답 $\sqrt{3x^2+2}$, $3x^2+2$, $3x^2+2$, x^3+2x, 1020

297

물의 깊이가 x cm일 때의 수면의 넓이가

$\ln(x+1)$ cm^{2}이므로 물의 깊이가 5 cm일 때의 물의

부피를 V 라 하면

$$V=\int_0^5 \ln(x+1)dx$$

$$=\left[x\ln(x+1)\right]_0^5-\int_0^5 \frac{x}{x+1}dx$$

$$=5\ln 6-\int_0^5 \left(1-\frac{1}{x+1}\right)dx$$

$$=5\ln 6-\left[x-\ln(x+1)\right]_0^5$$

$$=5\ln 6-5+\ln 6$$

$$=6\ln 6-5(\text{cm}^3)$$

답 $(6\ln 6-5)$ cm^3

298

물의 깊이가 t cm일 때의 수면의 넓이를 $S(t)$ cm^{2}라 하면 물의 깊이가 x cm일 때의 물의 부피 V 는

$$V=\int_0^x S(t)dt=x^3-2x^2+3x$$

양변을 x에 대하여 미분하면

$$S(x)=3x^2-4x+3$$

따라서 수면의 넓이가 18 cm^{2}일 때는

$3x^2-4x+3=18$, $3x^2-4x-15=0$

$(3x+5)(x-3)=0$

$\therefore x=3(\text{cm})\ (\because x>0)$

답 3 cm

299

오른쪽 그림과 같이 밑면으로부터의 높이가 x인 지점에서 밑면에 평행한 평면으로 자른 단면의 넓이를 $S(x)$라 하자.

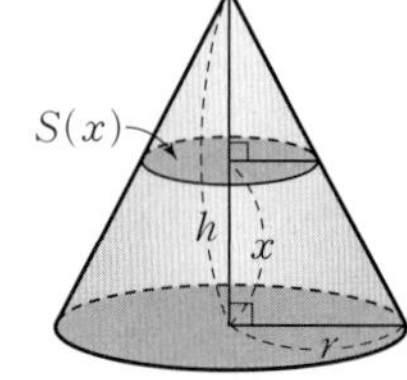

이때 단면인 원과 원뿔의 밑면은 닮은 도형이고 닮음비는

$(h-x) : h$

따라서 넓이의 비는 $(h-x)^2 : h^2$이므로

$S(x) : \pi r^2 = (h-x)^2 : h^2$

$\therefore S(x) = \dfrac{\pi r^2}{h^2}(h-x)^2$

따라서 구하는 부피를 V라 하면

$V = \displaystyle\int_0^h S(x)\,dx$

$= \displaystyle\int_0^h \dfrac{\pi r^2}{h^2}(h-x)^2\,dx$

$= \dfrac{\pi r^2}{h^2}\left[-\dfrac{1}{3}(h-x)^3 \right]_0^h$

$= \dfrac{1}{3}\pi r^2 h$

답 $\dfrac{1}{3}\pi r^2 h$

300

x축 위의 점 $\mathrm{P}(x,\,0)$ $(0 \le x \le \pi)$을 지나고 x축에 수직인 직선이 곡선 $y = 2\sqrt{\sin x}$와 만나는 점을 Q라 하면 $\mathrm{Q}(x,\,2\sqrt{\sin x})$이다.

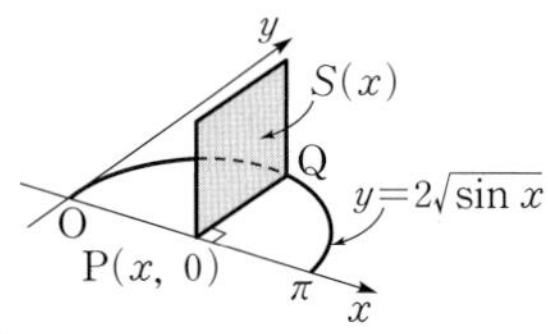

점 P를 지나고 x축에 수직인 평면으로 주어진 입체도형을 자른 단면은 한 변의 길이가 $\overline{\mathrm{PQ}} = 2\sqrt{\sin x}$인 정사각형이므로 그 넓이를 $S(x)$라 하면

$S(x) = (2\sqrt{\sin x})^2 = 4\sin x$

따라서 구하는 입체도형의 부피는

$\displaystyle\int_0^\pi S(x)\,dx = \int_0^\pi 4\sin x\,dx$

$= \left[-4\cos x \right]_0^\pi = 8$

답 8

301

$\overline{\mathrm{PH}} = \dfrac{2}{x+1}$이므로 선분 PH를 한 변으로 하는 정삼각형의 넓이를 $S(x)$라 하면

$S(x) = \dfrac{\sqrt{3}}{4}\overline{\mathrm{PH}}^2 = \dfrac{\sqrt{3}}{4} \times \left(\dfrac{2}{x+1} \right)^2$

$= \dfrac{\sqrt{3}}{(x+1)^2}$

따라서 구하는 입체도형의 부피는

$\displaystyle\int_0^2 S(x)\,dx = \int_0^2 \dfrac{\sqrt{3}}{(x+1)^2}\,dx$

$= \left[-\dfrac{\sqrt{3}}{x+1} \right]_0^2$

$= \dfrac{2\sqrt{3}}{3}$

답 $\dfrac{2\sqrt{3}}{3}$

302

오른쪽 그림과 같이 그릇의 밑면인 원의 중심을 원점, 밑면의 지름을 포함하는 직선을 x축으로 정하자. x축 위의 점 $\mathrm{P}(x,\,0)$ $(-4 \le x \le 4)$을 지나고 x축에 수직인 평면으로 남아 있는 물이 이루는 입체도형을 자른 단면을 삼각형 PQR라 하면

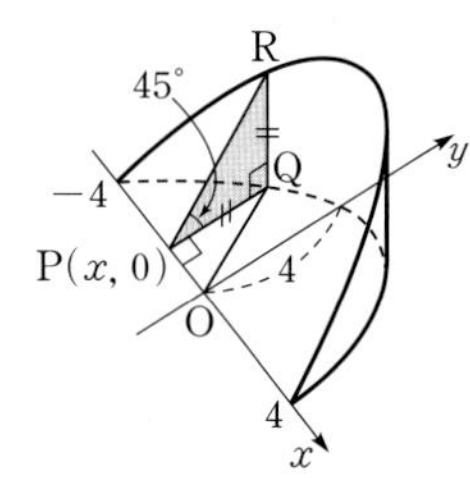

$\overline{\mathrm{PQ}} = \sqrt{16 - x^2}$

$\overline{\mathrm{QR}} = \overline{\mathrm{PQ}} = \sqrt{16 - x^2}$

이때 삼각형 PQR의 넓이를 $S(x)$라 하면

$S(x) = \dfrac{1}{2} \times \overline{\mathrm{PQ}} \times \overline{\mathrm{QR}} = \dfrac{1}{2}(16 - x^2)$

따라서 그릇에 남아 있는 물의 부피는

$\displaystyle\int_{-4}^4 S(x)\,dx = \int_{-4}^4 \dfrac{1}{2}(16 - x^2)\,dx$

$= 2 \times \dfrac{1}{2}\int_0^4 (16 - x^2)\,dx$

$= \left[16x - \dfrac{1}{3}x^3 \right]_0^4$

$= \dfrac{128}{3}$

답 $\dfrac{128}{3}$

303

오른쪽 그림과 같이 밑면인 원의 중심을 원점, 밑면의 지름을 포함하는 직선을 x축으로 정하자. x축 위의 점 $P(x,\,0)\ (-1\leq x\leq 1)$을 지나고 x축에 수직인 평면으로 주어진 입체도형을 자른 단면을 부채꼴 PQR라 하면

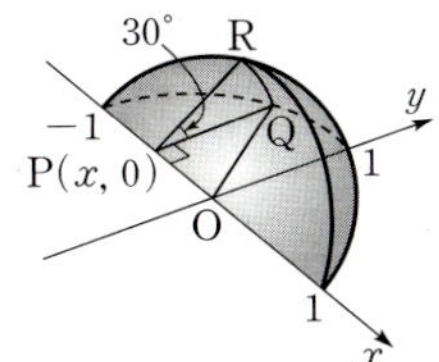

$$\overline{PQ}=\sqrt{1-x^2}$$

이때 부채꼴 PQR의 넓이를 $S(x)$라 하면

$$S(x)=\frac{1}{2}\times\overline{PQ}^2\times\frac{\pi}{6}=\frac{\pi}{12}(1-x^2)$$

따라서 구하는 입체도형의 부피는

$$\int_{-1}^{1}S(x)dx=\int_{-1}^{1}\frac{\pi}{12}(1-x^2)dx$$
$$=2\times\frac{\pi}{12}\int_{0}^{1}(1-x^2)dx$$
$$=\frac{\pi}{6}\left[x-\frac{1}{3}x^3\right]_{0}^{1}=\frac{\pi}{9}$$

답 $\dfrac{\pi}{9}$

304

(1) $t=0$에서의 점 P의 위치가 0이므로 구하는 위치는

$$0+\int_{0}^{t}(1+t)e^t dt=\left[(1+t)e^t\right]_{0}^{t}-\int_{0}^{t}e^t\,dt$$
$$=(1+t)e^t-1-\left[e^t\right]_{0}^{t}$$
$$=(1+t)e^t-1-(e^t-1)$$
$$=te^t$$

(2) $\displaystyle\int_{0}^{2}|(1+t)e^t|dt=\int_{0}^{2}(1+t)e^t dt$
$$=\left[(1+t)e^t\right]_{0}^{2}-\int_{0}^{2}e^t\,dt$$
$$=3e^2-1-\left[e^t\right]_{0}^{2}$$
$$=3e^2-1-(e^2-1)$$
$$=2e^2$$

답 (1) te^t　(2) $2e^2$

305

$$\int_{1}^{3}\left|\frac{2t}{1+t^2}\right|dt=\int_{1}^{3}\frac{2t}{1+t^2}\,dt$$
$$=\left[\ln|1+t^2|\right]_{1}^{3}$$
$$=\ln 10-\ln 2$$
$$=\ln 5$$

답 $\ln 5$

306

$\dfrac{dx}{dt}=4t,\ \dfrac{dy}{dt}=3t^2$이므로 시각 $t=0$에서 $t=1$까지 점 P가 움직인 거리 s는

$$s=\int_{0}^{1}\sqrt{\left(\frac{dx}{dt}\right)^2+\left(\frac{dy}{dt}\right)^2}\,dt$$
$$=\int_{0}^{1}\sqrt{(4t)^2+(3t^2)^2}\,dt$$
$$=\int_{0}^{1}t\sqrt{16+9t^2}\,dt$$

여기서 $16+9t^2=u$로 놓으면 $18t=\dfrac{du}{dt}$이고 $t=0$일 때 $u=16$, $t=1$일 때 $u=25$이므로

$$s=\int_{16}^{25}\frac{1}{18}\sqrt{u}\,du$$
$$=\frac{1}{18}\left[\frac{2}{3}u^{\frac{3}{2}}\right]_{16}^{25}=\frac{61}{27}$$

답 $\dfrac{61}{27}$

307

$$\frac{dx}{dt}=-(2t+4)\sin(t^2+4t),$$
$$\frac{dy}{dt}=(2t+4)\cos(t^2+4t)$$

이므로 시각 $t=0$에서 $t=3$까지 점 P가 움직인 거리 s는

$$s=\int_{0}^{3}\sqrt{\left(\frac{dx}{dt}\right)^2+\left(\frac{dy}{dt}\right)^2}\,dt$$
$$=\int_{0}^{3}\sqrt{(2t+4)^2\sin^2(t^2+4t)+(2t+4)^2\cos^2(t^2+4t)}\,dt$$
$$=\int_{0}^{3}\sqrt{(2t+4)^2}\,dt=\int_{0}^{3}(2t+4)dt$$
$$=\left[t^2+4t\right]_{0}^{3}=21$$

답 21

308

(1) $\dfrac{dx}{dt}=e^t\cos t-e^t\sin t=e^t(\cos t-\sin t)$,

$\dfrac{dy}{dt}=e^t\sin t+e^t\cos t=e^t(\sin t+\cos t)$

이므로 곡선의 길이 l은

$$l=\int_0^{\frac{\pi}{2}}\sqrt{\left(\dfrac{dx}{dt}\right)^2+\left(\dfrac{dy}{dt}\right)^2}\,dt$$

$$=\int_0^{\frac{\pi}{2}}\sqrt{e^{2t}(\cos t-\sin t)^2+e^{2t}(\sin t+\cos t)^2}\,dt$$

$$=\int_0^{\frac{\pi}{2}}\sqrt{2e^{2t}}\,dt$$

$$=\sqrt{2}\int_0^{\frac{\pi}{2}}e^t\,dt$$

$$=\sqrt{2}\Big[e^t\Big]_0^{\frac{\pi}{2}}=\sqrt{2}(e^{\frac{\pi}{2}}-1)$$

(2) $\dfrac{dy}{dx}=x^2-\dfrac{1}{4x^2}$이므로 곡선의 길이 l은

$$l=\int_1^3\sqrt{1+\left(\dfrac{dy}{dx}\right)^2}\,dx$$

$$=\int_1^3\sqrt{1+\left(x^2-\dfrac{1}{4x^2}\right)^2}\,dx$$

$$=\int_1^3\sqrt{\left(x^2+\dfrac{1}{4x^2}\right)^2}\,dx$$

$$=\int_1^3\left(x^2+\dfrac{1}{4x^2}\right)dx$$

$$=\left[\dfrac{1}{3}x^3-\dfrac{1}{4x}\right]_1^3=\dfrac{53}{6}$$

답 (1) $\sqrt{2}(e^{\frac{\pi}{2}}-1)$ (2) $\dfrac{53}{6}$

309

$\dfrac{dy}{dx}=\dfrac{-\sin x}{\cos x}$이므로 곡선의 길이 l은

$$l=\int_0^{\frac{\pi}{6}}\sqrt{1+\left(\dfrac{dy}{dx}\right)^2}\,dx$$

$$=\int_0^{\frac{\pi}{6}}\sqrt{1+\left(\dfrac{-\sin x}{\cos x}\right)^2}\,dx$$

$$=\int_0^{\frac{\pi}{6}}\sqrt{\dfrac{1}{\cos^2 x}}\,dx$$

$$=\int_0^{\frac{\pi}{6}}\dfrac{1}{\cos x}\,dx$$

$$=\int_0^{\frac{\pi}{6}}\dfrac{\cos x}{\cos^2 x}\,dx$$

$$=\int_0^{\frac{\pi}{6}}\dfrac{\cos x}{1-\sin^2 x}\,dx$$

여기서 $\sin x=t$로 놓으면 $\cos x=\dfrac{dt}{dx}$이고

$x=0$일 때 $t=0$, $x=\dfrac{\pi}{6}$일 때 $t=\dfrac{1}{2}$이므로

$$l=\int_0^{\frac{1}{2}}\dfrac{1}{1-t^2}\,dt$$

$$=-\int_0^{\frac{1}{2}}\dfrac{1}{(t-1)(t+1)}\,dt$$

$$=-\dfrac{1}{2}\int_0^{\frac{1}{2}}\left(\dfrac{1}{t-1}-\dfrac{1}{t+1}\right)dt$$

$$=-\dfrac{1}{2}\Big[\ln|t-1|-\ln|t+1|\Big]_0^{\frac{1}{2}}$$

$$=-\dfrac{1}{2}\ln\dfrac{1}{3}$$

$$=\dfrac{1}{2}\ln 3$$

답 $\dfrac{1}{2}\ln 3$

I. 수열의 극한

1

① $n \to \infty$일 때, $\dfrac{-n^2+2}{n+1}$의 값은 $\dfrac{1}{2}$, $-\dfrac{2}{3}$, $-\dfrac{7}{4}$, $-\dfrac{14}{5}$, $\cdots$로 한없이 작아지므로 이 수열은 음의 무한대로 발산한다.

② $n \to \infty$일 때, $\dfrac{(-1)^n}{n+1}$의 값은 $-\dfrac{1}{2}$, $\dfrac{1}{3}$, $-\dfrac{1}{4}$, $\dfrac{1}{5}$, $-\dfrac{1}{6}$, $\dfrac{1}{7}$, $\cdots$이다.

이때 홀수 번째 항은 $-\dfrac{1}{2}$, $-\dfrac{1}{4}$, $-\dfrac{1}{6}$, $\cdots$이므로 0에 수렴하고, 짝수 번째 항은 $\dfrac{1}{3}$, $\dfrac{1}{5}$, $\dfrac{1}{7}$, $\cdots$이므로 0에 수렴한다.

따라서 이 수열은 0에 수렴한다.

③ $n \to \infty$일 때, $\left(\dfrac{1}{2}\right)^{n-1}$의 값은 1, $\dfrac{1}{2}$, $\dfrac{1}{4}$, $\dfrac{1}{8}$, $\cdots$이므로 $1+\left(\dfrac{1}{2}\right)^{n-1}$의 값은 2, $\dfrac{3}{2}$, $\dfrac{5}{4}$, $\dfrac{9}{8}$, $\cdots$이다.

따라서 이 수열은 1에 수렴한다.

④ $n \to \infty$일 때, $(-1)^n$의 값은 -1, 1, -1, 1, $\cdots$이므로 $2+(-1)^n$의 값은 1, 3, 1, 3, $\cdots$이다.

따라서 이 수열은 진동하므로 발산한다.

⑤ $n \to \infty$일 때, $(-1)^{2n+1}$의 값은 -1, -1, -1, -1, $\cdots$이므로 이 수열은 -1에 수렴한다.

이상에서 발산하는 수열은 ①, ④이다. **답 ①, ④**

2

$\lim\limits_{n\to\infty} a_n = 5$이므로

$$\lim_{n\to\infty} \frac{3a_n+k}{a_n+1} = \frac{3\times 5+k}{5+1} = \frac{15+k}{6}$$

따라서 $\dfrac{15+k}{6} = 2$이므로 $15+k=12$

$\therefore k=-3$ **답 -3**

3

① $\lim\limits_{n\to\infty}\left(3+\dfrac{5}{n}\right)\left(\dfrac{5}{n}-1\right)$

$= \lim\limits_{n\to\infty}\left(3+\dfrac{5}{n}\right)\times\lim\limits_{n\to\infty}\left(\dfrac{5}{n}-1\right)$

$= 3\times(-1) = -3$

② $\lim\limits_{n\to\infty}\left(-\dfrac{1}{n}-3\right) = -3$

③ $\lim\limits_{n\to\infty}\dfrac{6n-3}{2n+1} = \lim\limits_{n\to\infty}\dfrac{6-\dfrac{3}{n}}{2+\dfrac{1}{n}} = \dfrac{6}{2} = 3$

④ $\lim\limits_{n\to\infty}\dfrac{3n^2-5n+4}{-n^2+2n-3} = \lim\limits_{n\to\infty}\dfrac{3-\dfrac{5}{n}+\dfrac{4}{n^2}}{-1+\dfrac{2}{n}-\dfrac{3}{n^2}}$

$= \dfrac{3}{-1} = -3$

⑤ $\lim\limits_{n\to\infty}\dfrac{(n+2)(1-3n)}{(3+n)(1+n)} = \lim\limits_{n\to\infty}\dfrac{-3n^2-5n+2}{n^2+4n+3}$

$= \lim\limits_{n\to\infty}\dfrac{-3-\dfrac{5}{n}+\dfrac{2}{n^2}}{1+\dfrac{4}{n}+\dfrac{3}{n^2}}$

$= \dfrac{-3}{1} = -3$

따라서 극한값이 다른 하나는 ③이다. **답 ③**

4

$\lim\limits_{n\to\infty}\{\log_2(2n-1)+\log_2(8n+1)-2\log_2(n+1)\}$

$= \lim\limits_{n\to\infty}\{\log_2(2n-1)(8n+1)-\log_2(n+1)^2\}$

$= \lim\limits_{n\to\infty}\log_2\dfrac{16n^2-6n-1}{n^2+2n+1}$

$= \log_2\lim\limits_{n\to\infty}\dfrac{16-\dfrac{6}{n}-\dfrac{1}{n^2}}{1+\dfrac{2}{n}+\dfrac{1}{n^2}}$

$= \log_2 16 = \log_2 2^4 = 4$ **답 4**

5

$$\lim_{n \to \infty} \frac{a(n+1)^2}{bn^3+3n^2-1} = \lim_{n \to \infty} \frac{an^2+2an+a}{bn^3+3n^2-1} \quad \cdots\cdots \ \bigcirc$$

이때 $\bigcirc$이 0이 아닌 값으로 수렴하므로

$b=0$

$b=0$을 $\bigcirc$에 대입하면

$$\lim_{n \to \infty} \frac{an^2+2an+a}{3n^2-1} = \lim_{n \to \infty} \frac{a+\dfrac{2a}{n}+\dfrac{a}{n^2}}{3-\dfrac{1}{n^2}} = \frac{a}{3}$$

따라서 $\dfrac{a}{3}=-2$이므로 $a=-6$

$\therefore b-a=0-(-6)=6$ **답 6**

6

이차방정식 $x^2-x+n-\sqrt{n^2+n}=0$의 두 근이 α_n, β_n이므로 근과 계수의 관계에 의하여

$\alpha_n+\beta_n=1$, $\alpha_n\beta_n=n-\sqrt{n^2+n}$

$$\therefore \lim_{n \to \infty}\left(\frac{1}{\alpha_n}+\frac{1}{\beta_n}\right)$$

$$=\lim_{n \to \infty}\frac{\alpha_n+\beta_n}{\alpha_n\beta_n}=\lim_{n \to \infty}\frac{1}{n-\sqrt{n^2+n}}$$

$$=\lim_{n \to \infty}\frac{n+\sqrt{n^2+n}}{(n-\sqrt{n^2+n})(n+\sqrt{n^2+n})}$$

$$=\lim_{n \to \infty}\frac{n+\sqrt{n^2+n}}{-n}=\lim_{n \to \infty}\frac{1+\sqrt{1+\dfrac{1}{n}}}{-1}$$

$$=\frac{1+1}{-1}=-2$$ **답 -2**

7

$\dfrac{-3a_n+1}{5a_n-4}=b_n$으로 놓으면

$-3a_n+1=b_n(5a_n-4)$, $(-3-5b_n)a_n=-4b_n-1$

$$\therefore a_n=\frac{4b_n+1}{5b_n+3}$$

이때 $\lim\limits_{n \to \infty}b_n=-1$이므로

$$\lim_{n \to \infty}a_n=\lim_{n \to \infty}\frac{4b_n+1}{5b_n+3}=\frac{4\times(-1)+1}{5\times(-1)+3}=\frac{3}{2}$$

$$\therefore \lim_{n \to \infty}\frac{a_n+1}{a_n-1}=\frac{\dfrac{3}{2}+1}{\dfrac{3}{2}-1}=5$$ **답 5**

8

$$\frac{10}{2n^2+3n}<a_n<\frac{10}{2n^2+n}$$ 에서

$$\frac{10n^2}{2n^2+3n}<n^2a_n<\frac{10n^2}{2n^2+n}$$

이때

$$\lim_{n \to \infty}\frac{10n^2}{2n^2+3n}=\lim_{n \to \infty}\frac{10}{2+\dfrac{3}{n}}=5,$$

$$\lim_{n \to \infty}\frac{10n^2}{2n^2+n}=\lim_{n \to \infty}\frac{10}{2+\dfrac{1}{n}}=5$$

이므로 수열의 극한의 대소 관계에 의하여

$$\lim_{n \to \infty}n^2a_n=5$$ **답 5**

9

$$\lim_{n \to \infty}a_n=\lim_{n \to \infty}\left(2+\frac{12}{n^2}\right)=2$$

$$\lim_{n \to \infty}b_n=\lim_{n \to \infty}\left\{1-\frac{1}{n(1+n^2)}\right\}=1$$

$$\therefore 40\lim_{n \to \infty}\frac{a_n^2+b_n^2}{2a_nb_n}=40\times\frac{2^2+1^2}{2\times2\times1}=50$$ **답 50**

10

주어진 수열의 일반항을 a_n이라 하면

$$a_n=\frac{1\times2+2\times3+3\times4+\cdots+n(n+1)}{n^3}$$

$$=\frac{1}{n^3}\sum_{k=1}^{n}k(k+1)$$

$$=\frac{1}{n^3}\left(\sum_{k=1}^{n}k^2+\sum_{k=1}^{n}k\right)$$

$$=\frac{1}{n^3}\left\{\frac{n(n+1)(2n+1)}{6}+\frac{n(n+1)}{2}\right\}$$

$$=\frac{(n+1)(2n+1)}{6n^2}+\frac{n+1}{2n^2}$$

$$\therefore \lim_{n \to \infty}a_n=\lim_{n \to \infty}\left\{\frac{(n+1)(2n+1)}{6n^2}+\frac{n+1}{2n^2}\right\}$$

$$=\frac{2}{6}+0=\frac{1}{3}$$ **답 $\dfrac{1}{3}$**

11

$$\lim_{n\to\infty}\frac{\sqrt{an+3}}{n(\sqrt{n+2}-\sqrt{n+1})}$$

$$=\lim_{n\to\infty}\frac{\sqrt{an+3}(\sqrt{n+2}+\sqrt{n+1})}{n(\sqrt{n+2}-\sqrt{n+1})(\sqrt{n+2}+\sqrt{n+1})}$$

$$=\lim_{n\to\infty}\frac{\sqrt{an+3}(\sqrt{n+2}+\sqrt{n+1})}{n}$$

$$=\lim_{n\to\infty}\left(\frac{\sqrt{an+3}}{\sqrt{n}}\times\frac{\sqrt{n+2}+\sqrt{n+1}}{\sqrt{n}}\right)$$

$$=\lim_{n\to\infty}\frac{\sqrt{a+\dfrac{3}{n}}}{\sqrt{1}}\times\lim_{n\to\infty}\frac{\sqrt{1+\dfrac{2}{n}}+\sqrt{1+\dfrac{1}{n}}}{\sqrt{1}}$$

$$=\sqrt{a}\times(1+1)=2\sqrt{a}$$

따라서 $2\sqrt{a}=6$이므로 $\sqrt{a}=3$

$\therefore a=9$ **답** 9

12

$\sqrt{9n^2+6n+1}<\sqrt{9n^2+11n+3}<\sqrt{9n^2+12n+4}$,

즉 $\sqrt{(3n+1)^2}<\sqrt{9n^2+11n+3}<\sqrt{(3n+2)^2}$

이므로

$3n+1<\sqrt{9n^2+11n+3}<3n+2$

따라서 $\sqrt{9n^2+11n+3}$의 정수 부분이 $3n+1$이므로

$a_n=3n+1,\ b_n=\sqrt{9n^2+11n+3}-(3n+1)$

$$\therefore\lim_{n\to\infty}\frac{a_n+nb_n}{n}$$

$$=\lim_{n\to\infty}\frac{3n+1+n\{\sqrt{9n^2+11n+3}-(3n+1)\}}{n}$$

$$=\lim_{n\to\infty}\frac{3n+1}{n}$$
$$\qquad+\lim_{n\to\infty}\{\sqrt{9n^2+11n+3}-(3n+1)\}$$

$$=\lim_{n\to\infty}\frac{3+\dfrac{1}{n}}{1}+\lim_{n\to\infty}\frac{5n+2}{\sqrt{9n^2+11n+3}+(3n+1)}$$

$$=3+\lim_{n\to\infty}\frac{5+\dfrac{2}{n}}{\sqrt{9+\dfrac{11}{n}+\dfrac{3}{n^2}}+3+\dfrac{1}{n}}$$

$$=3+\frac{5}{6}=\frac{23}{6}$$

따라서 $p=6,\ q=23$이므로

$p+q=29$ **답** 29

13

$$\lim_{n\to\infty}\{\sqrt{n(n+4)}-an+b\}$$

$$=\lim_{n\to\infty}\{\sqrt{n^2+4n}-(an-b)\}$$

$$=\lim_{n\to\infty}\frac{\{\sqrt{n^2+4n}-(an-b)\}\{\sqrt{n^2+4n}+(an-b)\}}{\sqrt{n^2+4n}+(an-b)}$$

$$=\lim_{n\to\infty}\frac{n^2+4n-(an-b)^2}{\sqrt{n^2+4n}+an-b}$$

$$=\lim_{n\to\infty}\frac{(1-a^2)n^2+2(2+ab)n-b^2}{\sqrt{n^2+4n}+an-b}$$

$$=\lim_{n\to\infty}\frac{(1-a^2)n+2(2+ab)-\dfrac{b^2}{n}}{\sqrt{1+\dfrac{4}{n}}+a-\dfrac{b}{n}}\qquad\cdots\cdots\ \text{㉠}$$

이때 0이 아닌 극한값이 존재하므로 분자와 분모의 차수가 같아야 한다. 즉,

$1-a^2=0\qquad\therefore a=1\ (\because a>0)$

$a=1$을 ㉠에 대입하면

$$\lim_{n\to\infty}\frac{2(2+b)-\dfrac{b^2}{n}}{\sqrt{1+\dfrac{4}{n}}+1-\dfrac{b}{n}}=\frac{2(2+b)}{2}=2+b$$

따라서 $2+b=4$이므로 $b=2$

$\therefore a+b=1+2=3$ **답** 3

14

$a_n-1=c_n$으로 놓으면

$a_n=c_n+1,\ \displaystyle\lim_{n\to\infty}c_n=2$

$\therefore\displaystyle\lim_{n\to\infty}a_n=\lim_{n\to\infty}(c_n+1)=2+1=3$

또, $a_n+2b_n=d_n$으로 놓으면

$2b_n=d_n-a_n$에서 $b_n=\dfrac{1}{2}(d_n-a_n)$이고

$\displaystyle\lim_{n\to\infty}d_n=9$

$\therefore\displaystyle\lim_{n\to\infty}b_n=\lim_{n\to\infty}\frac{1}{2}(d_n-a_n)=\frac{1}{2}(9-3)=3$

$\therefore\displaystyle\lim_{n\to\infty}a_n(1+b_n)=3\times(1+3)=12$ **답** 12

15

모든 자연수 n에 대하여 $-1 \leq \sin n\theta \leq 1$이므로

$-4n^2 - 1 \leq \sin n\theta - 4n^2 \leq -4n^2 + 1$

$\therefore \dfrac{-4n^2 - 1}{2n^2 + n} \leq \dfrac{\sin n\theta - 4n^2}{2n^2 + n} \leq \dfrac{-4n^2 + 1}{2n^2 + n}$

이때

$$\lim_{n \to \infty} \frac{-4n^2 - 1}{2n^2 + n} = \lim_{n \to \infty} \frac{-4 - \dfrac{1}{n^2}}{2 + \dfrac{1}{n}} = -2,$$

$$\lim_{n \to \infty} \frac{-4n^2 + 1}{2n^2 + n} = \lim_{n \to \infty} \frac{-4 + \dfrac{1}{n^2}}{2 + \dfrac{1}{n}} = -2$$

이므로 수열의 극한의 대소 관계에 의하여

$$\lim_{n \to \infty} \frac{\sin n\theta - 4n^2}{2n^2 + n} = -2$$

답 -2

16

① (반례) $a_n = \dfrac{1}{n}$, $b_n = \dfrac{1}{n^2}$이면

$\lim\limits_{n \to \infty} a_n = 0$, $\lim\limits_{n \to \infty} b_n = 0$이지만

$\lim\limits_{n \to \infty} \dfrac{a_n}{b_n} = \lim\limits_{n \to \infty} n = \infty$ (거짓)

② (반례) $a_n = n + 2$, $b_n = n + 1$이면

$\lim\limits_{n \to \infty} a_n = \infty$, $\lim\limits_{n \to \infty} b_n = \infty$이지만

$\lim\limits_{n \to \infty} (a_n - b_n) = \lim\limits_{n \to \infty} 1 = 1$ (거짓)

③ (반례) $a_n = n^2$, $b_n = \dfrac{1}{n}$이면

$\lim\limits_{n \to \infty} a_n = \infty$, $\lim\limits_{n \to \infty} b_n = 0$이지만

$\lim\limits_{n \to \infty} a_n b_n = \lim\limits_{n \to \infty} n = \infty$ (거짓)

④ (반례) $a_n = 1 + \dfrac{1}{n}$, $b_n = 1 + \dfrac{2}{n}$이면 $a_n < b_n$이지만

$\lim\limits_{n \to \infty} a_n = \lim\limits_{n \to \infty} b_n = 1$ (거짓)

⑤ $a_n - b_n = c_n$으로 놓으면 $b_n = a_n - c_n$이고

$\lim\limits_{n \to \infty} c_n = 0$

$\therefore \lim\limits_{n \to \infty} b_n = \lim\limits_{n \to \infty} (a_n - c_n) = \lim\limits_{n \to \infty} a_n - \lim\limits_{n \to \infty} c_n$
$= \alpha - 0 = \alpha$ (참)

따라서 옳은 것은 ⑤이다.

답 ⑤

17

$1 \times (2n-1) + 2 \times (2n-3) + 3 \times (2n-5)$
$\qquad\qquad + \cdots + (n-1) \times 3 + n \times 1$

$= \displaystyle\sum_{k=1}^{n} k\{2n - (2k-1)\}$

$= \displaystyle\sum_{k=1}^{n} \{-2k^2 + (2n+1)k\}$

$= -2 \times \dfrac{n(n+1)(2n+1)}{6} + \dfrac{n(n+1)(2n+1)}{2}$

$= \dfrac{2n^3 + 3n^2 + n}{6}$

$\therefore$ (주어진 식) $= \lim\limits_{n \to \infty} \left(\dfrac{1}{n^3} \times \dfrac{2n^3 + 3n^2 + n}{6} \right)$

$\qquad\qquad = \lim\limits_{n \to \infty} \dfrac{2n^3 + 3n^2 + n}{6n^3}$

$\qquad\qquad = \lim\limits_{n \to \infty} \dfrac{2 + \dfrac{3}{n} + \dfrac{1}{n^2}}{6} = \dfrac{1}{3}$

답 $\dfrac{1}{3}$

18

점 $(a_n, \sqrt{n})$이 원 $x^2 + y^2 = 4n^2$ 위의 점이므로

$(a_n)^2 + (\sqrt{n})^2 = 4n^2$, $a_n^2 + n = 4n^2$

$a_n^2 = 4n^2 - n$ $\qquad \therefore a_n = \sqrt{4n^2 - n}$ $(\because a_n > 0)$

$\therefore \lim\limits_{n \to \infty} (2n - a_n)$

$= \lim\limits_{n \to \infty} (2n - \sqrt{4n^2 - n})$

$= \lim\limits_{n \to \infty} \dfrac{(2n - \sqrt{4n^2 - n})(2n + \sqrt{4n^2 - n})}{2n + \sqrt{4n^2 - n}}$

$= \lim\limits_{n \to \infty} \dfrac{n}{2n + \sqrt{4n^2 - n}}$

$= \lim\limits_{n \to \infty} \dfrac{1}{2 + \sqrt{4 - \dfrac{1}{n}}}$

$= \dfrac{1}{2 + 2} = \dfrac{1}{4}$

답 ④

19

① 공비는 $\dfrac{1}{3}$이고, $-1 < \dfrac{1}{3} < 1$이므로

$\lim\limits_{n \to \infty} \dfrac{1}{3^n} = 0$ (수렴)

② 공비는 0.99이고, $-1<0.99<1$이므로
$$\lim_{n\to\infty}0.99^n=0 \ (수렴)$$

③ 공비는 $\sqrt{0.9}$이고, $-1<\sqrt{0.9}<1$이므로
$$\lim_{n\to\infty}(\sqrt{0.9})^n=0 \ (수렴)$$

④ 공비는 $-\dfrac{3}{4}$이고, $-1<-\dfrac{3}{4}<1$이므로
$$\lim_{n\to\infty}\left(-\frac{3}{4}\right)^n=0 \ (수렴)$$

⑤ $\dfrac{2^{2n}}{3^n}=\left(\dfrac{4}{3}\right)^n$에서 공비는 $\dfrac{4}{3}$이고, $\dfrac{4}{3}>1$이므로
$$\lim_{n\to\infty}\frac{2^{2n}}{3^n}=\infty \ (발산)$$

따라서 수렴하지 않는 수열은 ⑤이다. **답 ⑤**

20

$$\lim_{n\to\infty}\frac{5\times 3^{n+1}-2^{n+1}}{3^n+2^n}$$

$$=\lim_{n\to\infty}\frac{5\times 3-2\times\left(\dfrac{2}{3}\right)^n}{1+\left(\dfrac{2}{3}\right)^n}$$

$$=\frac{15-2\times 0}{1+0}=15$$

답 15

21

$a_n=a_1\times 3^{n-1}$이므로

$$\lim_{n\to\infty}\frac{a_n-2}{3^{n+1}+2a_n}=\lim_{n\to\infty}\frac{a_1\times 3^{n-1}-2}{3^{n+1}+2a_1\times 3^{n-1}}$$

$$=\lim_{n\to\infty}\frac{\dfrac{a_1}{3}-2\times\left(\dfrac{1}{3}\right)^n}{3+\dfrac{2}{3}a_1}$$

$$=\frac{\dfrac{a_1}{3}-0}{3+\dfrac{2}{3}a_1}=\frac{a_1}{9+2a_1}$$

따라서 $\dfrac{a_1}{9+2a_1}=\dfrac{2}{5}$이므로

$5a_1=2(9+2a_1)$ $\qquad \therefore a_1=18$ **답 ⑤**

22

등비수열 $\{r^n\}$이 수렴하므로 $-1<r\leq 1$

ㄱ. 등비수열 $\{r^{3n}\}$의 공비는 r^3이고 $-1<r\leq 1$에서 $-1<r^3\leq 1$이므로 등비수열 $\{r^{3n}\}$은 항상 수렴한다.

ㄴ. $r\neq 0$일 때, 등비수열 $\left\{\left(\dfrac{1}{r}\right)^n\right\}$의 공비는 $\dfrac{1}{r}$이고 $-1<r\leq 1$에서 $\dfrac{1}{r}<-1$ 또는 $\dfrac{1}{r}\geq 1$이므로 등비수열 $\left\{\left(\dfrac{1}{r}\right)^n\right\}$은 $\dfrac{1}{r}=1$일 때만 수렴한다.

ㄷ. 등비수열 $\{(-r)^n\}$의 공비는 $-r$이고 $-1<r\leq 1$에서 $-1\leq -r<1$이므로 등비수열 $\{(-r)^n\}$은 $r=1$일 때는 수렴하지 않는다.

ㄹ. 등비수열 $\left\{\left(\dfrac{1-r}{2}\right)^n\right\}$의 공비는 $\dfrac{1-r}{2}$이고 $-1<r\leq 1$에서
$-1\leq -r<1,\ 0\leq 1-r<2$
$$\therefore 0\leq \frac{1-r}{2}<1$$
따라서 등비수열 $\left\{\left(\dfrac{1-r}{2}\right)^n\right\}$은 항상 수렴한다.

이상에서 항상 수렴하는 수열인 것은 ㄱ, ㄹ이다.

답 ㄱ, ㄹ

23

등비수열 $\{|x|^n\}$은 첫째항과 공비가 모두 $|x|$이므로 이 수열이 수렴하려면
$-1<|x|\leq 1$
$0\leq |x|\leq 1,\ |x|\leq 1$
$$\therefore -1\leq x\leq 1$$

답 $-1\leq x\leq 1$

24

(i) $|r|>1$이면 $\lim_{n\to\infty}|r^n|=\infty$이므로 $\lim_{n\to\infty}\dfrac{1}{r^n}=0$

$$\therefore \lim_{n\to\infty}\frac{1-r^n}{1+r^n}=\lim_{n\to\infty}\frac{\dfrac{1}{r^n}-1}{\dfrac{1}{r^n}+1}=\frac{0-1}{0+1}=-1$$

(ii) $r=1$이면 $\lim_{n\to\infty}r^n=1$이므로
$$\lim_{n\to\infty}\frac{1-r^n}{1+r^n}=\frac{1-1}{1+1}=0$$

(iii) $|r|<1$이면 $\lim\limits_{n\to\infty}r^n=0$이므로

$$\lim_{n\to\infty}\frac{1-r^n}{1+r^n}=\frac{1-0}{1+0}=1$$

따라서 $a=-1$, $b=0$, $c=1$이므로 이차방정식 $-x^2+1=0$의 두 근은 $x=-1$ 또는 $x=1$

$\therefore \alpha^2+\beta^2=2$ **답 2**

25

주어진 수열을 $\{a_n\}$이라 하면

$$a_1=\sqrt{3}=3^{\frac{1}{2}}$$

$$a_2=\sqrt{3\sqrt{3}}=(3\times 3^{\frac{1}{2}})^{\frac{1}{2}}=(3^{1+\frac{1}{2}})^{\frac{1}{2}}=3^{\frac{1}{2}+\left(\frac{1}{2}\right)^2}$$

$$a_3=\sqrt{3\sqrt{3\sqrt{3}}}=\{3^{1+\frac{1}{2}+\left(\frac{1}{2}\right)^2}\}^{\frac{1}{2}}=3^{\frac{1}{2}+\left(\frac{1}{2}\right)^2+\left(\frac{1}{2}\right)^3}$$

$$\vdots$$

$$a_n=3^{\frac{1}{2}+\left(\frac{1}{2}\right)^2+\left(\frac{1}{2}\right)^3+\cdots+\left(\frac{1}{2}\right)^n}$$

이때

$$\frac{1}{2}+\left(\frac{1}{2}\right)^2+\left(\frac{1}{2}\right)^3+\cdots+\left(\frac{1}{2}\right)^n$$

$$=\frac{\frac{1}{2}\left\{1-\left(\frac{1}{2}\right)^n\right\}}{1-\frac{1}{2}}=1-\left(\frac{1}{2}\right)^n$$

이므로

$$a_n=3^{1-\left(\frac{1}{2}\right)^n}$$

$\therefore \lim\limits_{n\to\infty}a_n=\lim\limits_{n\to\infty}3^{1-\left(\frac{1}{2}\right)^n}=3$ **답 3**

26

$x^2+2x-1=0$에서 $x=-1\pm\sqrt{2}$

$\alpha=-1-\sqrt{2}$, $\beta=-1+\sqrt{2}$라 하면

$|\alpha|>1$, $|\beta|<1$이므로

$$\lim_{n\to\infty}|\alpha^n|=\infty,\ \lim_{n\to\infty}\beta^n=0$$

$$\therefore \lim_{n\to\infty}\frac{\alpha^{n+1}+\beta^{n+1}}{\alpha^n+\beta^n}=\lim_{n\to\infty}\frac{\alpha+\beta\left(\frac{\beta}{\alpha}\right)^n}{1+\left(\frac{\beta}{\alpha}\right)^n}$$

$$=\frac{\alpha+\beta\times 0}{1+0}$$

$$=\alpha=-1-\sqrt{2}$$ **답 $-1-\sqrt{2}$**

27

수열 $\{\log a_n\}$은 첫째항이 $\log 2$이고, 공비가 $\frac{1}{2}$인 등비수열이므로

$$\log(a_1 a_2 \cdots a_n)=\log a_1+\log a_2+\cdots+\log a_n$$

$$=\frac{(\log 2)\left\{1-\left(\frac{1}{2}\right)^n\right\}}{1-\frac{1}{2}}$$

$$=\log 4^{1-\left(\frac{1}{2}\right)^n}$$

$\therefore a_1 a_2 \cdots a_n=4^{1-\left(\frac{1}{2}\right)^n}$

$\therefore \lim\limits_{n\to\infty}(a_1 a_2 \cdots a_n)=\lim\limits_{n\to\infty}4^{1-\left(\frac{1}{2}\right)^n}=4$ **답 4**

28

$\lim\limits_{n\to\infty}a_n=\alpha$ (α는 실수)라 하면

$$\lim_{n\to\infty}\frac{4\times 3^n-2^{n+1}a_n}{3^n a_n+2^n}$$

$$=\lim_{n\to\infty}\frac{4-\left(\frac{2}{3}\right)^n\times 2a_n}{a_n+\left(\frac{2}{3}\right)^n}$$

$$=\frac{4-0\times 2\alpha}{\alpha+0}=\frac{4}{\alpha}$$

따라서 $\frac{4}{\alpha}=3$이므로 $3\alpha=4$

$\therefore \alpha=\frac{4}{3}$

$\therefore \lim\limits_{n\to\infty}a_n=\frac{4}{3}$ **답 $\dfrac{4}{3}$**

29

$\dfrac{4a_n-4}{5a_n+1}=b_n$으로 놓으면

$$4a_n-4=b_n(5a_n+1),\ (4-5b_n)a_n=b_n+4$$

$$\therefore a_n=\frac{b_n+4}{4-5b_n}$$

이때 $\lim\limits_{n\to\infty}b_n=2$이므로

$$\lim_{n\to\infty}a_n=\lim_{n\to\infty}\frac{b_n+4}{4-5b_n}$$

$$=\frac{2+4}{4-5\times 2}=-1$$

$$\therefore \lim_{n\to\infty}\frac{3^n a_n}{3^n+a_n}=\lim_{n\to\infty}\frac{a_n}{1+\dfrac{a_n}{3^n}}=\frac{-1}{1+0}=-1$$

답 -1

30

(ⅰ) $|r|<1$일 때, $\lim\limits_{n\to\infty}r^n=0$이므로

$$\lim_{n\to\infty}\frac{r^{n+1}-1}{r^n+1}=\frac{0-1}{0+1}=-1$$

(ⅱ) $r=1$일 때, $\lim\limits_{n\to\infty}r^n=1$이므로

$$\lim_{n\to\infty}\frac{r^{n+1}-1}{r^n+1}=\frac{1-1}{1+1}=0$$

(ⅲ) $|r|>1$일 때, $\lim\limits_{n\to\infty}|r^n|=\infty$이므로 $\lim\limits_{n\to\infty}\dfrac{1}{r^n}=0$

$$\therefore \lim_{n\to\infty}\frac{r^{n+1}-1}{r^n+1}=\lim_{n\to\infty}\frac{r-\dfrac{1}{r^n}}{1+\dfrac{1}{r^n}}$$

$$=\frac{r-0}{1+0}=r$$

(ⅰ), (ⅱ), (ⅲ)에서 $\lim\limits_{n\to\infty}\dfrac{r^{n+1}-1}{r^n+1}$이 3에 수렴하는 경우는

(ⅲ)이므로 $r=3$

답 ④

31

수열 2, 4, 8, 16, …은 첫째항이 2, 공비가 2인 등비
수열이므로

$$a_n=2\times 2^{n-1}=2^n$$

$$S_n=\frac{2(2^n-1)}{2-1}=2(2^n-1)=2^{n+1}-2$$

$$\therefore \lim_{n\to\infty}\frac{a_n}{S_n}=\lim_{n\to\infty}\frac{2^n}{2^{n+1}-2}$$

$$=\lim_{n\to\infty}\frac{1}{2-2\times\left(\dfrac{1}{2}\right)^n}=\frac{1}{2}$$

답 ④

32

$f(x)=2^n x^2+3^n x+1$에서 나머지정리에 의하여

$$a_n=f(1)=2^n+3^n+1$$
$$b_n=f(2)=4\times 2^n+2\times 3^n+1$$

$$\therefore \lim_{n\to\infty}\frac{a_n}{b_n}=\lim_{n\to\infty}\frac{2^n+3^n+1}{4\times 2^n+2\times 3^n+1}$$

$$=\lim_{n\to\infty}\frac{\left(\dfrac{2}{3}\right)^n+1+\left(\dfrac{1}{3}\right)^n}{4\times\left(\dfrac{2}{3}\right)^n+2+\left(\dfrac{1}{3}\right)^n}$$

$$=\frac{0+1+0}{4\times 0+2+0}=\frac{1}{2}$$

답 $\dfrac{1}{2}$

33

3^n의 양의 약수는 1, 3, 3^2, …, 3^n이므로 양의 약수의
총합은

$$a_n=1+3+3^2+\cdots+3^n$$

$$=\frac{1\times(3^{n+1}-1)}{3-1}=\frac{3^{n+1}-1}{2}$$

$$\therefore \lim_{n\to\infty}\frac{a_n}{3^n}=\frac{1}{2}\lim_{n\to\infty}\frac{3^{n+1}-1}{3^n}$$

$$=\frac{1}{2}\lim_{n\to\infty}\left\{3-\left(\dfrac{1}{3}\right)^n\right\}=\frac{3}{2}$$

답 $\dfrac{3}{2}$

34

(ⅰ) $|x|<1$일 때, $\lim\limits_{n\to\infty}x^{2n-1}=\lim\limits_{n\to\infty}x^{2n}=0$이므로

$$f(x)=\lim_{n\to\infty}\frac{2x^{2n-1}+4}{x^{2n}+1}=\frac{2\times 0+4}{0+1}=4$$

(ⅱ) $x=1$일 때, $\lim\limits_{n\to\infty}x^{2n-1}=\lim\limits_{n\to\infty}x^{2n}=1$이므로

$$f(x)=\lim_{n\to\infty}\frac{2x^{2n-1}+4}{x^{2n}+1}=\frac{2\times 1+4}{1+1}=3$$

(ⅲ) $x=-1$일 때,

$$\lim_{n\to\infty}x^{2n-1}=\lim_{n\to\infty}(-1)^{2n-1}=-1$$
$$\lim_{n\to\infty}x^{2n}=\lim_{n\to\infty}(-1)^{2n}=1$$

$$\therefore f(x)=\lim_{n\to\infty}\frac{2x^{2n-1}+4}{x^{2n}+1}$$

$$=\frac{2\times(-1)+4}{1+1}=1$$

(ⅳ) $|x|>1$일 때, $\lim\limits_{n\to\infty}|x^{2n-1}|=\lim\limits_{n\to\infty}x^{2n}=\infty$이므로

$$f(x)=\lim_{n\to\infty}\frac{2x^{2n-1}+4}{x^{2n}+1}=\lim_{n\to\infty}\frac{2\times\dfrac{1}{x}+\dfrac{4}{x^{2n}}}{1+\dfrac{1}{x^{2n}}}$$

$$=\frac{\dfrac{2}{x}+0}{1+0}=\frac{2}{x}$$

(i)~(iv)에 의하여 $y=f(x)$
의 그래프는 오른쪽 그림과
같으므로 $y=f(x)$의 그래
프와 직선 $y=2x+k$가 서
로 다른 두 점에서 만나려면
$2<k<6$이고 $k\neq3$
또는 $k=1$

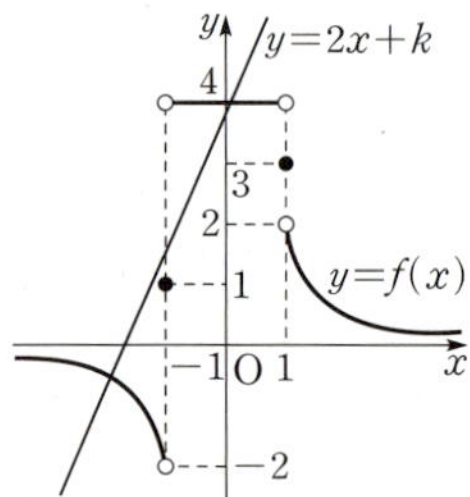

따라서 정수 k는 1, 4, 5이므로 모든 정수 k의 값의 합
은 10이다. **답 10**

참고 (i) 직선 $y=2x+k$가 점 $(1, 4)$를 지날 때,

$$4=2+k \qquad \therefore k=2$$

(ii) 직선 $y=2x+k$가 점 $(-1, 4)$를 지날 때,

$$4=-2+k \qquad \therefore k=6$$

(iii) 직선 $y=2x+k$가 점 $(-1, 1)$을 지날 때,

$$1=-2+k \qquad \therefore k=3$$

(iv) 직선 $y=2x+k$가 점 $(1, 3)$을 지날 때,

$$3=2+k \qquad \therefore k=1$$

따라서 $y=f(x)$의 그래프와 직선 $y=2x+k$가 서로
다른 두 점에서 만나려면 직선이 (i)과 (ii) 사이에 있으
면서 (iii)은 아니거나 (iv)이어야 하므로
$2<k<6$이고 $k\neq3$ 또는 $k=1$

35

$P_n(4^n, 2^n)$, $P_{n+1}(4^{n+1}, 2^{n+1})$이므로

$$L_n=\sqrt{(4^{n+1}-4^n)^2+(2^{n+1}-2^n)^2}$$
$$=\sqrt{(3\times4^n)^2+(2^n)^2}$$
$$=\sqrt{9\times16^n+4^n}$$

$$L_{n+1}=\sqrt{9\times16^{n+1}+4^{n+1}}$$

$$\therefore \lim_{n\to\infty}\left(\frac{L_{n+1}}{L_n}\right)^2=\lim_{n\to\infty}\left(\frac{\sqrt{9\times16^{n+1}+4^{n+1}}}{\sqrt{9\times16^n+4^n}}\right)^2$$

$$=\lim_{n\to\infty}\frac{9\times16^{n+1}+4^{n+1}}{9\times16^n+4^n}$$

$$=\lim_{n\to\infty}\frac{9\times16+4\times\left(\dfrac{1}{4}\right)^n}{9+\left(\dfrac{1}{4}\right)^n}$$

$$=\frac{9\times16+4\times0}{9+0}=16$$

답 16

36

주어진 급수의 제n항을 a_n이라 하면

$$a_n=\frac{2n+4}{(n+1)^2(n+3)^2}$$

$$=\frac{1}{2}\left\{\frac{1}{(n+1)^2}-\frac{1}{(n+3)^2}\right\}$$

이때 제n항까지의 부분합을 S_n이라 하면

$$S_n=\sum_{k=1}^{n}\frac{1}{2}\left\{\frac{1}{(k+1)^2}-\frac{1}{(k+3)^2}\right\}$$

$$=\frac{1}{2}\left[\left(\frac{1}{2^2}-\frac{1}{4^2}\right)+\left(\frac{1}{3^2}-\frac{1}{5^2}\right)+\left(\frac{1}{4^2}-\frac{1}{6^2}\right)\right.$$

$$+\cdots+\left\{\frac{1}{n^2}-\frac{1}{(n+2)^2}\right\}$$

$$\left.+\left\{\frac{1}{(n+1)^2}-\frac{1}{(n+3)^2}\right\}\right]$$

$$=\frac{1}{2}\left\{\frac{1}{2^2}+\frac{1}{3^2}-\frac{1}{(n+2)^2}-\frac{1}{(n+3)^2}\right\}$$

$$\therefore \lim_{n\to\infty}S_n=\lim_{n\to\infty}\frac{1}{2}\left\{\frac{1}{2^2}+\frac{1}{3^2}-\frac{1}{(n+2)^2}-\frac{1}{(n+3)^2}\right\}$$

$$=\frac{1}{2}\left(\frac{1}{2^2}+\frac{1}{3^2}\right)$$

$$=\frac{13}{72}$$

답 $\dfrac{13}{72}$

37

수열 $\{a_n\}$의 첫째항부터 제n항까지의 합을 S_n이라 하면

$$S_n=\sum_{k=1}^{n}a_k=n^2-n$$

(i) $n\geq2$일 때,

$$a_n=S_n-S_{n-1}$$
$$=n^2-n-\{(n-1)^2-(n-1)\}$$
$$=2(n-1)$$

(ii) $n=1$일 때,

$$a_1=S_1=0$$

(i), (ii)에서 $a_n=2(n-1)$ $(n\geq1)$

이때

$$a_{n+1}=2(n+1-1)=2n,$$

$$a_{n+2}=2(n+2-1)=2(n+1)$$

이므로

$$\sum_{n=1}^{\infty} \frac{1}{a_{n+1}a_{n+2}}$$

$$=\sum_{n=1}^{\infty} \frac{1}{2n \times 2(n+1)}$$

$$=\sum_{n=1}^{\infty} \frac{1}{4}\left(\frac{1}{n}-\frac{1}{n+1}\right)$$

$$=\lim_{n\to\infty}\sum_{k=1}^{n} \frac{1}{4}\left(\frac{1}{k}-\frac{1}{k+1}\right)$$

$$=\lim_{n\to\infty}\frac{1}{4}\left\{\left(1-\frac{1}{2}\right)+\left(\frac{1}{2}-\frac{1}{3}\right)+\left(\frac{1}{3}-\frac{1}{4}\right)\right.$$

$$\left.+\cdots+\left(\frac{1}{n}-\frac{1}{n+1}\right)\right\}$$

$$=\lim_{n\to\infty}\frac{1}{4}\left(1-\frac{1}{n+1}\right)=\frac{1}{4} \qquad \text{답 } \mathbf{\frac{1}{4}}$$

38

주어진 급수의 제2항부터 제n항까지의 합을 S_n이라 하면

$$S_n=\sum_{k=2}^{n}\log\left(1-\frac{1}{a_k}\right)=\sum_{k=2}^{n}\log\frac{a_k-1}{a_k}$$

$$=\sum_{k=2}^{n}\log\frac{k^2-1}{k^2}=\sum_{k=2}^{n}\log\left(\frac{k-1}{k}\times\frac{k+1}{k}\right)$$

$$=\log\left(\frac{1}{2}\times\frac{3}{2}\right)+\log\left(\frac{2}{3}\times\frac{4}{3}\right)+\log\left(\frac{3}{4}\times\frac{5}{4}\right)$$

$$+\cdots+\log\left(\frac{n-1}{n}\times\frac{n+1}{n}\right)$$

$$=\log\left\{\left(\frac{1}{2}\times\frac{3}{2}\right)\left(\frac{2}{3}\times\frac{4}{3}\right)\left(\frac{3}{4}\times\frac{5}{4}\right)\right.$$

$$\left.\cdots\left(\frac{n-1}{n}\times\frac{n+1}{n}\right)\right\}$$

$$=\log\frac{n+1}{2n}$$

$$\therefore \sum_{n=2}^{\infty}\log\left(1-\frac{1}{a_n}\right)=\lim_{n\to\infty}S_n$$

$$=\lim_{n\to\infty}\log\frac{n+1}{2n}$$

$$=\log\frac{1}{2}=-\log 2$$

답 $-\mathbf{\log 2}$

39

제n항까지의 부분합을 S_n이라 하면

① $S_1=1$, $S_2=0$, $S_3=1$, $S_4=0$, $\cdots$이므로

$\quad S_{2n-1}=1$, $S_{2n}=0$

$$\therefore \lim_{n\to\infty}S_{2n-1}=1, \ \lim_{n\to\infty}S_{2n}=0$$

따라서 $\lim_{n\to\infty}S_{2n-1}\neq\lim_{n\to\infty}S_{2n}$이므로 주어진 급수는 발산한다.

② $S_1=-2$, $S_2=-2$, $S_3=-2$, $\cdots$이므로

$$\quad \lim_{n\to\infty}S_n=-2 \ (\text{수렴})$$

③ $S_1=2$, $S_2=2$, $S_3=2$, $\cdots$이므로

$$\quad \lim_{n\to\infty}S_n=2 \ (\text{수렴})$$

④ $S_1=0$, $S_2=0$, $S_3=0$, $\cdots$이므로

$$\quad \lim_{n\to\infty}S_n=0 \ (\text{수렴})$$

⑤ $S_1=2$, $S_2=0$, $S_3=2$, $S_4=0$, $\cdots$이므로

$\quad S_{2n-1}=2$, $S_{2n}=0$

$$\therefore \lim_{n\to\infty}S_{2n-1}=2, \ \lim_{n\to\infty}S_{2n}=0$$

따라서 $\lim_{n\to\infty}S_{2n-1}\neq\lim_{n\to\infty}S_{2n}$이므로 주어진 급수는 발산한다.

이상에서 수렴하지 않는 것은 ①, ⑤이다. 답 ①, ⑤

40

$\sum\limits_{n=1}^{\infty}a_n$이 수렴하므로 $\lim\limits_{n\to\infty}a_n=0$

또, $\sum\limits_{n=1}^{\infty}a_n=\lim\limits_{n\to\infty}S_n=6$이므로

$$\lim_{n\to\infty}\frac{2a_n+3}{5a_n-S_n}=\frac{2\times0+3}{5\times0-6}=-\frac{1}{2} \qquad \text{답 } -\frac{1}{2}$$

41

$\sum\limits_{n=1}^{\infty}\left(a_n-\dfrac{5n}{2n-1}\right)$이 수렴하므로

$$\lim_{n\to\infty}\left(a_n-\frac{5n}{2n-1}\right)=0 \qquad \therefore \lim_{n\to\infty}a_n=\frac{5}{2}$$

$$\therefore \lim_{n\to\infty}\frac{(4n-1)a_n}{n+1}=\lim_{n\to\infty}\frac{4n-1}{n+1}\times\lim_{n\to\infty}a_n$$

$$=4\times\frac{5}{2}=10 \qquad \text{답 } ③$$

42

ㄱ. $\lim\limits_{n\to\infty}\dfrac{n-2}{2n+3}=\dfrac{1}{2}\neq0$

이므로 주어진 급수는 발산한다.

연습문제 · 실력 UP 99

ㄴ. $\lim\limits_{n\to\infty}\dfrac{n^2}{n(n+3)}=\lim\limits_{n\to\infty}\dfrac{n^2}{n^2+3n}=1\neq0$

이므로 주어진 급수는 발산한다.

ㄷ. $\sum\limits_{n=1}^{\infty}\dfrac{1}{\sqrt{n+1}+\sqrt{n-1}}$

$=\sum\limits_{n=1}^{\infty}\dfrac{\sqrt{n+1}-\sqrt{n-1}}{(\sqrt{n+1}+\sqrt{n-1})(\sqrt{n+1}-\sqrt{n-1})}$

$=\dfrac{1}{2}\sum\limits_{n=1}^{\infty}(\sqrt{n+1}-\sqrt{n-1})$

$=\dfrac{1}{2}\lim\limits_{n\to\infty}\sum\limits_{k=1}^{n}(\sqrt{k+1}-\sqrt{k-1})$

$=\dfrac{1}{2}\lim\limits_{n\to\infty}\{(\sqrt{2}-0)+(\sqrt{3}-\sqrt{1})+(\sqrt{4}-\sqrt{2})$

$\qquad+\cdots+(\sqrt{n}-\sqrt{n-2})+(\sqrt{n+1}-\sqrt{n-1})\}$

$=\dfrac{1}{2}\lim\limits_{n\to\infty}(\sqrt{n}+\sqrt{n+1}-1)=\infty$ (발산)

ㄹ. $\sum\limits_{n=1}^{\infty}\left(\dfrac{n}{n+1}-\dfrac{n+1}{n+2}\right)$

$=\lim\limits_{n\to\infty}\sum\limits_{k=1}^{n}\left(\dfrac{k}{k+1}-\dfrac{k+1}{k+2}\right)$

$=\lim\limits_{n\to\infty}\left\{\left(\dfrac{1}{2}-\dfrac{2}{3}\right)+\left(\dfrac{2}{3}-\dfrac{3}{4}\right)+\left(\dfrac{3}{4}-\dfrac{4}{5}\right)\right.$

$\qquad\left.+\cdots+\left(\dfrac{n}{n+1}-\dfrac{n+1}{n+2}\right)\right\}$

$=\lim\limits_{n\to\infty}\left(\dfrac{1}{2}-\dfrac{n+1}{n+2}\right)=-\dfrac{1}{2}$

따라서 수렴하는 급수인 것은 ㄹ이다. **답 ㄹ**

43

두 급수 $\sum\limits_{n=1}^{\infty}a_n,\ \sum\limits_{n=1}^{\infty}b_n$이 모두 수렴하므로 $\sum\limits_{n=1}^{\infty}a_n=\alpha,$

$\sum\limits_{n=1}^{\infty}b_n=\beta$ ($\alpha,\ \beta$는 실수)라 하면

$\sum\limits_{n=1}^{\infty}(2a_n+b_n)=8$에서 $2\sum\limits_{n=1}^{\infty}a_n+\sum\limits_{n=1}^{\infty}b_n=8$

$\therefore 2\alpha+\beta=8$ $\qquad\qquad$ $\cdots\cdots$ ㉠

$\sum\limits_{n=1}^{\infty}(3a_n+2b_n)=26$에서 $3\sum\limits_{n=1}^{\infty}a_n+2\sum\limits_{n=1}^{\infty}b_n=26$

$\therefore 3\alpha+2\beta=26$ $\qquad\qquad$ $\cdots\cdots$ ㉡

㉠, ㉡을 연립하여 풀면 $\alpha=-10,\ \beta=28$

따라서 $\sum\limits_{n=1}^{\infty}a_n=-10,\ \sum\limits_{n=1}^{\infty}b_n=28$이므로

$\sum\limits_{n=1}^{\infty}(a_n-b_n)=\sum\limits_{n=1}^{\infty}a_n-\sum\limits_{n=1}^{\infty}b_n$

$\qquad\qquad=-10-28=-38$ $\qquad$ **답 -38**

44

$2a_{n+1}=a_n+a_{n+2}$에서 수열 $\{a_n\}$은 첫째항이 1이고,
공차가 $a_2-a_1=1$인 등차수열이므로

$S_n=\dfrac{n\{2+(n-1)\}}{2}=\dfrac{n(n+1)}{2}$

$\therefore \sum\limits_{n=1}^{\infty}\dfrac{1}{S_n}=\sum\limits_{n=1}^{\infty}\dfrac{2}{n(n+1)}$

$\qquad=\sum\limits_{n=1}^{\infty}2\left(\dfrac{1}{n}-\dfrac{1}{n+1}\right)$

$\qquad=\lim\limits_{n\to\infty}\sum\limits_{k=1}^{n}2\left(\dfrac{1}{k}-\dfrac{1}{k+1}\right)$

$\qquad=\lim\limits_{n\to\infty}2\left\{\left(1-\dfrac{1}{2}\right)+\left(\dfrac{1}{2}-\dfrac{1}{3}\right)+\left(\dfrac{1}{3}-\dfrac{1}{4}\right)\right.$

$\qquad\qquad\left.+\cdots+\left(\dfrac{1}{n}-\dfrac{1}{n+1}\right)\right\}$

$\qquad=\lim\limits_{n\to\infty}2\left(1-\dfrac{1}{n+1}\right)=2$ $\qquad$ **답 2**

45

이차방정식의 근과 계수의 관계에 의하여

$\alpha_n+\beta_n=n+1,\ \alpha_n\beta_n=n^2+2n$이므로

$\sum\limits_{n=1}^{\infty}\dfrac{1}{(\alpha_n-1)(\beta_n-1)}$

$=\sum\limits_{n=1}^{\infty}\dfrac{1}{\alpha_n\beta_n-(\alpha_n+\beta_n)+1}$

$=\sum\limits_{n=1}^{\infty}\dfrac{1}{n^2+2n-(n+1)+1}$

$=\sum\limits_{n=1}^{\infty}\dfrac{1}{n(n+1)}=\sum\limits_{n=1}^{\infty}\left(\dfrac{1}{n}-\dfrac{1}{n+1}\right)$

$=\lim\limits_{n\to\infty}\sum\limits_{k=1}^{n}\left(\dfrac{1}{k}-\dfrac{1}{k+1}\right)$

$=\lim\limits_{n\to\infty}\left\{\left(1-\dfrac{1}{2}\right)+\left(\dfrac{1}{2}-\dfrac{1}{3}\right)+\left(\dfrac{1}{3}-\dfrac{1}{4}\right)\right.$

$\qquad\qquad\left.+\cdots+\left(\dfrac{1}{n}-\dfrac{1}{n+1}\right)\right\}$

$=\lim\limits_{n\to\infty}\left(1-\dfrac{1}{n+1}\right)=1$ $\qquad$ **답 1**

46

$a_{n+2}=a_{n+1}+a_n$에서 $a_n=a_{n+2}-a_{n+1}$

이때

$$\frac{a_n}{a_{n+1}a_{n+2}}=\frac{a_{n+2}-a_{n+1}}{a_{n+1}a_{n+2}}=\frac{1}{a_{n+1}}-\frac{1}{a_{n+2}}$$

이므로

$$\sum_{n=1}^{\infty}\frac{a_n}{a_{n+1}a_{n+2}}$$

$$=\sum_{n=1}^{\infty}\left(\frac{1}{a_{n+1}}-\frac{1}{a_{n+2}}\right)$$

$$=\lim_{n\to\infty}\sum_{k=1}^{n}\left(\frac{1}{a_{k+1}}-\frac{1}{a_{k+2}}\right)$$

$$=\lim_{n\to\infty}\left\{\left(\frac{1}{a_2}-\frac{1}{a_3}\right)+\left(\frac{1}{a_3}-\frac{1}{a_4}\right)+\left(\frac{1}{a_4}-\frac{1}{a_5}\right)\right.$$

$$\left.+\cdots+\left(\frac{1}{a_{n+1}}-\frac{1}{a_{n+2}}\right)\right\}$$

$$=\lim_{n\to\infty}\left(\frac{1}{a_2}-\frac{1}{a_{n+2}}\right)\quad\leftarrow a_1=1,\ a_2=2,\ a_3=3,\ a_4=5,\ \cdots$$

$$\text{이므로}\ \lim_{n\to\infty}a_n=\lim_{n\to\infty}a_{n+2}=\infty$$

$$=\frac{1}{a_2}=\frac{1}{2}$$

답 $\dfrac{1}{2}$

47

급수의 제n항까지의 부분합을 S_n이라 하면

$S_1=a_1,\ S_2=a_1-a_2,\ S_3=a_1,\ S_4=a_1-a_3,$

$S_5=a_1,\ S_6=a_1-a_4,\ \cdots$

$\therefore S_{2n-1}=a_1,\ S_{2n}=a_1-a_{n+1}$

주어진 급수가 수렴하려면 $\lim\limits_{n\to\infty}S_{2n-1}=\lim\limits_{n\to\infty}S_{2n}=a_1$이

어야 하므로 $\lim\limits_{n\to\infty}a_{n+1}=0$, 즉 $\lim\limits_{n\to\infty}a_n=0$이어야 한다.

ㄱ. $\lim\limits_{n\to\infty}a_n=\lim\limits_{n\to\infty}\dfrac{1}{n}=0$

ㄴ. $\lim\limits_{n\to\infty}a_n=\lim\limits_{n\to\infty}\dfrac{1}{\sqrt{n+1}+\sqrt{n}}=0$

ㄷ. $\lim\limits_{n\to\infty}a_n=\lim\limits_{n\to\infty}\log\dfrac{n}{3n+2}$

$\qquad\qquad =\log\dfrac{1}{3}=-\log 3\neq0$

따라서 주어진 급수가 수렴하도록 하는 수열 $\{a_n\}$은

ㄱ, ㄴ이다.

답 ㄱ, ㄴ

48

급수 $\sum\limits_{n=1}^{\infty}\left(na_n-\dfrac{n^2+1}{2n+1}\right)$이 수렴하므로

$$\lim_{n\to\infty}\left(na_n-\frac{n^2+1}{2n+1}\right)=0\text{이어야 한다.}$$

$b_n=na_n-\dfrac{n^2+1}{2n+1}$로 놓으면 $\lim\limits_{n\to\infty}b_n=0$이고,

$a_n=\dfrac{b_n}{n}+\dfrac{n^2+1}{2n^2+n}$이므로

$$\lim_{n\to\infty}a_n=\lim_{n\to\infty}\left(\frac{b_n}{n}+\frac{n^2+1}{2n^2+n}\right)=0+\frac{1}{2}=\frac{1}{2}$$

$$\therefore\ \lim_{n\to\infty}(a_n^2+2a_n+2)=\lim_{n\to\infty}a_n^2+2\lim_{n\to\infty}a_n+\lim_{n\to\infty}2$$

$$=\left(\frac{1}{2}\right)^2+2\times\frac{1}{2}+2$$

$$=\frac{13}{4}$$

답 ①

49

$\sum\limits_{n=1}^{\infty}\dfrac{an^2+6}{n^2+2n}$이 수렴하므로

$$\lim_{n\to\infty}\frac{an^2+6}{n^2+2n}=0\qquad\therefore\ a=0$$

$$\therefore\ \sum_{n=1}^{\infty}\frac{6}{n^2+2n}$$

$$=\sum_{n=1}^{\infty}\frac{6}{n(n+2)}=\sum_{n=1}^{\infty}3\left(\frac{1}{n}-\frac{1}{n+2}\right)$$

$$=\lim_{n\to\infty}\sum_{k=1}^{n}3\left(\frac{1}{k}-\frac{1}{k+2}\right)$$

$$=\lim_{n\to\infty}3\left\{\left(1-\frac{1}{3}\right)+\left(\frac{1}{2}-\frac{1}{4}\right)+\left(\frac{1}{3}-\frac{1}{5}\right)\right.$$

$$\left.+\cdots+\left(\frac{1}{n-1}-\frac{1}{n+1}\right)+\left(\frac{1}{n}-\frac{1}{n+2}\right)\right\}$$

$$=3\lim_{n\to\infty}\left(1+\frac{1}{2}-\frac{1}{n+1}-\frac{1}{n+2}\right)$$

$$=3\left(1+\frac{1}{2}\right)=\frac{9}{2}$$

답 $\dfrac{9}{2}$

50

두 급수 $\sum\limits_{n=1}^{\infty}\log a_n,\ \sum\limits_{n=1}^{\infty}\log b_n$이 모두 수렴하므로

$\sum\limits_{n=1}^{\infty}\log a_n=\alpha,\ \sum\limits_{n=1}^{\infty}\log b_n=\beta$ (α, β는 실수)라 하면

$$\sum_{n=1}^{\infty} \log\,(a_n b_n) = \sum_{n=1}^{\infty} (\log a_n + \log b_n)$$
$$= \sum_{n=1}^{\infty} \log a_n + \sum_{n=1}^{\infty} \log b_n = 7$$

$$\therefore \alpha + \beta = 7 \qquad\qquad \cdots\cdots \ \text{㉠}$$

$$\sum_{n=1}^{\infty} \log \frac{a_n^2}{b_n} = \sum_{n=1}^{\infty} (2\log a_n - \log b_n)$$
$$= 2\sum_{n=1}^{\infty} \log a_n - \sum_{n=1}^{\infty} \log b_n = 2$$

$$\therefore 2\alpha - \beta = 2 \qquad\qquad \cdots\cdots \ \text{㉡}$$

㉠, ㉡을 연립하여 풀면 $\alpha=3$, $\beta=4$

따라서 $\displaystyle\sum_{n=1}^{\infty} \log a_n = 3$, $\displaystyle\sum_{n=1}^{\infty} \log b_n = 4$이므로

$$\sum_{n=1}^{\infty} \log \frac{a_n}{b_n} = \sum_{n=1}^{\infty} (\log a_n - \log b_n)$$
$$= \sum_{n=1}^{\infty} \log a_n - \sum_{n=1}^{\infty} \log b_n$$
$$= 3 - 4 = -1 \qquad\qquad \text{답 } -1$$

51

ㄱ. [반례] $\{a_n\}: 1,\ 0,\ 1,\ 0,\ \cdots$

$\qquad \{b_n\}: 0,\ 1,\ 0,\ 1,\ \cdots$

이면 $\displaystyle\sum_{n=1}^{\infty} a_n b_n = 0$이지만 $\displaystyle\lim_{n\to\infty} a_n$과 $\displaystyle\lim_{n\to\infty} b_n$은 모두 발산한다. (거짓)

ㄴ. $\displaystyle\sum_{n=1}^{\infty} a_n = \alpha$, $\displaystyle\sum_{n=1}^{\infty} (a_n - b_n) = \beta$라 하면

$$\sum_{n=1}^{\infty} b_n = \sum_{n=1}^{\infty} \{a_n - (a_n - b_n)\}$$
$$= \sum_{n=1}^{\infty} a_n - \sum_{n=1}^{\infty} (a_n - b_n) = \alpha - \beta$$

즉, $\displaystyle\sum_{n=1}^{\infty} b_n$은 수렴한다. (참)

ㄷ. $\displaystyle\sum_{n=1}^{\infty} (a_n + b_n) = \alpha$, $\displaystyle\sum_{n=1}^{\infty} (a_n - b_n) = \beta$라 하면

$$\sum_{n=1}^{\infty} a_n = \sum_{n=1}^{\infty} \frac{1}{2}\{(a_n + b_n) + (a_n - b_n)\}$$
$$= \frac{1}{2}\sum_{n=1}^{\infty} (a_n + b_n) + \frac{1}{2}\sum_{n=1}^{\infty} (a_n - b_n)$$
$$= \frac{1}{2}\alpha + \frac{1}{2}\beta$$

즉, $\displaystyle\sum_{n=1}^{\infty} a_n$은 수렴한다. (참)

따라서 옳은 것은 ㄴ, ㄷ이다. $\qquad$ 답 ㄴ, ㄷ

52

오른쪽 그림에서 삼각형 POM은 직각삼각형이고 $\overline{\text{OP}}=1$,

$$\overline{\text{OM}} = \frac{1}{2} \times \frac{2}{n} = \frac{1}{n}$$

이므로

$$\overline{\text{PM}} = \sqrt{1 - \frac{1}{n^2}} = \frac{\sqrt{n^2-1}}{n}$$

따라서 $l_n = 2\overline{\text{PM}} = \dfrac{2\sqrt{n^2-1}}{n}$이므로

$$(n l_n)^2 = n^2 \times l_n^2 = n^2 \times \frac{4(n^2-1)}{n^2} = 4(n^2-1)$$

$$\therefore \sum_{n=2}^{\infty} \frac{1}{(n l_n)^2}$$
$$= \sum_{n=2}^{\infty} \frac{1}{4(n^2-1)} = \sum_{n=2}^{\infty} \frac{1}{4(n-1)(n+1)}$$
$$= \sum_{n=2}^{\infty} \left\{ \frac{1}{4} \times \frac{1}{2}\left(\frac{1}{n-1} - \frac{1}{n+1} \right) \right\}$$
$$= \lim_{n\to\infty} \sum_{k=2}^{n} \frac{1}{8}\left(\frac{1}{k-1} - \frac{1}{k+1} \right)$$
$$= \lim_{n\to\infty} \frac{1}{8}\left\{ \left(1 - \frac{1}{3}\right) + \left(\frac{1}{2} - \frac{1}{4}\right) + \left(\frac{1}{3} - \frac{1}{5}\right) \right.$$
$$\left. + \cdots + \left(\frac{1}{n-2} - \frac{1}{n}\right) + \left(\frac{1}{n-1} - \frac{1}{n+1}\right) \right\}$$
$$= \lim_{n\to\infty} \frac{1}{8}\left(1 + \frac{1}{2} - \frac{1}{n} - \frac{1}{n+1} \right) = \frac{3}{16}$$

따라서 $p=16$, $q=3$이므로

$p+q=19 \qquad\qquad$ 답 19

53

$$\sum_{n=0}^{\infty} (3^{n+1} - 15)\left(\frac{1}{6} \right)^n$$
$$= \sum_{n=0}^{\infty} \left\{ 3^{n+1}\left(\frac{1}{6}\right)^n - 15\left(\frac{1}{6}\right)^n \right\}$$
$$= \sum_{n=0}^{\infty} \left\{ 3\left(\frac{1}{2}\right)^n - 15\left(\frac{1}{6}\right)^n \right\}$$
$$= 3\sum_{n=0}^{\infty} \left(\frac{1}{2}\right)^n - 15\sum_{n=0}^{\infty} \left(\frac{1}{6}\right)^n$$
$$= 3 \times \frac{1}{1 - \frac{1}{2}} - 15 \times \frac{1}{1 - \frac{1}{6}} = -12 \qquad\qquad \text{답 } -12$$

54

등비수열 $\{a_n\}$의 공비를 r라 하면

$\displaystyle\sum_{n=1}^{\infty} a_n = 6$에서 $\dfrac{3}{1-r}=6$ $\qquad \therefore r=\dfrac{1}{2}$

따라서 등비수열 $\{a_n^2\}$은 첫째항이 $3^2=9$, 공비가

$r^2=\left(\dfrac{1}{2}\right)^2=\dfrac{1}{4}$이므로

$\displaystyle\sum_{n=1}^{\infty} a_n^2 = \dfrac{9}{1-\dfrac{1}{4}}=12$ **답** **12**

55

두 등비수열 $\{a_n\}$, $\{b_n\}$의 공비를 각각 p, q라 하면

$\displaystyle\sum_{n=1}^{\infty} a_n = 2$에서 $\dfrac{1}{1-p}=2$ $\qquad \therefore p=\dfrac{1}{2}$

$\therefore a_n = \left(\dfrac{1}{2}\right)^{n-1}$

$\displaystyle\sum_{n=1}^{\infty} b_n = 3$에서 $\dfrac{1}{1-q}=3$ $\qquad \therefore q=\dfrac{2}{3}$

$\therefore b_n = \left(\dfrac{2}{3}\right)^{n-1}$

$\therefore \displaystyle\sum_{n=1}^{\infty} (a_n+b_n)^2$

$= \displaystyle\sum_{n=1}^{\infty} (a_n^2 + 2a_nb_n + b_n^2)$

$= \displaystyle\sum_{n=1}^{\infty} a_n^2 + 2\sum_{n=1}^{\infty} a_nb_n + \sum_{n=1}^{\infty} b_n^2$

$= \displaystyle\sum_{n=1}^{\infty} \left\{\left(\dfrac{1}{2}\right)^{n-1}\right\}^2 + 2\sum_{n=1}^{\infty} \left(\dfrac{1}{2}\right)^{n-1}\left(\dfrac{2}{3}\right)^{n-1}$

$\qquad\qquad\qquad\qquad + \displaystyle\sum_{n=1}^{\infty} \left\{\left(\dfrac{2}{3}\right)^{n-1}\right\}^2$

$= \displaystyle\sum_{n=1}^{\infty} \left(\dfrac{1}{4}\right)^{n-1} + 2\sum_{n=1}^{\infty} \left(\dfrac{1}{3}\right)^{n-1} + \sum_{n=1}^{\infty} \left(\dfrac{4}{9}\right)^{n-1}$

$= \dfrac{1}{1-\dfrac{1}{4}} + 2\times \dfrac{1}{1-\dfrac{1}{3}} + \dfrac{1}{1-\dfrac{4}{9}}$

$= \dfrac{4}{3} + 3 + \dfrac{9}{5} = \dfrac{92}{15}$ **답** $\dfrac{92}{15}$

56

수열 $\{a_n\}$의 첫째항을 a, 공비를 r라 하면

$a_1 + a_2 + a_3 + a_4 + a_5 + \cdots = 8$에서

$\dfrac{a}{1-r}=8$ $\qquad\qquad \cdots\cdots\ \bigcirc$

$a_1 + a_3 + a_5 + a_7 + a_9 + \cdots = 6$에서

$\dfrac{a}{1-r^2}=6$

$\therefore \dfrac{a}{(1-r)(1+r)}=6$ $\qquad\qquad \cdots\cdots\ \bigcirc\!\!\bigcirc$

$\bigcirc$을 $\bigcirc\!\!\bigcirc$에 대입하면

$\dfrac{8}{1+r}=6$ $\qquad \therefore r=\dfrac{1}{3}$

$r=\dfrac{1}{3}$을 $\bigcirc$에 대입하면 $a=\dfrac{16}{3}$

$\therefore a_1^2 + a_2^2 + a_3^2 + a_4^2 + a_5^2 + \cdots$

$\quad = \dfrac{a^2}{1-r^2} = \dfrac{\left(\dfrac{16}{3}\right)^2}{1-\left(\dfrac{1}{3}\right)^2} = 32$ **답** **32**

57

수열 $\{a_n\}$의 공비가 $-1<\dfrac{1}{3}<1$이고, 수열 $\{b_n\}$의

공비가 $-1<\dfrac{1}{2}<1$이므로 $\displaystyle\sum_{n=1}^{\infty} a_n$과 $\displaystyle\sum_{n=1}^{\infty} b_n$은 각각 수

렴한다.

① $\displaystyle\sum_{n=1}^{\infty} 2a_n = 2\sum_{n=1}^{\infty} a_n$이므로 수렴한다.

② $\displaystyle\sum_{n=1}^{\infty} (a_n - b_n) = \sum_{n=1}^{\infty} a_n - \sum_{n=1}^{\infty} b_n$이므로 수렴한다.

③ $\displaystyle\sum_{n=1}^{\infty} (-1)^n b_n = \sum_{n=1}^{\infty} (-1)^n \left(\dfrac{1}{2}\right)^{n-1}$

$\qquad\qquad\qquad = \displaystyle\sum_{n=1}^{\infty} \left\{-\left(-\dfrac{1}{2}\right)^{n-1}\right\}$

에서 공비가 $-1<-\dfrac{1}{2}<1$이므로 수렴한다.

④ $\displaystyle\sum_{n=1}^{\infty} a_nb_n = \sum_{n=1}^{\infty} \left(\dfrac{1}{3}\right)^{n-1}\left(\dfrac{1}{2}\right)^{n-1} = \sum_{n=1}^{\infty} \left(\dfrac{1}{6}\right)^{n-1}$

에서 공비가 $-1<\dfrac{1}{6}<1$이므로 수렴한다.

⑤ $\displaystyle\sum_{n=1}^{\infty} \dfrac{b_n}{a_n} = \sum_{n=1}^{\infty} \dfrac{\left(\dfrac{1}{2}\right)^{n-1}}{\left(\dfrac{1}{3}\right)^{n-1}} = \sum_{n=1}^{\infty} \left(\dfrac{\dfrac{1}{2}}{\dfrac{1}{3}}\right)^{n-1} = \sum_{n=1}^{\infty} \left(\dfrac{3}{2}\right)^{n-1}$

에서 공비가 $\dfrac{3}{2}>1$이므로 발산한다.

따라서 수렴하지 않는 급수는 ⑤이다. **답** ⑤

다른풀이 $a_n=\left(\dfrac{1}{3}\right)^{n-1}$, $b_n=\left(\dfrac{1}{2}\right)^{n-1}$ 이므로

① $\displaystyle\sum_{n=1}^{\infty}2a_n=2\sum_{n=1}^{\infty}\left(\dfrac{1}{3}\right)^{n-1}=2\times\dfrac{1}{1-\dfrac{1}{3}}$
$$=3 \ (\text{수렴})$$

② $\displaystyle\sum_{n=1}^{\infty}(a_n-b_n)=\sum_{n=1}^{\infty}\left\{\left(\dfrac{1}{3}\right)^{n-1}-\left(\dfrac{1}{2}\right)^{n-1}\right\}$
$$=\sum_{n=1}^{\infty}\left(\dfrac{1}{3}\right)^{n-1}-\sum_{n=1}^{\infty}\left(\dfrac{1}{2}\right)^{n-1}$$
$$=\dfrac{1}{1-\dfrac{1}{3}}-\dfrac{1}{1-\dfrac{1}{2}}$$
$$=-\dfrac{1}{2} \ (\text{수렴})$$

③ $\displaystyle\sum_{n=1}^{\infty}(-1)^n b_n=\sum_{n=1}^{\infty}(-1)^n\left(\dfrac{1}{2}\right)^{n-1}$
$$=-\sum_{n=1}^{\infty}\left(-\dfrac{1}{2}\right)^{n-1}$$
$$=-\dfrac{1}{1-\left(-\dfrac{1}{2}\right)}=-\dfrac{2}{3} \ (\text{수렴})$$

④ $\displaystyle\sum_{n=1}^{\infty}a_n b_n=\sum_{n=1}^{\infty}\left(\dfrac{1}{3}\right)^{n-1}\left(\dfrac{1}{2}\right)^{n-1}=\sum_{n=1}^{\infty}\left(\dfrac{1}{6}\right)^{n-1}$
$$=\dfrac{1}{1-\dfrac{1}{6}}=\dfrac{6}{5} \ (\text{수렴})$$

⑤ $\displaystyle\sum_{n=1}^{\infty}\dfrac{b_n}{a_n}=\sum_{n=1}^{\infty}\dfrac{\left(\dfrac{1}{2}\right)^{n-1}}{\left(\dfrac{1}{3}\right)^{n-1}}=\sum_{n=1}^{\infty}\left(\dfrac{3}{2}\right)^{n-1}=\infty \ (\text{발산})$

58

$\displaystyle\sum_{n=1}^{\infty}x^n(x-2)^{n-1}=\sum_{n=1}^{\infty}x\{x(x-2)\}^{n-1}$ 이므로 첫째항이 x, 공비가 $x(x-2)$ 이다.

이 등비급수가 수렴하므로
$$x=0 \ \text{또는} \ -1<x(x-2)<1$$

그런데 등비급수의 합이 $\dfrac{1}{4}$ 이므로 $x\neq0$ 이다.

(i) $x(x-2)>-1$일 때,
$$x^2-2x+1>0, \ (x-1)^2>0$$
따라서 $x\neq1$인 모든 실수 x에 대하여 항상 성립한다.

(ii) $x(x-2)<1$일 때, $x^2-2x-1<0$
$$\therefore \ 1-\sqrt{2}<x<1+\sqrt{2}$$

(i), (ii)에서
$$1-\sqrt{2}<x<1 \ \text{또는} \ 1<x<1+\sqrt{2} \quad \cdots\cdots ㉠$$

이때 등비급수의 합이 $\dfrac{1}{4}$ 이므로
$$\dfrac{x}{1-x(x-2)}=\dfrac{1}{4}$$
$$4x=1-x(x-2), \ x^2+2x-1=0$$
$$\therefore \ x=-1+\sqrt{2} \ (\because ㉠) \qquad \text{답 ③}$$

59

4^n의 일의 자리의 숫자는 차례로 $4, 6, 4, 6, 4, 6, \cdots$ 이므로 4^n+1의 일의 자리의 숫자는 $5, 7$이 이 순서로 반복된다. 즉,
$$a_1=5, \ a_2=7, \ a_3=5, \ a_4=7, \ a_5=5, \ a_6=7, \cdots$$
$$\therefore \ \sum_{n=1}^{\infty}\dfrac{a_n}{10^n}=\dfrac{5}{10}+\dfrac{7}{10^2}+\dfrac{5}{10^3}+\dfrac{7}{10^4}+\cdots$$
$$=\left(\dfrac{5}{10}+\dfrac{5}{10^3}+\dfrac{5}{10^5}+\cdots\right)$$
$$+\left(\dfrac{7}{10^2}+\dfrac{7}{10^4}+\dfrac{7}{10^6}+\cdots\right)$$
$$=\dfrac{\dfrac{5}{10}}{1-\dfrac{1}{10^2}}+\dfrac{\dfrac{7}{10^2}}{1-\dfrac{1}{10^2}}$$
$$=\dfrac{50}{99}+\dfrac{7}{99}=\dfrac{57}{99}=\dfrac{19}{33} \qquad \text{답 } \dfrac{19}{33}$$

60

$\displaystyle\sum_{n=1}^{\infty}\dfrac{x^n+(-x)^n}{3^n}=0+2\times\left(\dfrac{x}{3}\right)^2+0+2\times\left(\dfrac{x}{3}\right)^4+\cdots$

이므로 이 급수는 첫째항이 $2\times\left(\dfrac{x}{3}\right)^2$, 공비가 $\left(\dfrac{x}{3}\right)^2$인 등비급수이다.

이때 이 등비급수의 합이 $\dfrac{8}{5}$ 이므로
$$\dfrac{\dfrac{2}{9}x^2}{1-\dfrac{x^2}{9}}=\dfrac{8}{5}, \ 10x^2=8(9-x^2), \ x^2=4$$
$$\therefore \ x=-2 \ (\because x<0) \qquad \text{답 ②}$$

61

$$\sum_{n=1}^{\infty}\left(\frac{x}{3}\right)^{n}(x-2)^{n-1}=\sum_{n=1}^{\infty}\frac{x}{3}\times\left\{\frac{x(x-2)}{3}\right\}^{n-1}$$

이므로 이 급수는 첫째항이 $\frac{x}{3}$, 공비가 $\frac{x(x-2)}{3}$인

등비급수이다.

이때 이 등비급수가 수렴하려면

$$\frac{x}{3}=0 \ \text{또는} \ -1<\frac{x(x-2)}{3}<1$$

(i) $\frac{x}{3}=0$에서 $x=0$

(ii) $-1<\dfrac{x(x-2)}{3}<1$에서 $-3<x^2-2x<3$

   ① $x^2-2x>-3$에서 $x^2-2x+3>0$

      $(x-1)^2+2>0$

      이므로 모든 실수 x에 대하여 항상 성립한다.

   ② $x^2-2x<3$에서 $x^2-2x-3<0$

      $(x+1)(x-3)<0$

      $\therefore -1<x<3$

   ①, ②에서 $-1<x<3$

(i), (ii)에서 $-1<x<3$ …… ㉠

$\sum\limits_{n=1}^{\infty}\left(\log_3\dfrac{x}{3}\right)^{n}$의 첫째항과 공비가 모두 $\log_3\dfrac{x}{3}$이므로

이 등비급수가 수렴하려면

$$-1<\log_3\frac{x}{3}<1$$

$$-1<\log_3 x-1<1, \ 0<\log_3 x<2$$

$$\therefore 1<x<9 \qquad\qquad …… ㉡$$

㉠, ㉡의 공통 범위를 구하면

$1<x<3$ **답 $1<x<3$**

62

$\sum\limits_{n=1}^{\infty} r^{n}$이 수렴하므로 $-1<r<1$

ㄱ. $\sum\limits_{n=1}^{\infty}(r^{n}+3r^{n-1})=\sum\limits_{n=1}^{\infty}r^{n}+3\sum\limits_{n=1}^{\infty}r^{n-1}$에서 $\sum\limits_{n=1}^{\infty}r^{n}$,

   $\sum\limits_{n=1}^{\infty}r^{n-1}$은 모두 공비가 r인 등비급수이므로 주어

   진 급수는 항상 수렴한다.

ㄴ. $\sum\limits_{n=1}^{\infty}(r^{n}-r^{2n})=\sum\limits_{n=1}^{\infty}r^{n}-\sum\limits_{n=1}^{\infty}(r^{2})^{n}$에서

   $\sum\limits_{n=1}^{\infty}(r^{2})^{n}$은 공비가 r^2인 등비급수이고 $-1<r<1$

   에서 $0\leq r^2<1$이므로 $\sum\limits_{n=1}^{\infty}(r^{2})^{n}$은 항상 수렴한다.

   따라서 주어진 급수는 항상 수렴한다.

ㄷ. $\sum\limits_{n=1}^{\infty}\left(\dfrac{1}{r}\right)^{n}$은 공비가 $\dfrac{1}{r}$인 등비급수이고

   $-1<r<1$에서 $\dfrac{1}{r}<-1$ 또는 $\dfrac{1}{r}>1$이므로

   $\sum\limits_{n=1}^{\infty}\left(\dfrac{1}{r}\right)^{n}$은 발산한다.

ㄹ. $\sum\limits_{n=1}^{\infty}\left(\dfrac{r}{2}-1\right)^{n}$은 공비가 $\dfrac{r}{2}-1$인 등비급수이고

   $-1<r<1$에서 $-\dfrac{3}{2}<\dfrac{r}{2}-1<-\dfrac{1}{2}$이므로

   $\sum\limits_{n=1}^{\infty}\left(\dfrac{r}{2}-1\right)^{n}$이 항상 수렴한다고는 할 수 없다.

ㅁ. $\sum\limits_{n=1}^{\infty}r^{3n}=\sum\limits_{n=1}^{\infty}(r^{3})^{n}$은 공비가 r^3인 등비급수이고

   $-1<r<1$에서 $-1<r^3<1$이므로 $\sum\limits_{n=1}^{\infty}r^{3n}$은 항상

   수렴한다.

ㅂ. $\sum\limits_{n=1}^{\infty}\dfrac{r^{n}+(-r)^{n}}{2}=\dfrac{1}{2}\left\{\sum\limits_{n=1}^{\infty}r^{n}+\sum\limits_{n=1}^{\infty}(-r)^{n}\right\}$에서

   $\sum\limits_{n=1}^{\infty}(-r)^{n}$은 공비가 $-r$인 등비급수이고

   $-1<r<1$에서 $-1<-r<1$이므로 $\sum\limits_{n=1}^{\infty}(-r)^{n}$

   은 항상 수렴한다.

   따라서 주어진 급수는 항상 수렴한다.

이상에서 항상 수렴하는 급수인 것은 ㄱ, ㄴ, ㅁ, ㅂ이

다.   **답 ㄱ, ㄴ, ㅁ, ㅂ**

63

수열 $\{a_n\}$의 일반항을 $a_n=ar^{n-1}$이라 하자.

ㄱ. $\sum\limits_{n=1}^{\infty}a_n$이 수렴하면 $-1<r<1$이다.

   이때 $a_{2n}=ar^{2n-1}=ar(r^{2})^{n-1}$에서 공비 r^2은

   $0\leq r^2<1$이므로 $\sum\limits_{n=1}^{\infty}a_{2n}$도 수렴한다. (참)

ㄴ. $\sum\limits_{n=1}^{\infty} a_n$이 발산하면 $r\leq -1$ 또는 $r\geq 1$이다.

이때 수열 $\{a_{2n}\}$의 공비 r^2은 $r^2\geq 1$이므로

$\sum\limits_{n=1}^{\infty} a_{2n}$도 발산한다. (참)

ㄷ. $\sum\limits_{n=1}^{\infty} a_n$이 수렴하면 $\lim\limits_{n\to\infty} a_n=0$이다.

이때 $\lim\limits_{n\to\infty}\left(a_n+\dfrac{1}{2}\right)=\dfrac{1}{2}\neq 0$이므로

$\sum\limits_{n=1}^{\infty}\left(a_n+\dfrac{1}{2}\right)$은 발산한다. (거짓)

따라서 옳은 것은 ㄱ, ㄴ이다. **답 ③**

64

$2^n S_n=3^n-2^n$에서 $S_n=\left(\dfrac{3}{2}\right)^n-1$

$\therefore a_n=S_n-S_{n-1}$

$\qquad =\left(\dfrac{3}{2}\right)^n-1-\left\{\left(\dfrac{3}{2}\right)^{n-1}-1\right\}$

$\qquad =\left(\dfrac{3}{2}\right)^n-\left(\dfrac{3}{2}\right)^{n-1}$

$\qquad =\dfrac{1}{2}\left(\dfrac{3}{2}\right)^{n-1}\ (n\geq 2)$

이때 $a_1=S_1=\dfrac{1}{2}$이므로 $a_n=\dfrac{1}{2}\left(\dfrac{3}{2}\right)^{n-1}\ (n\geq 1)$

따라서

$a_{2n-1}=\dfrac{1}{2}\left(\dfrac{3}{2}\right)^{2n-2}=\dfrac{1}{2}\left(\dfrac{3}{2}\right)^{2(n-1)}$

$\qquad =\dfrac{1}{2}\left(\dfrac{9}{4}\right)^{n-1}$

이므로

$\sum\limits_{n=1}^{\infty}\dfrac{1}{a_{2n-1}}=\sum\limits_{n=1}^{\infty} 2\left(\dfrac{4}{9}\right)^{n-1}=\dfrac{2}{1-\dfrac{4}{9}}=\dfrac{18}{5}$　**답 $\dfrac{18}{5}$**

65

이차함수 $y=4x^2-2x-1$의 그래프가 x축과 만나는 두 점의 x좌표는 이차방정식 $4x^2-2x-1=0$의 두 실근과 같다.

이차방정식 $4x^2-2x-1=0$의 두 근은

$x=\dfrac{1-\sqrt{5}}{4}$ 또는 $x=\dfrac{1+\sqrt{5}}{4}$이고

$-1<\dfrac{1-\sqrt{5}}{4}<1,\ -1<\dfrac{1+\sqrt{5}}{4}<1$이므로

$-1<\alpha<1,\ -1<\beta<1$

또한, 이차방정식의 근과 계수의 관계에 의하여

$\alpha+\beta=\dfrac{1}{2},\ \alpha\beta=-\dfrac{1}{4}$

$\therefore \sum\limits_{n=1}^{\infty}(\alpha^n+\beta^n)=\sum\limits_{n=1}^{\infty}\alpha^n+\sum\limits_{n=1}^{\infty}\beta^n$

$\qquad =\dfrac{\alpha}{1-\alpha}+\dfrac{\beta}{1-\beta}$

$\qquad =\dfrac{\alpha(1-\beta)+\beta(1-\alpha)}{(1-\alpha)(1-\beta)}$

$\qquad =\dfrac{\alpha+\beta-2\alpha\beta}{1-(\alpha+\beta)+\alpha\beta}$

$\qquad =\dfrac{\dfrac{1}{2}-2\times\left(-\dfrac{1}{4}\right)}{1-\dfrac{1}{2}-\dfrac{1}{4}}=\dfrac{1}{\dfrac{1}{4}}=4$

답 4

다른풀이　이차함수 $y=4x^2-2x-1$의 그래프가 x축과 만나는 두 점의 x좌표는 이차방정식 $4x^2-2x-1=0$의 두 실근과 같다.

이차방정식 $4x^2-2x-1=0$의 두 근은

$x=\dfrac{1-\sqrt{5}}{4}$ 또는 $x=\dfrac{1+\sqrt{5}}{4}$

$\therefore \alpha=\dfrac{1-\sqrt{5}}{4},\ \beta=\dfrac{1+\sqrt{5}}{4}$ 또는

$\qquad \alpha=\dfrac{1+\sqrt{5}}{4},\ \beta=\dfrac{1-\sqrt{5}}{4}$

이때 $-1<\dfrac{1-\sqrt{5}}{4}<1,\ -1<\dfrac{1+\sqrt{5}}{4}<1$이므로

$\sum\limits_{n=1}^{\infty}(\alpha^n+\beta^n)=\sum\limits_{n=1}^{\infty}\left\{\left(\dfrac{1-\sqrt{5}}{4}\right)^n+\left(\dfrac{1+\sqrt{5}}{4}\right)^n\right\}$

$\qquad =\dfrac{\dfrac{1-\sqrt{5}}{4}}{1-\dfrac{1-\sqrt{5}}{4}}+\dfrac{\dfrac{1+\sqrt{5}}{4}}{1-\dfrac{1+\sqrt{5}}{4}}$

$\qquad =\dfrac{1-\sqrt{5}}{3+\sqrt{5}}+\dfrac{1+\sqrt{5}}{3-\sqrt{5}}$

$\qquad =\dfrac{16}{4}=4$

66

$\overline{OA_1}=\overline{OA}\cos 30°=1\times\dfrac{\sqrt{3}}{2}=\dfrac{\sqrt{3}}{2}$

$$\overline{OA_2}=\overline{OA_1}\cos 30°=\frac{\sqrt{3}}{2}\times\frac{\sqrt{3}}{2}=\left(\frac{\sqrt{3}}{2}\right)^2$$

$$\overline{OA_3}=\overline{OA_2}\cos 30°=\left(\frac{\sqrt{3}}{2}\right)^2\times\frac{\sqrt{3}}{2}=\left(\frac{\sqrt{3}}{2}\right)^3$$

$$\vdots$$

또,

$$\overline{AA_1}=\overline{OA}\sin 30°=1\times\frac{1}{2}=\frac{1}{2}$$

$$\overline{A_1A_2}=\overline{OA_1}\sin 30°=\frac{\sqrt{3}}{2}\times\frac{1}{2}$$

$$\overline{A_2A_3}=\overline{OA_2}\sin 30°=\left(\frac{\sqrt{3}}{2}\right)^2\times\frac{1}{2}$$

$$\vdots$$

따라서 구하는 수선의 길이의 합은

$$\overline{AA_1}+\overline{A_1A_2}+\overline{A_2A_3}+\cdots$$

$$=\frac{1}{2}+\frac{\sqrt{3}}{2}\times\frac{1}{2}+\left(\frac{\sqrt{3}}{2}\right)^2\times\frac{1}{2}+\cdots$$

$$=\frac{\dfrac{1}{2}}{1-\dfrac{\sqrt{3}}{2}}=2+\sqrt{3}$$

답 $2+\sqrt{3}$

67

그림 R_1에서 부채꼴 OA_1B_2의 호 A_1B_2와 선분 A_1B_1이 만나는 점을 C_1이라 하자.

$\angle C_1OA_1=60°$이므로 부채꼴 C_1OA_1의 넓이와 삼각형 C_1OA_1의 넓이의 차는

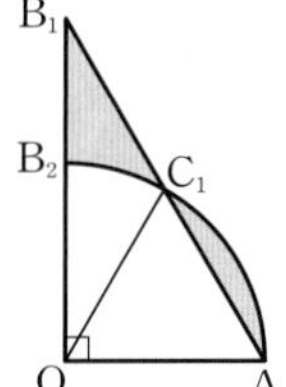

$$\pi\times 4^2\times\frac{60°}{360°}-\frac{\sqrt{3}}{4}\times 4^2=\frac{8}{3}\pi-4\sqrt{3}\quad\cdots\cdots\ \text{㉠}$$

또, $\angle C_1OB_1=30°$이므로 삼각형 C_1OB_1의 넓이와 부채꼴 C_1OB_2의 넓이의 차는

$$\frac{1}{2}\times 4\sqrt{3}\times 2-\pi\times 4^2\times\frac{30°}{360°}=4\sqrt{3}-\frac{4}{3}\pi\quad\cdots\cdots\ \text{㉡}$$

㉠, ㉡에서

$$S_1=\left(\frac{8}{3}\pi-4\sqrt{3}\right)+\left(4\sqrt{3}-\frac{4}{3}\pi\right)=\frac{4}{3}\pi$$

한편, 삼각형 OA_1B_1과 삼각형 OA_2B_2의 닮음비는

$$\overline{OB_1}:\overline{OB_2}=4\sqrt{3}:4=\sqrt{3}:1$$

이므로 넓이의 비는 $(\sqrt{3})^2:1=3:1$이다.

따라서 그림 R_{n+1}에서 새로 색칠된 도형의 넓이는 그림 R_n에서 색칠된 도형의 넓이의 $\frac{1}{3}$배이다.

$$\therefore\ \lim_{n\to\infty}S_n=\frac{\dfrac{4}{3}\pi}{1-\dfrac{1}{3}}=2\pi$$

답 ④

68

$$\sum_{n=1}^{\infty}\frac{3n+1}{3^n}=\frac{4}{3}+\frac{7}{3^2}+\frac{10}{3^3}+\cdots\text{이므로}$$

$$S=\frac{4}{3}+\frac{7}{3^2}+\frac{10}{3^3}+\cdots\quad\cdots\cdots\ \text{㉠}$$

이라 하면

$$\frac{1}{3}S=\frac{4}{3^2}+\frac{7}{3^3}+\frac{10}{3^4}+\cdots\quad\cdots\cdots\ \text{㉡}$$

㉠－㉡을 하면

$$\frac{2}{3}S=\frac{4}{3}+\frac{3}{3^2}+\frac{3}{3^3}+\cdots$$

$$=\frac{4}{3}+\frac{1}{3}+\frac{1}{3^2}+\cdots$$

$$=\frac{4}{3}+\frac{\dfrac{1}{3}}{1-\dfrac{1}{3}}=\frac{11}{6}$$

$$\therefore\ S=\frac{11}{6}\times\frac{3}{2}=\frac{11}{4}$$

답 $\dfrac{11}{4}$

KEY Point

수열 $1\times 3,\ 2\times 3^2,\ 3\times 3^3,\ \cdots,\ n\times 3^n,\ \cdots$과 같이 두 수의 곱이 앞의 수는 등차수열, 뒤의 수는 등비수열로 이루어진 수열의 합을 멱급수라 한다.

〈구하는 방법〉

수열의 합을 S로 놓고 $S-rS$를 계산한다. (단, r는 공비)

69

수열 $\{a_n\}$, $\{b_n\}$의 공비를 각각 r_1, r_2라 하면

$$\sum_{n=1}^{\infty}a_n=\frac{1}{1-r_1},\quad\sum_{n=1}^{\infty}b_n=\frac{1}{1-r_2}$$

$$\sum_{n=1}^{\infty}(a_n+b_n)=\frac{8}{3}\text{에서}$$

$$\frac{1}{1-r_1}+\frac{1}{1-r_2}=\frac{8}{3},\quad\frac{1-r_2+1-r_1}{(1-r_1)(1-r_2)}=\frac{8}{3}$$

$$\therefore\ \frac{2-(r_1+r_2)}{1-(r_1+r_2)+r_1r_2}=\frac{8}{3}\quad\cdots\cdots\ \text{㉠}$$

$\displaystyle\sum_{n=1}^{\infty} a_n b_n=\frac{4}{5}$ 에서 $\displaystyle\sum_{n=1}^{\infty}(r_1{}^{n-1}\times r_2{}^{n-1})=\frac{4}{5}$

$\displaystyle\sum_{n=1}^{\infty}(r_1 r_2)^{n-1}=\frac{4}{5},\quad \frac{1}{1-r_1 r_2}=\frac{4}{5}$

$4-4r_1 r_2=5 \qquad \therefore r_1 r_2=-\frac{1}{4} \qquad\cdots\cdots$ ㉡

㉡을 ㉠에 대입하면 $r_1+r_2=0 \qquad \therefore r_1=-r_2$

$r_1=-r_2$를 ㉡에 대입하면

$r_1{}^2=r_2{}^2=\frac{1}{4}$

$\therefore \displaystyle\sum_{n=1}^{\infty}(a_n{}^2+b_n{}^2)=\frac{1}{1-r_1{}^2}+\frac{1}{1-r_2{}^2}$

$$=\frac{1}{1-\dfrac{1}{4}}+\frac{1}{1-\dfrac{1}{4}}$$

$$=\frac{4}{3}+\frac{4}{3}=\frac{8}{3}$$

답 $\dfrac{8}{3}$

70

$a_1=0.\dot{1}=\dfrac{1}{9}$

$a_2=0.\dot{1}\dot{0}=\dfrac{10}{99}$

$a_3=0.\dot{1}0\dot{0}=\dfrac{10^2}{999}$

$\vdots$

$\therefore a_n=0.\dot{1}\underbrace{00\cdots00}_{(n-1)\text{개}}\dot{}=\dfrac{10^{n-1}}{10^n-1}$

이때

$$\frac{1}{a_{n+1}}-\frac{1}{a_n}=\frac{10^{n+1}-1}{10^n}-\frac{10^n-1}{10^{n-1}}$$

$$=\frac{10^{n+1}-1-10(10^n-1)}{10^n}=\frac{9}{10^n}$$

이므로

$$\sum_{n=1}^{\infty}\left(\frac{1}{a_{n+1}}-\frac{1}{a_n}\right)=\sum_{n=1}^{\infty}\frac{9}{10^n}=\sum_{n=1}^{\infty}\frac{9}{10}\left(\frac{1}{10}\right)^{n-1}$$

$$=\frac{\dfrac{9}{10}}{1-\dfrac{1}{10}}=1$$

답 **1**

71

$\overline{A_1B_1}=3$, $\overline{B_1C_1}=1$이므로 직사각형 $OA_1B_1C_1$의 넓이는 $3\times 1=3$

사분원 $C_1D_1B_1$의 반지름의 길이가 1이므로 그 넓이는

$\dfrac{1}{4}\times\pi\times 1^2=\dfrac{\pi}{4}$

$\overline{OE_1}=\overline{OD_1}=2$이므로 직각삼각형 OA_1E_1에서

$\overline{A_1E_1}=\sqrt{\overline{OE_1}{}^2-\overline{OA_1}{}^2}=\sqrt{2^2-1^2}=\sqrt{3}$

즉, 직각삼각형 OA_1E_1의 넓이는

$\dfrac{1}{2}\times 1\times\sqrt{3}=\dfrac{\sqrt{3}}{2}$

한편, $\cos(\angle A_1OE_1)=\dfrac{\overline{OA_1}}{\overline{OE_1}}=\dfrac{1}{2}$이므로

$\angle A_1OE_1=60°$

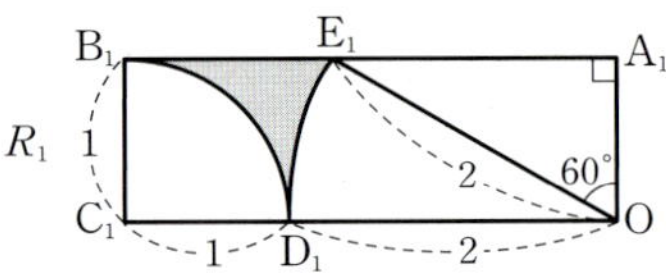

따라서 부채꼴 E_1OD_1의 넓이는

$\pi\times 2^2\times\dfrac{30°}{360°}=\dfrac{\pi}{3}$

$\therefore S_1=3-\dfrac{\pi}{4}-\dfrac{\sqrt{3}}{2}-\dfrac{\pi}{3}=3-\dfrac{\sqrt{3}}{2}-\dfrac{7}{12}\pi$

$\overline{OA_n}=a_n$이라 하면 $\overline{OA_{n+1}}=a_{n+1}$,

$\overline{A_{n+1}B_{n+1}}=3a_{n+1}$이므로

$\overline{OB_{n+1}}=\overline{OD_n}=\overline{OC_n}-\overline{C_nD_n}$

$\qquad\quad =3a_n-a_n=2a_n\ (\because \overline{OA_n}=\overline{C_nD_n})$

직각삼각형 $OA_{n+1}B_{n+1}$에서

$a_{n+1}{}^2+(3a_{n+1})^2=(2a_n)^2$

$\left(\dfrac{a_{n+1}}{a_n}\right)^2=\dfrac{4}{10}=\dfrac{2}{5}$

즉, 두 직사각형 $OA_nB_nC_n$, $OA_{n+1}B_{n+1}C_{n+1}$의 닮음 비는 $\sqrt{5}:\sqrt{2}$이므로 넓이의 비는 $5:2$이다.

따라서 그림 R_{n+1}에서 새로 색칠된 도형의 넓이는 그림 R_n에서 새로 색칠된 도형의 넓이의 $\dfrac{2}{5}$배이다.

$\therefore \displaystyle\lim_{n\to\infty}S_n=\dfrac{S_1}{1-\dfrac{2}{5}}=\dfrac{5}{3}S_1$

$$=\frac{5}{3}\left(3-\frac{\sqrt{3}}{2}-\frac{7}{12}\pi\right)$$

$$=5-\frac{5\sqrt{3}}{6}-\frac{35}{36}\pi$$

답 ②

72

$$\lim_{x \to \infty} \frac{a \times 2^{x+2} + 3}{2^{x-1} - 5} = \lim_{x \to \infty} \frac{8a + \dfrac{3}{2^{x-1}}}{1 - \dfrac{5}{2^{x-1}}}$$

$$= 8a$$

따라서 $8a = 16$이므로 $a = 2$ **답 2**

73

ㄱ. $-x = t$로 놓으면 $x = -t$이고 $x \to 0$일 때 $t \to 0$
이므로

$$\lim_{x \to 0}(1-x)^{-\frac{1}{x}} = \lim_{t \to 0}(1+t)^{\frac{1}{t}} = e$$

ㄴ. $-x = t$로 놓으면 $x = -t$이고 $x \to -\infty$일 때
$t \to \infty$이므로

$$\lim_{x \to -\infty}\left(\frac{x-1}{x}\right)^x = \lim_{x \to -\infty}\left(1-\frac{1}{x}\right)^x$$

$$= \lim_{t \to \infty}\left(1+\frac{1}{t}\right)^{-t}$$

$$= \lim_{t \to \infty}\left\{\left(1+\frac{1}{t}\right)^t\right\}^{-1}$$

$$= e^{-1} = \frac{1}{e}$$

ㄷ. $x - 2 = t$로 놓으면 $x = t + 2$이고 $x \to 2$일 때
$t \to 0$이므로

$$\lim_{x \to 2}\left(\frac{x}{2}\right)^{\frac{1}{x-2}} = \lim_{t \to 0}\left(\frac{t+2}{2}\right)^{\frac{1}{t}} = \lim_{t \to 0}\left(1+\frac{t}{2}\right)^{\frac{1}{t}}$$

$$= \lim_{t \to 0}\left\{\left(1+\frac{t}{2}\right)^{\frac{2}{t}}\right\}^{\frac{1}{2}}$$

$$= e^{\frac{1}{2}} = \sqrt{e}$$

ㄹ. $x + 1 = t$로 놓으면 $x = t - 1$이고 $x \to -1$일 때
$t \to 0$이므로

$$\lim_{x \to -1}(x+2)^{\frac{1}{x+1}} = \lim_{t \to 0}(1+t)^{\frac{1}{t}} = e$$

따라서 극한값이 e인 것은 ㄱ, ㄹ이다. **답 ㄱ, ㄹ**

74

$$A = \lim_{x \to \infty}\left\{\frac{3^{x+1}}{3^x - 3} + \log_{\frac{1}{2}}\left(1+\frac{1}{x^2}\right)\right\}$$

$$= \lim_{x \to \infty}\left\{\frac{3}{1-\dfrac{3}{3^x}} + \log_{\frac{1}{2}}\left(1+\frac{1}{x^2}\right)\right\}$$

$$= 3 + \log_{\frac{1}{2}} 1 = 3$$

$$B = \lim_{x \to 0}\frac{1}{x}\{\ln(2+x) - \ln 2\} = \lim_{x \to 0}\frac{1}{x}\ln\frac{2+x}{2}$$

$$= \lim_{x \to 0}\frac{\ln\left(1+\dfrac{x}{2}\right)}{x} = \lim_{x \to 0}\frac{\ln\left(1+\dfrac{x}{2}\right)}{\dfrac{x}{2}} \times \frac{1}{2}$$

$$= 1 \times \frac{1}{2} = \frac{1}{2}$$

$$C = \lim_{x \to 0}\frac{\ln(1+2x)}{\ln(1+3x)}$$

$$= \lim_{x \to 0}\left\{\frac{\ln(1+2x)}{2x} \times \frac{3x}{\ln(1+3x)} \times \frac{2}{3}\right\}$$

$$= 1 \times 1 \times \frac{2}{3} = \frac{2}{3}$$

$$\therefore B < C < A \qquad \text{답 } B < C < A$$

75

① $$\lim_{x \to 0}\frac{\ln(1+3x)}{x} = \lim_{x \to 0}\frac{\ln(1+3x)}{3x} \times 3$$

$$= 1 \times 3 = 3$$

② $-x = t$로 놓으면 $x = -t$이고 $x \to 0$일 때 $t \to 0$
이므로

$$\lim_{x \to 0}(1-x)^{\frac{1}{x}} = \lim_{t \to 0}(1+t)^{-\frac{1}{t}}$$

$$= \lim_{t \to 0}\{(1+t)^{\frac{1}{t}}\}^{-1}$$

$$= e^{-1} = \frac{1}{e}$$

③ $$\lim_{x \to 0}\frac{e^{5x}-1}{x} = \lim_{x \to 0}\frac{e^{5x}-1}{5x} \times 5$$

$$= 1 \times 5 = 5$$

④ $$\lim_{x \to 0}\frac{2^x - 1}{x} = \ln 2$$

⑤ $$\lim_{x \to 0}\frac{x}{e^{2x}-1} = \lim_{x \to 0}\frac{2x}{e^{2x}-1} \times \frac{1}{2}$$

$$= 1 \times \frac{1}{2} = \frac{1}{2} \qquad \text{답 } ②$$

76

$$\lim_{x\to 0}\frac{3^x+x\ln a-1}{2x}=\lim_{x\to 0}\left(\frac{3^x-1}{2x}+\frac{\ln a}{2}\right)$$

$$=\lim_{x\to 0}\left(\frac{3^x-1}{x}\times\frac{1}{2}+\frac{\ln a}{2}\right)$$

$$=\frac{1}{2}\ln 3+\frac{1}{2}\ln a=\frac{1}{2}\ln 3a$$

따라서 $\dfrac{1}{2}\ln 3a=1$이므로

$\ln 3a=2,\ 3a=e^2$

$\therefore a=\dfrac{e^2}{3}$

답 $\dfrac{e^2}{3}$

77

$$\lim_{n\to\infty}\left\{\frac{1}{2}\left(1+\frac{1}{n}\right)\left(1+\frac{1}{n+1}\right)\cdots\left(1+\frac{1}{2n}\right)\right\}^n$$

$$=\lim_{n\to\infty}\left(\frac{1}{2}\times\frac{n+1}{n}\times\frac{n+2}{n+1}\times\cdots\times\frac{2n+1}{2n}\right)^n$$

$$=\lim_{n\to\infty}\left(\frac{2n+1}{2n}\right)^n=\lim_{n\to\infty}\left(1+\frac{1}{2n}\right)^n$$

$$=\lim_{n\to\infty}\left\{\left(1+\frac{1}{2n}\right)^{2n}\right\}^{\frac{1}{2}}=e^{\frac{1}{2}}=\sqrt{e}$$

답 ④

78

$-x=t$로 놓으면 $x=-t$이고 $x\to-\infty$일 때
$t\to\infty$이므로

$$\lim_{x\to-\infty}\left(\frac{x-a}{x+a}\right)^{-x}$$

$$=\lim_{t\to\infty}\left(\frac{-t-a}{-t+a}\right)^t=\lim_{t\to\infty}\left(\frac{1+\frac{a}{t}}{1-\frac{a}{t}}\right)^t$$

$$=\lim_{t\to\infty}\frac{\left\{\left(1+\frac{a}{t}\right)^{\frac{t}{a}}\right\}^a}{\left\{\left(1-\frac{a}{t}\right)^{-\frac{t}{a}}\right\}^{-a}}=\frac{e^a}{e^{-a}}=e^{2a}$$

따라서 $e^{2a}=e$이므로

$2a=1$ $\therefore a=\dfrac{1}{2}$

답 $\dfrac{1}{2}$

79

㈎에서 $x\to 1$일 때 극한값이 존재하고 (분모)$\to0$이
므로 (분자)$\to0$이어야 한다.

즉, $\lim\limits_{x\to 1}(ax+b)=0$이므로

$a+b=0$ $\therefore b=-a$

㈎의 식의 좌변에 $b=-a$를 대입하면

$$\lim_{x\to 1}\frac{ax-a}{e^{x-1}-1}=\lim_{x\to 1}\frac{a(x-1)}{e^{x-1}-1}$$

$$=\lim_{x\to 1}\frac{x-1}{e^{x-1}-1}\times a=a$$

$\therefore a=3,\ b=-3$

㈐에서 $c=a-b$이므로 $c=3-(-3)=6$

㈏의 식의 좌변에 $c=6$을 대입하면

$$\lim_{x\to 0}\frac{(6+12)^x-6^x}{x}=\lim_{x\to 0}\frac{18^x-1+1-6^x}{x}$$

$$=\lim_{x\to 0}\frac{18^x-1}{x}-\lim_{x\to 0}\frac{6^x-1}{x}$$

$$=\ln 18-\ln 6=\ln 3$$

따라서 $\ln d=\ln 3$이므로 $d=3$

답 3

80

$f(x)$가 이차항의 계수가 1인 이차함수이므로
$f(x)=x^2+ax+b$ (a, b는 상수)라 하면

$$f(x)g(x)=\begin{cases}\dfrac{x^2+ax+b}{\ln(x+1)} & (x\neq 0,\ x>-1)\\[2mm] 8b & (x=0)\end{cases}$$

함수 $f(x)g(x)$가 구간 $(-1,\ \infty)$에서 연속이므로
$x=0$에서 연속이어야 한다.

$\therefore \lim\limits_{x\to 0}\dfrac{x^2+ax+b}{\ln(x+1)}=8b$ …… ㉠

㉠에서 $x\to 0$일 때 극한값이 존재하고 (분모)$\to0$이
므로 (분자)$\to0$이어야 한다.

즉, $\lim\limits_{x\to 0}(x^2+ax+b)=0$이므로 $b=0$

$b=0$을 ㉠의 좌변에 대입하면

$$\lim_{x\to 0}\frac{x^2+ax}{\ln(x+1)}=\lim_{x\to 0}\left\{\frac{x}{\ln(x+1)}\times(x+a)\right\}$$

$$=1\times a=a$$

$\therefore a=8b=0$

따라서 $f(x)=x^2$이므로 $f(3)=3^2=9$

답 ②

81

$(\ln x - 1)f(x) = x^2 - e^2$에서 $x \neq e$일 때

$$f(x) = \frac{x^2 - e^2}{\ln x - 1}$$

이때 $f(x)$는 연속함수이므로 $x = e$에서도 연속이어야 한다.

즉, $\displaystyle\lim_{x \to e} f(x) = f(e)$ $\qquad \therefore \displaystyle\lim_{x \to e} \frac{x^2 - e^2}{\ln x - 1} = f(e)$

$x - e = t$로 놓으면 $x = e + t$이고 $x \to e$일 때 $t \to 0$이므로

$$\begin{aligned}
f(e) &= \lim_{x \to e} \frac{x^2 - e^2}{\ln x - 1} \\
&= \lim_{t \to 0} \frac{(e+t)^2 - e^2}{\ln(e+t) - 1} \\
&= \lim_{t \to 0} \frac{t(t + 2e)}{\ln\left(1 + \dfrac{t}{e}\right)} \\
&= \lim_{t \to 0} \left\{ \frac{e \times \dfrac{t}{e}}{\ln\left(1 + \dfrac{t}{e}\right)} \times (t + 2e) \right\} \\
&= e \times 2e = 2e^2
\end{aligned}$$

$\qquad\qquad$ 답 $2e^2$

82

$y = 3^x - 1$로 놓으면 $3^x = y + 1$

$x = \log_3(y + 1)$

x와 y를 서로 바꾸면 $y = \log_3(x + 1)$

$\therefore g(x) = \log_3(x + 1)$

$$\begin{aligned}
\therefore \lim_{x \to 0} \frac{\ln 3 \times g(x)}{x} &= \ln 3 \lim_{x \to 0} \frac{g(x)}{x} \\
&= \ln 3 \lim_{x \to 0} \frac{\log_3(x + 1)}{x} \\
&= \ln 3 \times \frac{1}{\ln 3} = 1
\end{aligned}$$

$\qquad\qquad$ 답 1

83

$f(x) = \dfrac{a \times 3^{x+1} + b \times 2^x}{3^x - 2^{x-1}}$이고, $\displaystyle\lim_{x \to \infty} f(x) = 12$이므로

$$\lim_{x \to \infty} \frac{a \times 3^{x+1} + b \times 2^x}{3^x - 2^{x-1}} = \lim_{x \to \infty} \frac{3a + b \times \left(\dfrac{2}{3}\right)^x}{1 - \dfrac{1}{2} \times \left(\dfrac{2}{3}\right)^x}$$

$$= 3a$$

즉, $3a = 12$이므로 $a = 4$

$a = 4$를 $\displaystyle\lim_{x \to 0} f(x) = 8$에 대입하면

$$\lim_{x \to 0} \frac{4 \times 3^{x+1} + b \times 2^x}{3^x - 2^{x-1}} = \frac{12 + b}{1 - \dfrac{1}{2}}$$

$$= 24 + 2b$$

즉, $24 + 2b = 8$이므로 $2b = -16$

$\therefore b = -8$

$\therefore a + b = 4 + (-8) = -4$

$\qquad\qquad$ 답 -4

84

두 곡선 $y = e^{x-1}$과 $y = a^x$이 만나는 점의 x좌표, 즉 $f(a)$는 방정식 $e^{x-1} = a^x$의 해이다.

$e^{x-1} = a^x$의 양변에 $\dfrac{e}{a^x}$를 곱하면

$$\left(\frac{e}{a}\right)^x = e$$

$$\therefore x = \log_{\frac{e}{a}} e = \frac{\ln e}{\ln \dfrac{e}{a}} = \frac{1}{\ln \dfrac{e}{a}}$$

$$\therefore f(a) = \frac{1}{\ln \dfrac{e}{a}}$$

$a - e = t$로 놓으면 $a = t + e$이고 $a \to e+$일 때 $t \to 0+$이므로

$$\begin{aligned}
\lim_{a \to e+} \frac{1}{(e - a)f(a)} &= \lim_{a \to e+} \frac{\ln \dfrac{e}{a}}{e - a} \\
&= \lim_{t \to 0+} \frac{\ln \dfrac{e}{t + e}}{-t} \\
&= \lim_{t \to 0+} \ln \left(\frac{e}{t + e}\right)^{-\frac{1}{t}} \\
&= \lim_{t \to 0+} \ln \left\{ \left(\frac{e}{t + e}\right)^{-1} \right\}^{\frac{1}{t}} \\
&= \lim_{t \to 0+} \ln \left(1 + \frac{t}{e}\right)^{\frac{1}{t}} \\
&= \lim_{t \to 0+} \ln \left\{ \left(1 + \frac{t}{e}\right)^{\frac{e}{t}} \right\}^{\frac{1}{e}} \\
&= \ln \lim_{t \to 0+} \left\{ \left(1 + \frac{t}{e}\right)^{\frac{e}{t}} \right\}^{\frac{1}{e}} \\
&= \ln e^{\frac{1}{e}} = \frac{1}{e}
\end{aligned}$$

$\qquad\qquad$ 답 ②

85

$P(p, \ln p) \ (p>0)$라 하면

$$S_1 = \frac{1}{2} \times (p-1) \times 4 = 2(p-1)$$

$$S_2 = \frac{1}{2} \times (e-1) \times \ln p = \frac{1}{2}(e-1)\ln p$$

$$\therefore \frac{S_2}{S_1} = \frac{\frac{1}{2}(e-1)\ln p}{2(p-1)} = \frac{(e-1)\ln p}{4(p-1)}$$

여기서 제1사분면의 점 P가 점 B에 한없이 가까워지면 $p \to 1+$이므로

$$\lim_{p \to 1+} \frac{S_2}{S_1} = \lim_{p \to 1+} \frac{(e-1)\ln p}{4(p-1)} = \frac{e-1}{4} \lim_{p \to 1+} \frac{\ln p}{p-1}$$

이때 $p-1=t$로 놓으면 $p=t+1$이고 $p \to 1+$일 때 $t \to 0+$이므로

$$\frac{e-1}{4} \lim_{p \to 1+} \frac{\ln p}{p-1} = \frac{e-1}{4} \lim_{t \to 0+} \frac{\ln(1+t)}{t}$$

$$= \frac{e-1}{4}$$

답 $\dfrac{e-1}{4}$

86

함수 $f(x)$가 $x=-1$에서 연속이므로

$$\lim_{x \to -1} f(x) = f(-1)$$

$$\therefore \lim_{x \to -1} \frac{e^{x+a}+x^3}{x+1} = b \qquad \cdots\cdots \ \text{㉠}$$

$x \to -1$일 때 극한값이 존재하고 (분모)$\to 0$이므로 (분자)$\to 0$이어야 한다.

즉, $\lim\limits_{x \to -1}(e^{x+a}+x^3)=0$이므로

$$e^{-1+a}-1=0 \qquad \therefore a=1$$

$a=1$을 ㉠의 좌변에 대입하면

$$\lim_{x \to -1} \frac{e^{x+1}+x^3}{x+1} = b$$

$x+1=t$로 놓으면 $x=t-1$이고 $x \to -1$일 때 $t \to 0$이므로

$$\lim_{x \to -1} \frac{e^{x+1}+x^3}{x+1} = \lim_{t \to 0} \frac{e^t+(t-1)^3}{t}$$

$$= \lim_{t \to 0} \frac{e^t-1+t(t^2-3t+3)}{t}$$

$$= \lim_{t \to 0} \frac{e^t-1}{t} + \lim_{t \to 0}(t^2-3t+3)$$

$$= 1+3 = 4$$

$$\therefore b=4$$

$$\therefore a-b=1-4=-3$$

답 -3

87

$f(x)=e^{6x}=(e^6)^x$에서 $f'(x)=e^{6x}\ln e^6 = 6e^{6x}$

$$\therefore \lim_{x \to 0} \frac{f'(x)-6}{x} = \lim_{x \to 0} \frac{6e^{6x}-6}{x}$$

$$= \lim_{x \to 0} \frac{6(e^{6x}-1)}{x}$$

$$= \lim_{x \to 0} \frac{e^{6x}-1}{6x} \times 36$$

$$= 1 \times 36 = 36$$

답 ③

88

$f(x)=x\ln x^2 = 2x\ln x \ (x>0)$에서

$$f'(x)=(2x)'\ln x + 2x(\ln x)'$$

$$= 2\ln x + 2x \times \frac{1}{x}$$

$$= 2\ln x + 2$$

$$\therefore f'(e^3)=2\ln e^3 + 2 = 8$$

답 8

89

$f(x)=a^{2x}=(a^2)^x$에서

$$f'(x)=a^{2x}\ln a^2$$

이때 주어진 곡선 위의 점 $(1, f(1))$에서의 접선의 기울기가 e이므로 $f'(1)=e$이다.

$a^2\ln a^2=e$, $a^2\ln a^2 = e\ln e$

$a^2=e \qquad \therefore a=\sqrt{e} \ (\because a>0)$

답 ②

90

$f(x)=e^x$에서 $f'(x)=e^x$

닫힌구간 $[0, 1]$에서의 평균변화율은

$$\frac{f(1)-f(0)}{1-0} = e-1$$

또한, $x=a$에서의 미분계수는 $f'(a)$이므로

$$f'(a)=e^a$$

즉, $e^a=e-1$이므로 $a=\ln(e-1)$

답 ④

91

$f(x)=e^{2x}\ln x$에서

$f'(x)=\{(e^2)^x\}'\ln x+e^{2x}(\ln x)'$

$\qquad=e^{2x}\ln e^2\times\ln x+e^{2x}\times\dfrac{1}{x}$

$\qquad=2e^{2x}\ln x+\dfrac{e^{2x}}{x}$

$\therefore\ \displaystyle\lim_{h\to0}\dfrac{f(1+h)-f(1-3h)}{h}$

$=\displaystyle\lim_{h\to0}\dfrac{f(1+h)-f(1)+f(1)-f(1-3h)}{h}$

$=\displaystyle\lim_{h\to0}\dfrac{f(1+h)-f(1)}{h}-\lim_{h\to0}\dfrac{f(1-3h)-f(1)}{h}$

$=\displaystyle\lim_{h\to0}\dfrac{f(1+h)-f(1)}{h}$

$\qquad\qquad+\displaystyle\lim_{h\to0}\dfrac{f(1-3h)-f(1)}{-3h}\times3$

$=f'(1)+3f'(1)=4f'(1)$

$=4\left(2e^2\ln1+\dfrac{e^2}{1}\right)=4e^2$ **답** $4e^2$

92

함수 $f(x)$가 $x=1$에서 미분가능하면 $x=1$에서 연속이다.

즉, $\displaystyle\lim_{x\to1+}f(x)=\lim_{x\to1-}f(x)=f(1)$에서

$\displaystyle\lim_{x\to1+}(bx+2)=\lim_{x\to1-}(5+a\ln x)=5$

$b+2=5$ $\qquad\therefore\ b=3$ $\qquad\cdots\cdots\ \text{㉠}$

또한, $f'(x)=\begin{cases}\dfrac{a}{x} & (0<x<1)\\ b & (x>1)\end{cases}$ 이고 $f(x)$의 $x=1$

에서의 미분계수 $f'(1)$이 존재하므로

$\displaystyle\lim_{x\to1+}f'(x)=\lim_{x\to1-}f'(x)$에서 $\displaystyle\lim_{x\to1+}b=\lim_{x\to1-}\dfrac{a}{x}$

$\therefore\ b=a$ $\qquad\cdots\cdots\ \text{㉡}$

㉠, ㉡에서 $a=3$, $b=3$ **답** $a=3,\ b=3$

93

$g(x)=f(x)\ln x^4=f(x)\times4\ln x$에서

$g'(x)=f'(x)\times4\ln x+f(x)\times(4\ln x)'$

$\qquad=4f'(x)\ln x+f(x)\times\dfrac{4}{x}$

이때 곡선 $y=f(x)$ 위의 점 $(e,\ -e)$에서의 접선과 곡선 $y=g(x)$ 위의 점 $(e,\ -4e)$에서의 접선이 서로 수직이므로

$f'(e)g'(e)=-1$

$f'(e)\times\left\{4f'(e)\ln e+f(e)\times\dfrac{4}{e}\right\}=-1$

$f'(e)\times\left\{4f'(e)+(-e)\times\dfrac{4}{e}\right\}=-1$

$4\{f'(e)\}^2-4f'(e)+1=0$

$\{2f'(e)-1\}^2=0$ $\qquad\therefore\ f'(e)=\dfrac{1}{2}$

$\therefore\ 100f'(e)=100\times\dfrac{1}{2}=50$ **답 50**

94

$\displaystyle\lim_{x\to1}\dfrac{f(x)-2}{x^2-1}=b$에서 $x\to1$일 때 극한값이 존재하고 (분모) $\to0$이므로 (분자) $\to0$이어야 한다.

즉, $\displaystyle\lim_{x\to1}\{f(x)-2\}=0$이므로 $f(1)=2$

이때 $f(1)=a$이므로 $a=2$

따라서 $f(x)=x^2\ln x+2x$이므로

$f'(x)=(x^2)'\ln x+x^2(\ln x)'+(2x)'$

$\qquad=2x\ln x+x+2$

$\displaystyle\lim_{x\to1}\dfrac{f(x)-2}{x^2-1}=\lim_{x\to1}\dfrac{f(x)-f(1)}{x^2-1}$

$\qquad=\displaystyle\lim_{x\to1}\left\{\dfrac{f(x)-f(1)}{x-1}\times\dfrac{1}{x+1}\right\}$

$\qquad=f'(1)\times\dfrac{1}{2}=\dfrac{1}{2}f'(1)$

$\therefore\ b=\dfrac{1}{2}f'(1)=\dfrac{1}{2}\times3=\dfrac{3}{2}$

$\therefore\ a+b=2+\dfrac{3}{2}=\dfrac{7}{2}$ **답** $\dfrac{7}{2}$

95

$f(x)=x\log_2 ax^3=x\log_2 a+3x\log_2 x$에서

$f'(x)=(x\log_2 a)'+(3x)'\log_2 x+3x(\log_2 x)'$

$\qquad=\log_2 a+3\log_2 x+3x\times\dfrac{1}{x\ln2}$

$\qquad=\log_2 ax^3+\dfrac{3}{\ln2}$

이때 $f(1)=\log_2 a$이므로

$$\lim_{x \to 1} \frac{f(x)-\log_2 a}{x-1}=\lim_{x \to 1}\frac{f(x)-f(1)}{x-1}=f'(1)$$

즉, $f'(1)=2$이므로

$$\log_2 a+\frac{3}{\ln 2}=2$$

$$\log_2 a+3\log_2 e=2$$

$$\log_2 ae^3=2$$

$$ae^3=4 \qquad \therefore a=\frac{4}{e^3}$$

답 ③

96

$x \neq 1$일 때 $f(x)=\dfrac{e^x-e}{e(x-1)}=\dfrac{e^{x-1}-1}{x-1}$이고

$f(x)$는 $x=1$에서 연속이므로

$$f(1)=\lim_{x \to 1}f(x)=\lim_{x \to 1}\frac{e^{x-1}-1}{x-1}$$

$g(x)=e^{x-1}$으로 놓으면 $g(1)=1$이므로

$$\lim_{x \to 1}\frac{e^{x-1}-1}{x-1}=\lim_{x \to 1}\frac{g(x)-g(1)}{x-1}=g'(1)$$

$g'(x)=(e^{x-1})'=(e^{-1} \times e^x)'=e^{-1} \times e^x=e^{x-1}$이므로

$$f(1)=g'(1)=e^{1-1}=1$$

답 **1**

97

함수 $f(x)$가 $x=0$에서 미분가능하면 $x=0$에서 연속이다.

즉, $\lim\limits_{x \to 0+}f(x)=\lim\limits_{x \to 0-}f(x)=f(0)$에서

$$\lim_{x \to 0+}(x^2-bx+1)=\lim_{x \to 0-}(ae^{-x}-1)=a-1$$

$1=a-1 \qquad \therefore a=2 \qquad\cdots\cdots \text{㉠}$

$ae^{-x}-1=a\left(\dfrac{1}{e}\right)^x-1$이므로

$$\left\{a\left(\frac{1}{e}\right)^x-1\right\}'=a\left(\frac{1}{e}\right)^x \ln \frac{1}{e}=ae^{-x}\ln e^{-1}=-ae^{-x}$$

$$\therefore f'(x)=\begin{cases}2x-b & (x>0) \\ -ae^{-x} & (x<0)\end{cases}$$

또, $f(x)$의 $x=0$에서의 미분계수 $f'(0)$이 존재하므로 $\lim\limits_{x \to 0+}f'(x)=\lim\limits_{x \to 0-}f'(x)$에서

$$\lim_{x \to 0+}(2x-b)=\lim_{x \to 0-}(-ae^{-x})$$

$-b=-a \qquad \therefore a=b \qquad\cdots\cdots \text{㉡}$

㉠, ㉡에서 $a=2$, $b=2$

$\therefore ab=4$

답 ⑤

98

$\sin \theta-\cos \theta=\dfrac{1}{2}$의 양변을 제곱하면

$$\sin^2 \theta-2\sin \theta \cos \theta+\cos^2 \theta=\frac{1}{4}$$

$$1-2\sin \theta \cos \theta=\frac{1}{4}$$

$$\therefore \sin \theta \cos \theta=\frac{3}{8}$$

$$\begin{aligned}\therefore \sec \theta-\csc \theta&=\frac{1}{\cos \theta}-\frac{1}{\sin \theta}\\&=\frac{\sin \theta-\cos \theta}{\sin \theta \cos \theta}\\&=\frac{\frac{1}{2}}{\frac{3}{8}}=\frac{4}{3}\end{aligned}$$

답 $\dfrac{4}{3}$

99

$\dfrac{\pi}{2}<\theta<\pi$이므로 $\csc \theta>0$, $\sec \theta<0$, $\cot \theta<0$

$$\begin{aligned}\therefore &\sqrt{\csc^2 \theta}+\sqrt{\sec^2 \theta}+|\cot \theta|-\sqrt{(\cot \theta+\sec \theta)^2}\\&=|\csc \theta|+|\sec \theta|+|\cot \theta|-|\cot \theta+\sec \theta|\\&=\csc \theta-\sec \theta-\cot \theta+\cot \theta+\sec \theta\\&=\csc \theta\end{aligned}$$

답 ④

100

$\sin \theta=\dfrac{\sqrt{5}}{3}$에서 $\csc \theta=\dfrac{1}{\sin \theta}=\dfrac{3}{\sqrt{5}}$

$1+\cot^2 \theta=\csc^2 \theta$이므로

$$\cot^2 \theta=\csc^2 \theta-1=\left(\frac{3}{\sqrt{5}}\right)^2-1=\frac{4}{5}$$

그런데 θ가 제2사분면의 각이므로 $\cot \theta<0$

$$\therefore \cot \theta=-\frac{2}{\sqrt{5}}=-\frac{2\sqrt{5}}{5}, \ \tan \theta=\frac{1}{\cot \theta}=-\frac{\sqrt{5}}{2}$$

$$\therefore \cot \theta+\tan \theta=-\frac{2\sqrt{5}}{5}-\frac{\sqrt{5}}{2}=-\frac{9\sqrt{5}}{10}$$

답 $-\dfrac{9\sqrt{5}}{10}$

101

$$\frac{\tan\theta}{1+\sec\theta}+\frac{1+\sec\theta}{\tan\theta}$$

$$=\frac{\tan^2\theta+(1+\sec\theta)^2}{(1+\sec\theta)\tan\theta}$$

$$=\frac{\tan^2\theta+1+2\sec\theta+\sec^2\theta}{(1+\sec\theta)\tan\theta}$$

$$=\frac{(\sec^2\theta-1)+1+2\sec\theta+\sec^2\theta}{(1+\sec\theta)\tan\theta}$$

$$=\frac{2\sec\theta(\sec\theta+1)}{(1+\sec\theta)\tan\theta}=\frac{2\sec\theta}{\tan\theta}$$

$$=2\times\frac{1}{\cos\theta}\times\frac{\cos\theta}{\sin\theta}$$

$$=\frac{2}{\sin\theta}=2\csc\theta$$

답 $2\csc\theta$

102

$\tan\theta+\cot\theta=2$, 즉 $\tan\theta+\dfrac{1}{\tan\theta}=2$에서

양변에 $\tan\theta$를 곱하면 $\tan^2\theta-2\tan\theta+1=0$

$(\tan\theta-1)^2=0$ $\qquad\therefore\ \tan\theta=1$

$1+\tan^2\theta=\sec^2\theta$이므로 $\sec^2\theta=2$

$\sec^2\theta=\dfrac{1}{\cos^2\theta}=2$에서 $\cos^2\theta=\dfrac{1}{2}$

$\sin^2\theta+\cos^2\theta=1$이므로

$\sin^2\theta=1-\cos^2\theta=\dfrac{1}{2}$

$\therefore\ \csc^2\theta=\dfrac{1}{\sin^2\theta}=2$

$\therefore\ \csc^2\theta+\sec^2\theta=2+2=4$

답 4

다른풀이 $\tan\theta+\cot\theta=2$에서

$\dfrac{\sin\theta}{\cos\theta}+\dfrac{\cos\theta}{\sin\theta}=2$

즉, $\dfrac{\sin^2\theta+\cos^2\theta}{\sin\theta\cos\theta}=\dfrac{1}{\sin\theta\cos\theta}=2$

$\therefore\ \sin\theta\cos\theta=\dfrac{1}{2}$

$\therefore\ \csc^2\theta+\sec^2\theta=\dfrac{1}{\sin^2\theta}+\dfrac{1}{\cos^2\theta}$

$$=\frac{\sin^2\theta+\cos^2\theta}{(\sin\theta\cos\theta)^2}$$

$$=\frac{1}{\left(\dfrac{1}{2}\right)^2}=4$$

103

이차방정식 $4x^2-2x+k=0$의 두 근이 $\sin\theta$, $\cos\theta$
이므로 근과 계수의 관계에 의하여

$\sin\theta+\cos\theta=\dfrac{1}{2}$, $\sin\theta\cos\theta=\dfrac{k}{4}$

$\sin\theta+\cos\theta=\dfrac{1}{2}$의 양변을 제곱하면

$1+2\sin\theta\cos\theta=\dfrac{1}{4}$

$1+2\times\dfrac{k}{4}=\dfrac{1}{4}$ $\qquad\therefore\ k=-\dfrac{3}{2}$

$\therefore\ \sin\theta\cos\theta=-\dfrac{3}{8}$

$(\cos\theta-\sin\theta)^2=1-2\sin\theta\cos\theta$

$$=1-2\times\left(-\frac{3}{8}\right)=\frac{7}{4}$$

이때 $\cos\theta>\sin\theta$이므로 $\cos\theta-\sin\theta=\dfrac{\sqrt{7}}{2}$

$\therefore\ \csc^2\theta-\sec^2\theta$

$$=\frac{1}{\sin^2\theta}-\frac{1}{\cos^2\theta}=\frac{\cos^2\theta-\sin^2\theta}{\sin^2\theta\cos^2\theta}$$

$$=\frac{(\cos\theta+\sin\theta)(\cos\theta-\sin\theta)}{(\sin\theta\cos\theta)^2}$$

$$=\frac{\dfrac{1}{2}\times\dfrac{\sqrt{7}}{2}}{\left(-\dfrac{3}{8}\right)^2}=\frac{\dfrac{\sqrt{7}}{4}}{\dfrac{9}{64}}=\frac{16\sqrt{7}}{9}$$

답 $\dfrac{16\sqrt{7}}{9}$

104

$\dfrac{3}{2}\pi<\alpha<2\pi$이므로 $\cos\alpha>0$

$\therefore\ \cos\alpha=\sqrt{1-\sin^2\alpha}=\sqrt{1-\left(-\dfrac{3}{5}\right)^2}=\dfrac{4}{5}$

$\tan\alpha=\dfrac{\sin\alpha}{\cos\alpha}=\dfrac{-\dfrac{3}{5}}{\dfrac{4}{5}}=-\dfrac{3}{4}$

또, $\dfrac{\pi}{2}<\beta<\pi$이므로 $\cos\beta<0$

$\therefore\ \cos\beta=-\sqrt{1-\sin^2\beta}=-\sqrt{1-\left(\dfrac{4}{5}\right)^2}=-\dfrac{3}{5}$

$\tan\beta=\dfrac{\sin\beta}{\cos\beta}=\dfrac{\dfrac{4}{5}}{-\dfrac{3}{5}}=-\dfrac{4}{3}$

$$\therefore \tan(\alpha-\beta)=\frac{\tan\alpha-\tan\beta}{1+\tan\alpha\tan\beta}$$

$$=\frac{-\dfrac{3}{4}-\left(-\dfrac{4}{3}\right)}{1+\left(-\dfrac{3}{4}\right)\times\left(-\dfrac{4}{3}\right)}=\frac{7}{24}$$

답 $\dfrac{7}{24}$

참고 $\tan(\alpha-\beta)=\dfrac{\sin(\alpha-\beta)}{\cos(\alpha-\beta)}$

$$=\frac{\sin\alpha\cos\beta-\cos\alpha\sin\beta}{\cos\alpha\cos\beta+\sin\alpha\sin\beta}$$

를 이용하여 구할 수도 있다.

105

이차방정식 $x^2+6x+4=0$의 두 근이 $\tan\alpha$, $\tan\beta$
이므로 근과 계수의 관계에 의하여

$\tan\alpha+\tan\beta=-6$, $\tan\alpha\tan\beta=4$

$\therefore \tan(\alpha+\beta)=\dfrac{\tan\alpha+\tan\beta}{1-\tan\alpha\tan\beta}=\dfrac{-6}{1-4}=2$

$\therefore \sec^2(\alpha+\beta)=1+\tan^2(\alpha+\beta)$
$$=1+2^2=5$$

답 5

106

두 직선 $x-y-1=0$, $ax-y+1=0$, 즉 $y=x-1$,
$y=ax+1$이 x축의 양의 방향과 이루는 각의 크기를
각각 α, β라 하면

$\tan\alpha=1$, $\tan\beta=a$

$\tan\theta=\dfrac{1}{6}$이므로 $\tan\theta=|\tan(\alpha-\beta)|=\dfrac{1}{6}$

$\left|\dfrac{\tan\alpha-\tan\beta}{1+\tan\alpha\tan\beta}\right|=\dfrac{1}{6}$, $\left|\dfrac{1-a}{1+a}\right|=\dfrac{1}{6}$

$\dfrac{1-a}{1+a}=\pm\dfrac{1}{6}$

$1-a=\dfrac{1}{6}(1+a)$ 또는 $1-a=-\dfrac{1}{6}(1+a)$

$\therefore a=\dfrac{5}{7}$ 또는 $a=\dfrac{7}{5}$

이때 $a>1$이므로 $a=\dfrac{7}{5}$

답 ④

107

$$y=2\sin x+\sqrt{3}\cos\left(x+\frac{\pi}{3}\right)+2$$

$$=2\sin x+\sqrt{3}\left(\cos x\cos\frac{\pi}{3}-\sin x\sin\frac{\pi}{3}\right)+2$$

$$=2\sin x+\sqrt{3}\left(\frac{1}{2}\cos x-\frac{\sqrt{3}}{2}\sin x\right)+2$$

$$=\frac{1}{2}\sin x+\frac{\sqrt{3}}{2}\cos x+2$$

$$=\cos\frac{\pi}{3}\sin x+\sin\frac{\pi}{3}\cos x+2$$

$$=\sin\left(x+\frac{\pi}{3}\right)+2$$

이때 $-1\leq\sin\left(x+\dfrac{\pi}{3}\right)\leq 1$이므로

$1\leq\sin\left(x+\dfrac{\pi}{3}\right)+2\leq 3$

따라서 $M=3$, $m=1$이므로
$2M+m=2\times 3+1=7$

답 7

108

$$y=2\sin\left(\theta+\frac{\pi}{6}\right)-k\cos\theta$$

$$=2\left(\sin\theta\cos\frac{\pi}{6}+\cos\theta\sin\frac{\pi}{6}\right)-k\cos\theta$$

$$=2\left(\frac{\sqrt{3}}{2}\sin\theta+\frac{1}{2}\cos\theta\right)-k\cos\theta$$

$$=\sqrt{3}\sin\theta+(1-k)\cos\theta$$

$$=\sqrt{3+(1-k)^2}\left\{\frac{\sqrt{3}}{\sqrt{3+(1-k)^2}}\sin\theta\right.$$
$$\left.+\frac{1-k}{\sqrt{3+(1-k)^2}}\cos\theta\right\}$$

$$=\sqrt{k^2-2k+4}\sin(\theta+\alpha)\qquad\cdots\cdots\ \bigcirc$$

$$\left(\text{단, }\cos\alpha=\frac{\sqrt{3}}{\sqrt{k^2-2k+4}},\ \sin\alpha=\frac{1-k}{\sqrt{k^2-2k+4}}\right)$$

이때 $-1\leq\sin(\theta+\alpha)\leq 1$이므로 $\bigcirc$의 최댓값은
$\sqrt{k^2-2k+4}$

주어진 함수의 최댓값이 $\sqrt{7}$이므로
$\sqrt{k^2-2k+4}=\sqrt{7}$

$k^2-2k+4=7$, $k^2-2k-3=0$

$(k+1)(k-3)=0$

$\therefore k=-1$ 또는 $k=3$

따라서 모든 상수 k의 값의 합은
$-1+3=2$

답 **2**

109

$y=a\sin x+b\cos x$

$=\sqrt{a^2+b^2}\left(\dfrac{a}{\sqrt{a^2+b^2}}\sin x+\dfrac{b}{\sqrt{a^2+b^2}}\cos x\right)$

$=\sqrt{a^2+b^2}\sin(x+\alpha)$

$\left(\text{단, }\cos\alpha=\dfrac{a}{\sqrt{a^2+b^2}},\ \sin\alpha=\dfrac{b}{\sqrt{a^2+b^2}}\right)$

이때 $-1\le\sin(x+\alpha)\le1$이므로

$-\sqrt{a^2+b^2}\le\sqrt{a^2+b^2}\sin(x+\alpha)\le\sqrt{a^2+b^2}$

주어진 함수의 최댓값이 $2\sqrt{5}$이므로

$\sqrt{a^2+b^2}=2\sqrt{5}$

$\therefore a^2+b^2=20$ ...... ㉠

한편, $b=a\tan\dfrac{\pi}{3}$에서 $b=\sqrt{3}a$ ...... ㉡

㉡을 ㉠에 대입하면

$a^2+3a^2=20,\ 4a^2=20$

$\therefore a^2=5,\ b^2=15$

$\therefore b^2-a^2=10$

답 **10**

110

$\sin\alpha+\sin\beta=-\dfrac{\sqrt{5}}{5}$의 양변을 제곱하면

$\sin^2\alpha+2\sin\alpha\sin\beta+\sin^2\beta=\dfrac{1}{5}$ ...... ㉠

$\cos\alpha-\cos\beta=\dfrac{\sqrt{5}}{5}$의 양변을 제곱하면

$\cos^2\alpha-2\cos\alpha\cos\beta+\cos^2\beta=\dfrac{1}{5}$ ...... ㉡

㉠$+$㉡을 하면

$(\sin^2\alpha+\cos^2\alpha)+(\sin^2\beta+\cos^2\beta)$

$\qquad\qquad -2(\cos\alpha\cos\beta-\sin\alpha\sin\beta)=\dfrac{2}{5}$

$2-2(\cos\alpha\cos\beta-\sin\alpha\sin\beta)=\dfrac{2}{5}$

$\cos\alpha\cos\beta-\sin\alpha\sin\beta=\dfrac{4}{5}$

$\therefore\cos(\alpha+\beta)=\dfrac{4}{5}$

답 $\dfrac{4}{5}$

111

두 직선 $y=-2x$, $y=ax+b$가 x축의 양의 방향과 이루는 각의 크기를 각각 α, β라 하면

$\tan\alpha=-2,\ \tan\beta=a$

이때 $\alpha-\beta=45°$이므로

$\tan(\alpha-\beta)=\tan45°=1$

$\dfrac{\tan\alpha-\tan\beta}{1+\tan\alpha\tan\beta}=1,\ \dfrac{-2-a}{1-2a}=1$

$-2-a=1-2a\qquad\therefore a=3$

직선 $y=ax+b$, 즉 $y=3x+b$가 점 $\mathrm{P}(-1,\ 2)$를 지나므로

$2=-3+b\qquad\therefore b=5$

$\therefore ab=15$

답 **15**

112

삼각형 ABP에서 $\angle\mathrm{P}=\dfrac{\pi}{2}$이므로 $\angle\mathrm{A}=\theta$라 하면

$\overline{\mathrm{AP}}=10\cos\theta$

$\overline{\mathrm{BP}}=10\sin\theta$

$\therefore 3\overline{\mathrm{AP}}+4\overline{\mathrm{BP}}$

$\quad=30\cos\theta+40\sin\theta$

$\quad=50\left(\dfrac{4}{5}\sin\theta+\dfrac{3}{5}\cos\theta\right)$

$\quad=50\sin(\theta+\alpha)\left(\text{단, }\cos\alpha=\dfrac{4}{5},\ \sin\alpha=\dfrac{3}{5}\right)$

$0\le\theta<\dfrac{\pi}{2}$, $0<\alpha<\dfrac{\pi}{2}$에서 $0<\theta+\alpha<\pi$이므로

$0<\sin(\theta+\alpha)\le1\qquad\therefore 0<50\sin(\theta+\alpha)\le50$

따라서 구하는 최댓값은 50이다.

답 **50**

113

$\sin\theta=\dfrac{\sqrt{10}}{10}$에서 $\cos\theta=\sqrt{1-\left(\dfrac{\sqrt{10}}{10}\right)^2}=\dfrac{3\sqrt{10}}{10}$이므로

$\tan\theta=\dfrac{\sin\theta}{\cos\theta}=\dfrac{1}{3}$

$\therefore\tan2\theta=\dfrac{2\tan\theta}{1-\tan^2\theta}=\dfrac{2\times\dfrac{1}{3}}{1-\left(\dfrac{1}{3}\right)^2}=\dfrac{3}{4}$

$\angle ABC = \alpha$라 하면 삼각형 ABC는 이등변삼각형이므로

$$\tan \alpha = \frac{8}{6} = \frac{4}{3}$$

$\angle EBC = \beta$라 하면 $\beta = \alpha - 2\theta$이므로

$$\tan \beta = \tan(\alpha - 2\theta) = \frac{\tan \alpha - \tan 2\theta}{1 + \tan \alpha \tan 2\theta}$$

$$= \frac{\dfrac{4}{3} - \dfrac{3}{4}}{1 + \dfrac{4}{3} \times \dfrac{3}{4}} = \frac{7}{24}$$

한편, $\overline{BH} = \dfrac{\overline{FH}}{\tan \beta}$, $\overline{CH} = \dfrac{\overline{FH}}{\tan \theta}$이고

$\overline{BH} + \overline{CH} = 12$이므로

$$\frac{\overline{FH}}{\tan \beta} + \frac{\overline{FH}}{\tan \theta} = 12, \quad \frac{\overline{FH}}{\dfrac{7}{24}} + \frac{\overline{FH}}{\dfrac{1}{3}} = 12$$

$$24\overline{FH} + 21\overline{FH} = 84 \qquad \therefore \overline{FH} = \frac{28}{15}$$

따라서 $p = 15$, $q = 28$이므로

$$p + q = 43$$

답 43

114

$g(x) = t$로 놓으면

$$t = \sin x - \cos x$$

$$= \sqrt{2}\left(\frac{1}{\sqrt{2}} \sin x - \frac{1}{\sqrt{2}} \cos x\right)$$

$$= \sqrt{2} \sin\left(x + \frac{7}{4}\pi\right)$$

이때 $-1 \leq \sin\left(x + \dfrac{7}{4}\pi\right) \leq 1$이므로

$$-\sqrt{2} \leq \sqrt{2} \sin\left(x + \frac{7}{4}\pi\right) \leq \sqrt{2}$$

$$\therefore -\sqrt{2} \leq t \leq \sqrt{2}$$

$$\therefore (f \circ g)(x) = f(g(x)) = f(t)$$
$$= t^2 + 2t - 1$$
$$= (t+1)^2 - 2 \ (-\sqrt{2} \leq t \leq \sqrt{2})$$

따라서 $t = -1$일 때 최솟값 -2, $t = \sqrt{2}$일 때 최댓값 $1 + 2\sqrt{2}$를 가지므로 최댓값과 최솟값의 합은

$$1 + 2\sqrt{2} + (-2) = 2\sqrt{2} - 1$$

답 ③

115

$$\lim_{x \to \frac{\pi}{2}} \frac{\sec x - \tan x}{\cos x}$$

$$= \lim_{x \to \frac{\pi}{2}} \frac{\dfrac{1}{\cos x} - \dfrac{\sin x}{\cos x}}{\cos x} = \lim_{x \to \frac{\pi}{2}} \frac{1 - \sin x}{\cos^2 x}$$

$$= \lim_{x \to \frac{\pi}{2}} \frac{1 - \sin x}{1 - \sin^2 x} = \lim_{x \to \frac{\pi}{2}} \frac{1 - \sin x}{(1 + \sin x)(1 - \sin x)}$$

$$= \lim_{x \to \frac{\pi}{2}} \frac{1}{1 + \sin x} = \frac{1}{1+1} = \frac{1}{2}$$

답 ②

116

① $\displaystyle \lim_{x \to 0} \frac{\tan x}{\sin x} = \lim_{x \to 0}\left(\frac{\tan x}{x} \times \frac{x}{\sin x}\right)$
$$= 1 \times 1 = 1$$

② $\dfrac{1}{x} = t$로 놓으면 $x = \dfrac{1}{t}$이고 $x \to \infty$일 때 $t \to 0$이므로

$$\lim_{x \to \infty} x \sin \frac{1}{x} = \lim_{t \to 0} \frac{\sin t}{t} = 1$$

③ $\displaystyle \lim_{x \to 0} \frac{x}{\sin x} = \lim_{x \to 0} \frac{1}{\dfrac{\sin x}{x}} = \frac{1}{1} = 1$

④ $\dfrac{1}{x} = t$로 놓으면 $x = \dfrac{1}{t}$이고 $x \to \infty$일 때 $t \to 0$이므로

$$\lim_{x \to \infty} x \tan \frac{1}{x} = \lim_{t \to 0} \frac{\tan t}{t} = 1$$

⑤ $0 \leq \left|\cos \dfrac{1}{x}\right| \leq 1$이므로

$$0 \leq |x|\left|\cos \frac{1}{x}\right| \leq |x|$$

$$\therefore 0 \leq \left|x \cos \frac{1}{x}\right| \leq |x|$$

이때 $\displaystyle \lim_{x \to 0} |x| = 0$이므로 $\displaystyle \lim_{x \to 0}\left|x \cos \frac{1}{x}\right| = 0$

$$\therefore \lim_{x \to 0} x \cos \frac{1}{x} = 0$$

따라서 극한값이 나머지 넷과 다른 하나는 ⑤이다.

답 ⑤

117

$$\lim_{x \to 0} \frac{1-\cos kx}{\sin^2 x}$$

$$=\lim_{x \to 0} \frac{(1-\cos kx)(1+\cos kx)}{\sin^2 x(1+\cos kx)}$$

$$=\lim_{x \to 0} \frac{1-\cos^2 kx}{\sin^2 x(1+\cos kx)}$$

$$=\lim_{x \to 0} \frac{\sin^2 kx}{\sin^2 x(1+\cos kx)}$$

$$=\lim_{x \to 0}\left\{\left(\frac{x}{\sin x}\right)^2 \times \left(\frac{\sin kx}{kx}\right)^2 \times \frac{k^2}{1+\cos kx}\right\}$$

$$=1^2 \times 1^2 \times \frac{k^2}{2}$$

$$=\frac{k^2}{2}$$

즉, $\dfrac{k^2}{2}=4$이므로 $k^2=8$

$\therefore k=2\sqrt{2}\ (\because k>0)$ **답 $2\sqrt{2}$**

118

$\dfrac{1}{x}=t$로 놓으면 $x=\dfrac{1}{t}$이고 $x \to \infty$일 때 $t \to 0$이므로

$$\lim_{x \to \infty} \sin \frac{3}{x} \cot \frac{5}{x}$$

$$=\lim_{t \to 0} \sin 3t \cot 5t$$

$$=\lim_{t \to 0} \frac{\sin 3t}{\tan 5t}$$

$$=\lim_{t \to 0}\left(\frac{\sin 3t}{3t} \times \frac{5t}{\tan 5t} \times \frac{3}{5}\right)$$

$$=1 \times 1 \times \frac{3}{5}$$

$$=\frac{3}{5}$$ **답 $\dfrac{3}{5}$**

119

$x-\dfrac{\pi}{2}=t$로 놓으면 $x=\dfrac{\pi}{2}+t$이고 $x \to \dfrac{\pi}{2}$일 때

$t \to 0$이므로

$$\lim_{x \to \frac{\pi}{2}} \frac{(2x-\pi)^2}{2(1-\sin x)}$$

$$=\lim_{x \to \frac{\pi}{2}} \frac{\left\{2\left(x-\dfrac{\pi}{2}\right)\right\}^2}{2(1-\sin x)}$$

$$=\lim_{t \to 0} \frac{(2t)^2}{2\left\{1-\sin\left(\dfrac{\pi}{2}+t\right)\right\}}$$

$$=\lim_{t \to 0} \frac{4t^2}{2(1-\cos t)}$$

$$=\lim_{t \to 0} \frac{4t^2(1+\cos t)}{2(1-\cos t)(1+\cos t)}$$

$$=\lim_{t \to 0} \frac{2t^2(1+\cos t)}{1-\cos^2 t}$$

$$=\lim_{t \to 0} \frac{2t^2(1+\cos t)}{\sin^2 t}$$

$$=\lim_{t \to 0}\left\{\left(\frac{t}{\sin t}\right)^2 \times 2(1+\cos t)\right\}$$

$$=1^2 \times 2 \times 2=4$$ **답 4**

참고 $\sin\left(\dfrac{\pi}{2}+t\right)=\cos t$

120

$x \to 0$일 때 0이 아닌 극한값이 존재하고 (분자) $\to 0$

이므로 (분모) $\to 0$이어야 한다.

즉, $\displaystyle\lim_{x \to 0}(\sqrt{2x+9}+a)=0$이므로 $\sqrt{9}+a=0$

$\therefore a=-3$

$a=-3$을 주어진 식의 좌변에 대입하면

$$\lim_{x \to 0} \frac{\tan 4x}{\sqrt{2x+9}-3}$$

$$=\lim_{x \to 0} \frac{\tan 4x(\sqrt{2x+9}+3)}{(\sqrt{2x+9}-3)(\sqrt{2x+9}+3)}$$

$$=\lim_{x \to 0} \frac{\tan 4x(\sqrt{2x+9}+3)}{2x}$$

$$=\lim_{x \to 0}\left\{\frac{\tan 4x}{4x} \times 2 \times (\sqrt{2x+9}+3)\right\}$$

$$=1 \times 2 \times (\sqrt{9}+3)=12$$

따라서 $b=12$이므로

$a+b=-3+12=9$ **답 9**

121

함수 $f(\theta)$가 $-\pi \le \theta \le \pi$에서 연속이므로 $f(\theta)$는 $\theta = 0$일 때도 연속이다. 즉,

$$f(0) = \lim_{\theta \to 0} f(\theta)$$

$$= \lim_{\theta \to 0} \frac{2\theta^2}{1 - \cos \theta}$$

$$= \lim_{\theta \to 0} \frac{2\theta^2 (1 + \cos \theta)}{(1 - \cos \theta)(1 + \cos \theta)}$$

$$= \lim_{\theta \to 0} \frac{2\theta^2 (1 + \cos \theta)}{1 - \cos^2 \theta}$$

$$= \lim_{\theta \to 0} \frac{2\theta^2 (1 + \cos \theta)}{\sin^2 \theta}$$

$$= \lim_{\theta \to 0} \left\{ \left(\frac{\theta}{\sin \theta} \right)^2 \times 2(1 + \cos \theta) \right\}$$

$$= 1^2 \times 2 \times 2 = 4$$

답 4

122

(i) $x - \dfrac{\pi}{2} = t$로 놓으면 $x = \dfrac{\pi}{2} + t$이고 $x \to \dfrac{\pi}{2}$일 때 $t \to 0$이므로

$$A = \lim_{x \to \frac{\pi}{2}} 2\left(x - \frac{\pi}{2} \right) \csc \left\{ \frac{1}{2} \left(x - \frac{\pi}{2} \right) \right\}$$

$$= \lim_{t \to 0} 2t \csc \frac{t}{2}$$

$$= \lim_{t \to 0} \frac{2t}{\sin \dfrac{t}{2}}$$

$$= \lim_{t \to 0} \frac{\dfrac{t}{2}}{\sin \dfrac{t}{2}} \times 4$$

$$= 1 \times 4 = 4$$

(ii) $\displaystyle \lim_{x \to 0} \frac{1 - \cos x}{x^2}$

$$= \lim_{x \to 0} \frac{(1 - \cos x)(1 + \cos x)}{x^2 (1 + \cos x)}$$

$$= \lim_{x \to 0} \frac{\sin^2 x}{x^2 (1 + \cos x)}$$

$$= \lim_{x \to 0} \left\{ \left(\frac{\sin x}{x} \right)^2 \times \frac{1}{1 + \cos x} \right\}$$

$$= 1^2 \times \frac{1}{2} = \frac{1}{2}$$

$$\lim_{\theta \to 0} \frac{1 - \cos 3\theta}{\theta^2}$$

$$= \lim_{\theta \to 0} \frac{(1 - \cos 3\theta)(1 + \cos 3\theta)}{\theta^2 (1 + \cos 3\theta)}$$

$$= \lim_{\theta \to 0} \frac{\sin^2 3\theta}{\theta^2 (1 + \cos 3\theta)}$$

$$= \lim_{\theta \to 0} \left\{ \left(\frac{\sin 3\theta}{3\theta} \right)^2 \times \frac{9}{1 + \cos 3\theta} \right\}$$

$$= 1^2 \times \frac{9}{2} = \frac{9}{2}$$

$$\therefore B = \frac{1}{2} + \frac{9}{2} = 5$$

(iii) $\displaystyle \lim_{x \to 0} \frac{\sin (\tan 3x)}{x}$

$$= \lim_{x \to 0} \left\{ \frac{\sin (\tan 3x)}{\tan 3x} \times \frac{\tan 3x}{3x} \times 3 \right\}$$

$$= 1 \times 1 \times 3 = 3$$

$$\lim_{x \to 0+} \frac{\log x^3}{\log (\sin^2 x)}$$

$$= \lim_{x \to 0+} \frac{3 \log x}{2 \log (\sin x)}$$

$$= \frac{3}{2} \lim_{x \to 0+} \frac{\log x}{\log \dfrac{\sin x}{x} + \log x}$$

$$= \frac{3}{2} \lim_{x \to 0+} \frac{\log x}{\log x} \qquad \leftarrow \lim_{x \to 0+} \log \frac{\sin x}{x} = \log 1 = 0$$

$$= \frac{3}{2}$$

$$\therefore C = 3 + \frac{3}{2} = \frac{9}{2}$$

(i), (ii), (iii)에서 $A < C < B$

답 $A < C < B$

123

$x \to \pi$일 때 극한값이 존재하고 (분모) $\to 0$이므로 (분자) $\to 0$이어야 한다.

즉, $\displaystyle \lim_{x \to \pi} (\sqrt{a + \cos x} - b) = 0$이므로 $\sqrt{a - 1} - b = 0$

$$\therefore b = \sqrt{a - 1} \qquad \cdots\cdots \ \textcircled{\small ㄱ}$$

㉠을 주어진 식의 좌변에 대입하면

$$\lim_{x \to \pi} \frac{\sqrt{a + \cos x} - \sqrt{a - 1}}{(x - \pi)^2} = \frac{1}{4}$$

이때 $x - \pi = t$로 놓으면 $x = \pi + t$이고 $x \to \pi$일 때 $t \to 0$이므로

$$\lim_{x \to \pi} \frac{\sqrt{a+\cos x} - \sqrt{a-1}}{(x-\pi)^2}$$

$$=\lim_{t \to 0} \frac{\sqrt{a+\cos(\pi+t)} - \sqrt{a-1}}{t^2}$$

$$=\lim_{t \to 0} \frac{\sqrt{a-\cos t} - \sqrt{a-1}}{t^2}$$

$$=\lim_{t \to 0} \frac{(\sqrt{a-\cos t} - \sqrt{a-1})(\sqrt{a-\cos t} + \sqrt{a-1})}{t^2(\sqrt{a-\cos t} + \sqrt{a-1})}$$

$$=\lim_{t \to 0} \frac{1-\cos t}{t^2(\sqrt{a-\cos t} + \sqrt{a-1})}$$

$$=\lim_{t \to 0} \frac{(1-\cos t)(1+\cos t)}{t^2(\sqrt{a-\cos t} + \sqrt{a-1})(1+\cos t)}$$

$$=\lim_{t \to 0} \frac{\sin^2 t}{t^2(\sqrt{a-\cos t} + \sqrt{a-1})(1+\cos t)}$$

$$=\lim_{t \to 0} \left\{ \left(\frac{\sin t}{t} \right)^2 \times \frac{1}{(\sqrt{a-\cos t} + \sqrt{a-1})(1+\cos t)} \right\}$$

$$=1^2 \times \frac{1}{2\sqrt{a-1} \times 2} = \frac{1}{4\sqrt{a-1}}$$

즉, $\dfrac{1}{4\sqrt{a-1}} = \dfrac{1}{4}$이므로 $\sqrt{a-1}=1$

$$a-1=1 \qquad \therefore a=2$$

$a=2$를 ㉠에 대입하면 $b=1$

$$\therefore a+2b=4 \qquad\qquad \text{답 } 4$$

124

함수 $f(x)$가 $x=1$에서 연속이므로

$$\lim_{x \to 1} f(x) = f(1)$$

이때 $\displaystyle\lim_{x \to 1} f(x) = \lim_{x \to 1} \frac{\sin 2(x-1)}{x-1}$

$x-1=t$로 놓으면 $x=t+1$이고

$x \to 1$일 때 $t \to 0$이므로

$$\lim_{x \to 1} \frac{\sin 2(x-1)}{x-1} = \lim_{t \to 0} \frac{\sin 2t}{t}$$

$$= \lim_{t \to 0} \frac{\sin 2t}{2t} \times 2 = 2$$

$$\therefore f(1)=a=2 \qquad\qquad \text{답 } 2$$

125

선분 BD를 그으면 $\overline{BC}=\overline{BD}=\sin\theta$이므로 삼각형 BCD는 이등변삼각형이다.

이때 $\angle \text{BCD} = \angle \text{BDC} = \dfrac{\pi}{2} - \theta$이므로

$$\angle \text{CBD} = \pi - 2\left(\frac{\pi}{2} - \theta \right) = 2\theta$$

$\overline{\text{DE}} /\!/ \overline{\text{BC}}$이므로 $\angle \text{BDE} = 2\theta$

삼각형 DEB에서

$$\overline{\text{DE}} = \sin\theta \cos 2\theta, \quad \overline{\text{BE}} = \sin\theta \sin 2\theta$$

따라서 사다리꼴 BCDE의 넓이는

$$S(\theta) = \frac{1}{2}(\overline{\text{DE}} + \overline{\text{BC}}) \times \overline{\text{BE}}$$

$$= \frac{1}{2}(\sin\theta \cos 2\theta + \sin\theta) \times \sin\theta \sin 2\theta$$

$$= \frac{1}{2} \sin^2\theta \sin 2\theta (1+\cos 2\theta)$$

$$\therefore \lim_{\theta \to 0+} \frac{S(\theta)}{\theta^3}$$

$$= \lim_{\theta \to 0+} \frac{\sin^2\theta \sin 2\theta (1+\cos 2\theta)}{2\theta^3}$$

$$= \lim_{\theta \to 0+} \left\{ \left(\frac{\sin\theta}{\theta} \right)^2 \times \frac{\sin 2\theta}{2\theta} \times (1+\cos 2\theta) \right\}$$

$$= 1^2 \times 1 \times 2 = 2 \qquad\qquad \text{답 } ④$$

126

$f(x) = \sec x$이므로

$$\lim_{x \to 0} \frac{f(2x) - f(0)}{f(x) - f(0)}$$

$$= \lim_{x \to 0} \frac{\sec 2x - 1}{\sec x - 1} = \lim_{x \to 0} \frac{\dfrac{1}{\cos 2x} - 1}{\dfrac{1}{\cos x} - 1}$$

$$= \lim_{x \to 0} \frac{\dfrac{1-\cos 2x}{\cos 2x}}{\dfrac{1-\cos x}{\cos x}} = \lim_{x \to 0} \frac{\dfrac{2-2\cos^2 x}{2\cos^2 x - 1}}{\dfrac{1-\cos x}{\cos x}}$$

$$= \lim_{x \to 0} \frac{2\cos x(1-\cos^2 x)}{(1-\cos x)(2\cos^2 x - 1)}$$

$$= \lim_{x \to 0} \frac{2\cos x(1+\cos x)(1-\cos x)}{(1-\cos x)(2\cos^2 x - 1)}$$

$$= \lim_{x \to 0} \frac{2\cos x(1+\cos x)}{2\cos^2 x - 1}$$

$$= \frac{2 \times 1 \times 2}{2-1} = 4 \qquad\qquad \text{답 } 4$$

127

$f(n)$

$$=\lim_{x\to 0}\frac{2x}{\sin x+\sin 2x+\cdots+\sin nx}$$

$$=\lim_{x\to 0}\frac{2}{\dfrac{\sin x}{x}+\dfrac{\sin 2x}{x}+\cdots+\dfrac{\sin nx}{x}}$$

$$=\lim_{x\to 0}\frac{2}{\dfrac{\sin x}{x}+\dfrac{\sin 2x}{2x}\times 2+\cdots+\dfrac{\sin nx}{nx}\times n}$$

$$=\frac{2}{1+2+\cdots+n}=\frac{2}{\dfrac{n(n+1)}{2}}$$

$$=\frac{4}{n(n+1)}=4\left(\frac{1}{n}-\frac{1}{n+1}\right)$$

$$\therefore \sum_{n=1}^{\infty}f(n)$$

$$=\lim_{n\to\infty}\sum_{k=1}^{n}f(k)$$

$$=\lim_{n\to\infty}\sum_{k=1}^{n}4\left(\frac{1}{k}-\frac{1}{k+1}\right)$$

$$=\lim_{n\to\infty}4\left\{\left(1-\frac{1}{2}\right)+\left(\frac{1}{2}-\frac{1}{3}\right)+\cdots+\left(\frac{1}{n}-\frac{1}{n+1}\right)\right\}$$

$$=\lim_{n\to\infty}4\left(1-\frac{1}{n+1}\right)=4$$

답 **4**

128

삼각형 ABC에서

$\overline{AB}=\overline{BC}\cos\theta=2\cos\theta$

$\overline{AC}=\overline{BC}\sin\theta=2\sin\theta$

이때 삼각형 ABC의 넓이에서

$\dfrac{1}{2}\times\overline{AB}\times\overline{AC}=\dfrac{1}{2}\times\overline{BC}\times\overline{AH}$이므로

$\dfrac{1}{2}\times 2\cos\theta\times 2\sin\theta=\dfrac{1}{2}\times 2\times\overline{AH}$

$\therefore \overline{AH}=2\sin\theta\cos\theta$

$$\therefore \lim_{\theta\to 0+}\frac{\overline{AH}}{\theta}=\lim_{\theta\to 0+}\frac{2\sin\theta\cos\theta}{\theta}$$

$$=\lim_{\theta\to 0+}\left(\frac{\sin\theta}{\theta}\times 2\cos\theta\right)$$

$$=1\times 2=2$$

답 **2**

129

함수 $f(x)$가 $x=0$에서 연속이려면 $\lim_{x\to 0}f(x)=f(0)$

이어야 한다.

$$\therefore \lim_{x\to 0}\frac{a-\cos x}{\sin^2 x}=b \qquad\cdots\cdots ㉠$$

$x\to 0$일 때 극한값이 존재하고 (분모)$\to 0$이므로

(분자)$\to 0$이어야 한다.

즉, $\lim_{x\to 0}(a-\cos x)=0$이므로 $a-1=0$

$\therefore a=1$

$a=1$을 ㉠에 대입하면

$$\lim_{x\to 0}\frac{1-\cos x}{\sin^2 x}=\lim_{x\to 0}\frac{1-\cos x}{1-\cos^2 x}$$

$$=\lim_{x\to 0}\frac{1-\cos x}{(1+\cos x)(1-\cos x)}$$

$$=\lim_{x\to 0}\frac{1}{1+\cos x}=\frac{1}{2}=b$$

$$\therefore a+b=1+\frac{1}{2}=\frac{3}{2}$$

답 $\dfrac{3}{2}$

130

직각삼각형 ABC에서 $\overline{AB}=1$, $\angle A=\theta$이므로

$\overline{AC}=\dfrac{1}{\cos\theta}=\sec\theta$, $\overline{BC}=\tan\theta$

이때 직선 CD가 $\angle C$를 이등분하므로 각의 이등분선

의 성질에 의하여

$\overline{AC}:\overline{BC}=\overline{AD}:\overline{BD}$

$\sec\theta:\tan\theta=\overline{AD}:(1-\overline{AD})$

$\tan\theta\times\overline{AD}=\sec\theta(1-\overline{AD})$

$$\therefore \overline{AD}=\frac{\sec\theta}{\tan\theta+\sec\theta}$$

$$=\frac{1}{\sin\theta+1}$$

따라서 부채꼴 ADE의 넓이는

$$S(\theta)=\frac{1}{2}\times\left(\frac{1}{1+\sin\theta}\right)^2\times\theta$$

$$=\frac{\theta}{2(1+\sin\theta)^2}$$

한편,

$$\overline{CE}=\overline{AC}-\overline{AE}=\sec\theta-\frac{1}{1+\sin\theta}$$

이므로 삼각형 BCE의 넓이는

$$T(\theta)=\frac{1}{2}\times\overline{CE}\times\overline{BC}\times\sin(\angle C)$$

$$=\frac{1}{2}\times\left(\sec\theta-\frac{1}{1+\sin\theta}\right)\times\tan\theta$$
$$\times\sin\left(\frac{\pi}{2}-\theta\right)$$

$$=\frac{1}{2}\left(\sec\theta-\frac{1}{1+\sin\theta}\right)\times\frac{\sin\theta}{\cos\theta}\times\cos\theta$$

$$=\frac{1}{2}\sin\theta\left(\sec\theta-\frac{1}{1+\sin\theta}\right)$$

$$\therefore \lim_{\theta\to0+}\frac{\{S(\theta)\}^2}{T(\theta)}$$

$$=\lim_{\theta\to0+}\frac{\left\{\dfrac{\theta}{2(1+\sin\theta)^2}\right\}^2}{\dfrac{1}{2}\sin\theta\left(\sec\theta-\dfrac{1}{1+\sin\theta}\right)}$$

$$=\lim_{\theta\to0+}\frac{\theta^2}{2\sin\theta(1+\sin\theta)^3(\sec\theta+\sec\theta\sin\theta-1)}$$

$$=\lim_{\theta\to0+}\frac{\theta^2\cos\theta}{2\sin\theta(1+\sin\theta)^3(1+\sin\theta-\cos\theta)}$$

$$=\lim_{\theta\to0+}\left\{\frac{1}{2}\times\frac{\theta}{\sin\theta}\times\frac{\cos\theta}{(1+\sin\theta)^3}\right.$$
$$\left.\times\frac{\theta}{1+\sin\theta-\cos\theta}\right\}$$

$$=\lim_{\theta\to0+}\left\{\frac{1}{2}\times\frac{\theta}{\sin\theta}\times\frac{\cos\theta}{(1+\sin\theta)^3}\right.$$
$$\left.\times\frac{1}{\dfrac{1-\cos\theta}{\theta}+\dfrac{\sin\theta}{\theta}}\right\}$$

$$=\frac{1}{2}\times1\times\frac{1}{1}\times\frac{1}{0+1}=\frac{1}{2}\qquad\text{답 ②}$$

참고 $$\lim_{\theta\to0}\frac{1-\cos\theta}{\theta}$$

$$=\lim_{\theta\to0}\frac{(1-\cos\theta)(1+\cos\theta)}{\theta(1+\cos\theta)}$$

$$=\lim_{\theta\to0}\frac{\sin^2\theta}{\theta(1+\cos\theta)}$$

$$=\lim_{\theta\to0}\left(\frac{\sin\theta}{\theta}\times\frac{\sin\theta}{1+\cos\theta}\right)$$

$$=1\times\frac{0}{2}=0$$

131

$$f'(x)=a\cos x-b\sin x$$

$$f'\left(\frac{\pi}{4}\right)=0\text{에서 }\frac{\sqrt{2}}{2}a-\frac{\sqrt{2}}{2}b=0$$

$$\therefore a=b\qquad\cdots\cdots\ \ㄱ$$

$$f'\left(\frac{\pi}{6}\right)=\sqrt{3}-1\text{에서}$$

$$\frac{\sqrt{3}}{2}a-\frac{1}{2}b=\sqrt{3}-1\qquad\cdots\cdots\ ㄴ$$

ㄱ, ㄴ을 연립하여 풀면

$$a=2,\ b=2$$

$$\therefore ab=4\qquad\text{답 4}$$

132

$$f(x)=\lim_{h\to0}\frac{x\sin(x+h)-x\sin x}{h}$$

$$=x\lim_{h\to0}\frac{\sin(x+h)-\sin x}{h}$$

$$=x(\sin x)'=x\cos x$$

이므로

$$f'(x)=\cos x+x(-\sin x)$$

$$=\cos x-x\sin x$$

$$\therefore f'\left(\frac{\pi}{2}\right)=\cos\frac{\pi}{2}-\frac{\pi}{2}\sin\frac{\pi}{2}$$

$$=-\frac{\pi}{2}\qquad\text{답 }-\frac{\pi}{2}$$

133

함수 $f(x)$가 $x=0$에서 미분가능하면 $x=0$에서 연속이므로

$$\lim_{x\to0-}\cos x=\lim_{x\to0+}(3x^2+ax+b)=f(0)$$

$$\therefore b=1$$

또, $f'(0)$이 존재하므로

$$f'(x)=\begin{cases}-\sin x & (x<0)\\ 6x+a & (x>0)\end{cases}\text{에서}$$

$$\lim_{x\to0-}(-\sin x)=\lim_{x\to0+}(6x+a)$$

$$\therefore a=0$$

$$\therefore a+b=1\qquad\text{답 1}$$

134

$f'(x)=-\sqrt{3}\sin x-\cos x-1$이므로

$f'(a)=-\sqrt{3}\sin a-\cos a-1$

$\qquad =-2\left(\dfrac{\sqrt{3}}{2}\sin a+\dfrac{1}{2}\cos a\right)-1$

$\qquad =-2\left(\cos\dfrac{\pi}{6}\sin a+\sin\dfrac{\pi}{6}\cos a\right)-1$

$\qquad =-2\sin\left(a+\dfrac{\pi}{6}\right)-1$

즉, $-2\sin\left(a+\dfrac{\pi}{6}\right)-1=-\sqrt{2}-1$이므로

$\sin\left(a+\dfrac{\pi}{6}\right)=\dfrac{\sqrt{2}}{2}$

이때 $0\leq a\leq\dfrac{\pi}{2}$에서

$\dfrac{\pi}{6}\leq a+\dfrac{\pi}{6}\leq\dfrac{2}{3}\pi$이므로

$a+\dfrac{\pi}{6}=\dfrac{\pi}{4}\qquad\therefore a=\dfrac{\pi}{12}$

답 $\dfrac{\pi}{12}$

135

$f(x)=\sin^2 x=\sin x\sin x$이므로

$f'(x)=\cos x\sin x+\sin x\cos x$

$\qquad =2\sin x\cos x$

$\therefore \lim\limits_{x\to\pi}\dfrac{f'(x)}{x-\pi}=\lim\limits_{x\to\pi}\dfrac{2\sin x\cos x}{x-\pi}$

이때 $x-\pi=t$로 놓으면 $x=\pi+t$이고 $x\to\pi$일 때 $t\to0$이므로

$\lim\limits_{x\to\pi}\dfrac{2\sin x\cos x}{x-\pi}$

$=\lim\limits_{t\to0}\dfrac{2\sin(\pi+t)\cos(\pi+t)}{t}$

$=\lim\limits_{t\to0}\dfrac{2(-\sin t)(-\cos t)}{t}$

$=\lim\limits_{t\to0}\dfrac{2\sin t\cos t}{t}$

$=\lim\limits_{t\to0}\left(\dfrac{\sin t}{t}\times 2\cos t\right)$

$=1\times 2=2$

답 2

136

$\lim\limits_{x\to a}\dfrac{\{f(x)\}^2-\{f(a)\}^2}{x-a}$

$=\lim\limits_{x\to a}\dfrac{\{f(x)-f(a)\}\{f(x)+f(a)\}}{x-a}$

$=\lim\limits_{x\to a}\dfrac{f(x)-f(a)}{x-a}\times\lim\limits_{x\to a}\{f(x)+f(a)\}$

$=2f'(a)f(a)$

$f'(x)=\cos x-\sin x$이므로

$2f'(a)f(a)=2(\cos a-\sin a)(\sin a+\cos a)$

$\qquad\qquad =2(\cos^2 a-\sin^2 a)$

$\qquad\qquad =2\{\cos^2 a-(1-\cos^2 a)\}$

$\qquad\qquad =4\cos^2 a-2$

따라서 $4\cos^2 a-2=1$이므로

$\cos^2 a=\dfrac{3}{4}$

답 ⑤

137

$f'(x)=\dfrac{(\sin x)'(1+e^x)-\sin x(1+e^x)'}{(1+e^x)^2}$

$\qquad =\dfrac{\cos x(1+e^x)-e^x\sin x}{(1+e^x)^2}$

$\therefore f'(0)=\dfrac{1\times(1+1)}{(1+1)^2}=\dfrac{1}{2}$

답 $\dfrac{1}{2}$

138

$\lim\limits_{h\to0}\dfrac{f\left(\dfrac{\pi}{6}+h\right)-f\left(\dfrac{\pi}{6}-h\right)}{h}$

$=\lim\limits_{h\to0}\dfrac{f\left(\dfrac{\pi}{6}+h\right)-f\left(\dfrac{\pi}{6}\right)+f\left(\dfrac{\pi}{6}\right)-f\left(\dfrac{\pi}{6}-h\right)}{h}$

$=\lim\limits_{h\to0}\dfrac{f\left(\dfrac{\pi}{6}+h\right)-f\left(\dfrac{\pi}{6}\right)}{h}$

$\qquad +\lim\limits_{h\to0}\dfrac{f\left(\dfrac{\pi}{6}-h\right)-f\left(\dfrac{\pi}{6}\right)}{-h}$

$=f'\left(\dfrac{\pi}{6}\right)+f'\left(\dfrac{\pi}{6}\right)=2f'\left(\dfrac{\pi}{6}\right)$

이때 $f'(x)=2\cos x\times(\cos x)'=-2\sin x\cos x$ 이므로

$$2f'\left(\frac{\pi}{6}\right)=2\times(-2)\times\frac{1}{2}\times\frac{\sqrt{3}}{2}$$
$$=-\sqrt{3}$$

답 ②

139

$f(x)=\left(\dfrac{2x+a}{x+1}\right)^3$ 에서

$$f'(x)=3\left(\frac{2x+a}{x+1}\right)^2\left(\frac{2x+a}{x+1}\right)'$$
$$=3\left(\frac{2x+a}{x+1}\right)^2\times\frac{2(x+1)-(2x+a)}{(x+1)^2}$$
$$=\frac{3(2x+a)^2(2-a)}{(x+1)^4}$$

$f'(0)=3$ 이므로

$$3a^2(2-a)=3,\ (a-1)(a^2-a-1)=0$$
$$\therefore a=1\ (\because a\text{는 정수})$$

답 ③

140

$g(x)=(f\circ f)(x)=f(f(x))$ 이므로

$g'(x)=f'(f(x))f'(x)$

이때 $f'(x)=\dfrac{1}{2}+2\cos x,\ f(\pi)=\dfrac{\pi}{2},$

$f'(\pi)=-\dfrac{3}{2},\ f'\left(\dfrac{\pi}{2}\right)=\dfrac{1}{2}$ 이므로

$$g'(\pi)=f'(f(\pi))\times f'(\pi)$$
$$=f'\left(\frac{\pi}{2}\right)\times f'(\pi)$$
$$=\frac{1}{2}\times\left(-\frac{3}{2}\right)=-\frac{3}{4}$$

답 ③

141

$y=\log_2(\ln x^2)$ 에서

$$y'=\frac{(\ln x^2)'}{\ln x^2\ln 2}=\frac{\dfrac{2x}{x^2}}{2\ln|x|\ln 2}$$
$$=\frac{1}{x\ln|x|\ln 2}$$

따라서 점 $(e,\ 1)$ 에서의 접선의 기울기는

$$\frac{1}{e\ln e\ln 2}=\frac{1}{e\ln 2}$$

답 ②

142

$$f'(x)=\frac{(1+\sin^2 2x)'}{2\sqrt{1+\sin^2 2x}}$$
$$=\frac{2\sin 2x\times\cos 2x\times 2}{2\sqrt{1+\sin^2 2x}}$$
$$=\frac{2\sin 2x\cos 2x}{\sqrt{1+\sin^2 2x}}$$

따라서 $x=\dfrac{\pi}{6}$ 에서의 미분계수는

$$f'\left(\frac{\pi}{6}\right)=\frac{2\times\dfrac{\sqrt{3}}{2}\times\dfrac{1}{2}}{\sqrt{1+\left(\dfrac{\sqrt{3}}{2}\right)^2}}$$
$$=\frac{\sqrt{21}}{7}$$

답 $\dfrac{\sqrt{21}}{7}$

143

$\lim\limits_{x\to 2}\dfrac{f(x)-3}{x-2}=5$ 에서 $x\to 2$ 일 때 극한값이 존재하

고 (분모)$\to 0$ 이므로 (분자)$\to 0$ 이어야 한다.

$$\therefore \lim_{x\to 2}\{f(x)-3\}=0$$

이때 함수 $f(x)$ 가 실수 전체의 집합에서 미분가능하

므로 실수 전체의 집합에서 연속이다.

따라서 $\lim\limits_{x\to 2}\{f(x)-3\}=f(2)-3=0$ 에서

$f(2)=3$ 이므로

$$\lim_{x\to 2}\frac{f(x)-3}{x-2}=\lim_{x\to 2}\frac{f(x)-f(2)}{x-2}$$
$$=f'(2)$$
$$\therefore f'(2)=5$$

한편, $g(x)=\dfrac{f(x)}{e^{x-2}}$ 에서

$$g'(x)=\frac{f'(x)\times e^{x-2}-f(x)\times e^{x-2}}{(e^{x-2})^2}$$
$$=\frac{\{f'(x)-f(x)\}\times e^{x-2}}{(e^{x-2})^2}$$
$$=\frac{f'(x)-f(x)}{e^{x-2}}$$
$$\therefore g'(2)=\frac{f'(2)-f(2)}{e^0}$$
$$=\frac{5-3}{1}=2$$

답 ②

144

$f(x)$를 $(2x-1)^2$으로 나누었을 때의 몫을 $Q(x)$라 하면

$$x^8+ax+b=(2x-1)^2Q(x) \qquad \cdots\cdots \text{㉠}$$

㉠의 양변을 x에 대하여 미분하면

$$8x^7+a=2(2x-1)\times2\times Q(x)+(2x-1)^2Q'(x) \qquad \cdots\cdots \text{㉡}$$

㉠, ㉡의 양변에 각각 $x=\dfrac{1}{2}$을 대입하면

$$\dfrac{1}{2^8}+\dfrac{1}{2}a+b=0,\quad \dfrac{8}{2^7}+a=0$$

두 식을 연립하여 풀면

$$a=-\dfrac{1}{2^4},\ b=\dfrac{7}{2^8}$$

$$\therefore a+16b=-\dfrac{1}{2^4}+16\times\dfrac{7}{2^8}$$

$$=\dfrac{3}{8}$$

답 $\dfrac{3}{8}$

145

$(f\circ g)(x)=xe^x$에서 $f(g(x))=xe^x$
양변을 x에 대하여 미분하면

$$f'(g(x))g'(x)=e^x+xe^x$$
$$=(1+x)e^x \qquad \cdots\cdots \text{㉠}$$

이때 $g(x)=x^3+1=9$에서 $x=2$이므로

$$g(2)=9$$

$g'(x)=3x^2$이므로 $g'(2)=12$

㉠에 $x=2$를 대입하면

$$f'(g(2))g'(2)=f'(9)\times12=3e^2$$

$$\therefore f'(9)=\dfrac{e^2}{4}$$

답 $\dfrac{e^2}{4}$

146

$f(x)=\ln(e^x+e^{2x}+e^{3x}+\cdots+e^{nx})$이라 하면

$$f(0)=\ln n$$

$\therefore$ (주어진 식)

$$=\lim_{x\to0}\dfrac{\ln(e^x+e^{2x}+e^{3x}+\cdots+e^{nx})-\ln n}{x}$$

$$=\lim_{x\to0}\dfrac{f(x)-f(0)}{x-0}=f'(0)$$

이때 $f'(x)=\dfrac{e^x+2e^{2x}+3e^{3x}+\cdots+ne^{nx}}{e^x+e^{2x}+e^{3x}+\cdots+e^{nx}}$이므로

$$f'(0)=\dfrac{1+2+3+\cdots+n}{n}$$

$$=\dfrac{\dfrac{n(n+1)}{2}}{n}=\dfrac{n+1}{2}$$

답 ①

147

삼각형 ABC에 내접하는 원의 중심을 O라 하고, 점 O에서 변 BC에 내린 수선의 발을 H라 하자.

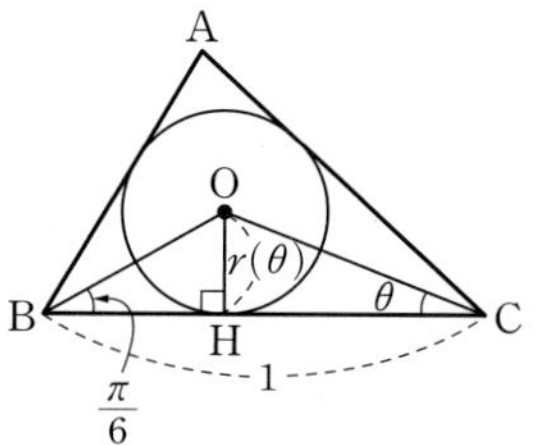

점 O는 삼각형 ABC의 내심이므로

$$\angle\mathrm{OBH}=\dfrac{\pi}{6},\quad \angle\mathrm{OCH}=\theta$$

$\dfrac{\overline{\mathrm{OH}}}{\overline{\mathrm{BH}}}=\tan\dfrac{\pi}{6}$에서 $\dfrac{r(\theta)}{\overline{\mathrm{BH}}}=\dfrac{1}{\sqrt3}$이므로

$$\overline{\mathrm{BH}}=\sqrt3\,r(\theta)$$

$\dfrac{\overline{\mathrm{OH}}}{\overline{\mathrm{CH}}}=\tan\theta$에서 $\dfrac{r(\theta)}{\overline{\mathrm{CH}}}=\tan\theta$이므로

$$\overline{\mathrm{CH}}=\dfrac{r(\theta)}{\tan\theta}$$

이때 $\overline{\mathrm{BH}}+\overline{\mathrm{HC}}=\overline{\mathrm{BC}}$이므로

$$\sqrt3\,r(\theta)+\dfrac{r(\theta)}{\tan\theta}=1,\quad r(\theta)=\dfrac{\tan\theta}{1+\sqrt3\tan\theta}$$

$$\therefore h(\theta)=\dfrac{r(\theta)}{\tan\theta}=\dfrac{1}{1+\sqrt3\tan\theta}$$

$h(\theta)$를 θ에 대하여 미분하면

$$h'(\theta)=-\dfrac{\sqrt3\sec^2\theta}{(1+\sqrt3\tan\theta)^2}$$

$$\therefore h'\!\left(\dfrac{\pi}{6}\right)=-\dfrac{\sqrt3\times\left(\dfrac{2}{\sqrt3}\right)^2}{\left(1+\sqrt3\times\dfrac{1}{\sqrt3}\right)^2}=-\dfrac{\sqrt3}{3}$$

답 ②

148

$f\left(\dfrac{\pi}{2}\right)=\left(\dfrac{\pi}{2}\right)^{\cos\frac{\pi}{2}}=1$이므로

$$\lim_{x\to\frac{\pi}{2}}\dfrac{f(x)-1}{x-\dfrac{\pi}{2}}=\lim_{x\to\frac{\pi}{2}}\dfrac{f(x)-f\left(\dfrac{\pi}{2}\right)}{x-\dfrac{\pi}{2}}=f'\left(\dfrac{\pi}{2}\right)$$

한편, $f(x)=x^{\cos x}$의 양변에 자연로그를 취하면

$\ln f(x)=\ln x^{\cos x}=\cos x\times\ln x$

양변을 x에 대하여 미분하면

$$\dfrac{f'(x)}{f(x)}=-\sin x\times\ln x+\cos x\times\dfrac{1}{x}$$

$$f'(x)=x^{\cos x}\left(-\sin x\times\ln x+\dfrac{1}{x}\cos x\right)$$

$$\therefore f'\left(\dfrac{\pi}{2}\right)=\left(\dfrac{\pi}{2}\right)^{\cos\frac{\pi}{2}}\left(-\sin\dfrac{\pi}{2}\times\ln\dfrac{\pi}{2}+\dfrac{2}{\pi}\cos\dfrac{\pi}{2}\right)$$

$$=-\ln\dfrac{\pi}{2}$$

답 $-\ln\dfrac{\pi}{2}$

149

$$\dfrac{dx}{dt}=-\sin t+\sin t+t\cos t=t\cos t$$

$$\dfrac{dy}{dt}=\cos t-(\cos t-t\sin t)=t\sin t$$

$$\therefore \dfrac{dy}{dx}=\dfrac{\dfrac{dy}{dt}}{\dfrac{dx}{dt}}=\dfrac{t\sin t}{t\cos t}$$

$$=\tan t\ (t\cos t\neq 0)$$

따라서 $t=\dfrac{\pi}{3}$에서의 $\dfrac{dy}{dx}$의 값은

$\tan\dfrac{\pi}{3}=\sqrt{3}$

답 ④

150

$x=y^3+y-1$의 양변을 y에 대하여 미분하면

$$\dfrac{dx}{dy}=3y^2+1$$

따라서 $\dfrac{dy}{dx}=\dfrac{1}{\dfrac{dx}{dy}}=\dfrac{1}{3y^2+1}$이므로

$$\lim_{y\to 1}\dfrac{dy}{dx}=\lim_{y\to 1}\dfrac{1}{3y^2+1}=\dfrac{1}{4}$$

답 $\dfrac{1}{4}$

151

$f'(x)=\dfrac{e^{-x}}{(1+e^{-x})^2}$이므로

$$f'(-1)=\dfrac{e}{(1+e)^2}$$

$$\therefore g'(f(-1))=\dfrac{1}{f'(-1)}=\dfrac{(1+e)^2}{e}$$

답 ⑤

152

$f'(x)=\dfrac{(\sin x)'}{\sin x}=\dfrac{\cos x}{\sin x}=\cot x$이므로

$$f''(x)=(\cot x)'=-\csc^2 x$$

$$\therefore f''\left(\dfrac{\pi}{3}\right)=-\csc^2\dfrac{\pi}{3}=-\dfrac{1}{\sin^2\dfrac{\pi}{3}}$$

$$=-\dfrac{1}{\left(\dfrac{\sqrt{3}}{2}\right)^2}=-\dfrac{4}{3}$$

답 $-\dfrac{4}{3}$

153

$f'(x)=\dfrac{(x^2+2)'}{x^2+2}=\dfrac{2x}{x^2+2}$이므로

$$f''(x)=\dfrac{2(x^2+2)-2x\times 2x}{(x^2+2)^2}$$

$$=\dfrac{-2(x^2-2)}{(x^2+2)^2}$$

$$\therefore \lim_{h\to 0}\dfrac{f'(2+h)-f'(2)}{h}=f''(2)$$

$$=\dfrac{-2\times 2}{6^2}$$

$$=-\dfrac{1}{9}$$

답 $-\dfrac{1}{9}$

154

$y=e^{-x}\cos x$에서

$$y'=(e^{-x})'\cos x+e^{-x}(\cos x)'$$

$$=-e^{-x}\cos x+e^{-x}\times(-\sin x)$$

$$=-e^{-x}(\cos x+\sin x)$$

$$y''=(-e^{-x})'(\cos x+\sin x)-e^{-x}(\cos x+\sin x)'$$

$$=e^{-x}(\cos x+\sin x)-e^{-x}(-\sin x+\cos x)$$

$$=2e^{-x}\sin x$$

$y'' + 2y' = ky$에서

$2e^{-x}\sin x - 2e^{-x}(\cos x + \sin x) = ke^{-x}\cos x$
$-2e^{-x}\cos x = ke^{-x}\cos x$

위 등식이 x의 값에 관계없이 항상 성립하므로

$k = -2$ 답 ①

155

$\displaystyle\lim_{h \to 0} \frac{f(1+h) - f(1-h)}{h}$

$= \displaystyle\lim_{h \to 0} \frac{f(1+h) - f(1)}{h} + \lim_{h \to 0} \frac{f(1-h) - f(1)}{-h}$

$= 2f'(1)$

이때 $\dfrac{dx}{dt} = 2t$, $\dfrac{dy}{dt} = \dfrac{(1+t) - t}{(1+t)^2} = \dfrac{1}{(1+t)^2}$이므로

$f'(x) = \dfrac{dy}{dx} = \dfrac{\dfrac{dy}{dt}}{\dfrac{dx}{dt}}$

$\qquad = \dfrac{\dfrac{1}{(1+t)^2}}{2t} = \dfrac{1}{2t(1+t)^2}$

$x = 1$일 때, $t^2 = 1$에서 $t = 1$ $(\because t > 0)$

$\therefore$ (주어진 식) $= 2f'(1)$

$\qquad\qquad\quad = 2 \times \dfrac{1}{2 \times (1+1)^2} = \dfrac{1}{4}$ 답 ③

156

y를 x에 대한 함수로 보고 주어진 식의 각 항을 x에 대하여 미분하면

$\dfrac{1}{2}x - \dfrac{1}{6}y\dfrac{dy}{dx} = 0 \qquad \therefore \dfrac{dy}{dx} = \dfrac{3x}{y} \ (y \neq 0)$

점 (a, b)에서의 접선의 기울기는 $\dfrac{3a}{b}$이므로

$\dfrac{3a}{b} = 2\sqrt{3} \qquad \therefore a = \dfrac{2\sqrt{3}}{3}b \qquad \cdots\cdots \ ㉠$

또, 점 (a, b)는 곡선 위의 점이므로

$\dfrac{a^2}{4} - \dfrac{b^2}{12} = 1 \qquad\qquad\qquad \cdots\cdots \ ㉡$

㉠, ㉡을 연립하여 풀면

$a = \pm\dfrac{4\sqrt{3}}{3}, \ b = \pm 2$ (복부호동순)

$\therefore 3(a^2 + b^2) = 3\left(\dfrac{16}{3} + 4\right) = 28$ 답 28

157

$\displaystyle\lim_{x \to 1} \dfrac{2 - g(x)}{x - 1} = \dfrac{1}{3}$에서 $x \to 1$일 때 극한값이 존재하고 (분모) $\to 0$이므로 (분자) $\to 0$이어야 한다.

즉, $\displaystyle\lim_{x \to 1}\{2 - g(x)\} = 0$에서 $2 - g(1) = 0$

$\therefore g(1) = 2$

또, 미분계수의 정의에 의하여

$\displaystyle\lim_{x \to 1} \dfrac{2 - g(x)}{x - 1} = -\lim_{x \to 1} \dfrac{g(x) - g(1)}{x - 1}$

$\qquad\qquad\qquad\qquad = -g'(1) = \dfrac{1}{3}$

$\therefore g'(1) = -\dfrac{1}{3}$

한편, $f(x)$와 $g(x)$는 역함수 관계이므로

$g(1) = 2$에서 $f(2) = 1$

따라서 역함수의 미분법에 의하여

$f'(2) = \dfrac{1}{g'(f(2))}$

$\qquad = \dfrac{1}{g'(1)}$

$\qquad = \dfrac{1}{-\dfrac{1}{3}} = -3$ 답 -3

158

함수 $f(x) = \ln(e^x + 1)$의 역함수가 $g(x)$이므로

$g(a) = b$라 하면 $f(b) = a$

즉, $\ln(e^b + 1) = a$에서 $e^b + 1 = e^a$

이때 $f'(x) = \dfrac{e^x}{e^x + 1}$이므로

$g'(a) = \dfrac{1}{f'(g(a))} = \dfrac{1}{f'(b)}$

$\qquad = \dfrac{e^b + 1}{e^b} = \dfrac{e^a}{e^a - 1}$

$\therefore \dfrac{1}{f'(a)} + \dfrac{1}{g'(a)}$

$\qquad = \dfrac{e^a + 1}{e^a} + \dfrac{e^a - 1}{e^a}$

$\qquad = \dfrac{2e^a}{e^a} = 2$ 답 ④

159

$$\lim_{h \to 0} \frac{g(3e+h)-g(3e-h)}{h}$$

$$=\lim_{h \to 0} \frac{g(3e+h)-g(3e)}{h}$$

$$\qquad\qquad +\lim_{h \to 0} \frac{g(3e-h)-g(3e)}{-h}$$

$$=g'(3e)+g'(3e)$$

$$=2g'(3e)$$

이때 $f(e)=3e$이고 함수 $f(x)$의 역함수가 $g(x)$이므로 $g(3e)=e$

함수 $f(x)=3x \ln x$에서

$$f'(x)=3 \ln x+3x \times \frac{1}{x}=3 \ln x+3$$

이므로 $f'(e)=3 \ln e+3=6$

이때 역함수의 미분법에 의하여

$$g'(3e)=\frac{1}{f'(g(3e))}=\frac{1}{f'(e)}=\frac{1}{6}$$

$$\therefore \text{(주어진 식)}=2g'(3e)=2 \times \frac{1}{6}=\frac{1}{3}$$

답 ①

160

$$f'(x)=(e^{3x})' \sin x+e^{3x}(\sin x)'$$

$$=3e^{3x} \sin x+e^{3x} \cos x$$

$$=e^{3x}(3 \sin x+\cos x)$$

$$f''(x)=(e^{3x})'(3 \sin x+\cos x)$$

$$\qquad\qquad +e^{3x}(3 \sin x+\cos x)'$$

$$=3e^{3x}(3 \sin x+\cos x)$$

$$\qquad\qquad +e^{3x}(3 \cos x-\sin x)$$

$$=2e^{3x}(4 \sin x+3 \cos x)$$

이때 방정식 $f''(x)=0$의 해가 $x=\alpha$이므로

$$2e^{3\alpha}(4 \sin \alpha+3 \cos \alpha)=0$$

$2e^{3\alpha}>0$이므로 $4 \sin \alpha+3 \cos \alpha=0$

$0<\alpha<\pi$에서 $\sin \alpha>0$이므로

$4 \sin \alpha+3 \cos \alpha=0$의 양변을 $\sin \alpha$로 나누면

$$4+3 \times \frac{\cos \alpha}{\sin \alpha}=0, \quad 4+3 \cot \alpha=0$$

$$\therefore \cot \alpha=-\frac{4}{3}$$

답 $-\dfrac{4}{3}$

161

$$\frac{dx}{d\theta}=-2 \sin \theta, \quad \frac{dy}{d\theta}=3 \cos \theta$$

$$\therefore \frac{dy}{dx}=-\frac{3 \cos \theta}{2 \sin \theta}=-\frac{3}{2} \cot \theta \ (\sin \theta \neq 0)$$

$$-\frac{3}{2} \cot \theta=-\frac{\sqrt{3}}{2}\text{에서 } \cot \theta=\frac{\sqrt{3}}{3}$$

즉, $\tan \theta=\dfrac{3}{\sqrt{3}}=\sqrt{3}$에서 $0<\theta<2\pi$이므로

$$\theta=\frac{\pi}{3} \text{ 또는 } \theta=\frac{4}{3}\pi$$

그런데 $\theta=\dfrac{4}{3}\pi$이면 $b<0$이므로 $\theta=\dfrac{\pi}{3}$

$$\therefore a=4+2 \cos \frac{\pi}{3}=5,$$

$$b=2+3 \sin \frac{\pi}{3}=2+\frac{3\sqrt{3}}{2}$$

$$\therefore ab=5\left(2+\frac{3\sqrt{3}}{2}\right)=10+\frac{15\sqrt{3}}{2}$$

답 $10+\dfrac{15\sqrt{3}}{2}$

162

두 곡선의 교점 P의 좌표를 (a, b)라 하면 점 P는 곡선 $x^2+2y^2=17$과 곡선 $4x^2-y^2=-4$ 위의 점이므로

$$a^2+2b^2=17, \quad 4a^2-b^2=-4$$

두 식을 연립하여 풀면 $a^2=1, b^2=8$ $\qquad \cdots\cdots$ ㉠

$x^2+2y^2=17$의 각 항을 x에 대하여 미분하면

$$2x+4y \frac{dy}{dx}=0 \qquad \therefore \frac{dy}{dx}=-\frac{x}{2y} \ (y \neq 0)$$

따라서 곡선 $x^2+2y^2=17$ 위의 점 P(a, b)에서의 접선의 기울기는 $m_1=-\dfrac{a}{2b}$

또, $4x^2-y^2=-4$의 각 항을 x에 대하여 미분하면

$$8x-2y \frac{dy}{dx}=0 \qquad \therefore \frac{dy}{dx}=\frac{4x}{y} \ (y \neq 0)$$

따라서 곡선 $4x^2-y^2=-4$ 위의 점 P(a, b)에서의 접선의 기울기는 $m_2=\dfrac{4a}{b}$

$$\therefore m_1 m_2=\left(-\frac{a}{2b}\right) \times \frac{4a}{b}=-\frac{2a^2}{b^2}$$

$$=-\frac{2}{8}=-\frac{1}{4} \ (\because ㉠)$$

답 $-\dfrac{1}{4}$

163

$\displaystyle\lim_{x \to 2}\frac{f(x)-3}{x-2}=6$에서 $f(2)=3$, $f'(2)=6$.

$\displaystyle\lim_{x \to 3}\frac{f(x)-1}{x-3}=\frac{1}{3}$에서 $f(3)=1$, $f'(3)=\frac{1}{3}$

이때 함수 $f(x)$의 역함수가 $g(x)$이므로

$f(2)=3$에서 $g(3)=2$

$f(3)=1$에서 $g(1)=3$

$g(g(x))=h(x)$로 놓으면

$h(1)=g(g(1))=g(3)=2$이므로

$\displaystyle\lim_{x \to 1}\frac{g(g(x))-2}{x-1}=\lim_{x \to 1}\frac{h(x)-h(1)}{x-1}=h'(1)$

따라서 $h'(x)=g'(g(x))g'(x)$이므로

$$h'(1)=g'(g(1))g'(1)$$
$$=g'(3)g'(1)$$
$$=\frac{1}{f'(g(3))}\times\frac{1}{f'(g(1))}$$
$$=\frac{1}{f'(2)}\times\frac{1}{f'(3)}$$
$$=\frac{1}{6}\times 3=\frac{1}{2}$$

답 ②

164

$x^2+2xy=3$의 각 항을 x에 대하여 미분하면

$2x+2y+2x\dfrac{dy}{dx}=0$

$\therefore \dfrac{dy}{dx}=-1-\dfrac{y}{x}\ (x\neq 0)$

$$\therefore \frac{d^2y}{dx^2}=\frac{d}{dx}\left(\frac{dy}{dx}\right)=\frac{d}{dx}\left(-1-\frac{y}{x}\right)$$
$$=-\frac{\dfrac{dy}{dx}\times x-y}{x^2}=\frac{y}{x^2}-\frac{1}{x}\times\frac{dy}{dx}$$
$$=\frac{y}{x^2}-\frac{1}{x}\left(-1-\frac{y}{x}\right)$$
$$=\frac{2y}{x^2}+\frac{1}{x}$$

따라서 $x=1$, $y=1$일 때, $\dfrac{d^2y}{dx^2}$의 값은

$\dfrac{2}{1}+1=3$

답 3

165

조건 (나)에서 $x \to 1$일 때 극한값이 존재하고

(분모) $\to 0$이므로 (분자) $\to 0$이어야 한다.

즉, $\displaystyle\lim_{x \to 1}\{f'(f(x))-1\}=0$에서 $f'(f(1))=1$

$$\therefore \lim_{x \to 1}\frac{f'(f(x))-1}{x-1}$$
$$=\lim_{x \to 1}\frac{f'(f(x))-f'(f(1))}{x-1}$$
$$=\lim_{x \to 1}\left\{\frac{f'(f(x))-f'(f(1))}{f(x)-f(1)}\times\frac{f(x)-f(1)}{x-1}\right\}$$
$$=\lim_{x \to 1}\frac{f'(f(x))-f'(f(1))}{f(x)-f(1)}$$
$$\times\lim_{x \to 1}\frac{f(x)-f(1)}{x-1}$$
$$=f''(f(1))f'(1)$$
$$=f''(2)\times 3=3f''(2)$$

따라서 $3f''(2)=3$이므로

$f''(2)=1$

답 ①

166

$f(x)=\sqrt{1+\sin \pi x}$로 놓으면

$f'(x)=\dfrac{\pi \cos \pi x}{2\sqrt{1+\sin \pi x}}$

점 $(1, 1)$에서의 접선의 기울기는

$f'(1)=\dfrac{\pi \times(-1)}{2}=-\dfrac{\pi}{2}$

이므로 접선의 방정식은

$y-1=-\dfrac{\pi}{2}(x-1)$ $\qquad \therefore y=-\dfrac{\pi}{2}x+\dfrac{\pi}{2}+1$

따라서 $a=-\dfrac{\pi}{2}$, $b=\dfrac{\pi}{2}+1$이므로

$a-b=-\pi-1$

답 $-\pi-1$

167

$f(x)=e^x$으로 놓으면 $f'(x)=e^x$

접점의 좌표를 (a, e^a)이라 하면 이 점에서의 접선의

기울기가 1이므로

$f'(a)=e^a=1$ $\qquad \therefore a=0$

따라서 접점의 좌표가 $(0, 1)$이므로 접선의 방정식은

$y=x+1$ $\qquad \therefore k=1$

답 ①

168

$f(x)=\dfrac{\ln x}{x}$로 놓으면 $f'(x)=\dfrac{1-\ln x}{x^2}$

접점의 좌표를 $\left(t, \dfrac{\ln t}{t}\right)$라 하면 이 점에서의 접선의

기울기는

$f'(t)=\dfrac{1-\ln t}{t^2}$

이므로 접선의 방정식은

$y-\dfrac{\ln t}{t}=\dfrac{1-\ln t}{t^2}(x-t)$ $\qquad$ …… ㉠

이 직선이 원점을 지나므로

$-\dfrac{\ln t}{t}=\dfrac{1-\ln t}{t^2}\times(-t)$

$\ln t=1-\ln t\ (\because t>0)$

$\ln t=\dfrac{1}{2}$ $\qquad\therefore t=e^{\frac{1}{2}}=\sqrt{e}$

$t=\sqrt{e}$를 ㉠에 대입하면

$y-\dfrac{1}{2\sqrt{e}}=\dfrac{1}{2e}(x-\sqrt{e})$ $\qquad\therefore y=\dfrac{1}{2e}x$

따라서 이 직선이 점 $\left(a, \dfrac{1}{2}\right)$을 지나므로

$\dfrac{1}{2}=\dfrac{1}{2e}\times a$ $\qquad\therefore a=e$ $\qquad$ 답 e

169

$f(x)=k-\cos^2 x,\ g(x)=\cos x$로 놓으면

$f'(x)=2\sin x\cos x,\ g'(x)=-\sin x$

두 곡선의 접점의 x좌표가 t이므로

$f(t)=g(t)$에서

$k-\cos^2 t=\cos t$ $\qquad$ …… ㉠

$f'(t)=g'(t)$에서

$2\sin t\cos t=-\sin t$

$\sin t(2\cos t+1)=0$

이때 $0<t<\pi$에서 $\sin t>0$이므로

$\cos t=-\dfrac{1}{2}$ $\qquad$ …… ㉡

㉡을 ㉠에 대입하면

$k-\left(-\dfrac{1}{2}\right)^2=-\dfrac{1}{2}$ $\qquad\therefore k=-\dfrac{1}{4}$ $\qquad$ 답 $-\dfrac{1}{4}$

170

$\dfrac{dx}{dt}=e^t+e^{-t},\ \dfrac{dy}{dt}=2e^t$이므로

$\dfrac{dy}{dx}=\dfrac{\dfrac{dy}{dt}}{\dfrac{dx}{dt}}=\dfrac{2e^t}{e^t+e^{-t}}$

$t=\ln 3$일 때, $x=e^{\ln 3}-e^{-\ln 3}=3-\dfrac{1}{3}=\dfrac{8}{3}$,

$y=2e^{\ln 3}=6$이고 접선의 기울기는

$\dfrac{dy}{dx}=\dfrac{2e^{\ln 3}}{e^{\ln 3}+e^{-\ln 3}}=\dfrac{6}{\dfrac{10}{3}}=\dfrac{9}{5}$

이므로 구하는 접선의 방정식은

$y-6=\dfrac{9}{5}\left(x-\dfrac{8}{3}\right)$

$\therefore y=\dfrac{9}{5}x+\dfrac{6}{5}$ $\qquad$ 답 $y=\dfrac{9}{5}x+\dfrac{6}{5}$

171

$e^y\ln x=2y+1$의 각 항을 x에 대하여 미분하면

$e^y\ln x\dfrac{dy}{dx}+e^y\times\dfrac{1}{x}=2\dfrac{dy}{dx}$

$(e^y\ln x-2)\dfrac{dy}{dx}=-\dfrac{e^y}{x}$

$\therefore \dfrac{dy}{dx}=-\dfrac{e^y}{x(e^y\ln x-2)}$

점 $(e,\ 0)$에서의 접선의 기울기는

$\dfrac{dy}{dx}=-\dfrac{e^0}{e(e^0\ln e-2)}=\dfrac{1}{e}$

이므로 접선의 방정식은

$y-0=\dfrac{1}{e}(x-e)$ $\qquad\therefore y=\dfrac{1}{e}x-1$

따라서 $a=\dfrac{1}{e},\ b=-1$이므로

$ab=-\dfrac{1}{e}$ $\qquad$ 답 ⑤

172

점 P의 x좌표는 $f(x)=0$에서

$\ln(\tan x)=0,\ \tan x=1$

$0<x<\dfrac{\pi}{2}$이므로 $x=\dfrac{\pi}{4}$

즉, 점 P의 좌표는 $\left(\dfrac{\pi}{4},\ 0\right)$

$f'(x)=\dfrac{\sec^2 x}{\tan x}$이므로 점 P에서의 접선의 기울기는

$f'\left(\dfrac{\pi}{4}\right)=\dfrac{(\sqrt{2})^2}{1}=2$

점 P에서의 접선의 방정식은

$y-0=2\left(x-\dfrac{\pi}{4}\right)$ $\qquad \therefore y=2x-\dfrac{\pi}{2}$

따라서 이 접선의 y절편은 $-\dfrac{\pi}{2}$이다. **답 ④**

173

$f(x)=\dfrac{1}{e^{kx}}-2x=e^{-kx}-2x$로 놓으면

$f'(x)=-ke^{-kx}-2$

접점의 좌표를 $(t,\,0)$이라 하면 이 점에서의 접선의 기울기는

$f'(t)=-ke^{-kt}-2$

이때 곡선 $y=f(x)$가 $x=t$에서 x축에 접하므로

$f(t)=0,\ f'(t)=0$

$f(t)=e^{-kt}-2t=0$에서 $e^{-kt}=2t$ $\qquad\cdots\cdots\ \bigcirc$

$f'(t)=-ke^{-kt}-2=0$에서

$ke^{-kt}+2=0$ $\qquad\cdots\cdots\ \bigcirc$

$\bigcirc$을 $\bigcirc$에 대입하면

$k\times 2t+2=0$ $\qquad \therefore t=-\dfrac{1}{k}$

$t=-\dfrac{1}{k}$을 $\bigcirc$에 대입하면

$e=-\dfrac{2}{k}$ $\qquad \therefore k=-\dfrac{2}{e}$ **답 $-\dfrac{2}{e}$**

174

$\dfrac{dx}{d\theta}=4\sin^3\theta\cos\theta,\ \dfrac{dy}{d\theta}=-4\cos^3\theta\sin\theta$이므로

$\dfrac{dy}{dx}=\dfrac{\dfrac{dy}{d\theta}}{\dfrac{dx}{d\theta}}=\dfrac{-4\cos^3\theta\sin\theta}{4\sin^3\theta\cos\theta}$

$\qquad =-\dfrac{\cos^2\theta}{\sin^2\theta}=-\cot^2\theta\ (\sin\theta\cos\theta\neq 0)$

$\theta=\dfrac{5}{4}\pi$일 때, $x=\sin^4\dfrac{5}{4}\pi=\left(-\dfrac{1}{\sqrt{2}}\right)^4=\dfrac{1}{4}$,

$y=\cos^4\dfrac{5}{4}\pi=\left(-\dfrac{1}{\sqrt{2}}\right)^4=\dfrac{1}{4}$이고 접선의 기울기는

$-\cot^2\dfrac{5}{4}\pi=-1$이므로 접선의 방정식은

$y-\dfrac{1}{4}=-\left(x-\dfrac{1}{4}\right)$ $\qquad \therefore y=-x+\dfrac{1}{2}$

따라서 이 접선의 x절편은 $\dfrac{1}{2}$이다. **답 $\dfrac{1}{2}$**

175

$\dfrac{x^2}{2}-\dfrac{y^2}{4}=1$의 각 항을 x에 대하여 미분하면

$x-\dfrac{y}{2}\times\dfrac{dy}{dx}=0$ $\qquad \therefore \dfrac{dy}{dx}=\dfrac{2x}{y}\ (y\neq 0)$

점 $(2,\,2)$에서의 접선의 기울기는

$\dfrac{dy}{dx}=\dfrac{4}{2}=2$

이므로 접선의 방정식은

$y-2=2(x-2)$ $\qquad \therefore y=2x-2$

따라서 직선 $y=2x-2$와 x축, y축으로 둘러싸인 삼각형의 넓이는 오른쪽 그림의 색칠한 부분의 넓이와 같으므로

$\dfrac{1}{2}\times 1\times 2=1$ **답 1**

176

함수 $f(x)=e^{ax}$의 그래프와 그 역함수의 그래프는 직선 $y=x$에 대하여 대칭이고 $f(x)=e^{ax}$의 그래프와 그 역함수의 그래프가 서로 접하므로 접선의 방정식은 $y=x$이다.

두 함수의 그래프의 접점의 좌표를 $(t,\,e^{at})$이라 하면 접점 $(t,\,e^{at})$은 직선 $y=x$ 위에 있으므로

$e^{at}=t$ $\qquad\cdots\cdots\ \bigcirc$

또, 점 $(t,\,e^{at})$에서의 접선의 기울기는 1이므로

$f'(x)=ae^{ax}$에서 $ae^{at}=1$ $\qquad\cdots\cdots\ \bigcirc$

$\bigcirc$, $\bigcirc$에서 $at=1$

$at=1$을 $\bigcirc$에 대입하면

$ae=1$ $\qquad \therefore a=\dfrac{1}{e}$ **답 $\dfrac{1}{e}$**

177

$f(x)=(x-1)e^x$으로 놓으면

$f'(x)=e^x+(x-1)e^x=xe^x$

접점의 좌표를 $(a,\ (a-1)e^a)$이라 하면 이 점에서의

접선의 기울기는 $f'(a)=ae^a$이므로 접선의 방정식은

$y-(a-1)e^a=ae^a(x-a)$

이 직선이 점 $(t,\ 0)$을 지나므로

$0-(a-1)e^a=ae^a(t-a)$

$e^a\{a^2-(t+1)a+1\}=0$

$e^a>0$이므로 $a^2-(t+1)a+1=0$ $\qquad\cdots\cdots$ ㉠

이때 점 $(t,\ 0)$에서 곡선 $y=(x-1)e^x$에 서로 다른

두 개의 접선을 그을 수 있으려면 a에 대한 이차방정식

㉠이 서로 다른 두 실근을 가져야 한다.

즉, 방정식 ㉠의 판별식을 D라 하면

$D=(t+1)^2-4>0,\ t^2+2t-3>0$

$(t+3)(t-1)>0$

$\therefore\ t<-3$ 또는 $t>1$

따라서 $\alpha=-3,\ \beta=1$이므로

$\alpha^2+\beta^2=10$ $\qquad\qquad$ **답 10**

178

$f(x)=\dfrac{\ln(1+x)}{1+x}$에서 $x>-1$이고

$f'(x)=\dfrac{1-\ln(1+x)}{(1+x)^2}$

$f'(x)=0$에서 $\ln(1+x)=1$

$1+x=e$ $\qquad\therefore\ x=e-1$

함수 $f(x)$의 증가와 감소를 표로 나타내면 다음과 같다.

x	-1	$\cdots$	$e-1$	$\cdots$
$f'(x)$		$+$	0	$-$
$f(x)$		$\nearrow$	$\dfrac{1}{e}$	$\searrow$

따라서 함수 $f(x)$는 구간 $(-1,\ e-1]$에서 증가하고
구간 $[e-1,\ \infty)$에서 감소하므로

$a=e-1$ $\qquad\qquad$ **답 $e-1$**

179

$f'(x)=2-\dfrac{2x}{x^2+k}=\dfrac{2x^2-2x+2k}{x^2+k}$

함수 $f(x)$가 실수 전체의 집합에서 증가하려면 모든

실수 x에 대하여 $f'(x)\geq0$이어야 하므로

$\dfrac{2x^2-2x+2k}{x^2+k}\geq0$

이때 $x^2+k>0$이므로

$2x^2-2x+2k\geq0$

이차방정식 $2x^2-2x+2k=0$의 판별식을 D라 하면

$\dfrac{D}{4}=1-4k\leq0$ $\qquad\therefore\ k\geq\dfrac{1}{4}$ $\qquad$ **답 $k\geq\dfrac{1}{4}$**

180

$f'(x)=e^{ax+b}+x\times ae^{ax+b}=e^{ax+b}(1+ax)$

함수 $f(x)$가 $x=-2$에서 극솟값 $-\dfrac{2}{e}$를 가지므로

$f(-2)=-\dfrac{2}{e},\ f'(-2)=0$

$f(-2)=-2e^{-2a+b}=-\dfrac{2}{e}$에서 $e^{-2a+b}=e^{-1}$

$\therefore\ -2a+b=-1$ $\qquad\qquad\cdots\cdots$ ㉠

$f'(-2)=e^{-2a+b}(1-2a)=0$에서 $e^{-2a+b}>0$이므로

$1-2a=0$ $\qquad\therefore\ a=\dfrac{1}{2}$

$a=\dfrac{1}{2}$을 ㉠에 대입하면

$-1+b=-1$ $\qquad\therefore\ b=0$ $\qquad$ **답 $a=\dfrac{1}{2},\ b=0$**

181

$f(x)=a\sin x+b\cos x+x$에서

$f'(x)=a\cos x-b\sin x+1$

함수 $f(x)$가 $x=\dfrac{\pi}{3}$와 $x=\pi$에서 극값을 가지므로

$f'\left(\dfrac{\pi}{3}\right)=0,\ f'(\pi)=0$

$f'\left(\dfrac{\pi}{3}\right)=\dfrac{1}{2}a-\dfrac{\sqrt{3}}{2}b+1=0$ $\qquad\cdots\cdots$ ㉠

$f'(\pi)=-a+1=0$ $\qquad\therefore\ a=1$

$a=1$을 ㉠에 대입하면

$\dfrac{1}{2}-\dfrac{\sqrt{3}}{2}b+1=0$ $\qquad\therefore\ b=\sqrt{3}$

즉, $f'(x)=\cos x-\sqrt{3}\sin x+1$이므로
$$f''(x)=-\sin x-\sqrt{3}\cos x$$
이때 $f''\left(\dfrac{\pi}{3}\right)=-\dfrac{\sqrt{3}}{2}-\dfrac{\sqrt{3}}{2}=-\sqrt{3}<0,$

$f''(\pi)=\sqrt{3}>0$이므로 함수 $f(x)$는 $x=\dfrac{\pi}{3}$에서 극대
이고 $x=\pi$에서 극소이다.

따라서 $f(x)=\sin x+\sqrt{3}\cos x+x$에서 극솟값은
$$f(\pi)=\sin\pi+\sqrt{3}\cos\pi+\pi=\pi-\sqrt{3}$$

답 $\pi-\sqrt{3}$

182

$f(x)=2\ln x-\dfrac{a}{x}-x$에서 $x>0$이고

$$f'(x)=\dfrac{2}{x}+\dfrac{a}{x^2}-1=\dfrac{-x^2+2x+a}{x^2}$$

함수 $f(x)$가 극값을 갖지 않으려면 모든 양수 x에 대
하여 $f'(x)\geq0$ 또는 $f'(x)\leq0$이어야 한다.

이때 $x^2>0$이므로 모든 양수 x에 대하여 $f'(x)\leq0,$
즉 $-x^2+2x+a\leq0$이어야 한다.

그런데 $-x^2+2x+a=-(x-1)^2+a+1\leq a+1$이
므로

$$a+1\leq0 \qquad \therefore a\leq-1$$

따라서 a의 값이 될 수 있는 것은 -3이다. 답 ①

183

$f(x)=e^{-x}(\sin x+\cos x)$에서

$$\begin{aligned}f'(x)&=-e^{-x}(\sin x+\cos x)+e^{-x}(\cos x-\sin x)\\&=-2e^{-x}\sin x\end{aligned}$$

$f'(x)=0$에서 $\sin x=0$

$\therefore x=k\pi \ (k=1, 2, 3, \cdots)$

함수 $f(x)$의 증가와 감소를 표로 나타내면 다음과 같다.

x	0	$\cdots$	π	$\cdots$	2π	$\cdots$	3π	$\cdots$	4π	$\cdots$
$f'(x)$		$-$	0	$+$	0	$-$	0	$+$	0	$-$
$f(x)$		$\searrow$	극소	$\nearrow$	극대	$\searrow$	극소	$\nearrow$	극대	$\searrow$

따라서 함수 $f(x)$는 $x=2n\pi \ (n=1, 2, 3, \cdots)$에서
극대이고 극댓값은
$$\begin{aligned}f(2n\pi)&=e^{-2n\pi}(\sin 2n\pi+\cos 2n\pi)\\&=e^{-2n\pi}\end{aligned}$$

극댓값이 큰 것부터 차례로 $a_1, a_2, a_3, \cdots$이므로
$$a_n=e^{-2n\pi} \qquad \therefore \ln a_n=-2n\pi$$
$$\begin{aligned}\therefore \ln a_{99}-\ln a_{100}&=-2\times99\pi-(-2\times100\pi)\\&=2\pi\end{aligned}$$

답 2π

184

$$\begin{aligned}f'(x)&=e^x(x^2+4x+2)+e^x(2x+4)\\&=e^x(x^2+6x+6)\end{aligned}$$
$$\begin{aligned}f''(x)&=e^x(x^2+6x+6)+e^x(2x+6)\\&=e^x(x^2+8x+12)\end{aligned}$$

곡선 $y=f(x)$가 위로 볼록한 구간은 $f''(x)<0$에서
$$e^x(x^2+8x+12)<0$$
이때 $e^x>0$이므로 $x^2+8x+12<0$
$$(x+6)(x+2)<0$$
$$\therefore -6<x<-2$$
답 ③

185

삼차함수의 그래프가 어떤 점에 대하여 대칭일 때, 그
점은 그래프의 변곡점이므로 점 P는 곡선
$y=x^3-3x^2+2$의 변곡점이다.

$f(x)=x^3-3x^2+2$로 놓으면
$$f'(x)=3x^2-6x, \ f''(x)=6x-6$$
$f''(x)=0$에서 $x=1$

이때 함수 $y=f(x)$의 그래프는 구간 $(-\infty, 1)$에서
$f''(x)<0$이므로 위로 볼록하고, 구간 $(1, \infty)$에서
$f''(x)>0$이므로 아래로 볼록하다.

즉, $x=1$의 좌우에서 $f''(x)$의 부호가 바뀌므로 변곡
점의 x좌표는 1이다.

$$\therefore \mathrm{P}(1, 0)$$

답 $(1, 0)$

186

$f(x)=e^x-e^{-x}+1$로 놓으면
$$f'(x)=e^x+e^{-x}$$
$$f''(x)=e^x-e^{-x}=e^{-x}(e^{2x}-1)$$
$f''(x)=0$에서 $x=0$

이때 함수 $y=f(x)$의 그래프는 구간 $(-\infty, 0)$에서 $f''(x)<0$이므로 위로 볼록하고, 구간 $(0, \infty)$에서 $f''(x)>0$이므로 아래로 볼록하다.

즉, $x=0$의 좌우에서 $f''(x)$의 부호가 바뀌므로 변곡점의 좌표는 $(0, 1)$이다.

이 점에서의 접선의 기울기는 $f'(0)=1+1=2$이므로 구하는 접선의 방정식은

$$y=2x+1$$

답 ④

187

$y=f'(x)$의 그래프로부터 함수 $f(x)$의 증가와 감소, 오목과 볼록을 표로 나타내면 다음과 같다.

x	$\cdots$	a	$\cdots$	0	$\cdots$	b	$\cdots$
$f'(x)$	$+$	0	$-$	$-$	$-$	0	$-$
$f''(x)$	$-$	$-$	$-$	0	$+$	0	$-$
$f(x)$	↗	극대	↘	변곡점	↘	변곡점	↘

$f''(x)=0$에서 $x=0$ 또는 $x=b$이고 각각의 좌우에서 $f''(x)$의 부호가 바뀌므로 변곡점의 x좌표는 0, b이다.

답 0, b

188

$f(x)=\dfrac{2}{x^2+b}\ (b>0)$로 놓으면

$$f'(x)=\dfrac{-4x}{(x^2+b)^2}$$

$$f''(x)=\dfrac{-4(x^2+b)^2+4x\times 2(x^2+b)\times 2x}{(x^2+b)^4}$$

$$=\dfrac{12x^2-4b}{(x^2+b)^3}$$

이때 점 $(2, a)$가 곡선 $y=f(x)$의 변곡점이므로 $f(2)=a$, $f''(2)=0$

$$f(2)=\dfrac{2}{4+b}=a \qquad \cdots\cdots\ \unicode{x24E8}$$

$$f''(2)=\dfrac{48-4b}{(4+b)^3}=0 \text{에서}$$

$$48-4b=0 \qquad \therefore b=12$$

$b=12$를 $\unicode{x24E8}$에 대입하면

$$\dfrac{2}{4+12}=a \qquad \therefore a=\dfrac{1}{8}$$

$$\therefore \dfrac{b}{a}=\dfrac{12}{\dfrac{1}{8}}=96$$

답 96

189

$f(x)=\dfrac{1}{x^2+3}$에서

$$f'(x)=\dfrac{-2x}{(x^2+3)^2}$$

$$f''(x)=\dfrac{-2(x^2+3)^2+2x\times 2(x^2+3)\times 2x}{(x^2+3)^4}$$

$$=\dfrac{6x^2-6}{(x^2+3)^3}=\dfrac{6(x+1)(x-1)}{(x^2+3)^3}$$

$f''(x)=0$에서 $x=-1$ 또는 $x=1$

이때 $x=-1$과 $x=1$의 좌우에서 $f''(x)$의 부호가 바뀌므로 두 변곡점의 좌표는

$$\left(-1, \dfrac{1}{4}\right), \left(1, \dfrac{1}{4}\right)$$

따라서 두 변곡점 사이의 거리는

$$\sqrt{(1+1)^2+\left(\dfrac{1}{4}-\dfrac{1}{4}\right)^2}=2$$

답 2

190

ㄱ. $f'(x)=0$인 점은 x의 값이 0, c, e, g일 때이지만 그 점의 좌우에서 $f'(x)$의 부호가 바뀌는 경우는 $x=0$, $x=c$, $x=g$의 3개이다. 즉, 극값을 갖는 점은 3개이다. (거짓)

ㄴ. $x=c$의 좌우에서 $f'(x)$의 부호가 음에서 양으로 바뀌므로 $f(x)$는 $x=c$에서 극솟값을 갖는다. (참)

ㄷ. $f''(x)=0$인 점은 x의 값이 b, d, e, f일 때이고 각 점의 좌우에서 $f''(x)$의 부호가 바뀌므로 변곡점의 개수는 4이다. (참)

따라서 옳은 것은 ㄴ, ㄷ이다.

답 ㄴ, ㄷ

191

$f(x)=\left(\ln\dfrac{1}{2ax}\right)^2$으로 놓으면

$$f(x)=\left(\ln\dfrac{1}{2ax}\right)^2=(-\ln 2ax)^2$$
$$=(\ln 2ax)^2$$

$$f'(x)=2(\ln 2ax)\times\dfrac{2a}{2ax}$$
$$=\dfrac{2\ln 2ax}{x}$$

$$f''(x)=\dfrac{2\times\dfrac{2a}{2ax}\times x-2\ln 2ax}{x^2}$$
$$=\dfrac{2-2\ln 2ax}{x^2}$$

$f''(x)=0$에서 $2-2\ln 2ax=0$

$\ln 2ax=1,\ 2ax=e$

$\therefore x=\dfrac{e}{2a},\ f\left(\dfrac{e}{2a}\right)=1$

이때 $x=\dfrac{e}{2a}$의 좌우에서 $f''(x)$의 부호가 바뀌므로

변곡점의 좌표는 $\left(\dfrac{e}{2a},\ 1\right)$이다.

변곡점이 직선 $y=4x$ 위에 있으므로

$$1=4\times\dfrac{e}{2a}\qquad\therefore a=2e$$

답 **2e**

192

$f(x)=ae^{3x}+be^{x}$에서

$f'(x)=3ae^{3x}+be^{x},\ f''(x)=9ae^{3x}+be^{x}$

조건 ㈎에서 함수 $f(x)$는 $x=\ln\dfrac{2}{3}$의 좌우에서

$f''(x)$의 부호가 바뀌므로 $x=\ln\dfrac{2}{3}$에서 변곡점을 갖

는다.

즉, $f''\left(\ln\dfrac{2}{3}\right)=0$이므로

$$9ae^{3\ln\frac{2}{3}}+be^{\ln\frac{2}{3}}=0$$
$$9a\times\left(\dfrac{2}{3}\right)^3+b\times\dfrac{2}{3}=0$$
$$8a+2b=0\qquad\therefore b=-4a$$

조건 ㈏에서 함수 $f(x)$의 역함수가 존재하려면 $a>0$

이므로 $f(x)$는 구간 $[k,\ \infty)$에서 증가해야 한다.

즉, 구간 $[k,\ \infty)$에서 $f'(x)\geq 0$이어야 한다.

$$f'(x)=3ae^{3x}+be^{x}=3ae^{3x}-4ae^{x}$$
$$=ae^{x}(3e^{2x}-4)\geq 0$$

$ae^{x}>0$이므로 $3e^{2x}-4\geq 0$

$e^{2x}\geq\dfrac{4}{3},\ 2x\geq\ln\dfrac{4}{3}\qquad\therefore x\geq\dfrac{1}{2}\ln\dfrac{4}{3}$

따라서 $k\geq\dfrac{1}{2}\ln\dfrac{4}{3}$이므로 $m=\dfrac{1}{2}\ln\dfrac{4}{3}$

이때 $f(2m)=-\dfrac{80}{9}$이므로

$$f(2m)=f\left(\ln\dfrac{4}{3}\right)=ae^{3\ln\frac{4}{3}}-4ae^{\ln\frac{4}{3}}$$
$$=a\times\left(\dfrac{4}{3}\right)^3-4a\times\dfrac{4}{3}$$
$$=-\dfrac{80}{27}a=-\dfrac{80}{9}$$

$\therefore a=3,\ b=-12$

$\therefore f(0)=a+b=-9$

답 ③

193

$f(x)=e^{-2x^2}$에서

$f'(x)=-4xe^{-2x^2}$

$f''(x)=-4e^{-2x^2}+(-4x)\times(-4xe^{-2x^2})$
$$=4e^{-2x^2}(4x^2-1)$$
$$=4e^{-2x^2}(2x+1)(2x-1)$$

$f'(x)=0$에서 $x=0$

$f''(x)=0$에서 $x=-\dfrac{1}{2}$ 또는 $x=\dfrac{1}{2}$

함수 $f(x)$의 증가와 감소, 오목과 볼록을 표로 나타내
면 다음과 같다.

x	$\cdots$	$-\dfrac{1}{2}$	$\cdots$	0	$\cdots$	$\dfrac{1}{2}$	$\cdots$
$f'(x)$	$+$	$+$	$+$	0	$-$	$-$	$-$
$f''(x)$	$+$	0	$-$	$-$	$-$	0	$+$
$f(x)$	↗	$\dfrac{1}{\sqrt{e}}$ 변곡점	↗	1 극대	↘	$\dfrac{1}{\sqrt{e}}$ 변곡점	↘

또, $\lim\limits_{x \to -\infty} e^{-2x^2}=0$, $\lim\limits_{x \to \infty} e^{-2x^2}=0$이므로 점근선은 x축이다.

따라서 함수 $f(x)=e^{-2x^2}$의 그래프는 오른쪽 그림과 같다.

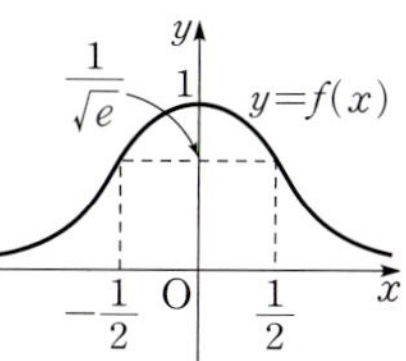

ㄱ. $x=0$에서 극댓값 1을 갖는다. (거짓)

ㄴ. 모든 실수 x에 대하여
$$f(-x)=e^{-2\times(-x)^2}=e^{-2x^2}=f(x) \ (참)$$

ㄷ. 구간 $\left(-\dfrac{1}{2}, \dfrac{1}{2}\right)$에서 $f''(x)<0$이므로 곡선 $y=f(x)$는 위로 볼록하다. (참)

따라서 옳은 것은 ㄴ, ㄷ이다. **답 ㄴ, ㄷ**

194

$$f'(x)=\frac{xe^{x+1}-e^{x+1}}{x^2}=\frac{e^{x+1}(x-1)}{x^2}$$

$f'(x)=0$에서 $x=1$

$x>0$에서 함수 $f(x)$의 증가와 감소를 표로 나타내면 다음과 같다.

x	0	$\cdots$	1	$\cdots$
$f'(x)$		$-$	0	$+$
$f(x)$		$\searrow$	e^2 극소	$\nearrow$

따라서 함수 $f(x)$의 최솟값은 $f(1)=e^2$이다. **답 e^2**

195

$$f'(x)=a(1-2\cos 2x)$$

$f'(x)=0$에서 $\cos 2x=\dfrac{1}{2}$

$2x=-\dfrac{\pi}{3}$ 또는 $2x=\dfrac{\pi}{3}$ $\left(\because -\dfrac{\pi}{2}\leq x\leq\dfrac{\pi}{2}\right)$

$\therefore x=-\dfrac{\pi}{6}$ 또는 $x=\dfrac{\pi}{6}$

$a>0$이므로 닫힌구간 $\left[-\dfrac{\pi}{2}, \dfrac{\pi}{2}\right]$에서 함수 $f(x)$의 증가와 감소를 표로 나타내면 다음과 같다.

x	$-\dfrac{\pi}{2}$	$\cdots$	$-\dfrac{\pi}{6}$	$\cdots$	$\dfrac{\pi}{6}$	$\cdots$	$\dfrac{\pi}{2}$
$f'(x)$		$+$	0	$-$	0	$+$	
$f(x)$	$-\dfrac{a}{2}\pi$	$\nearrow$	$a\left(\dfrac{\sqrt{3}}{2}-\dfrac{\pi}{6}\right)$ 극대	$\searrow$	$a\left(\dfrac{\pi}{6}-\dfrac{\sqrt{3}}{2}\right)$ 극소	$\nearrow$	$\dfrac{a}{2}\pi$

따라서 함수 $f(x)$의 최솟값은 $f\left(-\dfrac{\pi}{2}\right)$이므로

$$-\frac{a}{2}\pi=-\pi \qquad \therefore a=2$$

답 2

196

$$f'(x)=\frac{x^2+5-(x+2)\times 2x}{(x^2+5)^2}$$
$$=\frac{-x^2-4x+5}{(x^2+5)^2}=-\frac{(x+5)(x-1)}{(x^2+5)^2}$$

$f'(x)=0$에서 $x=1$ $(\because x\geq 0)$

$x\geq 0$에서 함수 $f(x)$의 증가와 감소를 표로 나타내면 다음과 같다.

x	0	$\cdots$	1	$\cdots$
$f'(x)$		$+$	0	$-$
$f(x)$	$\dfrac{2}{5}$	$\nearrow$	$\dfrac{1}{2}$ 극대	$\searrow$

이때 $0<a<1$이면 최댓값 $\dfrac{1}{2}$을 만족시키는 x의 값이 존재하지 않으므로

$$a\geq 1 \qquad \cdots\cdots ㉠$$

또, 최솟값이 $\dfrac{2}{5}$이려면 $f(a)\geq\dfrac{2}{5}$이어야 하므로

$$f(a)=\frac{a+2}{a^2+5}\geq\frac{2}{5}$$에서
$$5(a+2)\geq 2(a^2+5)$$
$$2a^2-5a\leq 0, \ a(2a-5)\leq 0$$
$$\therefore 0\leq a\leq\frac{5}{2} \qquad \cdots\cdots ㉡$$

㉠, ㉡에서 $1\leq a\leq\dfrac{5}{2}$ **답 $1\leq a\leq\dfrac{5}{2}$**

197

$f(x)=\cos^3 x+3\sin^2 x+1$

$\quad\ =\cos^3 x+3(1-\cos^2 x)+1$

$\quad\ =\cos^3 x-3\cos^2 x+4$

이때 $\cos x=t\ (-1\leq t\leq 1)$로 놓고 주어진 함수를
$g(t)$라 하면

$g(t)=t^3-3t^2+4$

$g'(t)=3t^2-6t=3t(t-2)$

$g'(t)=0$에서 $t=0\ (\because -1\leq t\leq 1)$

$-1\leq t\leq 1$에서 함수 $g(t)$의 증가와 감소를 표로 나타
내면 다음과 같다.

t	-1	$\cdots$	0	$\cdots$	1
$g'(t)$		$+$	0	$-$	
$g(t)$	0	$\nearrow$	4 극대	$\searrow$	2

따라서 함수 $g(t)$의 최댓값은 $M=g(0)=4$, 최솟값
은 $m=g(-1)=0$이다.

$\therefore M+m=4+0=4$ **답 4**

198

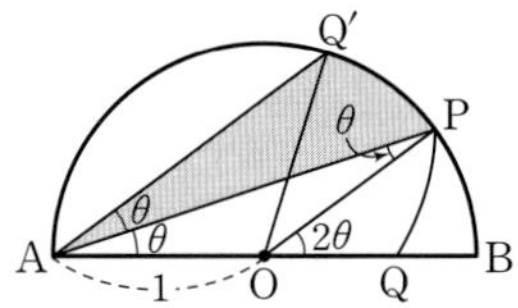

색종이를 접었을 때 호 AP와 선분 AB의 교점을 Q,
접힌 색종이를 다시 폈을 때 점 Q가 호 AB와 만나는
점을 Q'이라 하자.

도형 APQ와 도형 APQ'은 합동이므로 $S(\theta)$는 호
AP와 현 AP로 둘러싸인 도형의 넓이에서 호 AQ'과
현 AQ'으로 둘러싸인 도형의 넓이를 뺀 것과 같다.

이때 $\angle\text{AOP}=\pi-2\theta$, $\angle\text{AOQ}'=\pi-4\theta$이므로

$S(\theta)$

$=\left\{\dfrac{1}{2}\times 1^2\times(\pi-2\theta)-\dfrac{1}{2}\times 1\times 1\times\sin(\pi-2\theta)\right\}$

$\quad -\left\{\dfrac{1}{2}\times 1^2\times(\pi-4\theta)-\dfrac{1}{2}\times 1\times 1\times\sin(\pi-4\theta)\right\}$

$=\dfrac{1}{2}(2\theta-\sin 2\theta+\sin 4\theta)$

$S'(\theta)=\dfrac{1}{2}(2-2\cos 2\theta+4\cos 4\theta)$

$\quad\ =2\cos 4\theta-\cos 2\theta+1$

$\quad\ =2(\cos^2 2\theta-\sin^2 2\theta)-\cos 2\theta+1$

$\quad\ =2(2\cos^2 2\theta-1)-\cos 2\theta+1$

$\quad\ =4\cos^2 2\theta-\cos 2\theta-1$

$S'(\theta)=0$에서

$4\cos^2 2\theta-\cos 2\theta-1=0$

$\therefore \cos 2\theta=\dfrac{1\pm\sqrt{17}}{8}$

이때 $0<\theta<\dfrac{\pi}{4}$에서 $0<\cos 2\theta<1$이므로

$\cos 2\theta=\dfrac{1+\sqrt{17}}{8}$인 θ에서 $S'(\theta)=0$이다.

$0<\theta<\dfrac{\pi}{4}$에서 $\cos 2\theta=\dfrac{1+\sqrt{17}}{8}$을 만족시키는 θ를

θ_0이라 하면

$\theta<\theta_0$일 때 $S'(\theta)>0$이고,

$\theta>\theta_0$일 때 $S'(\theta)<0$이므로

$S(\theta)$는 $\theta=\theta_0$에서 최댓값을 갖는다.

따라서 $\alpha=\theta_0$이므로

$\cos 2\alpha=\dfrac{1+\sqrt{17}}{8}$ **답 ④**

참고 (호 AP와 현 AP로 둘러싸인 도형의 넓이)

$=$ (부채꼴 AOP의 넓이) $-$ (삼각형 AOP의 넓이)

199

$f(x)=e^x+e^{-x}-3$으로 놓으면

$f'(x)=e^x-e^{-x}=\dfrac{e^{2x}-1}{e^x}$

$f'(x)=0$에서 $e^{2x}=1$, $2x=0$ $\qquad \therefore x=0$

함수 $f(x)$의 증가와 감소를 표로 나타내면 다음과 같
다.

x	$\cdots$	0	$\cdots$
$f'(x)$	$-$	0	$+$
$f(x)$	$\searrow$	-1 극소	$\nearrow$

이때
$$\lim_{x\to\infty}(e^x+e^{-x}-3)=\infty,$$
$$\lim_{x\to-\infty}(e^x+e^{-x}-3)=\infty$$
이므로 함수 $y=f(x)$의 그래프는 오른쪽 그림과 같다.

따라서 함수 $y=f(x)$의 그래프와 x축이 서로 다른 두 점에서 만나므로 주어진 방정식의 서로 다른 실근의 개수는 2이다.

답 2

200

$\dfrac{\ln x}{x}=kx$에서 $\dfrac{\ln x}{x^2}=k$

주어진 방정식이 서로 다른 두 실근을 가지려면 함수 $y=\dfrac{\ln x}{x^2}$의 그래프와 직선 $y=k$가 서로 다른 두 점에서 만나야 한다.

$f(x)=\dfrac{\ln x}{x^2}$로 놓으면 $x>0$이고

$$f'(x)=\dfrac{\dfrac{1}{x}\times x^2-\ln x\times 2x}{x^4}=\dfrac{1-2\ln x}{x^3}$$

$f'(x)=0$에서 $\ln x=\dfrac{1}{2}$ $\quad\therefore x=\sqrt{e}$

$x>0$에서 함수 $f(x)$의 증가와 감소를 표로 나타내면 다음과 같다.

x	0	$\cdots$	$\sqrt{e}$	$\cdots$
$f'(x)$		$+$	0	$-$
$f(x)$		$\nearrow$	$\dfrac{1}{2e}$ 극대	$\searrow$

이때 $\lim\limits_{x\to\infty}\dfrac{\ln x}{x^2}=0$, $\lim\limits_{x\to 0+}\dfrac{\ln x}{x^2}=-\infty$이므로

함수 $y=f(x)$의 그래프는 오른쪽 그림과 같다.

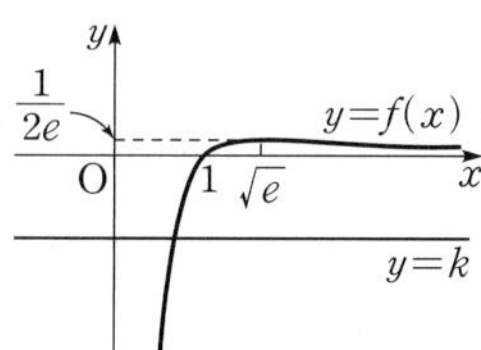

따라서 함수 $y=f(x)$의 그래프와 직선 $y=k$가 서로 다른 두 점에서 만나려면

$$0<k<\dfrac{1}{2e}$$

답 ②

 $\dfrac{\ln x}{x}=kx$에서 $\ln x=kx^2$

$f(x)=\ln x$, $g(x)=kx^2$으로 놓으면

$$f'(x)=\dfrac{1}{x},\ g'(x)=2kx$$

두 함수의 그래프가 $x=a$에서 접한다고 하면

$$f(a)=g(a),\ f'(a)=g'(a)$$

$f(a)=g(a)$에서

$$\ln a=ka^2 \qquad\cdots\cdots\ \text{㉠}$$

$f'(a)=g'(a)$에서

$$\dfrac{1}{a}=2ka$$

$$\therefore k=\dfrac{1}{2a^2} \qquad\cdots\cdots\ \text{㉡}$$

㉡을 ㉠에 대입하면

$$\ln a=\dfrac{1}{2} \qquad\therefore a=\sqrt{e}$$

$$\therefore k=\dfrac{1}{2e}$$

따라서 방정식 $\dfrac{\ln x}{x}=kx$가 서로 다른 두 실근을 가지려면

$$0<k<\dfrac{1}{2e}$$

201

$e^{-x}>1-x$에서 $e^{-x}-1+x>0$

$f(x)=e^{-x}-1+x$로 놓으면

$$f'(x)=-e^{-x}+1,\ f''(x)=e^{-x}$$

$x>0$일 때 $e^{-x}>0$이므로 $f''(x)>0$

즉, $x>0$에서 함수 $f'(x)$는 증가하고, $f'(0)=0$이므로 $f'(x)>0$

또, $x>0$일 때 $f'(x)>0$이므로 $x>0$에서 함수 $f(x)$는 증가한다.

이때 $f(0)=0$이므로 $f(x)>0$

따라서 $x>0$일 때, 부등식 $e^{-x}>1-x$가 성립한다.

답 풀이 참조

202

$x \ln x \geq x + a$에서 $x \ln x - x - a \geq 0$

$f(x) = x \ln x - x - a$로 놓으면

$f'(x) = \ln x$

$f'(x) = 0$에서 $\ln x = 0$ $\qquad \therefore x = 1$

$x > 0$에서 함수 $f(x)$의 증가와 감소를 표로 나타내면 다음과 같다.

x	0	$\cdots$	1	$\cdots$
$f'(x)$		$-$	0	$+$
$f(x)$		$\searrow$	$-1-a$ 극소	$\nearrow$

따라서 함수 $f(x)$의 최솟값은 $f(1) = -1 - a$이므로 $f(x) \geq 0$이 성립하려면

$-1 - a \geq 0$ $\qquad \therefore a \leq -1$ $\qquad$ **답 $a \leq -1$**

203

점 P의 시각 t에서의 속도를 v, 가속도를 a라 하면

$v = \dfrac{dx}{dt} = \dfrac{2}{t} + e^t - 2kt,\ a = \dfrac{dv}{dt} = -\dfrac{2}{t^2} + e^t - 2k$

$t = 1$에서의 점 P의 속도는

$v = 2 + e - 2k$

즉, $2 + e - 2k = e$이므로 $k = 1$

$\therefore v = \dfrac{2}{t} + e^t - 2t,\ a = -\dfrac{2}{t^2} + e^t - 2$

따라서 $t = 2$에서의 점 P의 가속도는

$a = -\dfrac{2}{4} + e^2 - 2 = e^2 - \dfrac{5}{2}$ $\qquad$ **답 $e^2 - \dfrac{5}{2}$**

204

$\dfrac{dx}{dt} = 4 \sin 4t,\ \dfrac{dy}{dt} = \cos 4t$

이므로 시각 t에서의 점 P의 속도는

$(4 \sin 4t,\ \cos 4t)$이고 속력은

$\sqrt{(4 \sin 4t)^2 + (\cos 4t)^2} = \sqrt{16 \sin^2 4t + \cos^2 4t}$
$\qquad\qquad = \sqrt{15 \sin^2 4t + 1}$

$t \geq 0$에서 $0 \leq \sin^2 4t \leq 1$이므로 점 P의 속력은 $\sin^2 4t = 1$일 때 최대이다.

한편,

$\dfrac{d^2 x}{dt^2} = 16 \cos 4t,\ \dfrac{d^2 y}{dt^2} = -4 \sin 4t$

이므로 시각 t에서의 점 P의 가속도는

$(16 \cos 4t,\ -4 \sin 4t)$이고 가속도의 크기는

$\sqrt{(16 \cos 4t)^2 + (-4 \sin 4t)^2}$
$= \sqrt{256 \cos^2 4t + 16 \sin^2 4t}$

따라서 점 P의 속력이 최대일 때 $\sin^2 4t = 1$, $\cos^2 4t = 0$이므로 구하는 가속도의 크기는

$\sqrt{256 \times 0 + 16 \times 1} = 4$ $\qquad$ **답 4**

205

$\ln x = kx$에서 $\dfrac{\ln x}{x} = k$

$f(x) = \dfrac{\ln x}{x}$로 놓으면 $x > 0$이고

$f'(x) = \dfrac{\dfrac{1}{x} \times x - \ln x}{x^2} = \dfrac{1 - \ln x}{x^2}$

$f'(x) = 0$에서 $\ln x = 1$ $\qquad \therefore x = e$

$x > 0$에서 함수 $f(x)$의 증가와 감소를 표로 나타내면 다음과 같다.

x	0	$\cdots$	e	$\cdots$
$f'(x)$		$+$	0	$-$
$f(x)$		$\nearrow$	$\dfrac{1}{e}$ 극대	$\searrow$

이때 $\displaystyle\lim_{x \to \infty} f(x) = \lim_{x \to \infty} \dfrac{\ln x}{x} = 0$,

$\displaystyle\lim_{x \to 0+} f(x) = \lim_{x \to 0+} \dfrac{\ln x}{x} = -\infty$

이므로 함수 $y = f(x)$의 그래프는 오른쪽 그림과 같다.

따라서 방정식 $\ln x = kx$, 즉 $f(x) = k$의 서로 다른 실근의 개수는

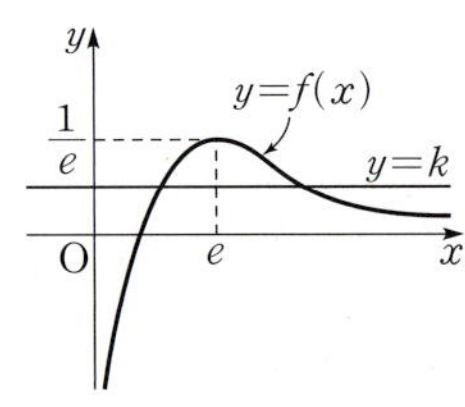

(ⅰ) $k>\dfrac{1}{e}$이면 0

(ⅱ) $k=\dfrac{1}{e}$이면 1

(ⅲ) $0<k<\dfrac{1}{e}$이면 2

(ⅳ) $k\le0$이면 1 〈답〉 **답 풀이 참조**

다른풀이 방정식 $\ln x=kx$의 실근의 개수는 곡선 $y=\ln x$와 직선 $y=kx$의 교점의 개수와 같다.

$\ln x=kx$에서 $f(x)=\ln x$, $g(x)=kx$로 놓으면

$$f'(x)=\frac{1}{x}$$

두 함수 $y=f(x)$, $y=g(x)$의 그래프가 $x=a$에서 접한다고 하면 이 점에서의 접선의 기울기는

$$f'(a)=\frac{1}{a}$$

따라서 기울기가 $\dfrac{1}{a}$이고 점 $(a,\ \ln a)$를 지나는 접선의 방정식은

$$y-\ln a=\frac{1}{a}(x-a)$$

이 직선이 원점을 지나므로

$$-\ln a=-1 \qquad \therefore a=e$$

즉, 원점을 지나고 곡선 $y=f(x)$에 접하는 직선의 방정식은 $y=\dfrac{1}{e}x$이므로 주어진 방정식의 서로 다른 실근의 개수는

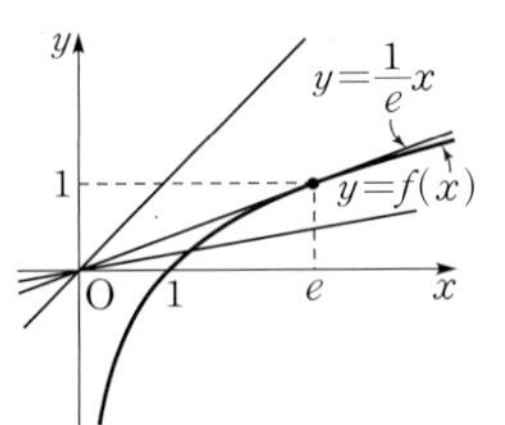

(ⅰ) $k>\dfrac{1}{e}$이면 0

(ⅱ) $k=\dfrac{1}{e}$이면 1

(ⅲ) $0<k<\dfrac{1}{e}$이면 2

(ⅳ) $k\le0$이면 1

206

$\sin x-x\cos x-k=0$에서

$\sin x-x\cos x=k$

$f(x)=\sin x-x\cos x$로 놓으면

$$f'(x)=\cos x-(\cos x-x\sin x)$$
$$=x\sin x$$

$f'(x)=0$에서

$x=0$ 또는 $\sin x=0$

$\therefore x=0$ 또는 $x=\pi$ 또는 $x=2\pi$ $(\because 0\le x\le2\pi)$

$0\le x\le2\pi$에서 함수 $f(x)$의 증가와 감소를 표로 나타내면 다음과 같다.

x	0	$\cdots$	π	$\cdots$	2π
$f'(x)$		$+$	0	$-$	
$f(x)$	0	$\nearrow$	π 극대	$\searrow$	-2π

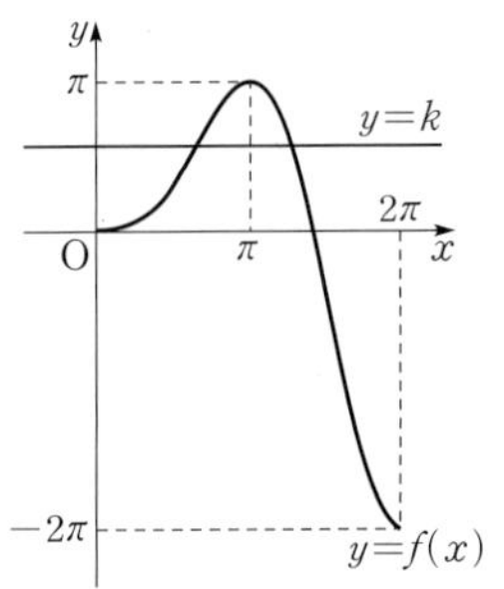

방정식 $f(x)=k$의 서로 다른 실근의 개수가 2가 되려면 함수 $y=f(x)$의 그래프와 직선 $y=k$가 서로 다른 두 점에서 만나야 하므로

$0\le k<\pi$

따라서 정수 k는 0, 1, 2, 3이므로 그 합은 6이다. **답 ⑤**

207

$f(x)>g(x)$에서 $x^2-x+2>ke^{-x}$

이때 $e^x>0$이므로 양변에 e^x을 곱하면

$(x^2-x+2)e^x>k$

$h(x)=(x^2-x+2)e^x-k$로 놓으면

$$h'(x)=(2x-1)e^x+(x^2-x+2)e^x$$
$$=e^x(x^2+x+1)$$

$x>0$일 때 $h'(x)>0$이므로 $x>0$에서 함수 $h(x)$는 증가한다.

이때 $x>0$에서 $h(x)>0$이 성립하려면

$h(0)=2-k\ge0 \qquad \therefore k\le2$

따라서 실수 k의 최댓값은 2이다. **답 2**

208

점 P의 시각 t에서의 속도를 v, 가속도를 a라 하면

$$v=\frac{dx}{dt}=\frac{m}{t}+2nt, \ a=\frac{dv}{dt}=-\frac{m}{t^2}+2n$$

$t=2$에서의 점 P의 속도는

$$v=\frac{m}{2}+4n=10$$

$$\therefore m+8n=20 \qquad\qquad \cdots\cdots ㉠$$

$t=2$에서의 점 P의 가속도는

$$a=-\frac{m}{4}+2n=3$$

$$\therefore -m+8n=12 \qquad\qquad \cdots\cdots ㉡$$

㉠, ㉡을 연립하여 풀면

$$m=4, \ n=2$$

$$\therefore mn=8$$

답 8

209

점 P의 속력이 매초 1이므로 t초 후의 호 AP의 길이가 t이고 이때 선분 OP가 x축의 양의 방향과 이루는 각의 크기는 t이다.

즉, 직선 OP의 기울기는 $\tan t$이므로 직선 OP의 방정식은

$$y=(\tan t)x$$

점 Q는 두 직선 $y=-x+1$과 $y=(\tan t)x$의 교점이므로

$$-x+1=(\tan t)x \qquad \therefore x=\frac{1}{1+\tan t}$$

즉, 점 Q의 시각 t에서의 위치 (x, y)는

$$x=\frac{1}{1+\tan t}, \ y=\frac{\tan t}{1+\tan t}$$

이때

$$\frac{dx}{dt}=\frac{-\sec^2 t}{(1+\tan t)^2},$$

$$\frac{dy}{dt}=\frac{\sec^2 t(1+\tan t)-\tan t\times\sec^2 t}{(1+\tan t)^2}$$

$$=\frac{\sec^2 t}{(1+\tan t)^2}$$

이므로 시각 t에서의 점 Q의 속도는

$$\left(\frac{-\sec^2 t}{(1+\tan t)^2}, \ \frac{\sec^2 t}{(1+\tan t)^2}\right)$$

점 P는 원 $x^2+y^2=1$ 위의 점이므로 점 P의 x좌표가 $\frac{4}{5}$일 때 점 P의 좌표는

$$\left(\frac{4}{5}, \ \frac{3}{5}\right)$$

따라서 점 P의 x좌표가 $\frac{4}{5}$일 때의 시각을 t_1이라 하면

$$\tan t_1=\frac{3}{4}, \ \sec^2 t_1=\frac{25}{16} \ (\because 1+\tan^2 t_1=\sec^2 t_1)$$

이때 점 Q의 속도는

$$\left(-\frac{\frac{25}{16}}{\left(1+\frac{3}{4}\right)^2}, \ \frac{\frac{25}{16}}{\left(1+\frac{3}{4}\right)^2}\right), \ 즉 \left(-\frac{25}{49}, \ \frac{25}{49}\right)$$

이므로

$$a=-\frac{25}{49}, \ b=\frac{25}{49}$$

$$\therefore b-a=\frac{25}{49}-\left(-\frac{25}{49}\right)=\frac{50}{49}$$

답 ⑤

210

① $\displaystyle\int e^{x+2}\,dx=\int e^x e^2\,dx$

$\qquad\qquad =e^2\displaystyle\int e^x\,dx$

$\qquad\qquad =e^2 e^x+C$

$\qquad\qquad =e^{x+2}+C$

② $\displaystyle\int\frac{1}{1+\tan^2 x}\,dx+\int\frac{1}{1+\cot^2 x}\,dx$

$\quad=\displaystyle\int\frac{1}{\sec^2 x}\,dx+\int\frac{1}{\csc^2 x}\,dx$

$\quad=\displaystyle\int\cos^2 x\,dx+\int\sin^2 x\,dx$

$\quad=\displaystyle\int(\cos^2 x+\sin^2 x)\,dx$

$\quad=\displaystyle\int dx$

$\quad=x+C$

③ $\sqrt{x^3+1}=t$로 놓고 양변을 제곱하면

$x^3+1=t^2$이므로

$3x^2=2t\dfrac{dt}{dx}$

$\therefore\displaystyle\int\frac{x^2}{\sqrt{x^3+1}}\,dx=\int\frac{1}{t}\times\frac{2}{3}t\,dt$

$\qquad\qquad\qquad =\displaystyle\int\frac{2}{3}\,dt$

$\qquad\qquad\qquad =\dfrac{2}{3}t+C$

$\qquad\qquad\qquad =\dfrac{2}{3}\sqrt{x^3+1}+C$

④ $(x^2+4x+5)'=2x+4$이므로

$\displaystyle\int\frac{x+2}{x^2+4x+5}\,dx=\frac{1}{2}\int\frac{2x+4}{x^2+4x+5}\,dx$

$\qquad\qquad\qquad =\dfrac{1}{2}\displaystyle\int\frac{(x^2+4x+5)'}{x^2+4x+5}\,dx$

$\qquad\qquad\qquad =\dfrac{1}{2}\ln|x^2+4x+5|+C$

$\qquad\qquad\qquad =\dfrac{1}{2}\ln(x^2+4x+5)+C$

$\qquad\quad(\because x^2+4x+5=(x+2)^2+1>0)$

⑤ $\cos x=t$로 놓고 양변을 x에 대하여 미분하면

$-\sin x=\dfrac{dt}{dx}$

$\therefore\displaystyle\int\cos^3 x\sin x\,dx=\int t^3\times(-1)\,dt$

$\qquad\qquad\qquad =-\displaystyle\int t^3\,dt$

$\qquad\qquad\qquad =-\dfrac{1}{4}t^4+C$

$\qquad\qquad\qquad =-\dfrac{1}{4}\cos^4 x+C$

따라서 옳지 않은 것은 ⑤이다.　　　　답 ⑤

211

$f'(x)=\dfrac{2}{3\sqrt[3]{x}}=\dfrac{2}{3}x^{-\frac{1}{3}}$이므로

$f(x)=\displaystyle\int f'(x)\,dx=\int\frac{2}{3}x^{-\frac{1}{3}}\,dx$

$\qquad =x^{\frac{2}{3}}+C_1$

이때 $f(8)=3$이므로 $8^{\frac{2}{3}}+C_1=3$

$4+C_1=3\qquad\therefore C_1=-1$

$\therefore f(x)=x^{\frac{2}{3}}-1$

따라서 함수 $f(x)$의 부정적분은

$\displaystyle\int(x^{\frac{2}{3}}-1)\,dx=\frac{3}{5}x^{\frac{5}{3}}-x+C$

$\qquad\qquad\quad =\dfrac{3}{5}x\sqrt[3]{x^2}-x+C$

$\qquad\qquad\qquad$ 답 $\dfrac{3}{5}x\sqrt[3]{x^2}-x+C$

212

$\sqrt{\ln x+7}=t$로 놓고 양변을 제곱하면

$\ln x+7=t^2$이므로 $\dfrac{1}{x}=2t\dfrac{dt}{dx}$

$\therefore f(x)=\displaystyle\int\frac{1}{x\sqrt{\ln x+7}}\,dx$

$\qquad\quad =\displaystyle\int\frac{1}{t}\times 2t\,dt$

$\qquad\quad =\displaystyle\int 2\,dt$

$\qquad\quad =2t+C$

$\qquad\quad =2\sqrt{\ln x+7}+C$

이때 $f(e^2)=4$이므로

$2\sqrt{\ln e^2+7}+C=4$

$6+C=4 \qquad \therefore C=-2$

따라서 $f(x)=2\sqrt{\ln x+7}-2$이므로

$f\left(\dfrac{1}{e^3}\right)=2\sqrt{\ln\dfrac{1}{e^3}+7}-2=2\sqrt{4}-2=2$ **답 2**

213

$f(x)=\displaystyle\int \dfrac{e^{2x}}{e^{2x}-1}\,dx-\int \dfrac{e^x}{e^{2x}-1}\,dx$

$\quad =\displaystyle\int \dfrac{e^{2x}-e^x}{e^{2x}-1}\,dx=\int \dfrac{e^x(e^x-1)}{(e^x-1)(e^x+1)}\,dx$

$\quad =\displaystyle\int \dfrac{e^x}{e^x+1}\,dx=\int \dfrac{(e^x+1)'}{e^x+1}\,dx$

$\quad =\ln(e^x+1)+C \ (\because e^x+1>0)$

이때 $f(0)=0$이므로 $\ln 2+C=0$

$\therefore C=-\ln 2$

따라서 $f(x)=\ln(e^x+1)-\ln 2=\ln\dfrac{e^x+1}{2}$이므로

$f(1)=\ln\dfrac{e+1}{2}$ **답 $\ln\dfrac{e+1}{2}$**

214

$\dfrac{3}{x^2+x-2}=\dfrac{3}{(x-1)(x+2)}=\dfrac{1}{x-1}-\dfrac{1}{x+2}$

이므로

$f(x)=\displaystyle\int f'(x)\,dx=\int \dfrac{3}{x^2+x-2}\,dx$

$\quad =\displaystyle\int \left(\dfrac{1}{x-1}-\dfrac{1}{x+2}\right)dx$

$\quad =\displaystyle\int \dfrac{1}{x-1}\,dx-\int \dfrac{1}{x+2}\,dx$

$\quad =\ln|x-1|-\ln|x+2|+C$

$\quad =\ln\left|\dfrac{x-1}{x+2}\right|+C$

이때 $f(-1)=\ln 2$이므로

$\ln 2+C=\ln 2 \qquad \therefore C=0$

따라서 $f(x)=\ln\left|\dfrac{x-1}{x+2}\right|$이므로

$f(2)=\ln\dfrac{1}{4}=-\ln 4$ **답 $-\ln 4$**

215

$F(x)=xf(x)-x^2e^x$의 양변을 x에 대하여 미분하면

$F'(x)=f(x)+xf'(x)-2xe^x-x^2e^x$

그런데 $F'(x)=f(x)$이므로

$f(x)=f(x)+xf'(x)-2xe^x-x^2e^x$

$xf'(x)=2xe^x+x^2e^x, \ f'(x)=2e^x+xe^x$

$\therefore f(x)=\displaystyle\int f'(x)\,dx$

$\qquad =\displaystyle\int (2e^x+xe^x)\,dx$

$\qquad =2\displaystyle\int e^x\,dx+\int xe^x\,dx$

$\qquad =2e^x+xe^x-\displaystyle\int e^x\,dx$

$\qquad =2e^x+xe^x-e^x+C$

$\qquad =(x+1)e^x+C$

이때 $f(0)=1$이므로

$1+C=1 \qquad \therefore C=0$

따라서 $f(x)=(x+1)e^x$이므로

$f(1)=2e$ **답 $2e$**

216

$\dfrac{d}{dx}\{f(x)+g(x)\}=e^x$에서

$\displaystyle\int\left[\dfrac{d}{dx}\{f(x)+g(x)\}\right]dx=\int e^x\,dx$

$f(x)+g(x)=e^x+C_1$

$f(0)=0, \ g(0)=0$이므로

$0+0=1+C_1 \qquad \therefore C_1=-1$

$\therefore f(x)+g(x)=e^x-1$ $\cdots\cdots$ ㉠

또, $\dfrac{d}{dx}\{f(x)-g(x)\}=e^{-2x}$에서

$\displaystyle\int\left[\dfrac{d}{dx}\{f(x)-g(x)\}\right]dx=\int e^{-2x}\,dx$

$f(x)-g(x)=-\dfrac{1}{2}e^{-2x}+C_2$

$f(0)=0, \ g(0)=0$이므로

$0-0=-\dfrac{1}{2}+C_2 \qquad \therefore C_2=\dfrac{1}{2}$

$$\therefore f(x)-g(x)=-\frac{1}{2}e^{-2x}+\frac{1}{2} \qquad \cdots\cdots \text{ⓛ}$$

㉠, ㉡을 연립하여 풀면

$$f(x)=\frac{1}{2}\left(e^x-\frac{1}{2}e^{-2x}-\frac{1}{2}\right),$$

$$g(x)=\frac{1}{2}\left(e^x+\frac{1}{2}e^{-2x}-\frac{3}{2}\right)$$

$$\therefore \frac{g(\ln 2)}{f(\ln 2)}=\frac{\dfrac{5}{16}}{\dfrac{11}{16}}=\frac{5}{11}$$

답 $\dfrac{5}{11}$

217

$$f(x)=\int f'(x)dx$$

$$=\int (\tan x+\tan^3 x)dx$$

$$=\int \tan x(1+\tan^2 x)dx$$

$$=\int \tan x \sec^2 x\, dx$$

$\tan x=t$로 놓고 양변을 x에 대하여 미분하면

$$\sec^2 x=\frac{dt}{dx}$$

$$\therefore f(x)=\int \tan x \sec^2 x\, dx$$

$$=\int t\, dt$$

$$=\frac{1}{2}t^2+C$$

$$=\frac{1}{2}\tan^2 x+C$$

이때 $f(0)=1$이므로

$$\frac{1}{2}\tan^2 0+C=1$$

$$\therefore C=1$$

따라서 $f(x)=\dfrac{1}{2}\tan^2 x+1$이므로

$$f\left(\frac{\pi}{3}\right)=\frac{1}{2}\times(\sqrt{3})^2+1$$

$$=\frac{3}{2}+1=\frac{5}{2}$$

답 $\dfrac{5}{2}$

218

$f'(x)=\dfrac{1}{2+e^x}$이므로

$$f(x)=\int f'(x)\, dx$$

$$=\int \frac{1}{2+e^x}\, dx=\int \frac{e^{-x}}{2e^{-x}+1}\, dx$$

$$=-\frac{1}{2}\int \frac{-2e^{-x}}{2e^{-x}+1}\, dx$$

$$=-\frac{1}{2}\int \frac{(2e^{-x}+1)'}{2e^{-x}+1}\, dx$$

$$=-\frac{1}{2}\ln(2e^{-x}+1)+C \ (\because\ 2e^{-x}+1>0)$$

한편, 곡선 $y=f(x)$가 원점을 지나므로

$$-\frac{1}{2}\ln 3+C=0 \qquad \therefore C=\frac{1}{2}\ln 3$$

따라서 $f(x)=-\dfrac{1}{2}\ln(2e^{-x}+1)+\dfrac{1}{2}\ln 3$이므로

$$f(\ln 2)=-\frac{1}{2}\ln(2e^{-\ln 2}+1)+\frac{1}{2}\ln 3$$

$$=-\frac{1}{2}\ln\left(2\times\frac{1}{2}+1\right)+\frac{1}{2}\ln 3$$

$$=\frac{1}{2}\ln\frac{3}{2}$$

답 $\dfrac{1}{2}\ln\dfrac{3}{2}$

219

함수 $f'(x)$를 각 구간에서 적분하면

$$f(x)=\begin{cases} x^2+3x+C_1 & (x<1) \\ x\ln x-x+C_2 & (x>1) \end{cases}$$

$f(e)=2$에서 $e>1$이므로

$$f(e)=e\ln e-e+C_2=2 \qquad \therefore C_2=2$$

또, 함수 $f(x)$가 실수 전체의 집합에서 연속이므로

$$\lim_{x\to 1+}f(x)=\lim_{x\to 1-}f(x)=f(1)$$

이때 $\displaystyle\lim_{x\to 1+}f(x)=\lim_{x\to 1+}(x\ln x-x+2)=1,$

$\displaystyle\lim_{x\to 1-}f(x)=\lim_{x\to 1-}(x^2+3x+C_1)=4+C_1$에서

$1=4+C_1$이므로 $C_1=-3$

$$\therefore f(x)=\begin{cases} x^2+3x-3 & (x\leq 1) \\ x\ln x-x+2 & (x>1) \end{cases}$$

$$\therefore f(-6)=36-18-3=15$$

답 ④

220

$y=e^x-1$로 놓고 x에 대하여 풀면

$e^x=y+1$ $\quad\therefore x=\ln(y+1)$

x와 y를 서로 바꾸면

$y=\ln(x+1)$

$\therefore f^{-1}(x)=\ln(x+1)$

즉, $g(x)=\displaystyle\int f^{-1}(x)dx=\int \ln(x+1)dx$에서

$u(x)=\ln(x+1),\ v'(x)=1$로 놓으면

$u'(x)=\dfrac{1}{x+1},\ v(x)=x$이므로

$$g(x)=\int \ln(x+1)\,dx$$
$$=x\ln(x+1)-\int \frac{x}{x+1}\,dx$$
$$=x\ln(x+1)-\int \left(1-\frac{1}{x+1}\right)dx$$
$$=x\ln(x+1)-\{x-\ln(x+1)\}+C$$
$$=(x+1)\ln(x+1)-x+C$$

이때 $g(0)=1$이므로 $C=1$

따라서 $g(x)=(x+1)\ln(x+1)-x+1$이므로

$g(e-1)=e-(e-1)+1=2$ **답 2**

221

$f(x)=\displaystyle\int e^{-x}\sin x\,dx$에서

$u(x)=\sin x,\ v'(x)=e^{-x}$으로 놓으면

$u'(x)=\cos x,\ v(x)=-e^{-x}$이므로

$$\int e^{-x}\sin x\,dx$$
$$=-e^{-x}\sin x+\int e^{-x}\cos x\,dx \qquad \cdots\cdots ㉠$$

한편, $\displaystyle\int e^{-x}\cos x\,dx$에서

$p(x)=\cos x,\ q'(x)=e^{-x}$으로 놓으면

$p'(x)=-\sin x,\ q(x)=-e^{-x}$이므로

$$\int e^{-x}\cos x\,dx$$
$$=-e^{-x}\cos x-\int e^{-x}\sin x\,dx \qquad \cdots\cdots ㉡$$

㉡을 ㉠에 대입하면

$$\int e^{-x}\sin x\,dx$$
$$=-e^{-x}\sin x+\left(-e^{-x}\cos x-\int e^{-x}\sin x\,dx\right)$$

이므로

$$2\int e^{-x}\sin x\,dx=-e^{-x}(\sin x+\cos x)$$
$$\therefore \int e^{-x}\sin x\,dx=-\frac{1}{2}e^{-x}(\sin x+\cos x)+C$$

즉, $f(x)=-\dfrac{1}{2}e^{-x}(\sin x+\cos x)+C$이고

$f(0)=-\dfrac{1}{2}$이므로

$-\dfrac{1}{2}+C=-\dfrac{1}{2}$ $\quad\therefore C=0$

따라서 $f(x)=-\dfrac{1}{2}e^{-x}(\sin x+\cos x)$이므로

$f(\pi)=-\dfrac{1}{2}e^{-\pi}(\sin\pi+\cos\pi)=\dfrac{1}{2e^{\pi}}$ **답 $\dfrac{1}{2e^{\pi}}$**

222

함수 $f(x)=-1+\sin x-\sin^2 x+\sin^3 x-\cdots$는 첫째항이 -1, 공비가 $-\sin x$인 등비급수이다.

이때 $-\dfrac{\pi}{2}<x<\dfrac{\pi}{2}$에서 $-1<-\sin x<1$이므로

$f(x)$는 수렴하는 등비급수이고

$f(x)=\dfrac{-1}{1+\sin x}$

함수 $f(x)$의 한 부정적분이 $F(x)$이므로

$$F(x)=\int f(x)dx$$
$$=\int \frac{-1}{1+\sin x}\,dx$$
$$=-\int \frac{1-\sin x}{(1+\sin x)(1-\sin x)}\,dx$$
$$=-\int \frac{1-\sin x}{1-\sin^2 x}\,dx$$
$$=-\int \frac{1-\sin x}{\cos^2 x}\,dx$$
$$=-\int \left(\frac{1}{\cos^2 x}-\frac{\sin x}{\cos x}\times\frac{1}{\cos x}\right)dx$$
$$=-\int (\sec^2 x-\sec x\tan x)\,dx$$
$$=-\tan x+\sec x+C$$

이때 $F(0)=1$이므로

$1+C=1 \qquad \therefore C=0$

따라서 $F(x)=-\tan x+\sec x$이므로

$$F\left(\frac{\pi}{3}\right)=-\tan\frac{\pi}{3}+\sec\frac{\pi}{3}$$

$$=-\sqrt{3}+\frac{1}{\frac{1}{2}}$$

$$=2-\sqrt{3}$$

답 $2-\sqrt{3}$

KEY Point

등비급수 $\displaystyle\sum_{n=1}^{\infty}ar^{n-1}$ $(a\neq 0,\ -1<r<1)$의 합

$\Rightarrow \dfrac{a}{1-r} \quad\leftarrow \dfrac{(첫째항)}{1-(공비)}$

223

$x^2-2x+3=t$로 놓고 양변을 x에 대하여 미분하면

$$2x-2=\frac{dt}{dx}$$

$$\therefore f(x)=(\ln 4)\times\int (x-1)2^{x^2-2x+3}\,dx$$

$$=(\ln 4)\times\int \frac{1}{2}(2x-2)2^{x^2-2x+3}\,dx$$

$$=(\ln 4)\times\frac{1}{2}\int 2^{t}\,dt$$

$$=\ln 2\times\frac{2^{t}}{\ln 2}+C$$

$$=2^{t}+C$$

$$=2^{x^2-2x+3}+C$$

$$=2^{(x-1)^2+2}+C$$

이때 닫힌구간 $[0,\ 3]$에서 함수 $f(x)$는 $x=1$일 때 최솟값을 갖는다. 함수 $f(x)$의 최솟값이 3이므로

$$f(1)=2^2+C=3$$

$$\therefore C=-1$$

즉, $f(x)=2^{(x-1)^2+2}-1$이고 닫힌구간 $[0,\ 3]$에서 함수 $f(x)$는 $x=3$일 때 최댓값을 갖는다.

따라서 구하는 최댓값은

$$f(3)=2^6-1=63$$

답 63

224

함수 $f(x)$의 역함수가 $g(x)$이므로

$f^{-1}(x)=g(x)$, 즉 $(g\circ f)(x)=g(f(x))=x$

$g(f(x))=x$의 양변을 x에 대하여 미분하면

$$g'(f(x))f'(x)=1 \qquad \therefore g'(f(x))=\frac{1}{f'(x)}$$

조건 (나)에서 $g'(f(x))\neq 0$이므로

$$f(x)g'(f(x))=f(x)\times\frac{1}{f'(x)}=\frac{f(x)}{f'(x)}=\frac{1}{x^2+1}$$

$$\therefore \frac{f'(x)}{f(x)}=x^2+1$$

양변을 x에 대하여 적분하면

$$\int \frac{f'(x)}{f(x)}\,dx=\int (x^2+1)\,dx$$

$$\ln|f(x)|=\frac{1}{3}x^3+x+C$$

$$\therefore |f(x)|=e^{\frac{1}{3}x^3+x+C}$$

조건 (가)에서 $f(0)=1>0$이고 함수 $f(x)$가 실수 전체의 집합에서 미분가능하므로

$$f(x)=e^{\frac{1}{3}x^3+x+C}$$

이때 $f(0)=1$에서 $e^C=1 \qquad \therefore C=0$

따라서 $f(x)=e^{\frac{1}{3}x^3+x}$이므로

$$f(3)=e^{12}$$

답 ④

225

$\sin x=t$로 놓고 양변을 x에 대하여 미분하면

$$\cos x=\frac{dt}{dx}$$이므로

$$f(x)=\int \cos x\ln(\sin x)\,dx$$

$$=\int \ln t\,dt$$

$u(t)=\ln t,\ v'(t)=1$로 놓으면

$u'(t)=\dfrac{1}{t},\ v(t)=t$이므로

$$f(x)=\int \ln t\,dt$$

$$=t\ln t-\int t\times\frac{1}{t}\,dt$$

$$=t\ln t-t+C$$

$$=\sin x\ln(\sin x)-\sin x+C$$

이때 $f\left(\dfrac{\pi}{2}\right)=-\dfrac{1}{2}$이므로

$$-1+C=-\dfrac{1}{2} \qquad \therefore C=\dfrac{1}{2}$$

따라서 $f(x)=\sin x \ln(\sin x)-\sin x+\dfrac{1}{2}$이므로

$$f\left(\dfrac{\pi}{6}\right)=\sin\dfrac{\pi}{6}\ln\left(\sin\dfrac{\pi}{6}\right)-\sin\dfrac{\pi}{6}+\dfrac{1}{2}$$

$$=-\dfrac{1}{2}\ln 2$$

답 $-\dfrac{1}{2}\ln 2$

226

$$f(x)=\int f'(x)\,dx$$

$$=\int(x-2)\ln x\,dx$$

$u(x)=\ln x,\ v'(x)=x-2$로 놓으면

$u'(x)=\dfrac{1}{x},\ v(x)=\dfrac{1}{2}x^2-2x$이므로

$$f(x)=\int(x-2)\ln x\,dx$$

$$=\left(\dfrac{1}{2}x^2-2x\right)\ln x-\int\left(\dfrac{1}{2}x^2-2x\right)\dfrac{1}{x}\,dx$$

$$=\left(\dfrac{1}{2}x^2-2x\right)\ln x-\int\left(\dfrac{1}{2}x-2\right)dx$$

$$=\left(\dfrac{1}{2}x^2-2x\right)\ln x-\dfrac{1}{4}x^2+2x+C$$

한편, 진수의 조건에서 $x>0$이고

$f'(x)=(x-2)\ln x=0$에서

$x-2=0$ 또는 $\ln x=0$

$\therefore x=1$ 또는 $x=2$

$x>0$에서 함수 $f(x)$의 증가와 감소를 표로 나타내면 다음과 같다.

x	0	$\cdots$	1	$\cdots$	2	$\cdots$
$f'(x)$		$+$	0	$-$	0	$+$
$f(x)$		$\nearrow$	극대	$\searrow$	극소	$\nearrow$

함수 $f(x)$의 극댓값이 $\dfrac{3}{4}$이므로 $f(1)=\dfrac{3}{4}$

즉, $-\dfrac{1}{4}+2+C=\dfrac{3}{4}$이므로 $C=-1$

따라서 $f(x)=\left(\dfrac{1}{2}x^2-2x\right)\ln x-\dfrac{1}{4}x^2+2x-1$이므로 함수 $f(x)$의 극솟값은

$$f(2)=-2\ln 2-1+4-1=2-2\ln 2$$

답 $2-2\ln 2$

227

$$\lim_{h\to 0}\dfrac{f(x+h)-f(x)}{h}=f'(x)=x^2e^{2x}$$이므로

$$f(x)=\int f'(x)\,dx$$

$$=\int x^2e^{2x}\,dx$$

$u(x)=x^2,\ v'(x)=e^{2x}$으로 놓으면

$u'(x)=2x,\ v(x)=\dfrac{1}{2}e^{2x}$이므로

$$\int x^2e^{2x}\,dx=x^2\times\dfrac{1}{2}e^{2x}-\int 2x\times\dfrac{1}{2}e^{2x}\,dx$$

$$=\dfrac{1}{2}x^2e^{2x}-\int xe^{2x}\,dx \qquad \cdots\cdots\ \text{㉠}$$

한편, $\int xe^{2x}\,dx$에서

$p(x)=x,\ q'(x)=e^{2x}$으로 놓으면

$p'(x)=1,\ q(x)=\dfrac{1}{2}e^{2x}$이므로

$$\int xe^{2x}\,dx=x\times\dfrac{1}{2}e^{2x}-\int 1\times\dfrac{1}{2}e^{2x}\,dx$$

$$=\dfrac{1}{2}xe^{2x}-\dfrac{1}{4}e^{2x}+C_1 \qquad \cdots\cdots\ \text{㉡}$$

㉡을 ㉠에 대입하면

$$\int x^2e^{2x}\,dx=\dfrac{1}{2}x^2e^{2x}-\left(\dfrac{1}{2}xe^{2x}-\dfrac{1}{4}e^{2x}+C_1\right)$$

$$=\dfrac{1}{2}x^2e^{2x}-\dfrac{1}{2}xe^{2x}+\dfrac{1}{4}e^{2x}-C_1$$

$$=\dfrac{1}{4}e^{2x}(2x^2-2x+1)+C$$

이때 $f\left(\dfrac{1}{2}\right)=\dfrac{1}{8}e$이므로

$$\dfrac{1}{8}e+C=\dfrac{1}{8}e \qquad \therefore C=0$$

따라서 $f(x)=\dfrac{1}{4}e^{2x}(2x^2-2x+1)$이므로

$$f(0)=\dfrac{1}{4}$$

답 $\dfrac{1}{4}$

228

$$\int_1^5 \left(\frac{1}{x+1}+\frac{1}{x}\right) dx = \Big[\ln|x+1|+\ln|x|\Big]_1^5$$
$$= (\ln 6 + \ln 5) - (\ln 2 + \ln 1)$$
$$= \ln 15$$

$$\therefore a = 15$$

답 **15**

229

$$\int_{\frac{\pi}{6}}^{\frac{\pi}{4}} \frac{1+5\sin^3 x}{\sin^2 x}\, dx$$

$$= \int_{\frac{\pi}{6}}^{\frac{\pi}{4}} \left(\frac{1}{\sin^2 x}+5\sin x\right) dx$$

$$= \int_{\frac{\pi}{6}}^{\frac{\pi}{4}} (\csc^2 x + 5\sin x)\, dx$$

$$= \Big[-\cot x - 5\cos x\Big]_{\frac{\pi}{6}}^{\frac{\pi}{4}}$$

$$= \left(-\cot\frac{\pi}{4}-5\cos\frac{\pi}{4}\right) - \left(-\cot\frac{\pi}{6}-5\cos\frac{\pi}{6}\right)$$

$$= -1 - \frac{5\sqrt{2}}{2} - \left(-\sqrt{3}-\frac{5\sqrt{3}}{2}\right)$$

$$= -\frac{5\sqrt{2}}{2} + \frac{7\sqrt{3}}{2} - 1$$

따라서 $a = -\dfrac{5}{2},\ b = \dfrac{7}{2}$ 이므로

$$a + b = 1$$

답 **1**

230

$$\int_0^2 f(x)\, dx = \int_0^1 (-2^x+2)\, dx + \int_1^2 (2^x-2)\, dx$$

$$= \left[-\frac{2^x}{\ln 2}+2x\right]_0^1 + \left[\frac{2^x}{\ln 2}-2x\right]_1^2$$

$$= \left\{\left(-\frac{2}{\ln 2}+2\right)+\frac{1}{\ln 2}\right\}$$
$$\qquad + \left\{\left(\frac{4}{\ln 2}-4\right)-\left(\frac{2}{\ln 2}-2\right)\right\}$$

$$= \frac{1}{\ln 2}$$

답 $\dfrac{1}{\ln 2}$

231

$$\left|\frac{x-2}{x+2}\right| = \begin{cases} -\dfrac{x-2}{x+2} & (-2 < x \le 2) \\[2mm] \dfrac{x-2}{x+2} & (x < -2 \text{ 또는 } x \ge 2) \end{cases}$$

$$\therefore \int_{-1}^4 \left|\frac{x-2}{x+2}\right| dx$$

$$= \int_{-1}^2 \left(-\frac{x-2}{x+2}\right) dx + \int_2^4 \frac{x-2}{x+2}\, dx$$

$$= -\int_{-1}^2 \left(1-\frac{4}{x+2}\right) dx + \int_2^4 \left(1-\frac{4}{x+2}\right) dx$$

$$= -\Big[x-4\ln|x+2|\Big]_{-1}^2 + \Big[x-4\ln|x+2|\Big]_2^4$$

$$= -(3-4\ln 4) + (2-4\ln 6+4\ln 4)$$

$$= 8\ln 4 - 4\ln 6 - 1$$

$$= 12\ln 2 - 4\ln 3 - 1$$

답 **12 ln 2 − 4 ln 3 − 1**

232

$$\int_{-\frac{\pi}{4}}^{\frac{\pi}{4}} (x^3+\sin x+a)\cos x\, dx$$

$$= \int_{-\frac{\pi}{4}}^{\frac{\pi}{4}} (x^3\cos x + \sin x\cos x + a\cos x)\, dx$$

에서 $f(x) = x^3\cos x + \sin x\cos x$,

$g(x) = a\cos x$ 라 하면

$$f(-x) = (-x)^3\cos(-x) + \sin(-x)\cos(-x)$$
$$= -x^3\cos x - \sin x\cos x = -f(x)$$

$$g(-x) = a\cos(-x) = a\cos x = g(x)$$

이므로 $f(x)$는 기함수, $g(x)$는 우함수이다.

$$\therefore (\text{주어진 식}) = \int_{-\frac{\pi}{4}}^{\frac{\pi}{4}} (x^3\cos x + \sin x\cos x)\, dx$$
$$+ \int_{-\frac{\pi}{4}}^{\frac{\pi}{4}} a\cos x\, dx$$

$$= 0 + 2a\int_0^{\frac{\pi}{4}} \cos x\, dx$$

$$= 2a\Big[\sin x\Big]_0^{\frac{\pi}{4}} = \sqrt{2}\,a$$

따라서 $\sqrt{2}\,a = 1$ 이므로

$$a = \frac{1}{\sqrt{2}} = \frac{\sqrt{2}}{2}$$

답 $\dfrac{\sqrt{2}}{2}$

233

함수 $f(x)$에 대하여 $f\left(x+\dfrac{\pi}{2}\right)=f(x)$이므로

$$\int_{-\frac{\pi}{4}}^{\frac{\pi}{4}} f(x)\,dx=\int_{\frac{\pi}{4}}^{\frac{3}{4}\pi} f(x)\,dx=\int_{\frac{3}{4}\pi}^{\frac{5}{4}\pi} f(x)\,dx$$

$$=\cdots=\int_{\frac{7}{4}\pi}^{\frac{9}{4}\pi} f(x)\,dx$$

이때 $-\dfrac{\pi}{4}\leq x\leq\dfrac{\pi}{4}$에서

$f(-x)=\sec^2(-x)=\sec^2 x=f(x)$

이므로 $f(x)$는 우함수이다.

$$\therefore \int_{-\frac{\pi}{4}}^{\frac{9}{4}\pi} f(x)\,dx=5\int_{-\frac{\pi}{4}}^{\frac{\pi}{4}} f(x)\,dx$$

$$=10\int_{0}^{\frac{\pi}{4}} f(x)\,dx$$

$$=10\int_{0}^{\frac{\pi}{4}} \sec^2 x\,dx$$

$$=10\Big[\tan x\Big]_{0}^{\frac{\pi}{4}}$$

$$=10\tan\dfrac{\pi}{4}=10$$

답 10

234

$$\int_{0}^{1} f(x)\,dx=\int_{0}^{1}(e^x-ax)\,dx$$

$$=\Big[e^x-\dfrac{1}{2}ax^2\Big]_{0}^{1}=e-\dfrac{1}{2}a-1$$

이때 $\int_{0}^{1} f(x)\,dx=f(1)$이므로

$e-\dfrac{1}{2}a-1=e-a$

$\dfrac{1}{2}a=1 \qquad \therefore a=2$

답 2

235

$$a_n=(\ln 3)\times\int_{0}^{n} 3^x\,dx$$

$$=(\ln 3)\times\Big[\dfrac{3^x}{\ln 3}\Big]_{0}^{n}$$

$$=(\ln 3)\times\left(\dfrac{3^n}{\ln 3}-\dfrac{1}{\ln 3}\right)=3^n-1$$

따라서 $\dfrac{1}{1+a_n}=\dfrac{1}{1+3^n-1}=\dfrac{1}{3^n}=\left(\dfrac{1}{3}\right)^n$이므로

$$\sum_{n=1}^{\infty}\dfrac{1}{1+a_n}=\sum_{n=1}^{\infty}\left(\dfrac{1}{3}\right)^n$$

$$=\dfrac{\dfrac{1}{3}}{1-\dfrac{1}{3}}=\dfrac{1}{2}$$

답 $\dfrac{1}{2}$

236

$$\int_{0}^{\pi}|2\sin x\cos x|\,dx=\int_{0}^{\pi}|\sin 2x|\,dx$$

이때 $|\sin 2x|=\begin{cases} \sin 2x & \left(0\leq x\leq\dfrac{\pi}{2}\right) \\ -\sin 2x & \left(\dfrac{\pi}{2}\leq x\leq\pi\right)\end{cases}$ 이므로

$$\int_{0}^{\pi}|\sin 2x|\,dx$$

$$=\int_{0}^{\frac{\pi}{2}}\sin 2x\,dx+\int_{\frac{\pi}{2}}^{\pi}(-\sin 2x)\,dx$$

$$=\Big[-\dfrac{1}{2}\cos 2x\Big]_{0}^{\frac{\pi}{2}}+\Big[\dfrac{1}{2}\cos 2x\Big]_{\frac{\pi}{2}}^{\pi}$$

$$=1+1=2$$

답 2

237

$$\int_{-1}^{1} f'(x)\,dx=\Big[f(x)\Big]_{-1}^{1}=f(1)-f(-1)$$ 이므로

$$\int_{-1}^{1}|e^x-1|\,dx=f(1)-f(-1)$$

$$\therefore f(1)=f(-1)+\int_{-1}^{1}|e^x-1|\,dx$$

이때 $|e^x-1|=\begin{cases} 1-e^x & (x\leq 0) \\ e^x-1 & (x\geq 0)\end{cases}$ 이므로

$$f(1)=f(-1)+\int_{-1}^{1}|e^x-1|\,dx$$

$$=2+\int_{-1}^{0}(1-e^x)\,dx+\int_{0}^{1}(e^x-1)\,dx$$

$$=2+\Big[x-e^x\Big]_{-1}^{0}+\Big[e^x-x\Big]_{0}^{1}$$

$$=2+\dfrac{1}{e}+(e-2)$$

$$=e+\dfrac{1}{e}$$

답 $e+\dfrac{1}{e}$

238

닫힌구간 $[-2, 2]$에서

$$f(x)=\begin{cases}\dfrac{1}{e^{-x}} & (-2\leq x\leq 0) \\[2mm] \dfrac{1}{e^{x}} & (0\leq x\leq 2)\end{cases}$$

$$=\begin{cases}e^{x} & (-2\leq x\leq 0) \\ e^{-x} & (0\leq x\leq 2)\end{cases}$$

이고 모든 실수 x에 대하여 $f(x+4)=f(x)$이므로

$$\int_0^4 f(x)dx=\int_0^2 f(x)dx+\int_2^4 f(x)dx$$

$$=\int_0^2 f(x)dx+\int_{-2}^0 f(x)dx$$

$$=\int_0^2 e^{-x}dx+\int_{-2}^0 e^x\,dx$$

$$=\Big[-e^{-x}\Big]_0^2+\Big[e^x\Big]_{-2}^0$$

$$=\Big(-\frac{1}{e^2}+1\Big)+\Big(1-\frac{1}{e^2}\Big)$$

$$=2\Big(1-\frac{1}{e^2}\Big)$$

답 $2\Big(1-\dfrac{1}{e^2}\Big)$

239

조건 ㈐에서 곡선 $y=f(x)$가 원점에 대하여 대칭이므로 $f(0)=0$이고, 함수 $f(x)$는 기함수이다.

즉, $f'(x)$는 우함수이고, $f'(x)\sin x$, $f'(x)\sin^3 x$ 는 기함수이다.

$$\therefore \int_{-2}^2 f'(x)(1+\sin x+\sin^3 x)dx$$

$$=\int_{-2}^2 \{f'(x)+f'(x)\sin x+f'(x)\sin^3 x\}dx$$

$$=\int_{-2}^2 f'(x)dx$$

$$=2\int_0^2 f'(x)dx$$

$$=2\Big[f(x)\Big]_0^2$$

$$=2\{f(2)-f(0)\}$$

$$=2(3-0)$$

$$=6$$

답 6

240

$f(a)=\displaystyle\int_1^a \dfrac{\sqrt{\ln x}}{x}\,dx$에서

$\ln x=t$로 놓으면 $\dfrac{1}{x}=\dfrac{dt}{dx}$이고

$x=1$일 때 $t=0$, $x=a$일 때 $t=\ln a$이므로

$$f(a)=\int_1^a \dfrac{\sqrt{\ln x}}{x}\,dx$$

$$=\int_0^{\ln a}\sqrt{t}\,dt$$

$$=\Big[\frac{2}{3}t^{\frac{3}{2}}\Big]_0^{\ln a}$$

$$=\frac{2}{3}(\ln a)^{\frac{3}{2}}$$

$$\therefore f(a^4)=\frac{2}{3}(\ln a^4)^{\frac{3}{2}}=\frac{2}{3}(4\ln a)^{\frac{3}{2}}$$

$$=4^{\frac{3}{2}}\times\frac{2}{3}(\ln a)^{\frac{3}{2}}=8f(a)$$

답 ②

241

$x=a\tan\theta\ \Big(-\dfrac{\pi}{2}<\theta<\dfrac{\pi}{2}\Big)$로 놓으면

$\dfrac{dx}{d\theta}=a\sec^2\theta$이고 $x=0$일 때 $\theta=0$, $x=a$일 때

$\theta=\dfrac{\pi}{4}$이므로

$$\int_0^a \frac{1}{a^2+x^2}\,dx$$

$$=\int_0^{\frac{\pi}{4}}\frac{1}{a^2(1+\tan^2\theta)}\times a\sec^2\theta\,d\theta$$

$$=\int_0^{\frac{\pi}{4}}\frac{1}{a^2\sec^2\theta}\times a\sec^2\theta\,d\theta$$

$$=\int_0^{\frac{\pi}{4}}\frac{1}{a}\,d\theta$$

$$=\Big[\frac{1}{a}\theta\Big]_0^{\frac{\pi}{4}}$$

$$=\frac{1}{a}\times\frac{\pi}{4}=\frac{\pi}{4a}$$

따라서 $\dfrac{\pi}{4a}=\dfrac{\pi}{16}$이므로 $4a=16$

$$\therefore a=4$$

답 4

242

$f(x)=\sin x,\ g(x)=3x$이므로

$$\int_0^\pi f(g(x))g(x)\,dx=\int_0^\pi 3x\sin 3x\,dx$$

이때 $u(x)=3x,\ v'(x)=\sin 3x$로 놓으면

$u'(x)=3,\ v(x)=-\dfrac{1}{3}\cos 3x$이므로

$$\int_0^\pi 3x\sin 3x\,dx$$

$$=\Big[-x\cos 3x\Big]_0^\pi-\int_0^\pi 3\times\left(-\frac{1}{3}\cos 3x\right)dx$$

$$=\pi+\left[\frac{1}{3}\sin 3x\right]_0^\pi=\pi \qquad\qquad \text{답 } \pi$$

243

주어진 그래프에서

$$f(x)=\begin{cases} 1 & (0\le x\le 1)\\ x & (1\le x\le 2)\end{cases}$$

$\displaystyle\int_0^{\ln 2} e^x f(e^x)\,dx$에서

$e^x=t$로 놓으면 $e^x=\dfrac{dt}{dx}$이고

$x=0$일 때 $t=1$, $x=\ln 2$일 때 $t=2$이므로

$$\int_0^{\ln 2} e^x f(e^x)\,dx=\int_1^2 f(t)\,dt=\int_1^2 t\,dt$$

$$=\left[\frac{1}{2}t^2\right]_1^2=\frac{1}{2}(4-1)=\frac{3}{2}\qquad \text{답 } ④$$

244

$$f(x)=\int_0^x \frac{1}{1+e^{-t}}\,dt$$

$$=\int_0^x \frac{e^t}{e^t+1}\,dt \qquad \leftarrow \ \frac{1}{1+e^{-t}}=\frac{1\times e^t}{(1+e^{-t})e^t}$$

에서 $e^t+1=s$로 놓으면 $e^t=\dfrac{ds}{dt}$이고

$t=0$일 때 $s=2$, $t=x$일 때 $s=1+e^x$이므로

$$f(x)=\int_2^{1+e^x}\frac{1}{s}\,ds=\Big[\ln|s|\Big]_2^{1+e^x}$$

$$=\ln(1+e^x)-\ln 2=\ln\frac{1+e^x}{2}$$

$$\therefore\ (f\circ f)(a)=f(f(a))$$

$$=f\left(\ln\frac{1+e^a}{2}\right)$$

$$=\ln\frac{1+e^{\ln\frac{1+e^a}{2}}}{2}$$

$$=\ln\frac{1+\dfrac{1+e^a}{2}}{2}$$

$$=\ln\frac{3+e^a}{4}$$

이때 $(f\circ f)(a)=\ln 5$이므로

$$\ln\frac{3+e^a}{4}=\ln 5$$

$y=\ln x$는 일대일함수이므로

$$\frac{3+e^a}{4}=5,\ e^a=17$$

$$\therefore\ a=\ln 17 \qquad\qquad \text{답 } ④$$

245

$f(t)=\ln t,\ g'(t)=1$로 놓으면

$f'(t)=\dfrac{1}{t},\ g(t)=t$이므로

$$F(x)=\int_{e^x}^{e^{2x}}\ln t\,dt$$

$$=\Big[t\ln t\Big]_{e^x}^{e^{2x}}-\int_{e^x}^{e^{2x}}\frac{1}{t}\times t\,dt$$

$$=(e^{2x}\ln e^{2x}-e^x\ln e^x)-\Big[t\Big]_{e^x}^{e^{2x}}$$

$$=2xe^{2x}-xe^x-(e^{2x}-e^x)$$

$$=(2x-1)e^{2x}-(x-1)e^x$$

$$F'(x)=2e^{2x}+(2x-1)\times 2e^{2x}-e^x-(x-1)e^x$$

$$=4xe^{2x}-xe^x=xe^x(4e^x-1)$$

$F'(x)=0$에서 $x=0$ 또는 $e^x=\dfrac{1}{4}$

$\therefore\ x=0$ 또는 $x=-2\ln 2$

이때 함수 $F(x)$의 증가와 감소를 표로 나타내면 다음과 같다.

x	$\cdots$	$-2\ln 2$	$\cdots$	0	$\cdots$
$F'(x)$	$+$	0	$-$	0	$+$
$F(x)$	↗	극대	↘	극소	↗

따라서 함수 $F(x)$는 $x=-2\ln 2$에서 극댓값을 가지므로

$a=-2\ln 2$ 답 $-2\ln 2$

246

$$\int_0^1 tf(t)\,dt=k \ (k\text{는 상수}) \qquad \cdots\cdots \ \unicode{x1D8F}$$

로 놓으면

$$f(x)=e^{x^2}+k$$

$f(t)=e^{t^2}+k$를 ㉠에 대입하면

$$\int_0^1 t(e^{t^2}+k)\,dt=\int_0^1 (te^{t^2}+kt)\,dt$$
$$=\left[\frac{1}{2}e^{t^2}+\frac{1}{2}kt^2\right]_0^1$$
$$=\frac{1}{2}e+\frac{1}{2}k-\frac{1}{2}$$

즉, $\dfrac{1}{2}e+\dfrac{1}{2}k-\dfrac{1}{2}=k$이므로

$$k=e-1$$

$$\therefore \int_0^1 xf(x)\,dx=k=e-1$$ 답 $e-1$

247

$$\int_0^\pi f(t)\cos t\,dt=k \ (k\text{는 상수}) \qquad \cdots\cdots \ \unicode{x1D8F}$$

로 놓으면

$$f(x)=x+k$$

$f(t)=t+k$를 ㉠에 대입하면

$$\int_0^\pi f(t)\cos t\,dt=\int_0^\pi (t+k)\cos t\,dt$$

$u(t)=t+k$, $v'(t)=\cos t$로 놓으면

$u'(t)=1$, $v(t)=\sin t$

$$\therefore \int_0^\pi (t+k)\cos t\,dt$$
$$=\left[(t+k)\sin t\right]_0^\pi-\int_0^\pi \sin t\,dt$$
$$=0-\left[-\cos t\right]_0^\pi$$
$$=-2$$

즉, $k=-2$이므로 $f(x)=x-2$

$$\therefore f(3)=1$$ 답 1

248

$\displaystyle\int_1^x f(t)\,dt=x^2-a\sqrt{x}$의 양변을 x에 대하여 미분하면

$$f(x)=2x-\frac{a}{2\sqrt{x}}$$

또, $\displaystyle\int_1^x f(t)\,dt=x^2-a\sqrt{x}$의 양변에 $x=1$을 대입하면

$$\int_1^1 f(t)\,dt=1-a\sqrt{1}$$

$0=1-a$ $\qquad \therefore a=1$

따라서 $f(x)=2x-\dfrac{1}{2\sqrt{x}}$이므로

$$f(1)=2-\frac{1}{2}=\frac{3}{2}$$ 답 ②

249

$$\int_1^x (x-t)f(t)\,dt=x\int_1^x f(t)\,dt-\int_1^x tf(t)\,dt$$

이므로 주어진 등식에서

$$x\int_1^x f(t)\,dt-\int_1^x tf(t)\,dt=x^3\ln x+ax+b$$
$\cdots\cdots \ \unicode{x1D8F}$

㉠의 양변을 x에 대하여 미분하면

$$\int_1^x f(t)\,dt+xf(x)-xf(x)=3x^2\ln x+x^2+a$$

$$\therefore \int_1^x f(t)\,dt=3x^2\ln x+x^2+a$$

위 식의 양변에 $x=1$을 대입하면

$0=1+a$ $\qquad \therefore a=-1$

㉠의 양변에 $x=1$을 대입하면

$0=a+b$ $\qquad \therefore b=1$

$$\therefore ab=-1$$ 답 -1

250

$f(x)=\displaystyle\int_1^x (1-\ln t)\,dt$의 양변을 x에 대하여 미분하면

$$f'(x)=1-\ln x$$

$f'(x)=0$에서 $\ln x=1$ $\qquad \therefore x=e$

$x>0$에서 함수 $f(x)$의 증가와 감소를 표로 나타내면 다음과 같다.

x	0	$\cdots$	e	$\cdots$
$f'(x)$		$+$	0	$-$
$f(x)$		$\nearrow$	극대	$\searrow$

따라서 함수 $f(x)$는 $x=e$에서 극대이므로 구하는 극댓값은

$$f(e)=\int_1^e (1-\ln t)dt$$

$u(t)=1-\ln t,\ v'(t)=1$로 놓으면

$u'(t)=-\dfrac{1}{t},\ v(t)=t$이므로

$$f(e)=\int_1^e (1-\ln t)dt$$

$$=\Big[t(1-\ln t)\Big]_1^e-\int_1^e \left(-\frac{1}{t}\right)\times t\,dt$$

$$=-1+\Big[t\Big]_1^e$$

$$=-1+e-1$$

$$=e-2$$

답 $e-2$

251

$g(t)=e^{-\frac{t^2}{2}}$으로 놓고 $g(t)$의 한 부정적분을 $G(t)$라 하면

$$\lim_{h\to 0}\frac{f(0)}{h}=\lim_{h\to 0}\frac{1}{h}\int_0^h g(t)dt$$

$$=\lim_{h\to 0}\frac{1}{h}\Big[G(t)\Big]_0^h$$

$$=\lim_{h\to 0}\frac{G(h)-G(0)}{h}$$

$$=G'(0)$$

이때 $G'(t)=g(t)$이므로

$$G'(0)=g(0)=1$$

답 ④

252

$$\int_0^1 f(t)dt=k\ (k\text{는 상수}) \qquad \cdots\cdots\ \text{㉠}$$

로 놓으면

$$f(x)=\frac{x}{x^2+1}+2k$$

$f(t)=\dfrac{t}{t^2+1}+2k$를 ㉠에 대입하면

$$\int_0^1 f(t)dt=\int_0^1 \left(\frac{t}{t^2+1}+2k\right)dt$$

$$=\int_0^1 \frac{t}{t^2+1}\,dt+\int_0^1 2k\,dt$$

$$=\frac{1}{2}\int_0^1 \frac{2t}{t^2+1}\,dt+\Big[2kt\Big]_0^1$$

$$=\frac{1}{2}\int_0^1 \frac{(t^2+1)'}{t^2+1}\,dt+2k$$

$$=\frac{1}{2}\Big[\ln(t^2+1)\Big]_0^1+2k$$

$$=\frac{1}{2}\ln 2+2k$$

즉, $\dfrac{1}{2}\ln 2+2k=k$이므로 $k=-\dfrac{1}{2}\ln 2$

따라서 $f(x)=\dfrac{x}{x^2+1}-\ln 2$이므로

$$f(1)=\frac{1}{2}-\ln 2$$

답 $\dfrac{1}{2}-\ln 2$

253

$$xf(x)-\int_e^x f(t)dt=x^2\ln x \qquad \cdots\cdots\ \text{㉠}$$

㉠의 양변을 x에 대하여 미분하면

$$f(x)+xf'(x)-f(x)=2x\ln x+x^2\times\frac{1}{x}$$

$$xf'(x)=2x\ln x+x$$

$$\therefore\ f'(x)=2\ln x+1$$

$$\therefore\ f(x)=\int f'(x)\,dx$$

$$=\int (2\ln x+1)\,dx$$

$$=2(x\ln x-x)+x+C$$

$$=2x\ln x-x+C$$

위 식의 양변에 $x=e$를 대입하면

$$f(e)=2e-e+C=e+C \qquad \cdots\cdots\ \text{㉡}$$

㉠의 양변에 $x=e$를 대입하면

$$ef(e)=e^2 \qquad \therefore\ f(e)=e \qquad \cdots\cdots\ \text{㉢}$$

㉡, ㉢에서 $e=e+C$이므로 $C=0$

따라서 $f(x)=2x\ln x-x$이므로

$$f(1)=-1$$

답 -1

254

$x-t=u$로 놓고 양변을 t에 대하여 미분하면

$$-1=\frac{du}{dt}$$

$t=0$일 때 $u=x$, $t=x$일 때 $u=0$이므로

$$\int_0^x f(x-t)dt=\int_x^0 f(u)\times(-1)du$$

$$=-\int_x^0 f(u)du$$

$$=\int_0^x f(u)du$$

$$\therefore \int_0^x f(u)du=\frac{\sin^2 x}{1+\cos x}=\frac{1-\cos^2 x}{1+\cos x}$$

$$=\frac{(1+\cos x)(1-\cos x)}{1+\cos x}$$

$$=1-\cos x \qquad \cdots\cdots ㉠$$

㉠의 양변을 x에 대하여 미분하면

$$f(x)=\sin x$$

$$\therefore f\left(\frac{\pi}{6}\right)=\sin\frac{\pi}{6}=\frac{1}{2} \qquad\qquad \text{답 ④}$$

255

$f(x)=\int_0^x (1+\cos t)\sin t\,dt$의 양변을 x에 대하여

미분하면

$$f'(x)=(1+\cos x)\sin x$$

$f'(x)=0$에서 $\cos x=-1$ 또는 $\sin x=0$

$$\therefore x=0 \text{ 또는 } x=\pi \ (\because -\pi<x<2\pi)$$

$-\pi<x<2\pi$에서 함수 $f(x)$의 증가와 감소를 표로
나타내면 다음과 같다.

x	$-\pi$	$\cdots$	0	$\cdots$	π	$\cdots$	2π
$f'(x)$		$-$	0	$+$	0	$-$	
$f(x)$		$\searrow$	극소	$\nearrow$	극대	$\searrow$	

따라서 함수 $f(x)$는 $x=\pi$에서 극대이므로 극댓값은

$$f(\pi)=\int_0^\pi (1+\cos t)\sin t\,dt$$

$1+\cos t=u$로 놓으면 $-\sin t=\dfrac{du}{dt}$이고

$t=0$일 때 $u=2$, $t=\pi$일 때 $u=0$이므로

$$f(\pi)=\int_2^0 u\times(-1)du=\int_0^2 u\,du$$

$$=\left[\frac{1}{2}u^2\right]_0^2=2$$

$$\therefore M=2$$

또한, 함수 $f(x)$는 $x=0$에서 극소이므로 극솟값은

$$f(0)=\int_0^0 (1+\cos t)\sin t\,dt=0$$

$$\therefore m=0$$

$$\therefore M+m=2+0=2 \qquad\qquad \text{답 2}$$

256

$F(x)=\displaystyle\int_{\frac{\pi}{6}}^x (\cos t+e^t)dt$의 양변을 x에 대하여 미

분하면

$$F'(x)=\cos x+e^x$$

또, $F\left(\dfrac{\pi}{6}\right)=\displaystyle\int_{\frac{\pi}{6}}^{\frac{\pi}{6}} (\cos t+e^t)dt=0$이므로

$$\lim_{x\to\frac{\pi}{6}}\frac{F(x)}{x-\frac{\pi}{6}}=\lim_{x\to\frac{\pi}{6}}\frac{F(x)-F\left(\frac{\pi}{6}\right)}{x-\frac{\pi}{6}}$$

$$=F'\left(\frac{\pi}{6}\right)=\cos\frac{\pi}{6}+e^{\frac{\pi}{6}}$$

$$=e^{\frac{\pi}{6}}+\frac{\sqrt{3}}{2} \qquad\qquad \text{답 } e^{\frac{\pi}{6}}+\frac{\sqrt{3}}{2}$$

257

$f(x)$의 한 부정적분을 $F(x)$라 하면

$$\lim_{x\to 0}\left\{\frac{x^2+1}{x}\int_1^{x+1} f(t)dt\right\}$$

$$=\lim_{x\to 0}\frac{x^2+1}{x}\Big[F(t)\Big]_1^{x+1}$$

$$=\lim_{x\to 0}\left\{(x^2+1)\times\frac{F(x+1)-F(1)}{x}\right\}$$

$$=1\times F'(1)=f(1)=3$$

이때 $f(x)=a\cos(\pi x^2)$에서 $f(1)=a\cos\pi=-a$

이므로

$$-a=3 \qquad \therefore a=-3$$

따라서 $f(x)=-3\cos(\pi x^2)$이므로

$$f(a)=f(-3)=-3\cos 9\pi=3 \qquad \text{답 ⑤}$$

$$xf(x)=x^2 \sin x+\int_{\frac{\pi}{2}}^{x} f(t)dt \qquad \cdots\cdots \text{㉠}$$

㉠의 양변을 x에 대하여 미분하면

$$f(x)+xf'(x)=2x \sin x+x^2 \cos x+f(x)$$

이므로

$$f'(x)=2 \sin x+x \cos x$$

$$\therefore f(x)=\int f'(x)\,dx$$

$$=\int (2 \sin x+x \cos x)\,dx$$

$$=\int 2 \sin x\,dx+\int x \cos x\,dx$$

$$=-2 \cos x+\int x \cos x\,dx$$

$\int x \cos x\,dx$에서

$u(x)=x,\ v'(x)=\cos x$로 놓으면

$u'(x)=1,\ v(x)=\sin x$이므로

$$f(x)=-2 \cos x+\int x \cos x\,dx$$

$$=-2 \cos x+x \sin x-\int \sin x\,dx$$

$$=-2 \cos x+x \sin x+\cos x+C$$

$$=x \sin x-\cos x+C$$

위 식의 양변에 $x=\dfrac{\pi}{2}$를 대입하면

$$f\left(\frac{\pi}{2}\right)=\frac{\pi}{2} \sin \frac{\pi}{2}-\cos \frac{\pi}{2}+C$$

$$=\frac{\pi}{2}+C \qquad \cdots\cdots \text{㉡}$$

㉠의 양변에 $x=\dfrac{\pi}{2}$를 대입하면

$$\frac{\pi}{2}f\left(\frac{\pi}{2}\right)=\left(\frac{\pi}{2}\right)^2 \sin \frac{\pi}{2}$$

$$\therefore f\left(\frac{\pi}{2}\right)=\frac{\pi}{2} \qquad \cdots\cdots \text{㉢}$$

㉡, ㉢에서 $\dfrac{\pi}{2}+C=\dfrac{\pi}{2}$

$$\therefore C=0$$

따라서 $f(x)=x \sin x-\cos x$이므로

$$f(\pi)=\pi \sin \pi-\cos \pi$$

$$=0-(-1)=1$$

답 1

259

ㄱ. $f(x)=\displaystyle\int_{0}^{x} \sin (\pi \cos t)dt$의 양변을 x에 대하여 미분하면

$$f'(x)=\sin (\pi \cos x)$$

$$\therefore f'(0)=\sin (\pi \cos 0)$$

$$=\sin \pi=0 \ (\text{참})$$

ㄴ. 모든 실수 x에 대하여

$$f(-x)=\int_{0}^{-x} \sin (\pi \cos t)dt$$

$-t=y$로 놓고 양변을 t에 대하여 미분하면

$$-1=\frac{dy}{dt}$$

$t=0$일 때 $y=0$, $t=-x$일 때 $y=x$이므로

$$f(-x)=\int_{0}^{-x} \sin (\pi \cos t)dt$$

$$=\int_{0}^{x} \sin\{\pi \cos (-y)\}\times (-1)dy$$

$$=-\int_{0}^{x} \sin (\pi \cos y)dy$$

$$=-f(x)$$

따라서 함수 $y=f(x)$의 그래프는 원점에 대하여 대칭이다. (참)

ㄷ. $\pi-t=y$로 놓고 양변을 t에 대하여 미분하면

$$-1=\frac{dy}{dt}$$

$t=0$일 때 $y=\pi$, $t=\pi$일 때 $y=0$이므로

$$f(\pi)=\int_{0}^{\pi} \sin (\pi \cos t)dt$$

$$=\int_{\pi}^{0} \sin\{\pi \cos (\pi-y)\}\times (-1)dy$$

$$=-\int_{\pi}^{0} \sin (-\pi \cos y)dy$$

$$=\int_{\pi}^{0} \sin (\pi \cos y)dy$$

$$=-\int_{0}^{\pi} \sin (\pi \cos y)dy$$

$$=-f(\pi)$$

$$2f(\pi)=0$$

$$\therefore f(\pi)=0 \ (\text{참})$$

따라서 옳은 것은 ㄱ, ㄴ, ㄷ이다.

답 ⑤

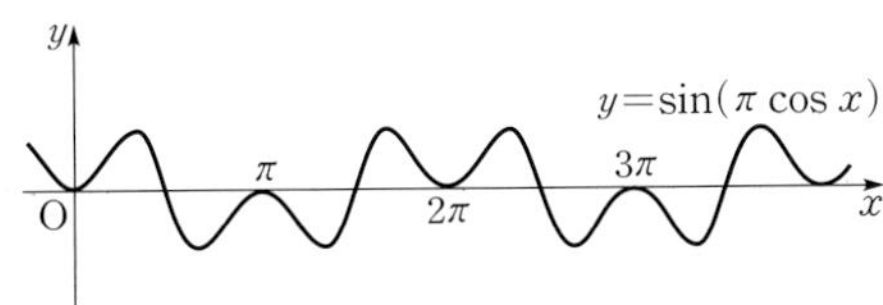

260

$f(x)=\displaystyle\int_0^x t\sin(x-t)dt$에서 $x-t=u$로 놓고 양

변을 t에 대하여 미분하면 $-1=\dfrac{du}{dt}$

$t=0$일 때 $u=x$, $t=x$일 때 $u=0$이므로

$$f(x)=\int_0^x t\sin(x-t)dt$$

$$=\int_x^0 (x-u)\sin u\times(-1)du$$

$$=\int_0^x (x-u)\sin u\,du$$

$$=x\int_0^x \sin u\,du-\int_0^x u\sin u\,du$$

위 식의 양변을 x에 대하여 미분하면

$$f'(x)=\int_0^x \sin u\,du+x\sin x-x\sin x$$

$$=\int_0^x \sin u\,du$$

$$=\Big[-\cos u\Big]_0^x$$

$$=1-\cos x$$

$$\therefore \lim_{x\to 0}\frac{f'(x)}{x^2}=\lim_{x\to 0}\frac{1-\cos x}{x^2}$$

$$=\lim_{x\to 0}\frac{(1-\cos x)(1+\cos x)}{x^2(1+\cos x)}$$

$$=\lim_{x\to 0}\frac{1-\cos^2 x}{x^2(1+\cos x)}$$

$$=\lim_{x\to 0}\left(\frac{\sin^2 x}{x^2}\times\frac{1}{1+\cos x}\right)$$

$$=1\times\frac{1}{1+1}=\frac{1}{2}$$

답 $\dfrac{1}{2}$

261

$f(x)=\displaystyle\int_1^x \dfrac{n-\ln t}{t}dt$의 양변을 x에 대하여 미분하

면

$$f'(x)=\frac{n-\ln x}{x}$$

$f'(x)=0$에서 $\ln x=n$ $\qquad \therefore x=e^n$

$x>0$에서 함수 $f(x)$의 증가와 감소를 표로 나타내면

다음과 같다.

x	0	$\cdots$	e^n	$\cdots$
$f'(x)$		$+$	0	$-$
$f(x)$		↗	극대	↘

따라서 함수 $f(x)$는 $x=e^n$에서 극대이면서 최대이므

로 최댓값은

$$g(n)=f(e^n)=\int_1^{e^n}\frac{n-\ln t}{t}dt$$

$n-\ln t=s$로 놓고 양변을 t에 대하여 미분하면

$$-\frac{1}{t}=\frac{ds}{dt}$$

$t=1$일 때 $s=n$, $t=e^n$일 때 $s=0$이므로

$$g(n)=\int_1^{e^n}\frac{n-\ln t}{t}dt$$

$$=\int_n^0 s\times(-1)ds$$

$$=\int_0^n s\,ds$$

$$=\Big[\frac{1}{2}s^2\Big]_0^n=\frac{1}{2}n^2$$

$$\therefore \sum_{n=1}^{12}g(n)=\sum_{n=1}^{12}\frac{1}{2}n^2$$

$$=\frac{1}{2}\times\frac{12\times13\times25}{6}$$

$$=325$$

답 325

262

$g(t)=e^t\sin\dfrac{\pi}{2}t$로 놓고 $g(t)$의 한 부정적분을 $G(t)$

라 하면

$$\lim_{x \to 2} \frac{1}{x^2-4} \int_{f(2)}^{f(x)} g(t)\,dt$$

$$=\lim_{x \to 2} \frac{1}{x^2-4} \Big[G(t) \Big]_{f(2)}^{f(x)}$$

$$=\lim_{x \to 2} \frac{G(f(x))-G(f(2))}{(x+2)(x-2)}$$

$$=\lim_{x \to 2} \left\{ \frac{1}{x+2} \times \frac{f(x)-f(2)}{x-2} \right.$$

$$\left. \times \frac{G(f(x))-G(f(2))}{f(x)-f(2)} \right\}$$

$$=\frac{1}{4} f'(2) G'(f(2))$$

$$=\frac{1}{4} f'(2) G'(1) \ (\because f(2)=1)$$

$$=\frac{1}{4} f'(2) g(1) = \frac{1}{4} f'(2) \times e \ (\because g(1)=e)$$

따라서 $\dfrac{1}{4} f'(2) \times e = 2e$ 이므로

$$f'(2)=8 \qquad\qquad \text{답 } 8$$

263

오른쪽 그림과 같이 닫힌구간 $[0, 2]$를 n등분 하면 양 끝 점과 각 분점의 x좌표는 왼쪽부터 차례로

$$0=\frac{0}{n},\ \frac{2}{n},\ \frac{4}{n},\ \frac{6}{n},\ \cdots,\ \frac{2n}{n}=2$$

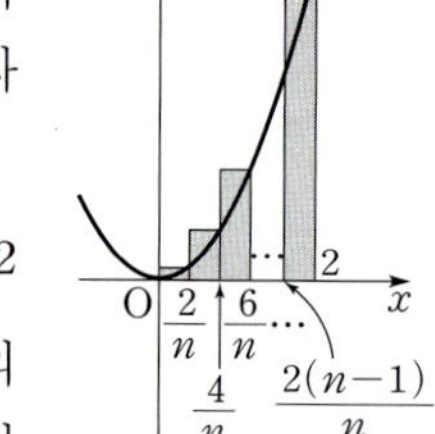

이때 n등분 한 각 구간을 가로의 길이로, 구간의 오른쪽 끝에서의 함숫값을 세로의 길이로 하는 n개의 직사각형을 만들면 각 직사각형의 세로의 길이는

$$\left(\frac{2}{n}\right)^2,\ \left(\frac{4}{n}\right)^2,\ \left(\frac{6}{n}\right)^2,\ \cdots,\ \left(\frac{2n}{n}\right)^2$$

이들 직사각형의 넓이의 합을 S_n이라 하면

$$S_n = \frac{2}{n} \times \left(\frac{2}{n}\right)^2 + \frac{2}{n} \times \left(\frac{4}{n}\right)^2 + \frac{2}{n} \times \left(\frac{6}{n}\right)^2$$

$$+ \cdots + \frac{2}{n} \times \left(\frac{2n}{n}\right)^2$$

$$=\frac{8}{n^3}(1^2+2^2+3^2+\cdots+n^2)$$

$$=\frac{8}{n^3} \times \frac{n(n+1)(2n+1)}{6}$$

$$=\frac{4}{3}\left(1+\frac{1}{n}\right)\left(2+\frac{1}{n}\right)$$

따라서 구하는 넓이 S는

$$S=\lim_{n \to \infty} S_n = \lim_{n \to \infty} \frac{4}{3}\left(1+\frac{1}{n}\right)\left(2+\frac{1}{n}\right)=\frac{8}{3}$$

$$\text{답 } \frac{8}{3}$$

264

ㄱ. $\displaystyle\lim_{n \to \infty} \sum_{k=1}^{n} \left(3+\frac{2k}{n}\right)^2 \times \frac{1}{n}$

$$=\frac{1}{2} \lim_{n \to \infty} \sum_{k=1}^{n} \left(3+\frac{2k}{n}\right)^2 \times \frac{2}{n}$$

$\dfrac{2k}{n}$ 를 x로, $\dfrac{2}{n}$ 를 dx로 바꾸면

$k=1$일 때 $n \to \infty$이면 $x=0$, $k=n$일 때 $x=2$이므로 적분 구간은 $[0, 2]$이다.

$$\therefore (\text{주어진 식}) = \frac{1}{2} \int_0^2 (3+x)^2\,dx$$

ㄴ. $\displaystyle\lim_{n \to \infty} \sum_{k=1}^{n} \left(3+\frac{2k}{n}\right)^2 \times \frac{1}{n}$

$$=\frac{1}{2} \lim_{n \to \infty} \sum_{k=1}^{n} \left(3+\frac{2k}{n}\right)^2 \times \frac{2}{n}$$

$3+\dfrac{2k}{n}$ 를 x로, $\dfrac{2}{n}$를 dx로 바꾸면

$k=1$일 때 $n \to \infty$이면 $x=3$, $k=n$일 때 $x=5$이므로 적분 구간은 $[3, 5]$이다.

$$\therefore (\text{주어진 식}) = \frac{1}{2} \int_3^5 x^2\,dx$$

ㄷ. $\displaystyle\lim_{n \to \infty} \sum_{k=1}^{n} \left(3+\frac{2k}{n}\right)^2 \times \frac{1}{n}$ 에서 $\dfrac{k}{n}$ 를 x로, $\dfrac{1}{n}$ 을 dx로 바꾸면

$k=1$일 때 $n \to \infty$이면 $x=0$, $k=n$일 때 $x=1$이므로 적분 구간은 $[0, 1]$이다.

$$\therefore (\text{주어진 식}) = \int_0^1 (3+2x)^2\,dx$$

따라서 주어진 식과 같은 값을 갖는 것은 ㄷ뿐이다.

$$\text{답 } ㄷ$$

265

$$\lim_{n \to \infty} \sum_{k=1}^{n} \frac{6}{n} f'\left(1+\frac{3k}{n}\right)$$

$$=2 \lim_{n \to \infty} \sum_{k=1}^{n} f'\left(1+\frac{3k}{n}\right) \times \frac{3}{n}$$

$1+\dfrac{3k}{n}$를 x로, $\dfrac{3}{n}$을 dx로 바꾸면

$k=1$일 때 $n\to\infty$이면 $x=1$, $k=n$일 때 $x=4$이므로 적분 구간은 $[1,\ 4]$이다.

$\therefore$ (주어진 식)$=2\displaystyle\int_1^4 f'(x)\,dx=2\Big[f(x)\Big]_1^4$

$\qquad\qquad\qquad =2\Big[2\sqrt{x}\Big]_1^4=4$ **답 4**

266

$\displaystyle\lim_{n\to\infty}\left(\dfrac{n}{n^2+1}+\dfrac{n}{n^2+2^2}+\dfrac{n}{n^2+3^2}+\cdots+\dfrac{n}{n^2+n^2}\right)$

$=\displaystyle\lim_{n\to\infty}\sum_{k=1}^{n}\dfrac{n}{n^2+k^2}=\lim_{n\to\infty}\sum_{k=1}^{n}\dfrac{1}{1+\left(\dfrac{k}{n}\right)^2}\times\dfrac{1}{n}$

$\dfrac{k}{n}$를 x로, $\dfrac{1}{n}$을 dx로 바꾸면

$k=1$일 때 $n\to\infty$이면 $x=0$, $k=n$일 때 $x=1$이므로 적분 구간은 $[0,\ 1]$이다.

$\therefore$ (주어진 식)$=\displaystyle\int_0^1 \dfrac{1}{1+x^2}\,dx$

이때 $x=\tan\theta\left(-\dfrac{\pi}{2}<\theta<\dfrac{\pi}{2}\right)$로 놓으면

$\dfrac{dx}{d\theta}=\sec^2\theta$이고

$x=0$일 때 $\theta=0$, $x=1$일 때 $\theta=\dfrac{\pi}{4}$이므로

$\displaystyle\int_0^1 \dfrac{1}{1+x^2}\,dx=\int_0^{\frac{\pi}{4}}\dfrac{\sec^2\theta}{1+\tan^2\theta}\,d\theta$

$\qquad\qquad\qquad =\displaystyle\int_0^{\frac{\pi}{4}}\dfrac{\sec^2\theta}{\sec^2\theta}\,d\theta$

$\qquad\qquad\qquad =\displaystyle\int_0^{\frac{\pi}{4}} d\theta=\Big[\theta\Big]_0^{\frac{\pi}{4}}=\dfrac{\pi}{4}$ **답 $\dfrac{\pi}{4}$**

267

오른쪽 그림에서 $\overline{\mathrm{B}_k\mathrm{C}_k}^2=\left(\dfrac{k}{n}\right)^2$

이므로

$\displaystyle\lim_{n\to\infty}\dfrac{2\pi}{n}\sum_{k=1}^{n-1}\overline{\mathrm{B}_k\mathrm{C}_k}^2$

$=\displaystyle\lim_{n\to\infty}\dfrac{2\pi}{n}\sum_{k=1}^{n-1}\left(\dfrac{k}{n}\right)^2$

$=2\pi\displaystyle\lim_{n\to\infty}\sum_{k=1}^{n-1}\left(\dfrac{k}{n}\right)^2\times\dfrac{1}{n}$

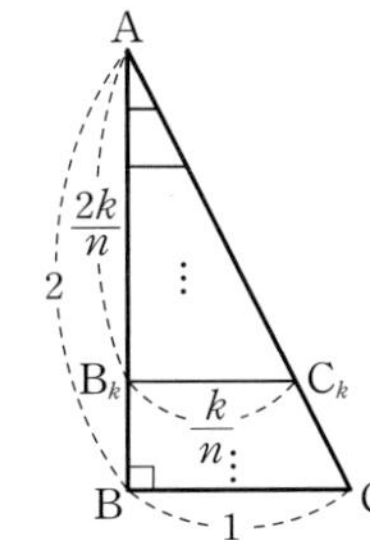

$\dfrac{k}{n}$를 x로, $\dfrac{1}{n}$을 dx로 바꾸면

$k=1$일 때 $n\to\infty$이면 $x=0$, $k=n$일 때 $x=1$이므로 적분 구간은 $[0,\ 1]$이다.

$\therefore$ (주어진 식)$=2\pi\displaystyle\int_0^1 x^2\,dx$

$\qquad\qquad\qquad =2\pi\Big[\dfrac{1}{3}x^3\Big]_0^1=\dfrac{2}{3}\pi$ **답 $\dfrac{2}{3}\pi$**

268

곡선 $y=-\ln(x+1)$과 x축의 교점의 x좌표는

$0=-\ln(x+1)$에서 $x=0$

닫힌구간 $[0,\ e-1]$에서 $y\le0$이므로 구하는 넓이를 S라 하면

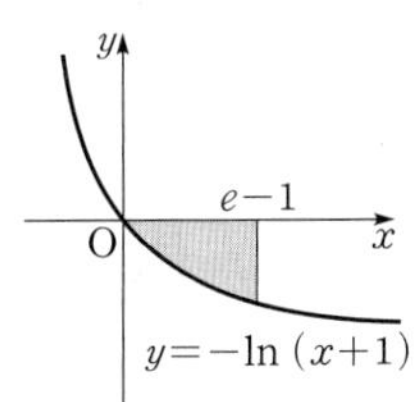

$S=\displaystyle\int_0^{e-1}\big[-\{-\ln(x+1)\}\big]\,dx$

$\quad =\displaystyle\int_0^{e-1}\ln(x+1)\,dx$

$\quad =\Big[x\ln(x+1)\Big]_0^{e-1}-\displaystyle\int_0^{e-1}\dfrac{x}{x+1}\,dx$

$\quad =e-1-\displaystyle\int_0^{e-1}\left(1-\dfrac{1}{x+1}\right)dx$

$\quad =e-1-\Big[x-\ln|x+1|\Big]_0^{e-1}$

$\quad =e-1-(e-1-1)=1$ **답 1**

269

곡선 $y=e^x$과 x축, y축 및 직선 $x=\ln 3$으로 둘러싸인 도형의 넓이는

$\displaystyle\int_0^{\ln 3} e^x\,dx=\Big[e^x\Big]_0^{\ln 3}$

$\qquad\qquad\quad =e^{\ln 3}-1=2$

이므로

$\displaystyle\int_0^k e^x\,dx=1$

즉, $\displaystyle\int_0^k e^x\,dx=\Big[e^x\Big]_0^k=e^k-1$에서

$e^k-1=1$, $e^k=2$

$\therefore k=\ln 2$ **답 $\ln 2$**

270

$y=\ln(x+k)$에서 $x+k=e^y$

$\therefore x=e^y-k$

닫힌구간 $[0,\ln k]$에서 $x\leq0$

이고 곡선 $y=\ln(x+k)$와 x

축 및 y축으로 둘러싸인 도형

의 넓이가 1이므로

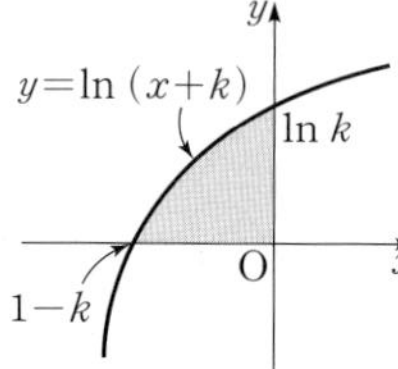

$$\int_0^{\ln k}\{-(e^y-k)\}dy=1$$

$$\left[-e^y+ky\right]_0^{\ln k}=1$$

$-k+k\ln k+1=1,\ k(\ln k-1)=0$

$\ln k=1\ (\because k>1)$

$\therefore k=e$

답 e

271

곡선 $y=\dfrac{1}{x}$과 직선 $y=2x$

의 교점의 x좌표는

$\dfrac{1}{x}=2x$에서 $x^2=\dfrac{1}{2}$

$\therefore x=\dfrac{\sqrt{2}}{2}\ (\because x>0)$

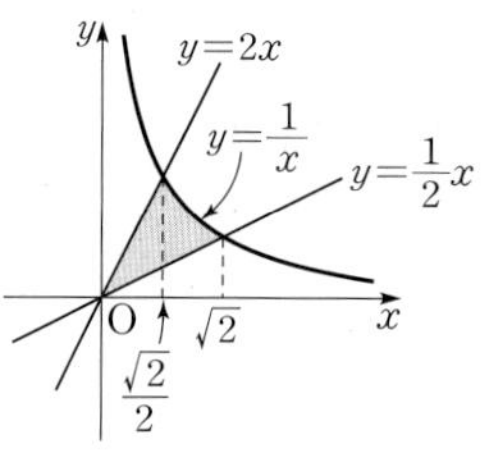

곡선 $y=\dfrac{1}{x}$과 직선 $y=\dfrac{1}{2}x$의 교점의 x좌표는

$\dfrac{1}{x}=\dfrac{1}{2}x$에서 $x^2=2$ $\qquad\therefore x=\sqrt{2}\ (\because x>0)$

따라서 구하는 넓이를 S라 하면

$$S=\int_0^{\frac{\sqrt{2}}{2}}\left(2x-\frac{1}{2}x\right)dx+\int_{\frac{\sqrt{2}}{2}}^{\sqrt{2}}\left(\frac{1}{x}-\frac{1}{2}x\right)dx$$

$$=\left[\frac{3}{4}x^2\right]_0^{\frac{\sqrt{2}}{2}}+\left[\ln x-\frac{1}{4}x^2\right]_{\frac{\sqrt{2}}{2}}^{\sqrt{2}}$$

$$=\frac{3}{8}+\left\{\left(\ln\sqrt{2}-\frac{1}{2}\right)-\left(\ln\frac{\sqrt{2}}{2}-\frac{1}{8}\right)\right\}$$

$$=\ln 2$$

답 $\ln 2$

272

$y=e^x$에서 $y'=e^x$이므로 접점의 좌표를 $(t,\ e^t)$이라

하면 이 점에서의 접선의 기울기는 e^t이다.

즉, 접선의 방정식은

$y-e^t=e^t(x-t)$

이 직선이 점 $(1,0)$을 지나므로

$-e^t=e^t(1-t),\ 1-t=-1$

$\therefore t=2$

즉, 곡선 위의 점 $(2,e^2)$에서의 접선의 방정식은

$y=e^2x-e^2$

따라서 구하는 넓이를 S라 하면

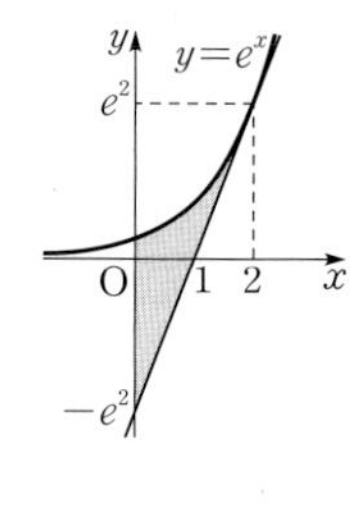

$$S=\int_0^2\{e^x-(e^2x-e^2)\}dx$$

$$=\int_0^2(e^x-e^2x+e^2)dx$$

$$=\left[e^x-\frac{e^2}{2}x^2+e^2x\right]_0^2$$

$$=e^2-1$$

답 ⑤

273

오른쪽 그림과 같이 두 부분의

넓이를 각각 A, B라 하면

$f(0)=\tan 0=0$,

$f\left(\dfrac{\pi}{4}\right)=\tan\dfrac{\pi}{4}=1$이고 함수

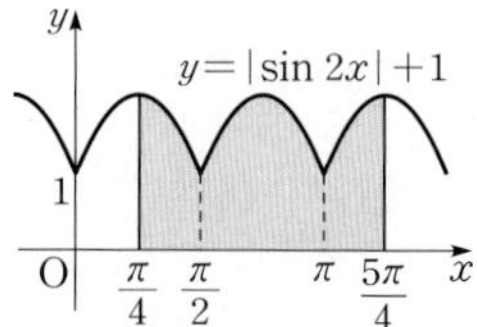

$y=f(x)$와 그 역함수 $y=g(x)$

의 그래프는 직선 $y=x$에 대하

여 대칭이므로 $\displaystyle\int_0^1 g(x)dx$의 값은 곡선 $y=f(x)$와 y

축 및 직선 $y=1$로 둘러싸인 도형의 넓이인 B와 같다.

$$\therefore \int_0^{\frac{\pi}{4}}f(x)dx+\int_0^1 g(x)dx=A+B$$

$$=\frac{\pi}{4}\times1=\frac{\pi}{4}$$

답 $\dfrac{\pi}{4}$

274

곡선 $y=|\sin 2x|+1$과

x축 및 두 직선 $x=\dfrac{\pi}{4}$,

$x=\dfrac{5\pi}{4}$로 둘러싸인 부분은

오른쪽 그림과 같다.

따라서 구하는 넓이를 S라 하면

$$S=4\int_{\frac{\pi}{4}}^{\frac{\pi}{2}}(\sin 2x+1)dx$$

$$=4\left[-\frac{1}{2}\cos 2x+x\right]_{\frac{\pi}{4}}^{\frac{\pi}{2}}$$

$$=4\left\{\left(\frac{1}{2}+\frac{\pi}{2}\right)-\frac{\pi}{4}\right\}$$

$$=\pi+2$$

답 ③

275

A의 넓이와 B의 넓이가 같으므로 두 직선 $y=-2x+a$와 $x=1$ 및 x축, y축으로 둘러싸인 영역의 넓이와 곡선 $y=e^{2x}$과 직선 $x=1$ 및 x축, y축으로 둘러싸인 영역의 넓이가 같다. 즉,

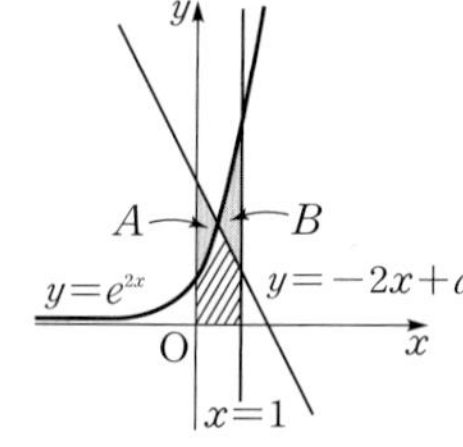

$$\int_0^1(-2x+a)dx=\int_0^1 e^{2x}\,dx$$

$$\left[-x^2+ax\right]_0^1=\left[\frac{1}{2}e^{2x}\right]_0^1$$

$$-1+a=\frac{e^2-1}{2}$$

$$\therefore a=\frac{e^2+1}{2}$$

답 ①

276

두 곡선 $y=\cos x$와 $y=\sqrt{3}\sin x$의 교점의 x좌표는 $\cos x=\sqrt{3}\sin x$에서

$$\frac{\sin x}{\cos x}=\frac{1}{\sqrt{3}},\ \tan x=\frac{1}{\sqrt{3}}$$

$$\therefore x=\frac{\pi}{6}\left(\because\ 0\le x\le\frac{\pi}{2}\right)$$

따라서 구하는 넓이 S_1, S_2는

$$S_1=\int_0^{\frac{\pi}{6}}(\cos x-\sqrt{3}\sin x)dx$$

$$=\left[\sin x+\sqrt{3}\cos x\right]_0^{\frac{\pi}{6}}$$

$$=2-\sqrt{3}$$

$$S_2=\int_0^{\frac{\pi}{6}}\sqrt{3}\sin x\,dx+\int_{\frac{\pi}{6}}^{\frac{\pi}{2}}\cos x\,dx$$

$$=\left[-\sqrt{3}\cos x\right]_0^{\frac{\pi}{6}}+\left[\sin x\right]_{\frac{\pi}{6}}^{\frac{\pi}{2}}$$

$$=\sqrt{3}-1$$

$$\therefore S_2-S_1=(\sqrt{3}-1)-(2-\sqrt{3})$$

$$=2\sqrt{3}-3$$

답 $2\sqrt{3}-3$

277

$y=e^x$에서 $y'=e^x$이므로 곡선 위의 점 $(1,\ e)$에서의 접선의 기울기는 e이다.

따라서 점 $(1,\ e)$에서의 접선의 방정식은

$$y-e=e(x-1)\qquad \therefore y=ex$$

이때 접선 $y=ex$에 수직인 직선의 기울기는 $-\dfrac{1}{e}$이다.

즉, 기울기가 $-\dfrac{1}{e}$이고 점 $\left(-1,\ \dfrac{1}{e}\right)$을 지나는 직선의 방정식은

$$y-\frac{1}{e}=-\frac{1}{e}(x+1)\qquad \therefore y=-\frac{1}{e}x$$

따라서 구하는 넓이를 S라 하면

$$S=\int_{-1}^0\left\{e^x-\left(-\frac{1}{e}x\right)\right\}dx+\int_0^1(e^x-ex)dx$$

$$=\left[e^x+\frac{1}{2e}x^2\right]_{-1}^0+\left[e^x-\frac{e}{2}x^2\right]_0^1$$

$$=\frac{e^2-3}{2e}$$

답 $\dfrac{e^2-3}{2e}$

다른풀이 구하는 넓이를 S라 하면

$$S=\int_{-1}^1 e^x\,dx-\left(\frac{1}{2}\times 1\times\frac{1}{e}+\frac{1}{2}\times 1\times e\right)$$

$$=\left[e^x\right]_{-1}^1-\left(\frac{1}{2e}+\frac{e}{2}\right)$$

$$=\left(e-\frac{1}{e}\right)-\left(\frac{1}{2e}+\frac{e}{2}\right)$$

$$=\frac{e^2-3}{2e}$$

278

$y=\sqrt{ax}$에서 $y^2=ax$

$\therefore \ x=\dfrac{1}{a}y^2$

$\therefore \ f^{-1}(x)=\dfrac{1}{a}x^2 \ (x\geq 0)$

두 곡선 $y=f(x)$,

$y=f^{-1}(x)$는 직선 $y=x$에

대하여 대칭이므로 두 곡선 $y=f(x)$, $y=f^{-1}(x)$의

교점의 x좌표는 곡선 $y=f^{-1}(x)$와 직선 $y=x$의 교

점의 x좌표와 같다.

즉, $\dfrac{1}{a}x^2=x$에서 $x(x-a)=0$

$\therefore \ x=0$ 또는 $x=a$

이때 두 곡선 $y=f(x)$, $y=f^{-1}(x)$로 둘러싸인 도형

의 넓이는 직선 $y=x$와 곡선 $y=f^{-1}(x)$로 둘러싸인

도형의 넓이의 2배와 같으므로

$2\displaystyle\int_0^a \left(x-\dfrac{1}{a}x^2\right)dx=2\left[\dfrac{1}{2}x^2-\dfrac{1}{3a}x^3\right]_0^a=\dfrac{1}{3}a^2$

따라서 $\dfrac{1}{3}a^2=\dfrac{25}{3}$이므로

$a^2=25 \qquad \therefore \ a=5 \ (\because \ a>0)$ **답 5**

279

곡선 $y=\dfrac{1}{x}$과 두 직선 $x=1$, $x=2$ 및 x축으로 둘러

싸인 부분의 넓이는

$S=\displaystyle\int_1^2 \dfrac{1}{x}\,dx=\left[\ln|x|\right]_1^2=\ln 2$

이때 곡선 $y=\dfrac{1}{x}$과 두 직선 $x=1$, $x=a$ 및 x축으로

둘러싸인 부분의 넓이는

$2S=2\ln 2=\ln 4$

(i) $a>1$일 때,

$\displaystyle\int_1^a \dfrac{1}{x}\,dx=\left[\ln|x|\right]_1^a=\ln a$

$\ln a=\ln 4 \qquad \therefore \ a=4$

(ii) $0<a<1$일 때,

$\displaystyle\int_a^1 \dfrac{1}{x}\,dx=\left[\ln|x|\right]_a^1=-\ln a$

$-\ln a=\ln 4 \qquad \therefore \ a=\dfrac{1}{4}$

(i), (ii)에서 구하는 모든 a의 값의 합은

$4+\dfrac{1}{4}=\dfrac{17}{4}$ **답 ②**

280

$S_n=\displaystyle\int_{(n-1)\pi}^{n\pi} \left|\left(\dfrac{1}{2}\right)^n \sin x\right|dx$

$\quad =\left(\dfrac{1}{2}\right)^n \displaystyle\int_{(n-1)\pi}^{n\pi} |\sin x|\,dx$

이때 $y=|\sin x|$는 주기가 π인 주기함수이므로 임의

의 자연수 n에 대하여

$\displaystyle\int_{(n-1)\pi}^{n\pi} |\sin x|\,dx=\int_0^\pi \sin x\,dx$

$\qquad\qquad =\left[-\cos x\right]_0^\pi=2$

$\therefore \ S_n=\left(\dfrac{1}{2}\right)^n \times 2=\left(\dfrac{1}{2}\right)^{n-1}$

$\therefore \ \displaystyle\sum_{n=1}^\infty S_n=\sum_{n=1}^\infty \left(\dfrac{1}{2}\right)^{n-1}=\dfrac{1}{1-\dfrac{1}{2}}=2$ **답 2**

281

두 곡선 $y=a\cos x$, $y=\sin x$의 교점의 x좌표를 α

라 하면

$a\cos \alpha=\sin \alpha, \ \dfrac{\sin \alpha}{\cos \alpha}=a$

$\therefore \ \tan \alpha=a \ (a>0)$

곡선 $y=a\cos x$와 x축, y축으로 둘러싸인 도형의 넓

이를 S라 하면

$S=\displaystyle\int_0^{\frac{\pi}{2}} a\cos x\,dx=\left[a\sin x\right]_0^{\frac{\pi}{2}}=a$

두 곡선 $y=a\cos x$,

$y=\sin x$와 y축으로 둘러싸인

부분의 넓이를 S_1이라 하면

$S_1=\displaystyle\int_0^\alpha (a\cos x-\sin x)dx$

$\quad =\left[a\sin x+\cos x\right]_0^\alpha$

$\quad =a\sin \alpha+\cos \alpha-1$

$\quad =a\times \dfrac{a}{\sqrt{1+a^2}}+\dfrac{1}{\sqrt{1+a^2}}-1$

$\quad =\sqrt{1+a^2}-1$

이때 $S=2S_1$이므로 $a=2(\sqrt{1+a^2}-1)$

$a+2=2\sqrt{1+a^2}$

양변을 제곱하여 정리하면

$3a^2-4a=0$, $a(3a-4)=0$

$\therefore a=\dfrac{4}{3}$ $(\because a>0)$ $\qquad$ 답 $\dfrac{4}{3}$

참고 $1+\tan^2\alpha=\sec^2\alpha$에서 $\tan\alpha=a$이므로

$1+a^2=\sec^2\alpha=\dfrac{1}{\cos^2\alpha}$, $\cos^2\alpha=\dfrac{1}{1+a^2}$

$\therefore \cos\alpha=\dfrac{1}{\sqrt{1+a^2}}$ $\left(\because 0\leq\alpha\leq\dfrac{\pi}{2}\right)$

$\sin^2\alpha+\cos^2\alpha=1$이므로

$\sin^2\alpha=\dfrac{a^2}{1+a^2}$

$\therefore \sin\alpha=\dfrac{a}{\sqrt{1+a^2}}$ $\left(\because a>0,\ 0\leq\alpha\leq\dfrac{\pi}{2}\right)$

282

A의 넓이와 B의 넓이가 같으므로

$\displaystyle\int_0^k x\sin x\,dx=\int_k^{\frac{\pi}{2}}\left(\dfrac{\pi}{2}-x\sin x\right)dx$

$\displaystyle\int_0^k x\sin x\,dx=\int_k^{\frac{\pi}{2}}\dfrac{\pi}{2}\,dx-\int_k^{\frac{\pi}{2}}x\sin x\,dx$

$\displaystyle\int_0^k x\sin x\,dx+\int_k^{\frac{\pi}{2}}x\sin x\,dx=\int_k^{\frac{\pi}{2}}\dfrac{\pi}{2}\,dx$

$\therefore \displaystyle\int_0^{\frac{\pi}{2}}x\sin x\,dx=\int_k^{\frac{\pi}{2}}\dfrac{\pi}{2}\,dx$ $\quad\cdots\cdots$ ㉠

이때

$\displaystyle\int_0^{\frac{\pi}{2}}x\sin x\,dx$

$=\Big[-x\cos x\Big]_0^{\frac{\pi}{2}}-\displaystyle\int_0^{\frac{\pi}{2}}(-\cos x)\,dx$

$=0+\displaystyle\int_0^{\frac{\pi}{2}}\cos x\,dx=\Big[\sin x\Big]_0^{\frac{\pi}{2}}=1$

$\displaystyle\int_k^{\frac{\pi}{2}}\dfrac{\pi}{2}\,dx=\Big[\dfrac{\pi}{2}x\Big]_k^{\frac{\pi}{2}}=\dfrac{\pi^2}{4}-\dfrac{k}{2}\pi$

이를 ㉠에 대입하면

$1=\dfrac{\pi^2}{4}-\dfrac{k}{2}\pi$, $\dfrac{k}{2}\pi=\dfrac{\pi^2}{4}-1$

$\therefore k=\dfrac{\pi}{2}-\dfrac{2}{\pi}$ $\qquad$ 답 ③

283

두 함수 $y=e^{x-1}$과 $y=\ln x+1$은 서로 역함수 관계이므로 두 함수의 그래프는 직선 $y=x$에 대하여 대칭이다. 이때 두 곡선이 서로 접하므로 접선의 방정식은 $y=x$이다.

두 곡선과 직선 $y=x$의 접점의 좌표를 $(t,\ e^{t-1})$이라 하면 $t=e^{t-1}$에서 $t=1$

즉, 두 곡선은 점 $(1,\ 1)$에서 접한다.

두 곡선과 x축, y축으로 둘러싸인 도형은 오른쪽 그림의 색칠한 부분과 같고 이것은 직선 $y=x$에 의하여 이등분된다.

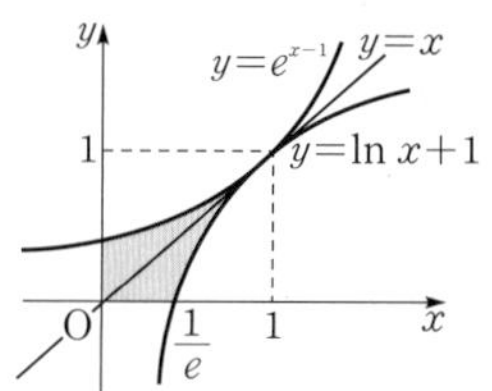

따라서 구하는 넓이를 S라 하면

$S=2\displaystyle\int_0^1 (e^{x-1}-x)\,dx$

$=2\Big[e^{x-1}-\dfrac{1}{2}x^2\Big]_0^1$

$=2\left(1-\dfrac{1}{2}-\dfrac{1}{e}\right)$

$=1-\dfrac{2}{e}$ $\qquad$ 답 $1-\dfrac{2}{e}$

284

밑면으로부터의 높이가 x인 지점에서의 단면의 넓이를 $S(x)$라 하면

$S(x)=(\sqrt{30-2x})^2$

$\qquad=30-2x$

따라서 구하는 용기의 부피는

$\displaystyle\int_0^{10}S(x)\,dx$

$=\displaystyle\int_0^{10}(30-2x)\,dx$

$=\Big[30x-x^2\Big]_0^{10}$

$=300-100$

$=200$ $\qquad$ 답 **200**

285

x축 위의 점 $\mathrm{P}(x,\ 0)\ (0\leq x\leq\pi)$을 지나고 x축에 수직인 직선이 곡선 $y=3\sqrt{\sin x}$와 만나는 점을 Q라 하면 $\mathrm{Q}(x,\ 3\sqrt{\sin x})$이다.

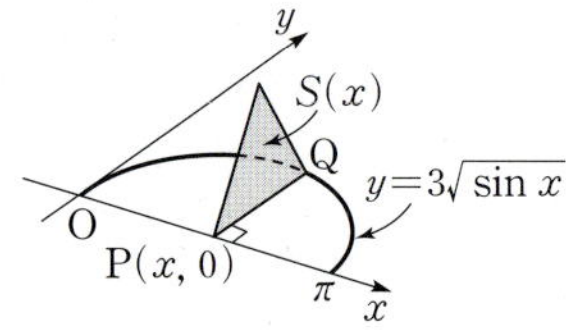

점 P를 지나고 x축에 수직인 평면으로 주어진 입체도형을 자른 단면은 한 변의 길이가 $\overline{\mathrm{PQ}}=3\sqrt{\sin x}$인 정삼각형이므로 그 넓이를 $S(x)$라 하면

$$S(x)=\frac{\sqrt{3}}{4}(3\sqrt{\sin x})^2$$
$$=\frac{9\sqrt{3}}{4}\sin x$$

따라서 구하는 입체도형의 부피는

$$\int_0^\pi S(x)dx$$
$$=\int_0^\pi \frac{9\sqrt{3}}{4}\sin x\,dx$$
$$=\frac{9\sqrt{3}}{4}\Big[-\cos x\Big]_0^\pi$$
$$=\frac{9\sqrt{3}}{2}$$

답 $\dfrac{9\sqrt{3}}{2}$

286

시각 $t=1$에서 $t=2$까지 점 P가 움직인 거리는

$$\int_1^2 |\cos \pi t|\,dt$$
$$=\int_1^{\frac{3}{2}} (-\cos \pi t)dt+\int_{\frac{3}{2}}^2 \cos \pi t\,dt$$
$$=\Big[-\frac{1}{\pi}\sin \pi t\Big]_1^{\frac{3}{2}}+\Big[\frac{1}{\pi}\sin \pi t\Big]_{\frac{3}{2}}^2$$
$$=\frac{1}{\pi}+\frac{1}{\pi}=\frac{2}{\pi}$$

답 $\dfrac{2}{\pi}$

287

$\dfrac{dx}{dt}=-3,\ \dfrac{dy}{dt}=3\sqrt{t}$이므로 시각 $t=3$에서 $t=8$까지 점 P가 움직인 거리는

$$\int_3^8 \sqrt{\left(\frac{dx}{dt}\right)^2+\left(\frac{dy}{dt}\right)^2}\,dt$$
$$=\int_3^8 \sqrt{(-3)^2+(3\sqrt{t})^2}\,dt$$
$$=\int_3^8 \sqrt{9+9t}\,dt$$
$$=3\int_3^8 \sqrt{1+t}\,dt$$
$$=3\Big[\frac{2}{3}(1+t)^{\frac{3}{2}}\Big]_3^8$$
$$=3\times\frac{38}{3}=38$$

답 38

288

$\dfrac{dy}{dx}=\dfrac{1}{4}e^{2x}-e^{-2x}$이므로 구하는 곡선의 길이는

$$\int_0^{\ln 2} \sqrt{1+\left(\frac{dy}{dx}\right)^2}\,dx$$
$$=\int_0^{\ln 2} \sqrt{1+\left(\frac{1}{4}e^{2x}-e^{-2x}\right)^2}\,dx$$
$$=\int_0^{\ln 2} \sqrt{\left(\frac{1}{4}e^{2x}+e^{-2x}\right)^2}\,dx$$
$$=\int_0^{\ln 2} \left(\frac{1}{4}e^{2x}+e^{-2x}\right)dx$$
$$=\Big[\frac{1}{8}e^{2x}-\frac{1}{2}e^{-2x}\Big]_0^{\ln 2}$$
$$=\left(\frac{1}{8}e^{2\ln 2}-\frac{1}{2}e^{-2\ln 2}\right)-\left(\frac{1}{8}-\frac{1}{2}\right)$$
$$=\frac{3}{8}+\frac{3}{8}=\frac{3}{4}$$

답 ⑤

289

물의 깊이가 t cm일 때의 수면의 넓이를 $S(t)$ cm^2, 물의 깊이가 x cm일 때의 물의 부피를 V cm^{3}라 하면

$$V=\int_0^x S(t)dt$$
$$=\frac{1}{\ln 3}(9^x+3^x-2)$$

양변을 x에 대하여 미분하면

$$S(x)=2\times9^x+3^x$$

따라서 수면의 넓이가 $21\ \text{cm}^2$, 즉 $S(x)=21$일 때,

$$2\times9^x+3^x=21,\ 2\times(3^x)^2+3^x-21=0$$

$$(2\times3^x+7)(3^x-3)=0,\ 3^x=3$$

$$\therefore\ x=1(\text{cm})$$

답 1 cm

290

오른쪽 그림과 같이 밑면인 원의 중심을 원점, 밑면의 지름을 포함하는 직선을 x축으로 정하자. x축 위의 점 $\mathrm{H}(x,\ 0)\ (-2\leq x\leq 2)$을 지나고 x축에 수직인 평면으로 주어진 입체도형을 자른 단면을 삼각형 PQR라 하면

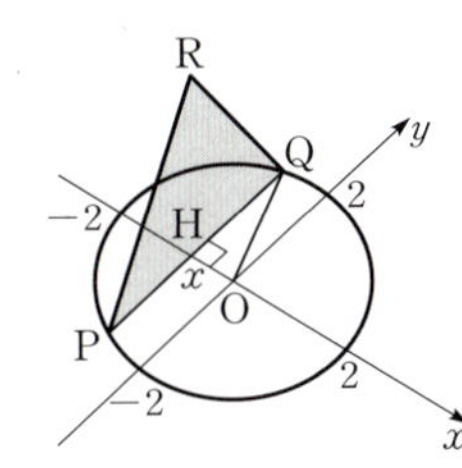

$$\overline{\mathrm{PQ}}=2\sqrt{4-x^2}$$

이때 삼각형 PQR의 넓이를 $S(x)$라 하면

$$S(x)=\frac{\sqrt3}{4}\times(2\sqrt{4-x^2})^2$$
$$=\sqrt3(4-x^2)$$

따라서 구하는 입체도형의 부피는

$$\int_{-2}^{2}S(x)dx=\int_{-2}^{2}\sqrt3(4-x^2)dx$$
$$=2\times\sqrt3\int_{0}^{2}(4-x^2)dx$$
$$=2\sqrt3\left[4x-\frac13x^3\right]_0^2$$
$$=\frac{32\sqrt3}{3}$$

답 $\dfrac{32\sqrt3}{3}$

291

$$\frac{dx}{dt}=-e^{-t}\cos t-e^{-t}\sin t=-e^{-t}(\cos t+\sin t),$$

$$\frac{dy}{dt}=-e^{-t}\sin t+e^{-t}\cos t=e^{-t}(\cos t-\sin t)$$

이므로 시각 $t=0$에서 $t=a$까지 점 P가 움직인 거리 $s(a)$는

$$s(a)$$
$$=\int_0^a\sqrt{\left(\frac{dx}{dt}\right)^2+\left(\frac{dy}{dt}\right)^2}\,dt$$
$$=\int_0^a\sqrt{e^{-2t}(\cos t+\sin t)^2+e^{-2t}(\cos t-\sin t)^2}\,dt$$
$$=\int_0^a\sqrt{2e^{-2t}(\cos^2 t+\sin^2 t)}\,dt$$
$$=\int_0^a\sqrt2\,e^{-t}\,dt$$
$$=\sqrt2\left[-e^{-t}\right]_0^a$$
$$=\sqrt2(1-e^{-a})$$

$$\therefore\ \lim_{a\to\infty}s(a)=\lim_{a\to\infty}\sqrt2(1-e^{-a})$$
$$=\sqrt2$$

답 $\sqrt2$

292

$y=\dfrac13(x^2+2)^{\frac32}$에서

$$\frac{dy}{dx}=\frac12(x^2+2)^{\frac12}\times2x=x(x^2+2)^{\frac12}$$이므로

$0\leq x\leq a$에서 곡선의 길이를 l이라 하면

$$l=\int_0^a\sqrt{1+\left(\frac{dy}{dx}\right)^2}\,dx$$
$$=\int_0^a\sqrt{1+\{x(x^2+2)^{\frac12}\}^2}\,dx$$
$$=\int_0^a\sqrt{x^4+2x^2+1}\,dx$$
$$=\int_0^a\sqrt{(x^2+1)^2}\,dx$$
$$=\int_0^a(x^2+1)\,dx$$
$$=\left[\frac13x^3+x\right]_0^a$$
$$=\frac13a^3+a$$

즉, $\dfrac13a^3+a=12$에서 $a^3+3a-36=0$

$$(a-3)(a^2+3a+12)=0$$

$$\therefore\ a=3$$

답 3

293

$x<0$일 때, $\overline{\mathrm{PH}}=e^{-x}$

$x\geq0$일 때, $\overline{\mathrm{PH}}=\sqrt{\ln(x+1)+1}$

즉, $\overline{\mathrm{PH}}$를 한 변으로 하는 정사각형의 넓이는

$x<0$일 때, $(e^{-x})^2=e^{-2x}$

$x\geq0$일 때, $\{\sqrt{\ln(x+1)+1}\}^2=\ln(x+1)+1$

따라서 구하는 입체도형의 부피를 V라 하면

$$V=\int_{-\ln2}^{0}e^{-2x}\,dx+\int_{0}^{e-1}\{\ln(x+1)+1\}dx$$

이때 $V_1=\displaystyle\int_{-\ln2}^{0}e^{-2x}\,dx$,

$V_2=\displaystyle\int_{0}^{e-1}\{\ln(x+1)+1\}dx$라 하면

$$V_1=\int_{-\ln2}^{0}e^{-2x}\,dx$$

$$=\left[-\frac{1}{2}e^{-2x}\right]_{-\ln2}^{0}$$

$$=-\frac{1}{2}(1-e^{2\ln2})=\frac{3}{2}$$

$V_2=\displaystyle\int_{0}^{e-1}\{\ln(x+1)+1\}dx$에서

$u(x)=\ln(x+1)+1$, $v'(x)=1$로 놓으면

$u'(x)=\dfrac{1}{x+1}$, $v(x)=x$이므로

$$V_2=\left[x\{\ln(x+1)+1\}\right]_{0}^{e-1}-\int_{0}^{e-1}\frac{x}{x+1}\,dx$$

$$=2(e-1)-\int_{0}^{e-1}\left(1-\frac{1}{x+1}\right)dx$$

$$=2(e-1)-\left[x-\ln|x+1|\right]_{0}^{e-1}$$

$$=2(e-1)-(e-2)=e$$

$$\therefore V=V_1+V_2=e+\frac{3}{2}$$

답 ④

294

$\dfrac{dx}{dt}=t-\dfrac{1}{t}$, $\dfrac{dy}{dt}=2$이므로 점 P의 시각 t에서의 속력은

$$\sqrt{\left(t-\frac{1}{t}\right)^2+2^2}=\sqrt{\left(t+\frac{1}{t}\right)^2}=t+\frac{1}{t}$$

$t>0$이므로 산술평균과 기하평균의 관계에 의하여

$$t+\frac{1}{t}\geq2\sqrt{t\times\frac{1}{t}}=2$$

이때 등호는 $t=\dfrac{1}{t}$일 때 성립하므로 $t^2=1$, 즉 $t=1$일 때 점 P의 속력이 최소가 된다.

따라서 $t=1$일 때부터 3초 동안 점 P가 움직인 거리 s는

$$s=\int_{1}^{4}\left(t+\frac{1}{t}\right)dt=\left[\frac{1}{2}t^2+\ln|t|\right]_{1}^{4}$$

$$=(8+\ln4)-\frac{1}{2}$$

$$=\frac{15}{2}+\ln4$$

답 $\dfrac{15}{2}+\ln4$

개념원리

미적분